库玛尔路协领公署
档案汇编

《库玛尔路协领公署档案汇编》编委会 编

哈尔滨

图书在版编目（CIP）数据

库玛尔路协领公署档案汇编 /《库玛尔路协领公署档案汇编》编委会编． -- 哈尔滨：黑龙江大学出版社，2020.12
　ISBN 978-7-5686-0437-6

　Ⅰ．①库… Ⅱ．①库… Ⅲ．①鄂伦春族－行政管理－档案资料－汇编－黑龙江省－近代 Ⅳ．①D693.62

中国版本图书馆CIP数据核字（2019）第300870号

库玛尔路协领公署档案汇编
KUMAERLU XIELING GONGSHU DANG'AN HUIBIAN
《库玛尔路协领公署档案汇编》编委会　编

责任编辑	魏　玲　常宇琦
出版发行	黑龙江大学出版社
地　　址	哈尔滨市南岗区学府三道街36号
印　　刷	哈尔滨市石桥印务有限公司
开　　本	880毫米×1230毫米　1/16
印　　张	26.25
字　　数	653千
版　　次	2020年12月第1版
印　　次	2020年12月第1次印刷
书　　号	ISBN 978-7-5686-0437-6
定　　价	198.00元

本书如有印装错误请与本社联系更换。

版权所有　侵权必究

《库玛尔路协领公署档案汇编》编委会

主　　任　　程知元　田桂珍

副 主 任　　雷振生　卜凡意　张小春　冯晓云　吴素君

委　　员　　（按姓氏笔画排序）

　　　　　　朱德红　刘　涛　孙冬寒　李晓东　吴梦冰

　　　　　　何丽晶　赵　颖　黄　梅

主　　编　　田桂珍

副 主 编　　雷振生　卜凡意　张小春

主　　审　　卜凡意

编　　委　　（按姓氏笔画排序）

　　　　　　朱德红　吴梦冰　何丽晶　赵　颖　黄　梅

前　言

库玛尔，又称呼玛尔，是指黑龙江的一个支流——呼玛尔河（亦称呼玛河）。清政府将呼玛尔河附近游猎的鄂伦春人编为库玛尔路鄂伦春。

鄂伦春族作为中华民族大家庭的成员，世代生活在广袤的黑龙江流域和茂密的大小兴安岭山林中，人们习惯称鄂伦春人为"栖林人""岭上人"。清康熙初年，清政府设立布特哈八旗（"布特哈"是满语，意为"打牲"），后在嫩江西岸"依倭齐"（今内蒙古自治区呼伦贝尔市莫力达瓦达斡尔族自治旗乌尔科乡）设立布特哈总管衙门，负责管理鄂伦春族事务。清康熙二十三年（1684年），清朝将布特哈总管衙门直辖于黑龙江将军，负责管理鄂伦春族事务，将一部分鄂伦春人编入八旗，称为摩凌阿鄂伦春，一部分编为散户，称为雅发罕鄂伦春。清咸丰十年（1860年），黑龙江将军特普钦奏请将兴安岭内外的雅发罕鄂伦春按其活动区域划分，设"路"管理，设库玛尔路、毕拉尔路、托河路、阿里路、多布库尔路，史称"五路"鄂伦春。为收编安置"五路"鄂伦春，清政府设立"谙达"制度，谙达指代表清政府向散居的鄂伦春人征收纳贡的貂皮并赐给其生产生活资料，以此进行交换的人，这些人亦官亦商，负责征收貂皮，定期为鄂伦春人提供口粮。因不堪忍受谙达长期欺凌，为维持鄂伦春族民众生计，库玛尔路骁骑校烈钦泰联络其他四路鄂伦春人向黑龙江将军文绪陈奏撤销"谙达"制度，并且建议增设总管专司鄂伦春族事务。清光绪八年（1882年），黑龙江将军文绪奏请裁撤布特哈总管衙门并废除"谙达"制度。同年，清政府设立兴安城总管衙门，并于11月在太平湾（今嫩江市塔溪乡兴安城村附近）建立总管衙门，设总管一名、副总管十名，专司"五路"鄂伦春事务，同时将五路七佐改为五路八旗十六佐。清光绪二十年（1894年），清政府裁撤兴安城总管衙门，将库玛尔路划归黑龙江（瑷珲）副都统衙门管辖，并在黑龙江城（瑷珲城）设立鄂伦春协领公署。清光绪三十二年（1906年），因"庚子俄难"外逃的人陆续返回家园，为进一步巩固边防和加强对鄂伦春族的管理，黑龙江将军在瑷珲上游霍尔沁（今黑河市爱辉区张地营子乡霍尔沁村）设立库玛尔路协领公署衙门。1914年，因山火蔓延，库玛尔路协领公署衙门被焚毁，随后库玛尔路协领公署衙门迁至瑷珲城并租用民房办理公务。

库玛尔路协领公署下设镶黄旗、正白旗、镶白旗、正蓝旗四旗，每旗下辖两佐，故为四旗八佐。库玛尔路协领公署历经清末、民国、解放后三个时期。日伪时期，库玛尔路由伪黑河省管辖，虽然保留了鄂伦春协领公署，但有职无权，鄂伦春族事务完全被日本特务机关控制。1945年抗日战争胜利后，王肃等党的干部奔赴黑河开辟工作。为更好地宣传贯彻党的民族政策和开展工作，鉴于鄂伦春族民众对鄂伦春协领比较熟悉，经请示，省政府于1951年设立黑河区鄂伦春协领公署，协领由黑河专员兼任。1956年，鄂伦春协领公署被裁撤，从此退出历史舞台。

黑河市档案馆馆藏库玛尔路鄂伦春协领公署全宗（1906—1949年）国家重点档案共476卷，其中满文档案28卷，主要记录了自清朝末年至中华人民共和国成立黑龙江巡按使署、民政使司、省长公署、旗务处、财政厅、教育厅、瑷珲副都统、黑河观察使、黑河道尹公署、黑河市政筹备处、黑河警备司令部和库玛尔路协领公署等管理鄂伦春族农业、民政、治安、军警、司法、财政、矿业、教育、卫生等方面的内容，主要包括制度改革、开垦生计地、调查户口、收抚安置、赈济钱粮、领取津贴、财政支出、官员任免、官兵抚恤、枪械管理、清剿土匪、发放护照、开采金矿、开办学校、管理学生等方面的档案，以及人丁户籍簿、官兵花名册、官兵俸饷领取表、财政支出表等各类图表和文件封皮、邮政资费、票据凭证等档案，这些档案是研究鄂伦春族发展历史的重要资料。由于库玛尔路鄂伦春协领公署档案系统性、完整性较差，零乱散杂、残损无序、年代缺失、沿革无考，按照国家重点档案抢救、保护和开发的要求，黑河市档案馆先后多次组织有关人员对库玛尔路鄂伦春协领公署档案进行系统整理，开展裱糊抢救、目录誊写、整理分类、装袋保护、数字化扫描和满文翻译等工作，为该全宗档案全面开发利用奠定了坚实基础。根据国家重点档案保护与开发项目的要求，我们对库玛尔路鄂伦春协领公署全宗档案进行了全面的梳理、考证，挑选出一批有代表性的档案影印件并整理汇编成书，其中许多档案是首次对外发布的，以期全面真实地反映库玛尔路协领公署的历史沿革，展示鄂伦春族的历史文化、人口变迁、生活风俗和发展足迹，为研究鄂伦春族历史提供第一手资料。

编　者
2020年11月

库玛尔路协领
徐希廉

徐希廉（1860—1925），字述之，满语名为西拉布，瑷珲汉军镶红旗人，瑷珲徐哈拉氏，户司办事笔帖式出身。1910年2月23日，西拉布至瑷珲霍尔沁任库玛尔路鄂伦春协领，兼任库玛尔河总卡官。1911年，西拉布派骁骑校德奇琛、委官阿栋阿带兵20人深入精奇里江（今结雅河）将"庚子俄难"时潜藏在江左的30多户鄂伦春人带到江右。1910年3月，呼玛尔河驻防库厂兵叛变，西拉布派佐领保忠、台吉善，骁骑校来忠、察尔吉善带鄂伦春马队70多人追剿至漠河一带全歼叛匪，取得剿抚叛军的胜利。1913年，西拉布冠姓更名为徐希廉。1914年，为支援开通嫩江至漠河的山路，徐希廉派佐领刚通选10多名鄂伦春人为向导，参与开道筑路。徐希廉在任期间，正是黑河矿务繁兴之时，人员聚集山谷导致野兽稀少，以狩猎为生的鄂伦春族民众生计日益艰难。为维持鄂伦春人的生计，徐希廉积极主张鄂伦春人弃猎习农，垦荒生业。他还大力提倡办学，并千方百计地劝说鄂伦春人让子女入学，为此多次撰写公文呈请上级。在其努力争取下，省里批准在瑷珲宏户图屯开设初级小学一所，在瑷珲城开设第二高级小学一所，在墨尔根（今嫩江市）设立高初两级小学一所。另外，徐希廉为鄂伦春人常因酗酒而丧生、误事担忧，积极主张禁酒，维护鄂伦春人正常的生产生活秩序。1918—1920年，徐希廉作为总撰编纂出版了《瑷珲县志》，这是瑷珲有史以来第一部正式出版的县志。徐希廉于1922年5月离任，1925年卒于瑷珲，享年65岁。

库玛尔路协领
于多三

  于多三（1866—1949），号荣封，满洲正蓝旗人，依勒库勒氏。同治五年（1866年）出生于瑷珲，自幼一心向学，精通满文，后入瑷珲城旗务处任满文录事，后任佐领和旗务处帮办，1922年起任库玛尔路鄂伦春协领，负责居住在漠河、呼玛、瑷珲、嫩江等地四旗八佐鄂伦春族民众事务。任职以来，于多三积极倡导学校教育，督促各旗佐领带头鼓励孩子入学，相继在瑷珲宏户图屯，嫩江喀尔通屯、迈海屯兴办小学，在瑷珲城设立高级小学，加强对学生的教育和管理。他大力劝导鄂伦春族民众弃猎务农，积极对他们实施开化教育，督促各佐领带头下山，许多鄂伦春族民众开始尝试开荒种地，建房定居，逐步形成以农业生产为主、狩猎为辅的新的生产生活方式。于多三建议取缔私商，开设官督商办公司，禁止私商盘剥鄂伦春族民众。他还心系鄂伦春族民众生活。鄂伦春族民众以打猎为生，收入并不稳定，一旦打不到猎物或因病不能外出打猎，全家人都要挨饿，生活十分贫苦，为此，他多次向上呈请为鄂伦春族民众发放赈济钱款，帮助他们解决温饱问题。

  于多三任协领20多年，一直关注鄂伦春族民众的生产生活，一心为鄂伦春族民众办实事，深受鄂伦春族民众拥护和爱戴，在鄂伦春族民众中享有较高的威望。1949年，于多三卒于瑷珲，享年83岁。

凡 例

一、本书在编写、整理过程中按照库玛尔路鄂伦春协领公署全宗档案的体例、形成时间先后顺序组织编排，同一年度的汉文档案在前、满文档案在后，以维护档案的完整性。

二、本书所节选的档案均为档案原件的影印件。受开本和篇幅限制，所选档案幅面都有不同程度的调整，有的档案因篇幅较多进行了必要的节选。

三、本书所节选的档案包括汉文和满文两种文种。满文档案将汉译后的内容放在其后，以便对照阅读。汉文档案的书写顺序是从右至左，而满文档案的书写顺序与汉文档案相反，是从左到右书写的。

四、本书所节选档案的形成时间为档案中所标示的发文时间，如发文时间不详，则采用收文时间，并予以标注。档案成文时间因有公历、农历之分，本书根据《中国近代史历表》统一换算成公元纪年（公历）。

五、本书所节选的档案由档案整理者和翻译人员拟出标题、编制目录，以方便阅读研究。

六、在满文档案汉译中，对涉及到的人名和地名，凡能在档案和工具书中查到的，一般都照用；无法查到的，则依据《满文档案著录名词与术语汉译规则》内的《满汉对音字表》译写。若无对应的人名、地名或在工具书中查不到的，均采用音译。

七、在满文档案的汉译中，凡缺字、漏字、原文错字改正加标"（ ）"。

Contents >>> 目　录

1. 瑷珲副都统户司避难到省以来所领各项银两核算呈册 …………… 001
2. 署理镶白旗事务骁骑校顺木宝为领取俸禄事的呈文（满文）………… 001
3. 署理镶白旗事务骁骑校瑞元为发放俸禄事的呈文（满文）…………… 002
4. 协理正蓝旗穆特布、事务佐领特苏、骁骑校荣原为接取俸禄事的呈文
（满文）………………………………………………………………… 003
5. 协理正蓝旗穆特布、事务佐领特苏、骁骑校荣原为发放俸禄事的呈文
（满文）………………………………………………………………… 004
6. 协理正蓝旗丰舍穆布、骁骑校道斯浩高为接取俸禄事的呈文（满文）… 005
7. 协理镶白旗依充格、骁骑校舒穆保为接取俸禄事的呈文（满文）……… 006
8. 协理镶白旗依充格、委官乌尔古冒图为发放俸禄事的呈文（满文）…… 007
9. 瑷珲兵备道为旗务股支发委员多斯宏武等任职事的札 ……………… 008
10. 黑龙江巡抚院为札饬宋小濂试署黑龙江民政使一缺事的劄 ………… 008
11. 黑龙江巡抚院为札饬于驷兴署理呼伦兵备道事的劄 ………………… 009
12. 呼伦兵备道衙门为移送呼伦兵备道关防事的移文 …………………… 009
13. 呼伦兵备道衙门为先行在省交接关防备案事的呈文 ………………… 010
14. 黑龙江巡抚院为札饬宋小濂交卸呼伦道任内各项事件事的劄 ……… 010
15. 黑龙江巡抚院为札委兼充清理财政局总办一职事的劄 ……………… 011
16. 协领差遣佐领台吉善、保忠等为上报原因事的呈文（满文）………… 011
17. 黑龙江民政司为会勘中俄边界应领不敷羌洋如数核收归垫事的呈文 … 012
18. 黑龙江民政司为案准调查改订商约经费除支净存款如数收讫事的咨文 … 012
19. 黑龙江巡抚院为札饬宋小濂代拆代行日行公文事的劄 ……………… 013
20. 黑龙江民政使司为查复卷宗簿记家具等照单点收均属相符事的咨文 … 013
21. 黑龙江民政使司为交接各项银钱存亏款目账簿经折事的移文 ……… 014
22. 黑河兵备道为协领徐希廉呈请派员划拨牧场事的令 ………………… 014
23. 黑河兵备道为转发廉忠袭职执照并抄呈寿山等三员
前清部议奏案事的训令 ……………………………………………… 015
24. 黑龙江城镶红旗协领为永福、瑞升补放佐领
及连和补放骁骑校事的训令 ………………………………………… 015

25. 佐领来忠为办理鄂伦春族民众定居事的呈文（满文）······016
26. 黑龙江城镶红旗四佐人丁户口册 ······017
27. 库玛尔路官兵民国三年借俸饷单 ······017
28. 正蓝旗古隆阿佐披甲拜济纳为呈请发给其兄佐领巴杨阿
    俸禄事的呈文（满文）······018
29. 正蓝旗披甲拜济纳为上报兄长病故事的呈文（满文）······019
30. 黑龙江省行政公署为改订鄂伦春小学校校名事的训令 ······020
31. 黑龙江省行政公署为委任鄂伦春小学校教员事的训令 ······020
32. 黑河观察使公署为保护矿务调查员王德钧事的训令 ······021
33. 黑龙江省行政公署关于为鄂伦春族学童种痘设立地点
    并监督学校的指令 ······021
34. 呼玛县公署为请速选痘医、通蒙语之人赴呼玛
    并令所属官佐开导种痘事的公函 ······022
35. 黑龙江省旗务处为催造报送民国二年财政统计表事的公函 ······022
36. 黑龙江省旗务处为催送领款凭单、收据事的公函 ······023
37. 黑龙江省旗务处为告知旅差费报销办法事的公函 ······023
38. 呼玛县公署为填送郑双寿等八人履历表事的公函 ······024
39. 黑龙江省旗务处为告知造送概算凭单不得一文同送核办事的公函 ······024
40. 镶白旗二佐佐领保忠为不能继续任职事给协领大人的呈文（满文）······025
41. 库玛尔路协领为抓获盗贼事给正蓝旗头佐骁骑校珠尔图讷的咨文
    （满文）······026
42. 黑河观察使公署为征集图书事的训令 ······027
43. 双全、忠齐木布为库玛尔路协领公署衙门被野火焚毁报请重建事
    给协领的信（满文）······027
44. 库玛尔路笔帖式双全等为报库玛尔路衙署被荒火焚毁情况
    并听候查验事的呈文 ······028
45. 黑河观察使公署为筹划旗人生计事的训令 ······029
46. 黑河观察使公署为库玛尔路协领保护嫩漠路工测勘人员事的训令 ······029
47. 黑河观察使公署为因衙署被焚库玛尔路协领徐希廉据情报省等候指令
    并核实估报以便兴修事的指令 ······030
48. 黑河观察使公署为照准来忠署理正蓝旗二佐、镶白旗佐领事的指令 ······030
49. 黑龙江省旗务处为告知自七月一日起实行划一簿记事的公函 ······031
50. 库玛尔路镶黄旗佐领来忠为革退本佐领催岱忠事的呈文（满文）······031
51. 库玛尔路镶黄旗佐领来忠为报送补缺本佐
    骁骑校一职事的呈文（满文）······032

52. 库玛尔路镶黄旗佐领来忠为举荐披甲平善补缺领催事的呈文（满文）… 033
53. 库玛尔路镶黄旗头佐佐领，合管镶白旗、正蓝旗佐领来忠为报送民国三年饲养牲畜名册事的呈文（满文） … 034
54. 库玛尔路镶黄旗头佐佐领，合管镶白旗、正蓝旗佐领来忠为上报接取印章事的呈文（满文） … 035
55. 库玛尔路协领徐（希廉）为催报兴安岭城至漠河设卡文书事的指令（满文） … 036
56. 库玛尔路合管镶白旗头佐、正蓝旗二佐，镶黄旗头佐佐领来忠为办理鄂伦春族学童入校学习事的呈文（满文） … 037
57. 库玛尔路合管正蓝旗二佐、镶黄旗头佐佐领来忠为上报查看尸首伤情事的呈文（满文） … 038
58. 镶黄旗佐领来忠为禁止鄂伦春人过度饮酒事的呈文（满文）… 039
59. 黑龙江省北路林务分局为启用关防事的咨文 … 040
60. 佐领来忠登记造册并呈送的本佐鄂伦春族民众户籍册（满文）… 040
61. 瑷黑矿务官商合办公司为恳请发给满文护照事的呈文 … 041
62. 库玛尔路官兵民国三年全年俸饷并脚费分放数目清单 … 042
63. 库玛尔路镶黄旗头佐佐领来忠为奇儿朱善女婿盗卖马匹事的呈文（满文） … 042
64. 库玛尔路镶黄旗头佐佐领来忠为申领所需费用事的呈文（满文）… 043
65. 镶白旗头佐、正蓝旗二佐、镶黄旗头佐佐领来忠为发放官员俸禄事的呈文（满文） … 044
66. 立法院议员选举瑷珲县初选监督潘为委任瑷珲县选举事务所所长及事务员事的饬 … 045
67. 库玛尔路镶黄旗头佐为本佐披甲精齐讷强夺守节寡妇事的揭帖（满文） … 045
68. 黑河道尹公署文件封皮 … 046
69. 黑河道尹公署为于多三接充旗务员事的饬 … 047
70. 库玛尔路协领为发给官银号踩探金苗人汉满合璧护照事的谕文 … 047
71. 嫩江县行政公署为鄂伦春族子弟就近上学事的咨文 … 048
72. 黑河道尹公署为发给关庆山踩勘金苗满文护照事的信函 … 048
73. 库玛尔路协领公署为造送民国四年下半年津贴办公决算书事的咨文 … 049
74. 黑龙江巡按使公署为发给核准状规则条文事的饬 … 049
75. 黑河道尹公署为具领民国四年七、八、九月津贴事的饬 … 050
76. 库玛尔路协领公署民国四年下半年决算书 … 050
77. 库玛尔路官兵应领民国四年全年俸饷清单 … 051

78. 黑龙江巡按使公署为改年号并示谕官民一体遵照事的饬 ……………… 051
79. 黑河道尹公署、库玛尔路协领公署为具领民国四年七、八、九月
    津贴事的呈文、批文 …………………………………………………… 052
80. 承办库玛尔路新立宏户图屯建房事务佐领来忠为出具接取工钱公文事的呈文
    （满文） ………………………………………………………………… 052
81. 库玛尔路协领公署协领孟喜禄为知照各旗佐民众更改年号事的指令
    （满文） ………………………………………………………………… 053
82. 瑷珲振远金矿有限公司为踩看金矿苗线发给满文护照事的信函 ……… 054
83. 库玛尔路协领公署协领孟喜禄为镶黄旗头佐骁骑校伦吉善来瑷珲城
    接收寻回的鄂伦春族散居民众事的指令（满文） …………………… 054
84. 镇安右将军行署为知照呼伦贝尔副都统衙门印信启用日期事的饬 …… 055
85. 黑河道尹公署为造报库玛尔路协领公署民国三年
    官兵俸饷预决算事的饬 ………………………………………………… 056
86. 管理宏户图屯建房事务佐领来忠为报告建房
    支出情况事的呈文（满文） …………………………………………… 056
87. 黑龙江巡按使公署为知照收抚各路鄂伦春族民众办法事的饬 ………… 057
88. 库玛尔路协领公署为发给各路收抚员收抚鄂伦春族民众护照事的公文 … 057
89. 库玛尔路协领公署为查明鄂伦春族民众回迁数目事的咨文（满文） … 058
90. 黑龙江巡按使公署为分发月份牌事的函 ………………………………… 059
91. 库玛尔路鄂伦春下路收抚员佐领来忠、骁骑校吴富绅出具的
    领取收抚鄂伦春族民众川资的押领 …………………………………… 060
92. 黑龙江财政厅为发给民国四年下半年决算例言及表式事的咨文 ……… 060
93. 黑河道尹公署为发给库玛尔路前任协领徐希廉等
    勋章、奖章、奖牌、执照事的饬 ……………………………………… 061
94. 库玛尔路协领公署为送交徐希廉勋章、奖章、奖牌、执照事的咨文 … 061
95. 爱（瑷）珲县公署为劝募事给孟协领的函 ……………………………… 062
96. 黑龙江省旗务处为将现任军职之旗官衔名备案咨部事的咨文 ………… 062
97. 黑龙江巡按使公署为知照袁世凯撤销帝制事的饬 ……………………… 063
98. 黑龙江巡按使公署为通告沿用民国纪年
    并一切公文程式仍照前令办理事的饬 ………………………………… 063
99. 黑河道尹公署为告知沿用民国纪年并一切公文程式
    仍照前令办理事的函 …………………………………………………… 064
100. 库玛尔路协领公署为严令正白旗二佐骁骑校登古琛
    速将次子送校就学事的批文 …………………………………………… 064
101. 库玛尔路协领公署为斥责正白旗二佐骁骑校登古琛不听指令

		擅自不让次子入学事的咨文（满文）……065
102.	库玛尔路协领公署为发给护照事的指令（满文）……	066
103.	黑龙江财政厅为修改国公债条例事的咨文……	066
104.	黑龙江巡按使公署为劝募民国五年公债并告知办法事的饬……	067
105.	库玛尔路正白旗察尔古善下委官保禄善为解决鄂伦春族民众纠纷事的呈文（满文）……	067
106.	黑河道尹公署为转详奉到勋奖各章日期事的饬……	068
107.	库玛尔路协领公署为镶黄旗二佐骁骑校德齐琛所管事务暂由镶黄旗头佐佐领代理事的咨文（满文）……	069
108.	黑龙江财政厅为造报民国六年预算并发例言表式事的咨文……	070
109.	瑷珲县公署为具报鄂伦春族民众狩猎兼营农牧情形事的咨文……	070
110.	黑河道尹公署关于为培养森林实地调查的饬……	071
111.	库玛尔路协领公署为催促镶黄旗佐领来忠开展有关鄂伦春族民众情况调查事的咨文（满文）……	071
112.	黑河道尹公署、库玛尔路协领公署为领取民国五年前三个月津贴事的呈请、批复……	072
113.	黑龙江巡按使公署为通告朱庆澜兼充滨黑铁路督办事的饬……	072
114.	库玛尔路协领公署为劝导盘古河鄂伦春族民众回归务农事的咨文（满文）……	073
115.	瑷珲县知事为开绳勘丈荒熟地亩事的咨文……	074
116.	黑龙江巡按使公署为批准职官交接清结办法事的饬……	074
117.	来忠为请给马匹烙印事的呈文（满文）……	075
118.	黑龙江省旗务处为知照政府组成人员事的咨文……	076
119.	黑河道尹公署为拨给收抚鄂伦春族民众及建房资费事的饬……	076
120.	库玛尔路上中两路收抚员佐领刚通等为报上游各佐鄂伦春族民众户口册及开垦荒场地图事的呈文……	077
121.	署理库玛尔路正蓝旗事务佐领刚通为补放骁骑校事的呈文（满文）…	077
122.	黑龙江巡按使公署为知照黎元洪接任大总统事的饬……	078
123.	振远金矿有限公司关于为查看金苗请派鄂伦春族官员引路的函……	079
124.	黑龙江旗务处为通饬临时约法仍有效及段祺瑞任国务总理事的咨文…	079
125.	黑龙江旗务处为毕桂芳任省长兼督军事的咨文……	080
126.	黑河道尹公署为知照库玛尔路协领保护振远公司采矿事的饬……	080
127.	黑龙江财政厅为催报民国四年下半年决算事的咨文……	081
128.	黑龙江省公署为公布公文程式事的训令……	081
129.	黑龙江省公署为使用兑换辅币事的训令……	082

130. 爱（瑷）珲邮务局给黑龙江财政厅的挂号信件的回执⋯⋯⋯⋯⋯⋯⋯⋯ 082
131. 库玛尔路镶黄旗佐领来忠为本佐披甲玉吉琛马匹
    被盗事的呈文（满文）⋯⋯⋯⋯⋯⋯⋯⋯⋯⋯⋯⋯⋯⋯⋯⋯⋯⋯⋯⋯ 083
132. 库玛尔路协领为转请拨发本路官兵应领民国五、六两年
    俸饷事的咨文⋯⋯⋯⋯⋯⋯⋯⋯⋯⋯⋯⋯⋯⋯⋯⋯⋯⋯⋯⋯⋯⋯⋯⋯ 084
133. 黑龙江财政厅发布施行的《六厘内国公债条例》⋯⋯⋯⋯⋯⋯⋯⋯⋯ 084
134. 黑河道尹所属黑龙江城八旗民国五年全年支出计算书⋯⋯⋯⋯⋯⋯⋯ 085
135. 库玛尔民国二年至五年各户界内起开荒地垧数及租钱数目清簿⋯⋯⋯ 085
136. 瑷珲县公署为霍尔沁草甸牧场开放等事的咨文⋯⋯⋯⋯⋯⋯⋯⋯⋯⋯ 086
137. 黑龙江财政厅为兑换征收的官贴、银两、羌洋事的咨文⋯⋯⋯⋯⋯⋯ 086
138. 库玛尔路协领公署为兴格补放镶黄旗骁骑校事的训令⋯⋯⋯⋯⋯⋯⋯ 087
139. 库玛尔路协领公署为饬知佐领来忠抄粘前任鄂伦春学校校长
    所呈阻扰学务原呈及整顿鄂伦春学校办法事的训令⋯⋯⋯⋯⋯⋯⋯ 087
140. 库玛尔路协领公署为请设小学、造册具报现有学童姓名年岁
    并筹集经费等事的训令⋯⋯⋯⋯⋯⋯⋯⋯⋯⋯⋯⋯⋯⋯⋯⋯⋯⋯⋯ 088
141. 黑河道尹公署为核议旗租地亩确系官产事的照会⋯⋯⋯⋯⋯⋯⋯⋯⋯ 088
142. 库玛尔路协领公署为省署照准喀尔通地亩免价并缓年升科事的训令⋯ 089
143. 库玛尔路协领公署为请声复移动垦费拨还办法事
    给黑河道尹公署的咨文⋯⋯⋯⋯⋯⋯⋯⋯⋯⋯⋯⋯⋯⋯⋯⋯⋯⋯⋯ 089
144. 黑龙江省长公署为各官署兼职人员不得兼领俸薪事的训令⋯⋯⋯⋯⋯ 090
145. 黑龙江省长公署为知照启用省长大小银印日期事的训令⋯⋯⋯⋯⋯⋯ 090
146. 库玛尔路协领公署为禁止鄂伦春族民众嗜酒聚赌事的布告⋯⋯⋯⋯⋯ 091
147. 库玛尔路协领公署为调委笔帖式钟锦布来城供差事的训令⋯⋯⋯⋯⋯ 091
148. 瑷珲县公署为森林防火事的咨文⋯⋯⋯⋯⋯⋯⋯⋯⋯⋯⋯⋯⋯⋯⋯⋯ 092
149. 黑河道尹公署为禁止商人私运酒品至松树沟一带贩卖事的布告⋯⋯⋯ 092
150. 黑河道尹公署为请领接济鄂伦春族民众款项事的照会⋯⋯⋯⋯⋯⋯⋯ 093
151. 黑河道尹公署为收悉库玛尔路协领转送民国四年十月至十二月
    支出计算书事的照会⋯⋯⋯⋯⋯⋯⋯⋯⋯⋯⋯⋯⋯⋯⋯⋯⋯⋯⋯⋯ 093
152. 正白旗头佐佐领察尔吉善为恳请迈海地方拨留鄂伦春族民众
    生计荒地以资为业事的呈文⋯⋯⋯⋯⋯⋯⋯⋯⋯⋯⋯⋯⋯⋯⋯⋯⋯ 094
153. 库玛尔路协领公署为正白旗头佐佐领察尔吉善劝导迈海附近游猎的
    鄂伦春族民众务农事的训令（满文）⋯⋯⋯⋯⋯⋯⋯⋯⋯⋯⋯⋯⋯ 094
154. 库玛尔路协领公署为告知宏户图、依奚罕鄂伦春族民众
    谨慎用火事的布告（满文）⋯⋯⋯⋯⋯⋯⋯⋯⋯⋯⋯⋯⋯⋯⋯⋯⋯ 095
155. 库玛尔路协领为在喀尔通屯设立鄂伦春族学校

　　　　并造送学童名册事的咨文……………………………………………………096
156. 黑河道尹公署为中华民国与德国断绝外交关系
　　　　并拟定办事细纲事的照会………………………………………………096
157. 黑河道尹公署为补送鄂伦春族民众建房户口及学童名册事的照会……097
158. 厢（镶）黄旗头佐佐领来忠出具的领取瑷珲县公署拨借羌洋的收据…097
159. 黑龙江省西布特哈总管公署为转递错投公文事
　　　　给库玛尔路协领的信函…………………………………………………098
160. 黑龙江通志局为发行呼兰府志事给库玛尔路协领的公函………………098
161. 库玛尔路协领公署为令鄂伦春族兵丁刘金领取缉私殉职兵丁
　　　　赵金等抚恤金并转交家属查收事的札文（满文）……………………099
162. 库玛尔路协领公署为鄂伦春族民众继续开垦库伦河以北土地
　　　　并交付清丈局登记事的咨文（满文）…………………………………100
163. 库玛尔路协领公署为咨详赴上游接济鄂伦春族民众启程日期
　　　　并拨款派员监视事的咨文………………………………………………101
164. 库玛尔路协领公署关于为殉职兵丁赵金等追加抚恤金的咨文…………101
165. 库玛尔路协领公署关于为回族人白利盛被劫一案饬派佐领来忠等
　　　　带兵进山协缉的咨文……………………………………………………102
166. 库玛尔路协领公署为转送更正决算书并接收办公款事的咨文…………102
167. 库玛尔路佐领来忠、骁骑校兴根为本路民众
　　　　领取饷银事的呈文（满文）……………………………………………103
168. 库玛尔路镶白旗佐领包永为领取钱款事的呈文（满文）………………104
169. 库玛尔路镶黄旗头佐骁骑校伦吉善为向本佐关河鄂伦春族民众
　　　　发放饷银事的呈文（满文）……………………………………………105
170. 库玛尔路协领公署领取津贴经费总收据、存根……………………………107
171. 库玛尔路协领公署、黑龙江省长公署为库玛尔路协领公署
　　　　现无应存军械事的呈请、指令…………………………………………107
172. 库玛尔路协领公署为将民间护家枪弹种类数目编号
　　　　造册呈报事的令（满文）………………………………………………108
173. 库玛尔路协领公署为在喀尔通地方筹设第四鄂伦春学校事的咨文……109
174. 库玛尔路协领为领取俸禄事的训令（满文）………………………………109
175. 库玛尔路协领公署为将鄂伦春族民众姓氏源流礼俗人物官业预筹
　　　　生计设学教育各项汇编成册送省备案事的呈文………………………110
176. 库玛尔路协领公署为造送本路民国六年下半年前三个月
　　　　津贴、办公支付预算书及请款凭单事的咨文…………………………110
177. 库玛尔路协领公署为遵查库玛尔路所属现无工商各会

	亦无应填表事的呈文	111
178.	库玛尔路协领公署为本路笔帖式双全病故出缺另请选补事的咨文	111
179.	库玛尔路正白旗佐领台吉善管辖的法别拉、西祥屯鄂伦春族民众枪支登记册（满文）	112
180.	库玛尔路镶白旗头佐佐领德奇琛、正蓝旗二佐骁骑校阿栋阿等为领取钱款事的呈文（满文）	113
181.	库玛尔路镶白旗官兵花名呈册	115
182.	库玛尔路正蓝旗二佐民国三年全年兵饷收据清单	115
183.	库玛尔路协领公署为拨发经费以济办公事的咨文	116
184.	库玛尔路协领公署为恳请交回扣留马匹枪械以免误杠事的咨文	116
185.	库玛尔路协领公署为咨详丈放鄂伦春族民众生计荒地招户分开办法事的咨文	117
186.	库玛尔路协领公署为移送金吉先等人在依溪罕北捡到的两匹红缮（骟）马事的移文	117
187.	署理正蓝旗头佐事务佐领耿退为造册上报本佐男丁情形事的呈文（满文）	118
188.	库玛尔路协领公署为由兵丁照料在核桃沟一带牧养的陆军骑兵三连马匹事的训令	118
189.	库玛尔路协领公署关于为霍尔沁官属牧场草沟划明界址以备往来鄂伦春族民众喂马之需的咨文	119
190.	库玛尔路协领公署为发禁酒布告事的训令	119
191.	库玛尔路正蓝旗头佐佐领刚通为领取钱款事的呈文（满文）	120
192.	库玛尔路协领公署为造送本路官兵民国三年全年俸饷支出计算书表证簿事的咨文	122
193.	库玛尔路协领公署为请拨官兵俸饷事的咨文	123
194.	库玛尔路协领公署为核发民国六年下半年四、五、六月津贴办公费事的咨文	123
195.	库玛尔路协领公署领款总收据、存根	124
196.	库玛尔路八旗协领领取民国三年俸饷存根	124
197.	黑龙江省长公署为缴款项不得装入公文封附寄以免遗失事的训令	125
198.	镶黄旗二佐署理骁骑校阿栋阿为领取西丹图任格一户承袭费用事的呈文（满文）	125
199.	黑龙江省旗务处为造送职官履历事的咨文	126
200.	黑龙江财政厅为统一购领官厅簿记事的咨文	126
201.	黑龙江省长公署为统一购领官厅簿记事的训令	127

202. 黑龙江省旗务处为催报协济各国兵队捐款情形事的咨文…………… 127
203. 黑河道尹公署为催报协济各国兵队捐款情形事的照会…………… 128
204. 黑河道尹公署为征集清代本省诗家名辈所著诗集事的照会………… 128
205. 黑河道尹公署为转省核发库玛尔路官兵民国四年
    俸饷支付预算书并填具请款凭单事的照会 ………………… 129
206. 黑河道尹公署为机关电文力戒冗长事的照会……………………… 129
207. 黑龙江省长公署为北京新民辅成社劝募的公函…………………… 130
208. 黑河道尹公署为领取鄂伦春族佐领保忠等四人勋章事的照会………… 130
209. 黑河道尹公署为将照章支发放荒员司差役薪金
    及办公川资各费备案事的照会 ………………………… 131
210. 瑷珲县公署为调查鄂伦春族民众各事项以筹办教育事的咨文………… 131
211. 瑷珲县公署为禁烟事的咨文………………………………… 132
212. 黑龙江督军公署、黑龙江省长公署为电局收费概照中国银行
    以小洋折合大洋逐日牌价办理事的训令 ………………… 132
213. 嫩江县公署为日军经过事的咨文…………………………… 133
214. 黑河道尹公署为将照章支发奇兴社放荒员司差役薪金工食办公川资
    各费备案事的照会 …………………………………… 133
215. 黑龙江省旗务处为王树翰护理黑龙江督军兼省长篆务
    并接印视事事的咨文 …………………………………… 134
216. 黑河道尹公署为委任黑龙江城正黄旗头佐，
    厢（镶）黄旗二、三佐佐领事的训令……………………… 134
217. 黑河道尹公署为督促针对征集清代诗集一案尽快复函事的照会……… 135
218. 瑷珲县公署为鄂伦春族民众严防胡匪事的咨文…………………… 135
219. 黑龙江省长公署为勿在空白购邮票单据上加盖日戳事的训令………… 136
220. 黑龙江省旗务处为河南等受灾省份劝募的咨文…………………… 136
221. 黑龙江财政厅为颁布各机关领拨库款办法事的公函………………… 137
222. 黑龙江督军署为监查鄂伦春学务委员邱召常前往各路
    督率协佐兴办学务事的训令 …………………………… 137
223. 黑龙江财政厅为颁发民国九年收支预算表式例言事的咨文…………… 138
224. 库玛尔路正白旗头佐佐领察尔吉善为领取
    生计荒地执照事的呈文 ………………………………… 138
225. 库玛尔路正白旗头佐佐领察尔吉善为请领民国四年官兵俸饷
    并造册备案事的呈文 …………………………………… 139
226. 库玛尔路协领公署领款总收据、存根…………………………… 139
227. 镶红旗协领公署为催报旗属户口册事的训令……………………… 140

228.	库玛尔路佐领察尔吉善、保忠为马德保逼勒毛彦案结案并呈领嘉禾章事的禀文	140
229.	库玛尔路协领公署为笔帖式关桂恩因病出缺事的咨文	141
230.	库玛尔路正蓝旗二佐领催委官依吉格为报在富哲建房开荒事的呈文（满文）	141
231.	库玛尔路协领公署造报的霍尔沁前后两屯居户所种熟地垧数及各户姓名清单	142
232.	黑河中国银行为领取库玛尔路协领公署经费事的函	142
233.	镶红旗协领公署为西丹韩富刚补遗出甲缺事的指令	143
234.	黑河道尹所属黑龙江城八旗民国九年全年支出计算书	143
235.	黑龙江省民国九年收支预算书表式例言	144
236.	库玛尔路协领公署领款总收据、存根	144
237.	镶红旗协领公署为西丹姚富和顶补披甲缺事的指令	145
238.	黑河道尹公署委任于多三为本署旗务员的委任令	145
239.	黑河道尹公署委任于多三为本署旗务员的委任令	146
240.	黑河道尹所属黑龙江城八旗民国十年全年支出计算书	146
241.	库玛尔路协领公署请款凭单、存根及领款总收据	147
242.	正蓝旗二佐署佐领关德兴出具的领取民国十六年全年官兵俸饷的印领	147
243.	正蓝旗头佐佐领刚通为补官缺事的呈文（满文）	148
244.	库玛尔路协领公署为催促领取俸禄事的咨文（满文）	149
245.	黑河道尹公署为明泉接办旗务事的指令	150
246.	镶红旗协领公署为关世禄补放领催及徐昶秀补放披甲事的训令	150
247.	库玛尔路协领公署为移送钤记文卷事的移文	151
248.	署理镶黄旗二佐骁骑校伊精额为领取设置台站凭证事的呈文（满文）	151
249.	黑河道尹公署为于多三兼代库玛尔路协领事的训令	152
250.	库玛尔路协领公署为霍尔沁移交事的咨文	152
251.	黑河道尹公署为组建军队编练鄂伦春族兵丁事的照会	153
252.	黑龙江财政厅为按规定价目订购计算预决算各种书表单据事的咨文	153
253.	黑河道尹公署为派员承领库玛尔路民国十一年一月至三月津贴经费事的训令	154
254.	库玛尔路协领公署为派员承领民国十一年一月至三月津贴经费事的呈文	154
255.	库玛尔路协领公署购买办公用品的票据	155

256.	署理镶黄旗头佐事务佐领来忠为本佐骁骑校与正蓝旗头佐骁骑校调任事的呈文（满文）	155
257.	正蓝旗头佐佐领刚通为补充新兵丁事的呈文（满文）	156
258.	黑河道尹公署为造送奖励补缺官员履历事的指令	157
259.	黑河道尹所属黑龙江城八旗民国十一年全年支出计算书	157
260.	正蓝旗头佐兵丁名录册（满文）	158
261.	黑河道尹公署为转发于多三等三人奖章执照事的训令	160
262.	库玛尔路协领公署为转发奖章执照并令得奖各员领讫事的呈文	161
263.	黑河道尹公署为转送库玛尔路协领公署民国十二年前三个月津贴经费支付预算书事的指令	161
264.	库玛尔路协领公署为请开去旗务员兼职另拣员接充事的呈文	162
265.	库玛尔路协领公署为如数接收本路民国十一年七月至十二月办公津贴经费事的呈文	162
266.	镶黄旗头佐佐领来忠为请在空闲时间养病事的呈文（满文）	163
267.	库玛尔路协领公署为催促来本署商议事的公文（满文）	164
268.	库玛尔路协领公署为催促将所领荒地开垦事的布告	165
269.	库玛尔路协领于多三为具报正式就职任事日期事的呈、咨、训令	165
270.	黑河道尹公署为更换库玛尔路协领公署民国十年津贴粘存簿内各月邮费正式单据事的训令	166
271.	瑷珲县农会为报启用公章日期事的公函	166
272.	镶黄旗头佐佐领来忠为请革职事的呈文（满文）	167
273.	黑龙江省旗务处为知照启用绥兰镇守使印信日期事的咨文	167
274.	黑龙江省旗务处为步兵第二旅重炮营印信被盗作废另领新印事的咨文	168
275.	协理正蓝旗二佐骁骑校正连、骁骑校兴根等为请求查证补放官缺虚实事的呈文（满文）	168
276.	黑龙江督军署为铁山包协领公署迁移绥化县西永安镇驻防事的训令	169
277.	黑河道尹公署关于为美国总统逝世致哀的快邮代电	170
278.	黑龙江财政厅为催促编制报送民国十一年岁出入决算表式例言事的咨文	170
279.	黑河道尹公署为严行清剿叛匪事的训令	171
280.	库玛尔路署理镶白旗佐领保忠为本佐骁骑校哲米善引退事的呈文（满文）	171
281.	黑河道尹所属黑龙江城八旗民国十二年全年支出计算书	172
282.	沿江邮站车票	172

283.	库玛尔路协领公署往来函件的信封（满汉文）	173
284.	库玛尔路协领公署为托克托珲补厢（镶）黄旗骁骑校遗缺事的呈文	173
285.	黑龙江省旗务处为颁发奖章收费办法事的咨文	174
286.	齐黑邮站、沿江邮站车票	174
287.	库玛尔路协领公署出具的领取民国十二年七月至十一月津贴经费的印领	175
288.	镶红旗协领公署为姚万钟拣放镶红旗佐领并将接收日期呈文备案事的训令	175
289.	库玛尔路协领公署为更正复送民国十年下期三个月、民国十一年上期六个月津贴经费计算书表簿事的呈文	176
290.	库玛尔路协领为领取饷银事的咨文（满文）	176
291.	署理正蓝旗头佐骁骑校伦吉善为收抚众官员事的移文（满文）	177
292.	托拉哈为禀请缓报户口册并禀报领催吉木德抗令不传且不听规劝事的信函	178
293.	署理佐领伦吉善为接受移交事的咨文（满文）	178
294.	黑河道尹公署为谭宝善拟具安抚栖林善后办法事的训令	179
295.	库玛尔路协领公署为购置计算预算用纸事的信函	180
296.	厢（镶）黄旗头佐佐领音吉善为造送本旗户口清册事的呈文	180
297.	库玛尔路协领公署购置办公用品票据	181
298.	黑河道尹所属黑龙江城八旗民国十三年全年支出计算书	181
299.	库玛尔路协领公署挂号邮件收据	182
300.	正蓝旗头佐佐领伦吉善、二佐佐领关德兴、本部骁骑校吴永忠为请示官服样式事的呈文（满文）	182
301.	正蓝旗头佐佐领伦吉善为本佐补缺名额事的呈文（满文）	183
302.	黑河道尹公署为增加鄂伦春游击队官兵俸饷事的训令	183
303.	正蓝旗头佐佐领伦吉善为委任杨玉亭为本佐骁骑校事的呈文（满文）	184
304.	正蓝旗头佐佐领伦吉善为报送领取奖章者及本佐人丁数量事的呈文（满文）	185
305.	正蓝旗二佐佐领关德兴为吴永忠补放骁骑校事的呈文（满文）	186
306.	库玛尔路协领公署为署理骁骑校吴永忠补放骁骑校事的指令（满文）	187
307.	黑河道尹公署为更正黑龙江城八旗民国十二年官兵俸饷支出计算书表簿咨送核办事的指令	188
308.	镶白旗头佐佐领阿栋阿为上报本部领催、骁骑校、披甲名册事的呈文（满文）	188
309.	黑河道尹公署为领取民国十三年八旗官兵俸饷事的训令	189

310. 库玛尔路协领公署出具的领取八旗官兵民国十三年俸饷的印领 ……… 190
311. 黑龙江城正红镶蓝旗协领署为因协领顺保请假两个月本署
    拟派署佐领士连代拆代行日行文件事的呈文 …………………………… 190
312. 黑河道尹公署为照准因正红厢（镶）蓝旗协领顺保请假
    该旗日行文件由佐领士连代行事的指令 ………………………………… 191
313. 黑河道尹公署为具领转发因剿匪阵亡受伤人员经费事的训令 ………… 191
314. 关河副督尉超齐琛为搜查山地贼讯事的呈文（满文）………………… 192
315. 关河副督尉超齐琛为交还以开关隧之北淘金厂的
    枪弹事的呈文（满文）…………………………………………………… 192
316. 署理正蓝旗二佐佐领关德兴为恳请批准养病
    并拟交领催暂作代理事的呈文 …………………………………………… 193
317. 黑龙江省长公署政务厅为各机关填报目录和表式事的公函 …………… 194
318. 黑河道尹所属黑龙江城八旗民国十四年全年支出计算书 ……………… 194
319. 库玛尔路鄂伦春游击队民国十四年下期一月至六月经费支付预算书 … 195
320. 库玛尔路鄂伦春游击队官兵民国十四年三月十五日起薪饷粘存簿 …… 195
321. 库玛尔路协领公署购货票据 ……………………………………………… 196
322. 黑河道尹公署为更正黑龙江城八旗官兵民国十三年
    俸饷支出计算书单据事的训令 …………………………………………… 196
323. 库玛尔路鄂伦春族民众使用鸟枪铅弹数目
    及剩余铅弹数目清册（满文）…………………………………………… 197
324. 镶黄旗二佐署理佐领超齐琛为鄂伦春游击队鸟枪被收回事的
    呈文（满文）……………………………………………………………… 198
325. 鄂伦春宽河游击队出具的领取军衣的收据 ……………………………… 199
326. 鄂伦春游击队队长正连为具报领发军衣日期事的呈文 ………………… 199
327. 库玛尔路协领公署为填送本路职员表事的复函 ………………………… 200
328. 黑龙江省长公署为报送山林剿匪兵队驻地兵力等事的训令 …………… 200
329. 黑河道尹公署为道尹因公务到省本署公务委托秘书兼第一科科长
    王述文代行办理事的训令 ………………………………………………… 201
330. 库玛尔路协领公署发给宽河游击队副队长超齐琛
    解缴枪支子弹的护照 ……………………………………………………… 201
331. 库玛尔路协领公署为超齐琛解缴枪弹因缺零件驳回协署暂存听候指示
    再行送交事的指令（满文）……………………………………………… 202
332. 库玛尔路协领公署为填送鄂伦春游击队驻防地点表事的呈文 ………… 203
333. 黑龙江省长公署为填送鄂伦春游击队驻防地点表事的指令 …………… 203
334. 库玛尔路协领公署为报送本路调查表事的咨文 ………………………… 204

编号	标题	页码
335.	黑龙江全省旗务处为中央政变咨部文件暂存缓发事的公函	204
336.	黑河道尹公署为各机关所发官电停止记账改收现费事的训令	205
337.	黑河道尹公署为山林水上游击队饷捐改征现大洋事的训令	205
338.	关河游击队副都尉超齐琛为领取饷银事来揭（满文）	206
339.	黑河道尹公署为将前代及民国以来所存废印呈送本署事的训令	206
340.	黑河道尹公署为填报瑷（珲）城四协领，二十六佐领、骁骑校历任衔名查照表事的训令	207
341.	库玛尔路游击队民国十五年、民国十六年计算经费单据粘存簿	207
342.	库玛尔路协领公署为本署现无前代及民国以来所存废印事的呈文	208
343.	署理库玛尔路正蓝旗二佐佐领关德兴为报颁发布告事的呈文	208
344.	黑龙江城正红镶蓝两旗协领为填报两旗调查表覆（复）请核转事的呈文	209
345.	库玛尔路协领公署购物票据	209
346.	黑河道尹所属黑龙江城八旗民国十五年全年支出计算书	210
347.	库玛尔路协领公署领款存根及购物票据	210
348.	黑河道尹公署为收悉鄂伦春游击队补送十月至十二月支付预算书事的训令	211
349.	库玛尔路协领公署为各金矿公司设法接济鄂伦春游击队事给各金矿公司的公函	211
350.	库玛尔路协领公署为派兵巡查缉匪、严禁山民携带枪械、官兵不准扰害良善事的布告（满汉文）	212
351.	东北陆军骑兵第三十八团补充营一连为请吴寿纲来连队处理亡兵关振海遗物事的公函	212
352.	库玛尔路协领公署为回复一连将关振海遗物变价汇交本署以转交吴寿纲事的公函	213
353.	库玛尔路协领公署为镶白旗头佐骁骑校正连因案被押开释无期拟请剥夺职务另行拣员补放事的呈文	213
354.	署理正蓝旗头佐佐领达克西为报本佐骁骑校吴福克拟任职办理事务日期事的呈文（满文）	214
355.	黑河道尹公署为于多三等五人因六年俸满以副都统记名候批事的训令	215
356.	库玛尔路协领公署为申请发给新编本省文官职员录事的公函	215
357.	署理库玛尔路正蓝旗头佐佐领为接收佐领钤记事的咨文（满文）	216
358.	正蓝旗二佐佐领关德兴为报到达任职地事的呈文（满文）	217
359.	正蓝旗二佐佐领关德兴为委派他人接替吴永忠办理事务事的呈文（满文）	218

360. 库玛尔路协领公署为委任功额布为该佐骁骑校
     以补遗缺事的令（满文） ·· 219
361. 库玛尔路鄂伦春游击队民国十五年兵饷收据清单 ············· 219
362. 署理正蓝旗头佐佐领玉古善为转交前任佐领图记事的呈文（满文）··· 220
363. 库玛尔路协领公署为山林游击队队长音吉善带兵进省承领子弹事
     发给的护照 ·· 221
364. 库玛尔路协领公署为佐领保忠病故报请优恤并查明骁骑校吴存才
     履历事的呈文、令 ··· 221
365. 库玛尔路协领公署为催拨民国十七年一月至六月薪津经费事的咨文··· 222
366. 黑河道尹所属黑龙江城八旗民国十七年全年支出计算书 ········ 222
367. 厢（镶）黄旗头佐佐领音吉善为因本佐骁骑校兴格病故
     恳请开缺拣员补任事的呈文 ··································· 223
368. 黑河道尹公署为黑龙江军务督办吴泰来调离由万福麟代理事的训令··· 223
369. 黑河道尹公署为张学良代理督办奉天军务事的训令 ············ 224
370. 署理正蓝旗头佐佐领伦吉善为本佐兵丁补缺事的呈文（满文）····· 224
371. 署理正蓝旗头佐骁骑校功额布为补放任职事的指令、呈文（满文）··· 225
372. 黑河道尹公署为各机关填报目录和表式事的公函 ············· 226
373. 黑河市政筹备处为黑龙江城八旗官兵领取民国十七年
     全年俸饷事的公函 ··· 226
374. 库玛尔路协领公署购物票据 ··································· 227
375. 库玛尔路协领公署为送达音吉善婚姻案开庭传票事的公函 ····· 227
376. 正蓝旗头佐署佐领伦吉善出具的领取民国十五年
     全年官兵俸饷的印领 ·· 228
377. 厢（镶）白旗二佐代理佐领吴永福为报前任佐领病故事的呈文 ··· 228
378. 黑河道尹公署为报送病故佐领保忠履历转请抚恤事的公函 ····· 229
379. 库玛尔路协领公署为催报接收佐领图记视事日期事的训令 ····· 229
380. 黑龙江省政府为督饬各属注意查阅新编省政府公报事的训令 ··· 230
381. 黑龙江省政府为派定省政府公报订阅份数并制定缴费办法事的训令··· 230
382. 黑龙江驻省事务所为本年军衣不能发放由协领公署
     自行制作事的公函 ··· 231
383. 黑河市政筹备处为委托库玛尔路协领公署代为发放
     黑龙江城八旗官兵民国十六年俸饷事的公函 ················· 231
384. 库玛尔路正黄旗三佐领催、披甲花名册 ······················ 232
385. 黑龙江省政府为查明在省设立鄂伦春办公处一事的训令 ······ 232
386. 库玛尔路协领公署文件封皮 ··································· 233

387.	黑龙江省政府为抄发服制条例事的训令	233
388.	黑龙江省政府为催报机关职员履历事的训令	234
389.	黑河市政筹备处长兼交涉员关于为总理奉安志哀的公函	234
390.	署理镶黄旗佐领措齐参为请求本佐领催图吉善协助办理公务事的呈文（满文）	235
391.	库玛尔路协领公署关于通告为总理奉安下半旗缠纱止宴乐七日的训令	236
392.	黑龙江省旗务处为通告党国旗悬挂位置事的咨文	236
393.	厢（镶）黄旗二佐佐领措齐参为本佐披甲音德善、察依吉善补放领催事的呈文（满文）	237
394.	镶黄旗佐领伦吉善为报十八站鄂伦春族民众情况事的呈文（满文）	238
395.	关河镶黄旗二佐骁骑校孟通善为保管佐领之印事的呈文（满文）	239
396.	黑河市政筹备处借用连珠枪号码清单	240
397.	黑河道尹所属黑龙江城八旗民国十八年全年支出计算书	240
398.	黑河市政筹备处为知照省政府节约支出办法事的训令	241
399.	关河副督尉孟通善为接收并掌管佐领印信事的呈文（满文）	241
400.	黑龙江省政府秘书处为查收本省文官职员录事的公函	242
401.	关河副督尉佐领孟通善为报领催关庆祥办理汉文公文事务等事的呈文（满文）	243
402.	正蓝旗三佐佐领高德参为所属九户鄂伦春族民众迁移事的呈文（满文）	244
403.	黑龙江省政府秘书处为收到职员录工本费事的公函	245
404.	瑷珲县政府传达处、收发处文件回收单	245
405.	关河副督尉孟通善为报寻得丢失马匹事的呈文（满文）	246
406.	瑷珲县公安局为编订全国行政区划表并调查特殊行政组织事的公函	247
407.	黑龙江城八旗协领署为催拨民国十七年官兵俸饷事的咨文	247
408.	黑河市政筹备处为咨请财政厅核发民国十七年官兵俸饷事的公函	248
409.	黑河市政筹备处为九户鄂伦春族民众愿归佐领滚都山管辖事的公函	248
410.	署理正蓝旗头佐佐领伦吉善呈文封皮（满汉文）	249
411.	黑龙江城正红旗协领署为将委任骁骑校吴双洞署理本旗三佐佐领备案事的咨文	250
412.	黑河市政筹备处为函复骁骑校吴双洞署理佐领备案事的公函	250
413.	库玛尔路协领公署出入公款簿	251
414.	黑龙江城正红旗三佐佐领吴双洞出具的领取民国十七年官兵俸饷的图领	251

415. 厢（镶）白旗二佐佐领吴永福等为将省立第三鄂伦春学校
　　 迁移备案事的呈文 ·· 252
416. 库玛尔路协领公署为拟定转送公文办法并遵照办理事的训令 ········· 252
417. 黑河市政筹备处为知照代理处长齐肇豫接任视事日期事的训令 ······· 253
418. 吴盛斋为送回地亩撤典文稿事给于多三的信函 ·························· 253
419. 王静修等为沿边各县实施免税等措施事给于多三的信函 ··············· 254
420. 库玛尔路协领公署为函复挑鄂伦春族兵巡山堵击胡匪事的公函 ······· 254
421. 黑龙江城镶黄正白旗协领公署为镶黄旗二佐、正白旗头佐图记
　　 交由各署任官员收领事的咨文 ······································· 255
422. 镶蓝旗三佐所有官员接收俸饷画押凭据（满文）························· 255
423. 黑河市政筹备处为催促填报旗属户口事的训令 ··························· 256
424. 库玛尔路协领公署为正蓝旗三佐佐领滚都山强留不予遣返
　　 鄂伦春族户事的咨文 ·· 256
425. 镶蓝旗二佐佐领周文明为查报本佐户口清单事的呈文 ················ 257
426. 库玛尔路协领公署为分拨黑龙江城八旗官兵民国十八年俸饷
　　 并令各旗领取事的咨文 ·· 257
427. 库玛尔路协领公署往来公文封皮 ·· 258
428. 瑷珲县财政局出具的库玛尔路协领公署代付杂捐票费的收据 ··········· 258
429. 正蓝旗二佐署理佐领关德兴为详查本佐鄂伦春族人丁马匹数目事的
　　 呈文（满文）··· 259
430. 佐领伦吉善、关德兴为登棱福前来归化事的呈文（满文）············· 260
431. 库玛尔路协领公署购买邮票凭单 ·· 261
432. 黑龙江省政府教育厅为佐领吴永福、乌托等呈请省立第三鄂伦春学校
　　 在喀尔通屯修盖校舍以便就学事的咨文 ····························· 261
433. 山林游击队正队长音吉善为具报侦查胡匪情形事的呈文 ··············· 262
434. 黑河警备司令部参谋处为调查鄂伦春族人口数目、住所、兵力等事的
　　 公函 ·· 262
435. 宏户图屯库玛尔路鄂伦春游击队为本队应用书记
　　 暨递送公文差役办法事的呈文······································· 263
436. 黑河警备司令部为报收悉应用书记暨递送公文差役办法
　　 并仍按以前办法施行事的指令······································· 263
437. 正蓝旗二佐署理佐领关德兴为领取官兵俸禄并报送本佐所属
　　 西郝穆屯户籍、人口、兵丁、官缺数量统计清册事的呈文（满文）··· 264
438. 佐领关德兴为报查明经营买卖商铺事的呈文（满文）················· 265
439. 正蓝旗头佐佐领伦吉善、二佐佐领关德兴为设立鄂伦春自治村

	屯垦兴学事的呈文	266
440.	库玛尔路山林游击队为请发皮制军衣帽等物事的呈文	266
441.	黑河警备司令部为应准照发皮制军衣帽等并库玛尔路游击队赴呼玛第七中队承领事的训令	267
442.	库玛尔路协领公署为造送民国二十一年十月至十二月薪津经费支出预算书暨请款凭单事的呈文	267
443.	库玛尔路山林游击队队长音吉善为具报出发剿匪日期事的呈文	268
444.	古德善为请教用人等事的呈文（满文）	268
445.	黑龙江黑河警备司令部为催报军事用款事的快邮代电	269
446.	库玛尔路鄂伦春协领公署民国二十一年三月经费清册	270
447.	黑河市政筹备处为骁骑校吴祯祥补放佐领事的公函	270
448.	黑河市政筹备处为转发吴祯祥补放佐领委任状事的训令	271
449.	黑龙江省政府财政厅为在黑河组织成立关防并启用临时印信事的公函	271
450.	厢（镶）黄旗头佐佐领音吉善等为声报雨水成灾农田被淹情形事的呈文	272
451.	黑龙江城正蓝旗协领公署为骁骑校吴双洞补放佐领等事的指令	272
452.	署理正蓝旗二佐佐领于文华为具报接收署理佐领图记及任事日期事的呈文	273
453.	黑龙江全省旗务处为抄发各机关应行移交事项会议记录事的咨文	273
454.	库玛尔路协领公署公文封皮（满汉文）	274
455.	黑龙江全省旗务处为详造裁缺休致职官姓名及孤寡人数清册事的咨文、批签	274
456.	库玛尔路游击队官兵枪支统计表	275
457.	库玛尔路协领公署为兴农练兵救济鄂伦春族民众事的呈文	275
458.	库玛尔路协领公署支款凭单	276
459.	库玛尔路协领公署民国二十年、民国二十一年支付预算书	276
460.	黑河市政筹备处为收抚鄂伦春族民众并赈济粮食事的公函	277
461.	东省特别区区立工业第一职业学校开学通知书	277
462.	厢（镶）白旗二佐为报请成立鄂伦春自卫游击队事的呈文	278
463.	黑龙江全省旗务处为知照民国十九年、民国二十年俸饷归财政厅清理处办理并令于民国二十一年七月以后办理应领俸饷手续的机关派员来处办理事的咨文	278
464.	库玛尔路厢（镶）白旗二佐户口清册	278

465.	正蓝旗二佐佐领关德兴为制作匾联事给库玛尔路协领公署周文治的信函	279
466.	黑河市政筹备处为因积欠八旗官兵自民国十九年起至民国二十年止两年俸饷呈请省署优先拨发事的公函	279
467.	瑷珲县公署为请库玛尔路协领公署转递公文事的公函	280
468.	黑龙江陆军骑兵第三旅司令部为佐领乌托投诚事的公函	280
469.	黑龙江城镶蓝旗协领公署为骁骑校索文聚任署理佐领事的指令	281
470.	黑龙江城镶蓝旗协领公署为催送佐领图记案卷事的训令	281
471.	署理厢（镶）蓝旗佐领索文聚为具报接印视事日期事的呈文	282
472.	黑龙江城镶蓝旗协领公署为骁骑校索文聚任署理佐领事的咨文	282
473.	黑龙江省公署驻黑办事处为喀尔通地方行政司法等事项仍归嫩江县第四区管辖事的公函	283
474.	漠河县政府兼管鄂伦春事务为调查正蓝旗三佐佐领滚都山劫留鄂伦春族民众事的公函	283
475.	库玛尔路协领公署为请所编保甲自卫团暂缓办理事的呈文	283
476.	库玛尔路民国二十二年官兵暨经费补助支配表	284
477.	黑龙江城八旗官兵领取民国二十二年补助费花名册	284
478.	旗务处及各城旗协领民国二十二年经费补助表	285
479.	黑龙江陆军骑兵第三旅司令部文件回收单	285
480.	陈连悦为筹办粜粮救济拟送纪念物品事的信函	286
481.	黑龙江全省旗务处为调查各城旗署户口等事的咨文	286
482.	库玛尔路协领公署为分派兵丁并编为铁道援护马队事的训令	287
483.	正黄旗头佐佐领伦吉善为领发饷钱事的揭文（满文）	287
484.	鸥浦县公署为关德兴、伦吉善两位佐领声援剿匪有功嘉叙事的公函	288
485.	库玛尔路厢（镶）白旗二佐佐领吴永福为请暂缓验枪发照事的呈文	288
486.	镶白旗二佐佐领吴永福、正白旗头佐佐领吴常贵等为恳请恢复省立第三鄂伦春学校并发给经费事的呈文	289
487.	库玛尔路协领公署为正蓝旗二佐骁骑校孟吕捆请孝假一年由委官领催阿巴章阿代理事的呈文	289
488.	正红旗三佐佐领吴祯祥为报领催李常猷病故拟由披甲吴文生补放事的呈文	290
489.	库玛尔路协领公署为喀尔通屯佐领吴永福、迈海屯佐领吴常贵赴黑河来署面商讨伐胡匪事宜事的训令	290
490.	黑龙江城镶蓝兼正红旗协领公署为照准吴文生补放领催事的指令	291

491. 黑龙江省公署为查复未收缴鄂伦春族民众枪械并听凭自由打猎等情的
训令 ··· 291

492. 黑龙江全省旗务处为造送民国二十二年岁出决算书及职员官兵孤寡
姓名与年领款数清册事的咨文 ·· 292

493. 佐领明善为使用"康德"年号事的呈文（满文）································ 292

494. 库玛尔路协领公署为报送民国二十二年官兵员役领过补助费
决算表册事的咨文 ··· 293

495. 库玛尔路协领公署为上报有关鄂伦春族人丁、鸟枪、骒马、田垧、
房屋等事的指令（满文）··· 294

496. 库玛尔路协领公署为开会面议维持鄂伦春族民众生计办法事的训令 ··· 295

497. 库玛尔路协领公署为佐领音吉善因公赴黑河守备队发给的护照 ········ 295

498. 镶蓝旗头佐佐领伦吉善为接收发放
民国二十三年饷银事的揭文（满文）··· 296

499. 库玛尔路正蓝旗二佐佐领关德兴出具的领取民国二十三年上期半年
官兵补助费的印领 ··· 297

500. （伪）国务院、日本关东军司令部等申请设立（伪）满洲兴东省份草稿 ··· 297

501. 库玛尔路民国二十三年上期官兵暨协领公署办公补助费支配表 ········ 298

502. 库玛尔路协领公署往来挂号邮件凭单 ·· 298

503. （伪）黑河省公署为添设旗务处或旗务科暂从缓议事的指令 ············ 299

504. 毕拉尔路协领公署为报送各佐领骁骑校花名册及各佐户数清单
以凭汇转事的信函 ··· 299

505. 库玛尔路协领公署为选送五名鄂伦春族儿童学习日文事的信函 ········ 300

506. 库玛尔路迈海正白旗头佐马匹数目清册 ·· 300

507. 库玛尔路协领公署为规定协署暨官兵应领民国二十三年下期六个月
补助费发给期限事的呈文 ·· 301

508. 库玛尔路镶黄旗头佐户口清册 ·· 301

509. 库玛尔路迈海正白旗头佐土地被毁及撂荒户主花名清册 ··················· 302

510. 库玛尔路协领公署为催促西山佐领正连、音吉善领取火药事的训令 ··· 302

511. 库玛尔路协领公署为转报正蓝旗二佐佐领取呼玛县署转发火药
及鄂伦春族兵丁引道缉拿胡匪情形事的呈文 ································· 303

512. 库玛尔路协领公署为委托索世绵代领民国二十三年下期六个月
补助费事的呈文 ··· 303

513. 黑龙江城八旗协领为民国二十三年下期六个月补助费委托索世绵
代领汇瑷事的呈文 ··· 304

514. 库玛尔路镶白旗二佐佐领民众所住房屋表 ·· 304

515. 库玛尔路协领公署挂号邮件凭单、收件回执……305
516. 库玛尔路协领公署为转报正蓝旗二佐声请围猎困难恳请补助开垦费
　　以弃猎习农事的呈文……305
517. 鄂伦春镶白旗二佐佐领吴永福等为鄂伦春族民众迁移事的呈文……306
518. （伪）黑河省省长为因协领姚玉仓病故出缺由镶白旗二佐佐领张召春
　　护理事的指令……306
519. 库玛尔路协领公署为转报正白旗、厢（镶）黄旗请拨赈济
　　以救民命事的呈文……307
520. （伪）黑河省公署为因鄂伦春族民众生计困苦申请赈济事的指令……307
521. 正蓝旗二佐佐领关德兴为领取民国二十四年补助事的呈文（满文）……308
522. 正巡官音吉善为禀告库玛尔路宏户图地方改编为警察分驻所
　　并委发巡官月薪事的信函……309
523. 库玛尔路协领公署往来公文信函封皮……309
524. 嫩江县迈海屯正白旗头佐佐领吴常贵呈报的枪号码册表……310
525. 复新写真馆郭铭久为照像（相）事给鄂伦春协领公署徐常寿的信函……310
526. 镶白旗二佐佐领张召春为具报接收正黄旗、镶红旗协领图记、
　　卷宗簿册日期及缮具履历事的呈文……311
527. 佐领伦吉善为领取民国二十五年六月旗务处补发俸钱事的
　　咨文（满文）……311
528. 库玛尔路协领公署正蓝旗头佐佐领伦吉善领资的信封（满文）……312
529. 库玛尔路镶白旗二佐户口姓名年岁清册……312
530. 正白旗头佐等花名枪支号码数目清册……313
531. 库玛尔路镶黄旗头佐佐领吴音吉善呈报的鄂伦春族民户马匹、地亩、
　　房间、围基清册……313
532. 正蓝旗头佐佐领伦吉善等为送交文书事的呈文（满文）……314
533. 库玛尔路协领公署关于恢复为原省立鄂伦春初高小学校拨款的
　　呈文……315
534. 黑龙江旗务处文件回收单……315
535. 佐领伦吉善、骁骑校苏禄善为查明援助种马事的呈文（满文）……316
536. 库玛尔路协领公署为通告四旗八佐领民国二十五年上半年
　　官兵补助费事的训令……317
537. 正蓝旗头佐佐领伦吉善等为交付事的呈文（满文）……317
538. 库玛尔路协领公署为请领民国二十五年补助费派员领讫查照事的
　　咨文……318
539. 库玛尔路正白旗二佐佐领正连出具的领取民国二十四年下期六个月

	补助费的印领	319
540.	库玛尔路协领公署为催正白旗头佐佐领等将西山暂居各户迁移至三站南河地方居住事的训令	319
541.	库玛尔路协领公署为霍尔沁屯民户收租事的咨文	320
542.	库玛尔路协领公署为正白旗头佐居住迈海屯各户全部迁移至三站南河地方居住事的呈文	320
543.	法别拉正白旗二佐官兵花名清册	321
544.	库玛尔路协领公署为催促各佐领取民国二十五年下期补助费事的训令	321
545.	库玛尔路协领公署发给的收租执据存根	322
546.	厢（镶）白旗二佐佐领吴永福出具的领取补助费的印领	322
547.	正蓝旗二佐佐领关德兴为携各佐官员前往协领公署收获皮子领取补助费事的呈文（满文）	323
548.	库玛尔路鄂伦春正白旗头佐猎枪号码清册	324
549.	库玛尔路鄂伦春正白旗头佐官兵花名册	324
550.	正白旗头佐佐领吴常贵为迁移落户事的呈文	325
551.	龙江全省旗务处为黑龙江城各旗骁骑校中有安顺等四人病故出缺并旗佐衔名分别抄送粘文事的咨文	325
552.	正蓝旗头佐佐领孟伦吉善为将本佐佐领、兵丁姓名登记造册事的呈文（满文）	326
553.	黑龙江城正红镶蓝两旗协领公署为催促遵办事的训令	328
554.	三道卡邮政代办所为邮件积压事给瑷珲邮局局长的公函	329
555.	黑龙江城正蓝旗二佐官兵职别姓名住所调查表	329
556.	黑龙江城正红镶蓝两旗协领公署为调查各城八旗官兵职别姓名年龄住所事的令	330
557.	（伪）龙江省司令部为调查各城满洲八旗公有一切财产事的令	330
558.	黑龙江城八旗补助费交付申请书	331
559.	库玛尔路鄂伦春各佐民国二十六年户口细数一览表	331
560.	库玛尔路鄂伦春正白旗头佐猎枪数目号码清册	332
561.	库玛尔路鄂伦春正白旗头佐户口清册	332
562.	库玛尔路鄂伦春正白旗头佐马匹清册	332
563.	库玛尔路正蓝旗二佐佐领关德兴为禀告本佐初等小学校情况事的公函	333
564.	厢（镶）黄旗头佐披甲表	333
565.	库玛尔路协领公署为调查初级小学是否存在并催促回复事的训令	334

566. 黑龙江城八旗协领公署为领取官兵俸饷补助费事的呈文、委托书……334
567. 库玛尔路协领公署为霍尔沁民众租公地纳租事的公函……335
568. 沈廷荣给库玛尔路协领于多三的信……335
569. 库玛尔路协领公署为寻获在逃警兵并知照送交问罪办法事的训令……336
570. 库玛尔路协领公署委托关德兴调查阿栋阿因故出缺并栋员接办事的训令……336
571. 民国二十七年鄂伦春族民众出国境表……337
572. （伪）龙江省公署关于八旗办公官房势将坍塌拟请拆卖变价等情的指令…337
573. （伪）瑷珲公立国民优级学校、国民学校为举行毕业典礼邀请参加指导事的公函……338
574. 黑龙江城正蓝旗二佐分放官兵民国二十八年上、下期一年补助费清册……338
575. 正蓝旗头佐佐领孟寿禄善、骁骑校谭常泰呈报库玛尔路协领公署的枪械号码调查表……339
576. 正蓝旗头佐佐领孟寿禄善、骁骑校谭常泰呈报库玛尔路协领公署的户口调查簿……339
577. 厢（镶）白旗二佐猎枪数目号码清册……340
578. 正蓝旗二佐佐领包尔莫为封存办理事务记录册事的咨文（满文）……340
579. 黑龙江城八旗协领公署为恳请拨发民国二十九年补助费事的呈文……341
580. （伪）瑷珲国境警察队为任命栖林族佐领事的公文……341
581. 霍尔沁屯官地经理姚玉恒出具的领取收租辛（薪）金的收领……342
582. 库玛尔路协领公署为本署霍尔沁屯官地收租加增数目事的公函……342
583. 吴锦秀为土地买卖事给库玛尔路协领于多三的函……343
584. 黑龙江城八旗协领公署、（伪）黑河省公署为照章领取民国二十九年补助费事的呈文、公函……343
585. 镶黄旗二佐鄂伦春民族户口簿……344
586. 黑龙江城正蓝旗二佐分放官兵民国二十九年上、下期一年补助费册…344
587. 黑龙江城八旗协领公署为恳请拨发民国三十年补助费事的呈文………345
588. 库玛尔路协领公署发给的收租执据存根……345
589. 正蓝旗头佐佐领孟寿禄善呈与库玛尔路协领公署的户口名簿……346
590. 正蓝旗头佐佐领孟寿禄善呈与库玛尔路协领公署的枪械号码簿……346
591. 正红旗头佐佐领福明出具的领取民国二十九年补助费的印领……347
592. （伪）瑷珲县瑷珲公立国民优级学校为推荐父兄会役员及特别会员事的公函……347
593. （伪）瑷珲县瑷珲公立国民优级暨国民学校为体育周期运动大会延期事的

	公函	348
594.	（伪）瑷珲城佛教会支部筹备处为邀请库玛尔路协领于多三参加支部成立式典事的函	348
595.	黑龙江城八旗协领公署为职员任免事的呈文	349
596.	谭常泰为请求赐给满汉话本以便施教事给协领大人的信函	349
597.	库玛尔路正蓝旗头佐佐领孟寿禄善呈与协领公署的户口簿	350
598.	黑龙江城八旗协领公署为恳请发给本城各旗应领民国三十一年补助费支票事的呈文	350
599.	黑龙江城八旗补助费交付申请书、受领书	351
600.	镶黄旗二佐围枪数目号码表	351
601.	库玛尔路协领公署发给的收租存根	352
602.	黑龙江城正红镶蓝旗协领公署为镶蓝旗三佐署佐领索文聚病故遗缺委派正红旗二佐骁骑校孟安升护理事的呈文	352
603.	黑龙江城正红镶蓝旗协领公署为委任孟安升为镶蓝旗三佐佐领并接收佐领图记事的令	353
604.	（伪）瑷珲城保长为举行敬老会事的召请状	353
605.	（伪）协和会瑷珲城联合分会为开催协议会事的通知	354
606.	正蓝旗头佐佐领孟寿禄善等呈与协领公署的户口马匹围枪清册	354
607.	护理正红旗二佐佐领孟安升出具的领取民国三十一年补助费的印领	355
608.	库玛尔路协领公署发给的收租存根	355
609.	黑龙江城八旗协领公署为本城正白旗协领郭福兴病故遗缺由佐领吴祯祥接护事的呈文	356
610.	黑龙江城正白旗协领公署关于接收协领图记护理任事的公函	356
611.	库玛尔路正蓝旗头佐户口名簿	357
612.	（伪）龙江省八旗旗务处为召开各旗协领会议事的公函	357
613.	黑龙江城八旗协领公署为恳请拨发本城各旗应领民国三十二年补助费并交协领顺保承领事的呈文	358
614.	库玛尔路厢（镶）红旗四佐官兵名表	358
615.	黑龙江城镶蓝旗协领衙门札镶蓝旗三佐领催额特和福为催送事的指令（满文）	359
616.	黑龙江城正红旗兼镶蓝旗协领公署札镶蓝旗二佐署理佐领葛全连为回复催促治理事的指令（满文）	360
617.	库玛尔路镶黄旗三佐佐领杨凌玉呈报的领催名册	361
618.	库玛尔路协领公署往来公文封皮	361
619.	库玛尔路协领公署为因鄂伦春国民学校缺少满汉合璧书籍	

	请将存书内准予捡出借用事的公函	362
620.	黑龙江城镶蓝旗协领公署札镶蓝旗二佐佐领葛全连为加紧发放银两事的指令（满文）	362
621.	（伪）瑷珲县瑷珲村为召开村预算编成打合会事的公函	363
622.	（伪）瑷珲县瑷珲村为实施防空训练事的公函	364
623.	黑龙江城八旗协领公署为恳请拨发各旗应领民国三十三年补助费并交协领顺保承领事的呈文	364
624.	黑龙江城八旗协领公署为仍请就近代为承领本城应领民国三十三年补助费事的公函	365
625.	黑龙江城八旗协领公署为本城正白旗协领吴祯祥病故遗缺举以佐领关锡麟接护事的呈文	365
626.	黑龙江城正白旗兼镶黄旗协领公署为接收图记卷宗事的公函	366
627.	黑龙江城八旗补助费受领书、支付申请书	366
628.	黑龙江城八旗官兵应领民国三十三年一年补助费分配细表	367
629.	库玛尔路正蓝旗二佐户口名簿	367
630.	正蓝旗头佐佐领孟寿禄善、骁骑校谭常泰呈与库玛尔路管理鄂伦春兵马协领公署的户籍册（满文）	368
631.	库玛尔路正蓝旗头佐呈报的各户骡子、马驹、骟马数目单册（满文）	373
632.	库玛尔路正蓝旗头佐官兵名册（满文）	375
633.	正蓝旗头佐佐领孟寿禄善、骁骑校谭常泰呈送的本部鄂伦春户籍部分名册（满文）	377
634.	黑龙江城八旗协领公署为恳请拨发本城八旗官兵应领民国三十四年补助费并交协领顺保承领事的呈文	378
635.	（伪）满洲国协和会瑷珲村分会为召开村常务会事的公函	379
636.	黑龙江城八旗补助费支付申请书、受领书	379
637.	黑龙江城八旗官兵应领民国三十四年补助费支出清册	380
638.	库玛尔路协领公署发给的收租执据、存根	380
639.	黑龙江城正红旗协领公署为任免官员事的指令	381
640.	瑷珲县县长贾封五为邀请于多三参加"八一五"光复纪念日大会事的函	381
641.	正红旗镶蓝旗佐领孟安升出具的收讫将来结束费的钤领	382
642.	库玛尔路协领公署为本署霍尔沁官地拟请退还归公处理事的公函	382

后记 ················· 383

1. 瑷珲副都统户司避难到省以来所领各项银两核算呈册

1906 年

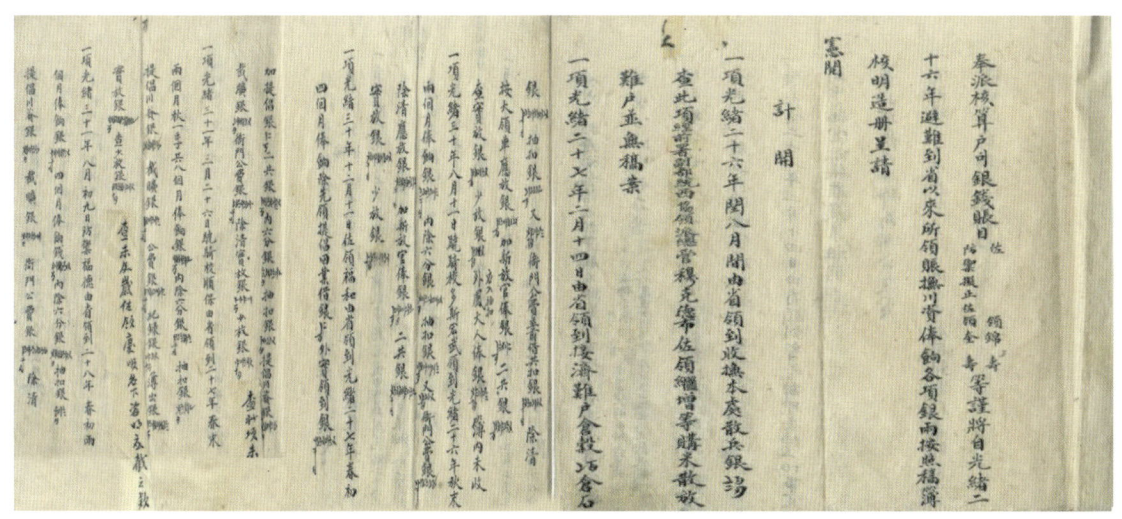

2. 署理镶白旗事务骁骑校顺木宝
为领取俸禄事的呈文（满文）

1907 年 11 月 6 日

呈 文

署理镶白旗事务骁骑校顺木宝呈协领，为领取俸禄事。本佐现有佐领一人、骁骑校一人、骑都尉一人、云骑尉一人、领催四人、前锋三人、披甲五十一人、养育兵十人、工匠两人，每月各发放一两；苏拉两人，上述人员领取光绪三十年秋季俸禄银一千零二两，佐领吉祥等按名停发俸禄银五十二两五京钱，将此结清。多余之银九百四十九两五钱,每两按照两千五百核算,兑换京钱两千三百七十三千七百三十文。每千两核算三十八,租车之钱九十千二百零二文,将此结清。实领俸禄京钱两千二百八十三千五百四十八文,请求转呈进行补放。为此领催福兴阿、巴彦柱勒西、赛兴阿等共同具结。

光绪三十三年十月

3. 署理镶白旗事务骁骑校瑞元为发放俸禄事的呈文（满文）

1907年11月25日

呈　文

署理镶白旗事务骁骑校瑞元为发放俸禄事呈。本部现有佐领一名、云骑尉衔章京一名、骁骑校一名、云骑尉一名、领催四名、前锋两名、披甲五十二名、养育兵十名、工匠一名、（　）各一名、食俸闲散五名,领取光绪三十年冬季俸禄九百九十三两,折合一万两千五百文,折算京钱两千四百八十二文,核算租用大车费用九万四千三百五十文。共计发放俸禄京钱二百三十八万八千一百五十文。领催、委官、骁骑校为俸禄事一并谨呈。

光绪三十三年十月

4. 协理正蓝旗穆特布、事务佐领特苏、骁骑校荣原为接取俸禄事的呈文（满文）

1907年11月26日

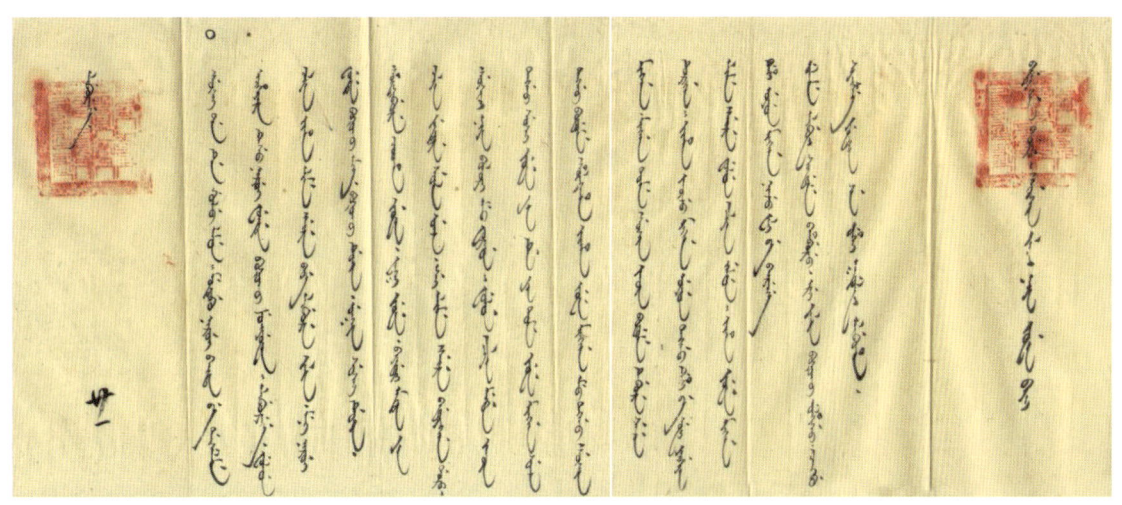

呈 文

协理正蓝旗穆特布、事务佐领特苏、骁骑校荣原呈给协领，为呈报接取俸禄事。本佐有骁骑校一名、领催四名、披甲五十四名、养育兵十名、匠人两名，每月各一两。领取钱两的苏拉有五名，此等人领取光绪三十年秋季的俸禄银八百五十二两，每两折兑两千五百，得京钱两千一百三十千，每千折车租钱三十八，得八十千九百四十。将此解送，实为承接俸禄京钱两千四十九千六十（文）。将此查得传呈，放得。为此领催乌勒喜高、常布、祥曾、远山等共同保护呈送。

光绪三十三年十月

5. 协理正蓝旗穆特布、事务佐领特苏、骁骑校荣原为发放俸禄事的呈文（满文）

1907 年 11 月 26 日

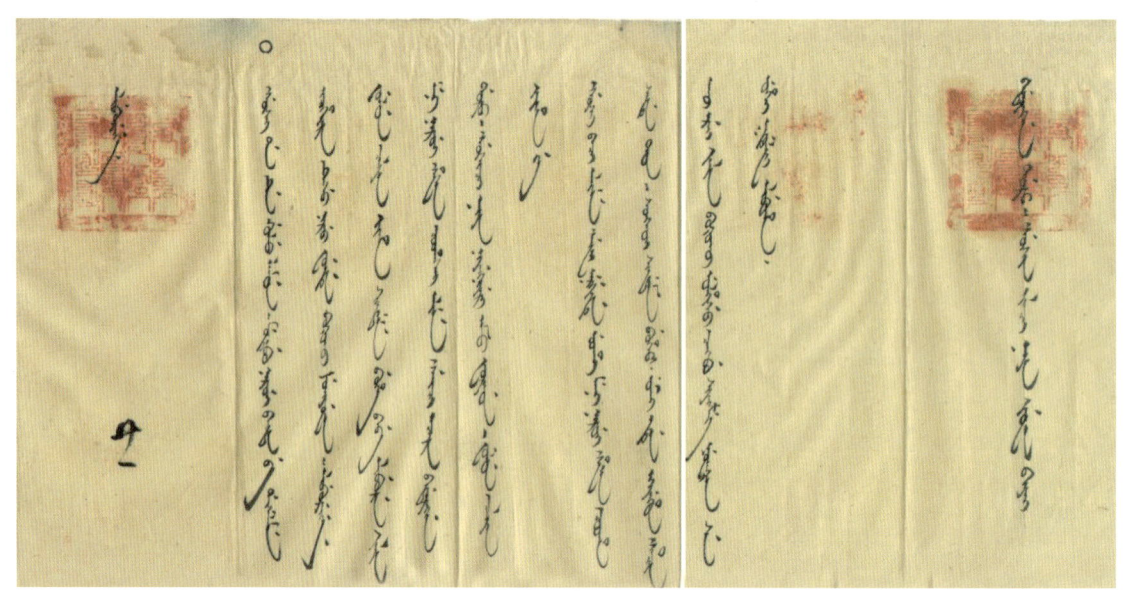

呈　文

协理正蓝旗穆特布、事务佐领特苏、骁骑校荣原呈给协领，为放给俸禄事呈。我等将本佐官兵应领取光绪三十年春季俸禄从旗务处取来，此后即刻依数发放给本佐官兵人等，全无缺项。为此领催乌勒喜高、常布、祥曾、远山等共同保护呈送。

光绪三十三年十月

6. 协理正蓝旗丰舍穆布、骁骑校道斯浩高为接取俸禄事的呈文（满文）

1907 年 12 月 3 日

呈 文

　　给协领。协理正蓝旗丰舍穆布、骁骑校道斯浩高呈，为呈报接取俸禄事。本佐有云骑尉等级章京一名、云骑尉一名、自领催录为笔帖式一名、领催四名、披甲五十四名、养育兵十名、匠人一名，每月各一两。食俸的苏拉有两名，此等人取得光绪三十年秋季六个月的俸禄银八百九十八两五钱，每两折兑两千五百，换得京钱两千二百四十六千二百五十（文），每千算作三十八，得京钱八十五千三百五十八（文）。将其借解来，实为接收俸禄京钱两千一百六十千八百九十二（文）。将此查得传呈，放得。为此领催乌日古穆毕雅尔、托克托阿、道饶高、瑞玉等共同保护呈送。

光绪三十三年十月

7. 协理镶白旗依充格、骁骑校舒穆保 为接取俸禄事的呈文（满文）

1907年12月19日

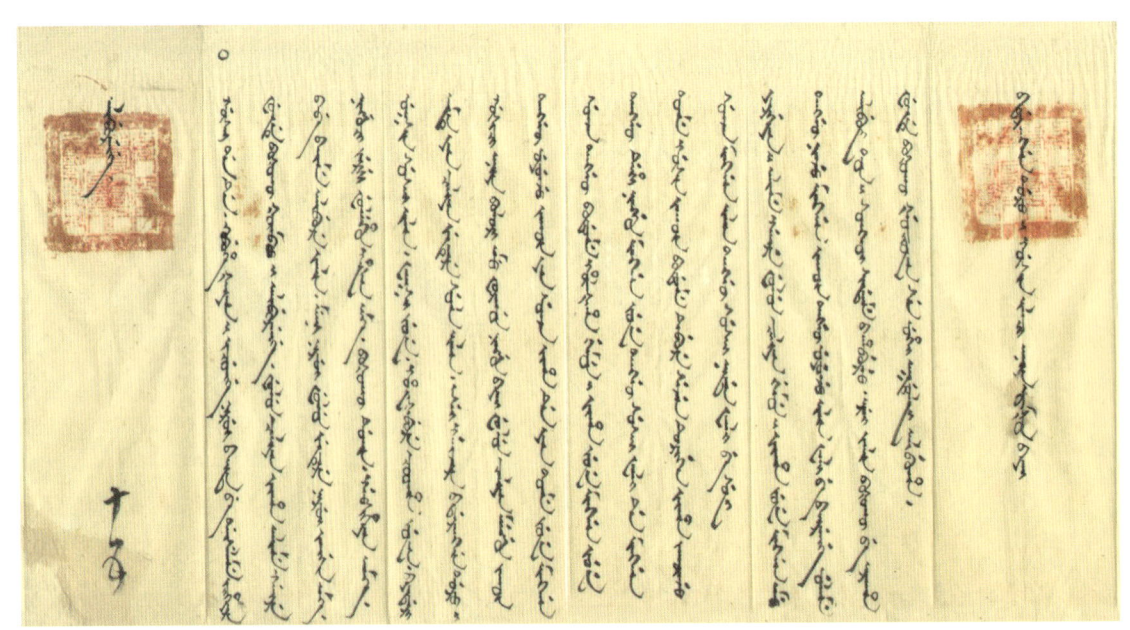

呈　文

　　为接取俸禄事。本佐有食俸佐领一名、六品萌生一名、领催四名、前锋一名、披甲五十三名、匠人两名、养育兵十名，每月各一两。有食俸苏拉三名，此等人领取光绪三十年秋季六个月俸禄银八百九十八两五钱，每两折兑两千五百，换得京钱两千二百四十六千二百五十（文），每千算作三十八，得京钱八十五千三百五十七（文）。将其借解来，实为接收俸禄京钱两千一百六十千八百九十三（文）。请将其传呈，依数发放。为此将委任骁骑校、领催舒全等共同保护呈送。

　　　　　　　　　　　　　　　　　光绪三十三年十一月

8. 协理镶白旗依充格、委官乌尔古冒图 为发放俸禄事的呈文（满文）

1907年12月19日

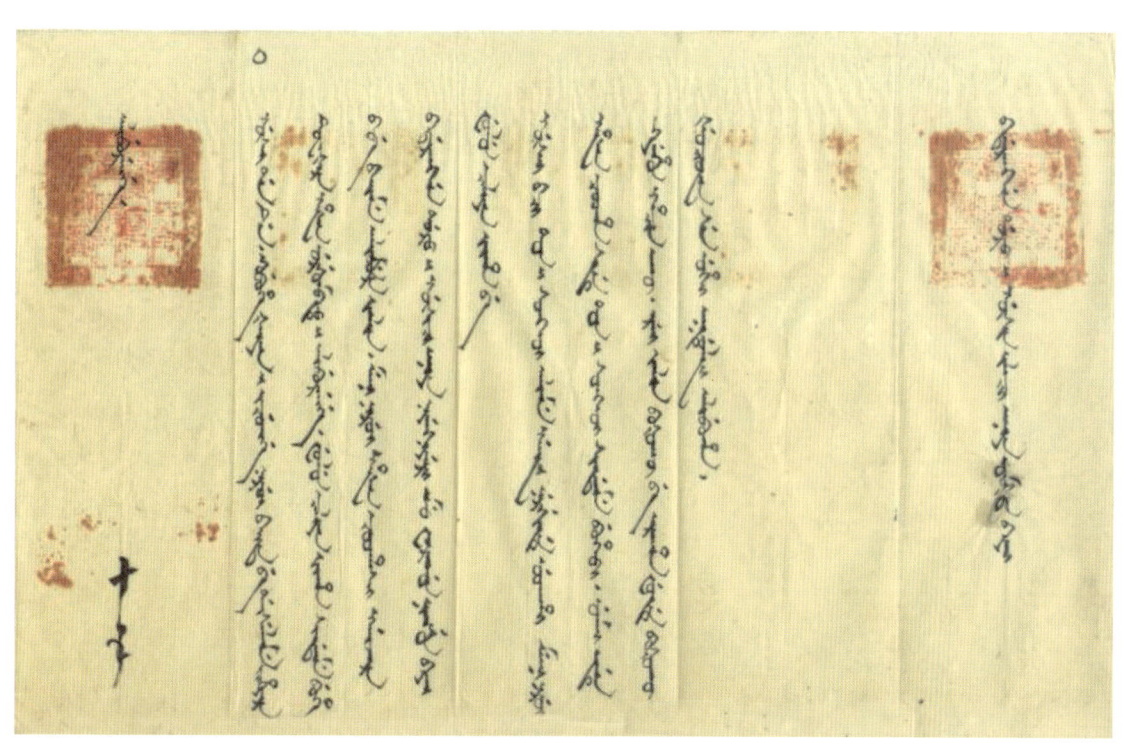

呈 文

协理镶白旗依充格、委官乌尔古冒图呈给协领，为给放俸禄事。我等将本佐官兵所得光绪三十年春季六个月的俸禄依数自旗地接取，即刻如数发放给本佐官兵，全无缺项。为此委任骁骑校、领催寿全等共同保护呈送。

光绪三十三年十一月

9. 瑷珲兵备道为旗务股支发委员多斯宏武等任职事的札[①]

1910年1月31日

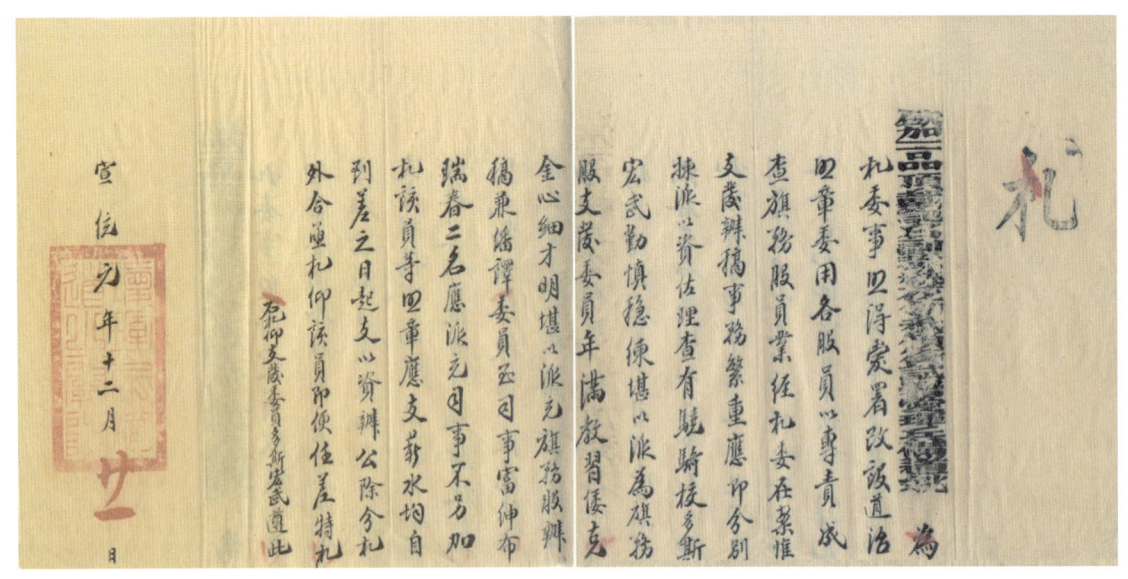

10. 黑龙江巡抚院为札饬宋小濂试署黑龙江民政使一缺事的劄[②]

1911年3月28日

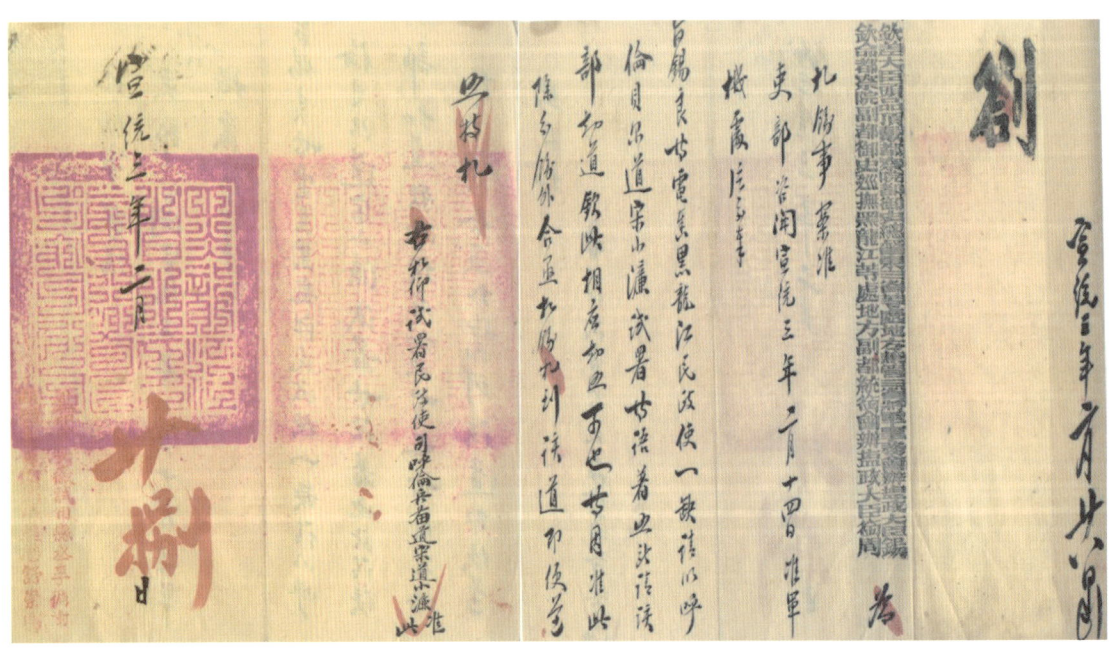

① 札：读 zhá，清代下行文书的一种。
② 劄：读 zhá，是"札"的异体字。

11. 黑龙江巡抚院为札饬于驷兴署理呼伦兵备道事的劄

1911年6月8日

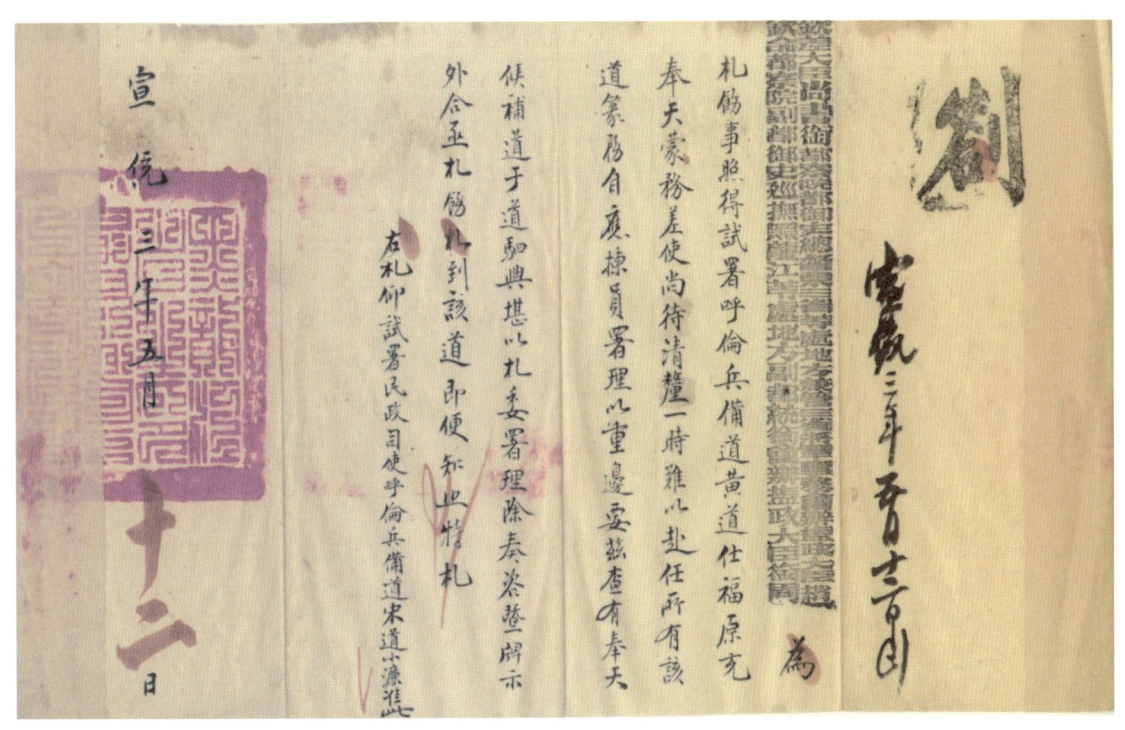

12. 呼伦兵备道衙门为移送呼伦兵备道关防事的移文

1911年7月6日

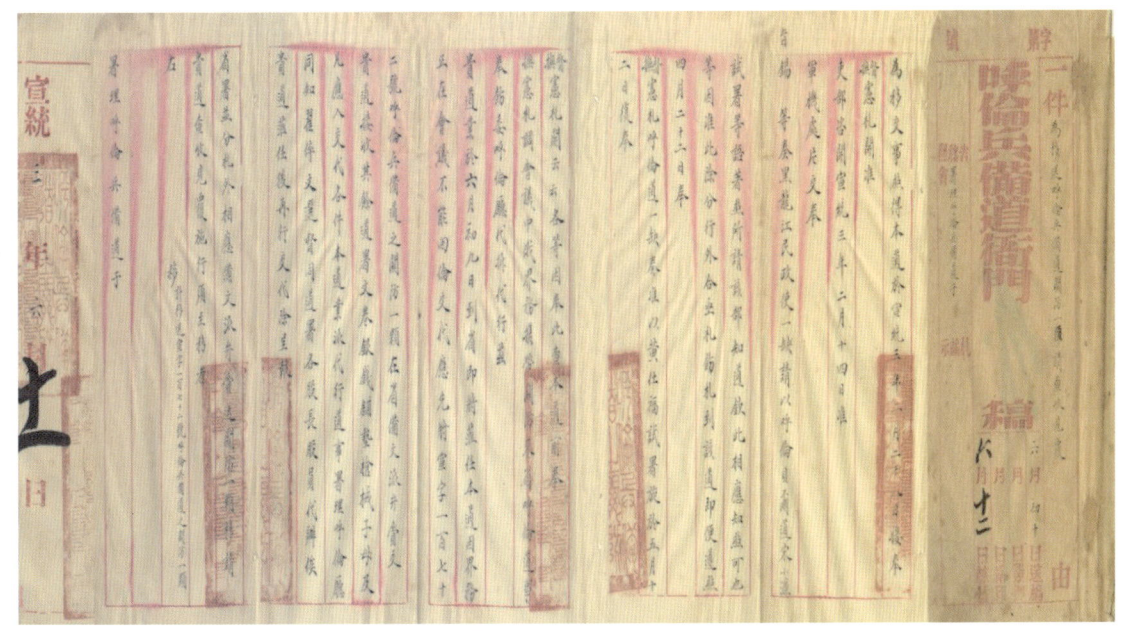

13. 呼伦兵备道衙门为先行在省交接关防备案事的呈文

1911年7月7日

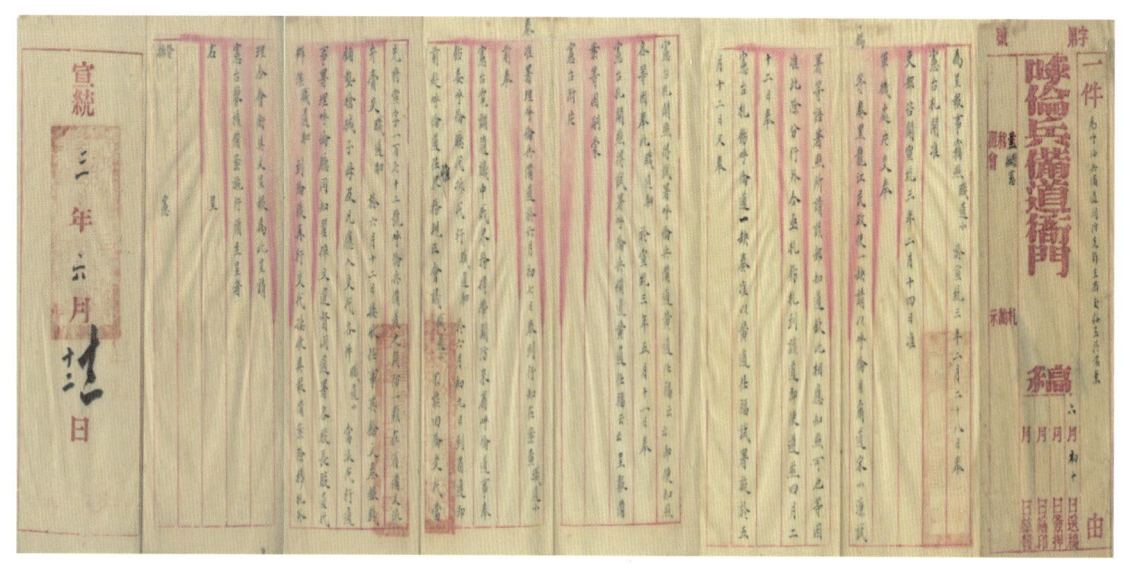

14. 黑龙江巡抚院为札饬宋小濂交卸呼伦道任内各项事件事的劄

1911年7月8日

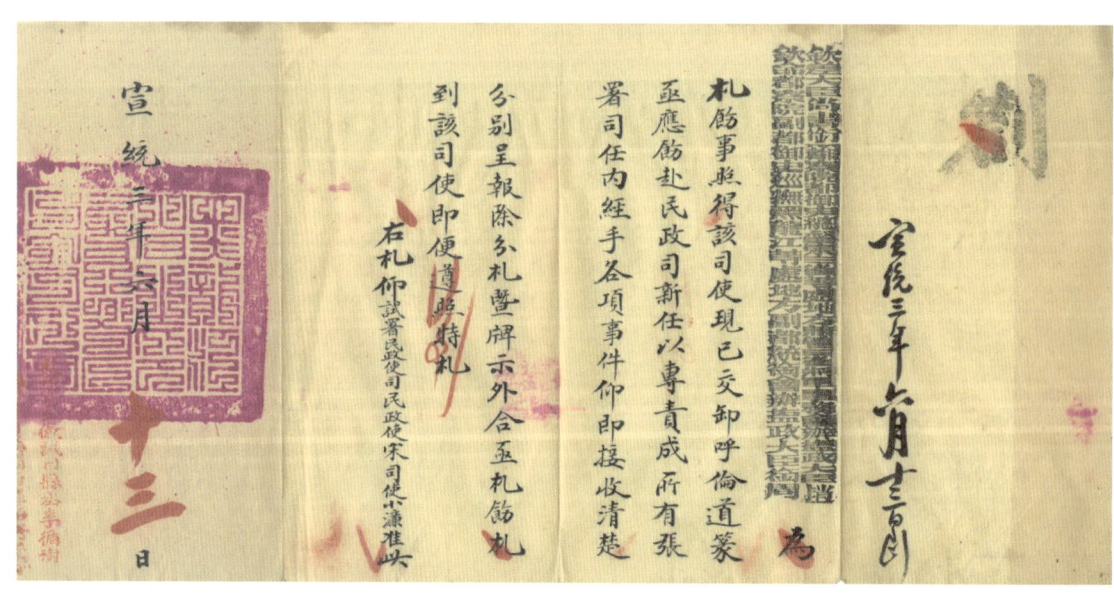

15. 黑龙江巡抚院为札委兼充清理财政局总办一职事的劄

1911 年 7 月 12 日

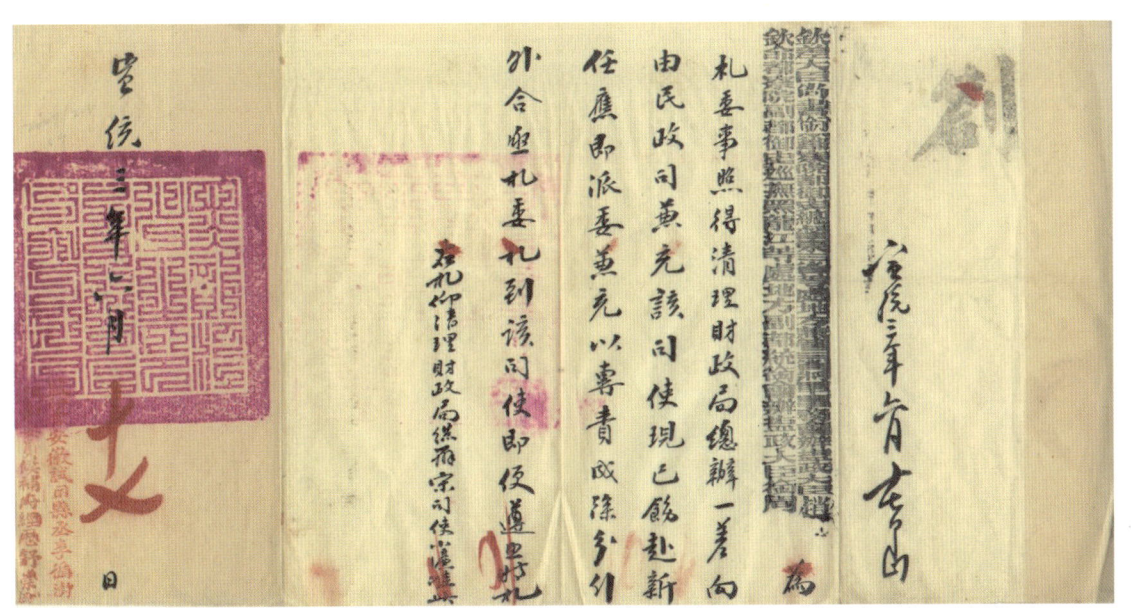

16. 协领差遣佐领台吉善、保忠等为上报原因事的呈文（满文）

1911 年 8 月 1 日

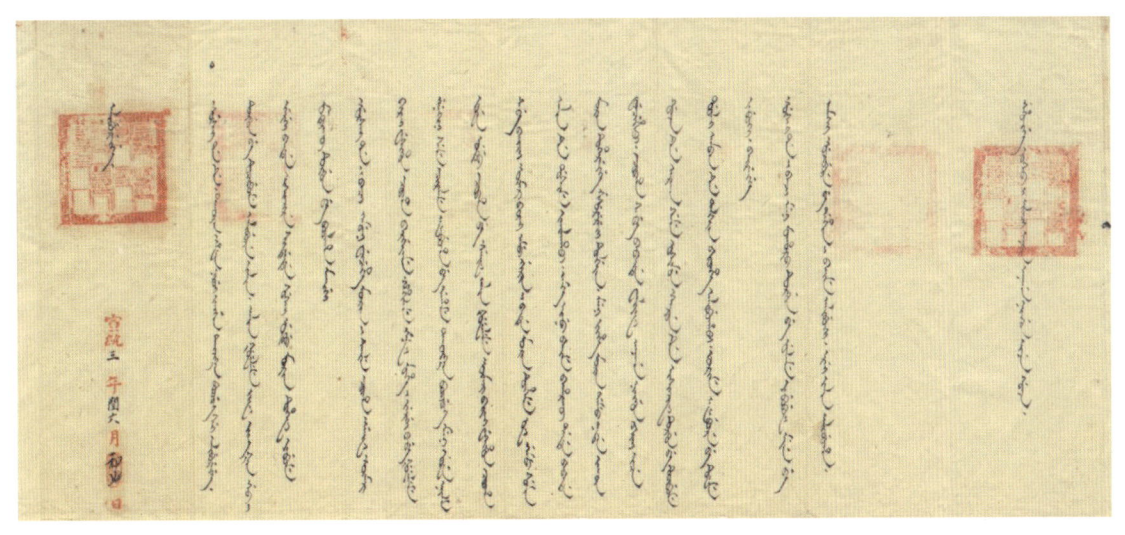

呈　文

　　协领差遣佐领台吉善、保忠等呈，为上报原因事。五十几匹马行至京山沟这个地方倒下，不能继续前行。上报原因之后，协领派库玛尔路贵处兵丁把剩余的人和马带回，派去的人和马行至漠河等地。以上均严格按指示办理。台吉善、保忠二人和兵丁，以及十几匹马向山里前行，又有一些马倒下，有些兵丁跑到树林深处。我等身边只剩下七八匹马和一些兵丁，闰六月初五日抵达倭西门卡伦才明白其中原因。为此我等呈报电文，请求指示。协领把原因传来之后，再次呈请。为此呈报。

宣统三年闰六月初七日

17. 黑龙江民政司为会勘中俄边界应领不敷羌洋如数核收归垫事的呈文

1911 年 8 月 23 日

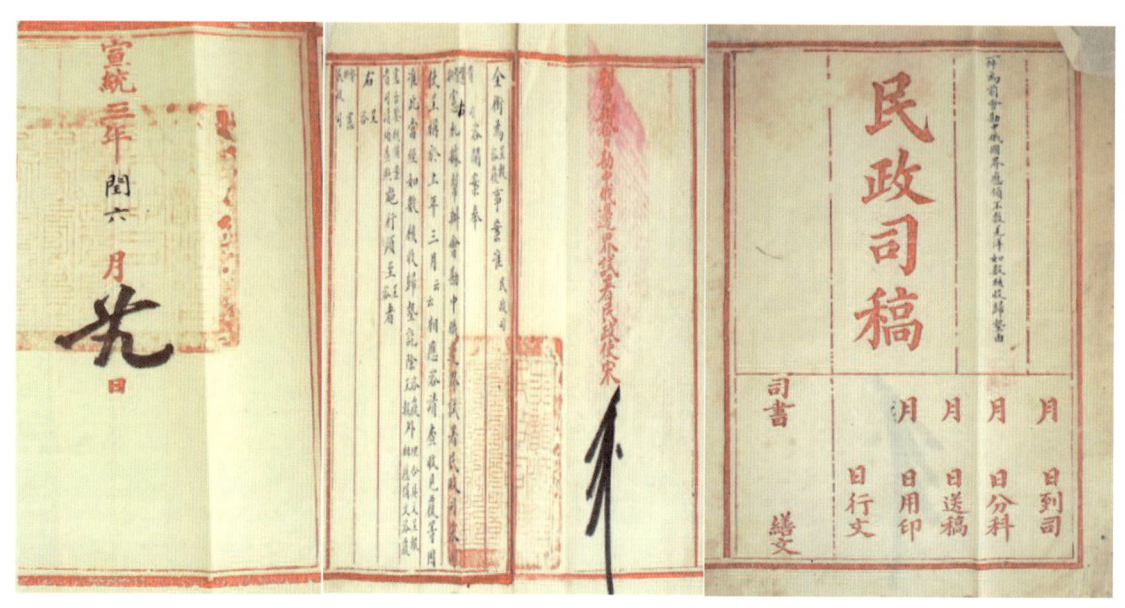

18. 黑龙江民政司为案准调查改订商约经费除支净存款如数收讫事的咨文

1911 年 8 月 30 日

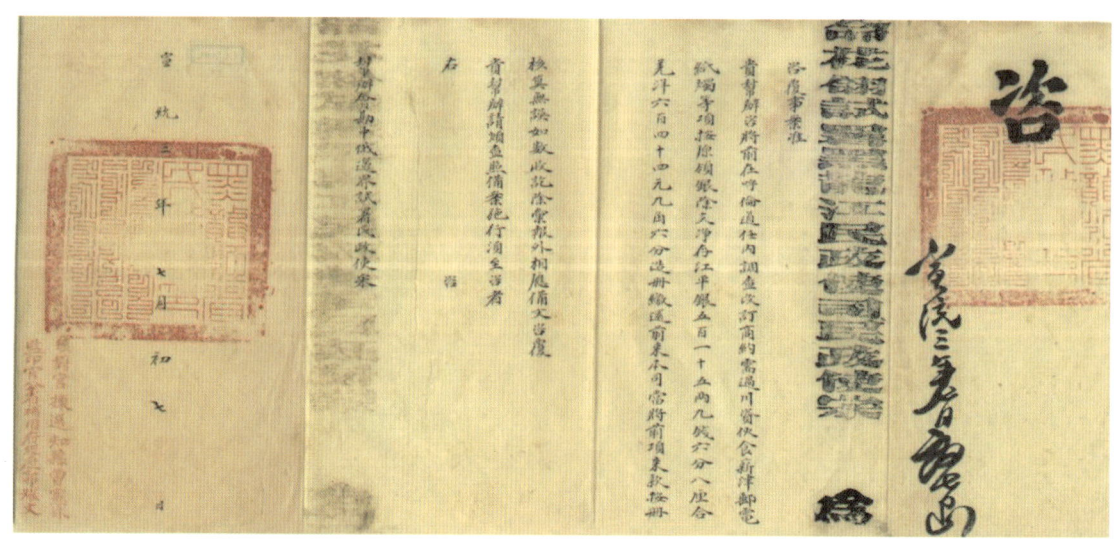

19. 黑龙江巡抚院为札饬宋小濂代拆代行日行公文事的劄

1912 年 1 月 31 日

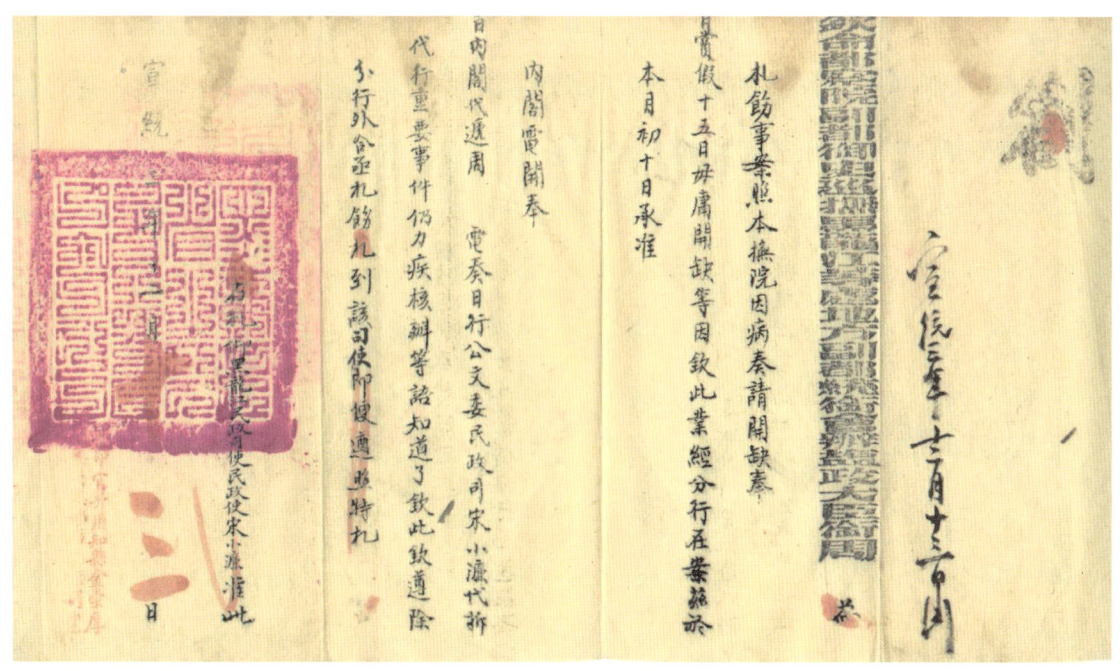

20. 黑龙江民政使司为查复卷宗簿记家具等照单点收均属相符事的咨文

1912 年 3 月 1 日

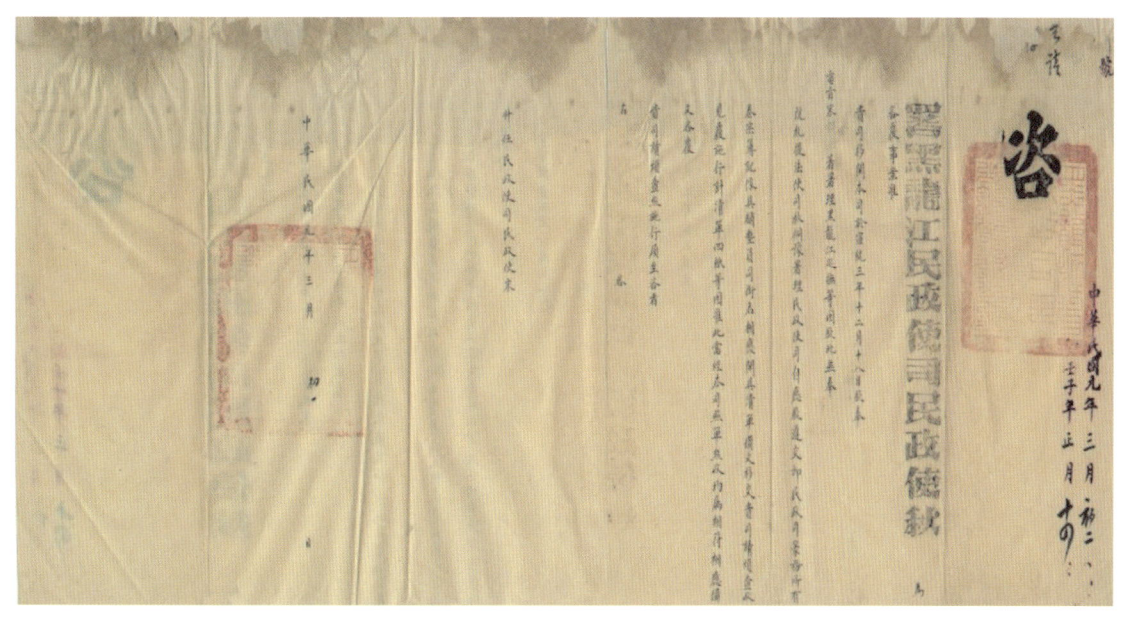

21. 黑龙江民政使司为交接各项银钱存亏款目账簿经折事的移文

1912年3月9日

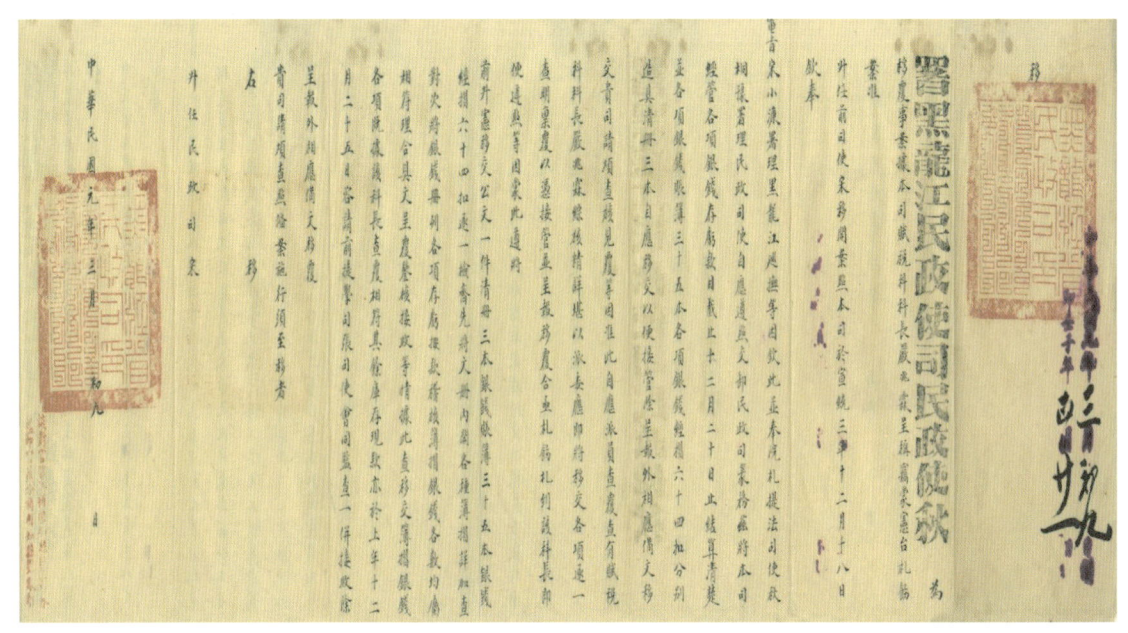

22. 黑河兵备道为协领徐希廉呈请派员划拨牧场事的令

1912年12月18日

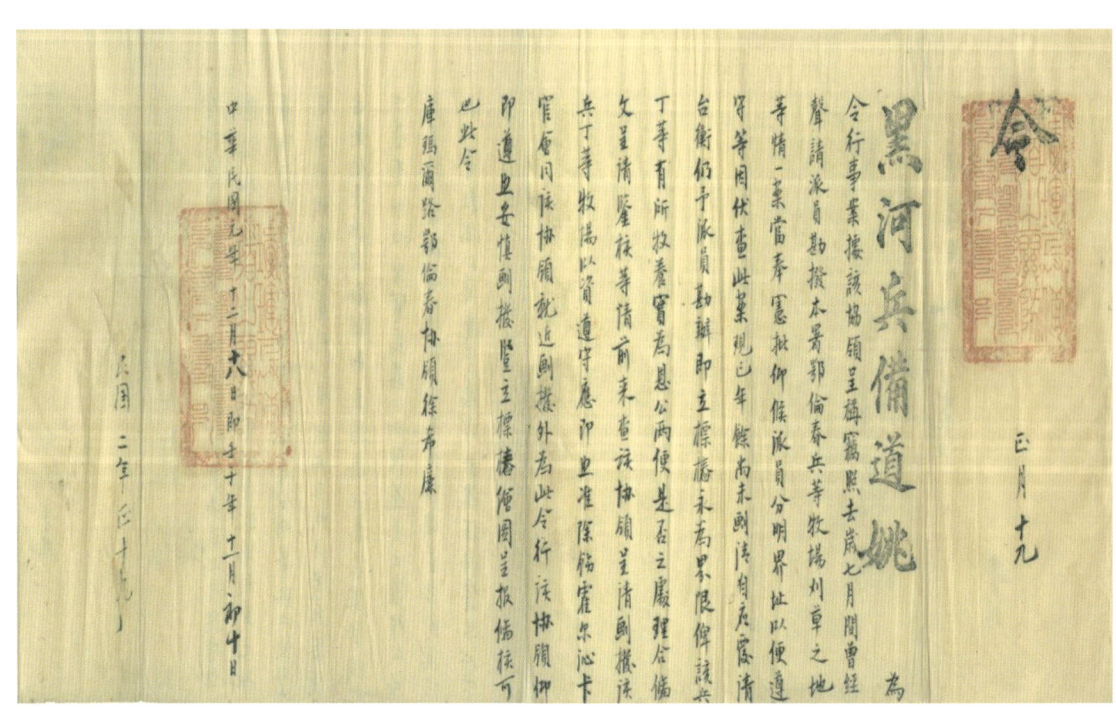

23. 黑河兵备道为转发廉忠袭职执照 并抄呈寿山等三员前清部议奏案事的训令

1913年1月19日

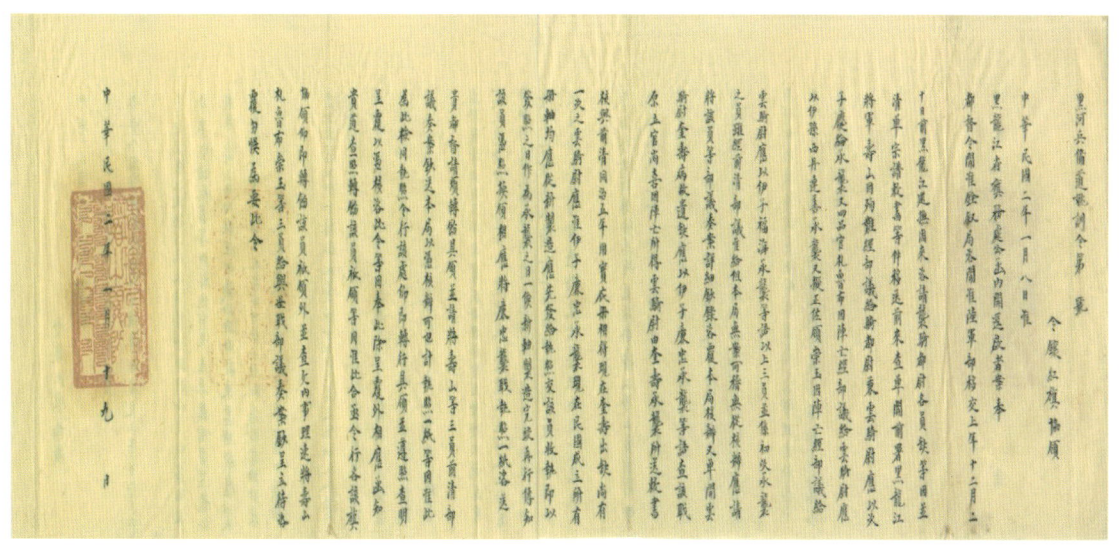

24. 黑龙江城镶红旗协领为永福、瑞升补放佐领 及连和补放骁骑校事的训令

1913年6月21日

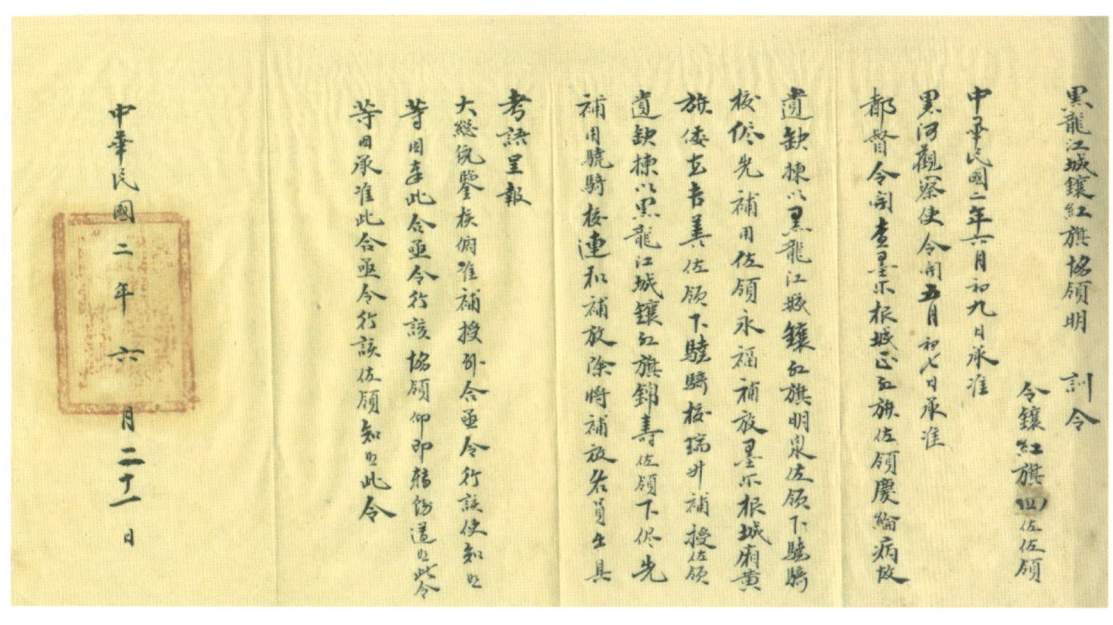

25. 佐领来忠为办理鄂伦春族民众定居事的呈文（满文）

1913年10月19日

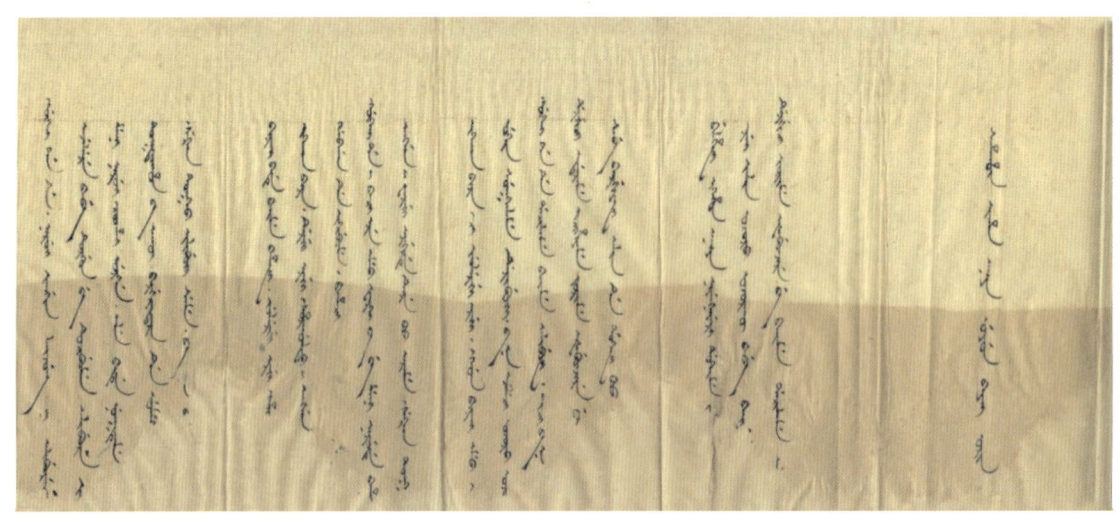

呈　文

　　佐领来忠呈文与协领大人，因受委派办理本佐民众定居事宜呈。本佐所属兵丁、民众时常游牧四处，居无定所（　）。在（　）河沿岸附近建屯定居（　）。本佐所属定居民众中有一些是我族民众。将此事查明呈报给协领大人，请示是否令其建屯定居。理应将本佐所属定居民众事宜一一呈报，下官我暂且备案，年底汇成一本呈册报给协领大人。本佐尚有官缺（　），请示协领大人指令办理（　）。为此呈报。

癸丑年①九月二十日

---

① 此处使用干支纪年法，60年为一周期，周而复始，循环记录。

26. 黑龙江城镶红旗四佐人丁户口册

1913 年

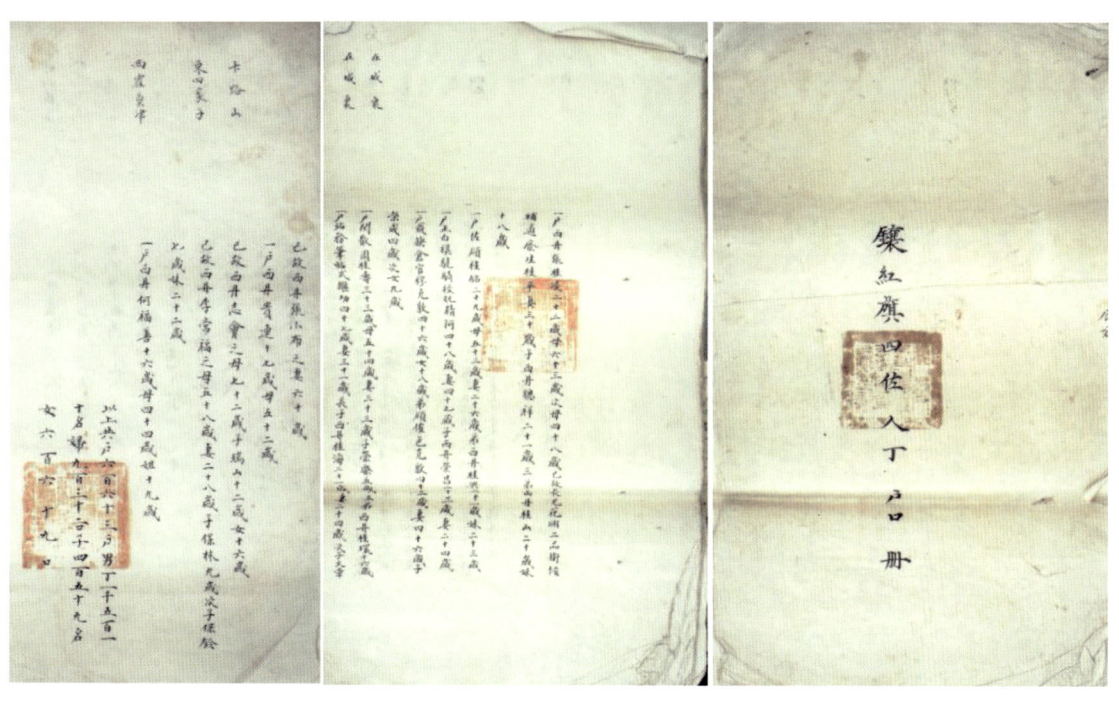

27. 库玛尔路官兵民国三年借俸饷单

1914 年 1 月 9 日

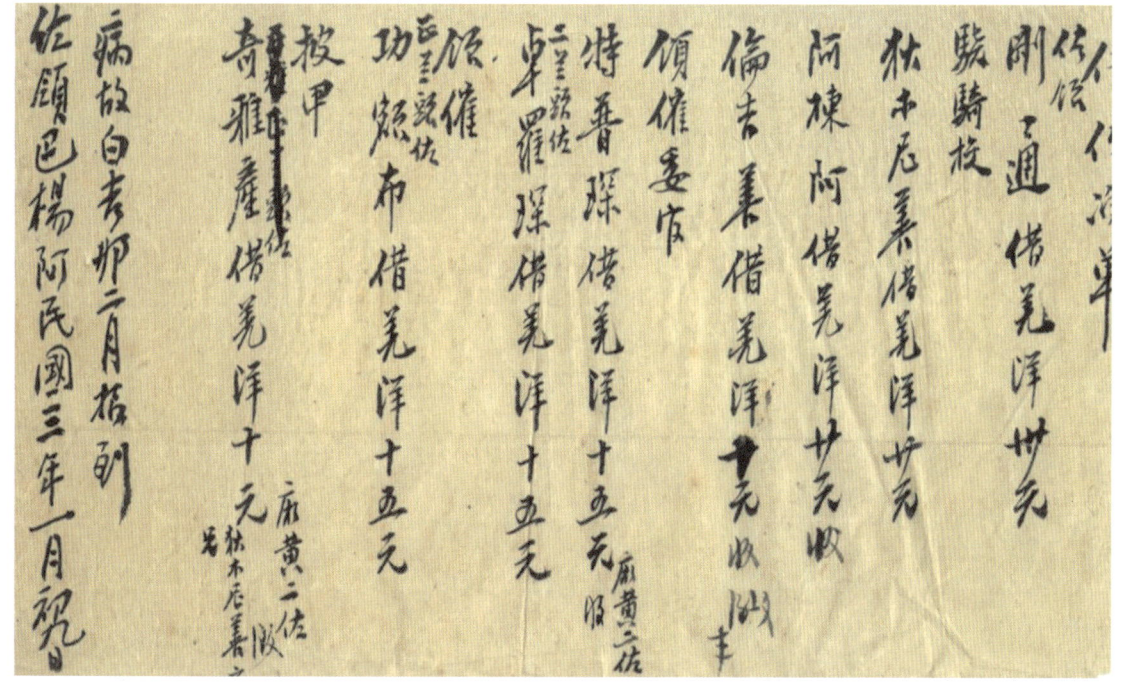

28. 正蓝旗古隆阿佐披甲拜济纳为呈请发给其兄佐领巴杨阿俸禄事的呈文（满文）

1914年1月10日

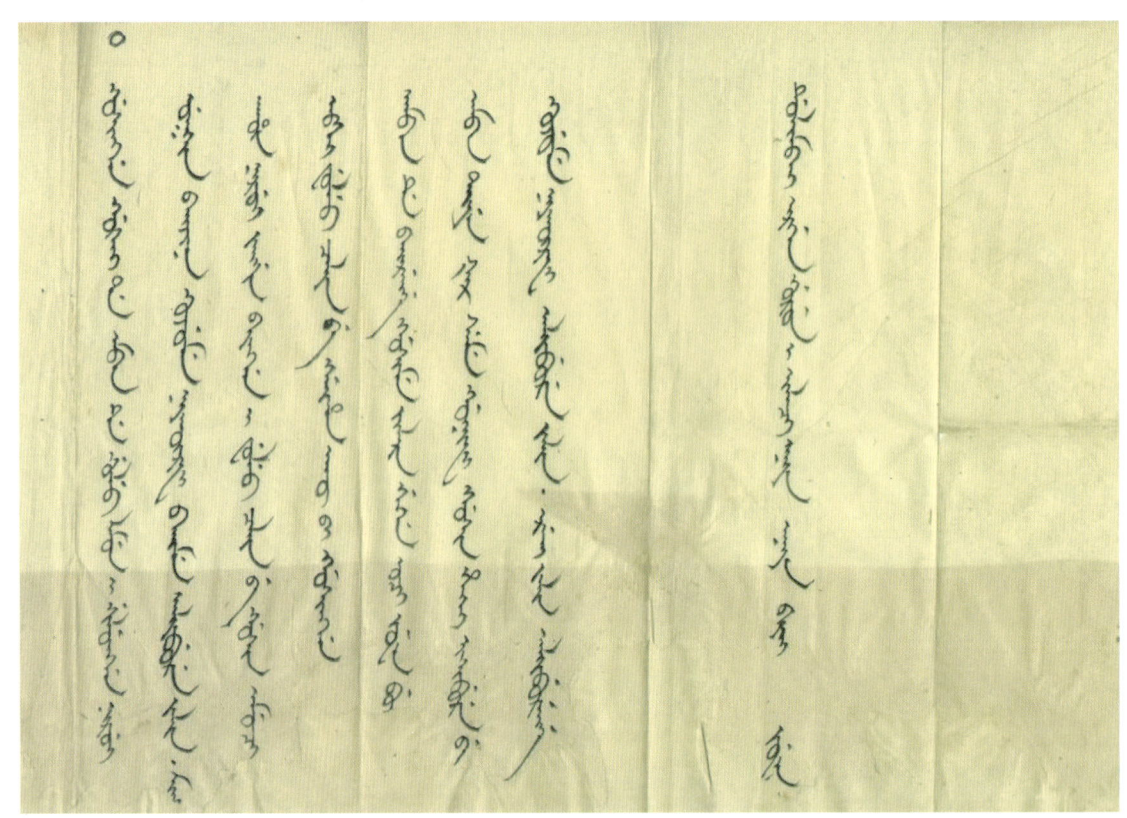

呈　文

　　呈与协领大人，正蓝旗古隆阿佐披甲拜济纳跪呈。我兄佐领巴杨阿俸禄三十一元尚未下发，请求协领大人怜悯，请考虑关照。因此事万福跪呈。
　　为此呈报。

民国三年正月初十日

29. 正蓝旗披甲拜济纳为上报兄长病故事的呈文（满文）

1914年1月10日

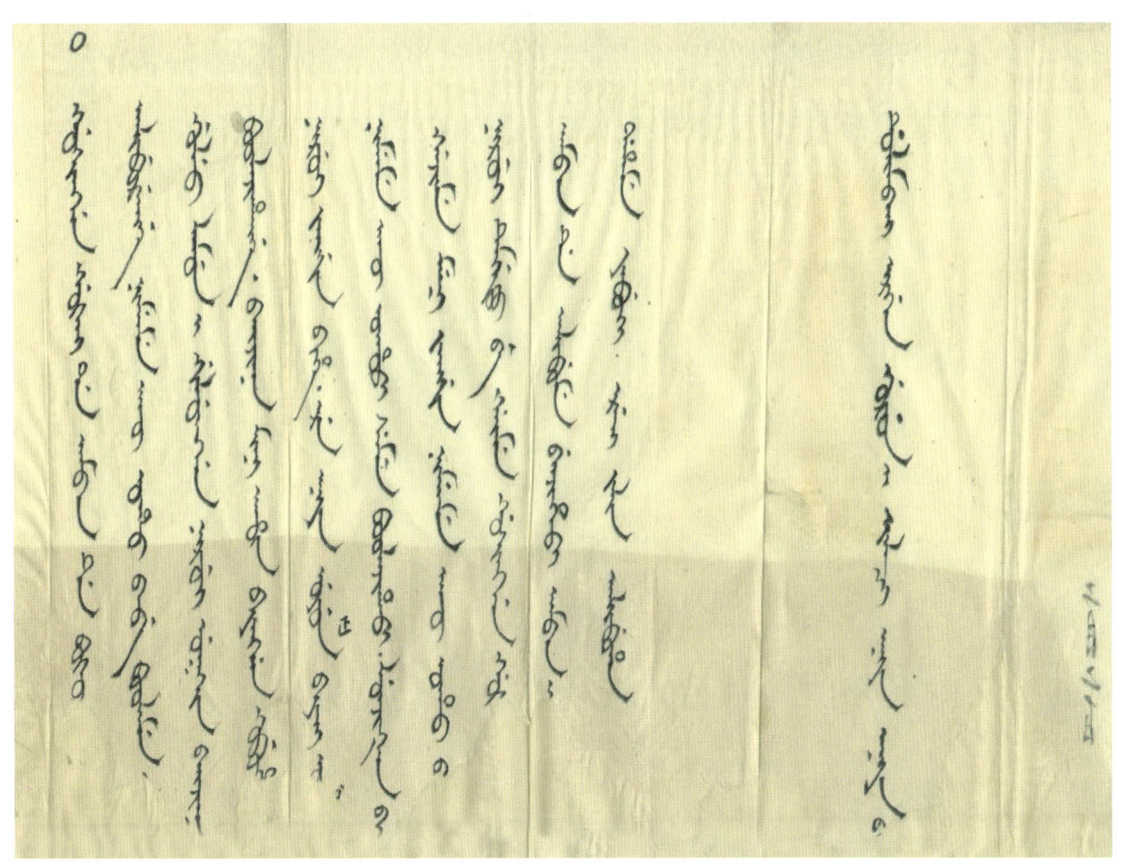

呈　文

　　呈与本路协领大人，为呈报病故事，正蓝旗披甲拜济纳呈报。我兄长巴杨阿隶属镶白旗二佐，任该佐佐领。家兄于去年九月病故。伦吉善领取病故佐领之佐领图记，后呈与协领。

　　为此呈报。

民国三年正月初十日

30. 黑龙江省行政公署为改订鄂伦春小学校校名事的训令

1914 年 1 月 16 日

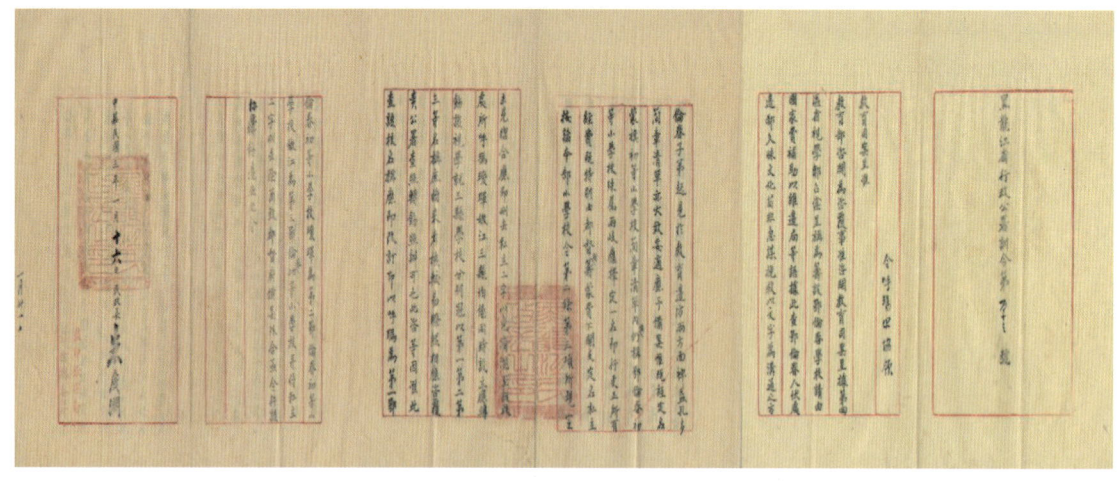

31. 黑龙江省行政公署为委任鄂伦春小学校教员事的训令

1914 年 1 月 16 日

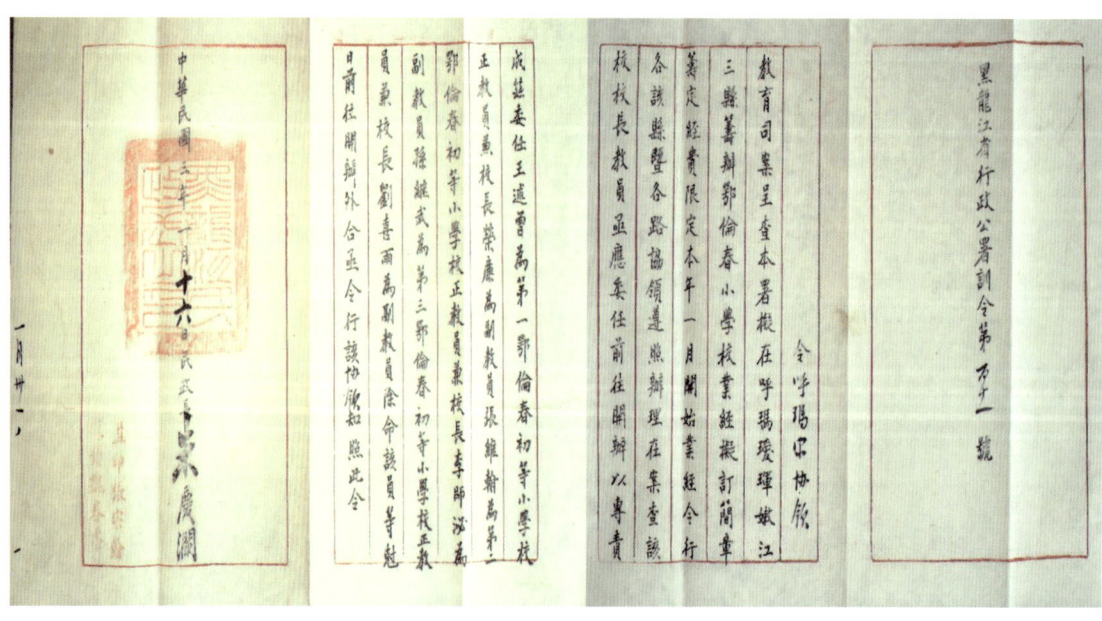

32. 黑河观察使公署为保护矿务调查员王德钧事的训令

1914年1月22日

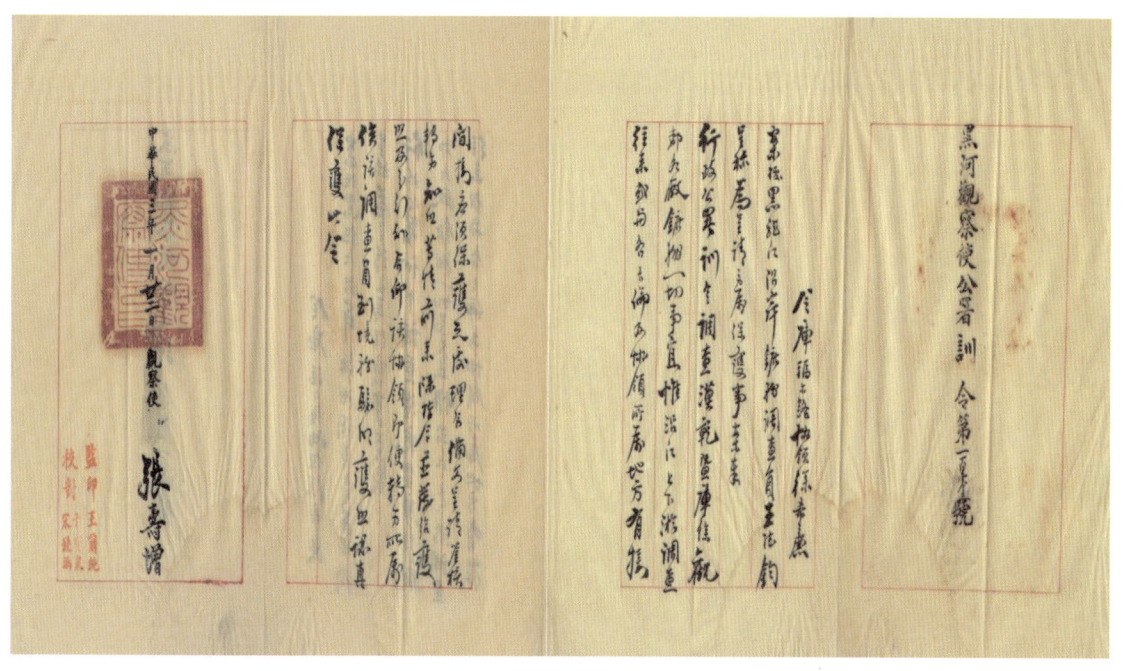

33. 黑龙江省行政公署关于为鄂伦春族学童种痘设立地点并监督学校的指令

1914年1月24日

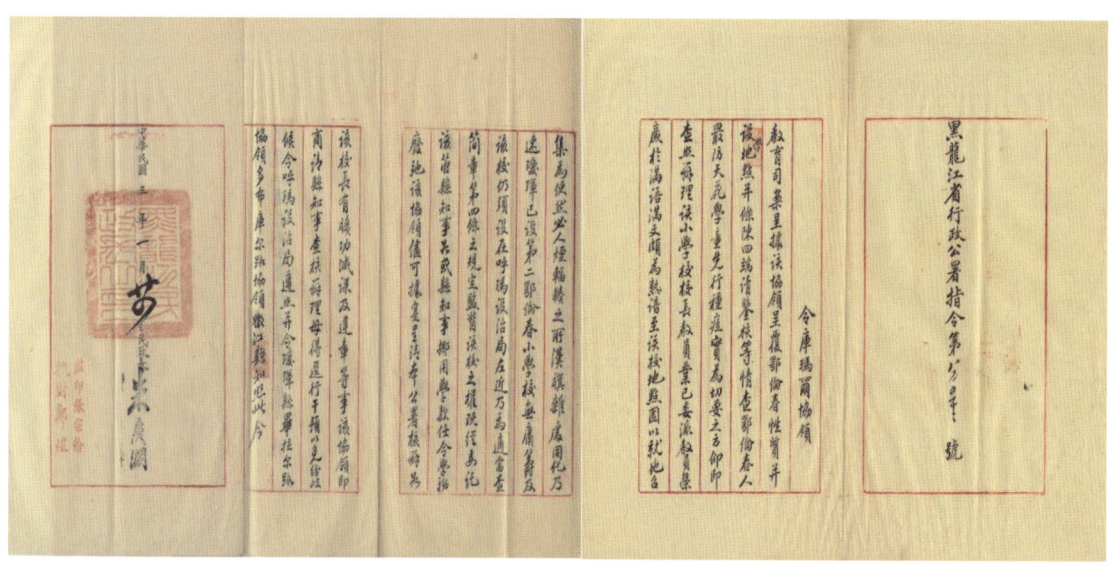

34. 呼玛县公署为请速选痘医、通蒙语之人赴呼玛并令所属官佐开导种痘事的公函

1914年2月10日

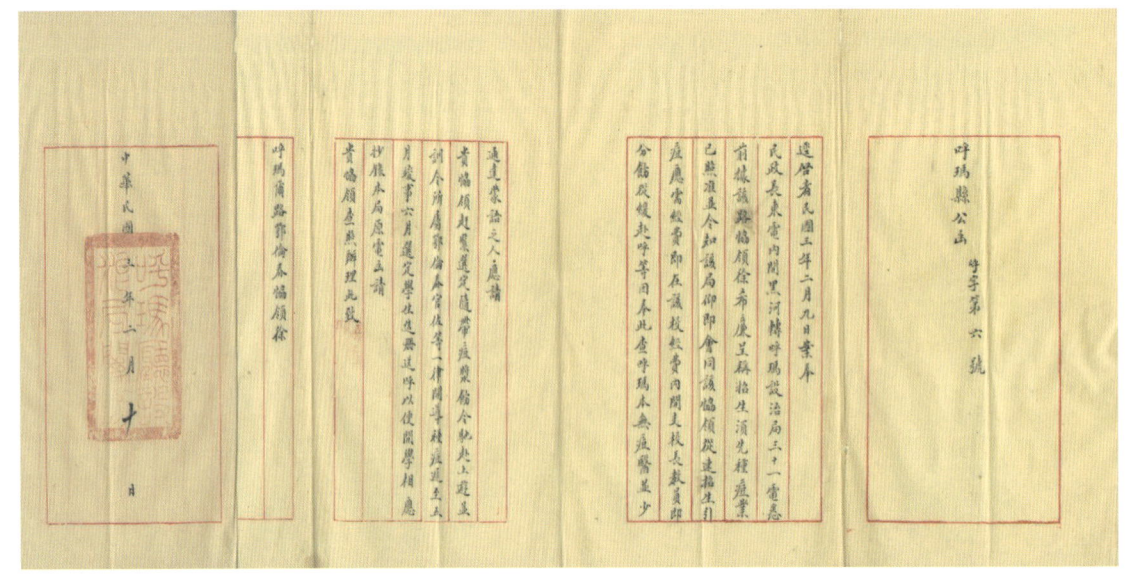

35. 黑龙江省旗务处为催造报送民国二年财政统计表事的公函

1914年2月16日

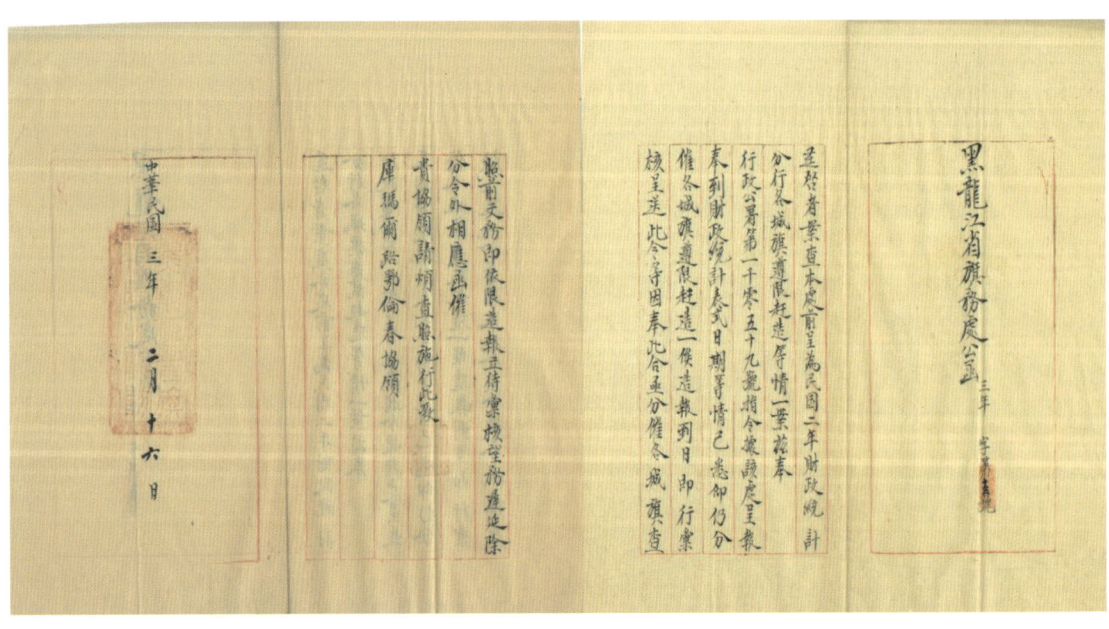

36. 黑龙江省旗务处为催送领款凭单、收据事的公函

1914年2月16日

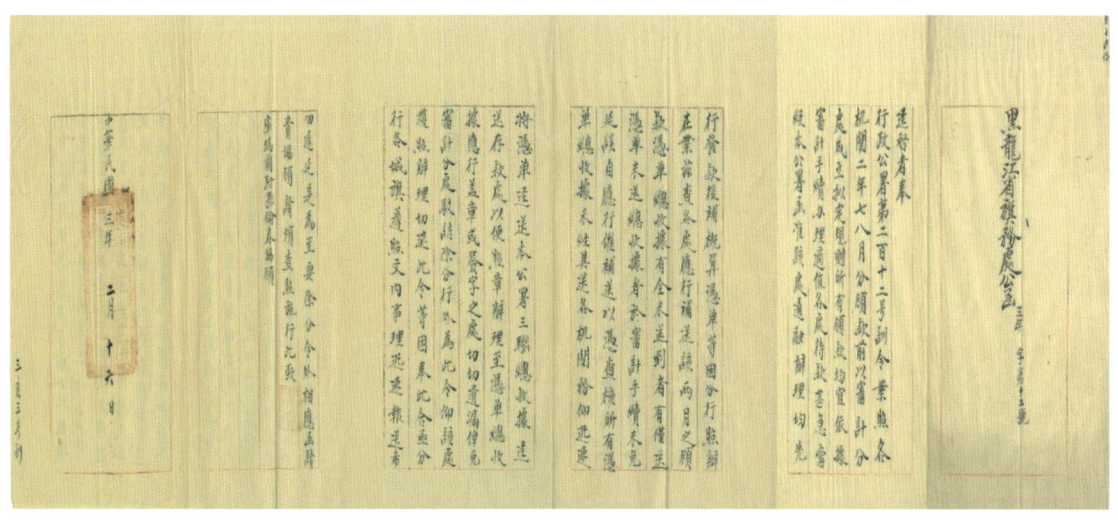

37. 黑龙江省旗务处为告知旅差费报销办法事的公函

1914年2月18日

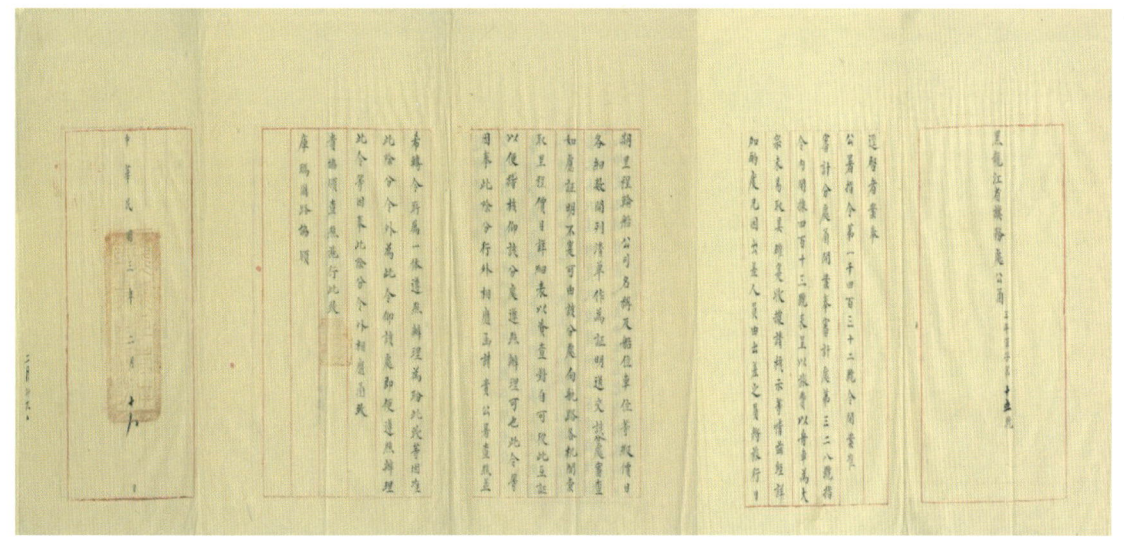

38. 呼玛县公署为填送郑双寿等八人履历表事的公函

1914 年 2 月 19 日

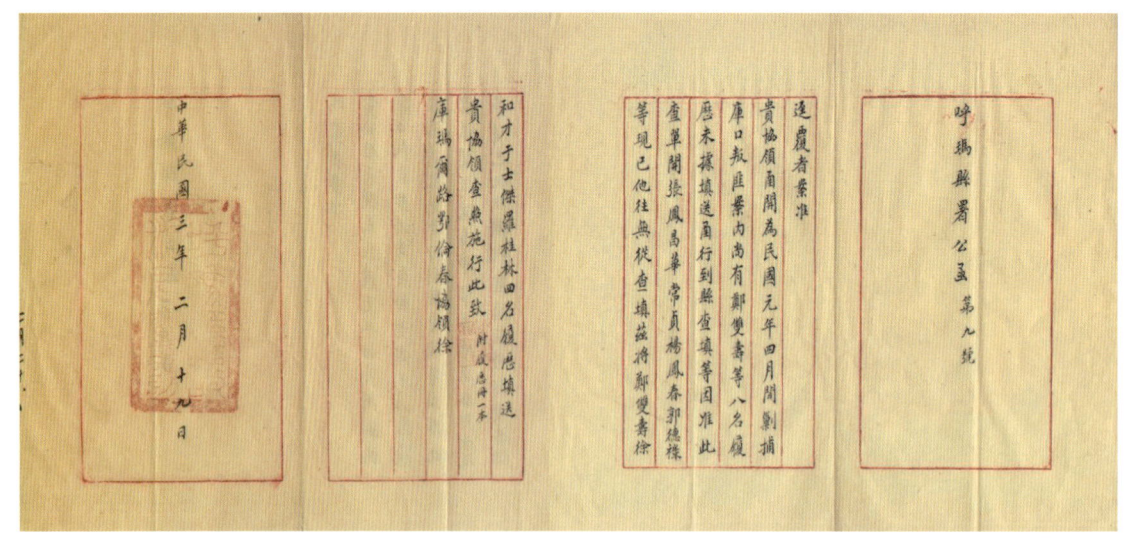

39. 黑龙江省旗务处为告知造送概算凭单不得一文同送核办事的公函

1914 年 2 月 20 日

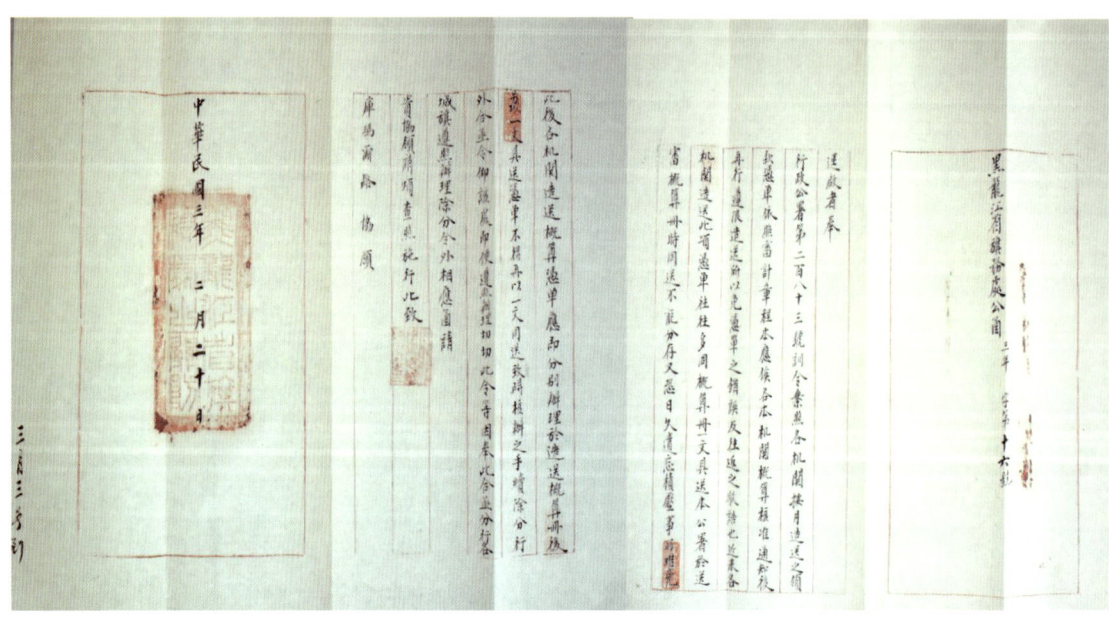

40. 镶白旗二佐佐领保忠为不能继续任职事给协领大人的呈文（满文）

1914年2月23日

呈　文

　　镶白旗二佐佐领保忠呈与协领大人，为不能继续任职事。下官于本月二十二日收到协领大人交与下官的指令咨文。接到黑河官厅衙门指令文书后，佐领保忠我不敢怠慢，即刻动身前往黑河官厅领取委任状，途中遇到二佐佐领察尔吉善，遂与察尔吉善一同迅速前往黑河官厅。甲寅年六月二十日，我自己先到达公署衙门，请示协领大人自己是否暂且在公署办理委任事宜。与下官同行的佐领察尔吉善却不知去往何处。下官得知其未到公署衙门，不敢怠慢，遂将情况向协领大人汇报。本路佐领图善（　）。

　　为委任事呈。

民国三年二月二十三日

41. 库玛尔路协领为抓获盗贼事给正蓝旗头佐骁骑校珠尔图讷的咨文（满文）

1914 年 2 月

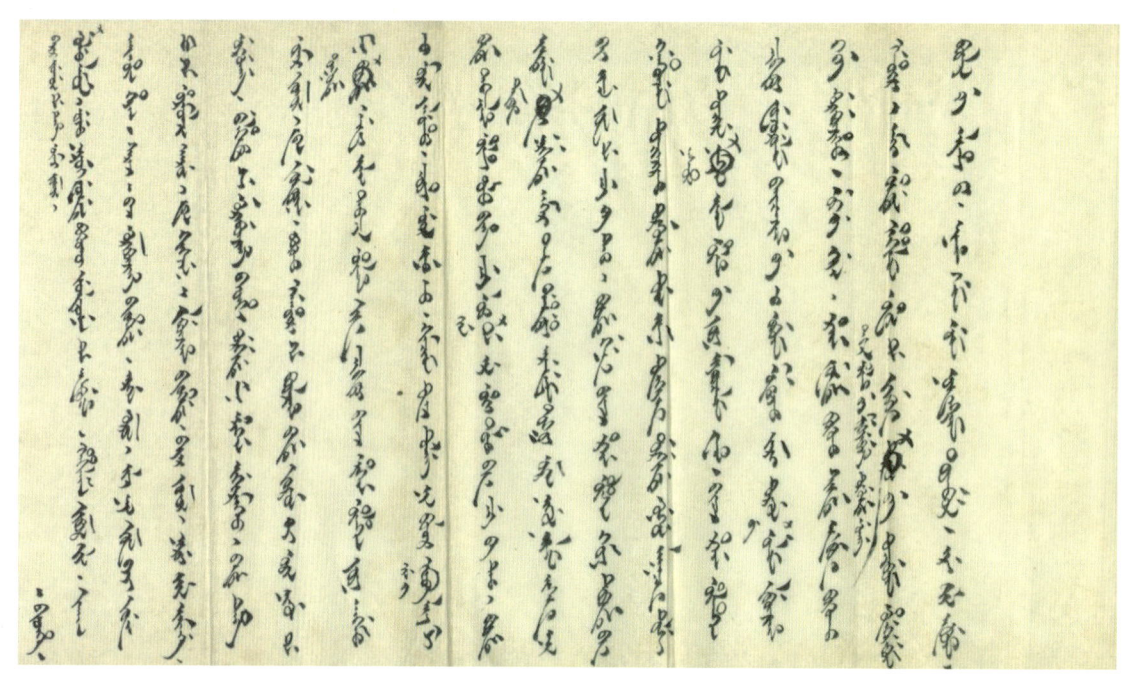

咨　文

　　管理库玛尔路官兵协领徐咨文与毕拉尔路驻扎库玛尔路正蓝旗头佐骁骑校珠尔图讷，为催促前来事。先前瑷珲县地方移文中称，民国三年二月十一日浩勒墨勒吉尔哨卡官员庆吉讷呈文内称，毕拉尔路佐领依明格、乌勒朋格、博勒和托等人在移文中说，现在民众在依齐勒玛（　）地方居住。库玛尔路珠尔图讷、领催嘎呼里等人前来报称，二十六日该屯抓获三个强盗，再三查明，盗贼全部骑着没有马鞍的马，兵丁五人失踪。经详细查问（得知），去年秋天（　）地方就有强盗，（　）弟弟的家中藏匿时，六名村民前来查问。本月初二日，到成八弟弟家中检查时，发现盗贼全都藏匿在那里，随后派兵丁前去捉拿，采取果断措施在四日之内抓获盗贼。详查询问后，用鸟枪将三名盗贼全部击毙。查得，这些盗贼再三前来犯事，不可再留用。将此缘由转告移交。将此交付各所属骁骑校、领催，一并将尚未送来的速速移交上报，切勿迟缓，为此咨行上报。

民国三年二月

42. 黑河观察使公署为征集图书事的训令

1914 年 3 月 14 日

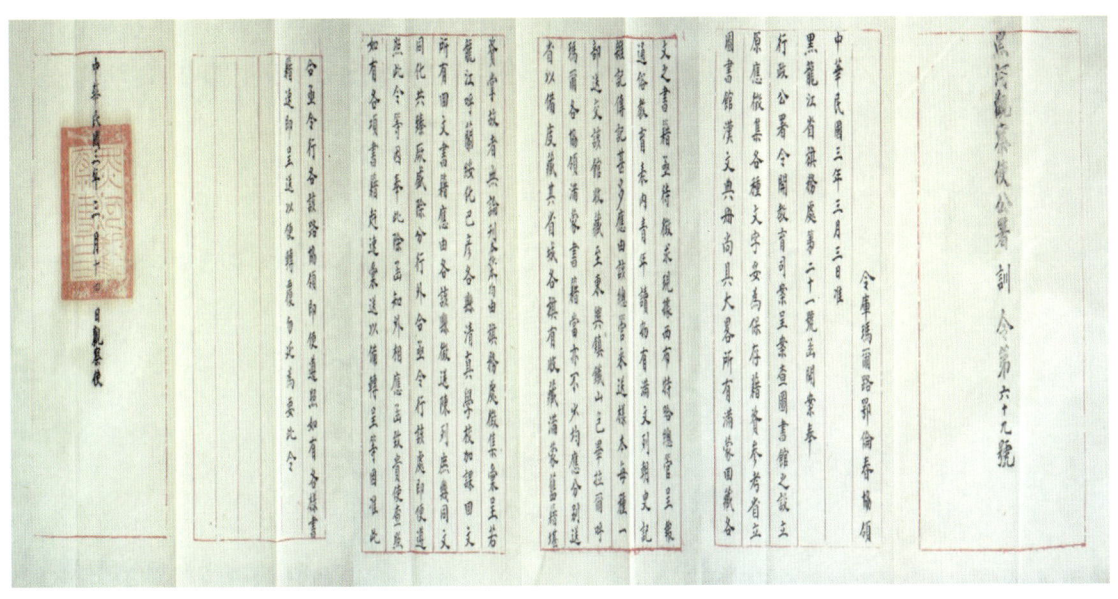

43. 双全、忠齐木布为库玛尔路协领公署衙门被野火焚毁报请重建事给协领的信（满文）

1914 年 3 月 24 日

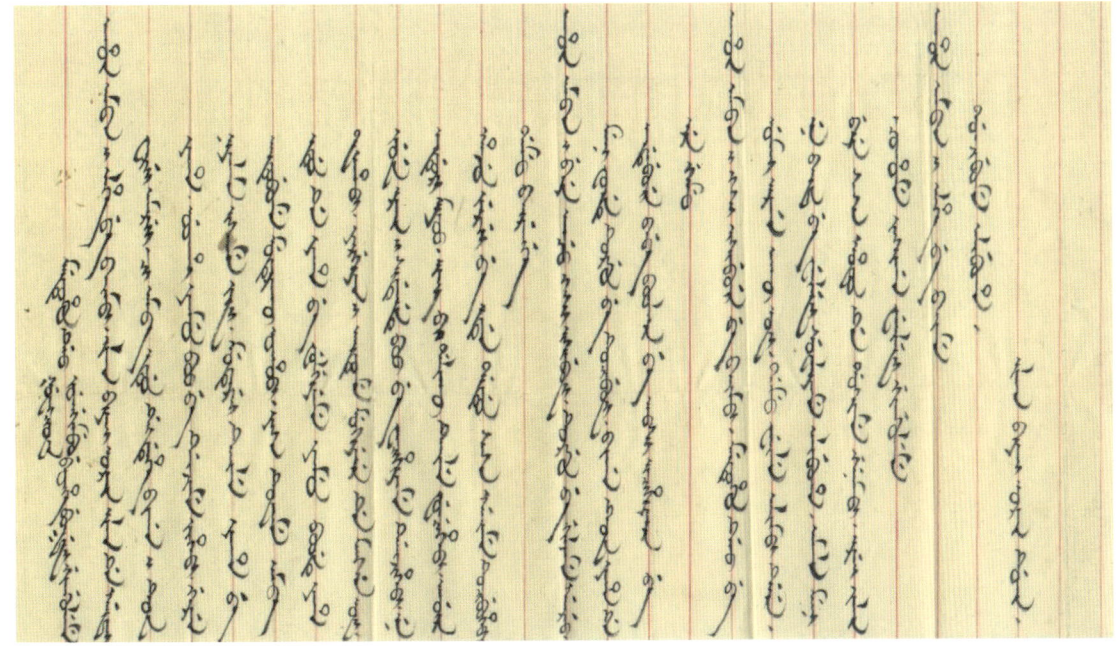

信 函

　　愚弟双全、忠齐木布跪请兄长安康。三月二十三日，突然自西北刮起大风，旷野之火迅速着起蔓延，随即烧毁了衙门房屋。众人竭尽全力灭火，因火势猛烈，没有成功扑灭。霎时间刮起大风，衙门房屋的火势迅猛，实在难以接近并将火扑灭，没有办法，只等大火停止罢了。现将此事上报，随后我等一起进城，为此缮写信件请求重建。

　　请兄长安。

民国三年三月二十四日

44. 库玛尔路笔帖式双全等为报库玛尔路衙署被荒火焚毁情况并听候查验事的呈文

1914年3月24日

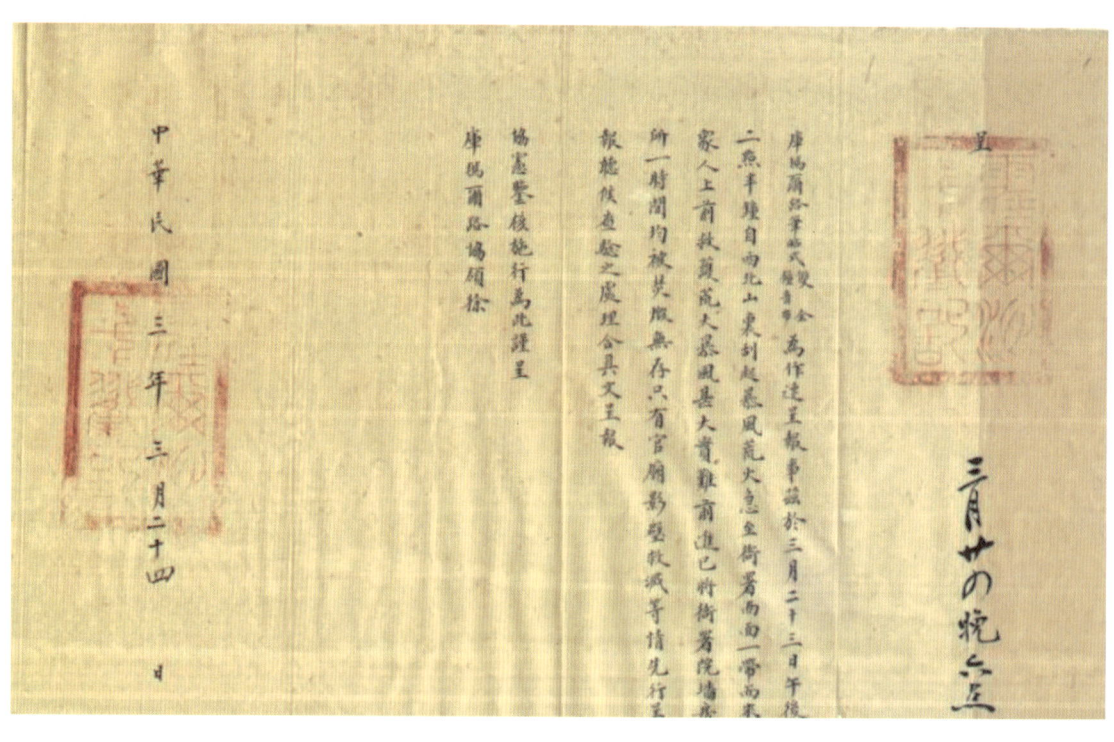

45. 黑河观察使公署为筹划旗人生计事的训令

1914年3月30日

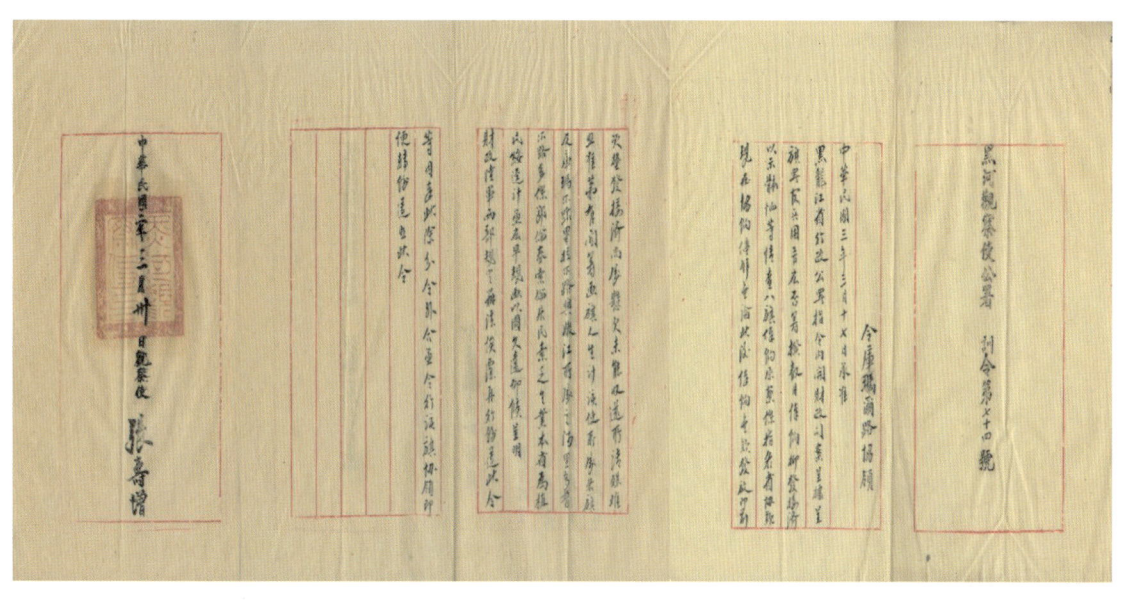

46. 黑河观察使公署为库玛尔路协领保护嫩漠路工测勘人员事的训令

1914年4月1日

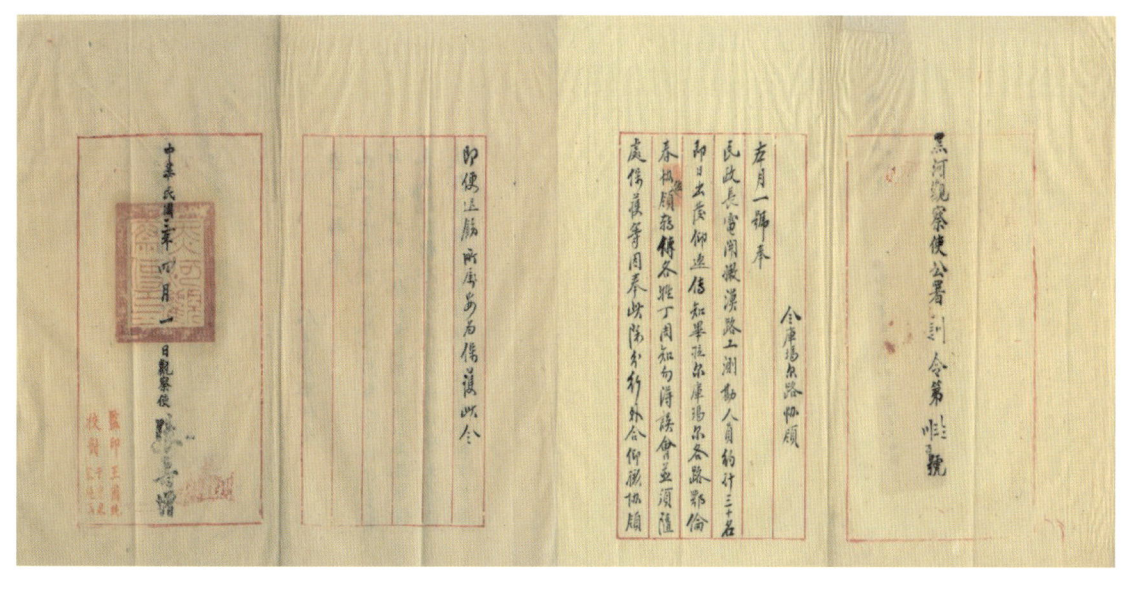

47. 黑河观察使公署为因衙署被焚库玛尔路协领徐希廉据情报省等候指令并核实估报以便兴修事的指令

1914年4月7日

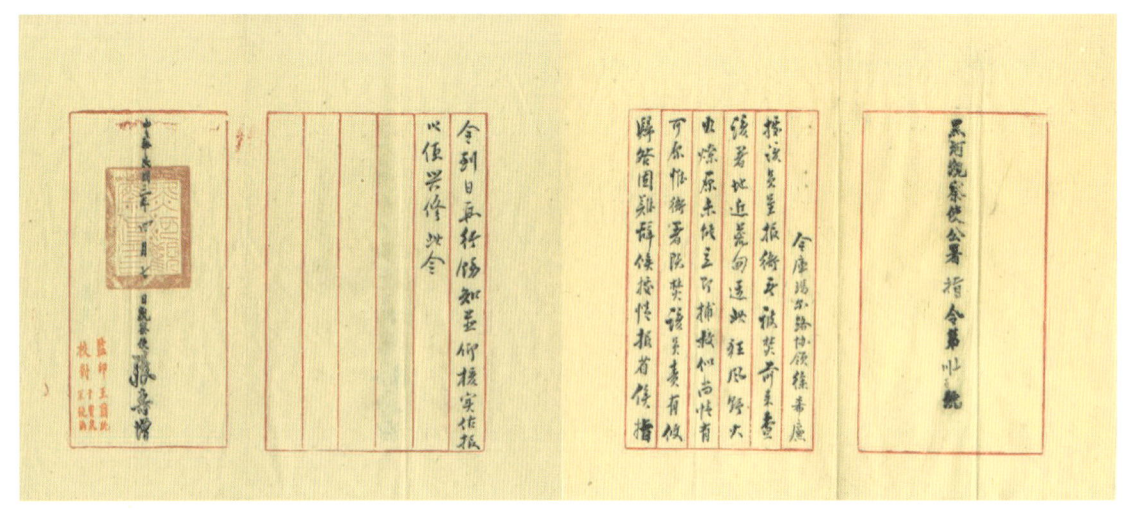

48. 黑河观察使公署为照准来忠署理正蓝旗二佐、镶白旗佐领事的指令

1914年4月14日

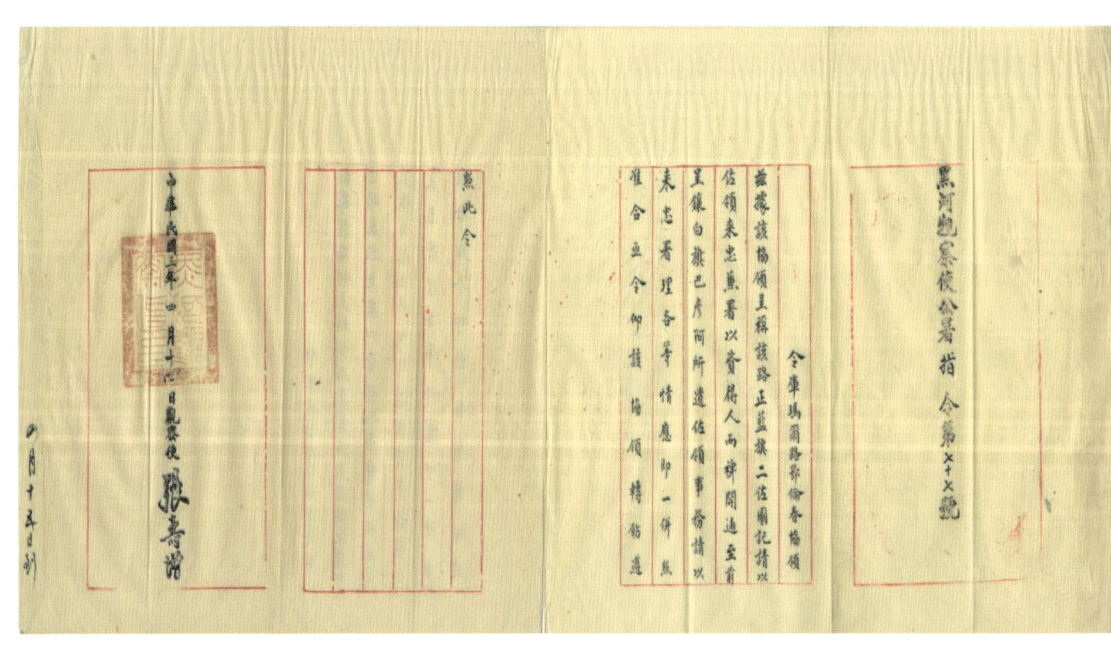

49. 黑龙江省旗务处为告知自七月一日起实行划一簿记事的公函

1914 年 4 月 14 日

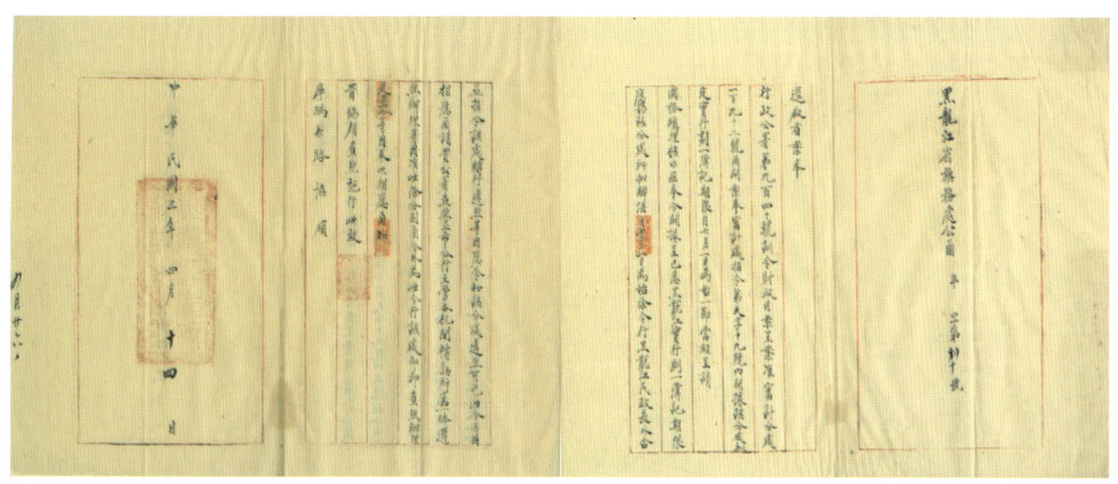

50. 库玛尔路镶黄旗佐领来忠为革退本佐领催岱忠事的呈文（满文）

1914 年 4 月 15 日

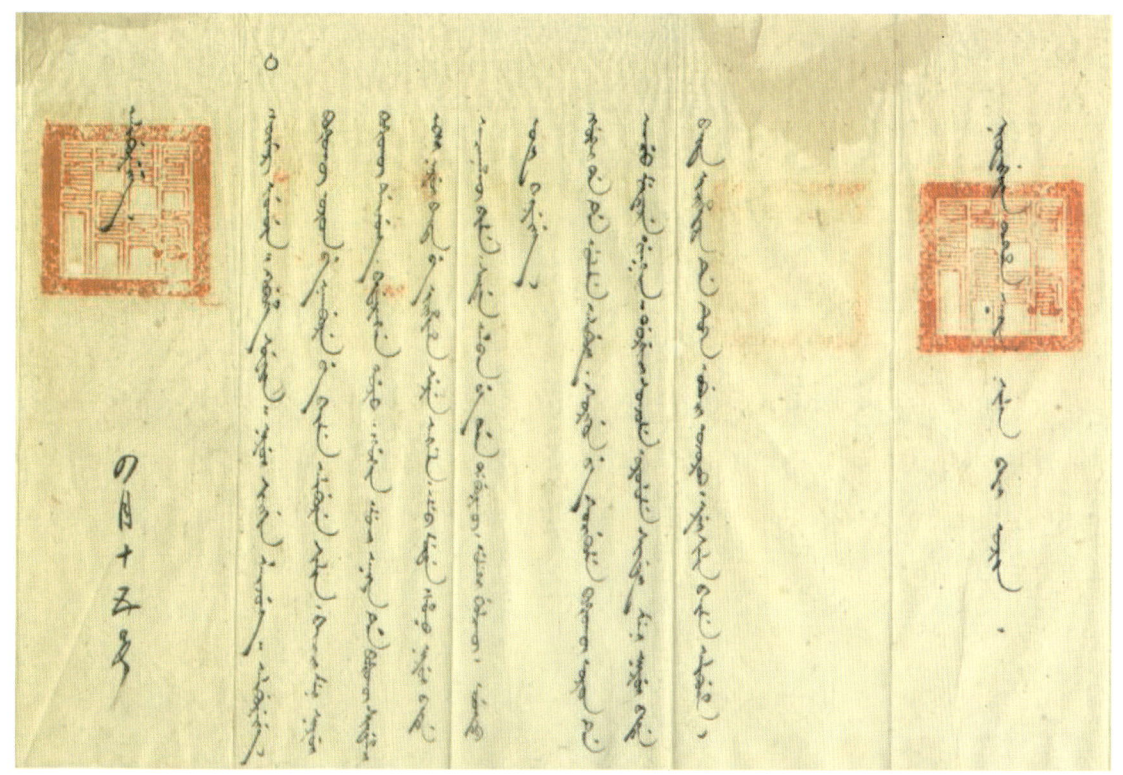

呈 文

呈库玛尔路鄂伦春协领，本路镶黄旗佐领来忠呈，为革退本佐领催岱忠事呈。本佐领催岱忠于光绪三十一年补缺上任，负责办理本佐登记核算人口数目等事务，但从来没有去办理发放事务，十分懒散。今将情况如实呈报协领，并补发文书，建议择选他人补缺领催一职。

佐领来忠为此呈。

甲寅年三月二十日

51. 库玛尔路镶黄旗佐领来忠为报送补缺本佐骁骑校一职事的呈文（满文）

1914年4月15日

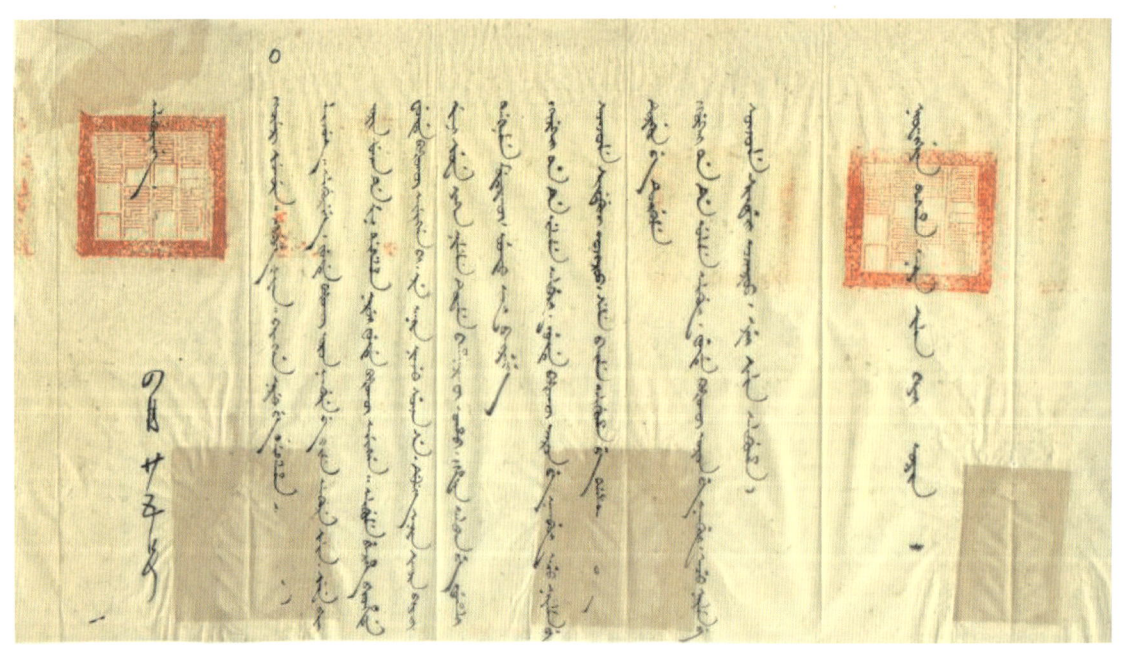

呈 文

呈库玛尔路鄂伦春协领，本路镶黄旗佐领来忠呈，为报送补缺本佐骁骑校一职事。本年二月二十五日于协领公署处领取艾明阿补缺骁骑校一职文书后，（我）即日办理。去年八月以来，原任骁骑校艾明阿已六十五岁，可谓力不从心，已不能办理本佐事务。今将情况如实呈报协领，并补发文书，建议择选他人补缺骁骑校一职。

佐领来忠为此呈。

甲寅年三月二十日

52. 库玛尔路镶黄旗佐领来忠为举荐披甲平善补缺领催事的呈文（满文）

1914 年 4 月 16 日

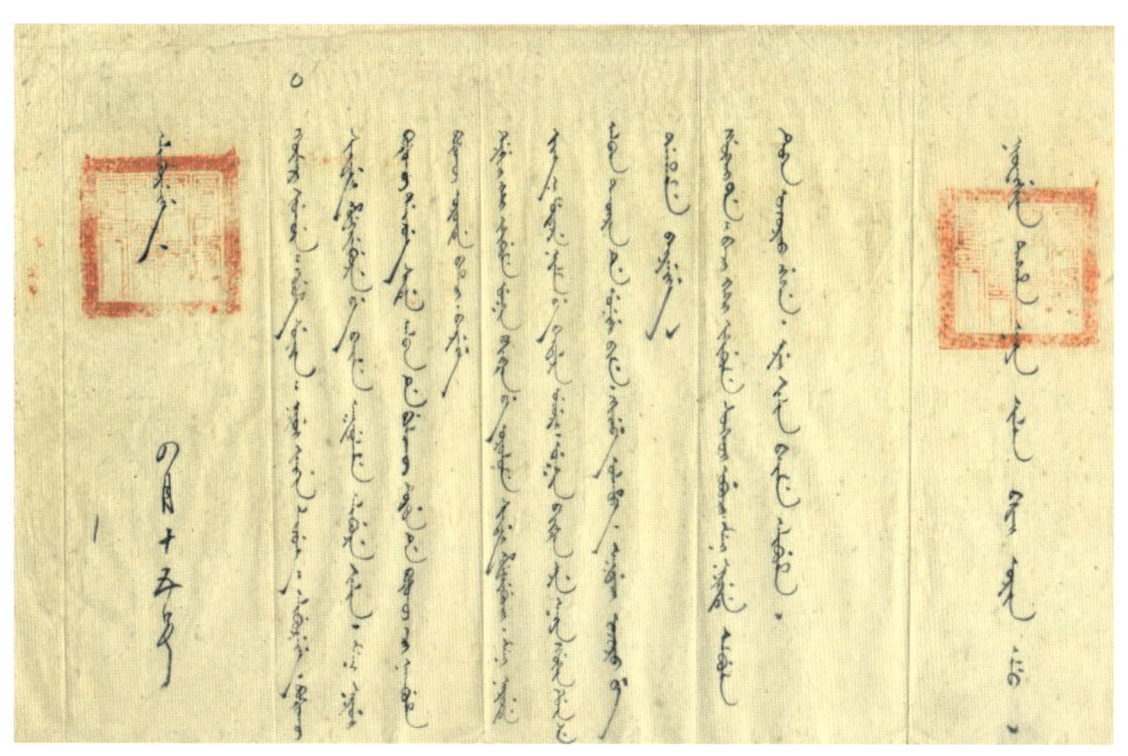

呈 文

呈库玛尔路鄂伦春协领，本路镶黄旗佐领来忠呈，为举荐披甲平善补缺领催事。因本佐原任领催岱忠躲懒，办理公务不力，被革退公职，现领催一职空缺。我举荐本佐披甲平善补缺领催一职。披甲平善办事勤奋，不辞辛苦，才能显著。平善今年三十一岁，竭诚办理公务，勤奋办事。披甲平善补缺后，必当竭尽办理本佐事务。佐领来忠为此呈。

甲寅年三月二十一日

53. 库玛尔路镶黄旗头佐佐领，合管镶白旗、正蓝旗佐领来忠为报送民国三年饲养牲畜名册事的呈文（满文）

1914 年 4 月 25 日

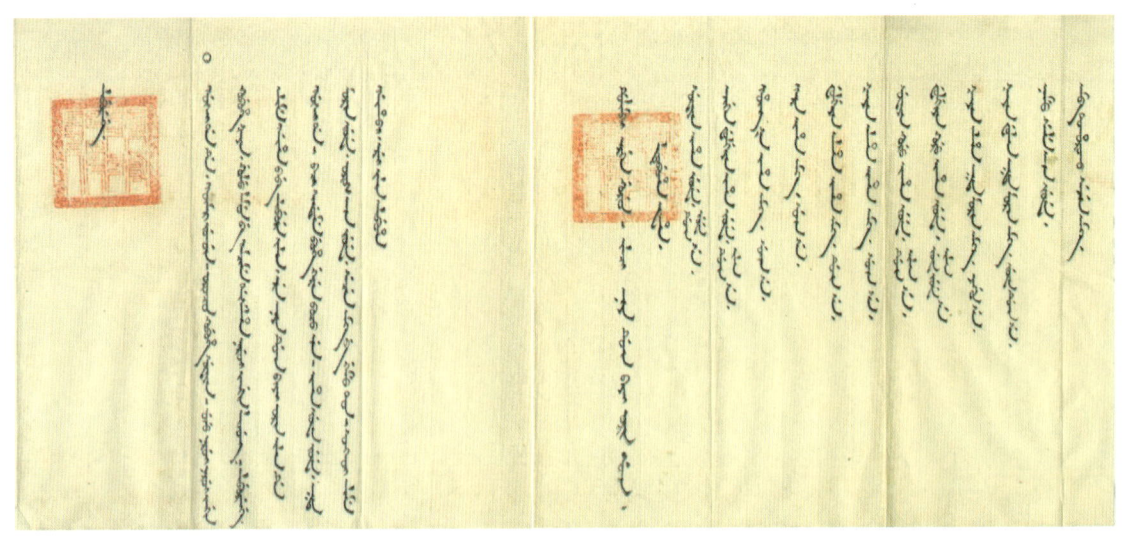

呈　文

　　呈本路协领，镶黄旗头佐佐领，合管镶白旗、正蓝旗佐领来忠为呈送本年饲养牲畜名册事。本年四月二十三日至四月三十日，本佐民众共接收青色骟牛二十二头、俄罗斯铁犁两个、大车一辆，将全部数目悉数遵照报呈。红色牛犊两头，（年龄分别是）四岁、三岁；耕牛一头，五岁；牤牛一头，五岁；红色花牛一头，四岁；白色花牛一头，五岁；黄色壮牛两头，（分别是）四岁、三岁；红色壮牛两头，（分别是）十二岁、三岁；白花骟马一匹，六岁；白色青耳马一匹，十四岁；洋铁犁两个、大车鞍子一具；黄牛两头，（分别是）四岁、两岁。

　　佐领来忠为此事呈。

民国三年四月二十五日

54. 库玛尔路镶黄旗头佐佐领，合管镶白旗、正蓝旗佐领来忠为上报接取印章事的呈文（满文）

1914 年 4 月 25 日

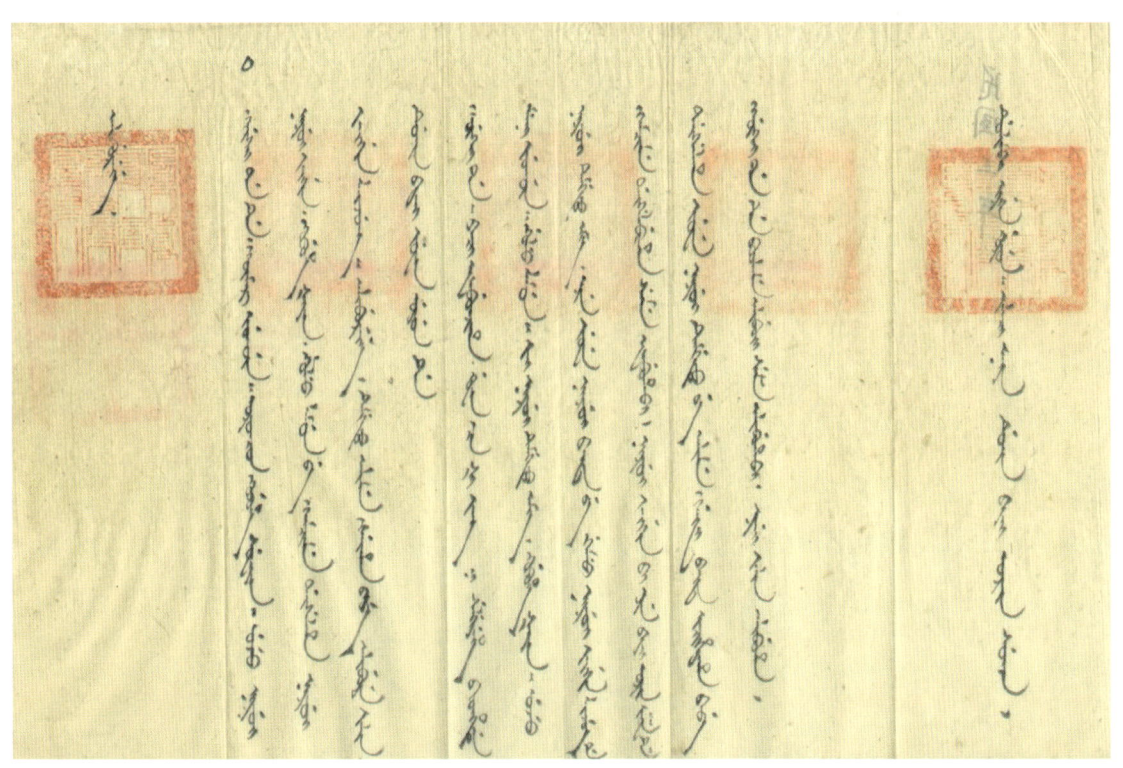

呈　文

给协领。库玛尔路鄂伦春镶黄旗头佐佐领，合管镶白旗、正蓝旗佐领来忠呈，为上报接取印章事。四月十九日协领之处交付观察使令文内开：我路正蓝旗二佐之印一、镶白旗头佐之印一，此二佐之事皆交由佐领来忠统一管理。佐领我于二月二十二日接取所管两佐之印，已将此事呈报协领。为此呈。

民国三年四月二十五日

55. 库玛尔路协领徐（希廉）为催报兴安岭城至漠河设卡文书事的指令（满文）

1914年7月

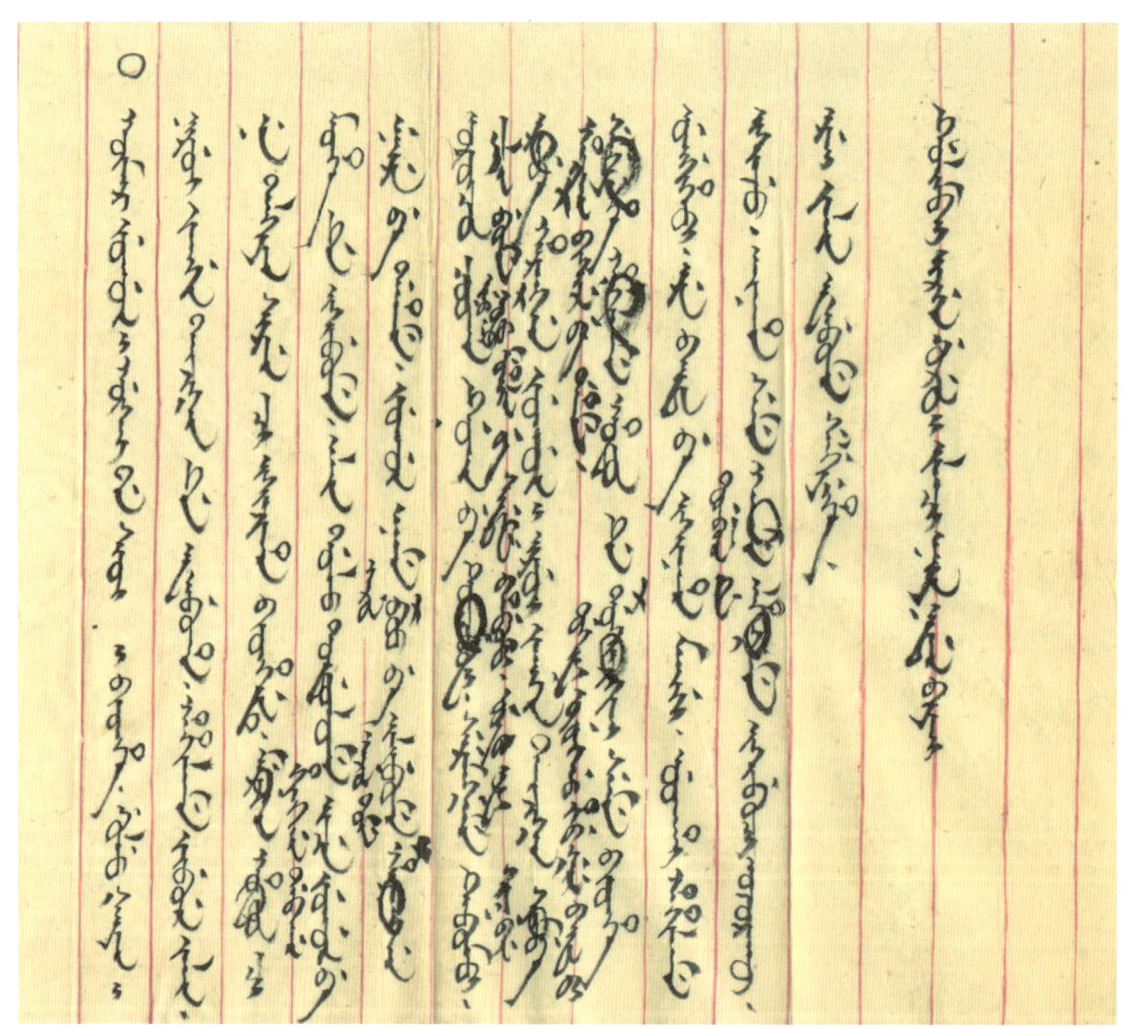

指 令

　　管理库玛尔路官兵协领徐给正白旗佐领台吉善的指令，为催促送达文书事。先前塔勒齐库送来的呈文中说，自兴安岭城至漠河，顺着山内直行，可以开垦出一条新路，沿路建造哨卡营房，每个哨卡派遣鄂伦春族官兵四人驻防守护，发给钱粮同时发放弹丸。跟随本路佐领台吉善进驻之后，商议要事并咨行文书。到达后速速送来，切勿延迟。为此咨行知晓宣告。

民国三年七月

56. 库玛尔路合管镶白旗头佐、正蓝旗二佐，镶黄旗头佐佐领来忠为办理鄂伦春族学童入校学习事的呈文（满文）

1914年8月21日

呈 文

　　呈送管理库玛尔路鄂伦春官兵协领，合管镶白旗头佐、正蓝旗二佐，镶黄旗头佐佐领来忠呈，为请呈事。旧历六月二十三日，协领咨文内开：民国三年八月十三日黑河道尹处来文内开，库玛尔路所报将鄂伦春族众学生集结办理一事自道尹我处报告至省，将此登记办理。民国三年八月初七日接取的巡按使处批文内开：将核查所定众学生集结办理（　），交给所辖协领与毕拉尔路协领等，催促众学生各自就近分派聚集，今即开办，传照交付瑷珲库玛尔众侍卫。为此批至分行，交付管理此地协领具体办理。为此特咨文给管辖佐领官员等，当立即将聚合所派众学生等报送，说明开办之缘由，有上交不及（　）送办。镶白旗头佐、正蓝旗二佐、镶黄旗头佐每佐派三四名学生在新设屯集结亦非难事，我鄂伦春族人等在屯入校，皆大欢喜。交付请示协领，学校房屋如何修建，若有教员略懂鄂伦春语，我等鄂伦春族学生会大有裨益。另等候办理教员、学生的费用粮银等各类筹办、交付。除此，我等鄂伦春族学生皆不通汉语，最初唯恐不能学习汉字。我等鄂伦春语音既类似，先学习二三年满文，再学习汉文就较易。由此将可行之处出具，呈送协领，可传呈。为此请呈。

甲寅年七月初一日

57. 库玛尔路合管正蓝旗二佐、镶黄旗头佐佐领来忠为上报查看尸首伤情事的呈文（满文）

1914年8月21日

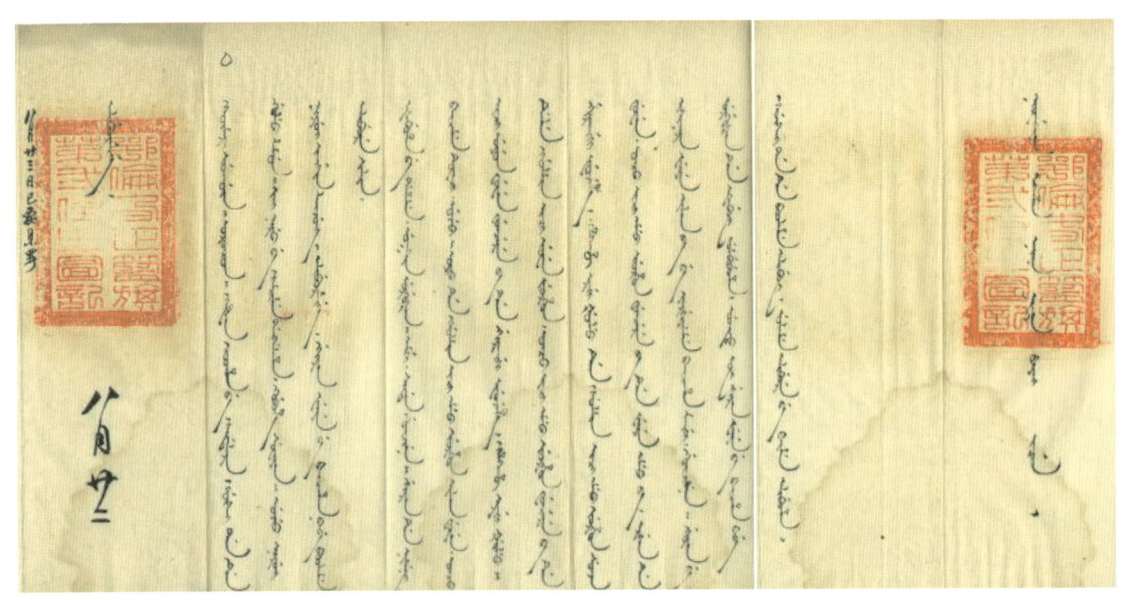

呈　文

　　呈管理库玛尔路鄂伦春官兵协领，合管正蓝旗二佐、镶黄旗头佐佐领来忠呈，为上报查看尸首伤情事。既交付，（我）同披甲乌日古山一同查验西丹贵极讷的尸首。头顶有伤长一指三分，宽九分，余下地方骨头损坏。左侧鬓角上方有伤长二指，宽一指，余下地方骨头损坏。右侧鬓角有伤长一指五分，宽一指，余下地方有伤一处。伤情查实后，（我）将贵极讷之尸首交给乌日古山掩埋。故此，将查验尸首伤情事呈报协领。为转呈呈请。

　　　　　　　　　　　　　　　　　　　　　　　　甲寅年七月初一日

58. 镶黄旗佐领来忠为禁止鄂伦春人过度饮酒事的呈文（满文）

1914年8月21日

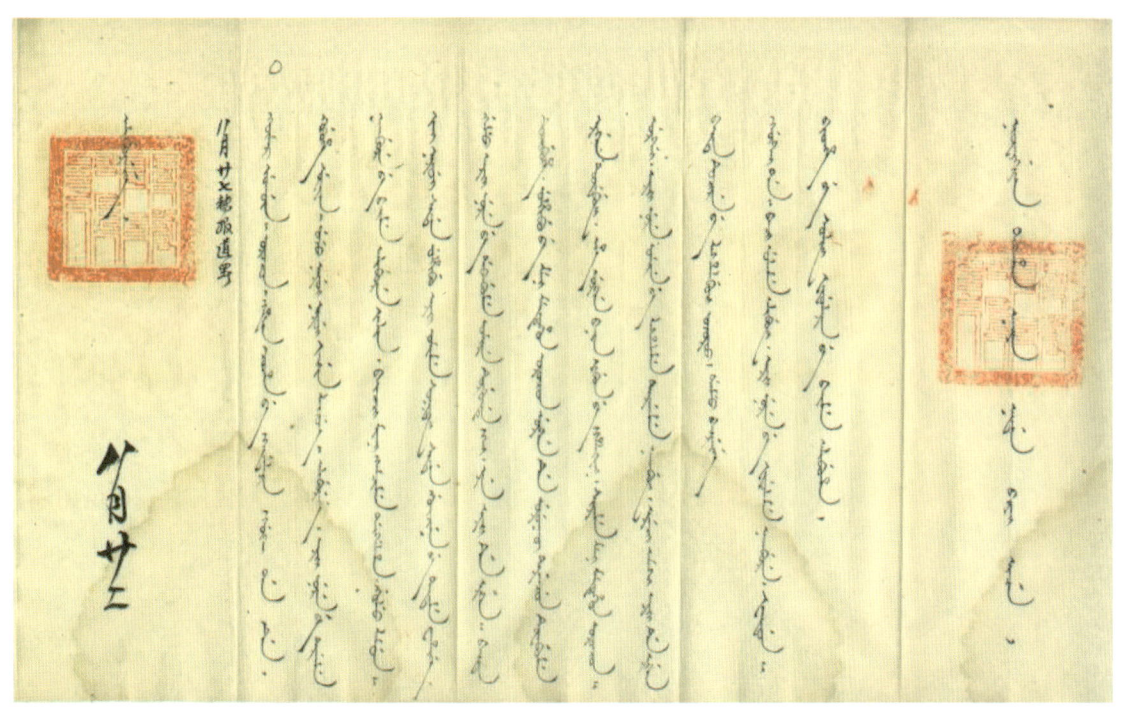

呈　文

　　呈与协领，镶黄旗佐领来忠呈，为禁酒事。查我署管辖未成丁乌勒希布因醉酒将未成丁贵齐讷殴伤，全因过度饮酒。因此，应引以为戒，禁止鄂伦春人饮酒，为此事呈。

甲寅年七月初一日

59. 黑龙江省北路林务分局为启用关防事的咨文

1914年10月7日

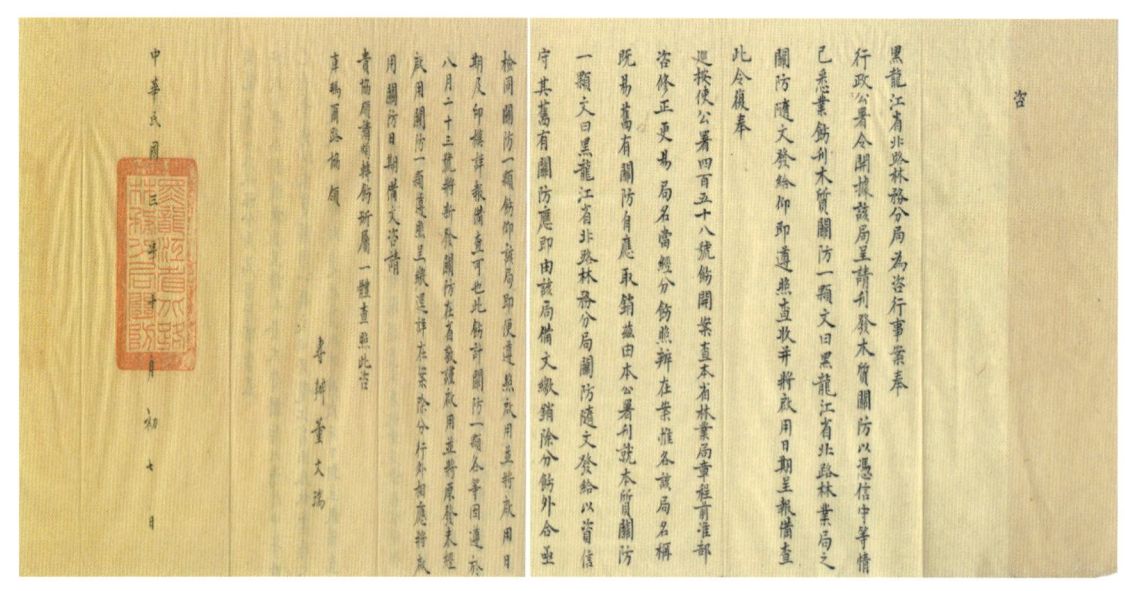

60. 佐领来忠登记造册并呈送的本佐鄂伦春族民众户籍册（满文）

1914年11月6日

户籍册

户籍册：

时维月末，将本佐鄂伦春族民众数目查明登记造册。

佐领来忠一户，四十八岁，妻子四十二岁，长子成允十二岁，次子成福七岁，三子成穗三岁。

闲散一户，皮雅沙六十六岁，子福德（ ）十九岁，三子福龄七岁，四子福源三岁。

猎户皮沙一户，三十四岁，妻子三十四岁，女儿十五岁。

闲散一户，伊木图六十七岁，未成丁孙子金沙二十八岁，三孙金灿九岁，儿媳四十九岁，孙媳二十二岁，其子常书三岁。

未成丁一户，讷尔彦三十四岁，妻子三十一岁，子福海十三岁，妹十三岁，岳母五十六岁。

披甲一户，新塞四十二岁，妻子四十五岁，子萨玛十三岁，女儿八岁。

未成丁塔连一户，三十二岁，妻子三十一岁，岳母七十岁。

披甲一户，永塞四十一岁，妻子四十一岁，子西丹明春十九岁，长女十四岁，次女十一岁，岳母六十四岁。

西丹一户，塔当二十六岁，二弟西丹塔明二十三岁，三弟西丹塔忠二十岁，四弟塔照十一岁，母五十岁，其子西丹尹哲二十岁。

披甲一户，吉尔都沙五十四岁，妻子四十九岁，长子西丹永德二十九岁，次子永定九岁，长女十七岁，次女三岁。

以上名册具呈。

甲寅年九月十九日

61. 瑷黑矿务官商合办公司为恳请发给满文护照事的呈文

1914 年 12 月

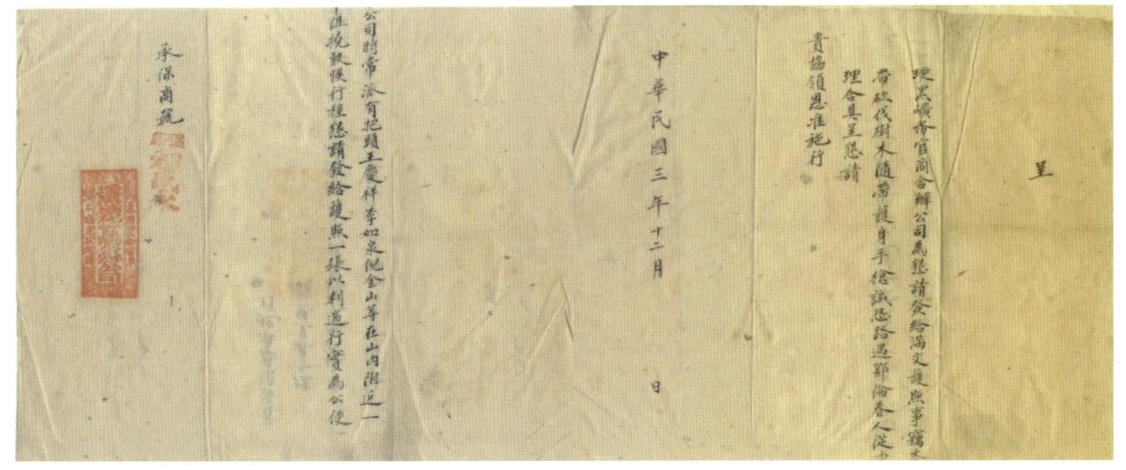

62. 库玛尔路官兵民国三年全年俸饷并脚费分放数目清单

1914年

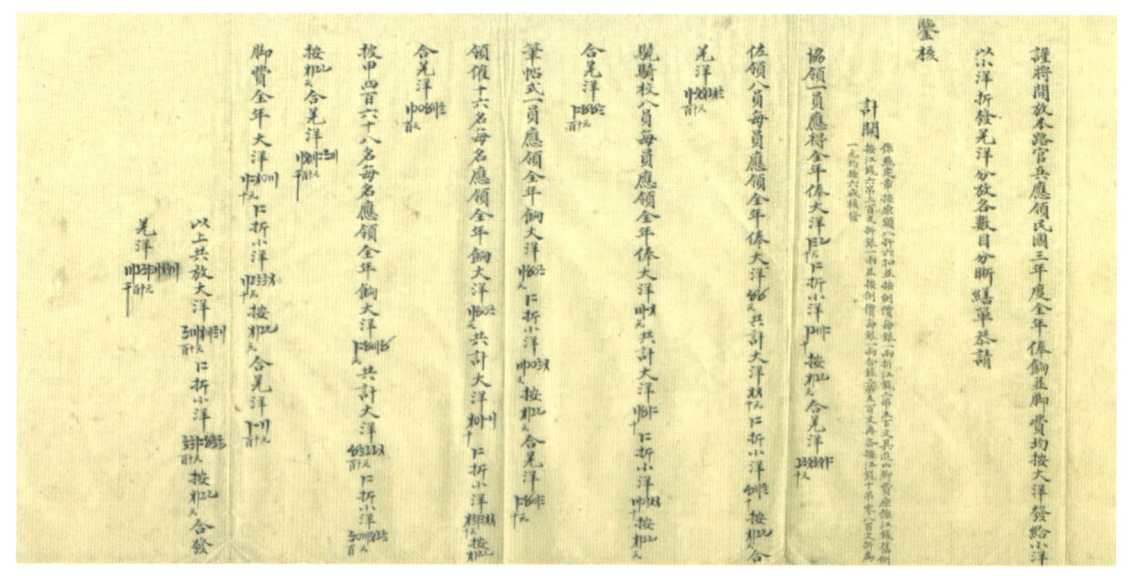

63. 库玛尔路镶黄旗头佐佐领来忠为奇儿朱善女婿盗卖马匹事的呈文（满文）

1915年1月28日

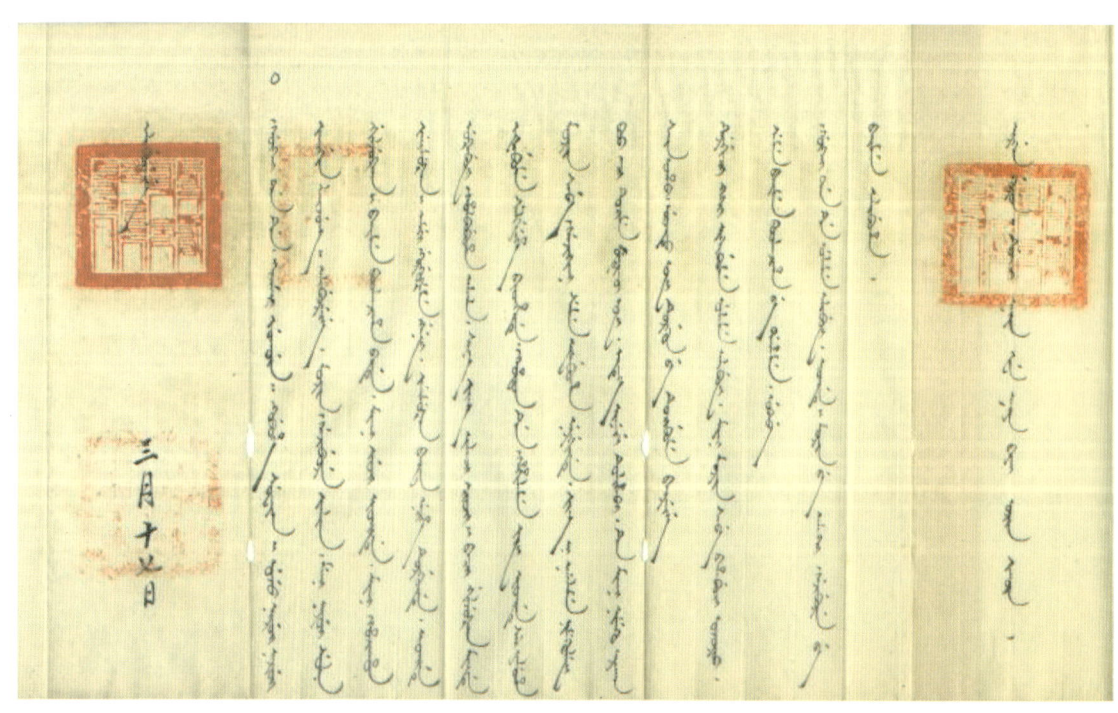

呈　文

　　本路镶黄旗头佐佐领来忠呈与协领大人，为领取马匹事呈。本佐闲散之人奇儿朱善向我报告称，其子玉德和女婿哲禄善一同前去捕猎，因哲禄善惹出事端，玉德受到牵连。奇儿朱善将哲禄善抓获后，哲禄善供出之前去捕猎时路过本佐在库玛尔河沿岸牧养马匹的地方，哲禄善趁马群无人看守，竟然盗走数匹。哲禄善回屯后，将盗窃马匹低价卖给玉德。本佐闲散之人奇儿朱善向下官报告后，下官带人将哲禄善擒获，其供出将偷盗马匹转手卖给玉德之事云云，因故玉德冤受其牵连。下官将此事缘由呈报协领大人，请示办理。

　　为此事呈。

民国四年正月二十八日

64. 库玛尔路镶黄旗头佐佐领来忠为申领所需费用事的呈文（满文）

1915 年 3 月 2 日

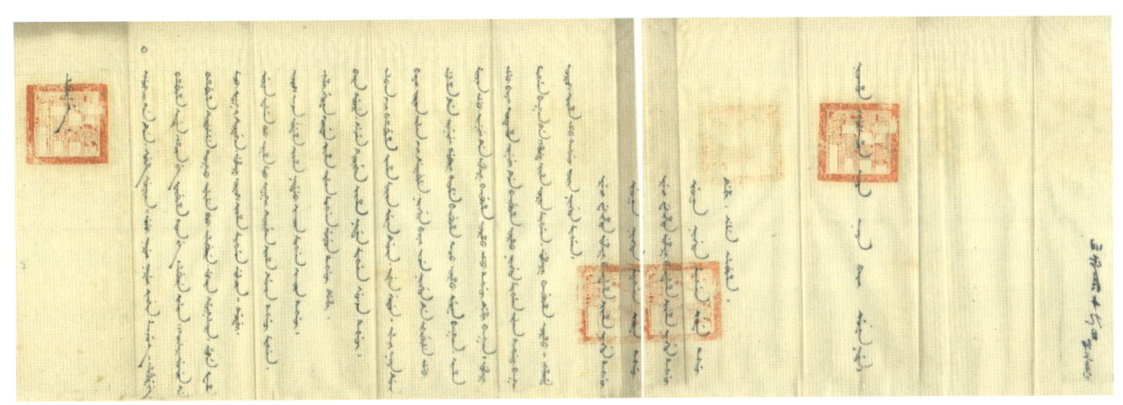

呈　文

　　呈库玛尔路协领公署，本路镶黄旗头佐佐领来忠呈，为申领所需费用事。库玛尔路协领公署率各村屯民众开垦土地，播撒种子，聘请木工建造房屋，共计所需俄罗斯钱千串。其中，聘请木工建造房屋十间需俄罗斯钱四十万；购买俄罗斯犁需俄罗斯钱七万八千八百；海关关税需俄罗斯钱三千九百四十；修整河道雇用大车需俄罗斯钱七千五百；办理公务雇用牛马十四头，时间为民国三年四月三日至六月六日，牲畜每昼夜需食草料十把，十四头牲畜一昼夜所需草料合计一百四十把，这期间共使用牲畜一个月十五天，所需草料共计六千三百把，每把草料价格俄罗斯钱二十，本佐此间使用牲畜所耗草料折合俄罗斯钱共计十二万六千。以上所需费用共计俄罗斯钱六十一万六千二百四十。

　　佐领来忠为此呈。

乙卯年正月十七日

65. 镶白旗头佐、正蓝旗二佐、镶黄旗头佐佐领来忠为发放官员俸禄事的呈文（满文）

1915年3月2日

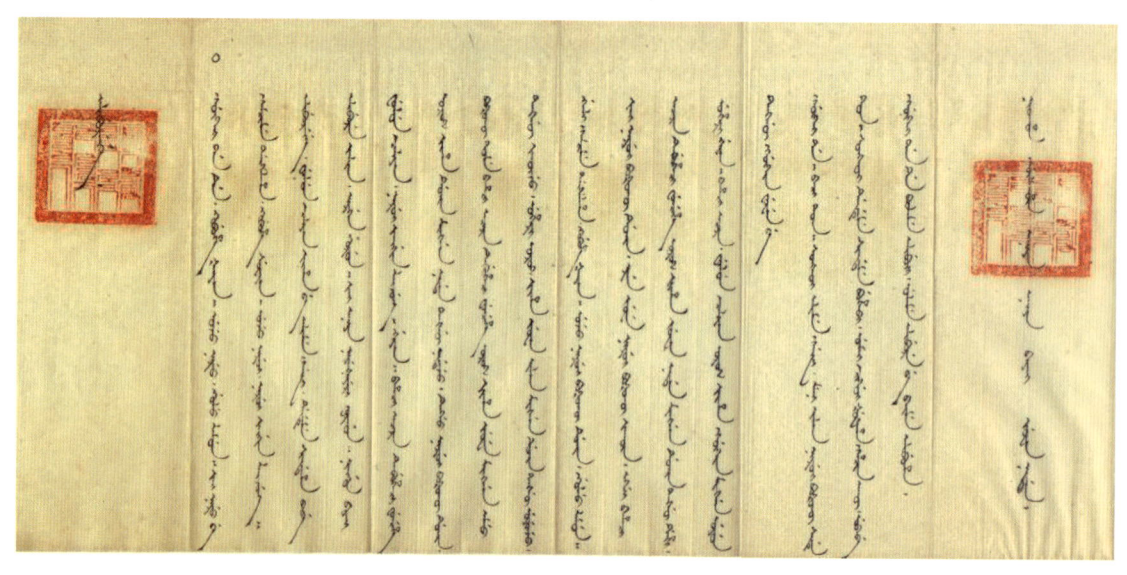

呈 文

呈本路协领，镶白旗头佐、正蓝旗二佐、镶黄旗头佐统筹事务办理佐领来忠呈，为发放本佐官员俸禄事。民国二年春季六个月俸禄，佐领来忠在任勤勤恳恳，没有误工，全部核算清楚，俸禄折合俄罗斯钱四千七百七十。镶黄旗头佐有领催四名，每名领催在任满勤，应得俸禄俄罗斯钱两千一百八十，以上俸禄共计俄罗斯钱一万三千四百九十，一并办理。镶白旗头佐有领催四名，正蓝旗二佐有领催四名，两佐共有领催八名，所有领催任上皆满勤，应得俸禄折合俄罗斯钱一万七千四百四十。以上三佐全部官员俸禄折合俄罗斯钱共计三万零九百三十。

本路三佐佐领、领催俸禄俱遵照核算，绝无缺少遗漏之弊端。本路三佐佐领来忠为此呈。

乙卯年正月十七日

66. 立法院议员选举瑷珲县初选监督潘为委任瑷珲县选举事务所所长及事务员事的饬①

1915年3月29日

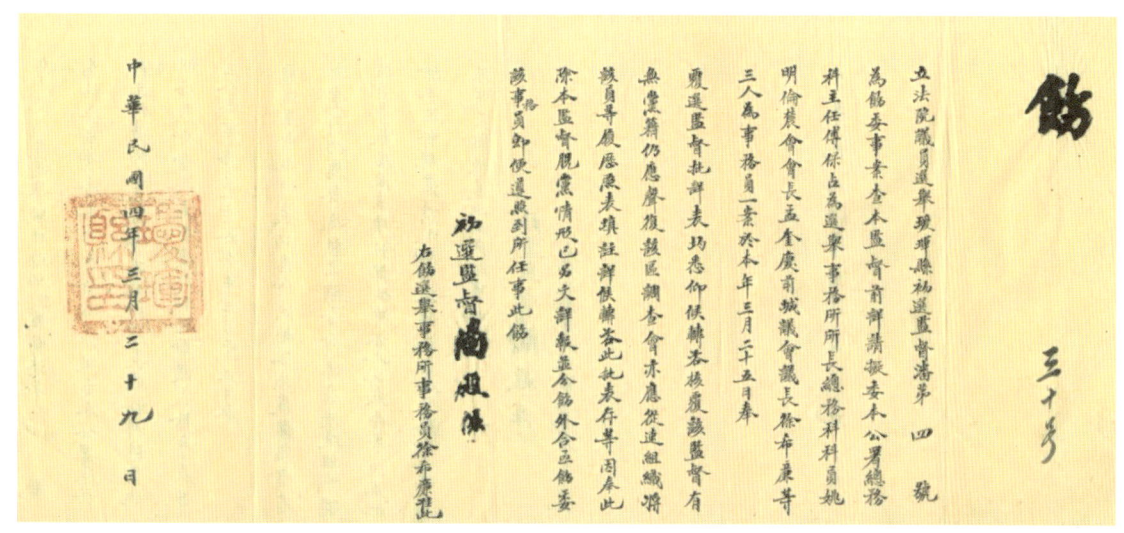

67. 库玛尔路镶黄旗头佐为本佐披甲精齐讷强夺守节寡妇事的揭帖（满文）

1915年5月10日

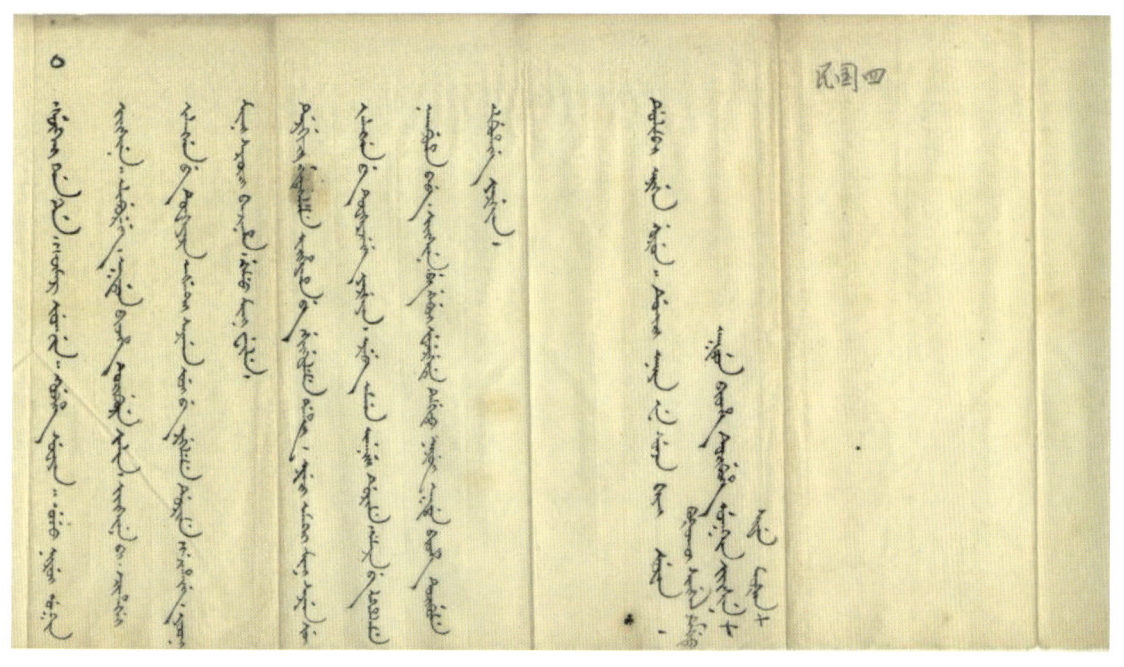

---

① 饬：旧时指上级命令下级的一种文书。

揭　帖[①]

　　给库玛尔路协领公署，本路镶黄旗头佐谨揭，为本佐披甲精齐讷强夺寡妇事。本佐披甲精齐讷将佐内守节寡妇强行抢夺，此事下官确实不知晓，都是下官的过失。此事我必会查明办理，对本佐内所有守节寡妇一一查明，确认守节事实，另革退本佐披甲精齐讷。为此除具题外，理合具揭，须至揭帖者。

　　领催兴善信印，揭帖者本佐披甲精齐讷、西丹孟善。

民国四年五月初十日

68. 黑河道尹公署文件封皮

1915年5月15日

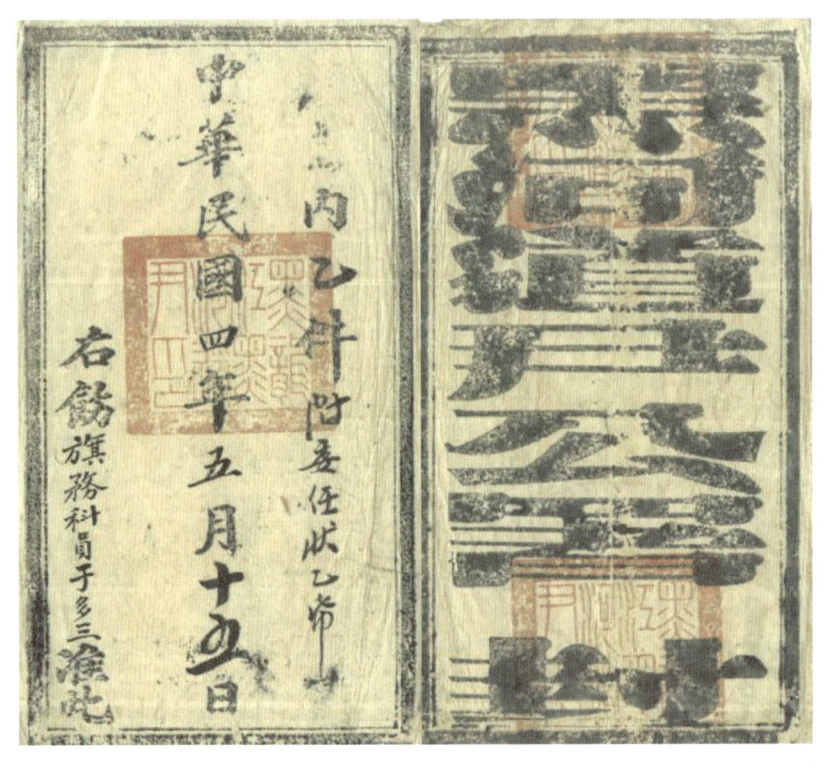

---

① 揭帖：指古代监察部门长官揭发不法官吏的一种文书，也指旧时张贴私人启事、文告。

69. 黑河道尹公署为于多三接充旗务员事的饬

1915年5月15日

饬

黑河道尹公署饬第1009号

为饬遵事案查前据旗务员奎庆禀请

辞差业经批准现将该股归并本署办公所

遗旗务科员一差著委书佐钦于多三接充月

给薪水五十元自五月十五日起由资办公除加

委并分饬外合亟饬仰该员即便接收清

楚具报此饬

右饬旗务科员书佐钦于多三准此

道尹 张寿增

中华民国四年五月十五日

70. 库玛尔路协领为发给官银号踩探金苗人汉满合璧护照事的谕文

1915年8月2日

管理库玛尔路鄂伦春官兵协领徐　为发给护照事

据前库厂金矿局总办现官银号踩苗事务所刘函

称本公司现在派出差役把头遍往山后各处踩探金

苗虽尊有采苗执照为据但恐　贵属鄂伦春人不识

汉文致有阻碍之处今请贵协领发给汉满合璧护照

以便进行而资保护等因准此合亟饬仰本属鄂伦春

官兵丁等一体知悉凡遇到该办之踩苗差役把头持有

本协领之护照者务即加意保护指引山路勿为阻

挠刁难倘敢稍违致有碍嗣定即查究不贷

为此特谕须至照者

右照仰官银号踩苗人　执此

四年八月二日

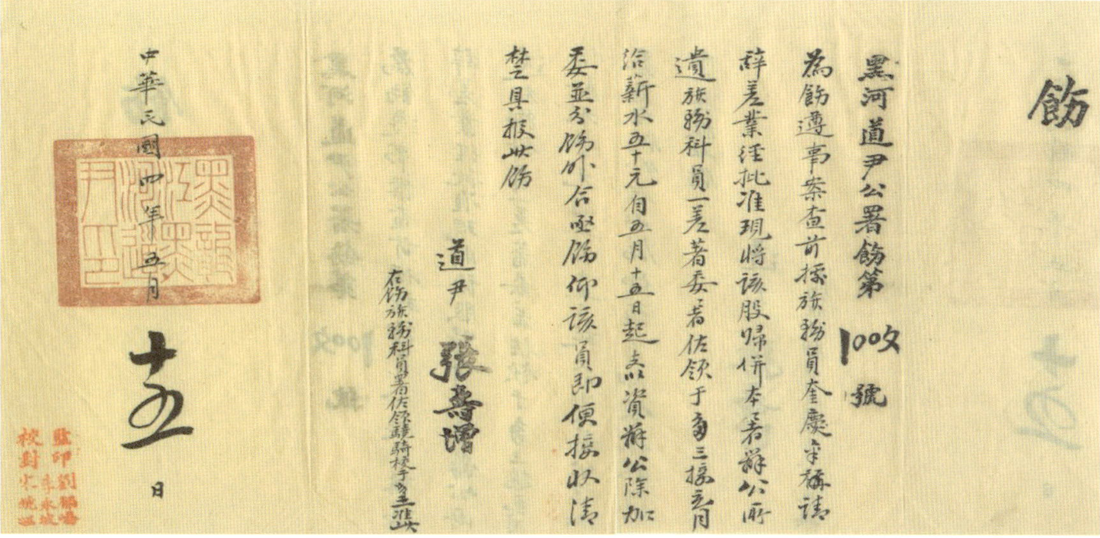

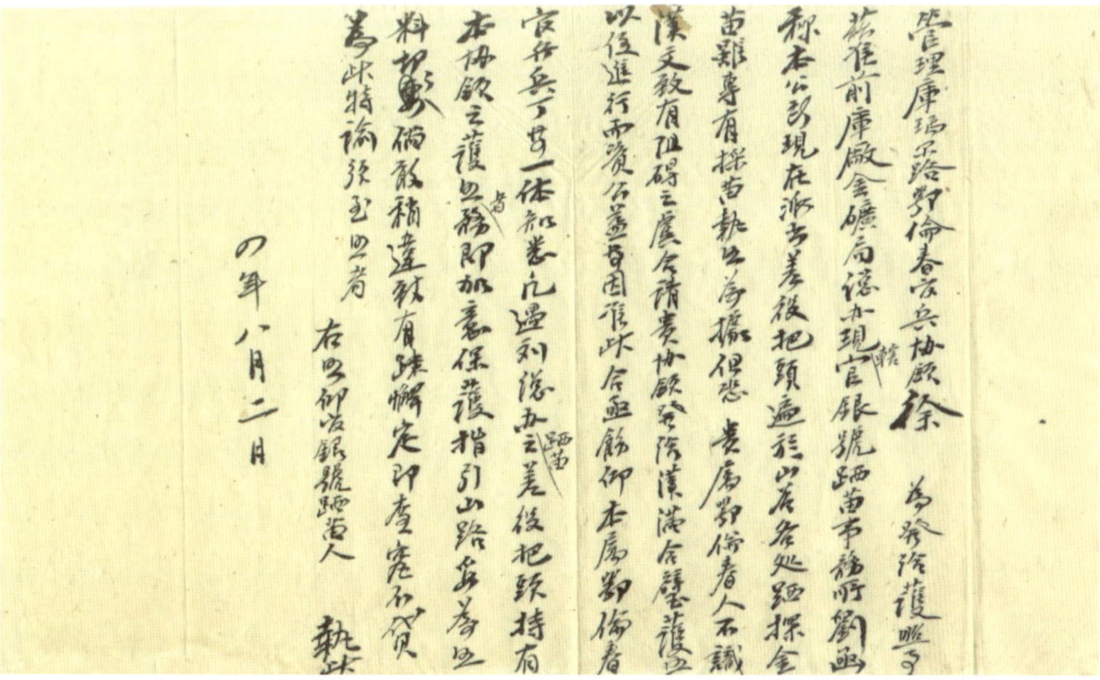

71. 嫩江县行政公署为鄂伦春族子弟就近上学事的咨文

1915 年 9 月 11 日

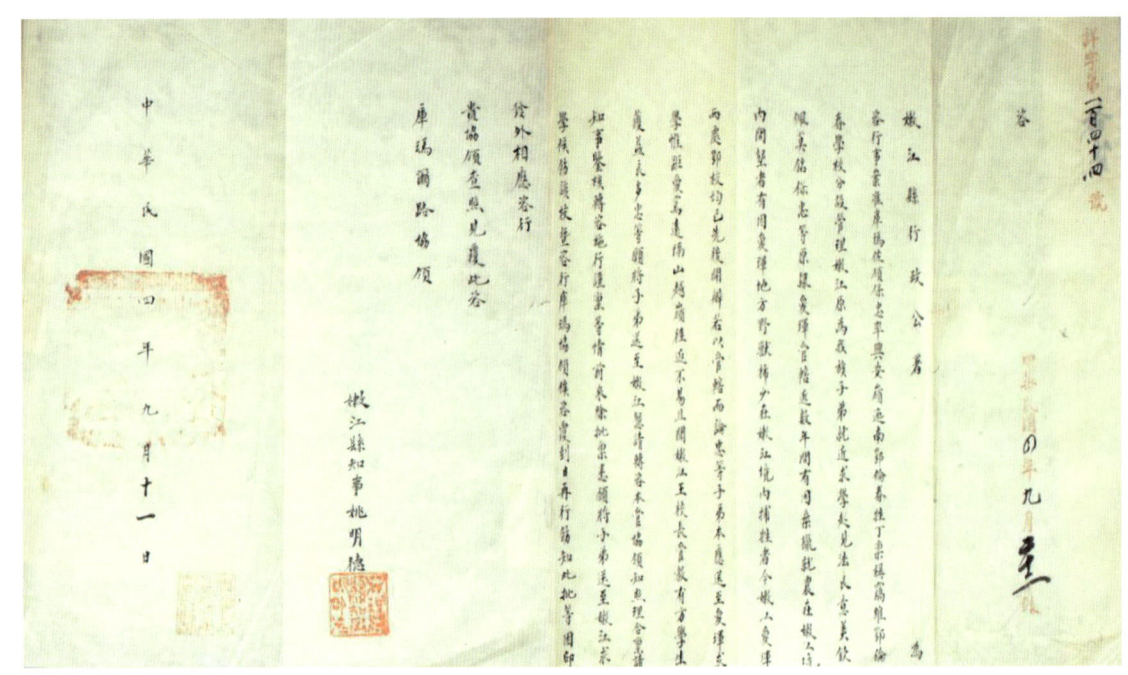

72. 黑河道尹公署为发给关庆山踩勘金苗满文护照事的信函

1915 年 12 月 3 日

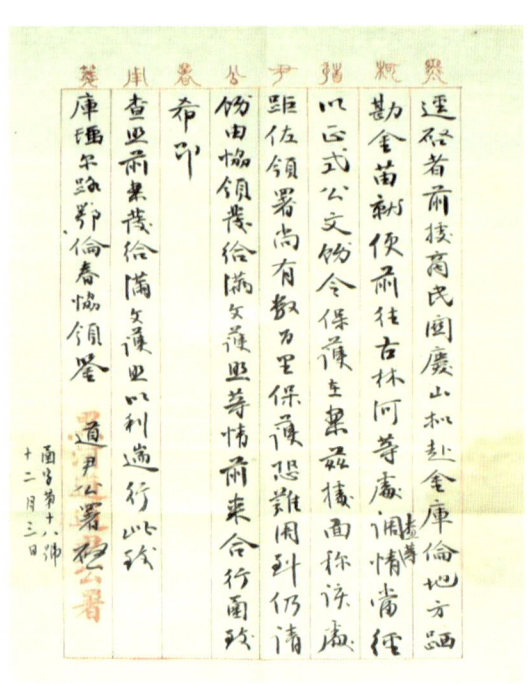

73. 库玛尔路协领公署为造送民国四年下半年津贴办公决算书事的咨文

1915年12月15日

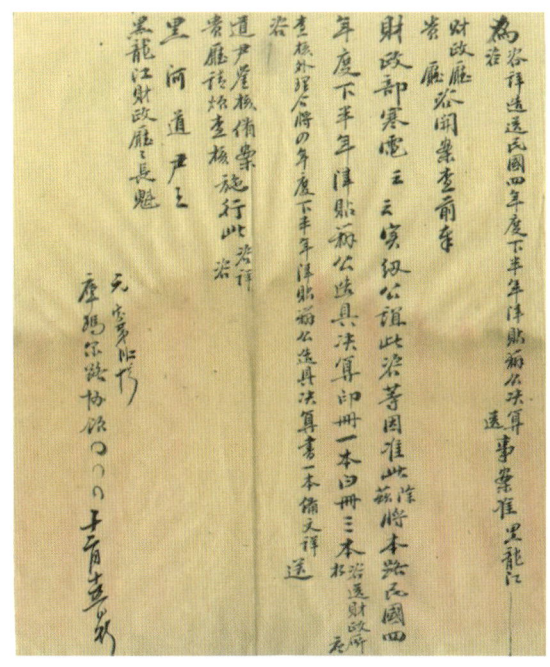

74. 黑龙江巡按使公署为发给核准状规则条文事的饬

1915年12月27日

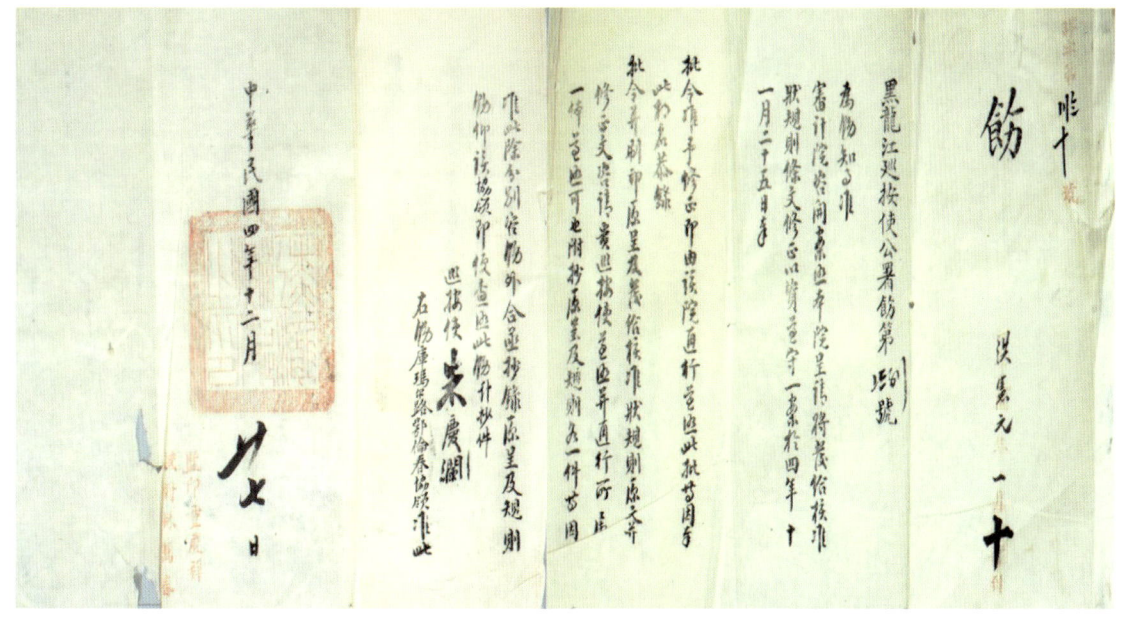

75. 黑河道尹公署为具领民国四年七、八、九月津贴事的饬

1915年12月28日

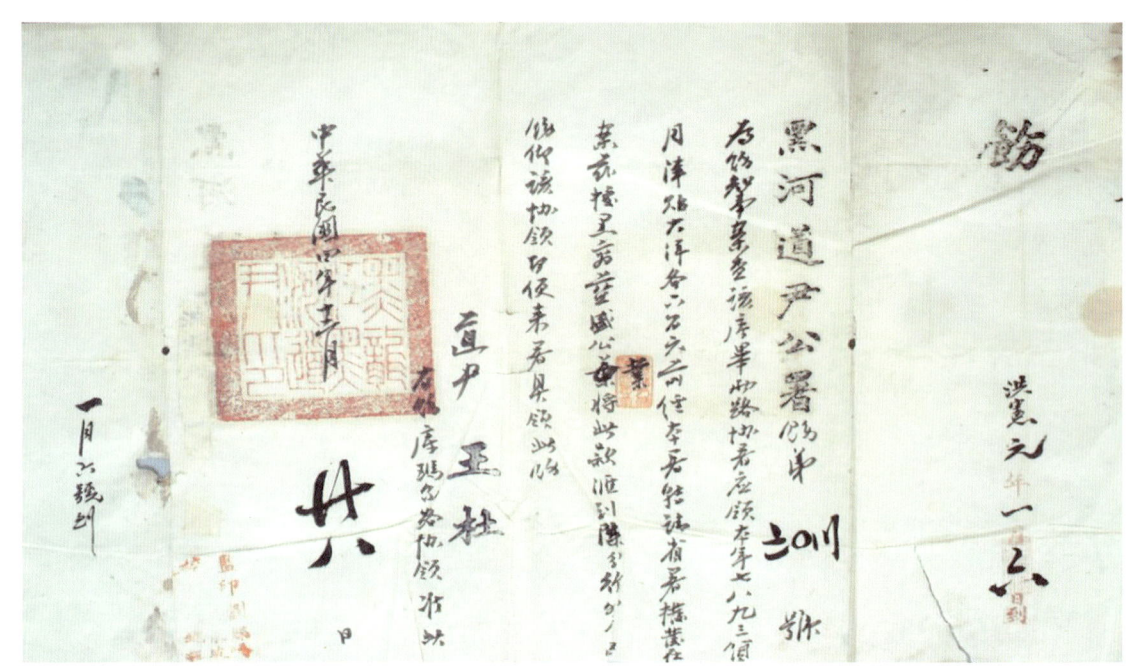

76. 库玛尔路协领公署民国四年下半年决算书

1915年

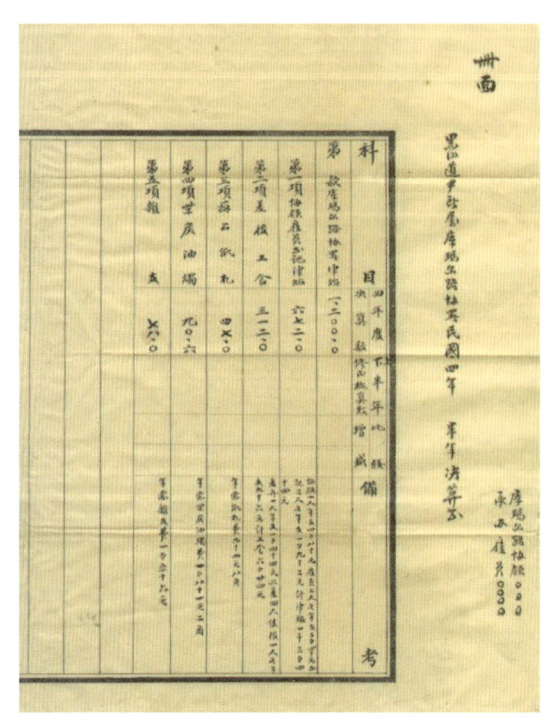

77. 库玛尔路官兵应领民国四年全年俸饷清单

1915年

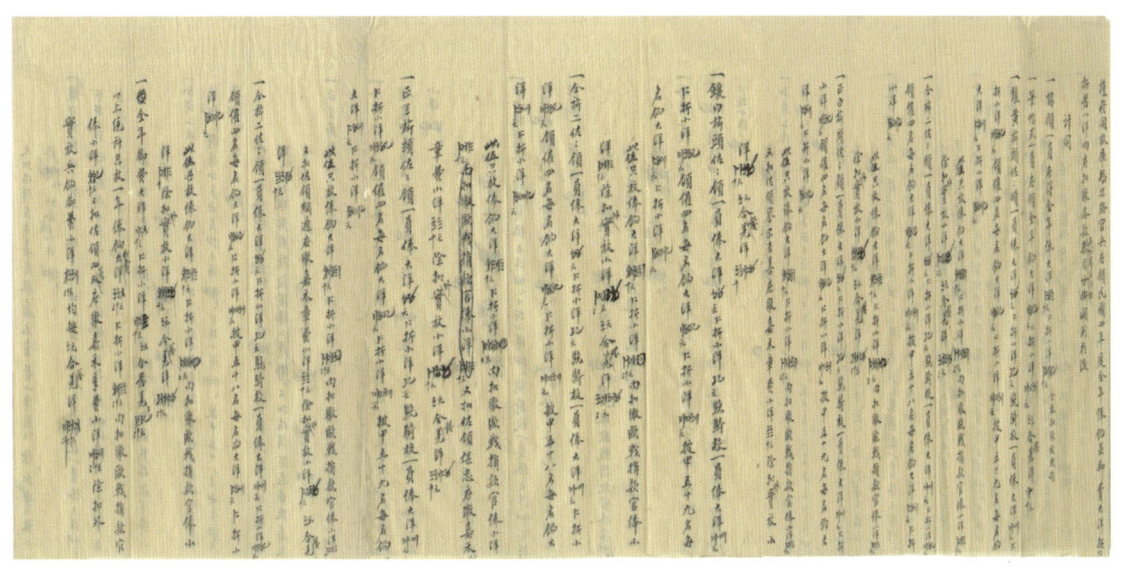

78. 黑龙江巡按使公署为改年号并示谕官民一体遵照事的饬

1916年1月4日

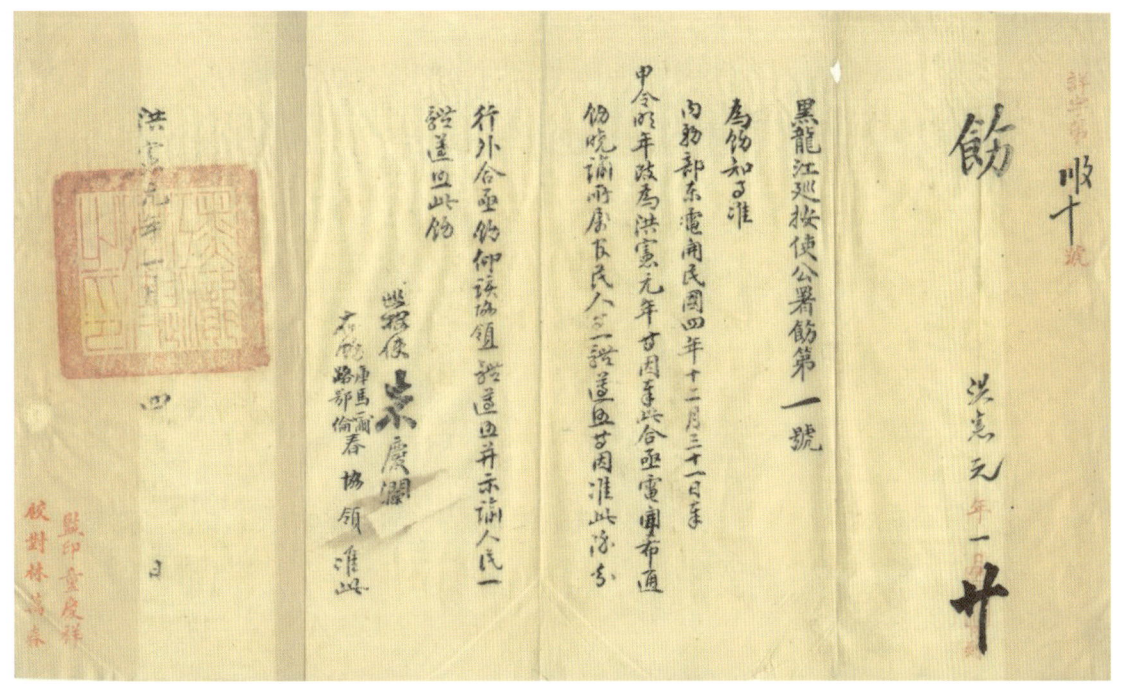

79. 黑河道尹公署、库玛尔路协领公署为具领民国四年七、八、九月津贴事的呈文、批文

1916年1月10日

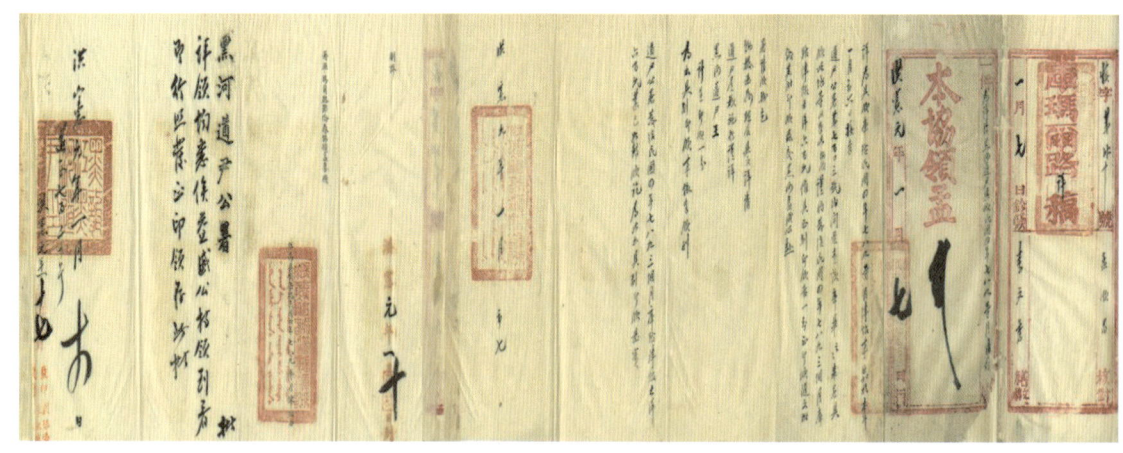

80. 承办库玛尔路新立宏户图屯建房事务佐领来忠为出具接取工钱公文事的呈文（满文）

1916年1月22日

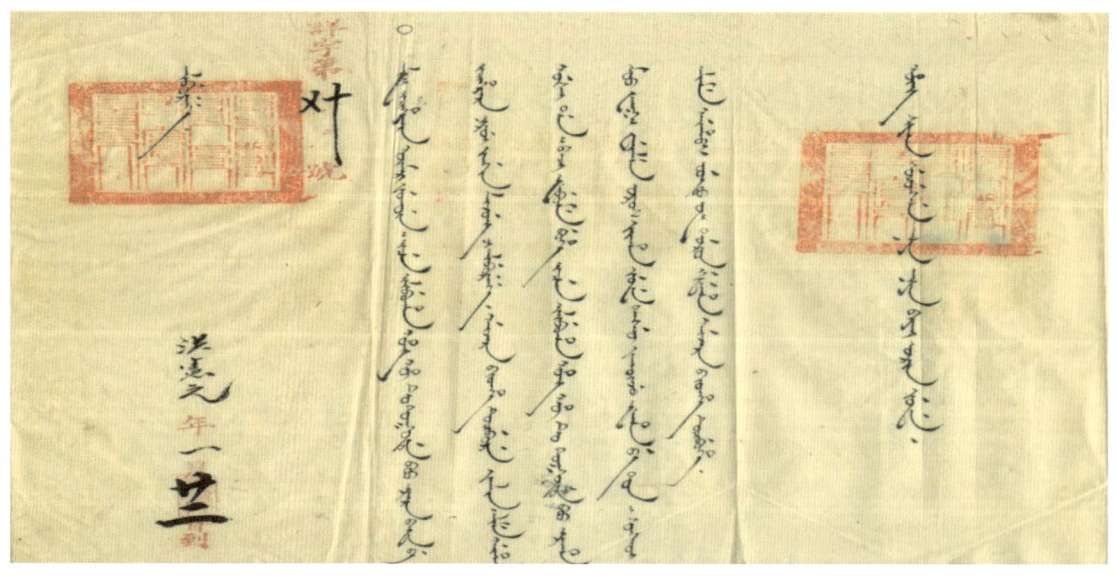

呈　文

承办库玛尔路新立宏户图屯建房事务佐领来忠呈，为出具领取工钱公文事。（我）自协领处接取新立宏户图屯建房木工工钱俄罗斯钱二百八十张，依数接取。为此，出具所取盖印文书。

民国五年正月二十二日

81. 库玛尔路协领公署协领孟喜禄为知照各旗佐民众更改年号事的指令（满文）

1916年1月24日

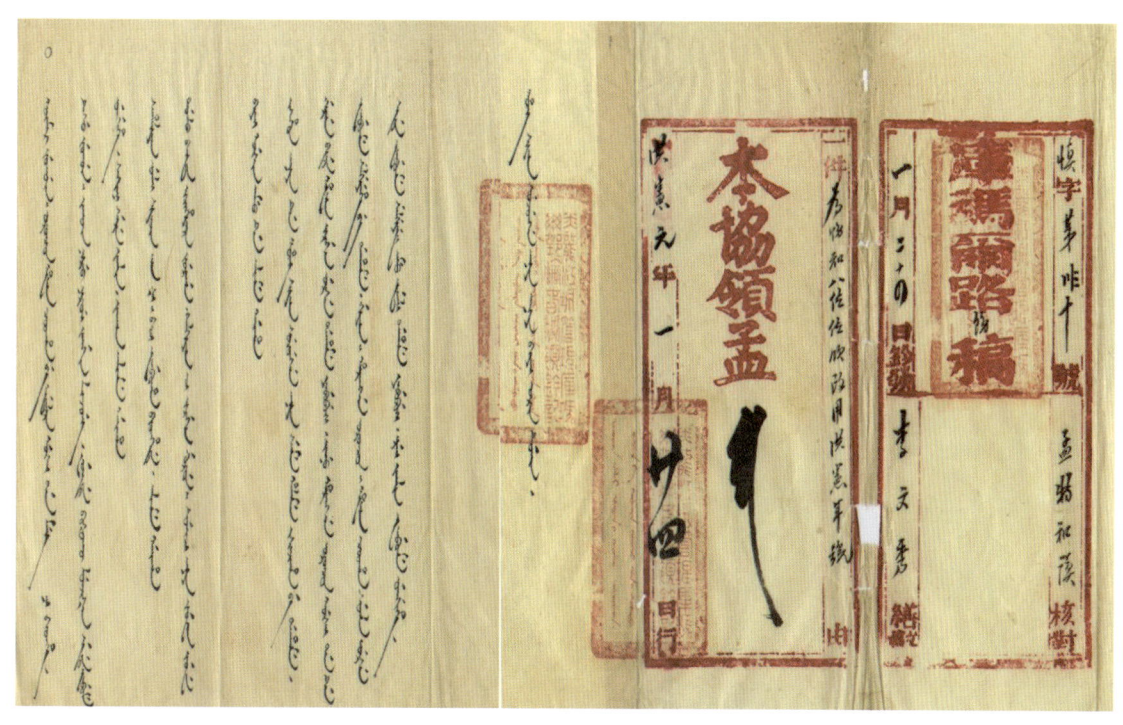

指　令

　　管理库玛尔路鄂伦春官兵协领公署协领孟喜禄指令，给本路所属八佐佐领来忠、骁骑校伦吉善等人。

　　黑龙江官厅发文内称：自今年起，民国四年的年号不再使用。自十二月三十一日后，开始使用"洪宪"元年年号。发布此文，各处官民等都要知晓。本路所属鄂伦春族各旗佐民众皆用"洪宪"年号。各旗佐佐领、骁骑校等负责传达至所属鄂伦春族各户披甲、西丹、苏拉等。

　　协领公署为此事指令。

民国五年正月二十四日

82. 瑷珲振远金矿有限公司为踩看金矿苗线发给满文护照事的信函

1916年1月25日

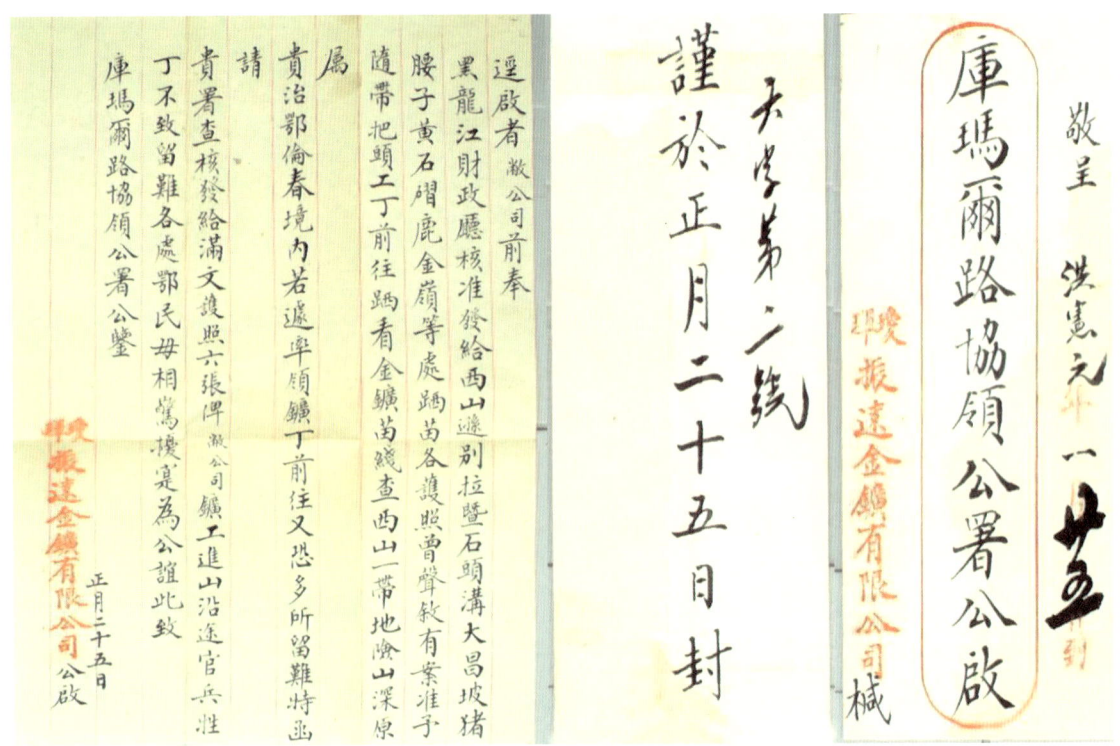

83. 库玛尔路协领公署协领孟喜禄为镶黄旗头佐骁骑校伦吉善来瑷珲城接收寻回的鄂伦春族散居民众事的指令（满文）

1916年1月29日

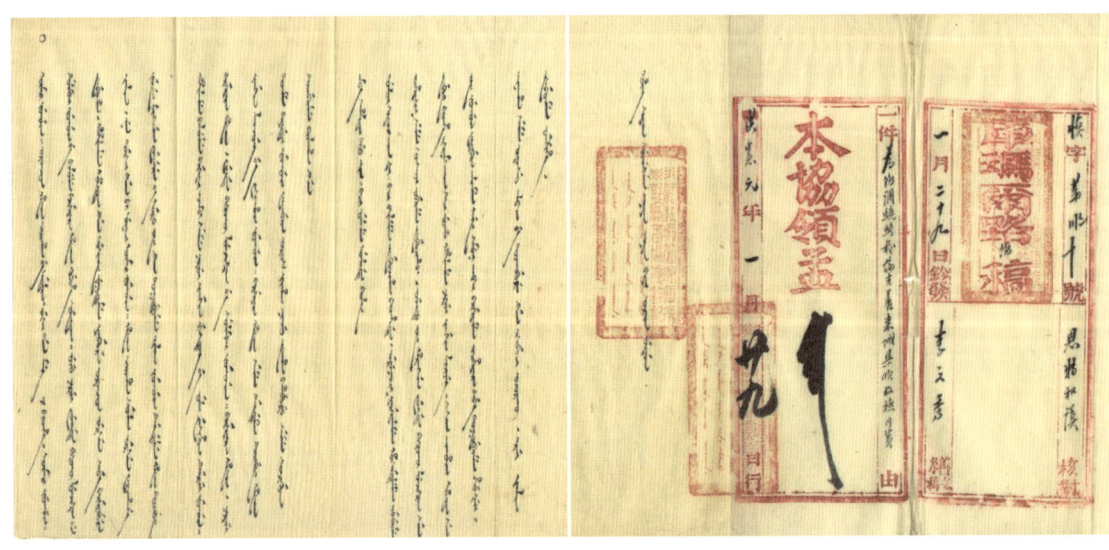

指 令

管理库玛尔路鄂伦春协领公署协领孟喜禄指令。

镶黄旗头佐骁骑校伦吉善速来瑷珲城接收寻回的鄂伦春族散居民众。我亲自查明，库玛尔路协领公署所属鄂伦春族官兵闲散民众共计两千之众，皆散居于远处的三个协领公署衙门（毕拉尔路协领公署衙门、托河路协领公署衙门、阿里路协领公署衙门）附近。将尽心办差的佐领刚通调回，调回骁骑校伦吉善，调回佐领来忠，每个调回官员由协领公署衙门犒赏俄罗斯钱六十张，将此事依据办理。

黑河道尹公署道尹发布指令，黑龙江省公署公文批示：

批示公文务必确认后办理，确认指令公文由各处地方协领公署衙门官员、骁骑校伦吉善呈文上报。佐领来忠前来瑷珲城协领公署领取批示公文，出具画押。

此事咨文与镶黄旗头佐佐领来忠、骁骑校伦吉善。

民国五年正月二十九日

84. 镇安右将军行署为知照呼伦贝尔副都统衙门印信启用日期事的饬

1916年2月8日

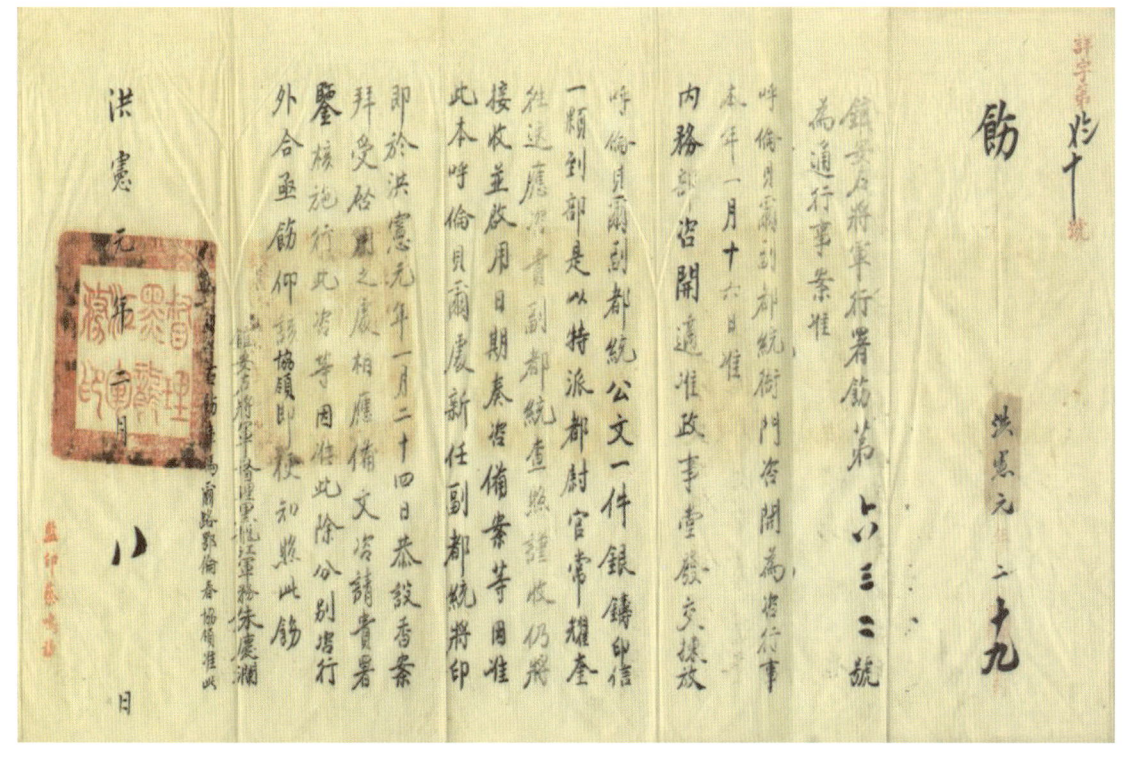

85. 黑河道尹公署为造报库玛尔路协领公署民国三年官兵俸饷预决算事的饬

1916年2月12日

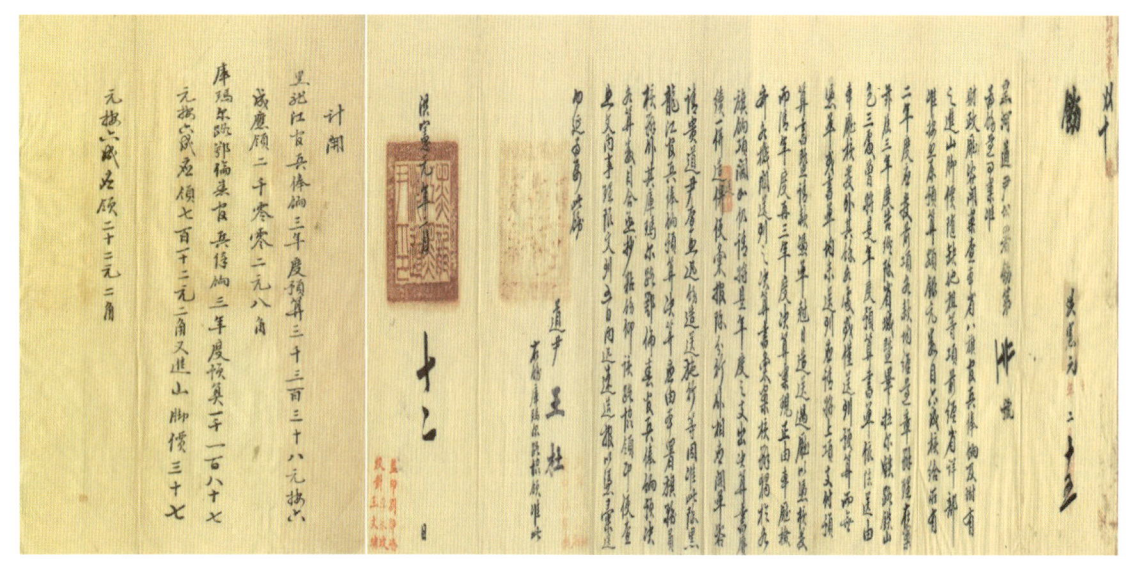

86. 管理宏户图屯建房事务佐领来忠为报告建房支出情况事的呈文（满文）

1916年2月15日

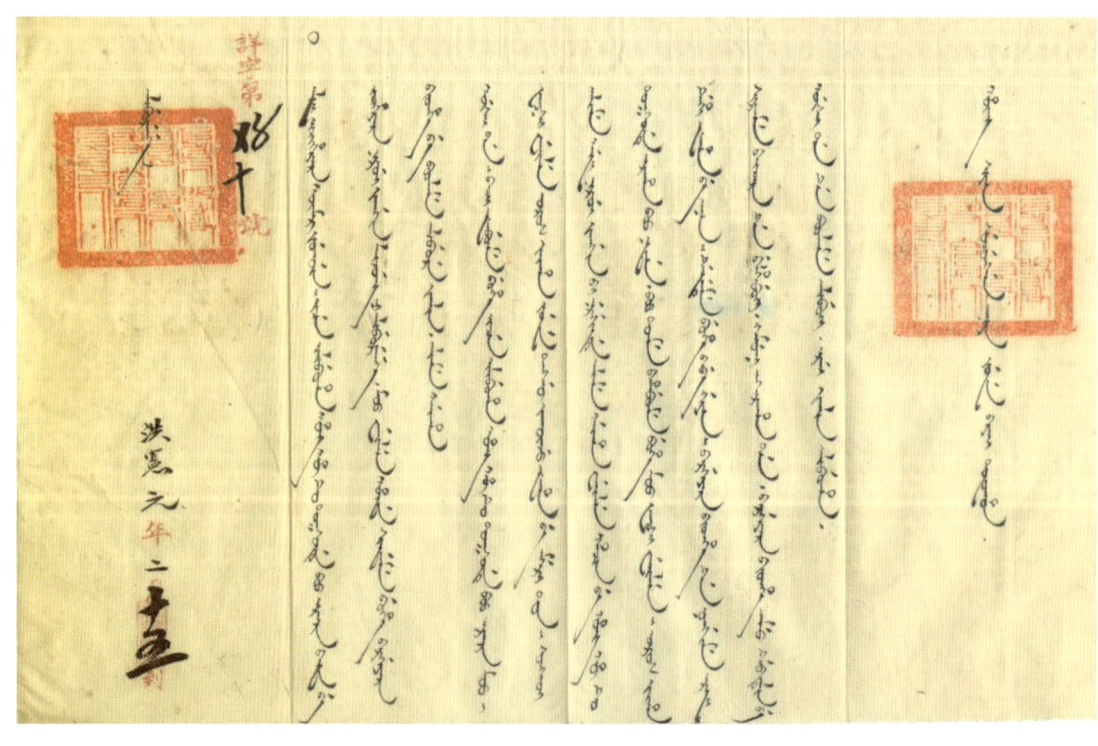

呈 文

呈与库玛尔路协领公署，管理宏户图屯建房事务佐领来忠呈，为将建房用工支出数额汇总呈文报告事。协领处发给宏户图屯建房聘请木工费用共计俄罗斯钱二百八十张，已按数接收。佐领（来忠）已统计已建房屋支出数额，宏户图屯已造房七间，每间聘请木工支出俄罗斯钱四十张，已依次分给。理应将此事一并整理，呈文备查。请协领大人知晓。

为此事呈。

民国五年二月十五日

87. 黑龙江巡按使公署为知照收抚各路鄂伦春族民众办法事的饬

1916年2月17日

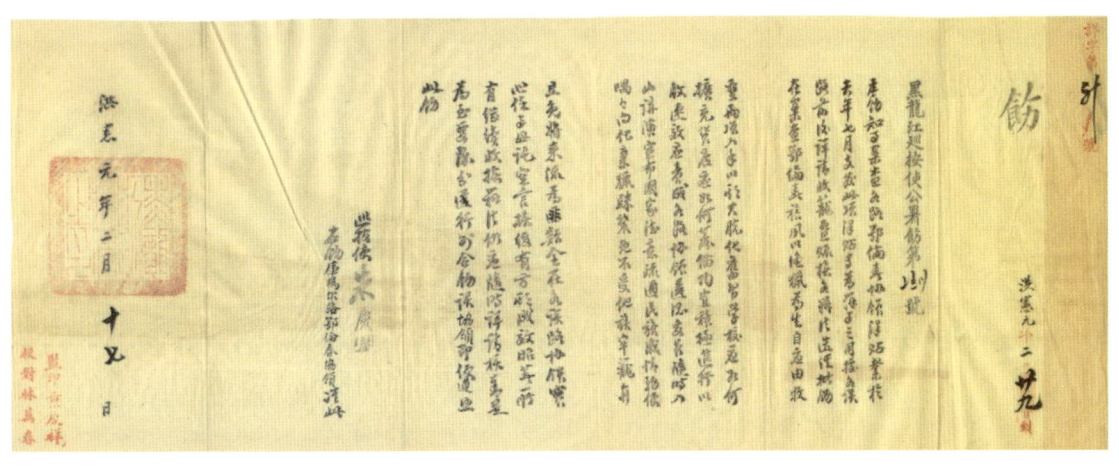

88. 库玛尔路协领公署为发给各路收抚员收抚鄂伦春族民众护照事的公文

1916年2月25日

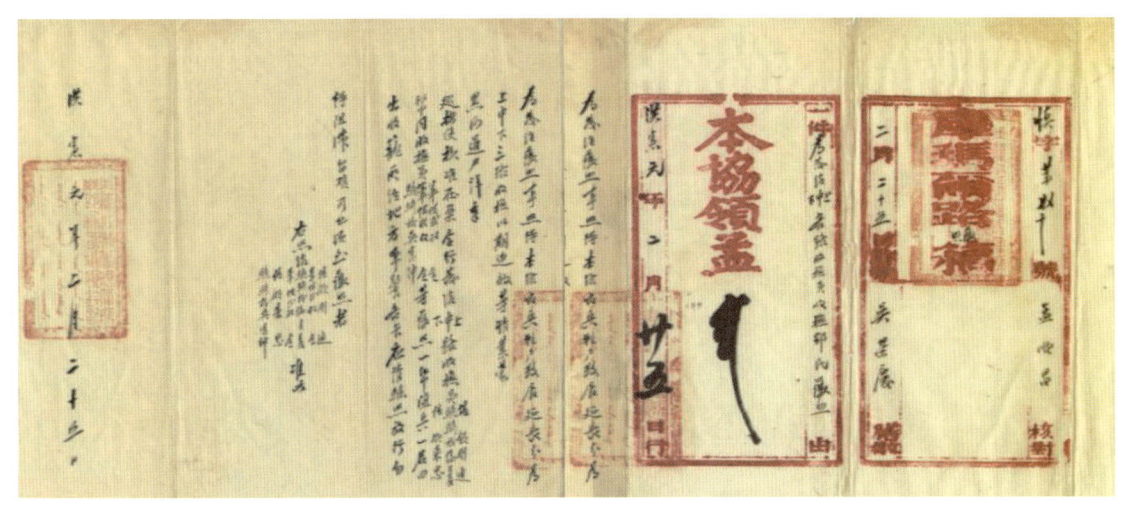

89. 库玛尔路协领公署为查明鄂伦春族民众回迁数目事的咨文（满文）

1916年2月25日

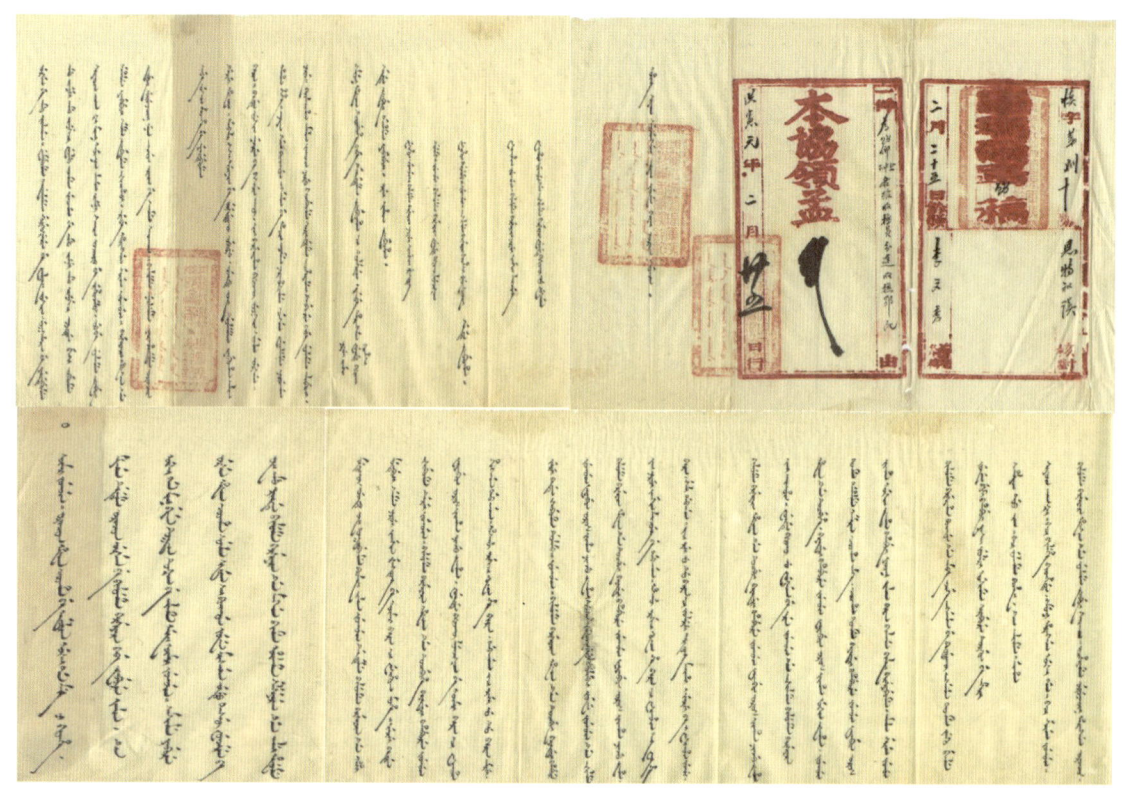

咨 文

管理库玛尔路鄂伦春官兵协领公署咨文：

为查明鄂伦春族民众回迁数目之事指令佐领刚通、伦吉善等。孟喜禄我初任库玛尔路公署衙门协领，调度本路鄂伦春族官兵、披甲、苏拉、西丹共计两千余人，十分关心本路我族民众回迁之数。一时无法确认三路鄂伦春公署回迁我族民众的数目，特指令佐领刚通尽快将库玛尔河沿岸一带我族民众数目查明后呈报。本次委派佐领刚通，特命其到公署衙门领取俄罗斯钱六十张。委派骁骑校伦吉善将库玛尔河、关河、乌都河沿岸一带我族民众数目查明呈报。

黑龙江省公署发布公告：

将原委派的库玛尔路所属官员调回，由公署衙门发给每人俄罗斯钱六十张。凡两路协领公署所属调回委派的鄂伦春族官员，俱在所在公署处领取俄罗斯钱六十张。委派佐领来忠去关河至唐王河沿岸一带将我族民众数目查明呈报，也由本路公署衙门发给俄罗斯钱六十张。委派本路骁骑校吴福琛负责办理回迁民众数目统计事宜，由本路公署衙门发给俄罗斯钱三十张。

黑河道尹公署公告：

库玛尔路协领公署所属鄂伦春族民众回迁事关重大，由该路协领公署委派所属各旗佐佐领、骁骑校等官员前去各处地方，将鄂伦春族民众回迁之数目、缘由查明后呈报。凡委派的佐领，可由该路协领公署衙门发给俄罗斯钱六十张；凡骁骑校，可由该路协领公署衙门发给俄罗斯钱三十张。今库玛尔河、关河、唐王河三处地方的鄂伦春族民众回迁，原本耕种之地无人耕种。情况如何，可委派官员前去查明。如属实，将无人耕种田地之数目、缘由汇成一本呈册。已委派佐领、骁骑校、笔帖式等官员前去办理。

为此事咨文指令。

本路委派前往佐领刚通
本路委派前往骁骑校伦吉善
本路委派前往笔帖式苏瓦西图等人画押
本路委派前往佐领来忠
本路委派前往骁骑校吴福琛

民国五年二月二十五日

90. 黑龙江巡按使公署为分发月份牌事的函

1916年2月26日

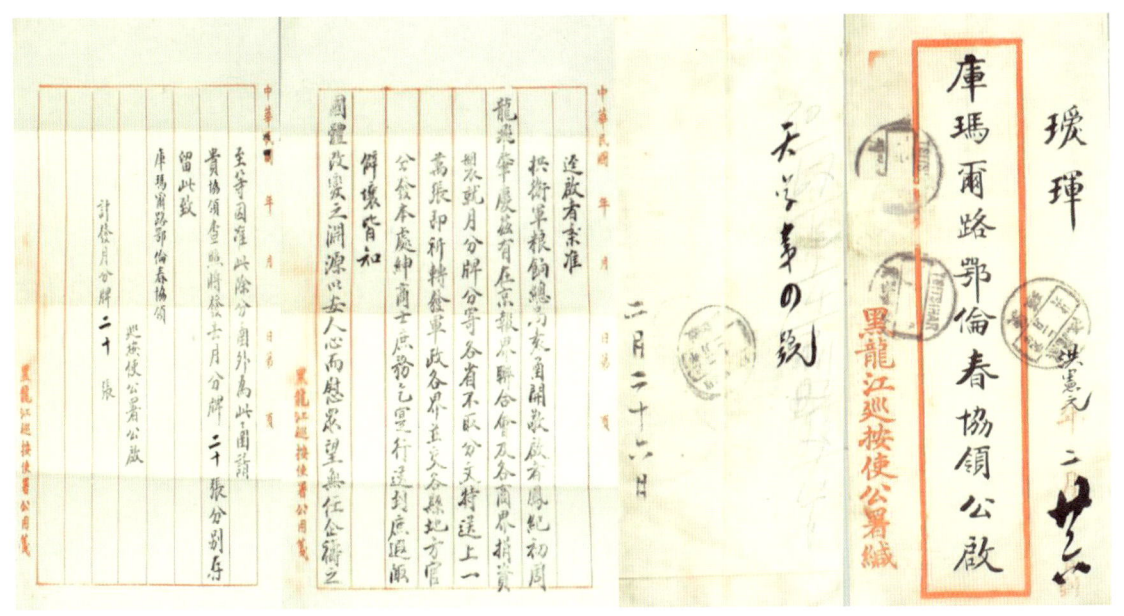

91. 库玛尔路鄂伦春下路收抚员佐领来忠、骁骑校吴富绅出具的领取收抚鄂伦春族民众川资的押领

1916 年 2 月 27 日

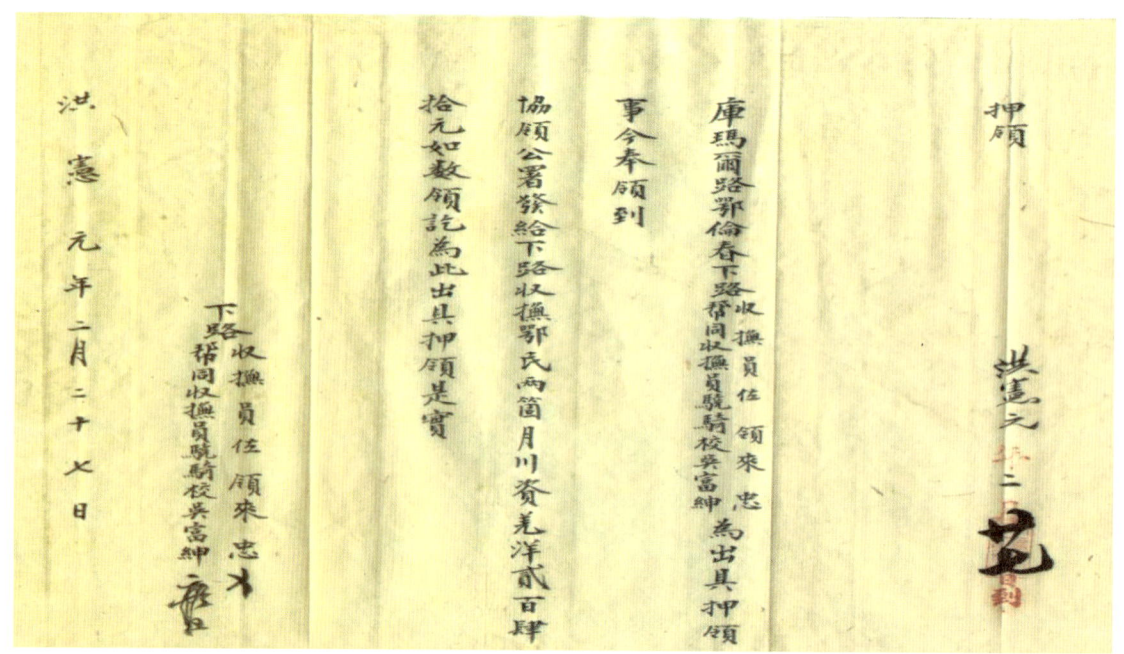

92. 黑龙江财政厅为发给民国四年下半年决算例言及表式事的咨文

1916 年 3 月 2 日

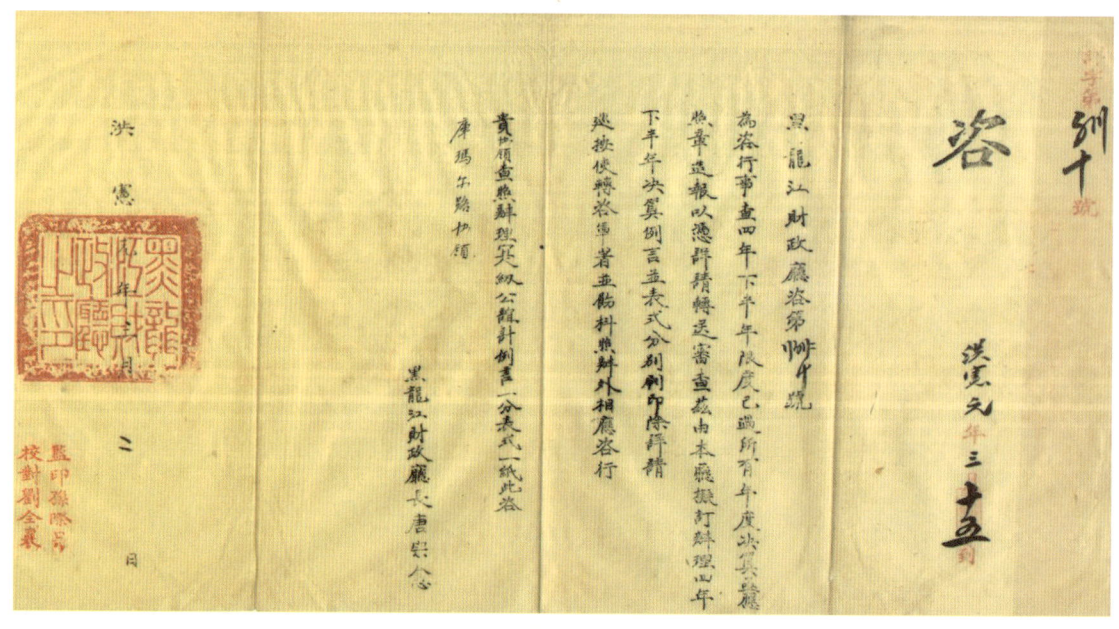

93. 黑河道尹公署为发给库玛尔路前任协领徐希廉等勋章、奖章、奖牌、执照事的饬

1916 年 3 月 5 日

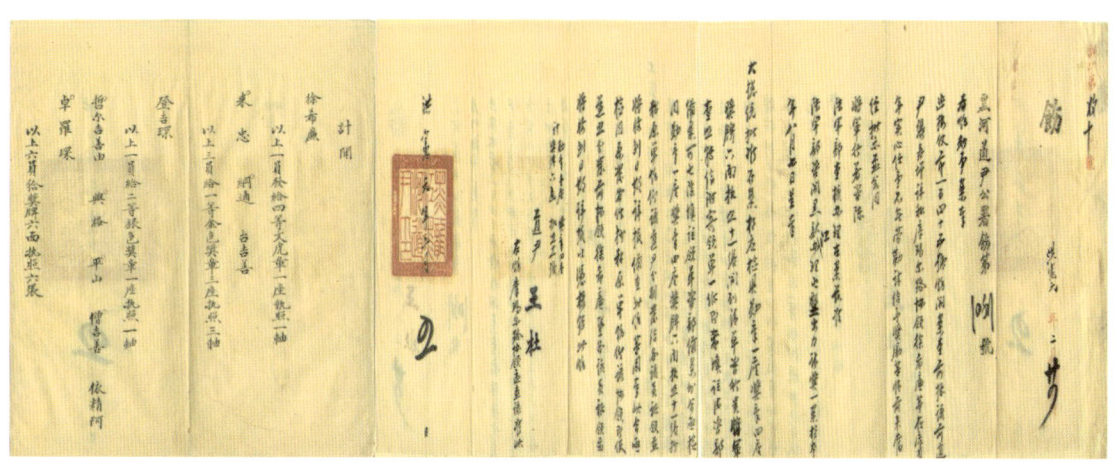

94. 库玛尔路协领公署为送交徐希廉勋章、奖章、奖牌、执照事的咨文

1916 年 3 月 9 日

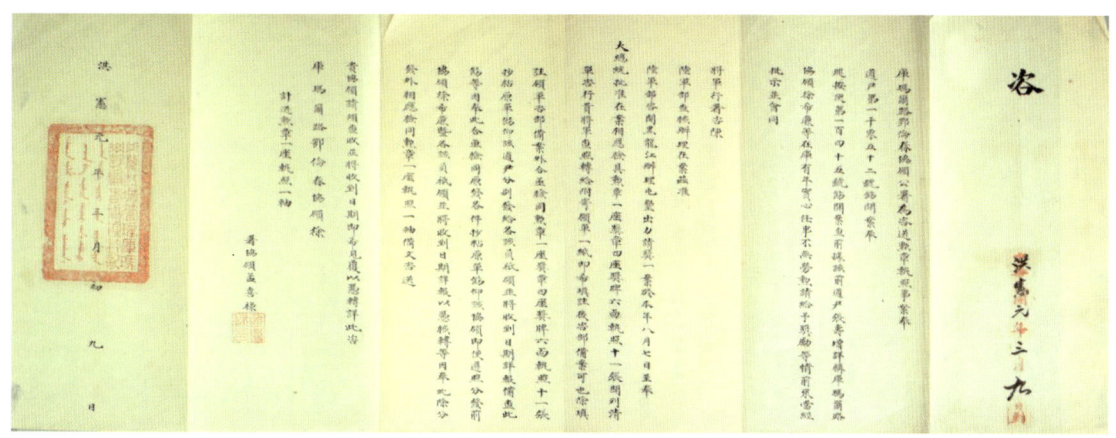

95. 爱(瑷)珲县公署为劝募事给孟协领的函

1916年3月19日

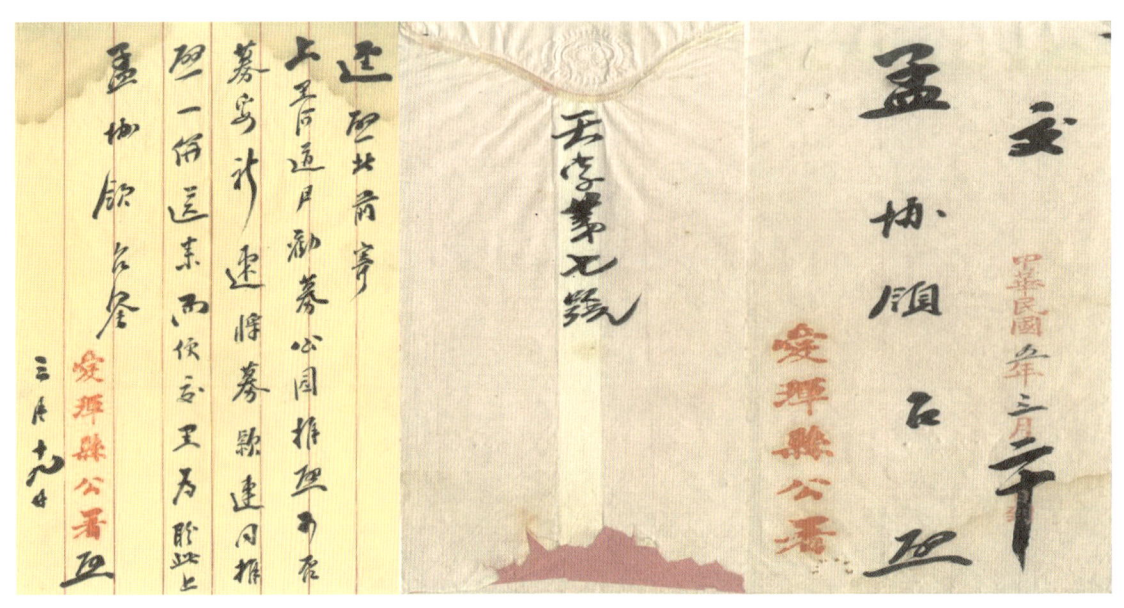

96. 黑龙江省旗务处为将现任军职之旗官衔名备案咨部事的咨文

1916年3月25日

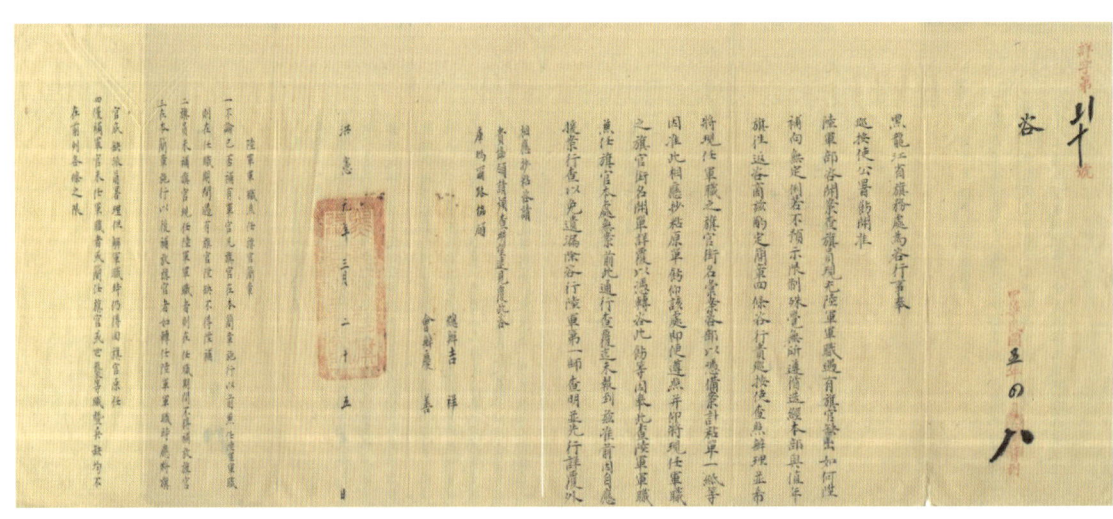

97. 黑龙江巡按使公署为知照袁世凯撤销帝制事的饬

1916年3月25日

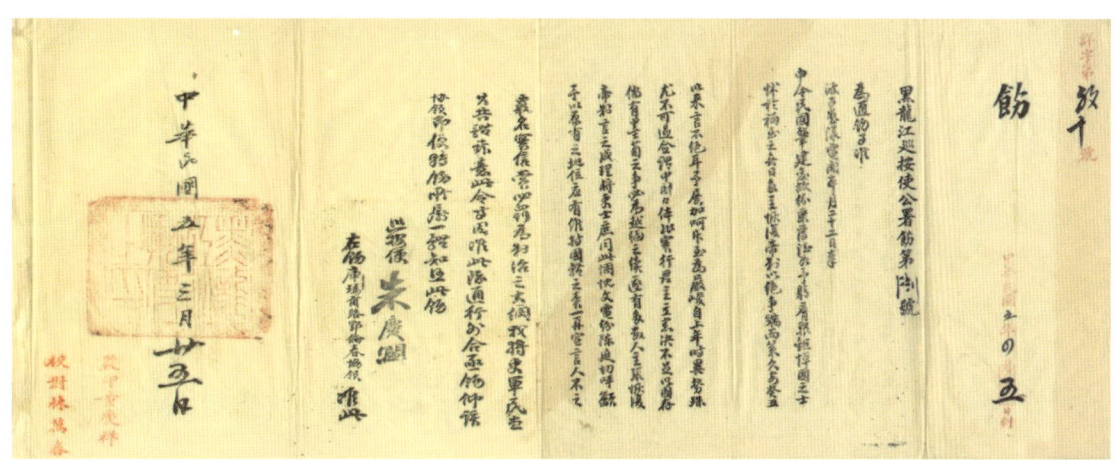

98. 黑龙江巡按使公署为通告沿用民国纪年并一切公文程式仍照前令办理事的饬

1916年3月25日

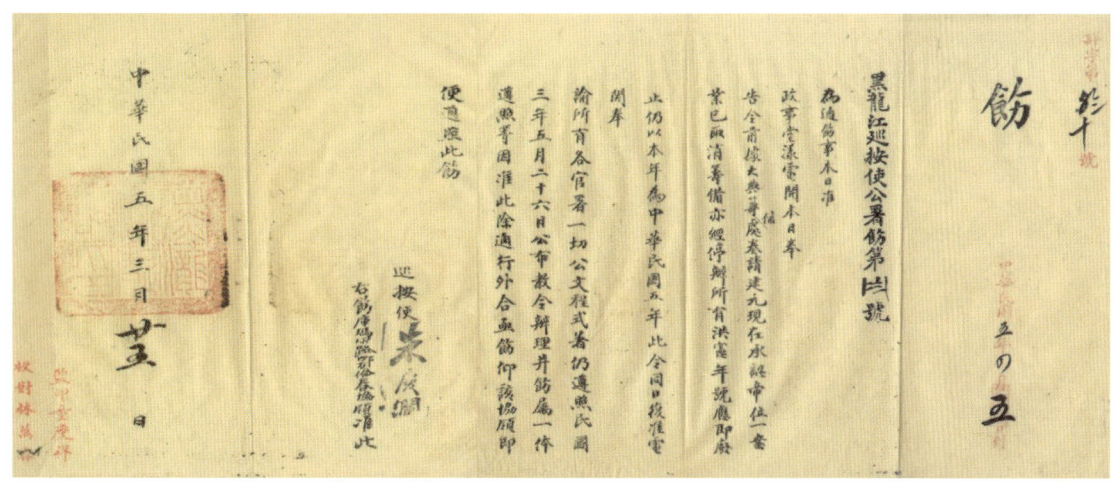

99. 黑河道尹公署为告知沿用民国纪年并一切公文程式仍照前令办理事的函

1916年3月27日

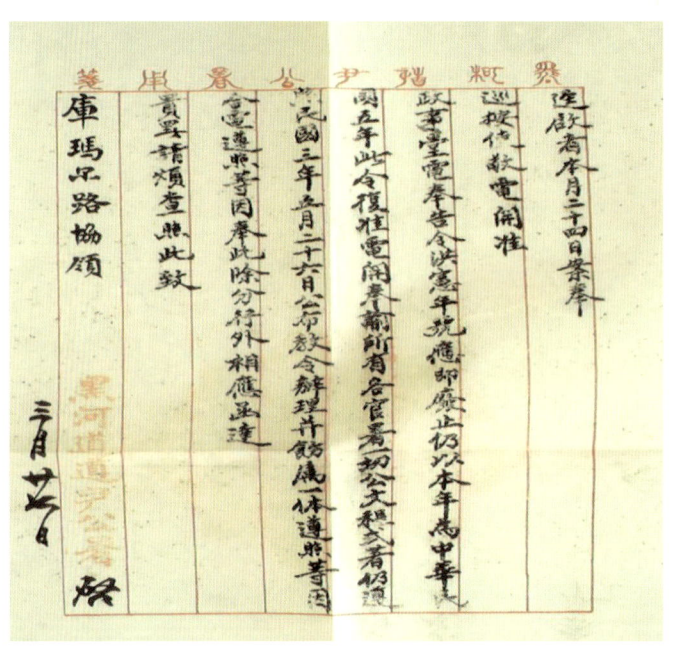

100. 库玛尔路协领公署为严令正白旗二佐骁骑校登古琛速将次子送校就学事的批文

1916年3月28日

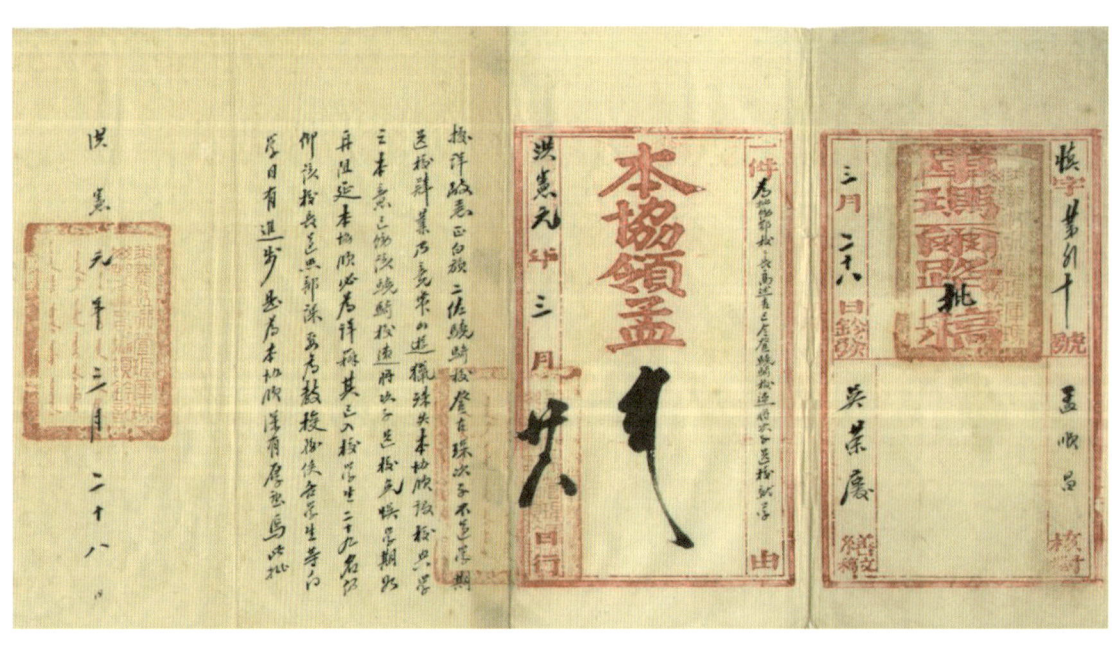

101. 库玛尔路协领公署为斥责正白旗二佐骁骑校登古琛不听指令擅自不让次子入学事的咨文（满文）

1916年3月28日

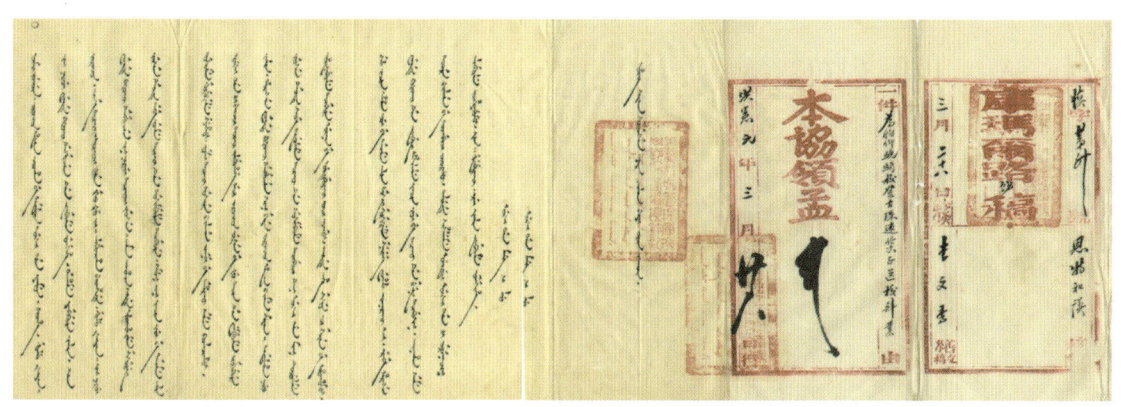

咨　文

　　管理库玛尔路鄂伦春官兵协领公署咨文，咨与正白旗二佐骁骑校登古琛，为催促接受指令事。将你处所属鄂伦春小学学生葛苏仔事快速呈报。正白旗二佐骁骑校登古琛身为人父，竟然说你的长子及孩童不必入校学习，还时常携子入山狩猎，全然不顾入学指令，亦不听从劝告。我身为协领，理应指令教化鄂伦春族民众入校学习。作为协领，我尚能带头劝导鄂伦春族民众入校学习，你却不知我尽心办学之用心。我好言相劝，你怎么不懂我的用心良苦呢？你还携你的次子进山狩猎，不听入学指令。今令骁骑校登古琛速速将你的次子带回学校学习！如此，亦不枉费教化鄂伦春族民众之大计。如若再发现你的次子不入校学习，我一定会严惩不贷，绝不宽恕！

　　为此事咨。

协领孟喜禄

民国五年三月二十八日

102. 库玛尔路协领公署为发给护照事的指令（满文）

1916年3月30日

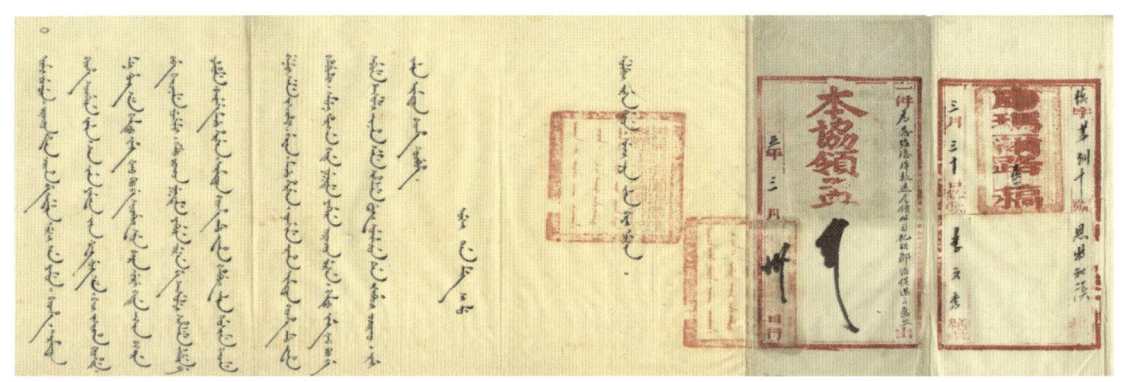

指 令

为发给护照事。现元津广公司来文，库玛尔路协领公署派遣郑浩保至逊河等处查看有无金苗，再请发给进山护照巡查。为此指令。

103. 黑龙江财政厅为修改国公债条例事的咨文

1916年3月30日

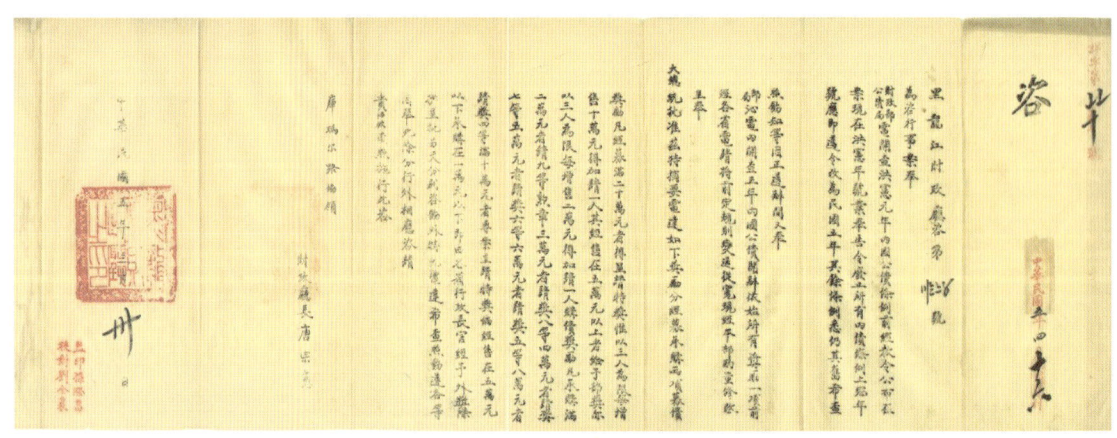

104. 黑龙江巡按使公署为劝募民国五年公债并告知办法事的饬

1916 年 4 月 1 日

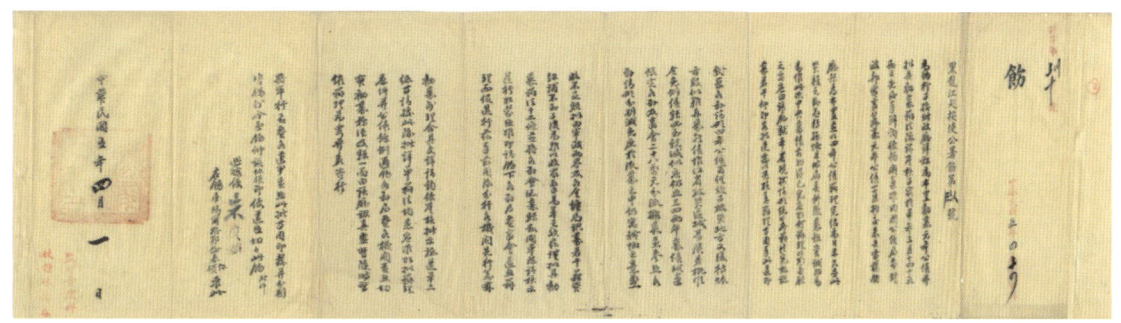

105. 库玛尔路正白旗察尔古善下委官保禄善为解决鄂伦春族民众纠纷事的呈文（满文）

1916 年 4 月 11 日

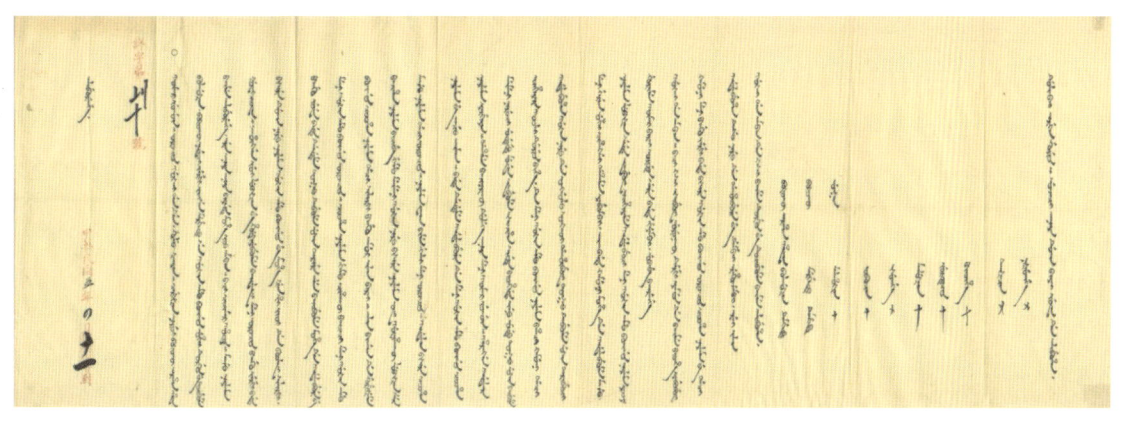

呈 文

　　本路正白旗察尔古善下委官保禄善呈与库玛尔路管理鄂伦春兵马协领公署，将本部管理的第七佐和莫尔格图等三十一户鄂伦春族民众不情愿的原因调查清楚，呈报协领公署。本月协领公署发来公文：今有齐齐哈尔满族人苏万全的长子卢皮善通过怂恿哄骗利用，夺取了居住在盘古河附近的四佐三十一户鄂伦春人的毛瑟枪。居住于盘古河等两处地方的鄂伦春族兵丁对此怨声载道。我佐内鄂伦春族民众原本在西里基河、阿穆尔河、盘古河三条河流附近旷野中以狩猎为生，虽归库玛尔路协领公署所属旗佐管理，但都各司其事。今不料满族人卢皮善等人将我鄂伦春族民众的猎枪夺去，一直没有归还。我佐内首先发现一户鄂伦春人确系投靠卢皮善等人，不能正当谋生，为虎作伥。去年库玛尔路协领公署发文，令各旗佐鄂伦春族民众各司其事，各旗佐内亦发文告诫各户鄂伦春族民众。我佐内现有一户时常不服从管理，各行其是。我佐内其他鄂伦春族民众自愿遵照协领公署法令，接受旗佐管理。我佐内有一户鄂伦春人欲迁移到库玛尔河傲日墩等地方，协领（孟喜禄）大人特别恩赐，令协领公署发文办理护送。我佐管理的居住在盘古河一带的鄂伦春族民众非常盼望能早日解决抢枪纠纷。因此呈报。协领（孟喜禄）责令将此事缘由调查清楚并汇成一文呈报。

委官察尔古善画押

领催莫尔格图画押

披甲玛尔古善画押

披甲傲宝参画押

披甲伊松阿画押

披甲玛禄善画押

披甲朱尔图超画押

披甲品齐赫画押

披甲台善钦画押

披甲尼松阿画押

民国五年四月十一日

106. 黑河道尹公署为转详奉到勋奖各章日期事的饬

1916年4月13日

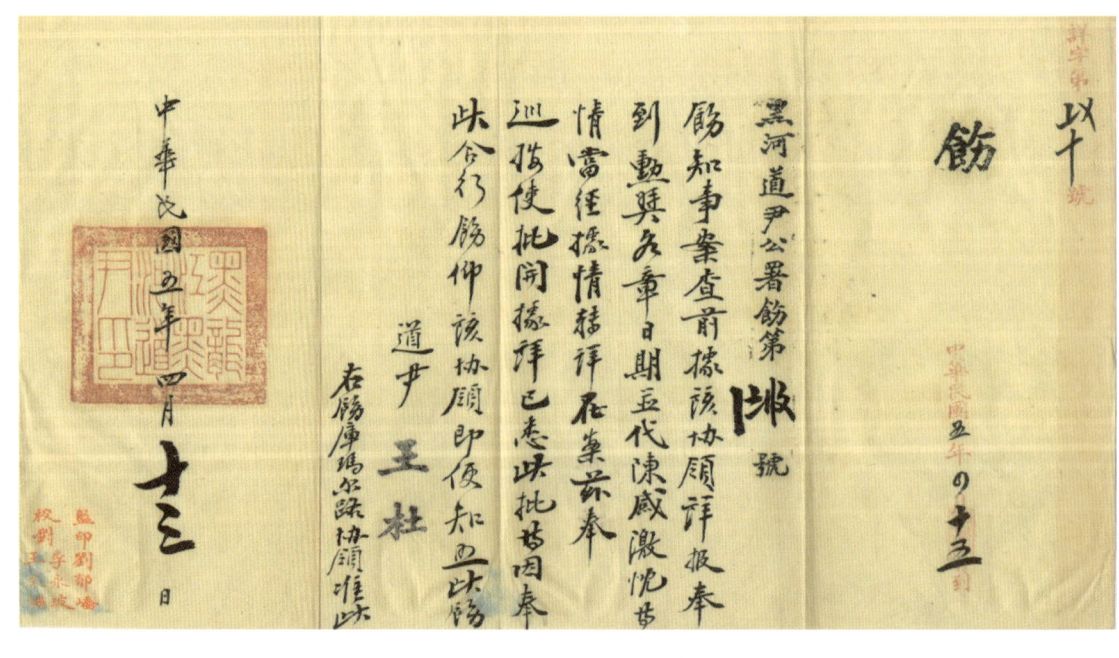

107. 库玛尔路协领公署为镶黄旗二佐骁骑校德齐琛所管事务暂由镶黄旗头佐佐领代理事的咨文（满文）

1916年4月16日

咨 文

管理库玛尔路鄂伦春官兵协领公署为代理佐领事务事发文：

本路镶黄旗二佐骁骑校德齐琛管理事务暂时由镶黄旗头佐佐领代为管理。为此，镶黄旗二佐骁骑校官缺由正白旗头佐委官保禄善补缺。保禄善为人机敏伶俐，办差尽心尽力，镶黄旗二佐骁骑校一职拟由此人担任。正白旗头佐委官一职空缺，暂时由正白旗领催莫尔格图代为办理委官事务。

另外，切勿怠慢我族民众今年迁移至盘古河、西里基河、阿穆尔河三处之事！特令各旗佐官员将协领公署所辖各旗佐鄂伦春族披甲、游牧民众迁移原因调查清楚，将迁移原因、是否情愿等事宜一一记录，汇成一文呈报协领公署。

为此事发文告知本路各佐。

库玛尔路协领公署咨文与镶黄旗二佐骁骑校德齐琛、正白旗头佐委官莫尔格图等人。

协领孟喜禄

民国五年四月十六日

108. 黑龙江财政厅为造报民国六年预算并发例言表式事的咨文

1916年4月17日

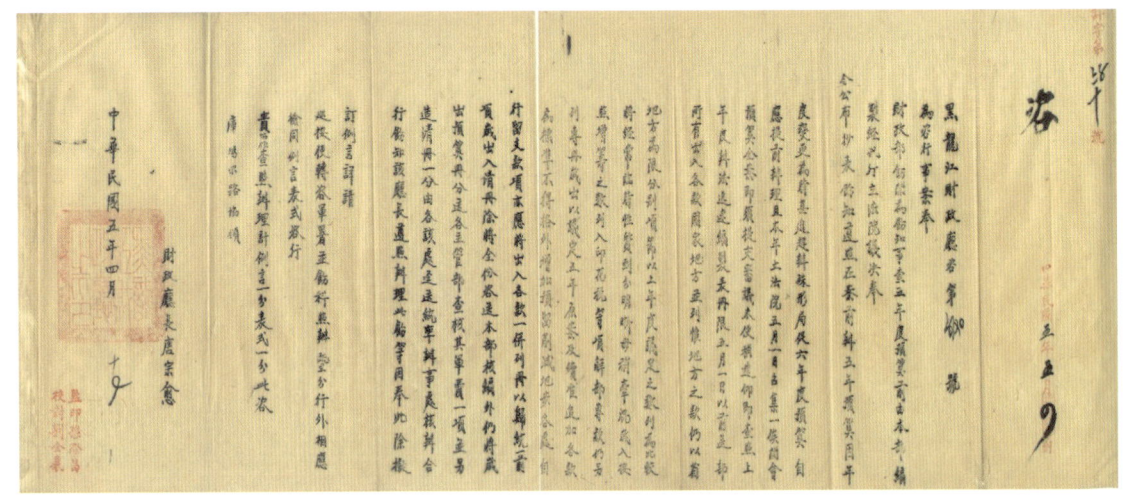

109. 瑷珲县公署为具报鄂伦春族民众狩猎兼营农牧情形事的咨文

1916年4月24日

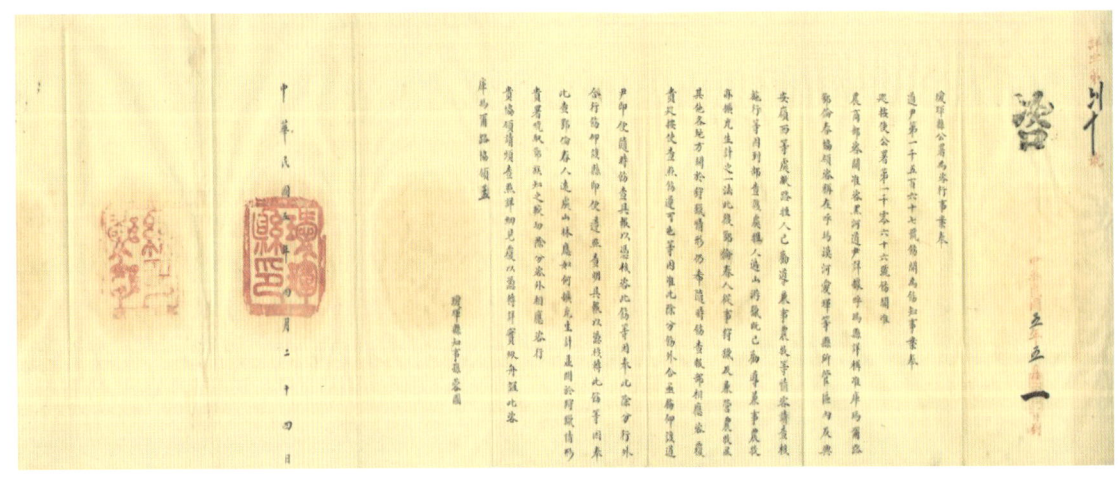

110. 黑河道尹公署关于为培养森林实地调查的饬

1916 年 4 月 25 日

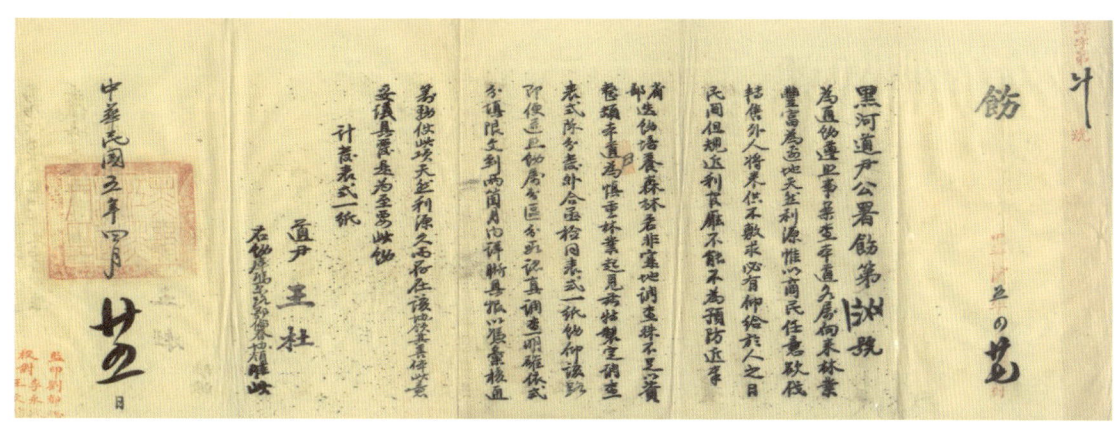

111. 库玛尔路协领公署为催促镶黄旗佐领来忠开展有关鄂伦春族民众情况调查事的咨文（满文）

1916 年 4 月 26 日

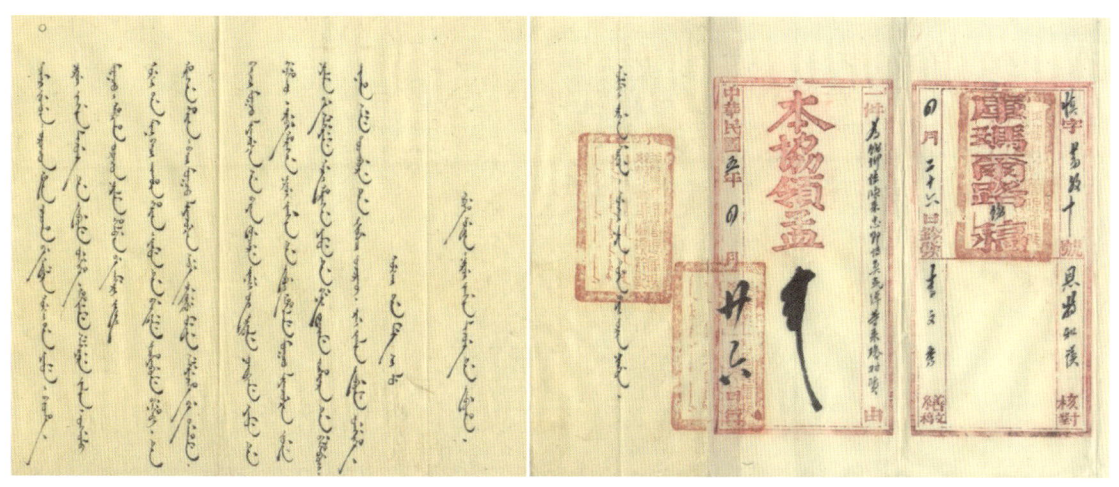

咨　文

　　库玛尔路管理鄂伦春兵马协领公署咨文，咨与镶黄旗佐领来忠，为催促调查事。近日有鄂伦春族民众到我协领公署，协领随即委派瑷珲侍卫李雅朱善等一同前往对该鄂伦春人住处进行调查。侍卫李雅朱善等于本月十二日前往。今令镶黄旗佐领来忠亲自接应，协助李雅朱善等开展调查，待调查完后将此事呈报协领公署。否则，你必定被责罚。公文可否送到？

　　为此事咨文。

　　协领孟喜禄咨文与镶黄旗佐领来忠。

民国五年四月二十六日

112. 黑河道尹公署、库玛尔路协领公署为领取民国五年前三个月津贴事的呈请、批复

1916年4月

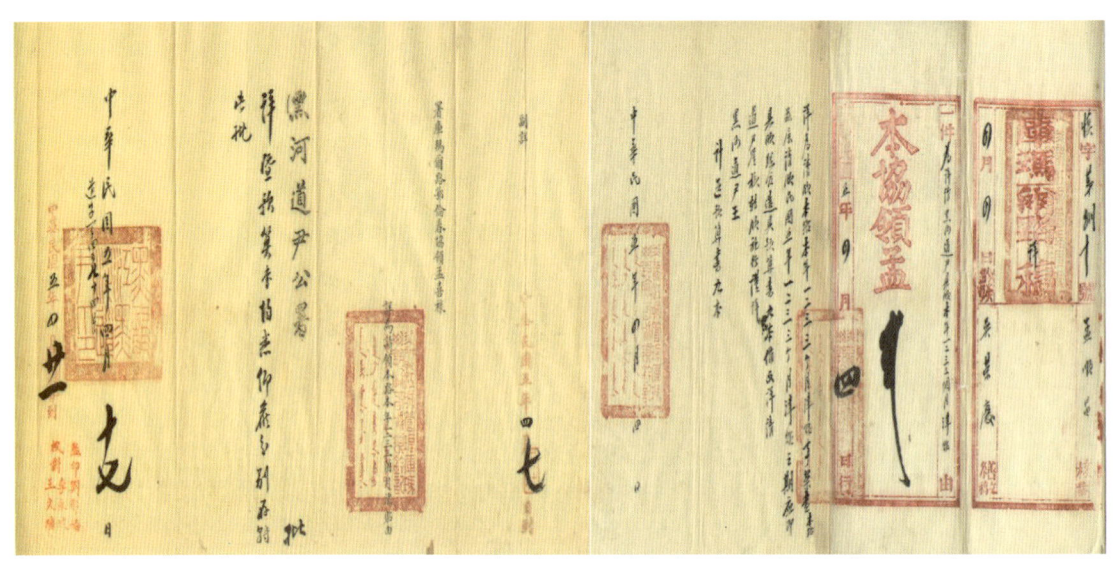

113. 黑龙江巡按使公署为通告朱庆澜兼充滨黑铁路督办事的饬

1916年5月4日

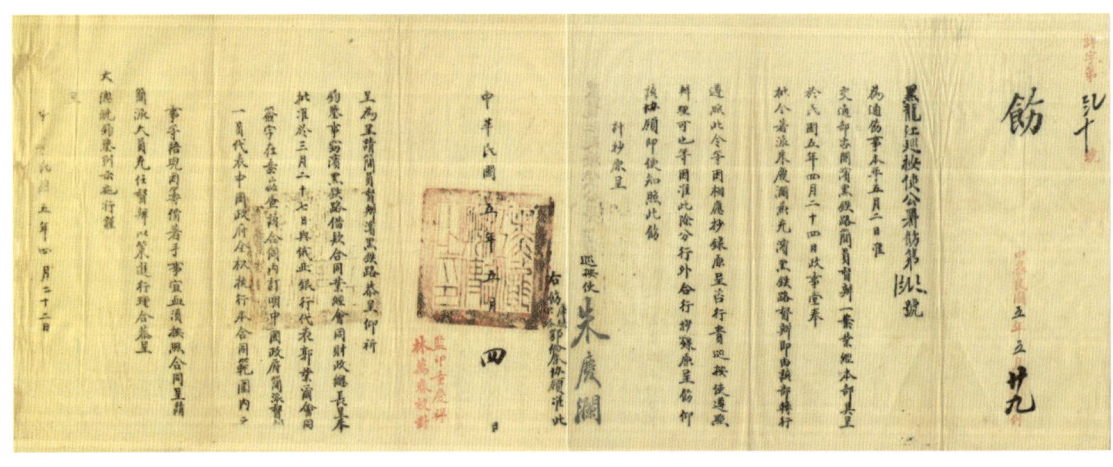

114. 库玛尔路协领公署为劝导盘古河鄂伦春族民众回归务农事的咨文（满文）

1916年5月5日

咨 文

库玛尔路管理鄂伦春兵马协领公署咨文：

协领我亲自前去盘古河地方鄂伦春族民众家中调查情况，商议务农事宜。正白旗头佐委官保禄善将此事向我禀报：正白旗头佐鄂伦春族民众自愿回归务农，本佐所有鄂伦春族民众情愿听从协领公署劝导，对回归务农之事心甘情愿。另外，将部分鄂伦春族民众不愿务农的原因调查清楚，拟文呈报。保禄善从协领公署处回来后，将部分鄂伦春族民众不愿务农的缘由调查清楚后，汇成一页呈文，于本年五月初六日将其呈报协领公署。

黑河道尹批示：

库玛尔路鄂伦春正白旗头佐委官保禄善等呈报鄂伦春族民众务农之事，理应由协领公署发文督导，并将务农事宜呈报库玛尔路协领公署。

库玛尔路协领公署批文：

本路所辖各旗佐劝导鄂伦春族民众务农等相关事宜，应由各旗佐骁骑校等督导办理，本路所属各鄂伦春族民众须遵照执行。将批文发往各屯各户，悉心劝导鄂伦春族民众知晓务农之大计。

库玛尔路管理鄂伦春兵马协领公署协领孟咨文与正白旗头佐委官保禄善、镶黄旗二佐骁骑校莫尔格图等。

民国五年五月初五日

115. 瑷珲县知事为开绳勘丈荒熟地亩事的咨文

1916 年 5 月 15 日

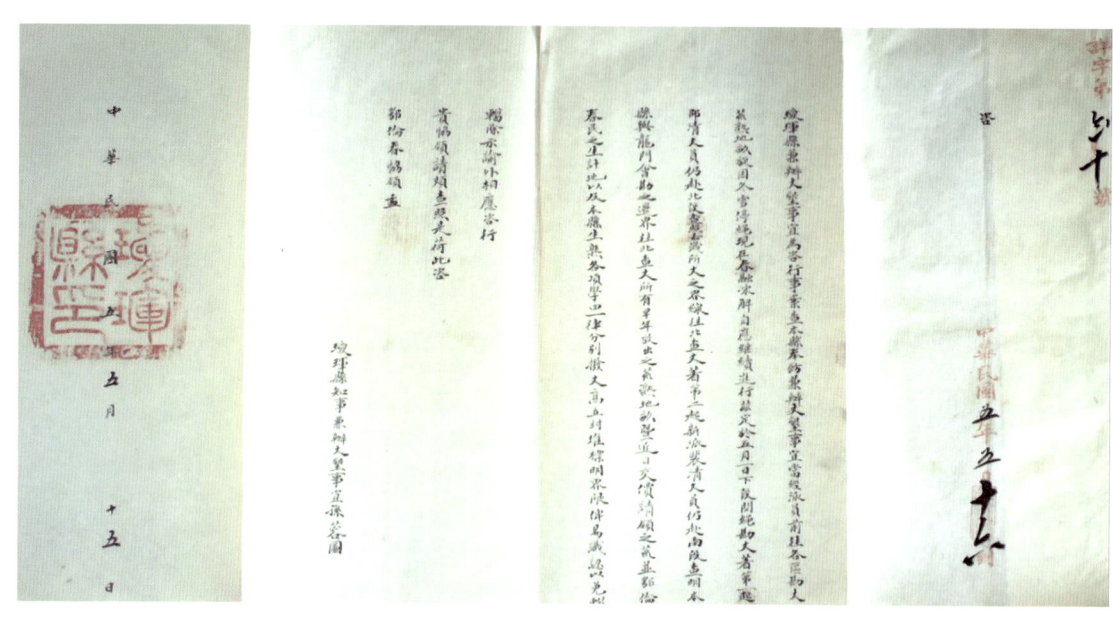

116. 黑龙江巡按使公署为批准职官交接清结办法事的饬

1916 年 5 月 20 日

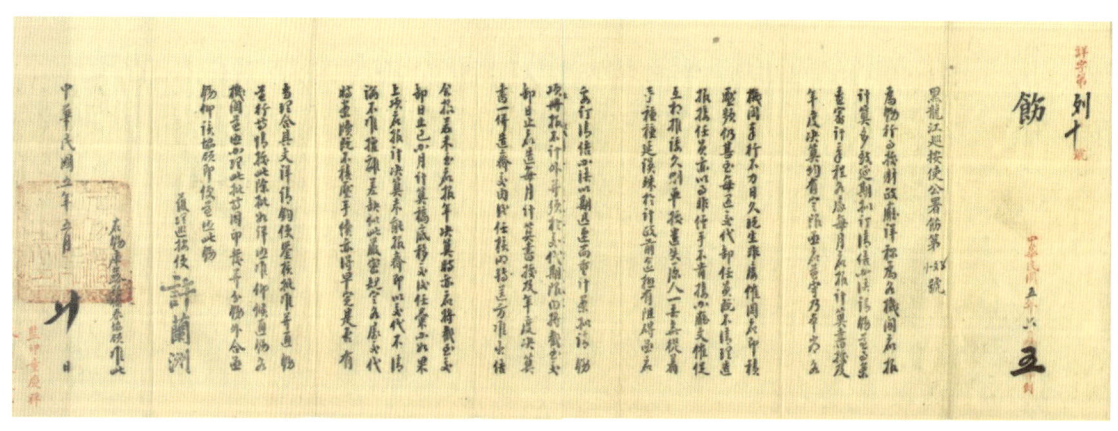

117. 来忠为请给马匹烙印事的呈文（满文）

1916 年 5 月 22 日

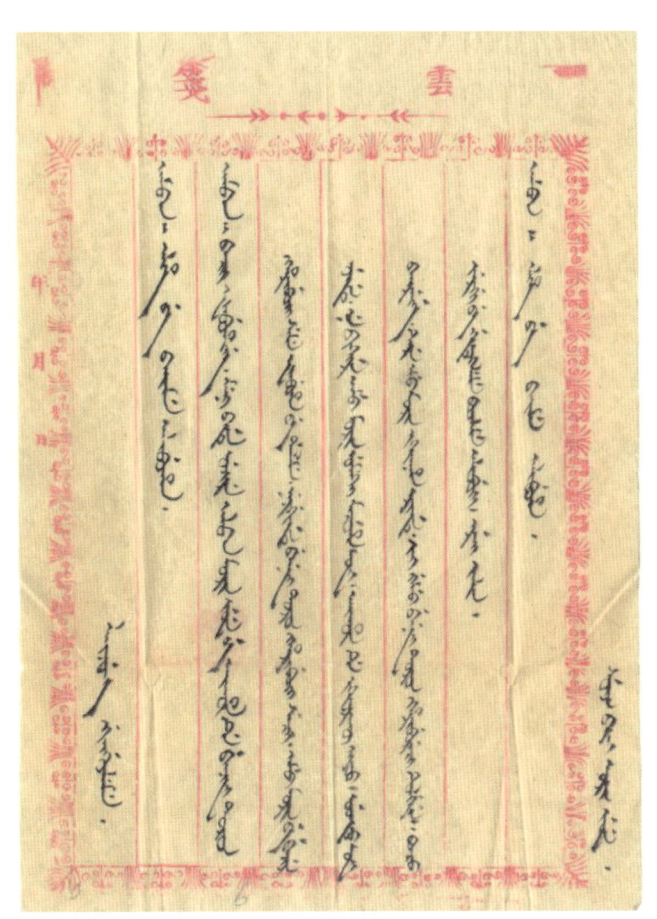

呈 文

信封：拜请大安

来忠谨呈。

拜请大安。为请给本部饲养、送至瑷珲的两匹官马烙印事。现解送一匹，另一匹非常瘦弱，尚未送至瑷珲。待全部送至后，（请）给马烙印。此外，查明颜色并上报。

拜请大安。

民国五年五月二十二日

118. 黑龙江省旗务处为知照政府组成人员事的咨文

1916年5月29日

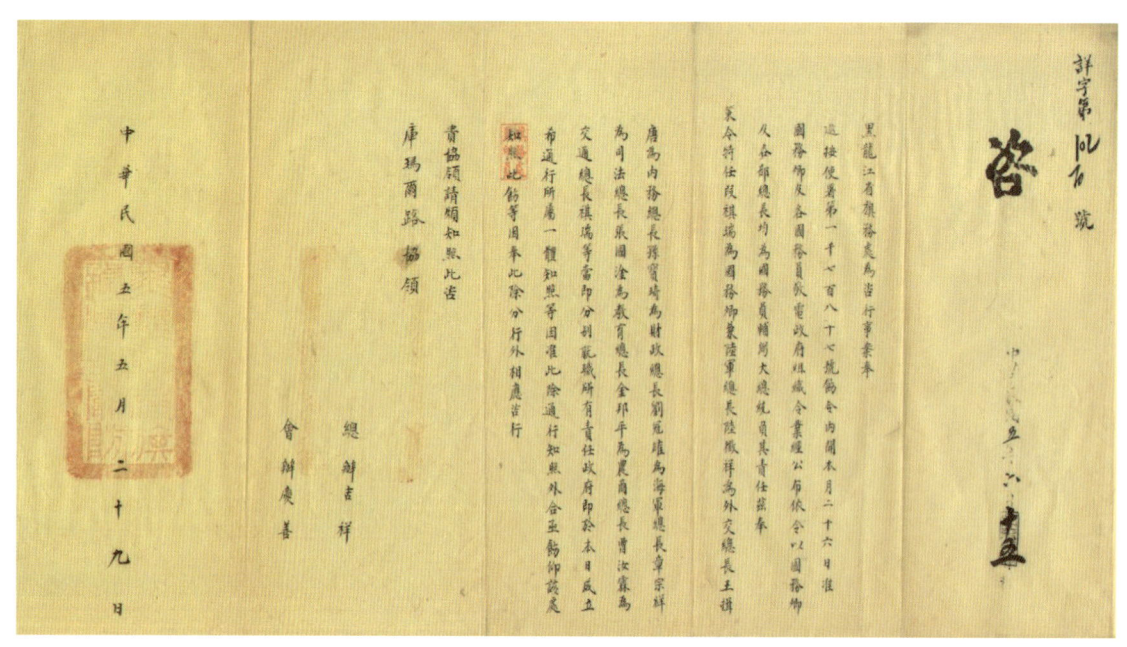

119. 黑河道尹公署为拨给收抚鄂伦春族民众及建房资费事的饬

1916年6月6日

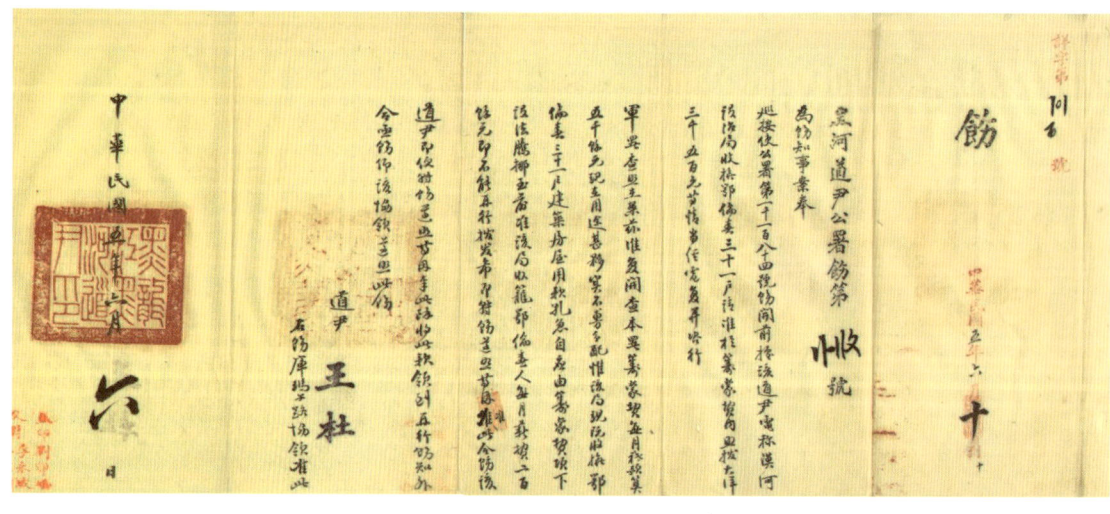

120. 库玛尔路上中两路收抚员佐领刚通等为报上游各佐鄂伦春族民众户口册及开垦荒场地图事的呈文

1916年6月6日

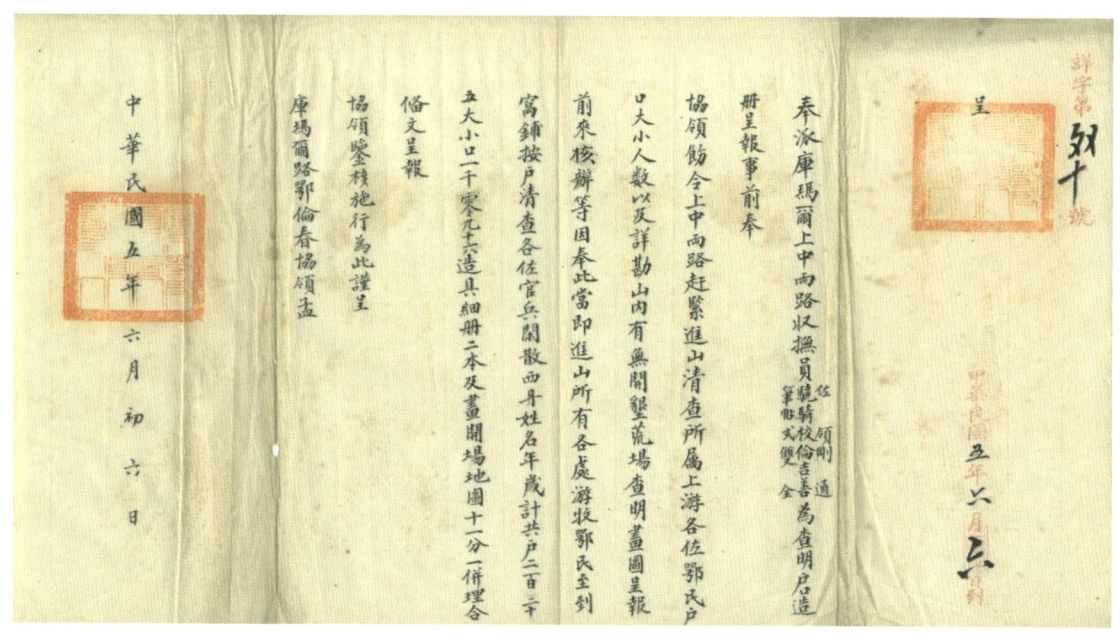

121. 署理库玛尔路正蓝旗事务佐领刚通为补放骁骑校事的呈文（满文）

1916年6月7日

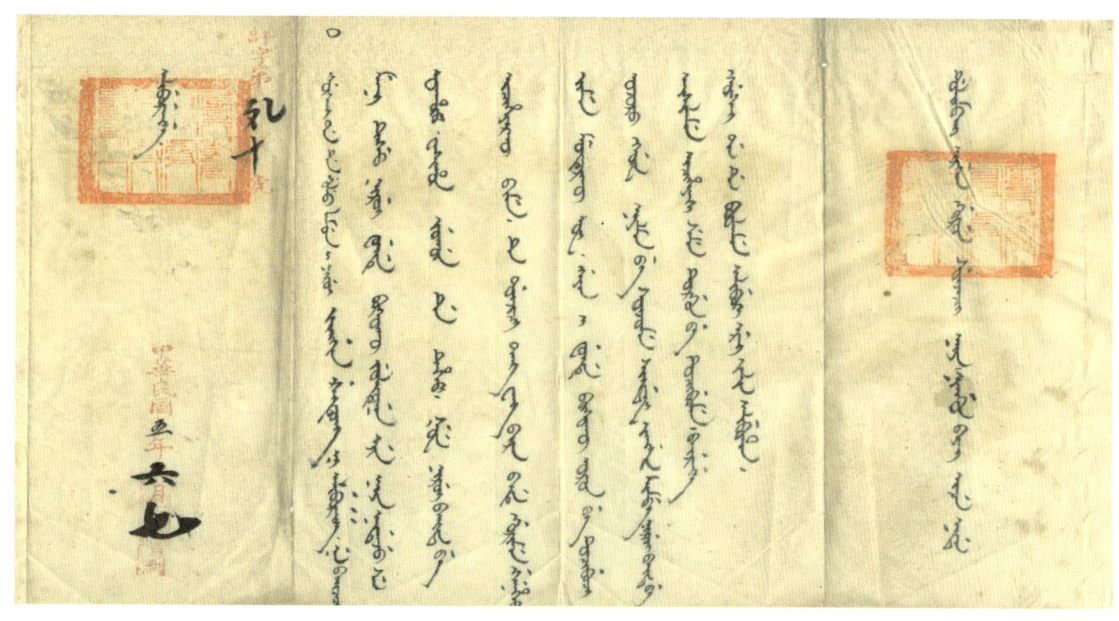

呈　文

　　署理本路正蓝旗事务佐领刚通呈。本部现任骁骑校朱尔图讷本年六十岁了，补缺任职多年，现已不能办理公务。听闻朱尔图讷已向唐王河地方迁移，不能再任骁骑校一职。本部现需补放骁骑校，请在本部挑选官员补缺，协助我一并办理公务。

　　佐领刚通为此呈报。

民国五年六月七日

122. 黑龙江巡按使公署为知照黎元洪接任大总统事的饬

1916年6月7日

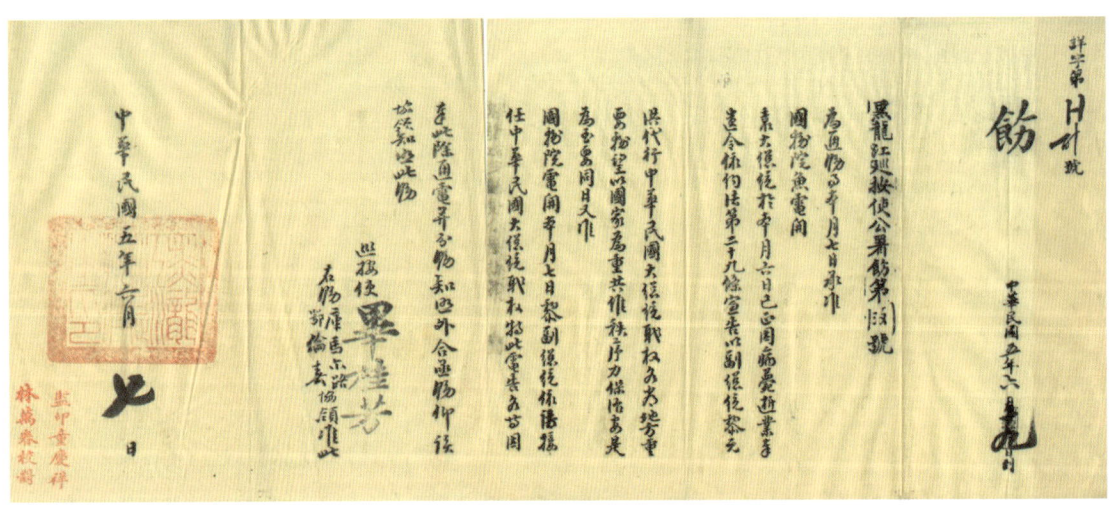

123. 振远金矿有限公司关于为查看金苗请派鄂伦春族官员引路的函

1916年7月11日

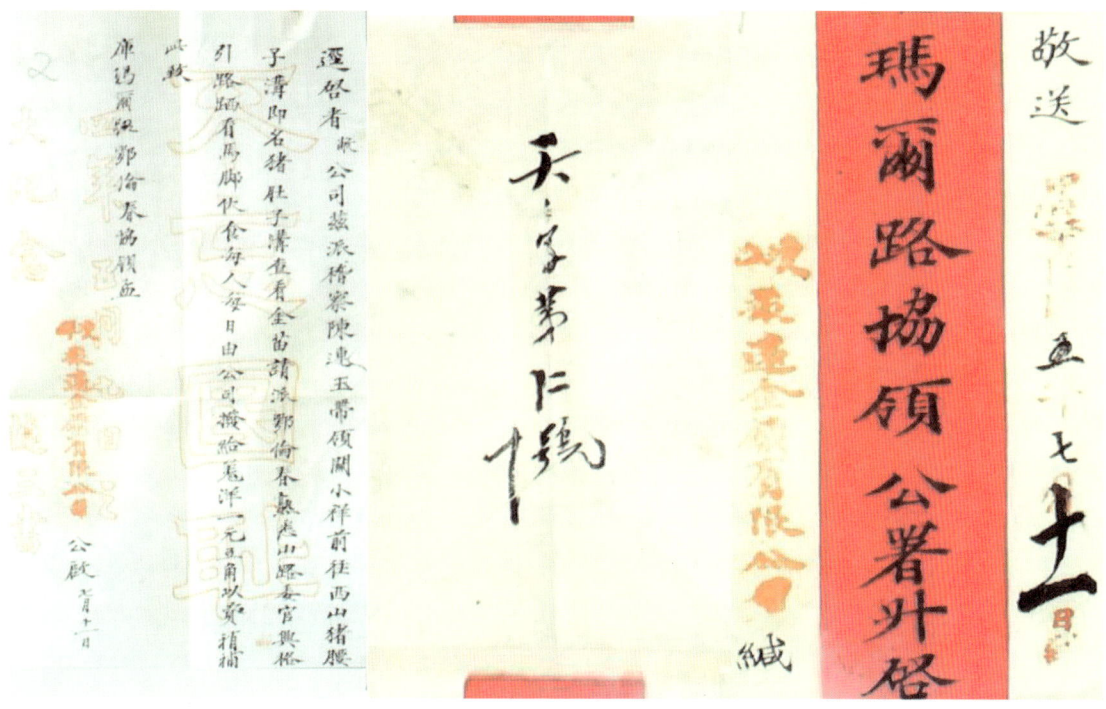

124. 黑龙江旗务处为通饬临时约法仍有效及段祺瑞任国务总理事的咨文

1916年7月24日

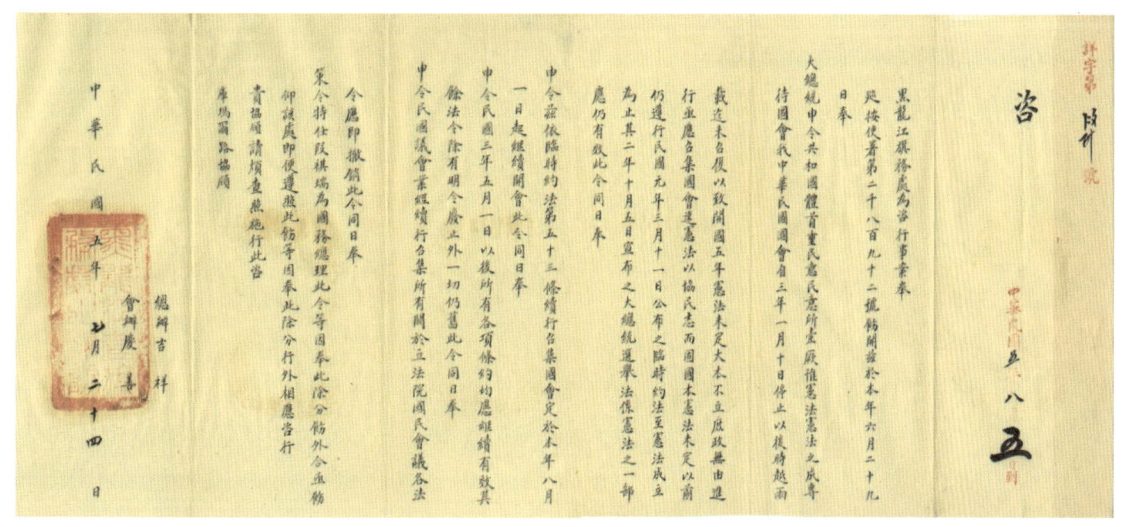

125. 黑龙江旗务处为毕桂芳任省长兼督军事的咨文

1916 年 7 月 24 日

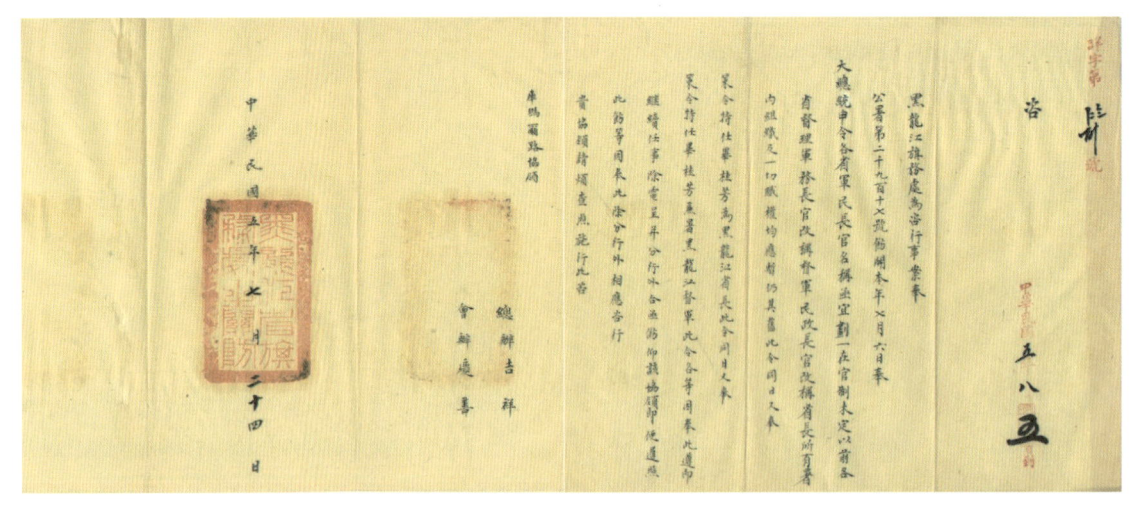

126. 黑河道尹公署为知照库玛尔路协领保护振远公司采矿事的饬

1916 年 8 月 16 日

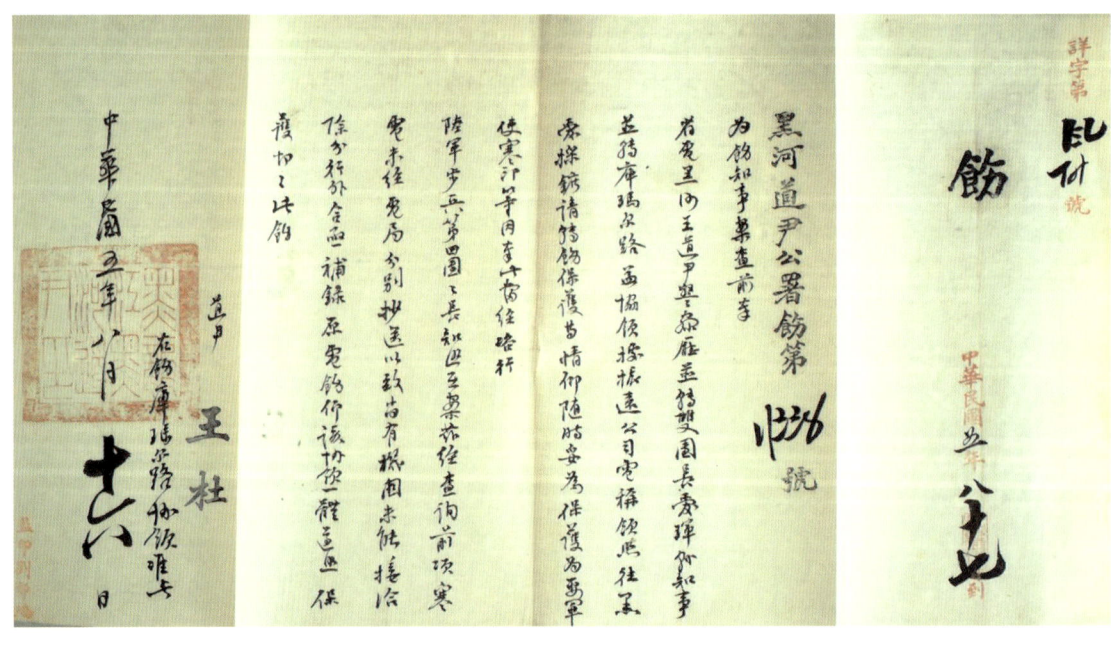

127. 黑龙江财政厅为催报民国四年下半年决算事的咨文

1916 年 8 月 16 日

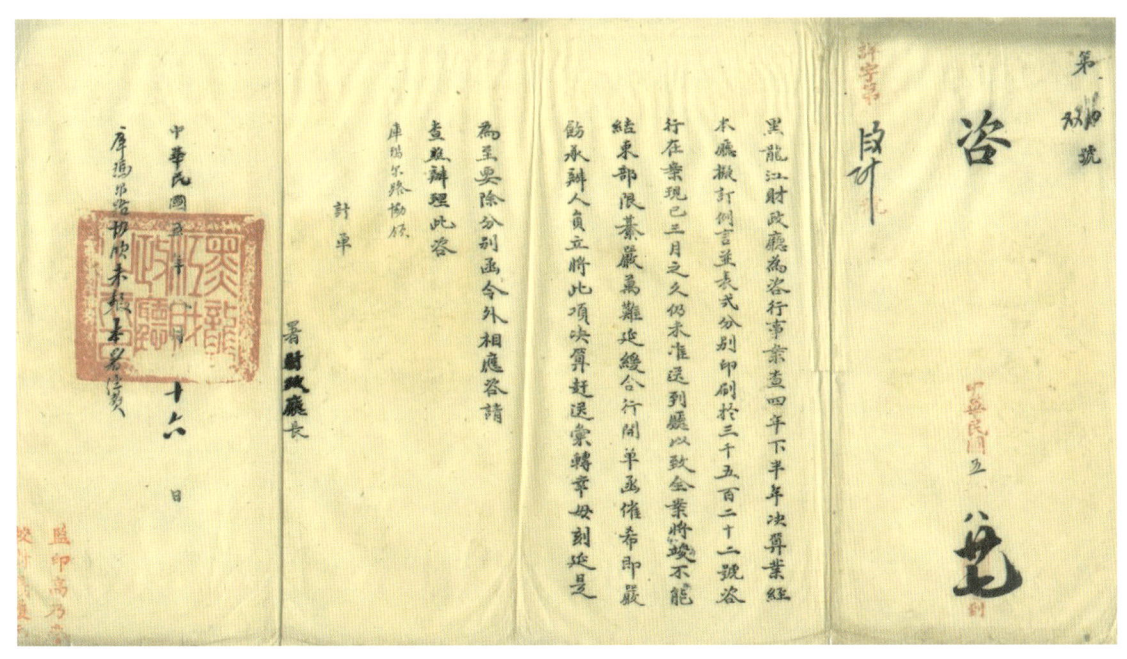

128. 黑龙江省公署为公布公文程式事的训令

1916 年 8 月 17 日

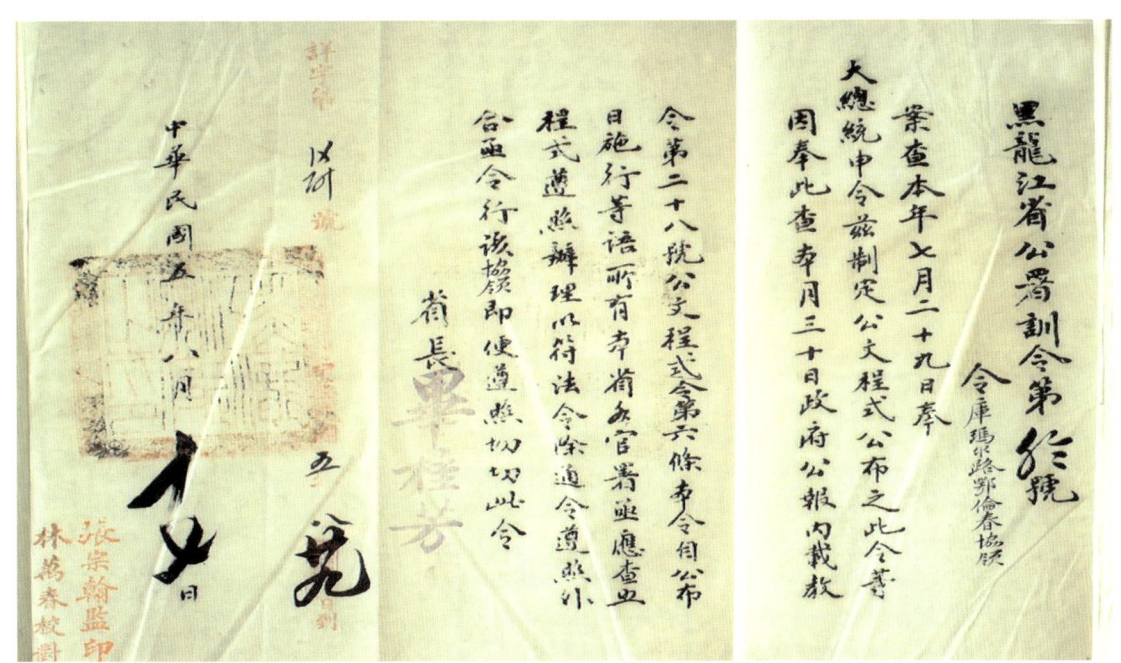

129. 黑龙江省公署为使用兑换辅币事的训令

1916年8月31日

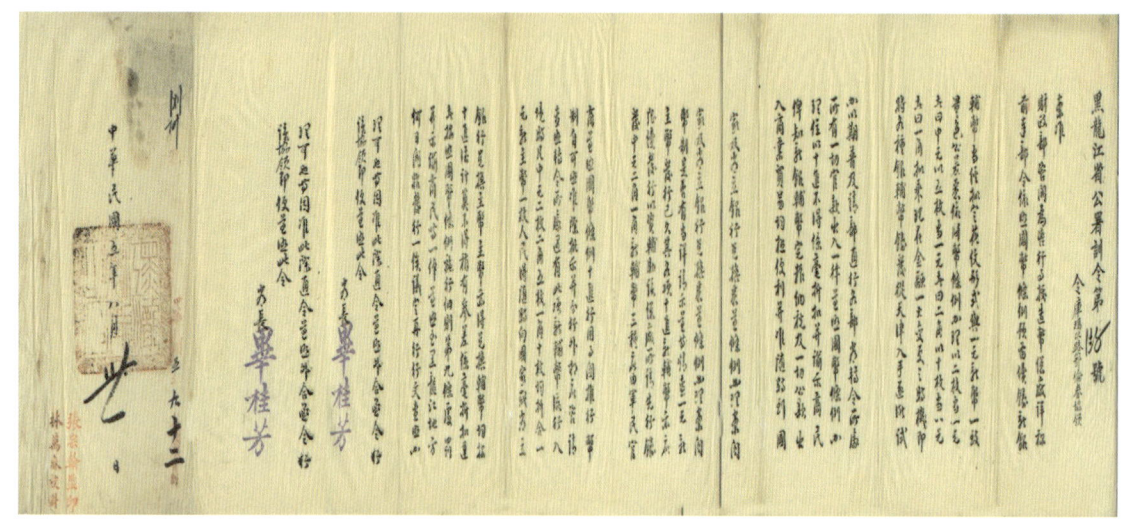

130. 爱（瑷）珲邮务局给黑龙江财政厅的挂号信件的回执

1916年10月16日

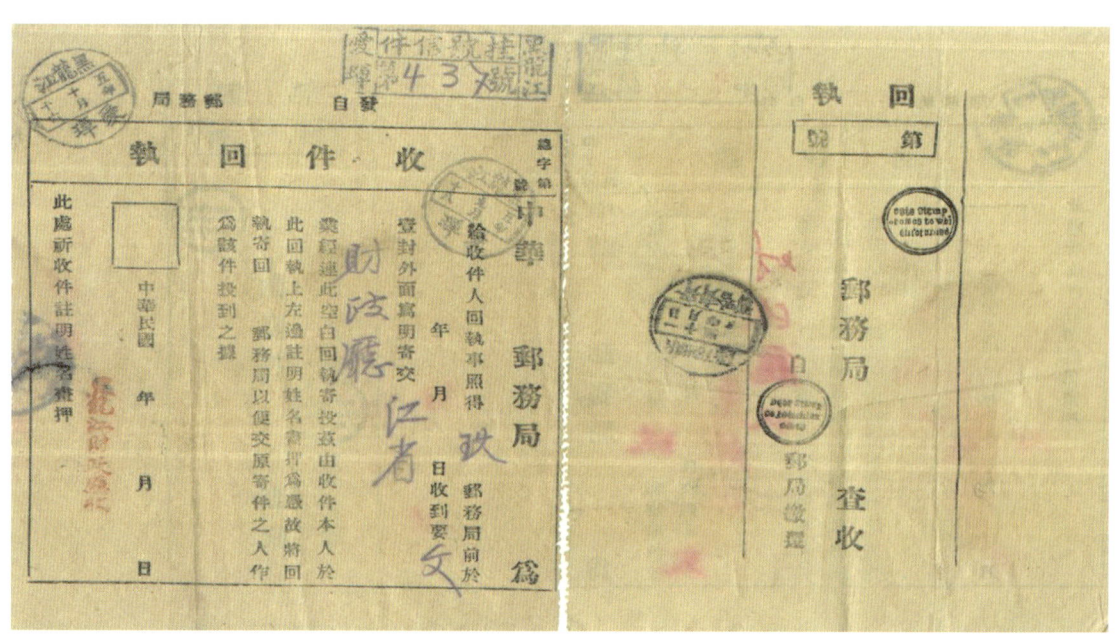

131. 库玛尔路镶黄旗佐领来忠为本佐披甲玉吉琛马匹被盗事的呈文（满文）

1916年12月11日

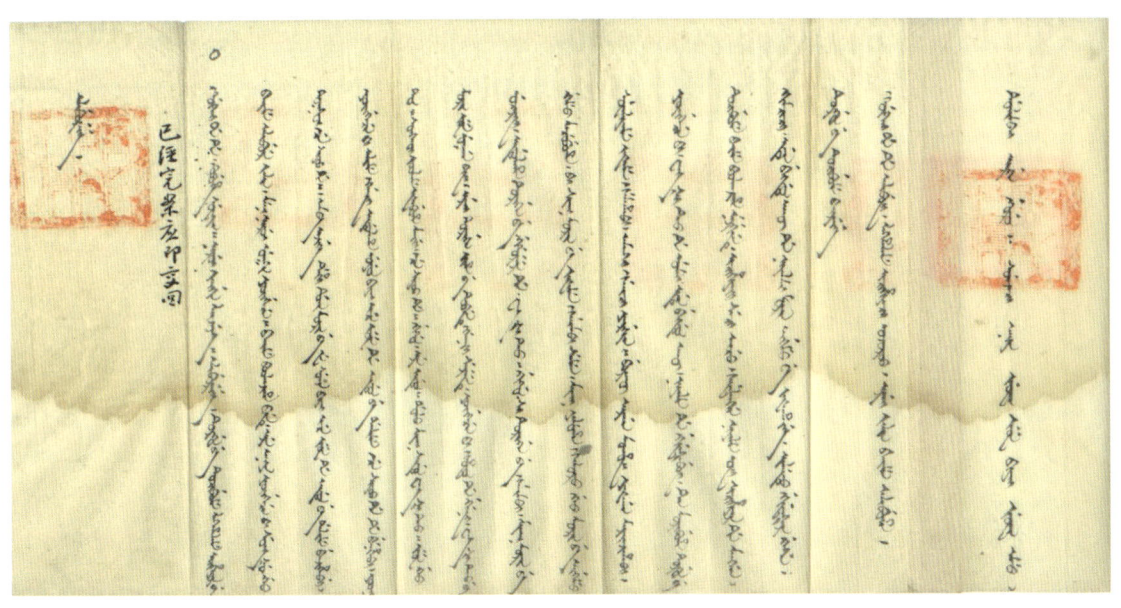

呈 文

　　呈与本路协领大人，镶黄旗佐领来忠呈，为陈述缘由事呈报。本佐披甲玉吉琛前来向本佐领报告称：

　　本人今年在松树沟屯放牧时，忽然从附近林子中蹿出一群人，他们将四十四匹马抢走，这些马自本年五月初二日即在松树沟地方牧养，一直由本人看护，本人遭遇此类事情，实为不幸。直至本年九月初二日事发前，我一直隐瞒丢失马匹之事，不敢报告丢失马匹的数量。本佐方希托将两匹母马和两匹马驹卖了，我私下去城内将方希托的四匹马赎回，而其他马匹全部杳无音信，（我）回来后告诉方希托称：你的马已找到，被我用俄罗斯钱赎回。我自己的马匹尚未找到。事已至此，我只好将五月初二日松树沟丢失马匹之事全部交代，不敢再欺瞒下去。

　　下官知晓后，即刻派人进城寻找丢失马匹，另派人加紧搜捕五月初二日松树沟盗马之人。

　　为此呈报协领大人，请示协领如何办理。

民国五年十二月十一日

132. 库玛尔路协领为转请拨发本路官兵应领民国五、六两年俸饷事的咨文

1916年12月28日

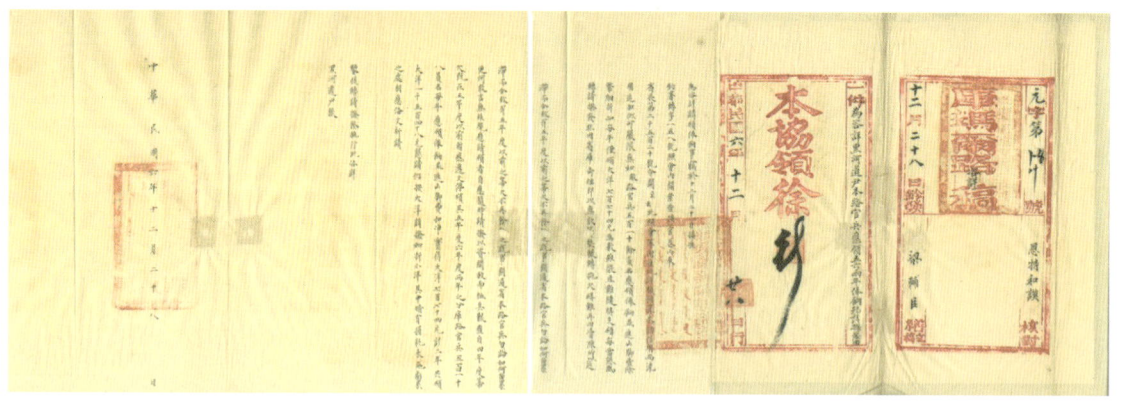

133. 黑龙江财政厅发布施行的《六厘内国公债条例》

1916年

134. 黑河道尹所属黑龙江城八旗民国五年全年支出计算书

1916年

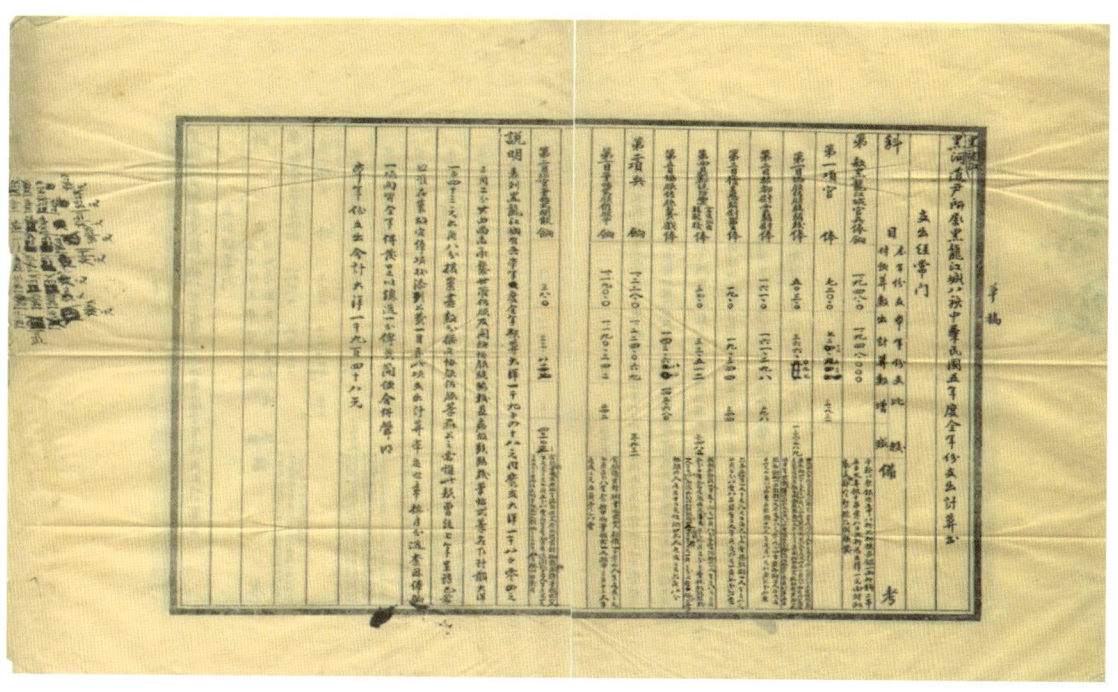

135. 库玛尔路民国二年至五年各户界内起开荒地垧数及租钱数目清簿

1916年

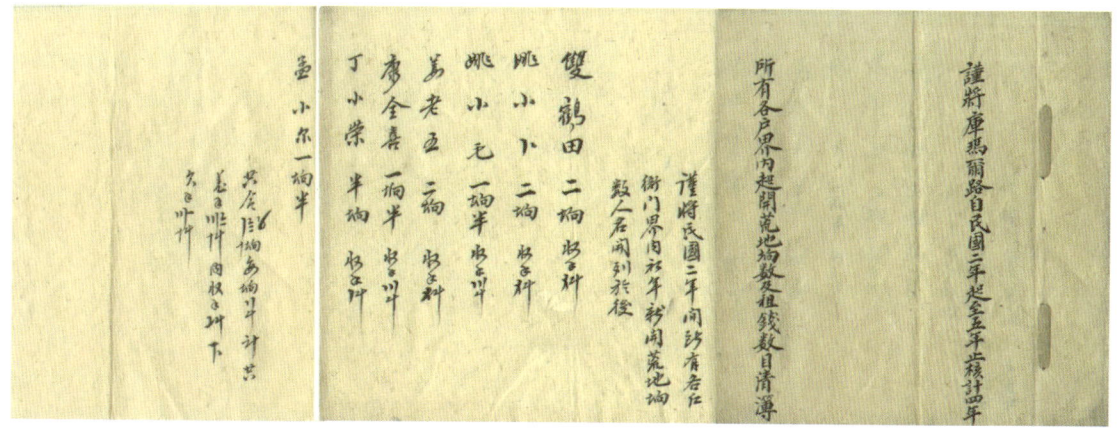

136. 瑷珲县公署为霍尔沁草甸牧场开放等事的咨文

1917 年 1 月 12 日

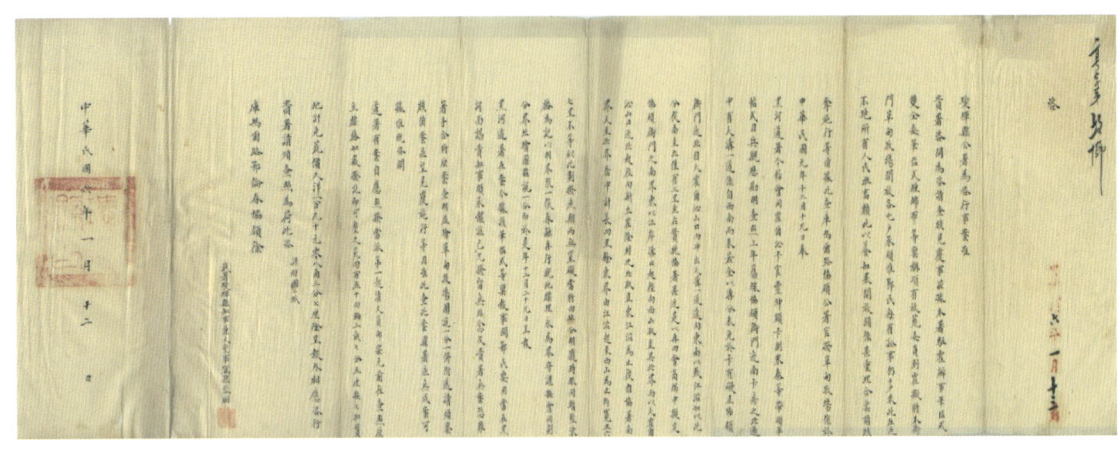

137. 黑龙江财政厅为兑换征收的官贴、银两、羌洋事的咨文

1917 年 2 月 8 日

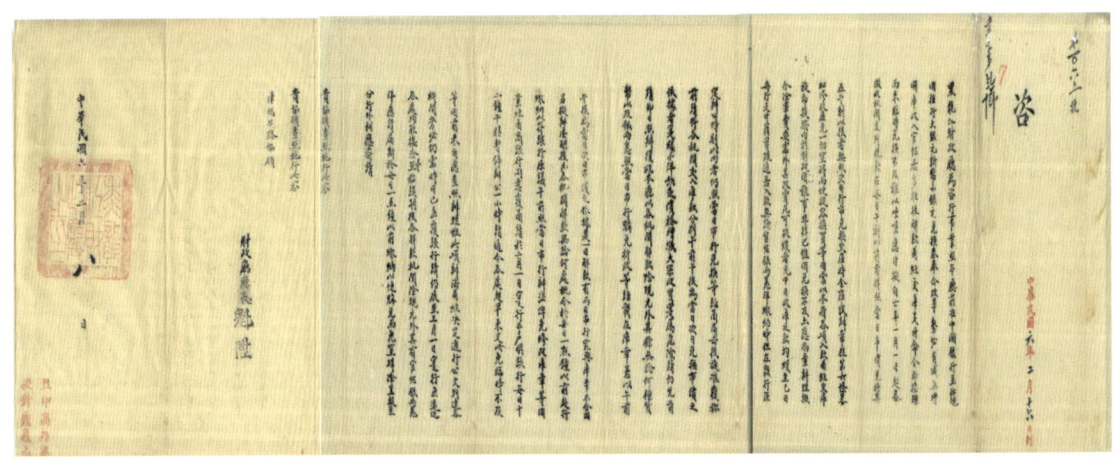

138. 库玛尔路协领公署为兴格补放镶黄旗骁骑校事的训令

1917年2月10日

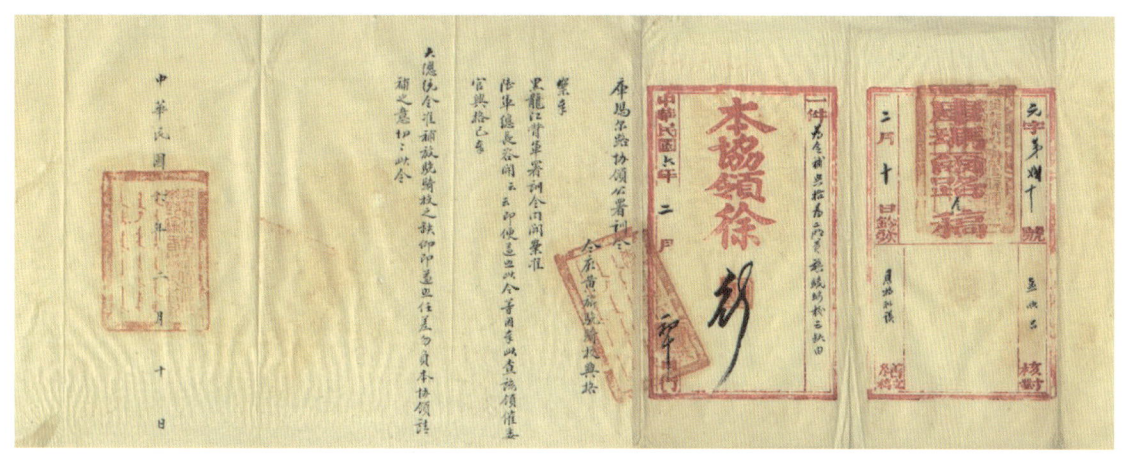

139. 库玛尔路协领公署为饬知佐领来忠抄粘前任鄂伦春学校校长所呈阻扰学务原呈及整顿鄂伦春学校办法事的训令

1917年2月10日

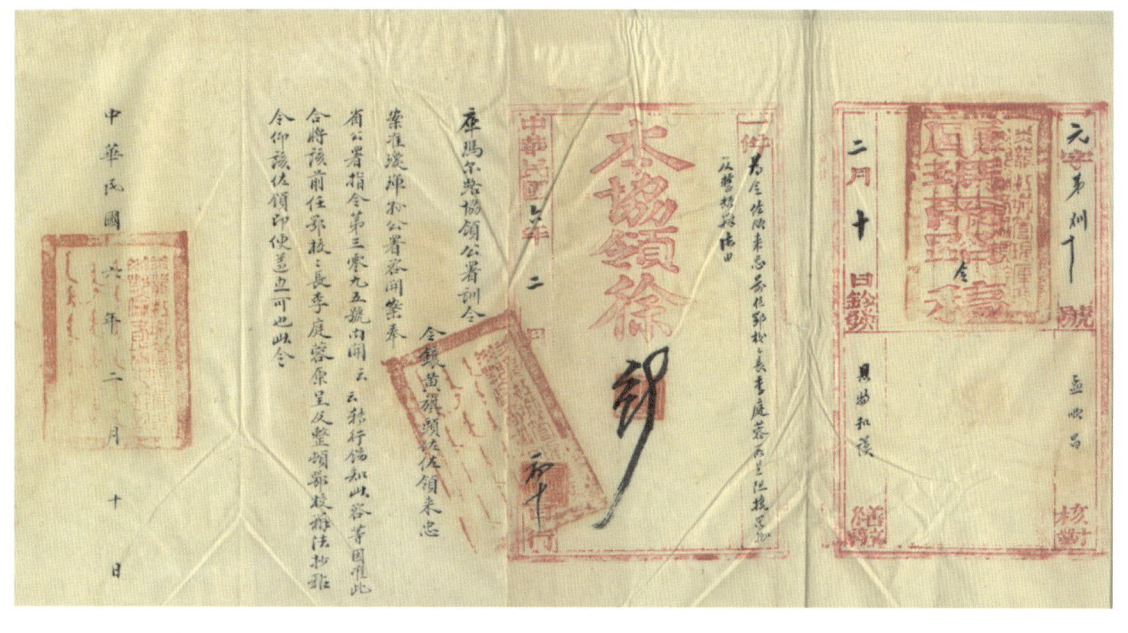

140. 库玛尔路协领公署为请设小学、造册具报现有学童姓名年岁并筹集经费等事的训令

1917年2月10日

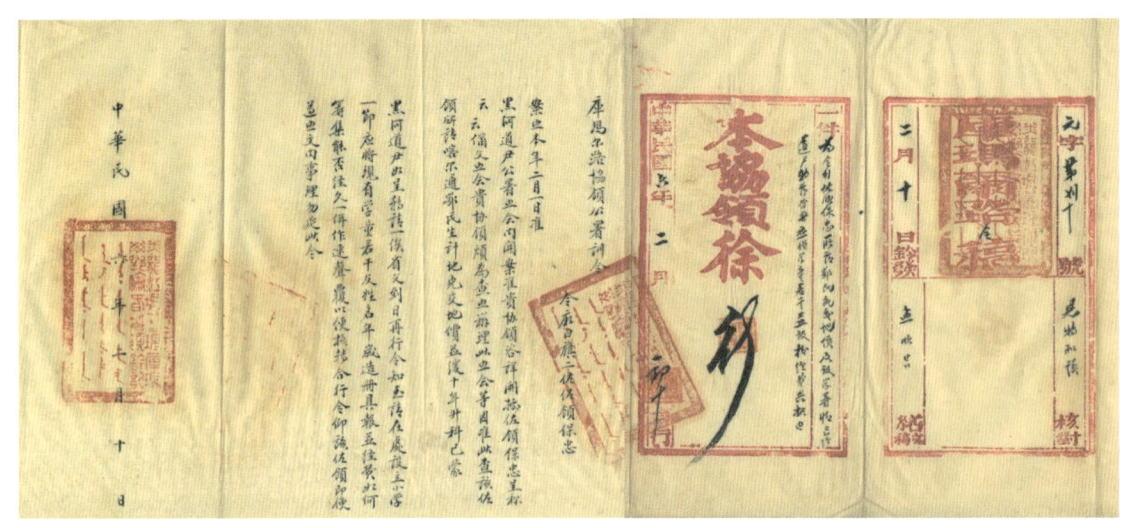

141. 黑河道尹公署为核议旗租地亩确系官产事的照会

1917年2月15日

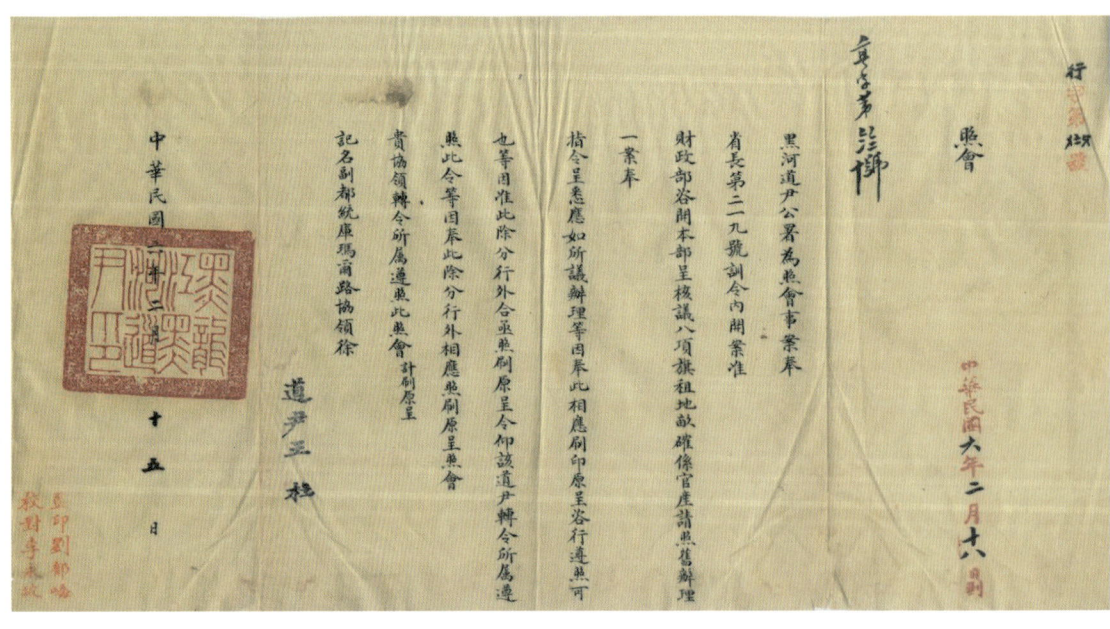

142. 库玛尔路协领公署为省署照准喀尔通地亩免价并缓年升科事的训令

1917年3月7日

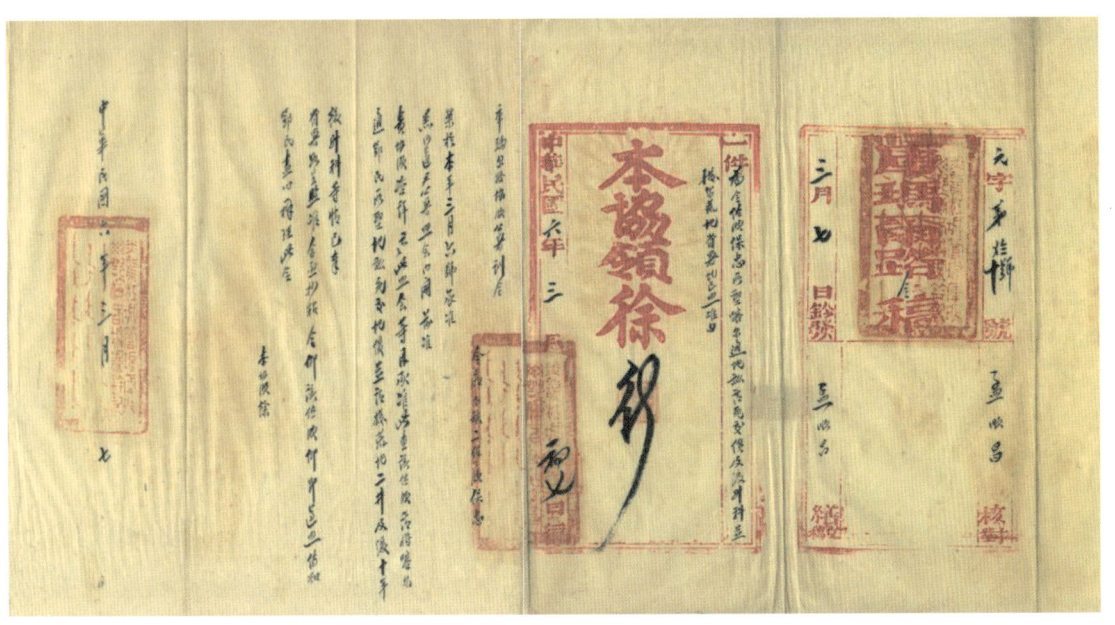

143. 库玛尔路协领公署为请声复移动垦费拨还办法事给黑河道尹公署的咨文

1917年3月7日

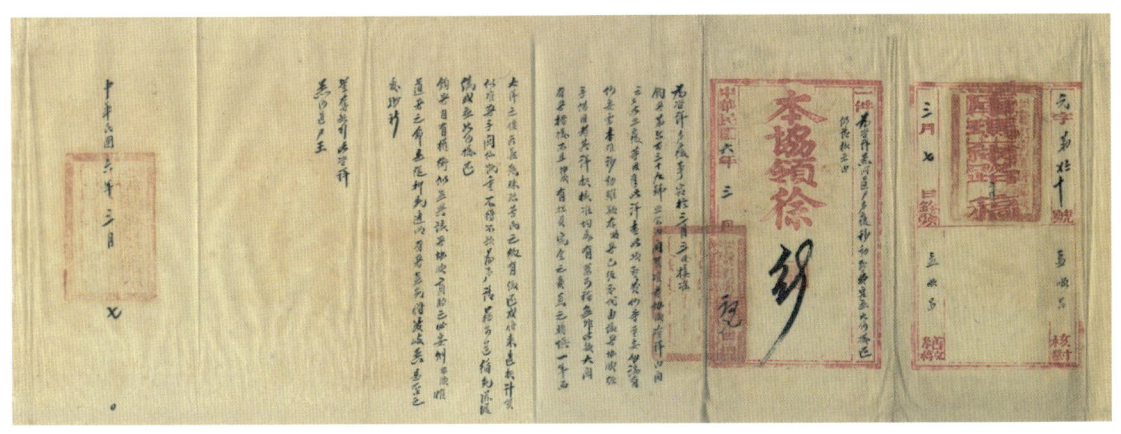

144. 黑龙江省长公署为各官署兼职人员不得兼领俸薪事的训令

1917年3月14日

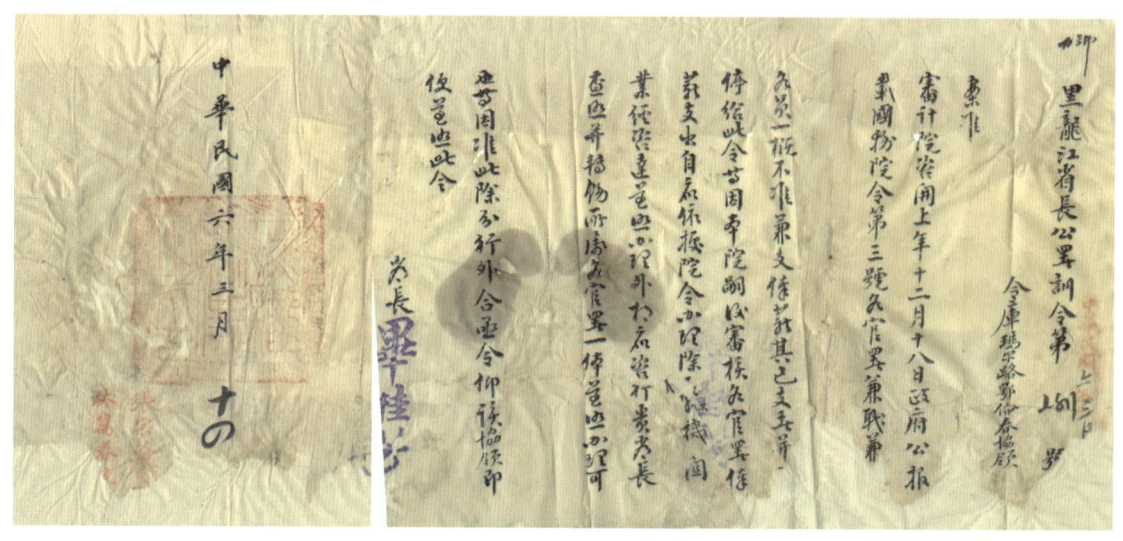

145. 黑龙江省长公署为知照启用省长大小银印日期事的训令

1917年3月16日

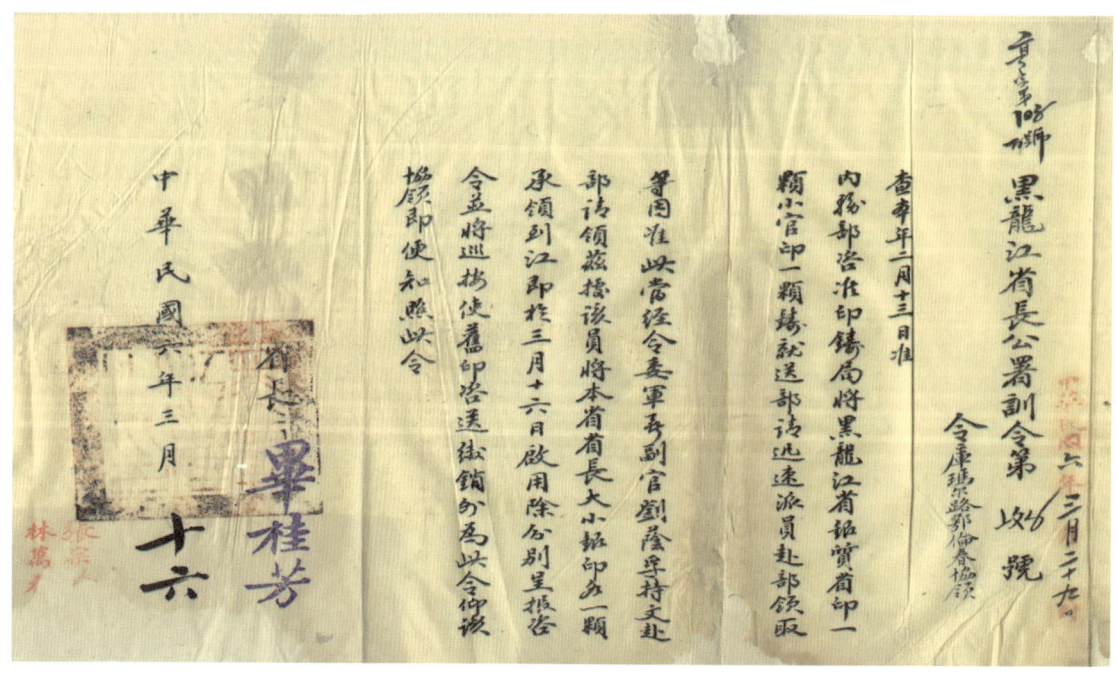

146. 库玛尔路协领公署为禁止鄂伦春族民众嗜酒聚赌事的布告

1917 年 3 月 23 日

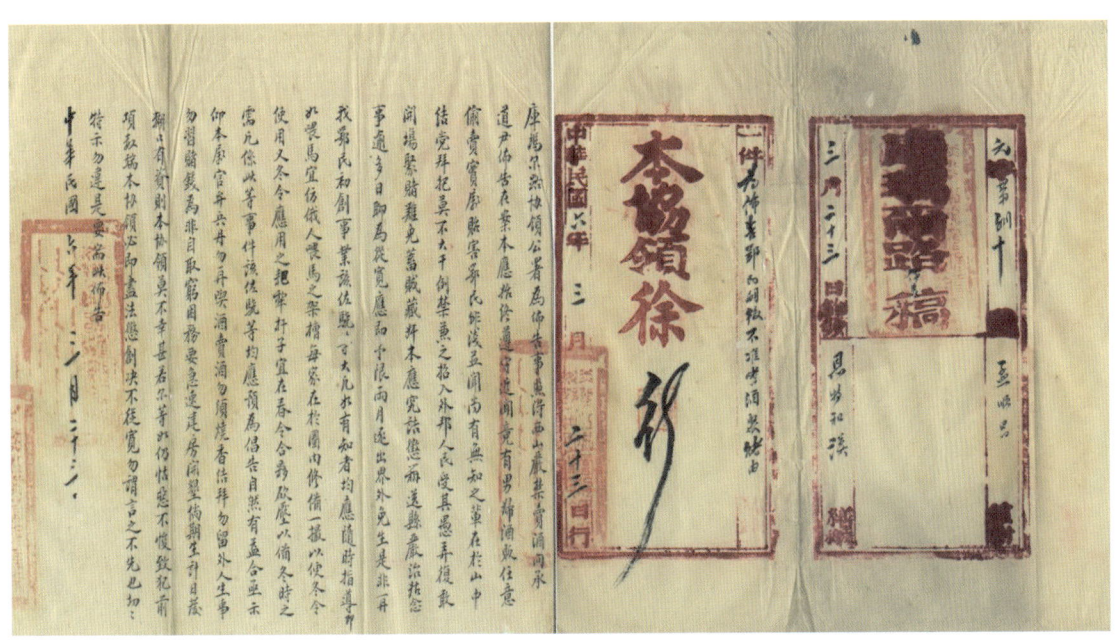

147. 库玛尔路协领公署为调委笔帖式钟锦布来城供差事的训令

1917 年 3 月 23 日

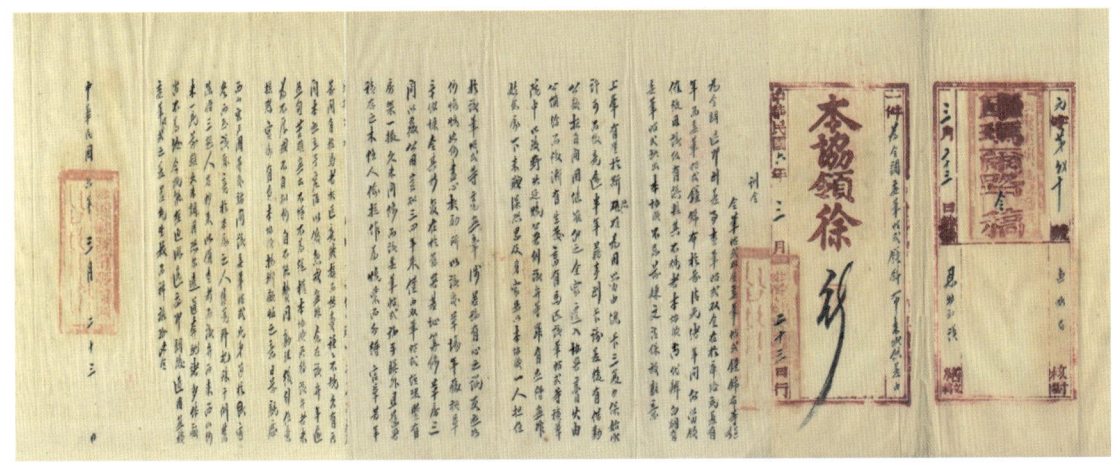

148. 瑷珲县公署为森林防火事的咨文

1917年3月29日

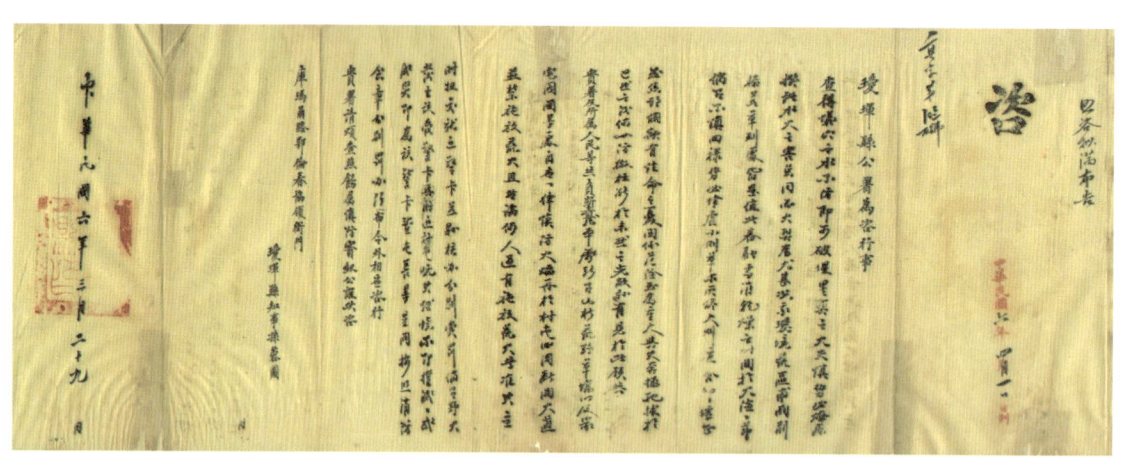

149. 黑河道尹公署为禁止商人私运酒品至松树沟一带贩卖事的布告

1917年3月

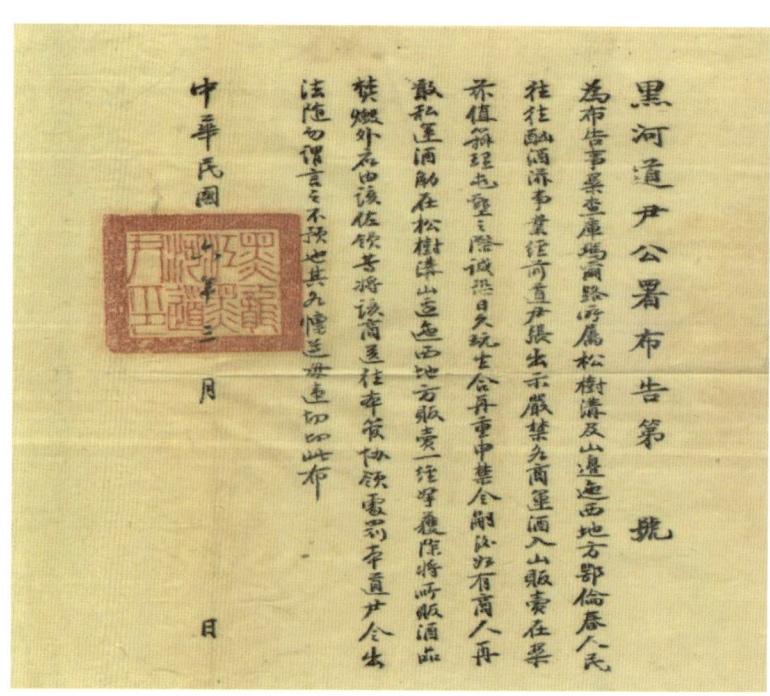

150. 黑河道尹公署为请领接济鄂伦春族民众款项事的照会

1917年4月3日

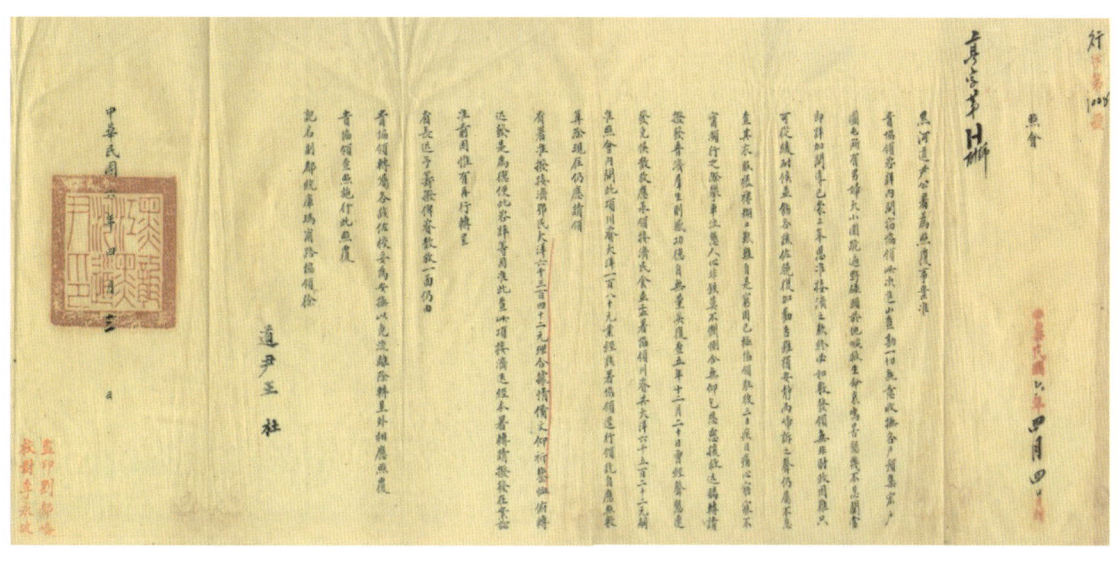

151. 黑河道尹公署为收悉库玛尔路协领转送民国四年十月至十二月支出计算书事的照会

1917年4月6日

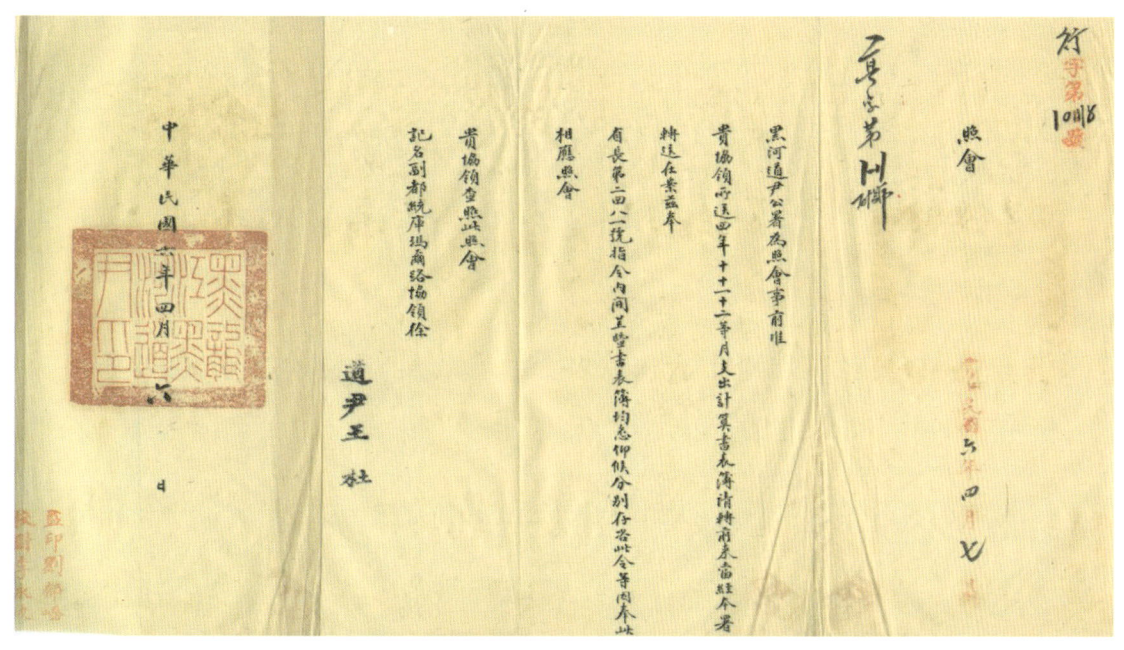

152. 正白旗头佐佐领察尔吉善为恳请迈海地方拨留鄂伦春族民众生计荒地以资为业事的呈文

1917年4月8日

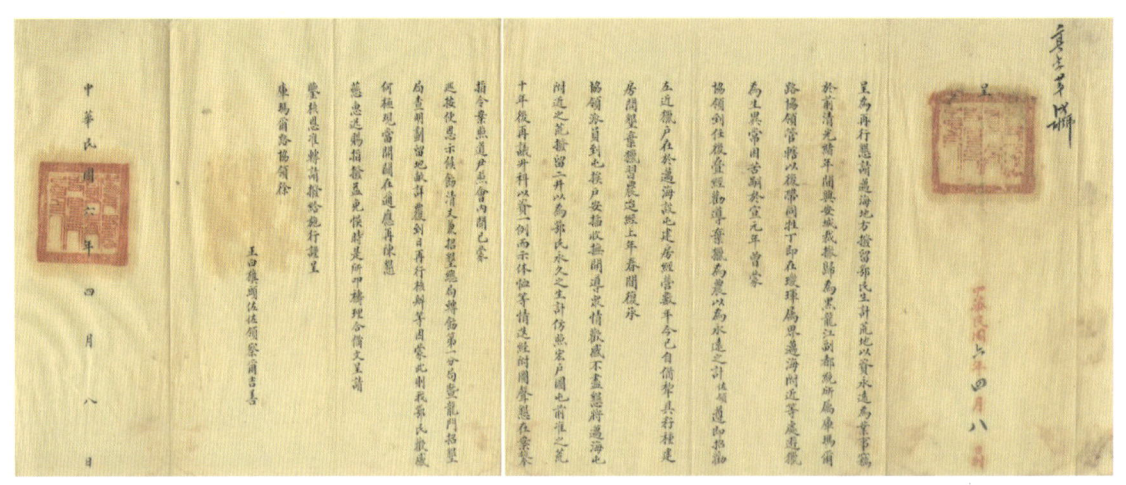

153. 库玛尔路协领公署为正白旗头佐佐领察尔吉善劝导迈海附近游猎的鄂伦春族民众务农事的训令（满文）

1917年4月9日

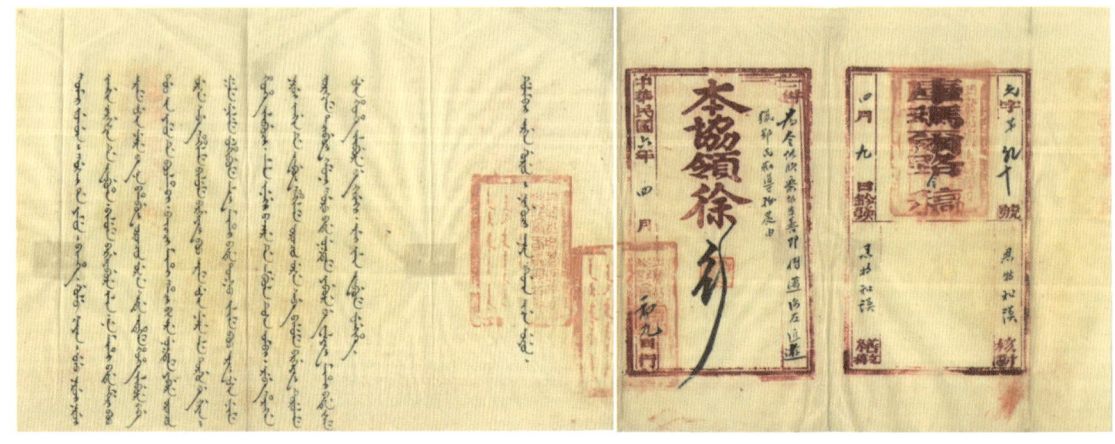

呈　文

　　库玛尔路协领公署文书，正白旗头佐佐领察尔吉善报告：为安抚收聚鄂伦春族民众，现已在迈海等地方建房开荒，鄂伦春族民众长期获得土地，并以垦荒务农为基业。此事已报告道尹公署。

　　查得，近来有游猎的鄂伦春族民众被安抚收聚并建房开荒。首先告知安抚收聚他们的缘由，并告知他们如何弃猎务农。

　　在迈海地方建房开荒设立村屯，这对鄂伦春族民众生计是大有益处的。令本旗所属佐领迅速开展安抚鄂伦春族民众之事，并率先传授开荒耕种的办法，在迈海地方建房成家，依托土地谋求立业。为此交付差遣。

大义：劝导鄂伦春族民众建房开荒，弃猎务农，开启定居生活。

154. 库玛尔路协领公署为告知宏户图、依奚罕鄂伦春族民众谨慎用火事的布告（满文）

1917年4月9日

布 告

　　库玛尔路协领公署文书，为告知鄂伦春族民众谨慎用火事。（我）从瑷珲县派人送达的文书中查得，瑷珲县境内漫山遍野生长着榛子草，非常茂密，今年春天气温一直很高，冰雪融化，草木干燥。为此，在野外应谨慎用火，应将此事告知所辖村屯的鄂伦春族民众，传令在各村屯四周（四个方向）设立管控用火关卡，以防意外着火。如遇胡乱用火之人，将其抓获并送至公署衙门严肃处理。

　　协领公署送达的文书（的内容），跟我本人想法一致，要警惕胡乱用火之事。我旗所辖鄂伦春族官兵及闲散之人，都要一一传令给他们，使其知晓不能在山川、村屯附近生火。如不按法令办理，必严罚重办，决不让其逃脱。

　　此告示应通报所有外出人员。

民国六年四月初九日

155. 库玛尔路协领为在喀尔通屯设立鄂伦春族学校并造送学童名册事的咨文

1917年4月14日

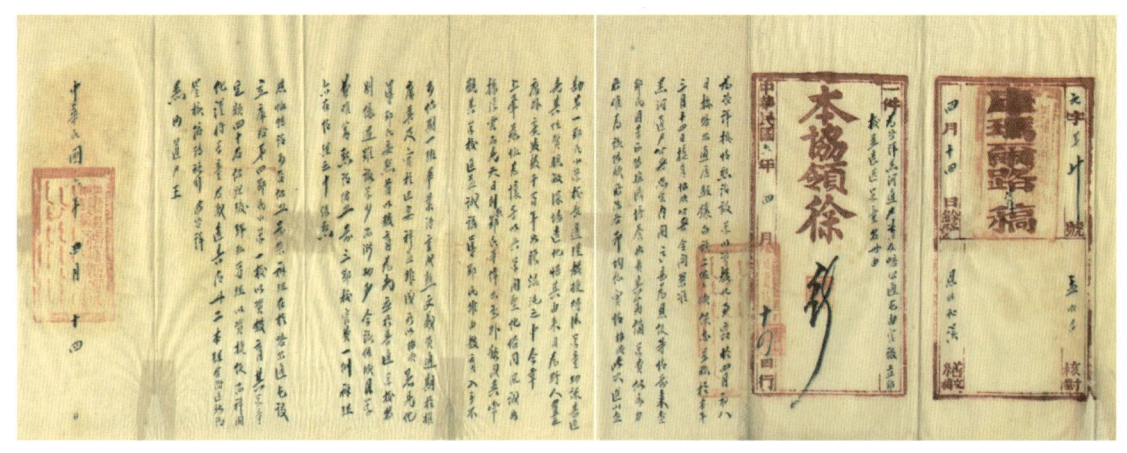

156. 黑河道尹公署为中华民国与德国断绝外交关系并拟定办事细纲事的照会

1917年4月26日

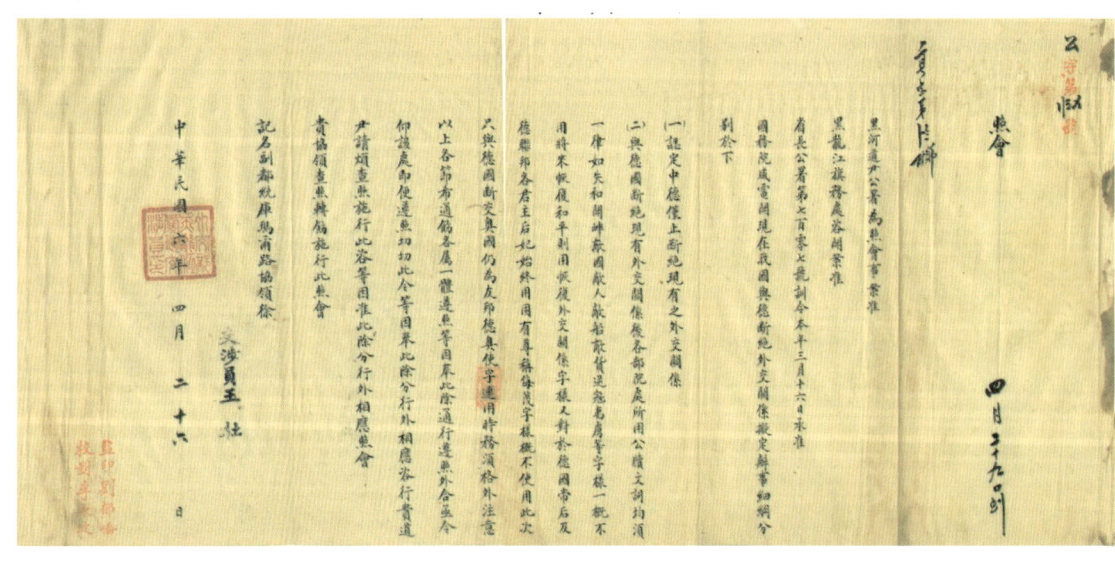

157. 黑河道尹公署为补送鄂伦春族民众建房户口及学童名册事的照会

1917 年 4 月 27 日

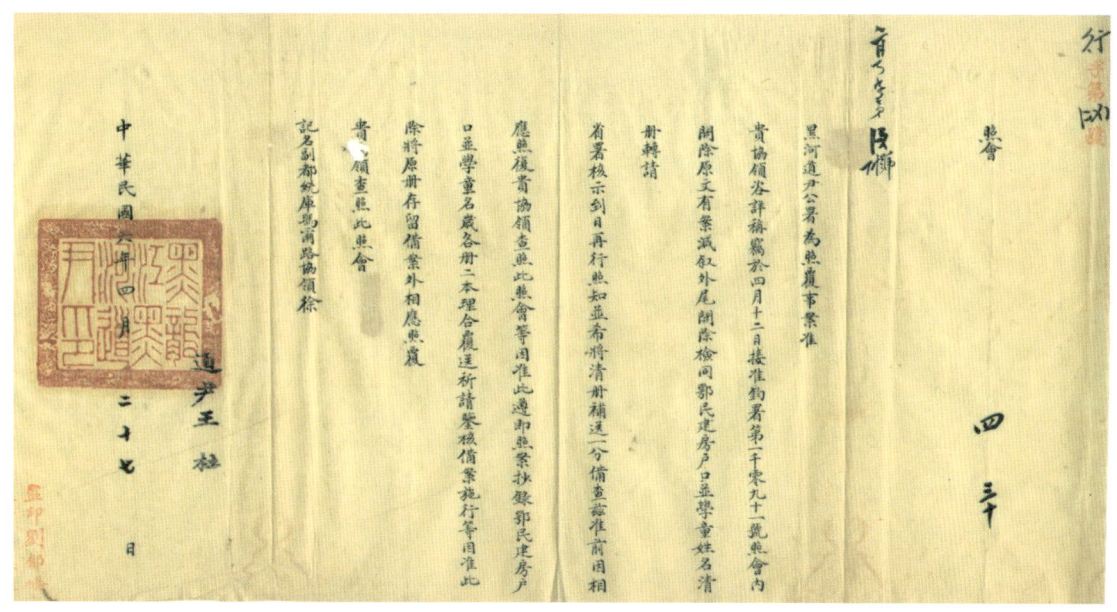

158. 厢（镶）黄旗头佐佐领来忠出具的领取瑷珲县公署拨借羌洋的收据

1917 年 6 月 1 日

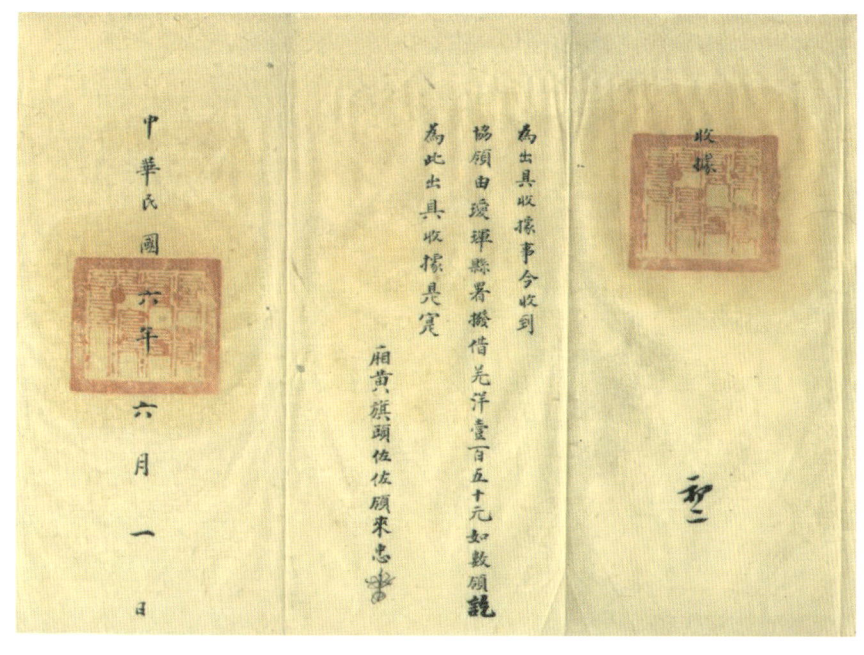

159. 黑龙江省西布特哈总管公署为转递错投公文事给库玛尔路协领的信函

1917 年 7 月 8 日

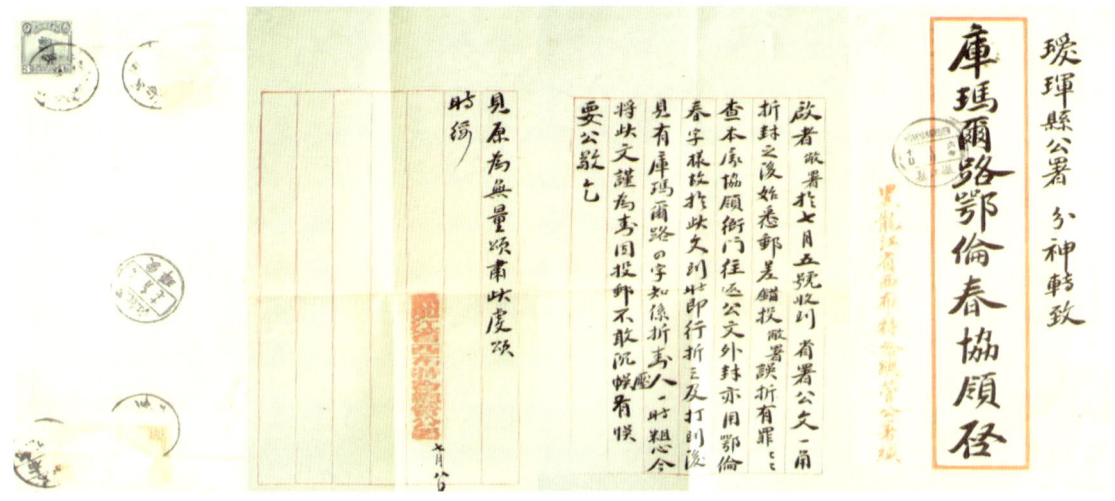

160. 黑龙江通志局为发行呼兰府志事给库玛尔路协领的公函

1917 年 7 月 14 日

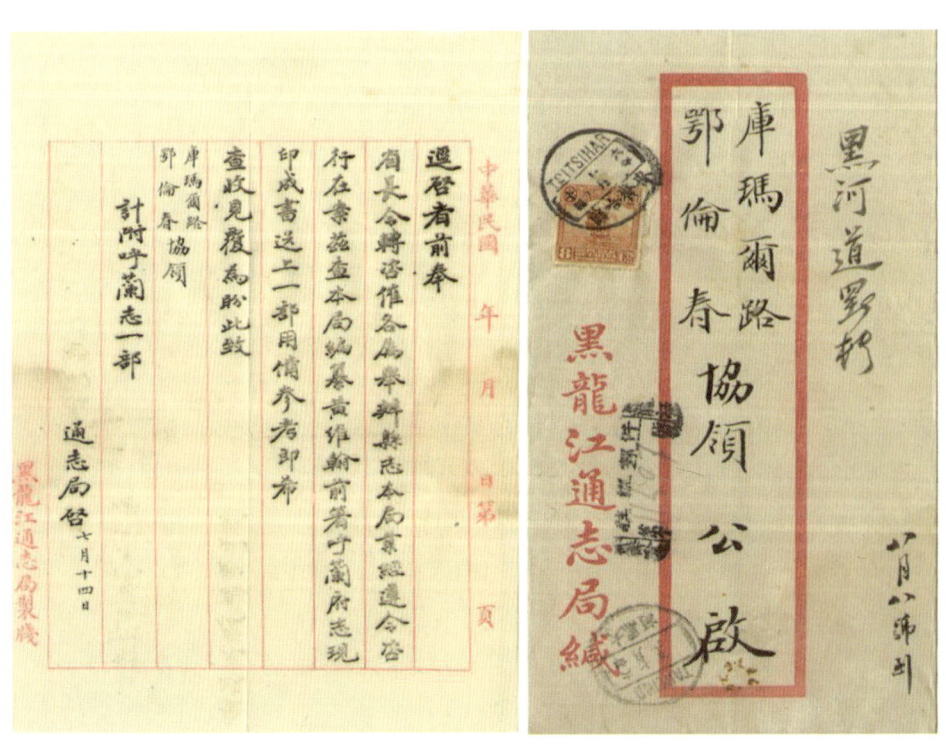

161. 库玛尔路协领公署为令鄂伦春族兵丁刘金领取缉私殉职兵丁赵金等抚恤金并转交家属查收事的札文（满文）

1917 年 7 月 20 日

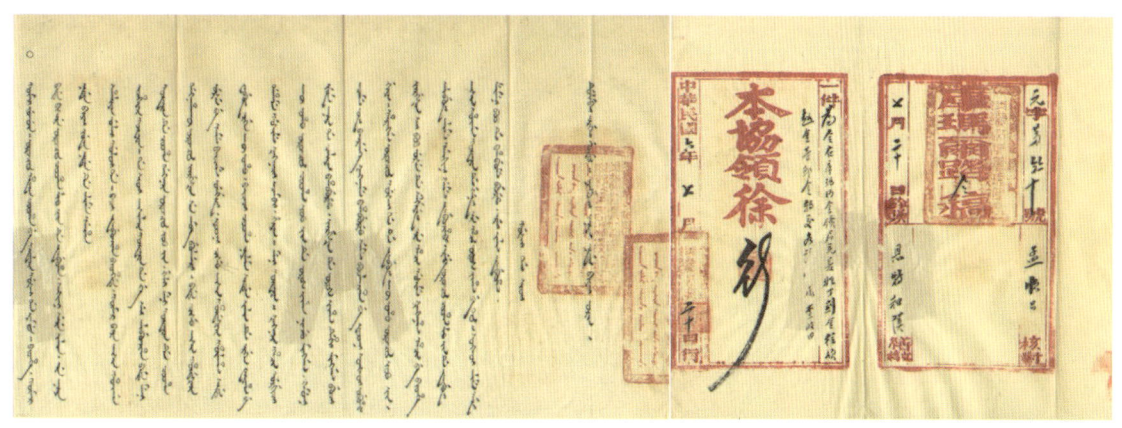

札 文

　　管理库玛尔路鄂伦春官兵协领公署公文，为札行库玛尔路所有兵丁等知晓事。（我）于本年七月十七日接到黑龙江省长的札文，办理库玛尔河金矿营长徐、辅助营长事务格等呈报：鄂伦春族兵丁赵金代表我营官兵，又有鄂伦春人吉尔格善代替我宽河官兵，被差遣围堵做走私黄金生意的嫌犯。在剿灭嫌犯时，被差遣的兵丁不幸牺牲。查得殉职兵丁一定要给予抚恤，我营赏给鄂伦春族兵丁赵金俄罗斯钱六万，又补给两年钱粮；赏给吉尔格善俄罗斯钱四万，上报后全部依此执行。鄂伦春协领札饬按照赏项文书如数赏给俄罗斯钱粮，由鄂伦春族兵丁刘金前往领取，并负责分给各家家属。为此札饬。

协领徐希廉
民国六年七月二十日

162. 库玛尔路协领公署为鄂伦春族民众继续开垦库伦河以北土地并交付清丈局登记事的咨文（满文）

1917年8月12日

咨 文

　　管理库玛尔路鄂伦春协领公署文书，为正白旗头佐佐领察尔吉善知行事。黑河道尹咨文，为库玛尔路协领公署报迈海鄂伦春族人丁生计地一事，查我公署公文已传送至贵处。

　　库玛尔路协领公署已将开垦土地交付清丈局登记，查接到库玛尔路公署第九百七十一号指令札文。所属开垦土地已报清丈局，迈海鄂伦春屯民全都发放了生计地。查所属佐领呈迈海指令公文中所列举的寨嫩山、昆洛沟、蛤蟆沟等地方，据嫩江县署测地方图，从所绘图中看，全然没有这些山河之名，鄂伦春族民众也没（在此处）建房，鄂伦春族民众来此亦无荒地开垦。上报之后，龙门设治局也呈报了图册，（图册中）仍没有此等地方。大概龙门所称库伦河以北尚未开垦的土地，所属佐领现登记有缺失。如果所属鄂伦春族民众有余力开垦土地，就应让其继续开垦，之后再分配亦可，已开垦的土地交付清丈局登记。呈接汉文公文一份，交付所属佐领遵照办理。

　　为此咨行。

民国六年八月十二日

163. 库玛尔路协领公署为咨详赴上游接济鄂伦春族民众启程日期并拨款派员监视事的咨文

1917年9月7日

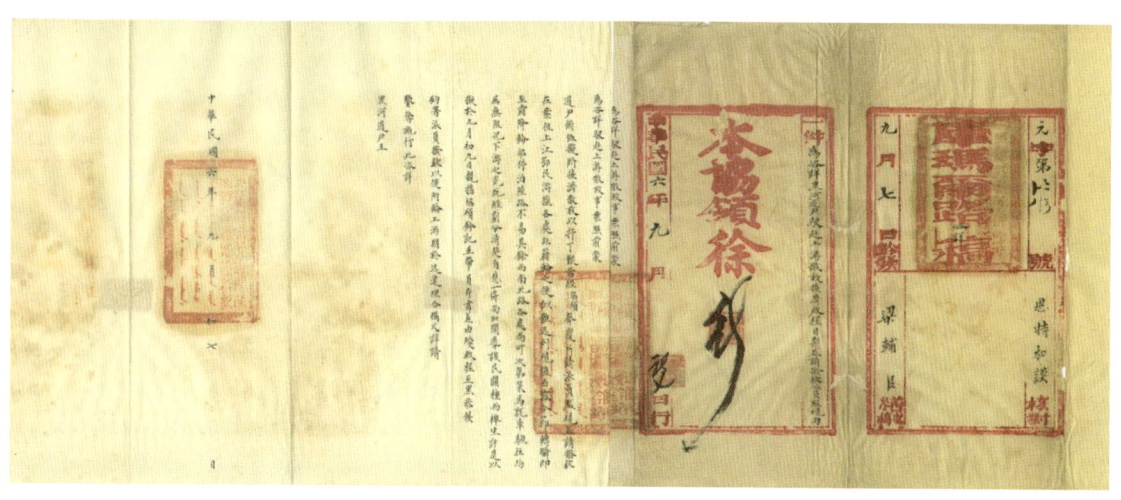

164. 库玛尔路协领公署关于为殉职兵丁赵金等追加抚恤金的咨文

1917年9月30日

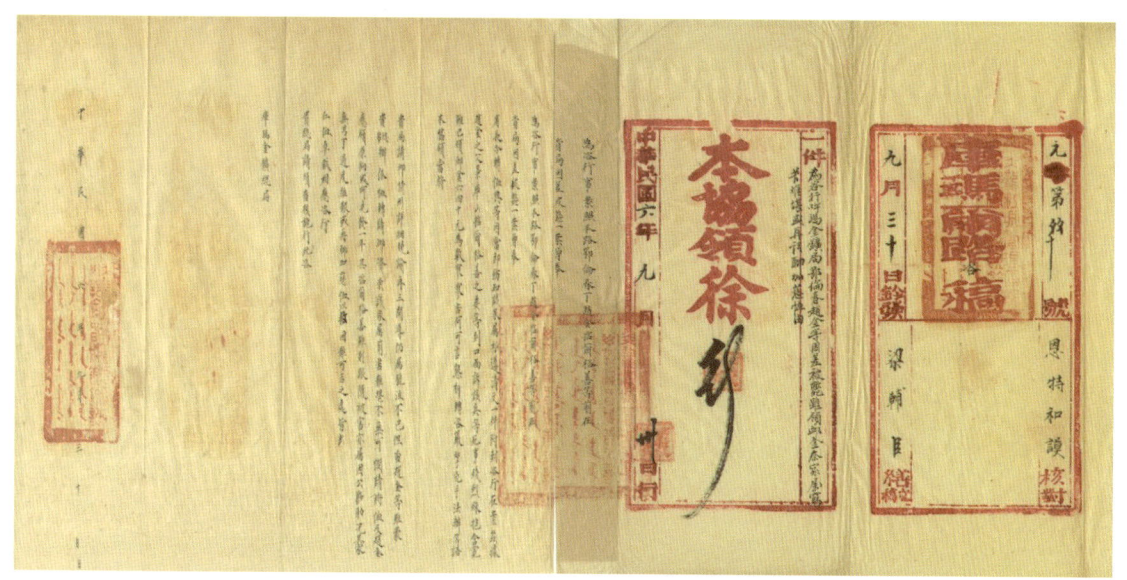

165. 库玛尔路协领公署关于为回族人白利盛被劫一案饬派佐领来忠等带兵进山协缉的咨文

1917 年 10 月 14 日

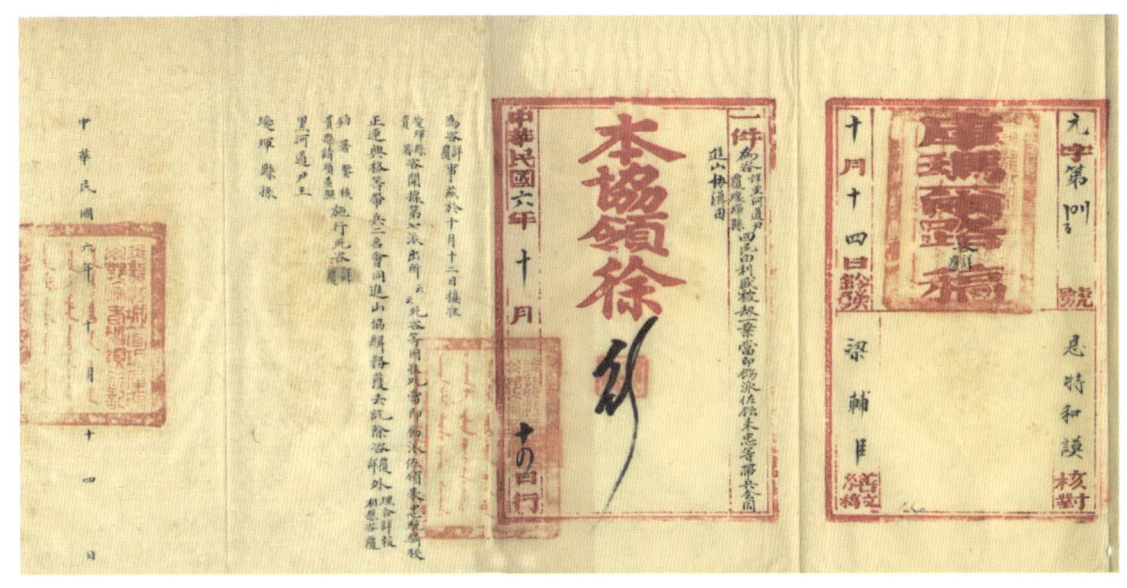

166. 库玛尔路协领公署为转送更正决算书并接收办公款事的咨文

1917 年 10 月 22 日

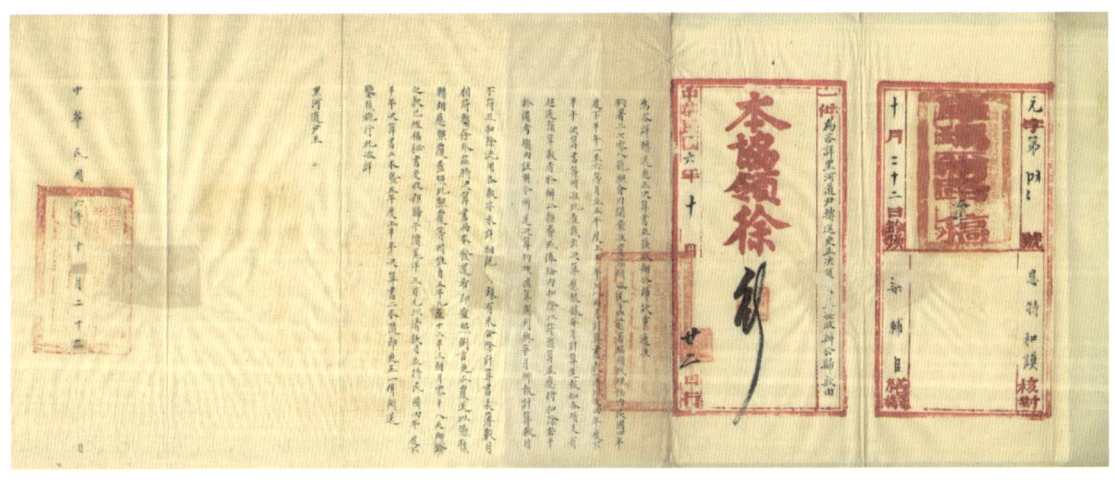

167. 库玛尔路佐领来忠、骁骑校兴根为本路民众领取饷银事的呈文（满文）

1917 年 10 月 23 日

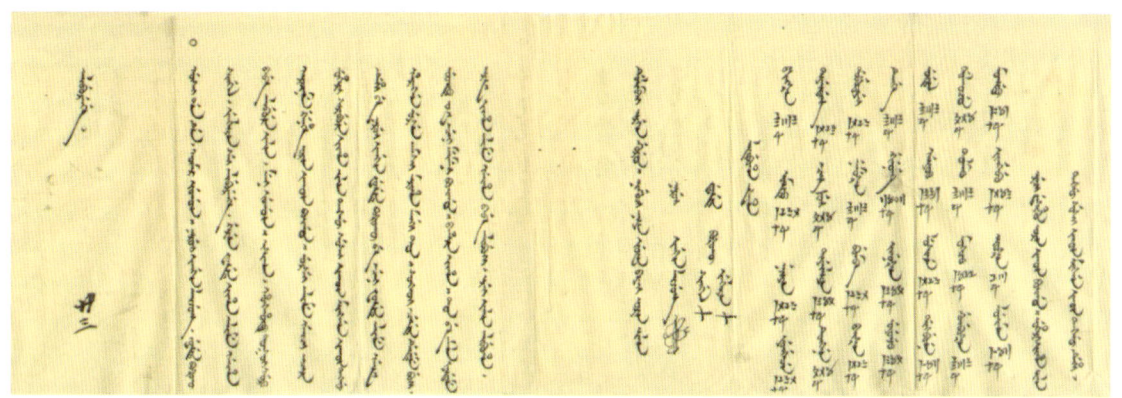

呈　文

　　呈库玛尔路鄂伦春协领，本路佐领来忠、骁骑校兴根呈，为本路二十八户领取饷银画押登记一事。今令二十八户民众在领取名单上签字画押并呈报协领。我霍斯霍图村屯地处偏远，下辖民众二十八户，领取协领公署发放的饷银共计三百五十元，折合八千八百四十角。今由佐领来忠、骁骑校兴根亲自督管，将各户每人领取钱数悉数遵照登记造册，绝无遗漏之弊端。

　　　　　　　　　　　　　　　　　　佐领来忠　骁骑校兴根
　　　　　　　　　　　　　　　　　　民国六年十月二十三日

粘单：

平善：八元三角七分。

伊木图：十六元七角四分。

讷扎彦：十四元六角七分。

永格参：十六元七角四分。

塔耶登：十四元六角八分。

昌瑞：九元四角五分。

提雅尔彦：十三元五角九分。

通善：九元四角五分。

多普塔雅：十四元六角七分。

讷木善：八元三角七分。

布木巴：十六元七角四分。

拜善：十四元六角七分。

滕阿：八元三角七分。
吉努额：二十五元零二分。
吉努善：十八元五角九分。
吴云朱：十三元五角九分。
吴德：八元三角七分。
噶瑶：十八元八角一分。
禄西哲：十四元六角七分。
丁布善：十一元五角二分。
多尔阔春：九元四角五分。
托尔莫：八元三角七分。
莫斯卓：十五元六角六分。
贵布善：八元三角七分。
孟多：十二元五角一分。
京布：十四元五角八分。
于善：六角三分。
伦扎玛：十一元五角二分。
本路下辖二十八户领取饷银共计三百五十元，折合八千八百四十角。

168. 库玛尔路镶白旗佐领包永为领取钱款事的呈文（满文）

1917年10月28日

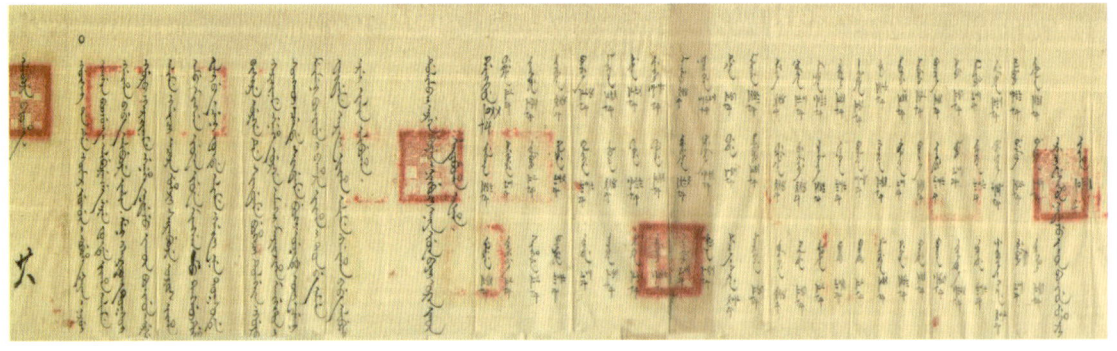

呈　文

呈与管理库玛尔路鄂伦春兵马协领公署，本路镶白旗佐领包永呈，为领取钱款事。本佐所属喀尔通屯七十五户打猎之屯民用大车驮载领取的俄罗斯钱，共计一万两千一百四十张。（我）接收后先发给留屯之人，待去打猎之人返回后如数发给，为此呈报。所属各户应悉数列单领取钱款，并一一遵照画押。

民国六年十月二十八日

丁顺　佛德善　江德丹　包永　林参　珍喜　凤莲　登晨　伊木布库　特尔春　巴林塞　伊尔巴参　范参　凤晨　佛禄彻　伊古能　新贺彻　皮朱福　金德　西米善　齐木布莱　郎书　诺齐善　德参　李西彻　德明　苏米善　马奴善　齐布西　朱达善　苏法明　佛德　塔哲布库　佛莫善　朱明阿　昌龄　方善　长贵　哈尔扎　德庆特勒　山吉善　朱敏善　逖尔德　伊尔哈善　包涛　昂古善　敢　佟布参　逖布库　包庆　特普　玛尔坦布　佛米善　包莲　卡秦　高西那　包昌　范福　禄库　金锦　索法庆　炮筒　兰达善　德顺　包德　包参　金佟　福德　内品特尔干　塞尔布库　法木沙拉　博耶木巴　博塔善　格木布库　金海

以上七十五户在名下画押签字，为此呈报。

169. 库玛尔路镶黄旗头佐骁骑校伦吉善为向本佐关河鄂伦春族民众发放饷银事的呈文（满文）

1917年12月4日

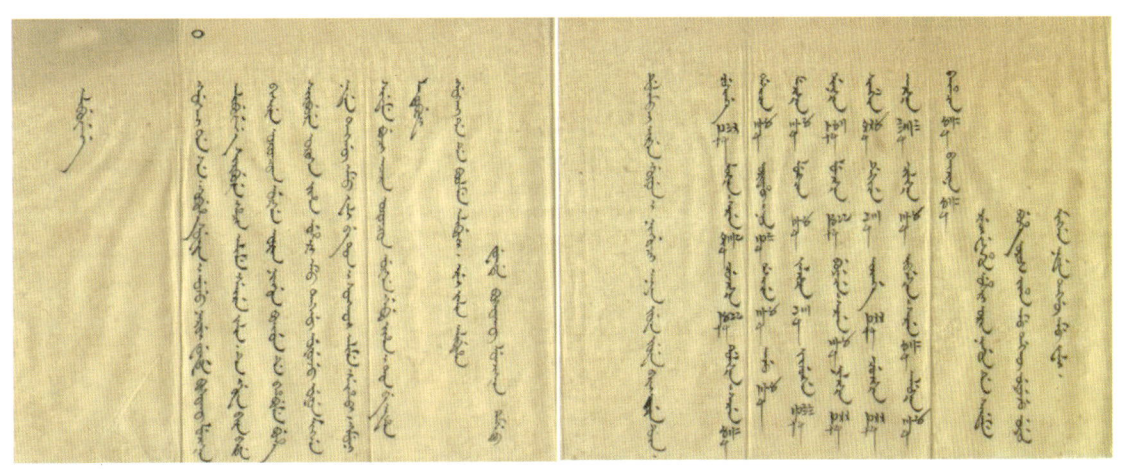

呈　文

呈与本路协领，镶黄旗头佐骁骑校伦吉善呈，为向在本佐关河居住的二十六户鄂伦春族民众发放饷银事。本佐在关河居住的鄂伦春族民众共计二十六户，现领取饷银共计俄罗斯钱十九万九千七百零一。饷银数目准确无误，（二十六户）鄂伦春族民众悉数于名字下画押登记。领取粘单一并呈报。

骁骑校伦吉善信印
民国六年十二月初四日

粘单：
楚兴阿：一万六千七百四十。

米吉善之妻：九千三百六十。
春吉善：一万五千六百六十。
图里善之妻：五千二百二十。
达西参：三千一百五十。
傲尔塔浩之妹：两千零七十。
达西琛：三千一百五十。
安朱：三千一百五十。
梅吉善：三千一百五十。
隆参：三千一百五十。
扎尔吉善：两千三百。
金朱善：两万零八十八。
岱尼善：一万一千五百二十。
伦吉善：一万五千六百六十。
布耶琛之妻：三千一百五十。
尼尔吉善：一万零四十四。
兴格林：九千四百五十。
德齐琛：六千三百。
伊景阿：一万零四十四。
春吉善：一万零四十四。
安吉善：八千三百七十。
齐里善：三千一百五十。
伊博哲善之妻：五千二百二十。
额尔乌善：三千一百五十。
拜哈琛：五千二百二十。
拜吉纳：五千二百二十。
以上二十六户领取俄罗斯钱十九万三千七百三十。

170. 库玛尔路协领公署领取津贴经费总收据、存根

1917年

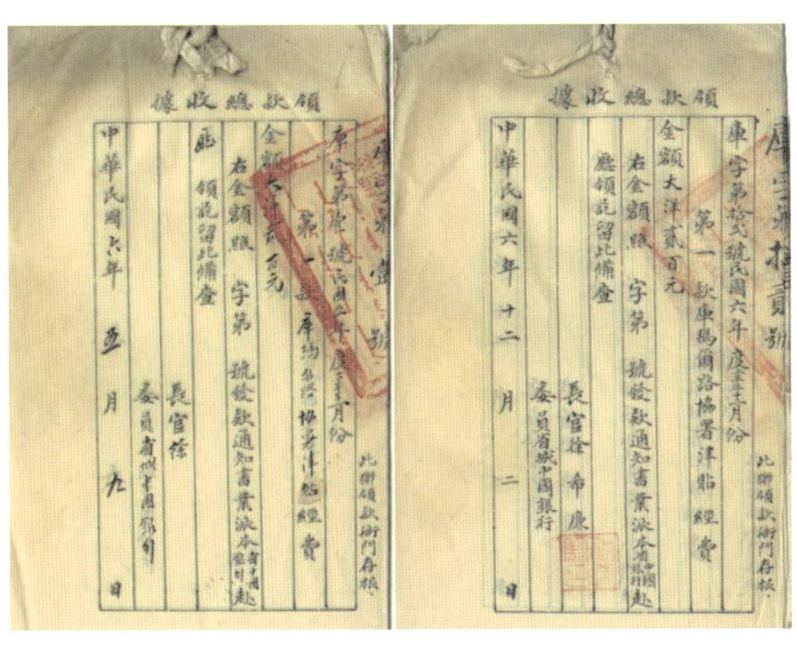

171. 库玛尔路协领公署、黑龙江省长公署
为库玛尔路协领公署现无应存军械事的呈请、指令

1917年

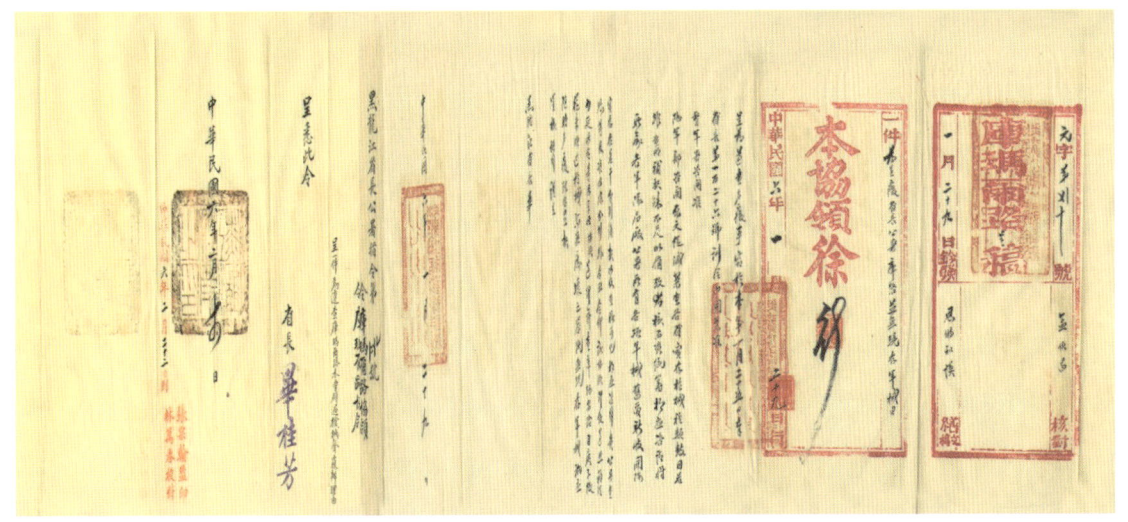

172. 库玛尔路协领公署为将民间护家枪弹种类数目编号造册呈报事的令（满文）

1918 年 1 月 21 日

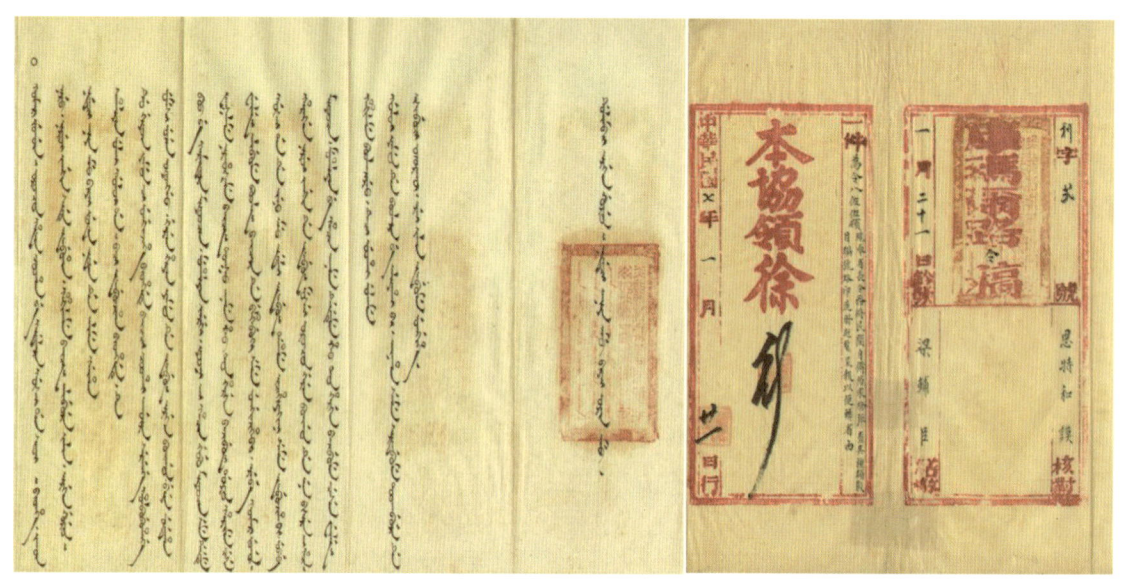

令

　　管理库玛尔路鄂伦春官兵协领公文，交付八佐佐领等，为催促查报事。民国七年一月十七日，（我）接到黑龙江省长交付的公文，督军衙门咨文内开：查得兵械甚为紧要，牵连甚重，令各衙门查民户自行购买的护家枪弹等种类、数目，编号烙印造册呈报，以备差遣调查。将此令也一并交付库玛尔路协领办理，交付协领所属佐领及所有鄂伦春族民众，所有枪弹要尽快按其种类、数目编号造册呈报，省衙通知后即刻转送，不得延误。

　　为此交付差遣。

民国七年一月二十一日

173. 库玛尔路协领公署为在喀尔通地方筹设第四鄂伦春学校事的咨文

1918年2月16日

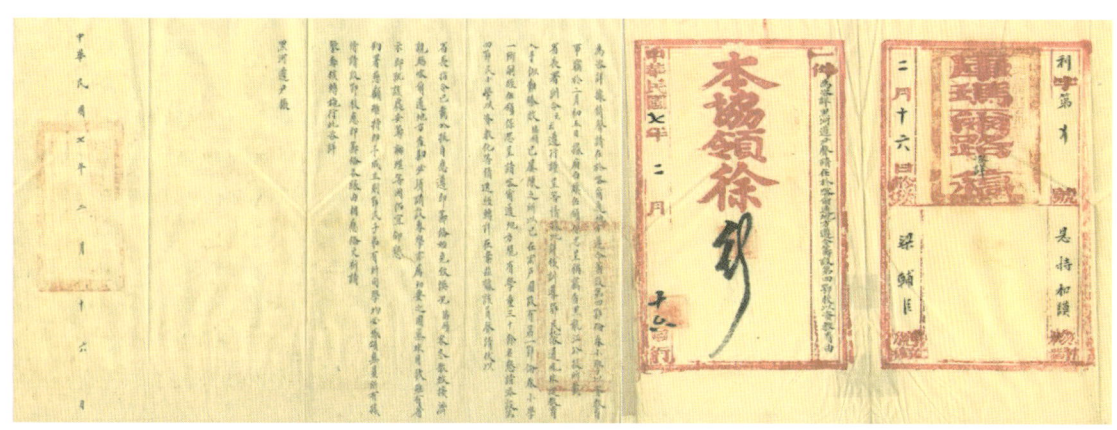

174. 库玛尔路协领为领取俸禄事的训令（满文）

1918年3月8日

训　令

　　管理库玛尔路鄂伦春官兵协领公文，交付八佐佐领等，为领取俸禄事。本协领为使本路官兵苏里萨浑领到俸禄再三向道尹呈报原因，转报省长依允。省财政厅拨付民国三年一年俸禄，扣去折损，实际拨给俄罗斯钱三千余张，每个佐领领到俸禄二十七两四百九十文，每个骁骑校得到俸禄十五两六百九十文，每个领催得到俸禄十二两五百零三文，每个披甲得到俸禄六两二百六十文。把县属旗佐官兵名字数目等一并造册，呈报领取俄罗斯钱数目的公文一份，并盖章签字。另外，令佐领、骁骑校等各带图记在一个月内迅速到瑷珲城领取俸禄，不得延误。省衙拨给的俸禄里缺少领催的钱粮十六两，为此再请人交付补办官兵缺少的钱两。

　　为此交付差遣。

民国七年三月初八日

175. 库玛尔路协领公署为将鄂伦春族民众姓氏源流礼俗人物官业预筹生计设学教育各项汇编成册送省备案事的呈文

1918 年 3 月 15 日

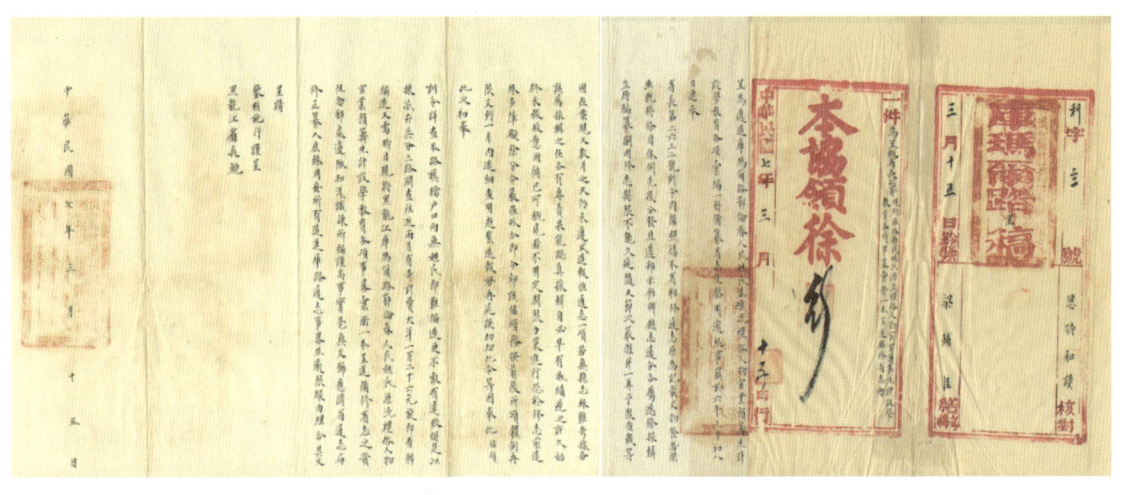

176. 库玛尔路协领公署为造送本路民国六年下半年前三个月津贴、办公支付预算书及请款凭单事的咨文

1918 年 3 月 15 日

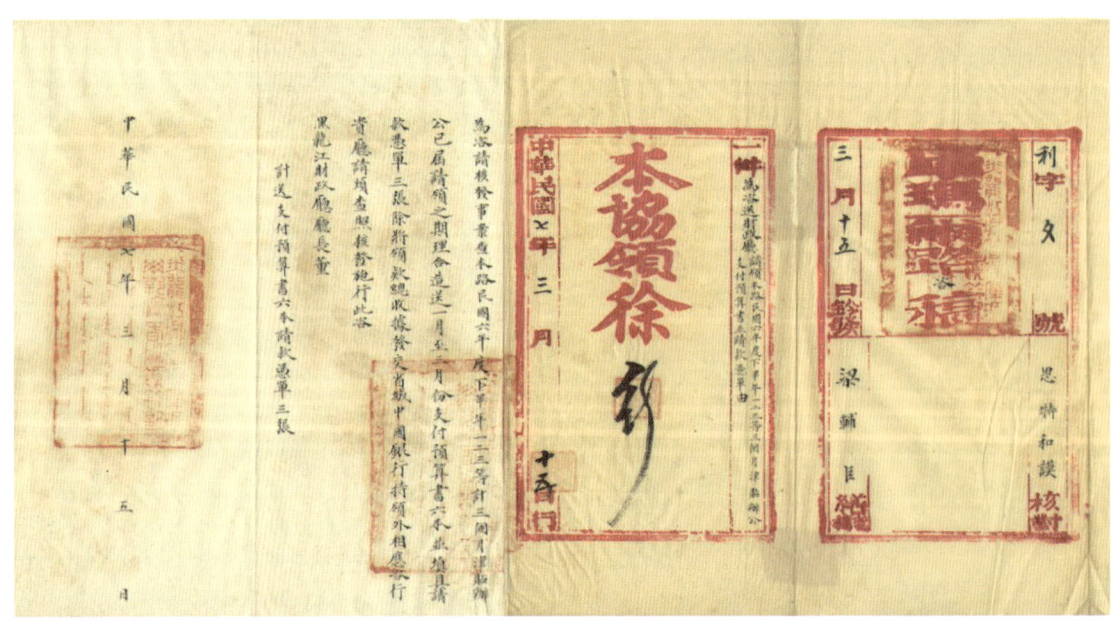

177. 库玛尔路协领公署为遵查库玛尔路所属现无工商各会亦无应填表事的呈文

1918 年 4 月 15 日

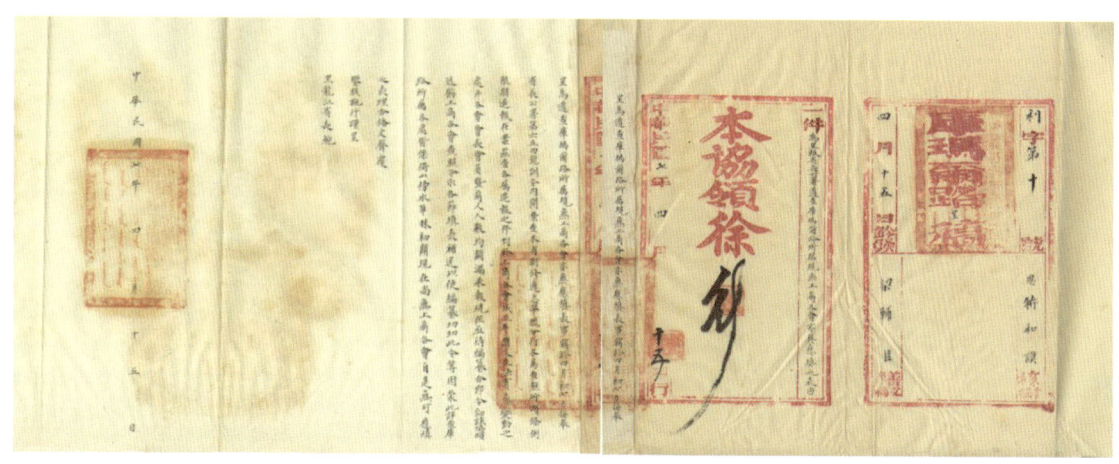

178. 库玛尔路协领公署为本路笔帖式双全病故出缺另请选补事的咨文

1918 年 4 月 15 日

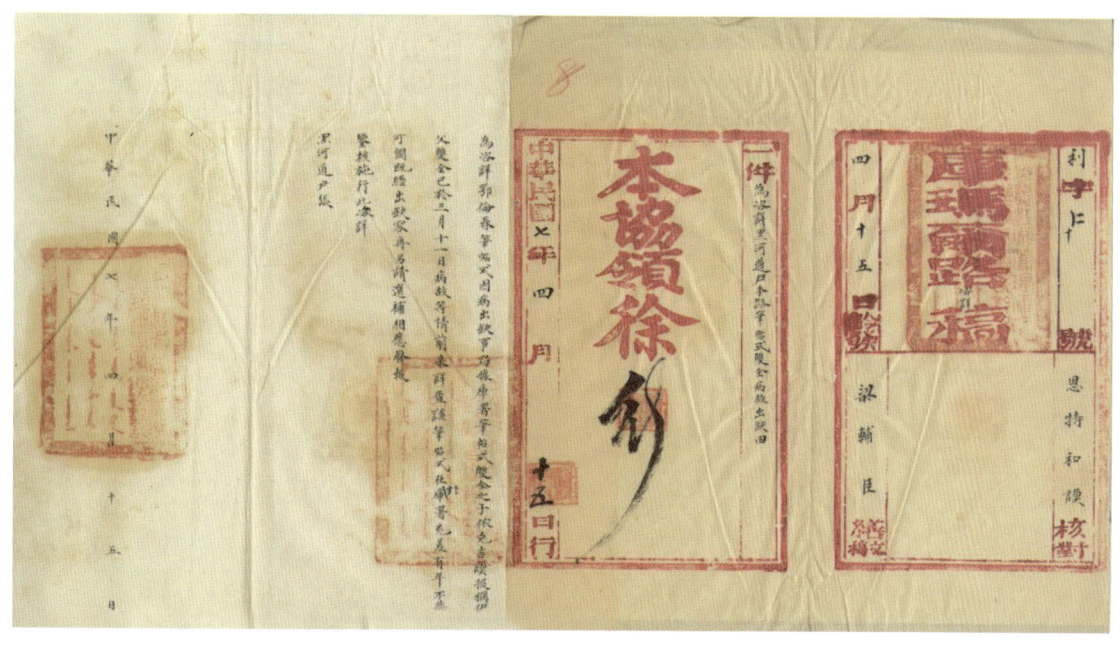

179. 库玛尔路正白旗佐领台吉善管辖的法别拉、西祥屯鄂伦春族民众枪支登记册（满文）

1918年4月18日

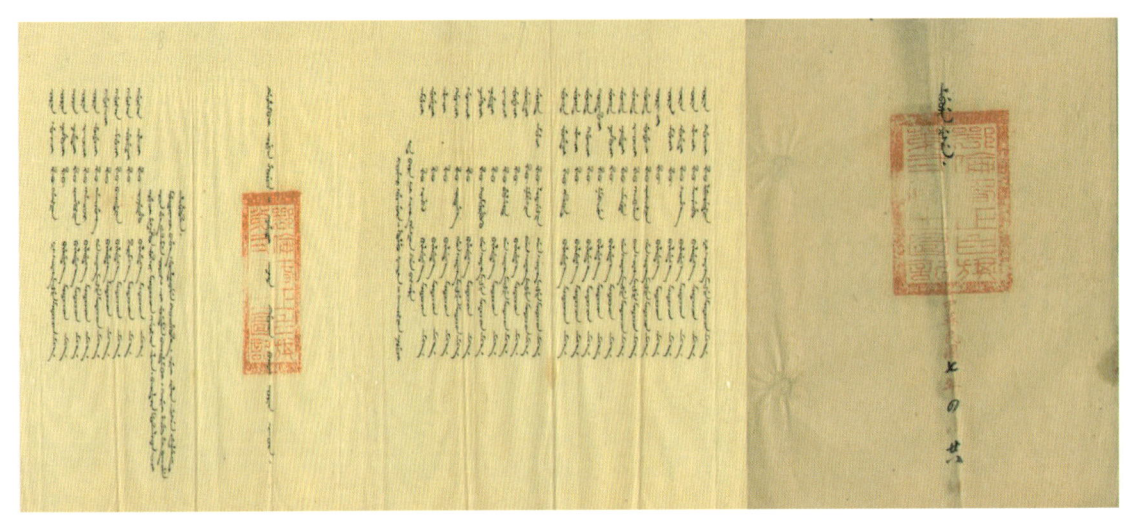

登记册

库玛尔路正白旗佐领台吉善管辖的法别拉、西祥屯（鄂伦春族民众枪支登记册）。

1号	兴根	别拉弹克枪一支
2号	兴根	别拉弹克枪一支
3号	兴根	别拉弹克枪一支
4号	依腾额	单响毛瑟枪一支
5号	依腾额	别拉弹克枪一支
6号	图木布库	单响毛瑟枪一支
7号	图木布库	别拉弹克枪一支
8号	布勒特	单响毛瑟枪一支
9号	布勒特	别拉弹克枪一支
10号	讷木格善	单响毛瑟枪一支
11号	连珠善	单响毛瑟枪一支
12号	哈发	别拉弹克枪一支
13号	哈发	别拉弹克枪一支
14号	哈发	别拉弹克枪一支
15号	讷木齐琛	别拉弹克枪一支
16号	讷木齐琛	别拉弹克枪一支
17号	阿木敦	单响毛瑟枪一支
18号	卡巴拉	单响毛瑟枪一支
19号	章吉善	单响毛瑟枪一支
20号	章吉善	别拉弹克枪一支
21号	章吉善	别拉弹克枪一支
22号	兴格	别拉弹克枪一支
23号	林哲布	别拉弹克枪一支

24 号	勒达善	十响毛瑟枪一支
25 号	岱善	十响毛瑟枪一支
26 号	岱善	别拉弹克枪一支
27 号	精古善	别拉弹克枪一支
28 号	噶绰尔	别拉弹克枪一支
29 号	岱忠	单响毛瑟枪一支
30 号	岱忠	别拉弹克枪一支
31 号	拜塔善	别拉弹克枪一支
32 号	拜塔善	（ ）枪一支
33 号	伊克德布	别拉弹克枪一支

以上共计枪三十三支，所使用弹药由俄罗斯人帮助从俄购买，未能一并查出此人姓名，为此呈造册。

民国七年四月十八日

180. 库玛尔路镶白旗头佐佐领德奇琛、正蓝旗二佐骁骑校阿栋阿等为领取钱款事的呈文（满文）

1918年4月30日

呈　文

　　呈与库玛尔路协领，镶白旗头佐佐领德奇琛、正蓝旗二佐骁骑校阿栋阿等呈，为领取钱款事呈。协领处向甘都勘河、卡拉迈河等地所有二十七户鄂伦春族民众拨给的俄罗斯钱二百八十六两一百零一文现已依数领取，全无缺少之弊端，将领取人的姓名及所领款项数目的粘单一并呈报。

　　为此呈。

佐领德奇琛　骁骑校阿栋阿
民国七年四月三十日

粘单：

甘都勘河：

平奇善：十千。

希古善：十千。

礼吉纳：千。

扎珠善：十千。

阿栋阿：十千。

佛尔果善之妻：千。

音珠善：千。

特英格：十千。

诺伊善：十千。

岱克努善：千。

以上十户共领取俄罗斯钱百千。

卡拉迈河：

都勒布：千。

西卓善之妻：千。

雅尔精阿：十千。

高吉善：千。

保金：十千。

通尼善：千。

西吉讷：十千。

林吉善：十千。

噶木布善之妻：千。

敏吉善：十千。

登古善之妻：千。

倭勒图善：十千。

爱珠善：千。

依吉善：千。

额特和布：十千。

信珠：十千。

西木布善：千。

以上十七户共领取俄罗斯钱百十千。

181. 库玛尔路镶白旗官兵花名呈册

1918年4月30日

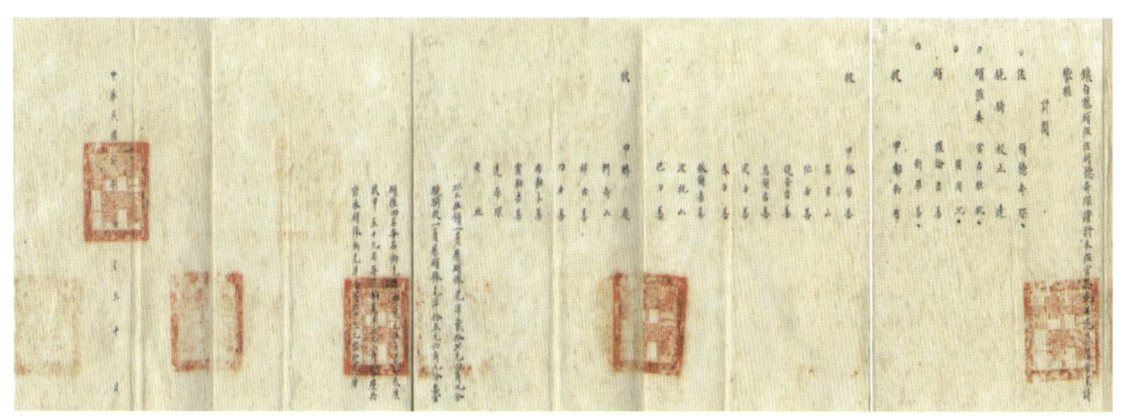

182. 库玛尔路正蓝旗二佐民国三年全年兵饷收据清单

1918年5月5日

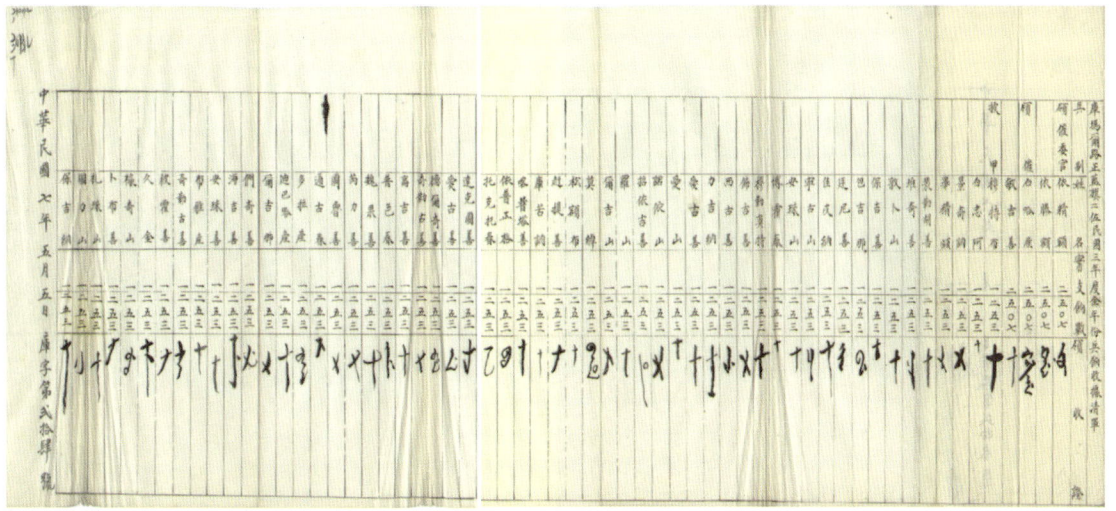

183. 库玛尔路协领公署为拨发经费以济办公事的咨文

1918年5月23日

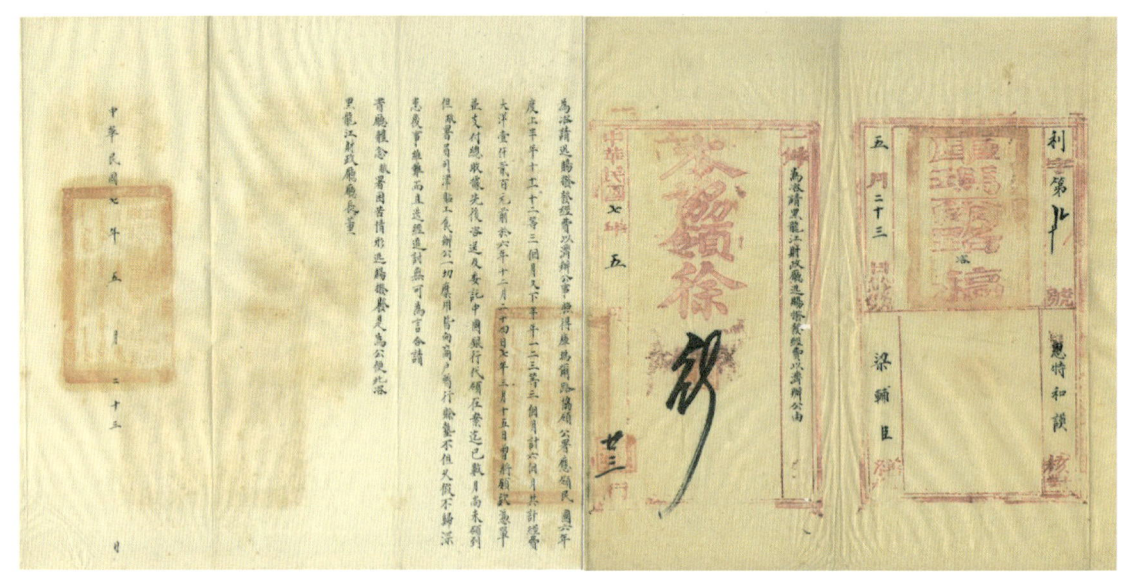

184. 库玛尔路协领公署为恳请交回扣留马匹枪械以免误枉事的咨文

1918年6月5日

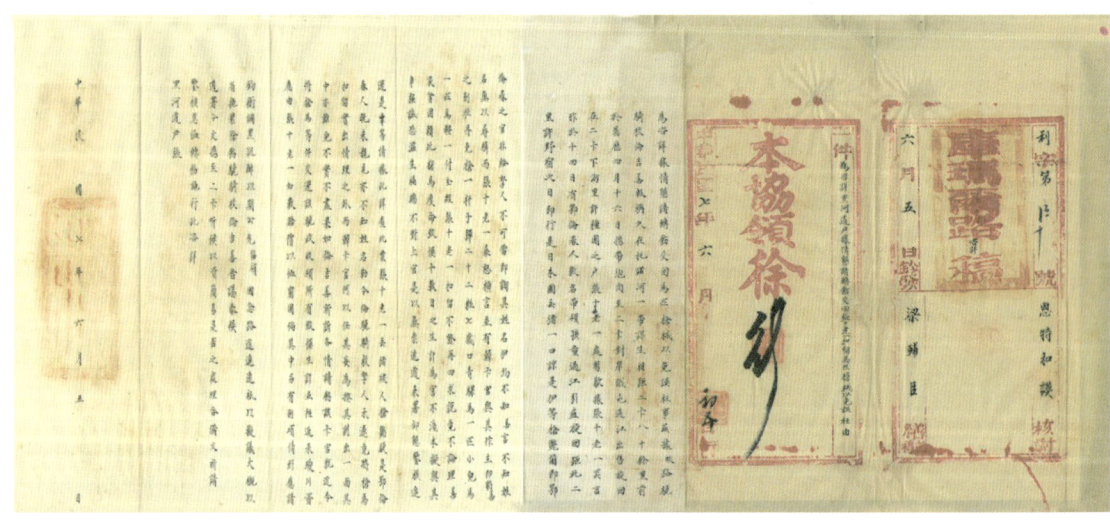

185. 库玛尔路协领公署为咨详丈放鄂伦春族民众生计荒地招户分开办法事的咨文

1918年6月7日

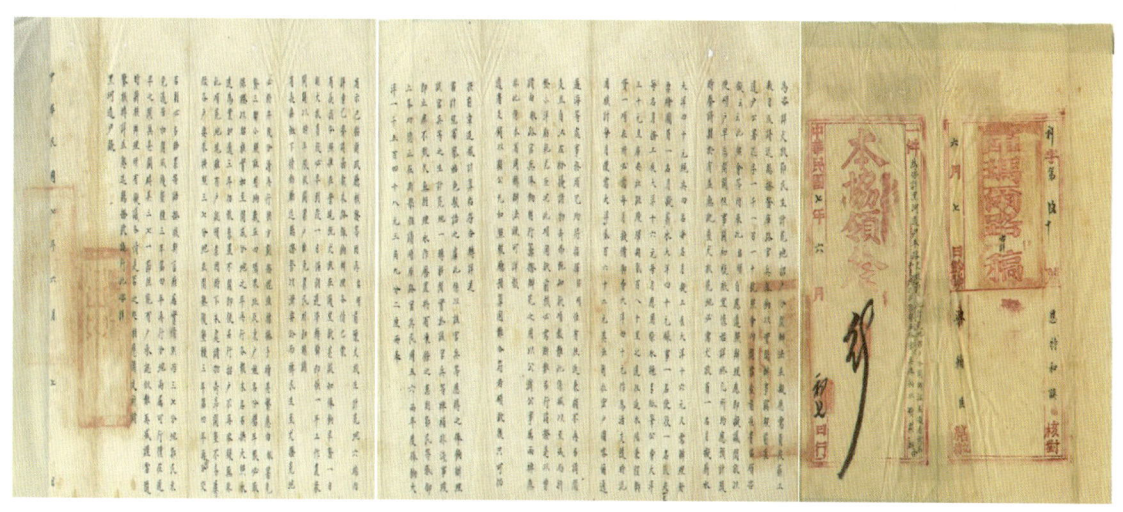

186. 库玛尔路协领公署为移送金吉先等人在依溪罕北捡到的两匹红缮（骟）马事的移文

1918年6月13日

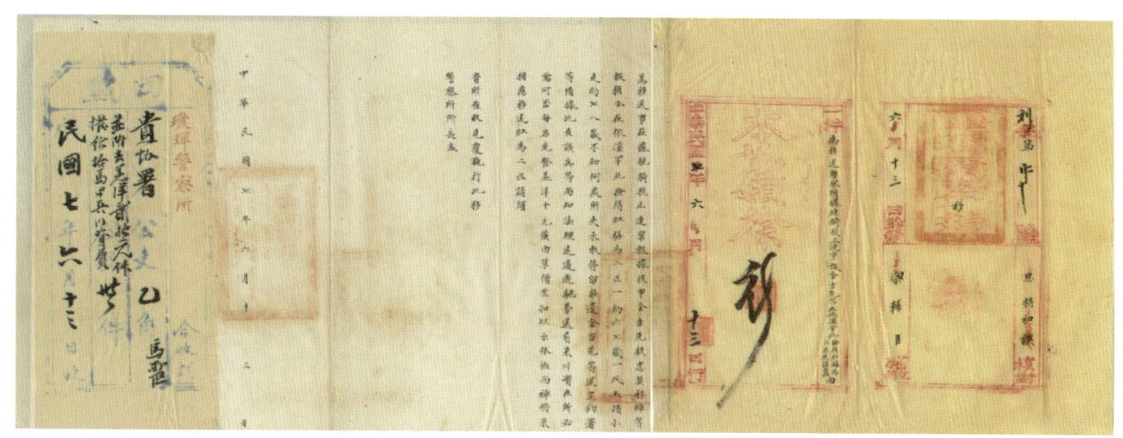

187. 署理正蓝旗头佐事务佐领耿退
为造册上报本佐男丁情形事的呈文（满文）

1918年6月14日

呈 文

　　署理正蓝旗头佐事务佐领耿退呈，将本部男丁数目、户籍、名字、（ ）上报。本部男丁共计一百一十名（ ）。将本部（男丁情形）单册上呈。

　　佐领耿退为此呈。

民国七年六月十四日

呈册（略）

188. 库玛尔路协领公署为由兵丁照料在核桃沟一带
牧养的陆军骑兵三连马匹事的训令

1918年6月17日

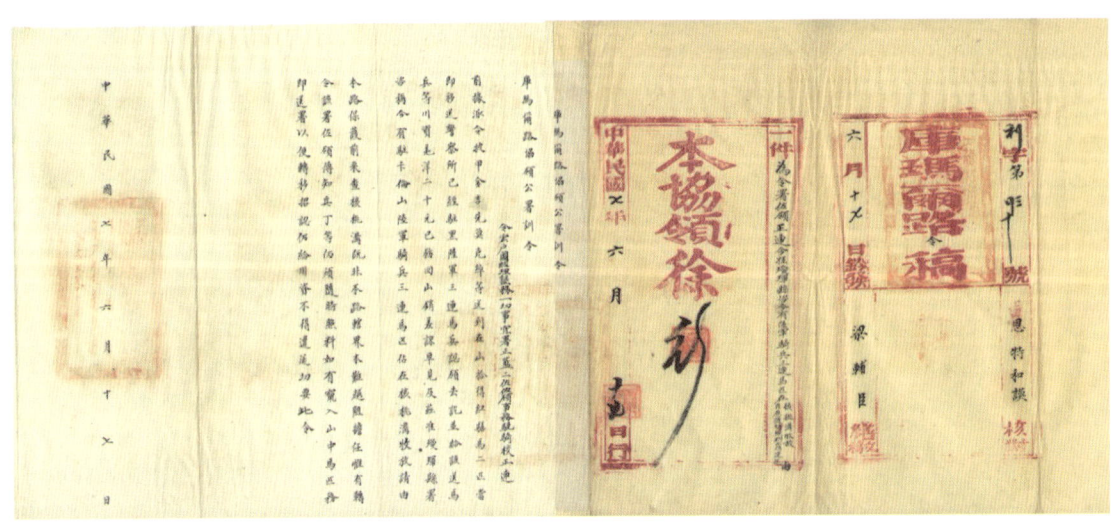

189. 库玛尔路协领公署关于为霍尔沁官属牧场草沟划明界址以备往来鄂伦春族民众喂马之需的咨文

1918年7月1日

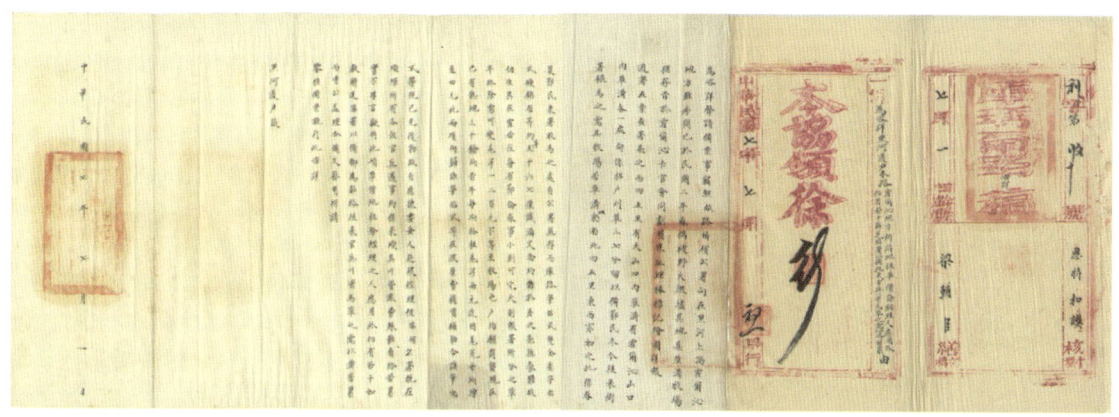

190. 库玛尔路协领公署为发禁酒布告事的训令

1918年7月1日

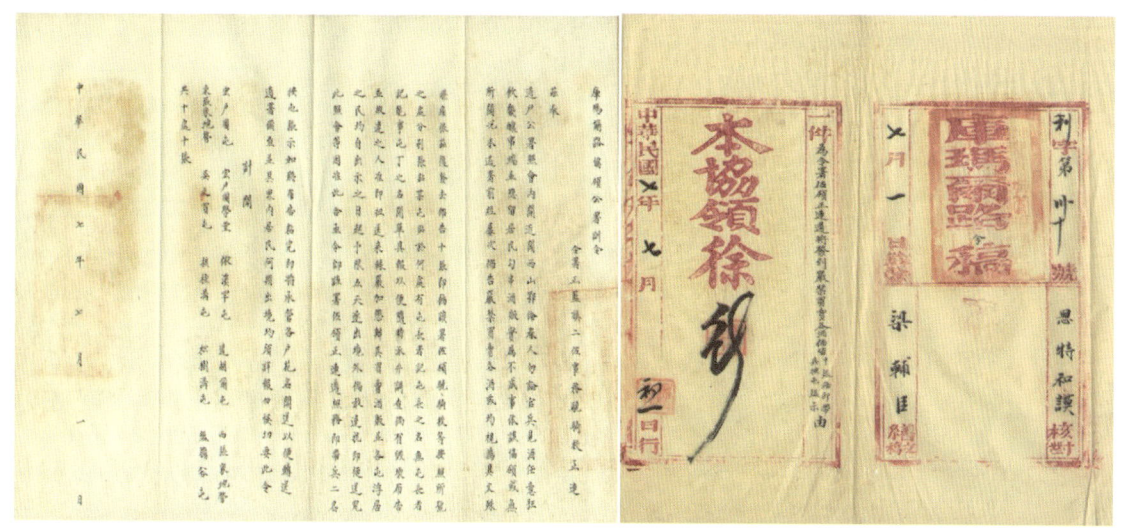

191. 库玛尔路正蓝旗头佐佐领刚通为领取钱款事的呈文（满文）

1918年7月24日

呈　文

　　呈与协领，库玛尔路正蓝旗头佐佐领刚通呈，为领取钱款事。现领取协领向富尔敦河、伊沙奇河等地所居鄂伦春族民众和情愿归附的鄂伦春族民众等一共六十二户拨给的俄罗斯钱六百六十四两二文，如数领取，全无缺少之弊端。已将（写有）领取人的姓名和所领钱数的粘单呈送。

　　为此呈报。

佐领刚通图记

民国七年七月二十四日

　　粘单：

　　富尔敦河：

　　苏力善：十千。

　　额勒珠善：十千。

　　奇力善：十千。

　　伊车善：十千。

　　巴力善：十千。

　　高好产：十千。

　　敏奇善：十千。

　　永西布：千。

　　梅古善：十千。

　　车陆善：十千。

　　乌伦格：千。

　　博木布善：千。

卓劳琛：十千。
乌保：十千。
阿勒琛：千。
门精格之妻：千。
都吉善：千。
楚米善之妻：千。
嘎努善：十千。
伊陆善：十千。
西勒米善：十千。
巴木布善：千。
信珠善：千。
佛尔果春之妻：千。
正力善：十千。
甲珠善之妻：千。
奥巴产：千。
吉尔古善：十千。
珠特善之妻：千。
噶吉善之妻：千。
乌隆阿之妻：千。
善吉布：千。
好西善：千。
托道善：千。
散达产之妻：十千。
奥好产：十千。
劳卜春格之妻：千。
讷尔古善：十千。
毕陆善：十千。
丁尼善：千。
音哲布：十千。
辛吉善：十千。
图吉善：十千。
倭力善：千。
内力善：十千。
朝诺阿之妻：千。
舒连之妻：千。
塔勒呼善：千。

滚尼善：十千。

皮吉善：十千。

托克托善：十千。

以上五十一户共领取俄罗斯钱五百六十四两五百七十文。

伊沙奇河：

奇平阿：十千。

伊灵格：千。

卓力善：千。

巴力善：十千。

敏古善：十千。

伊勒吉善之妻：千。

以上六户共领取俄罗斯钱六十二两八百零二文。

情愿归附：

李金泰：千。

满达拉金：千。

音吉伦：十千。

精瑞：千。

双保：千。

以上五户共领取俄罗斯钱三十六两六百三十文。

以上三地共有六十二户，共计领取俄罗斯钱六百六十四两二文。

（注：一两等于一千文）

192. 库玛尔路协领公署为造送本路官兵民国三年全年俸饷支出计算书表证簿事的咨文

1918年7月28日

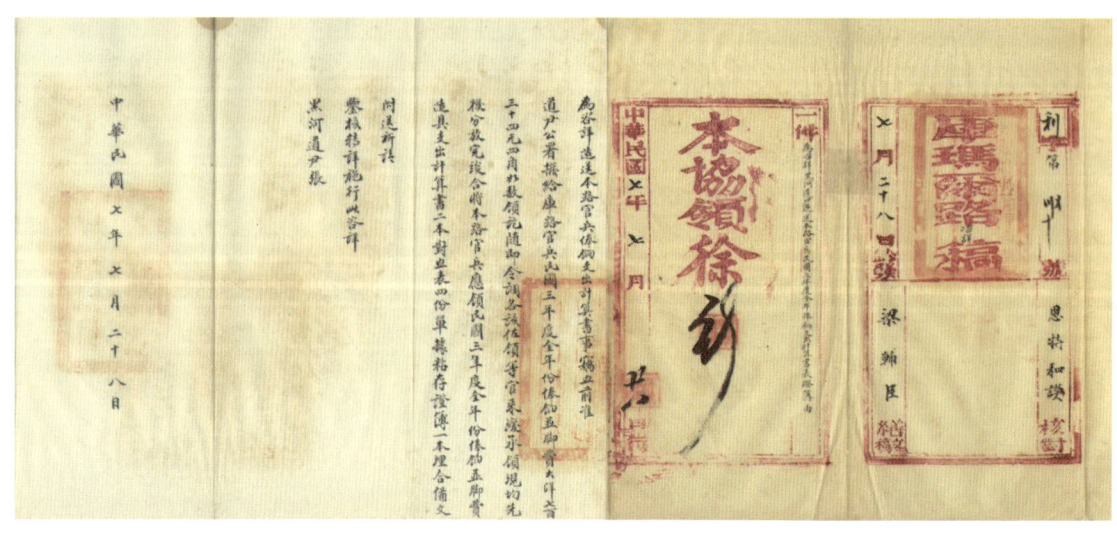

193. 库玛尔路协领公署为请拨官兵俸饷事的咨文

1918年7月29日

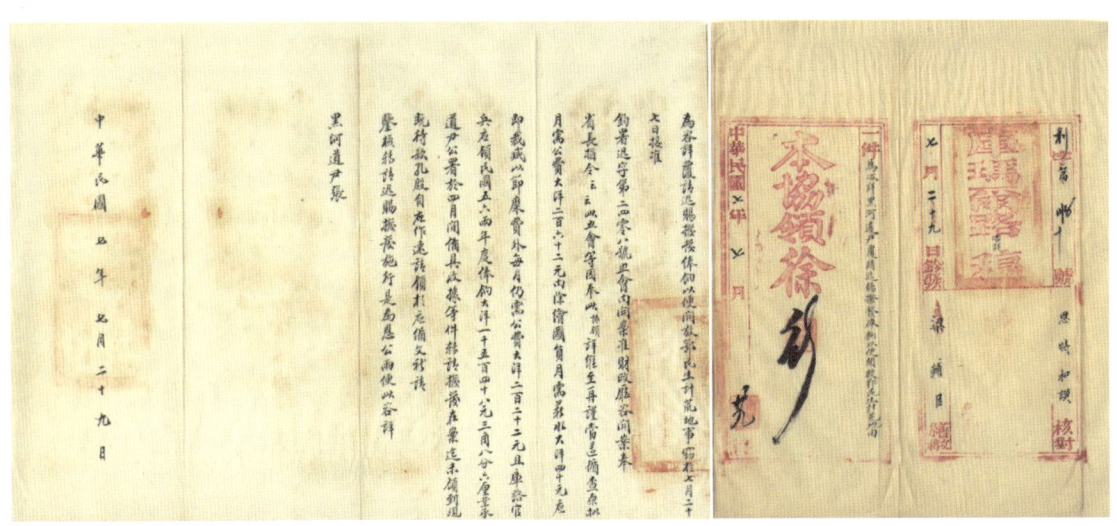

194. 库玛尔路协领公署为核发民国六年下半年四、五、六月津贴办公费事的咨文

1918年9月16日

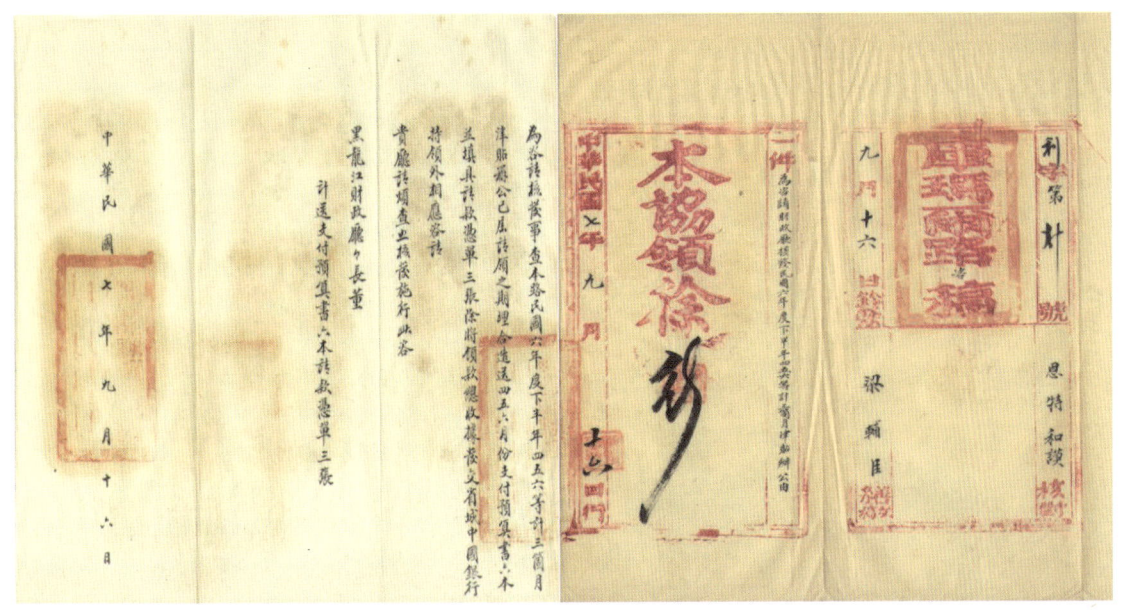

195. 库玛尔路协领公署领款总收据、存根

1918 年 12 月 26 日

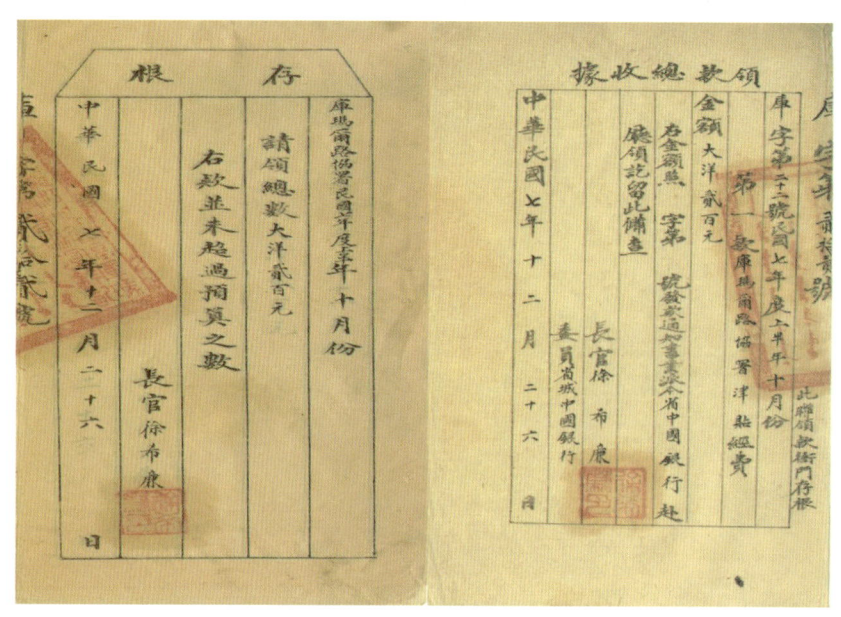

196. 库玛尔路八旗协领领取民国三年俸饷存根

1918 年

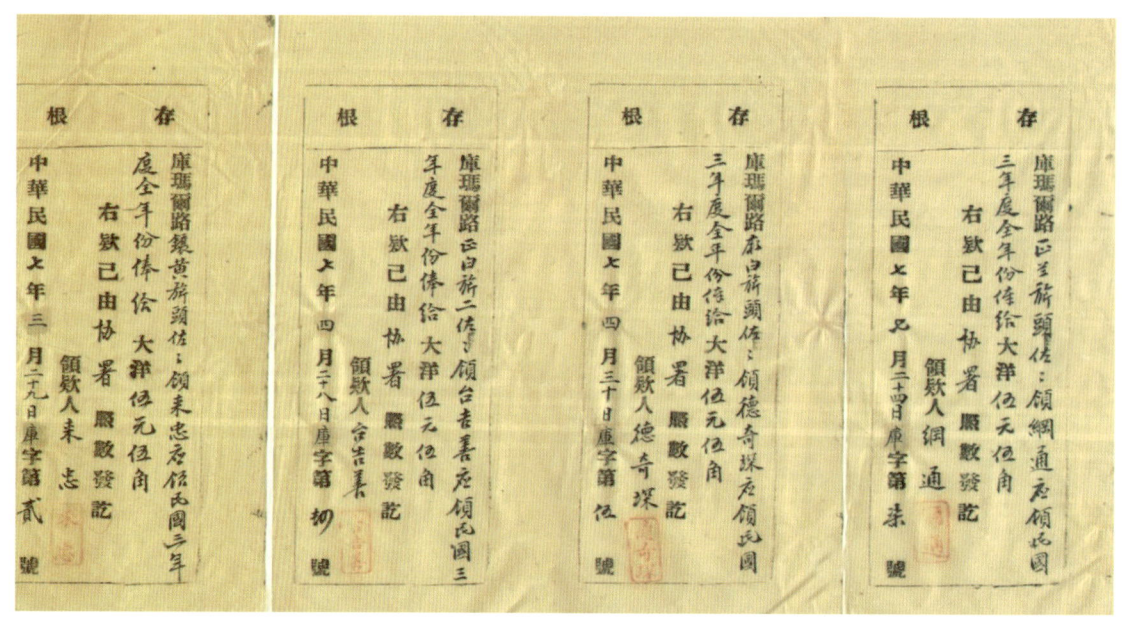

197. 黑龙江省长公署为缴款项不得装入公文封附寄以免遗失事的训令

1919年2月13日

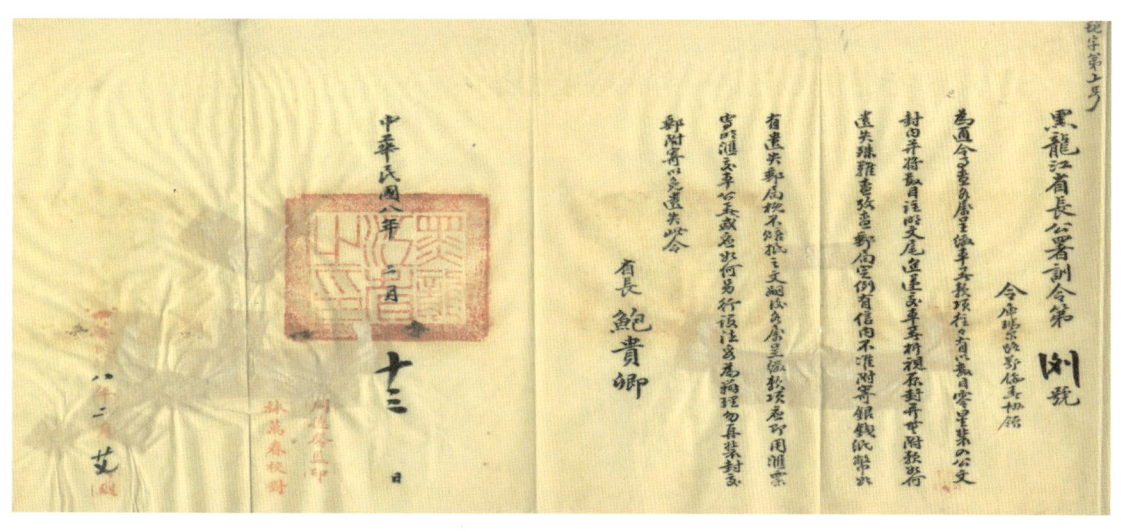

198. 镶黄旗二佐署理骁骑校阿栋阿为领取西丹图任格一户承袭费用事的呈文（满文）

1919年2月25日

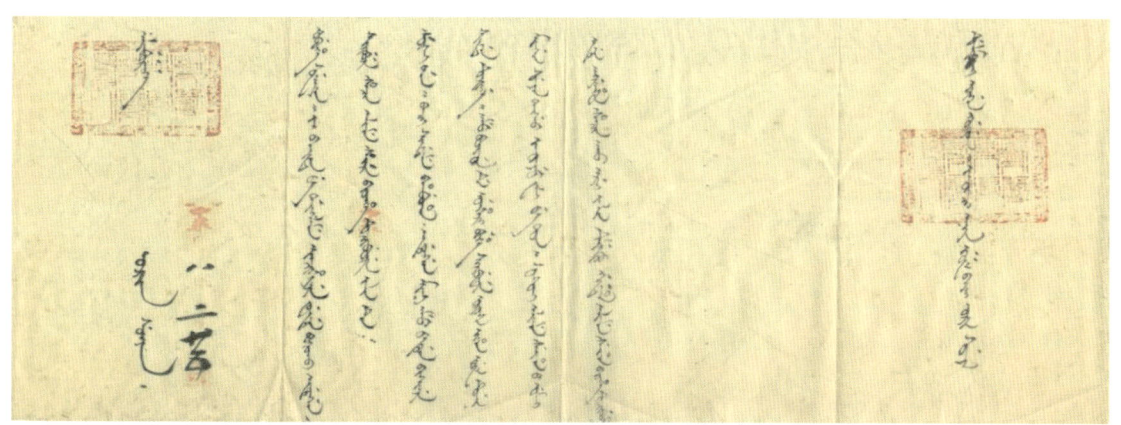

呈 文

镶黄旗二佐署理骁骑校阿栋阿呈，为领取承袭费用事。

今阿栋阿我本人领取协领向西丹图任格一户拨给的俄罗斯钱十四两五百零九文，依数领取，全无缺少之弊端。

为此领取钤盖图记的公文。

民国八年二月二十五日

199. 黑龙江省旗务处为造送职官履历事的咨文

1919年3月9日

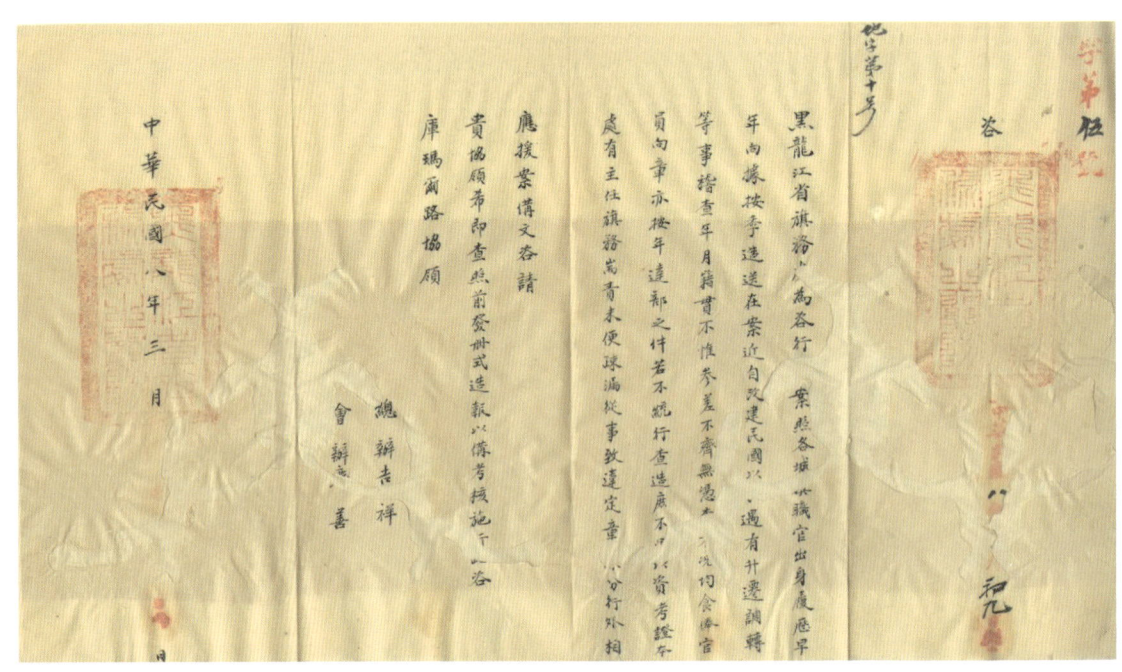

200. 黑龙江财政厅为统一购领官厅簿记事的咨文

1919年3月21日

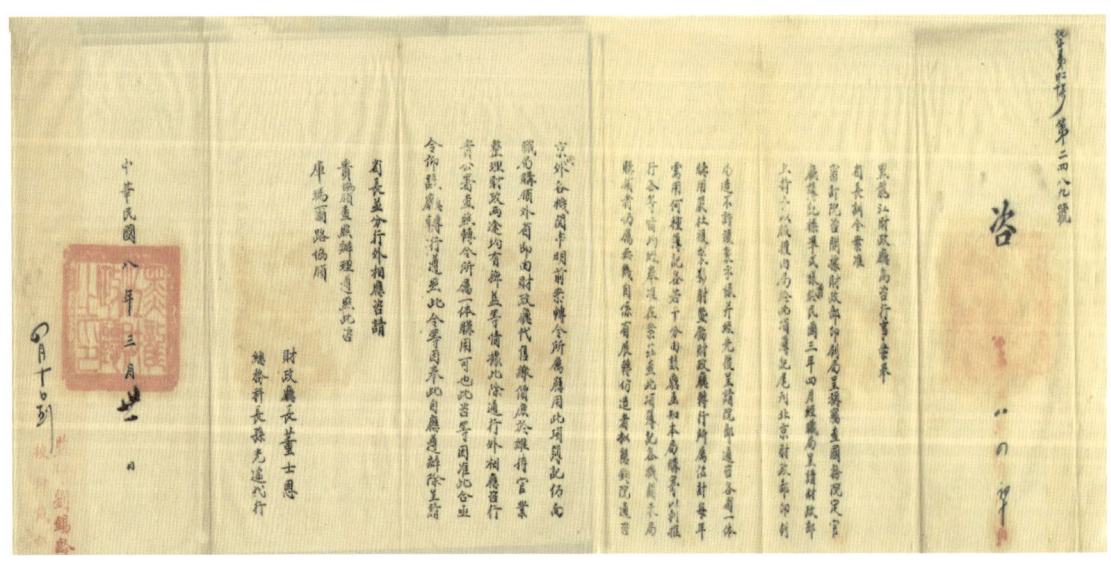

201. 黑龙江省长公署为统一购领官厅簿记事的训令

1919 年 4 月 9 日

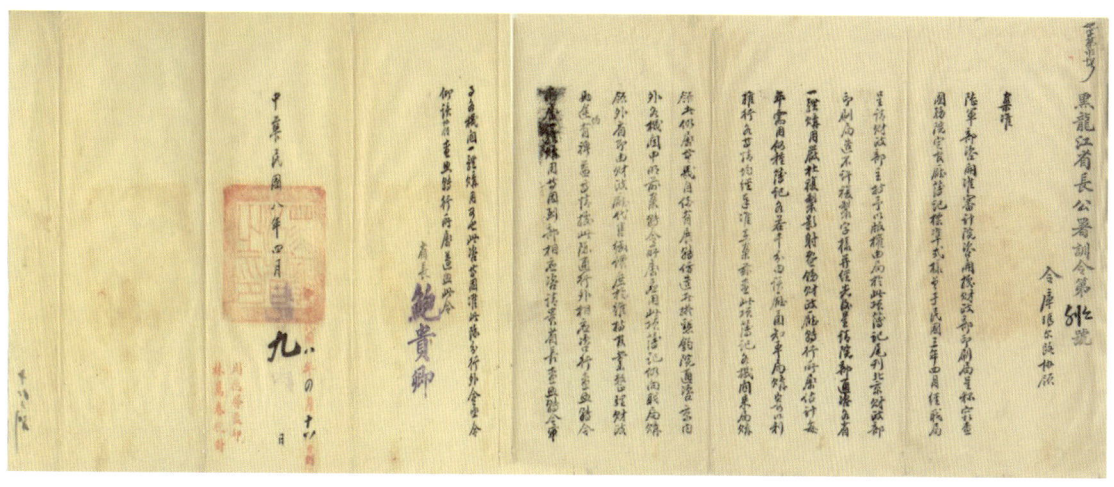

202. 黑龙江省旗务处为催报协济各国兵队捐款情形事的咨文

1919 年 4 月 15 日

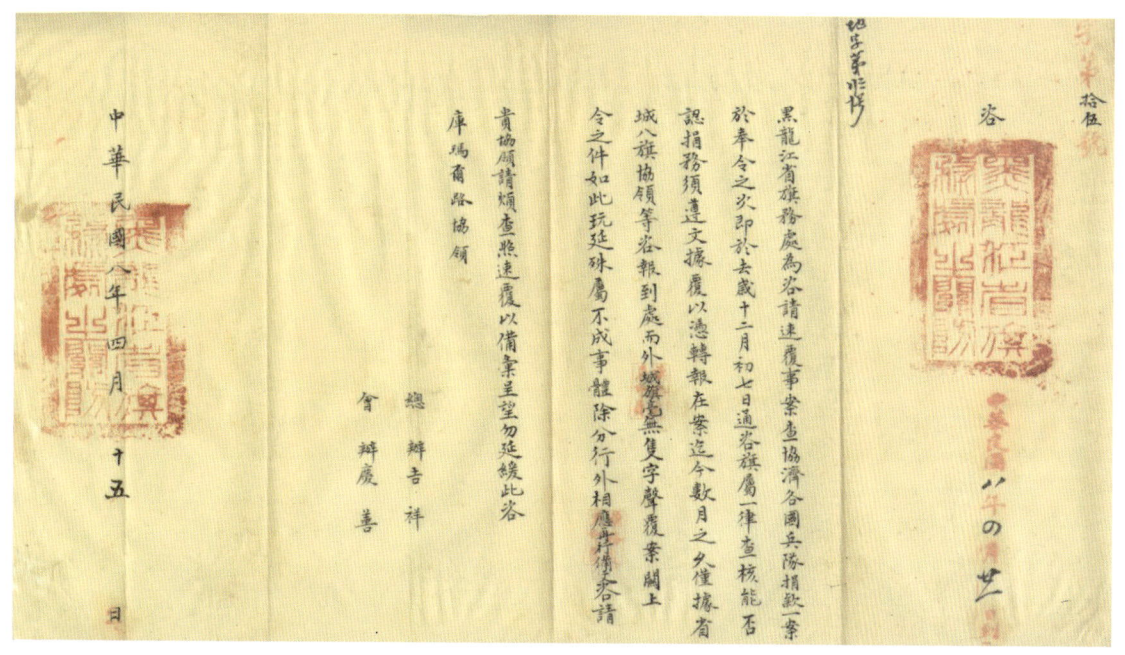

203. 黑河道尹公署为催报协济各国兵队捐款情形事的照会

1919年5月1日

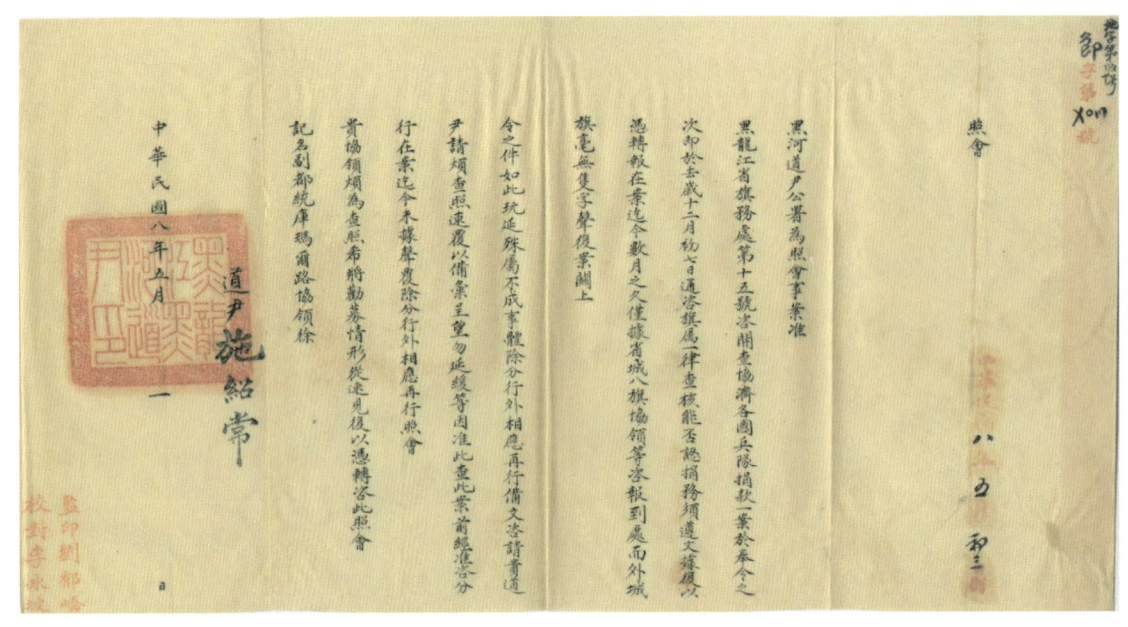

204. 黑河道尹公署为征集清代本省诗家名辈所著诗集事的照会

1919年5月10日

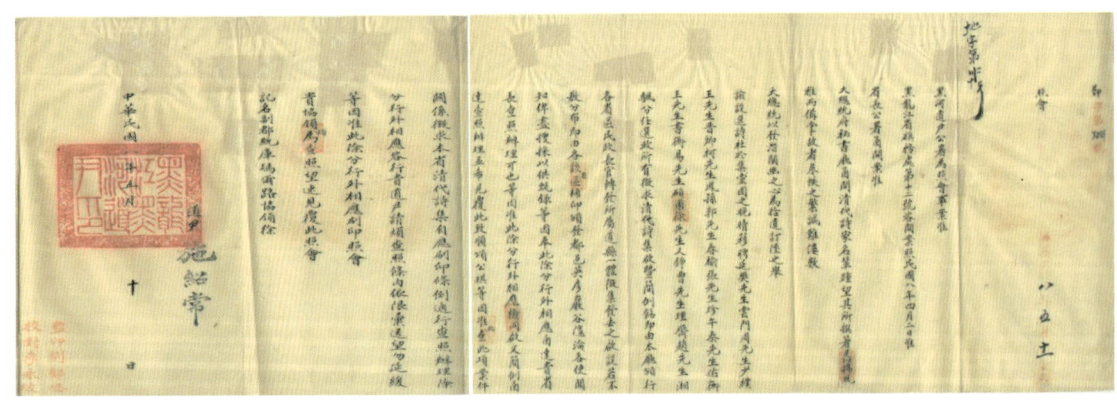

205. 黑河道尹公署为转省核发库玛尔路官兵民国四年俸饷支付预算书并填具请款凭单事的照会

1919 年 5 月 19 日

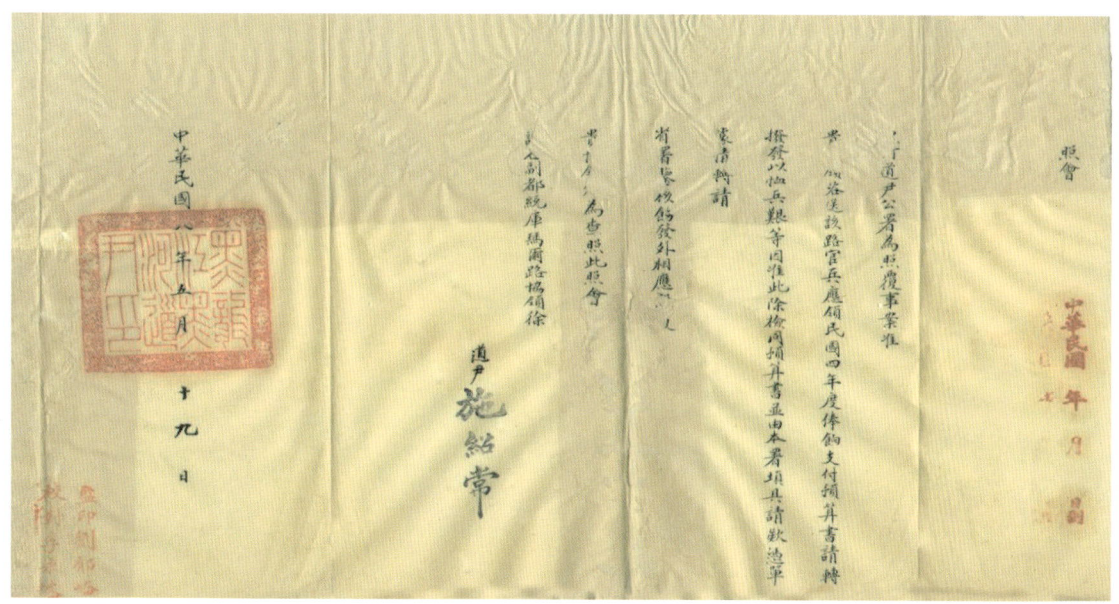

206. 黑河道尹公署为机关电文力戒冗长事的照会

1919 年 5 月 20 日

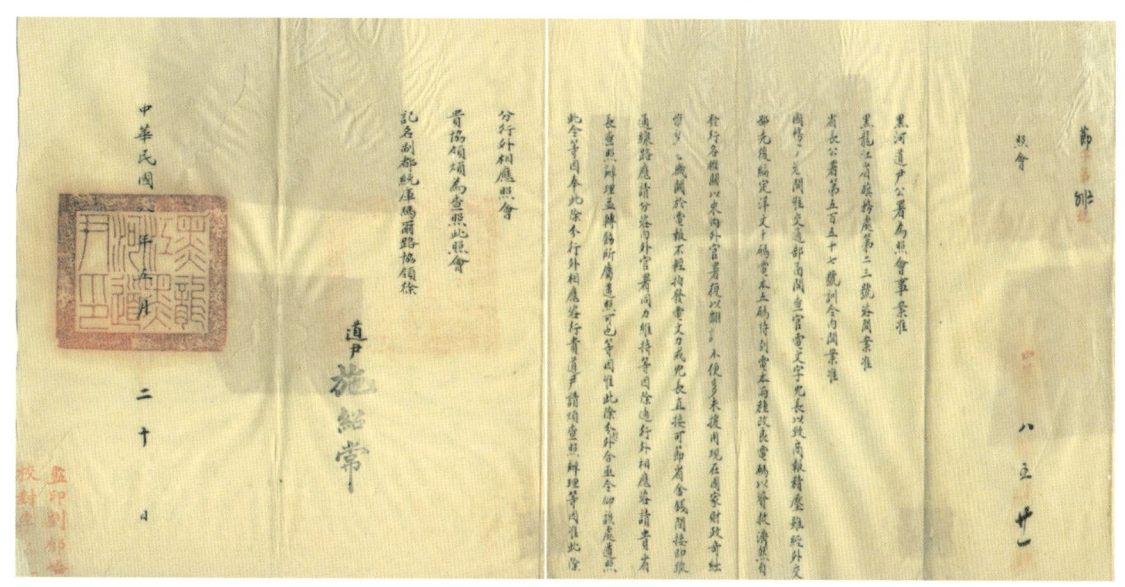

207. 黑龙江省长公署为北京新民辅成社劝募的公函

1919年6月13日

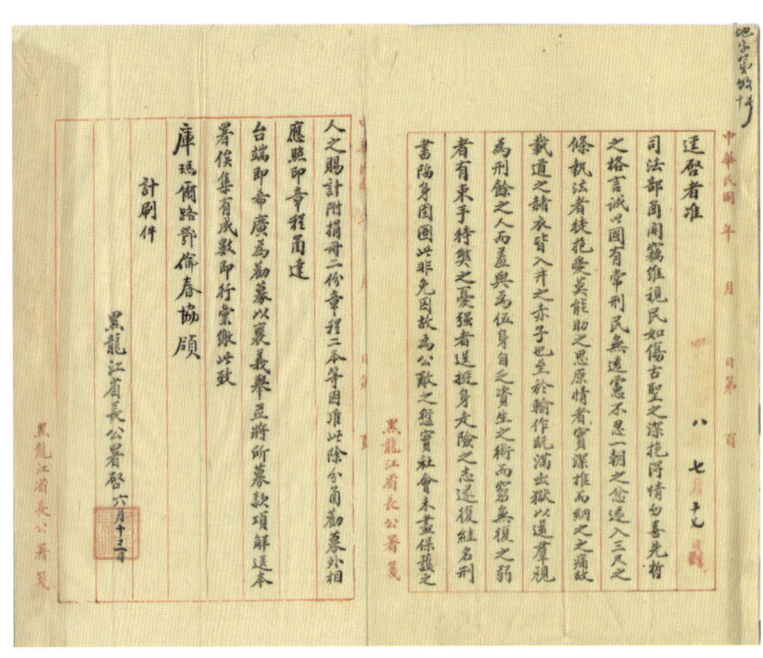

208. 黑河道尹公署为领取鄂伦春族佐领保忠等四人勋章事的照会

1919年6月19日

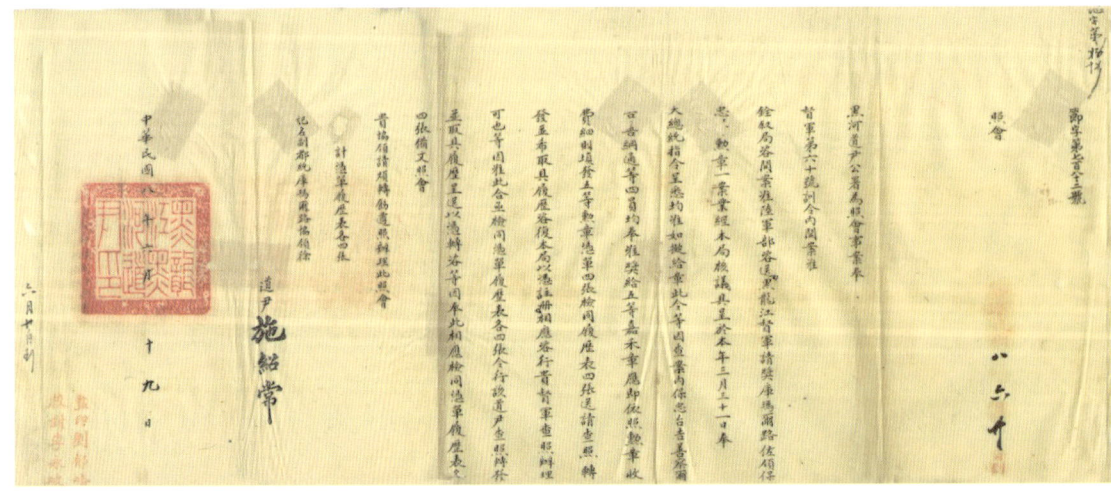

209. 黑河道尹公署为将照章支发放荒员司差役薪金及办公川资各费备案事的照会

1919年6月24日

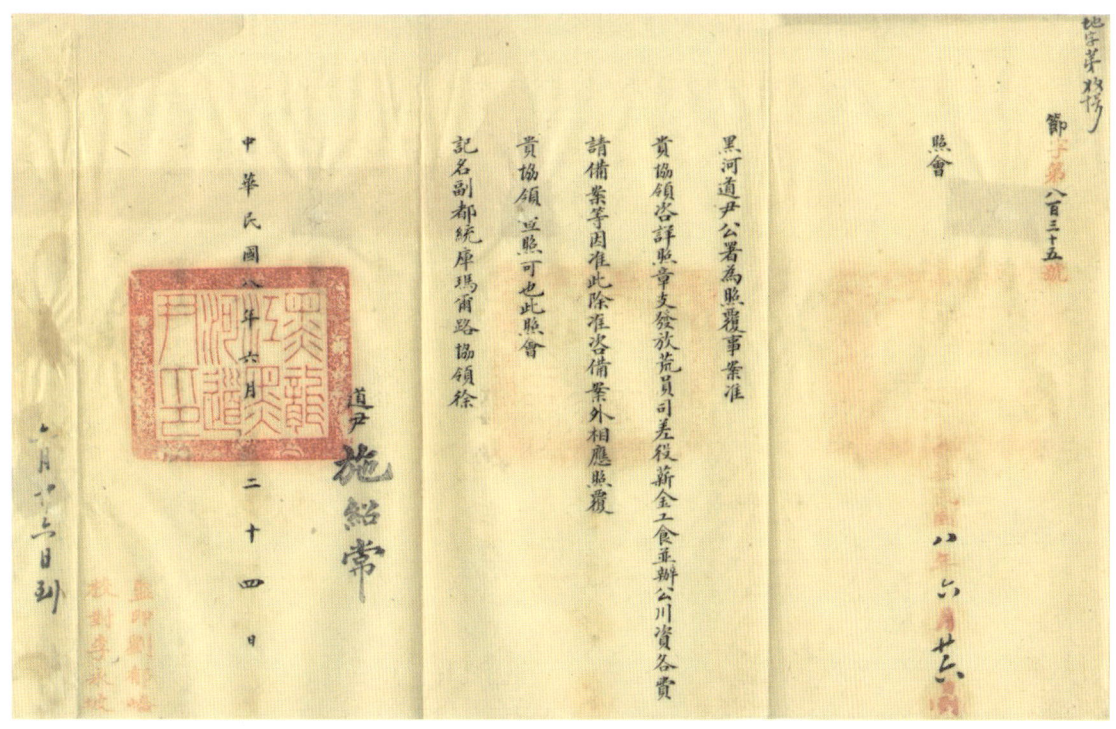

210. 瑷珲县公署为调查鄂伦春族民众各事项以筹办教育事的咨文

1919年6月27日

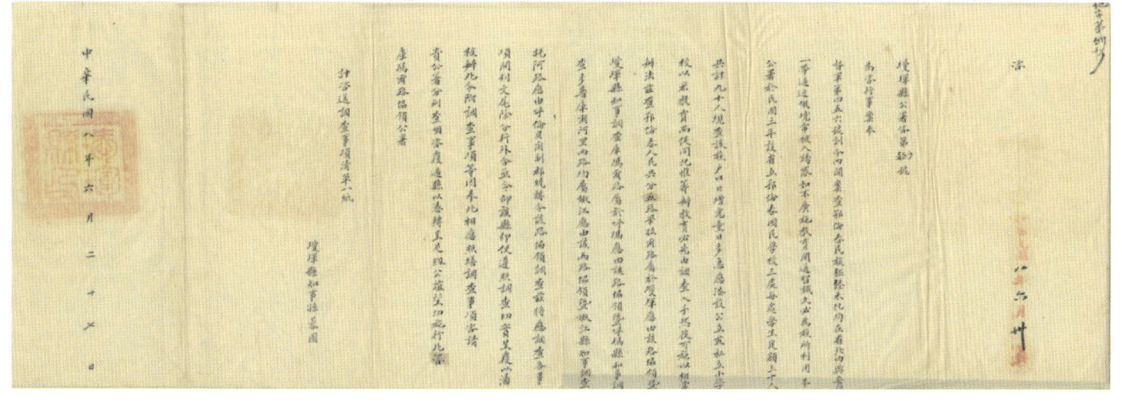

211. 瑷珲县公署为禁烟事的咨文

1919 年 7 月 2 日

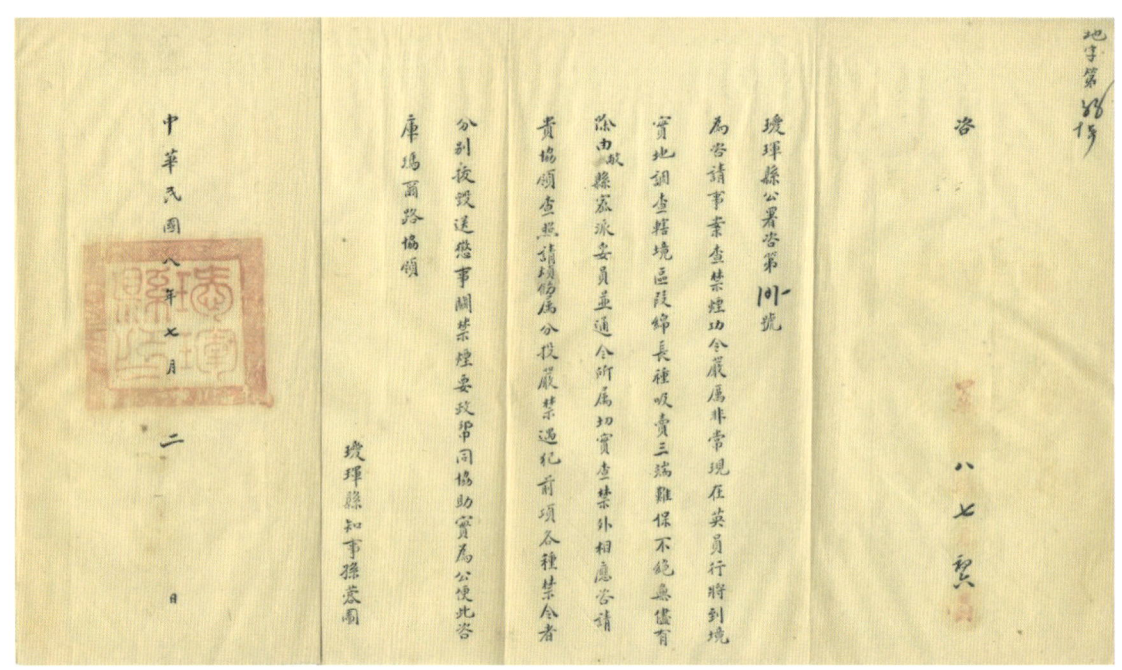

212. 黑龙江督军公署、黑龙江省长公署为电局收费概照中国银行以小洋折合大洋逐日牌价办理事的训令

1919 年 7 月 8 日

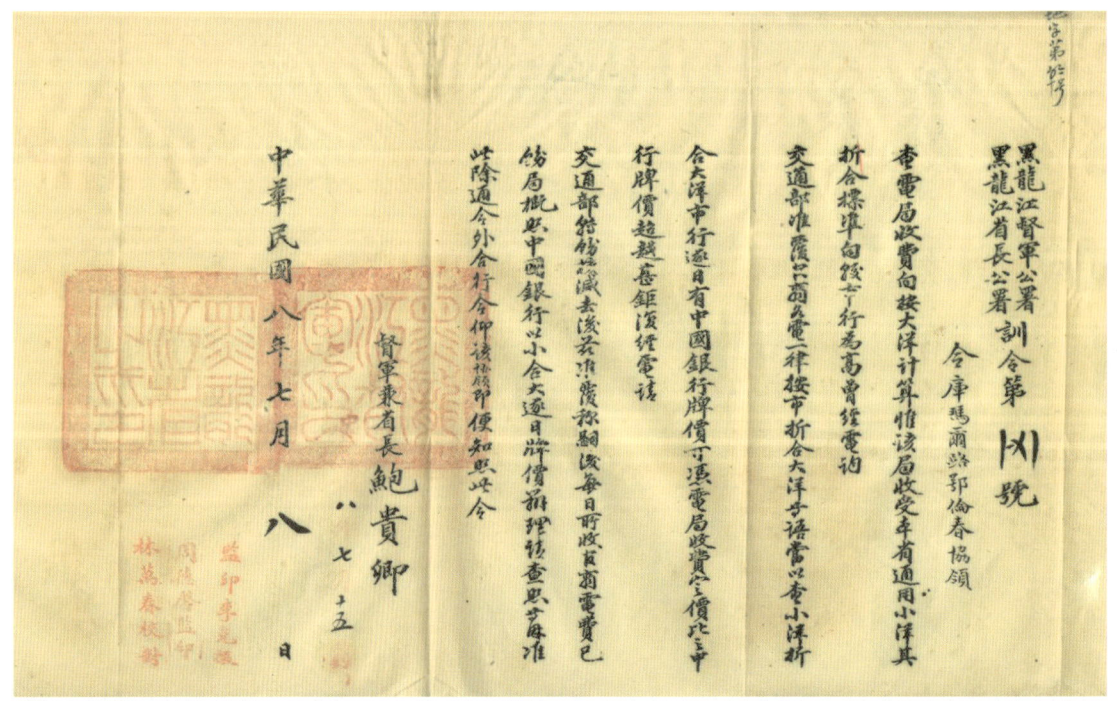

213. 嫩江县公署为日军经过事的咨文

1919年7月12日

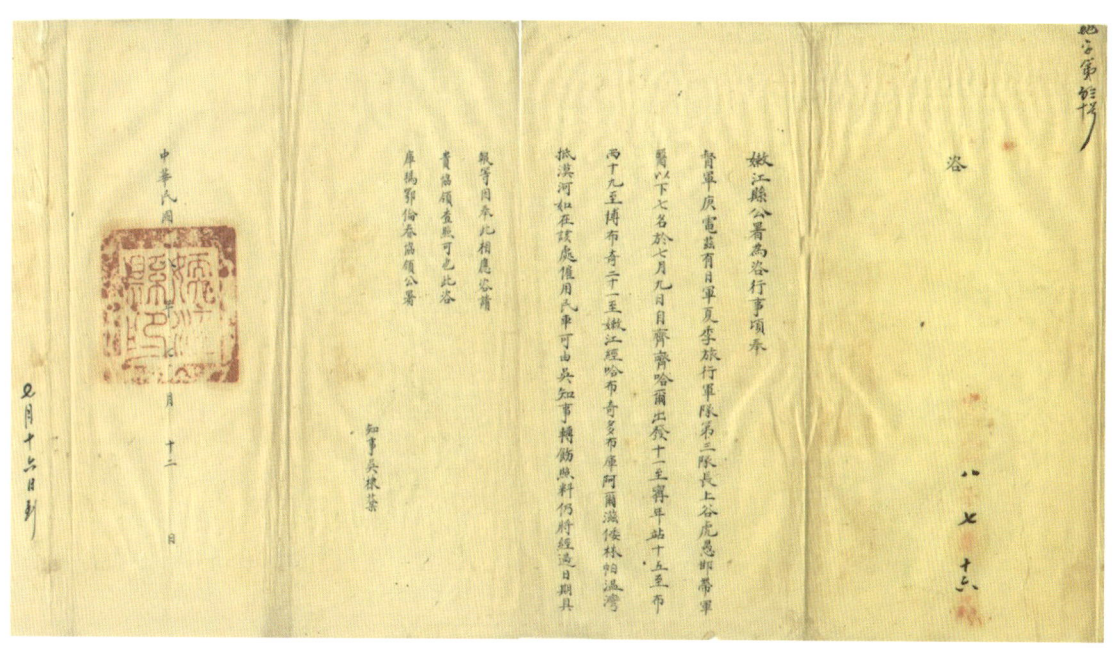

214. 黑河道尹公署为将照章支发奇兴社放荒员司差役薪金工食办公川资各费备案事的照会

1919年7月18日

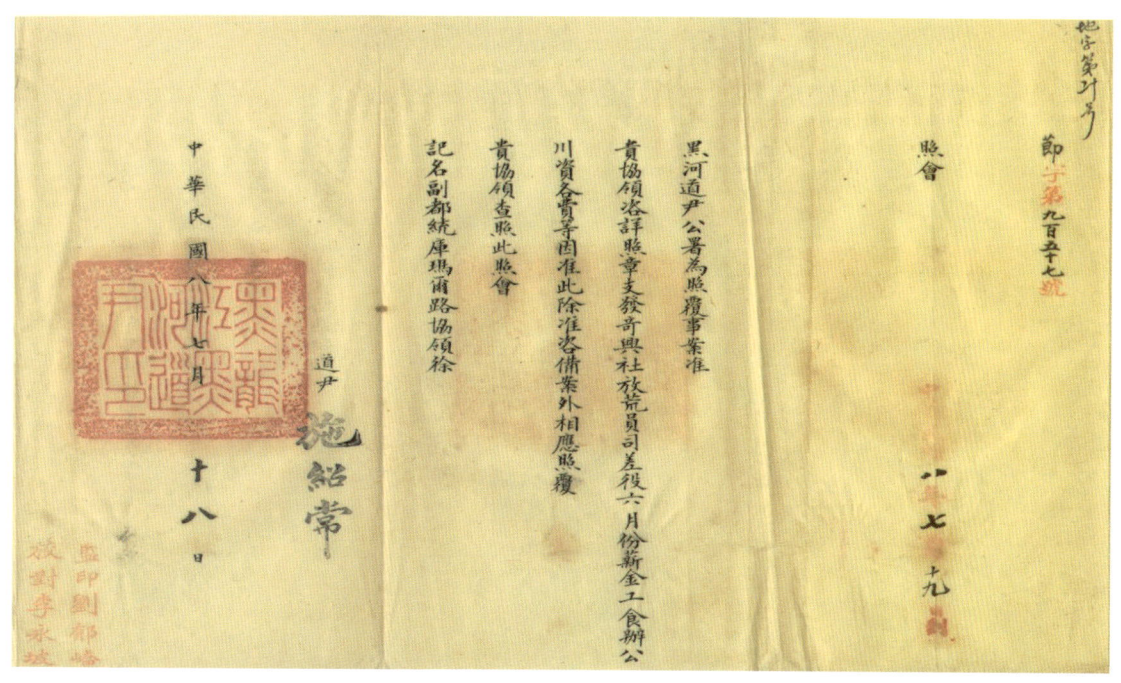

215. 黑龙江省旗务处为王树翰护理黑龙江督军兼省长篆务并接印视事事的咨文

1919 年 8 月 7 日

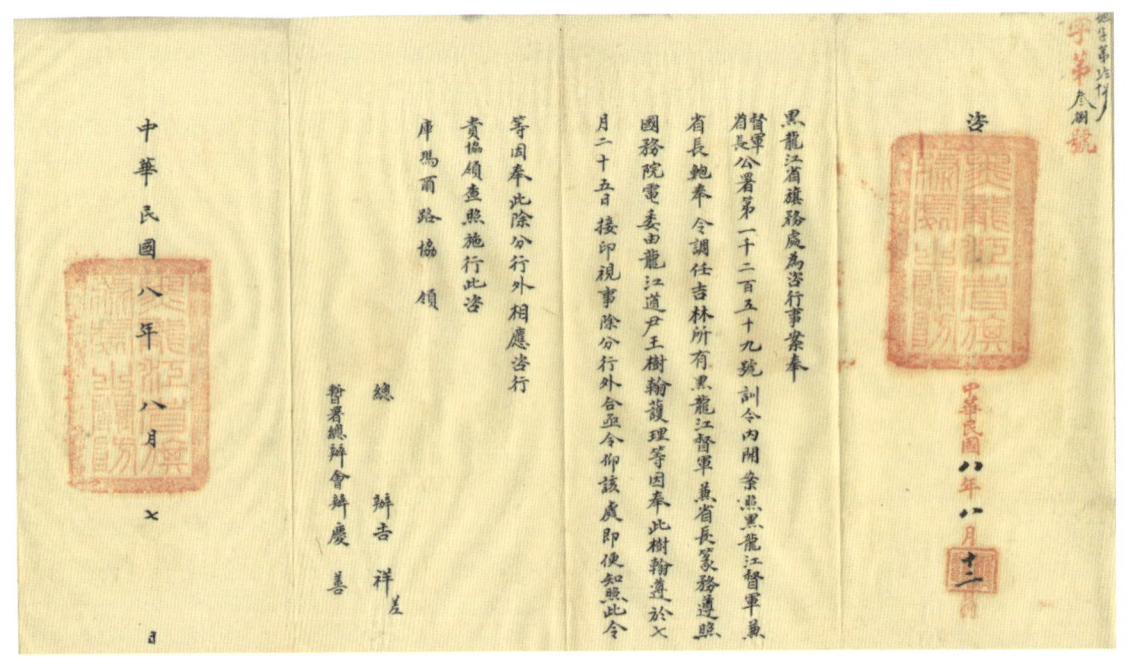

216. 黑河道尹公署为委任黑龙江城正黄旗头佐，厢（镶）黄旗二、三佐佐领事的训令

1919 年 8 月 15 日

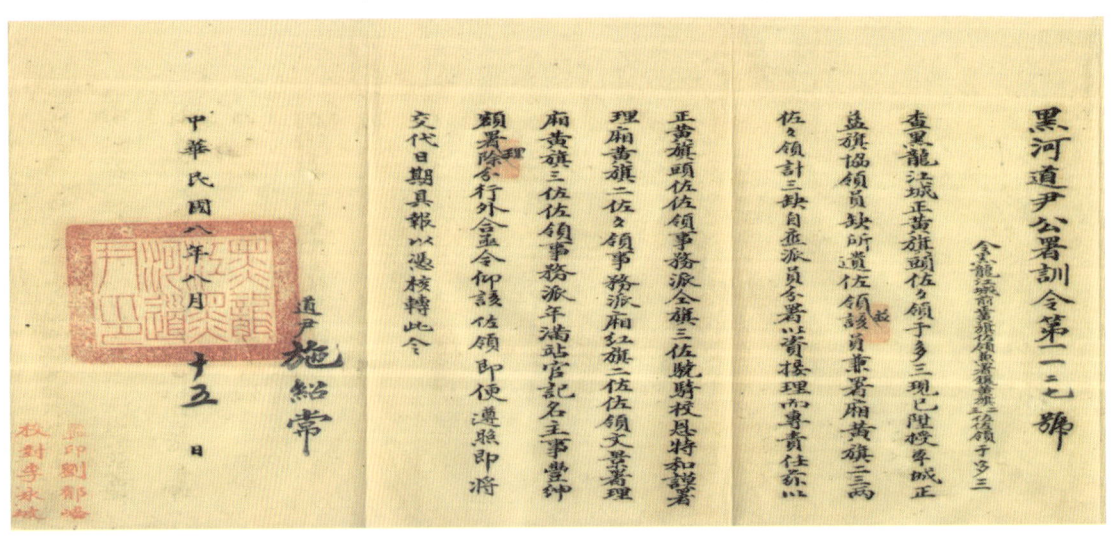

217. 黑河道尹公署为督促针对征集清代诗集一案尽快复函事的照会

1919年9月9日

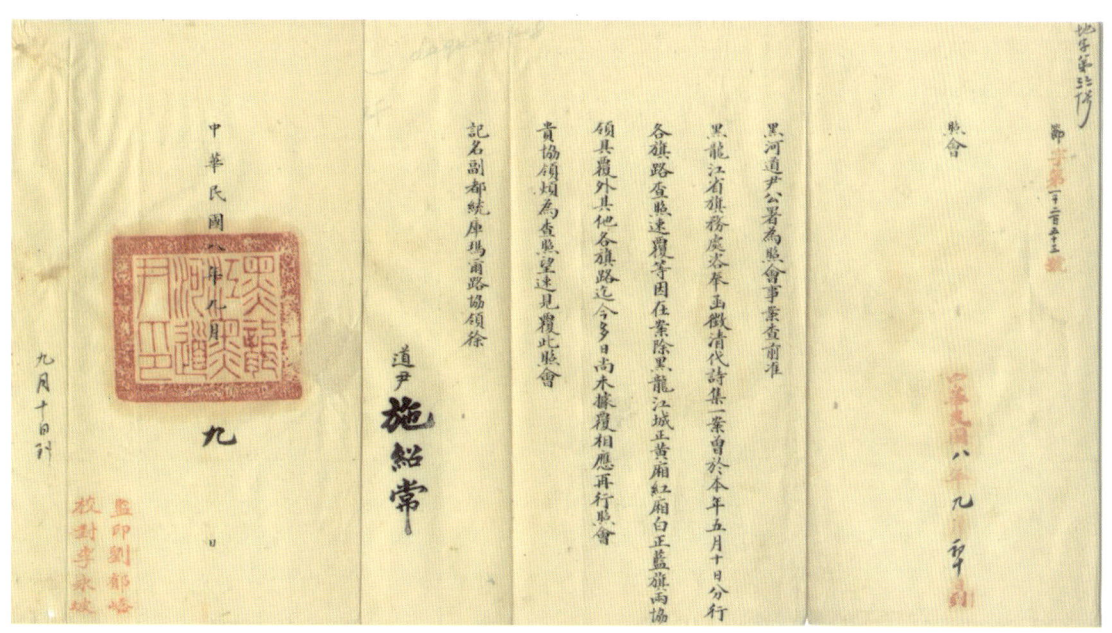

218. 瑷珲县公署为鄂伦春族民众严防胡匪事的咨文

1919年9月12日

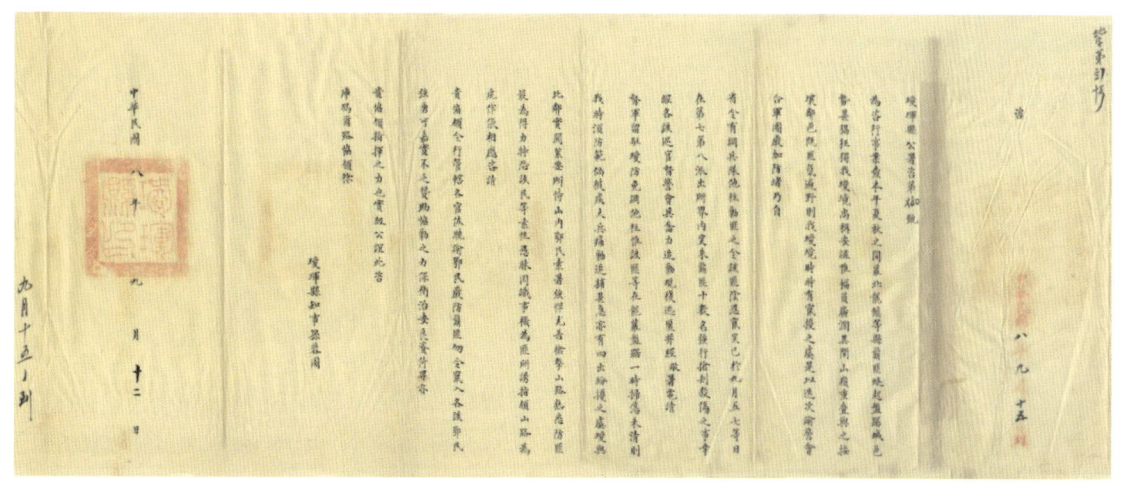

219. 黑龙江省长公署为勿在空白购邮票单据上加盖日戳事的训令

1919年9月20日

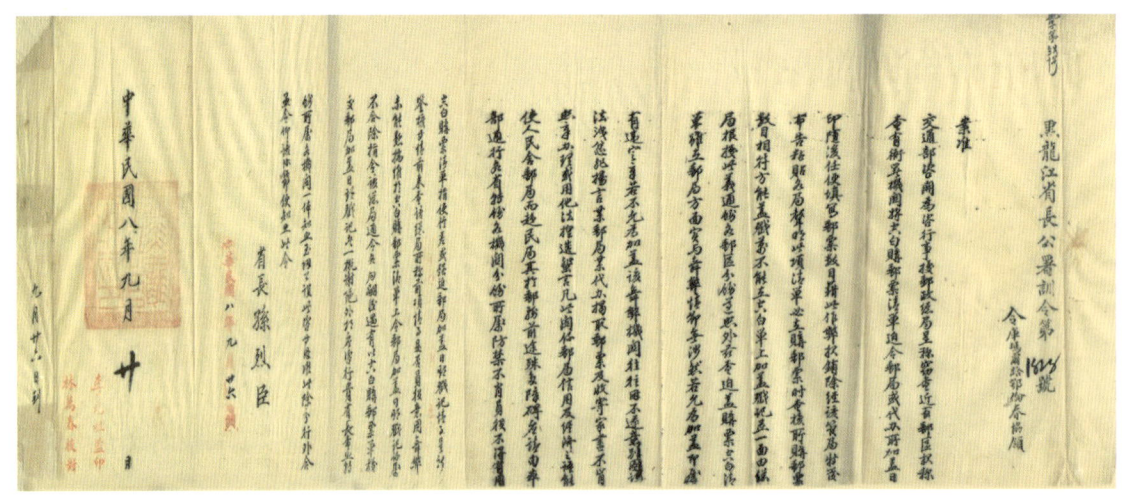

220. 黑龙江省旗务处为河南等受灾省份劝募的咨文

1919年10月25日

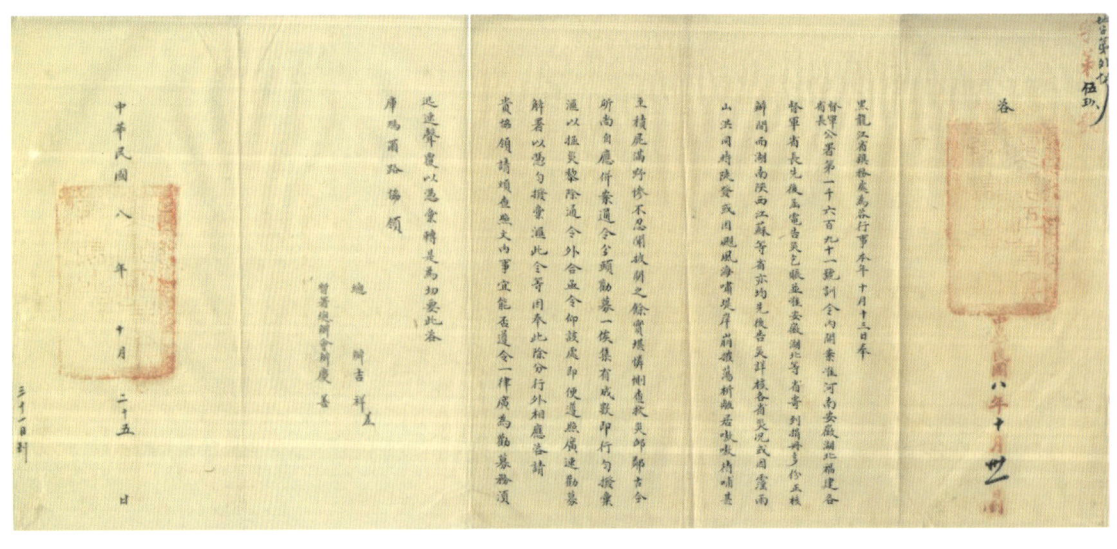

221. 黑龙江财政厅为颁布各机关领拨库款办法事的公函

1919年11月3日

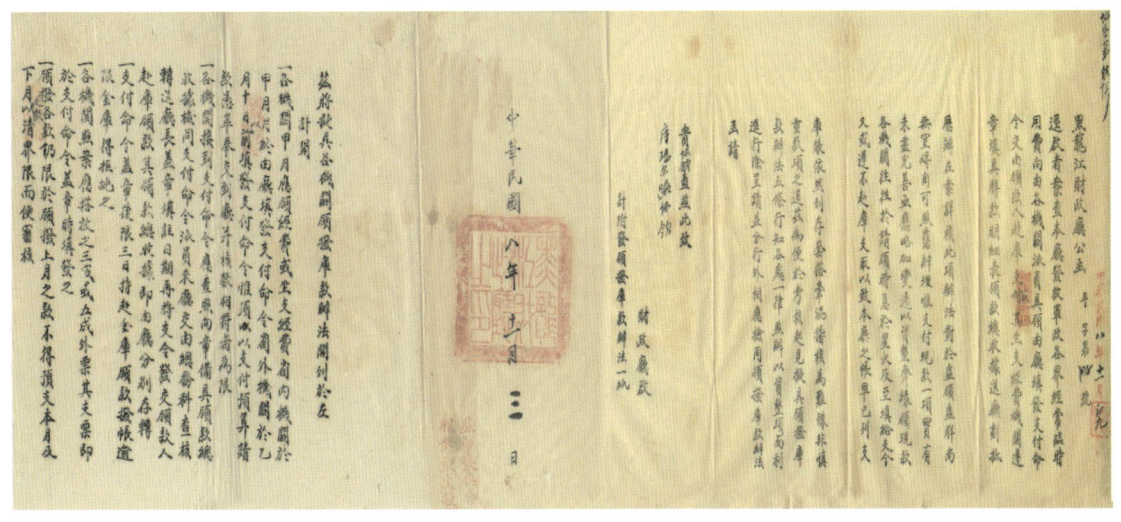

222. 黑龙江督军署为监查鄂伦春学务委员邱召常前往各路督率协佐兴办学务事的训令

1919年12月9日

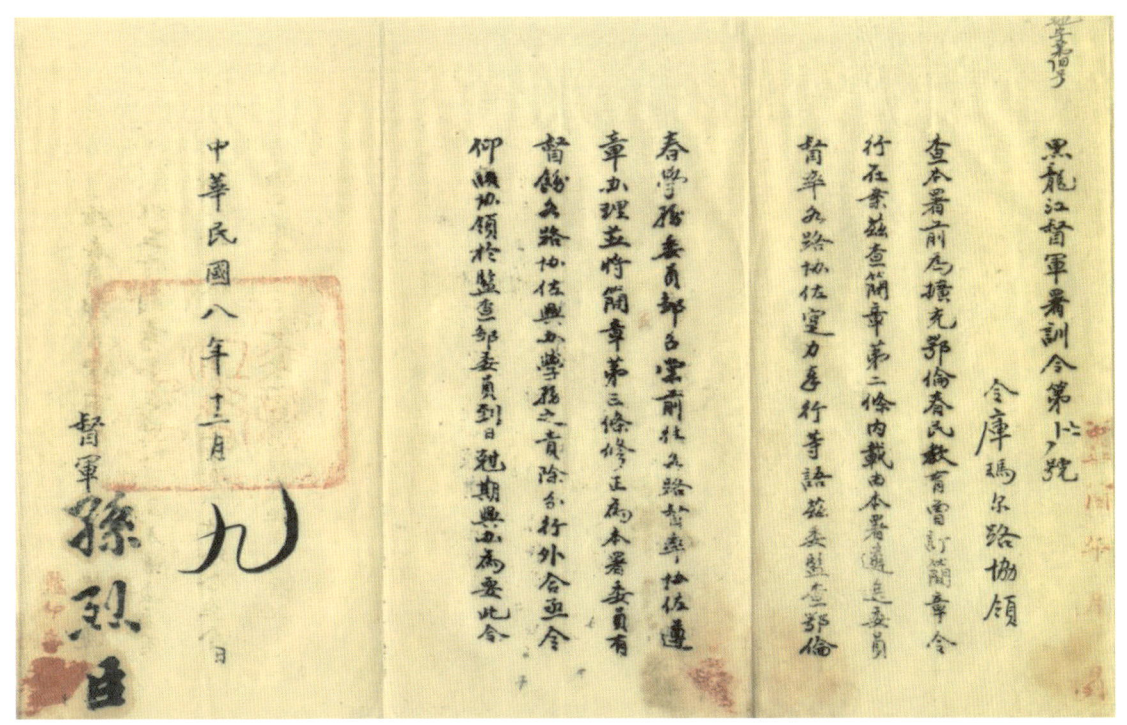

223. 黑龙江财政厅为颁发民国九年收支预算表式例言事的咨文

1919 年 12 月 12 日

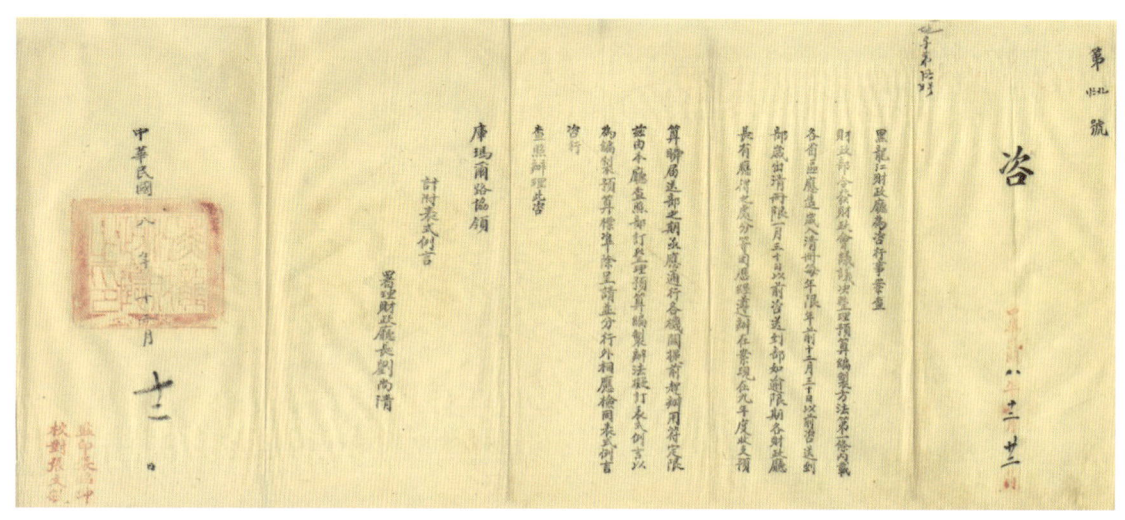

224. 库玛尔路正白旗头佐佐领察尔吉善为领取生计荒地执照事的呈文

1919 年 12 月 20 日

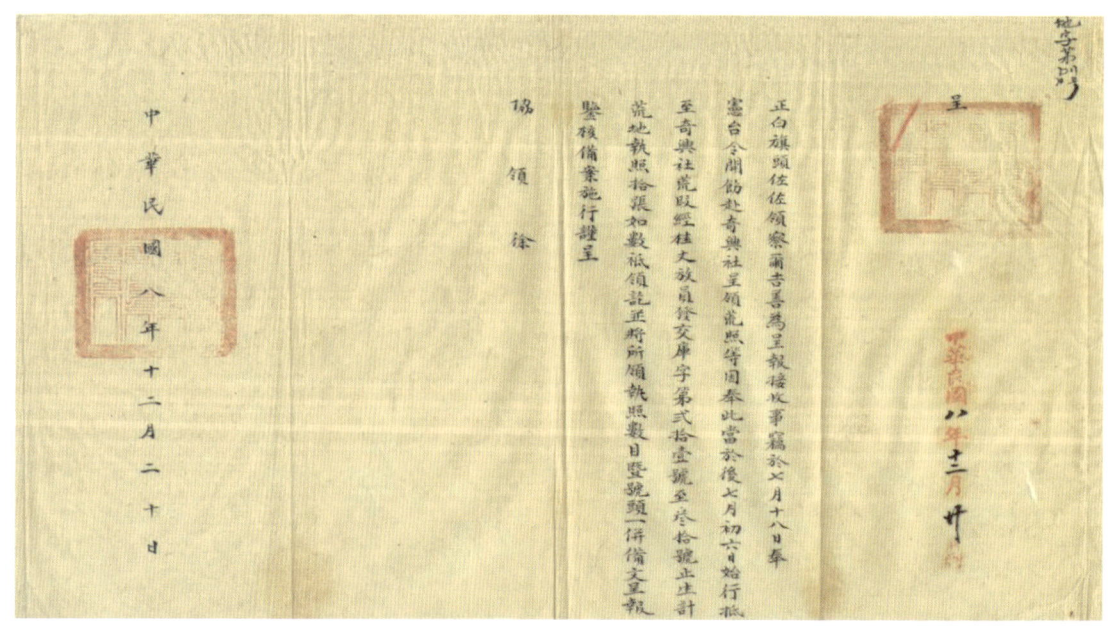

225. 库玛尔路正白旗头佐佐领察尔吉善为请领民国四年官兵俸饷并造册备案事的呈文

1919年12月26日

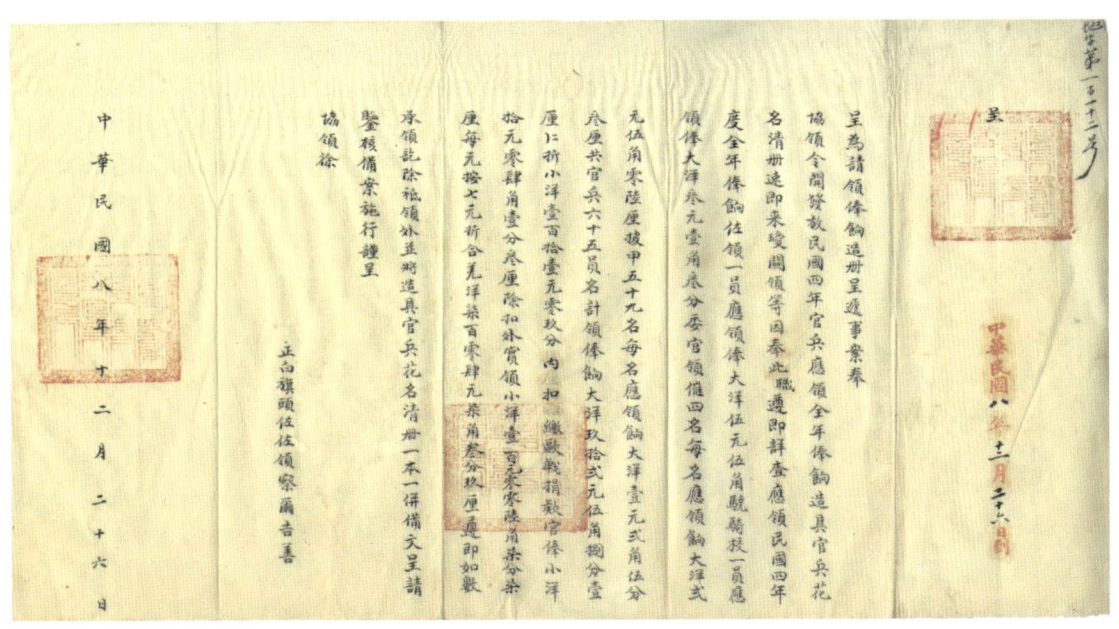

226. 库玛尔路协领公署领款总收据、存根

1919年

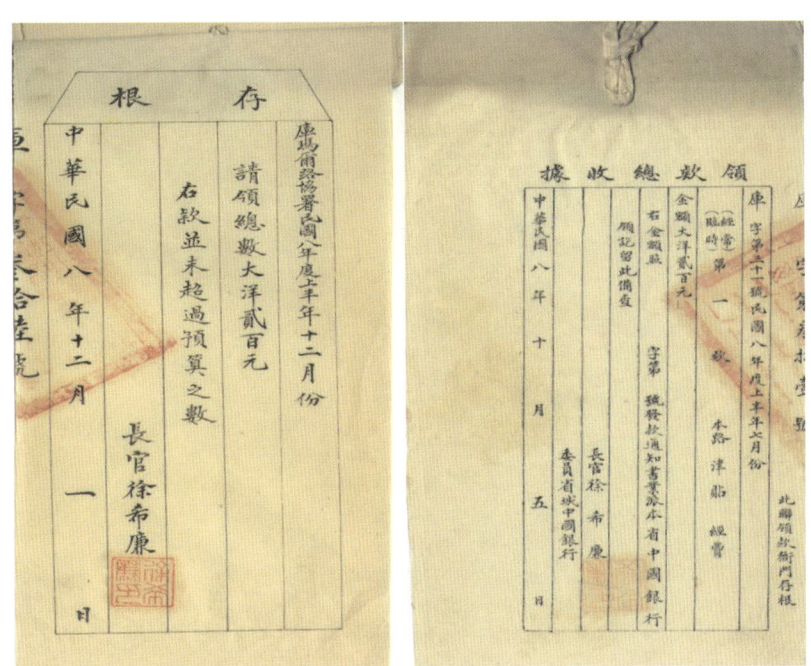

227. 镶红旗协领公署为催报旗属户口册事的训令

1920年1月21日

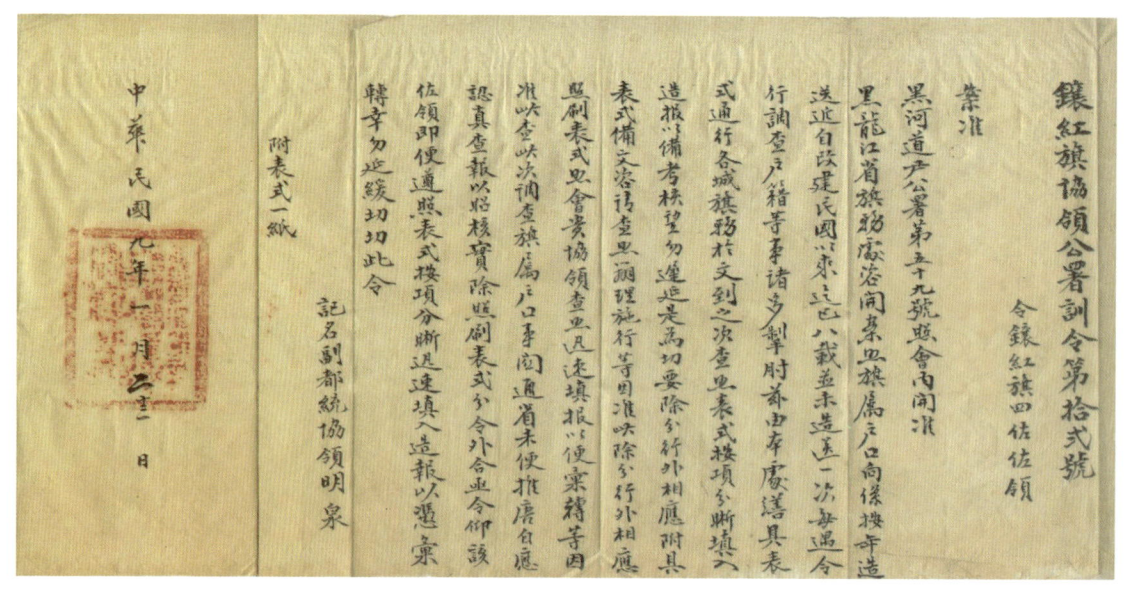

228. 库玛尔路佐领察尔吉善、保忠为马德保逼勒毛彦案结案并呈领嘉禾章事的禀文

1920年3月29日

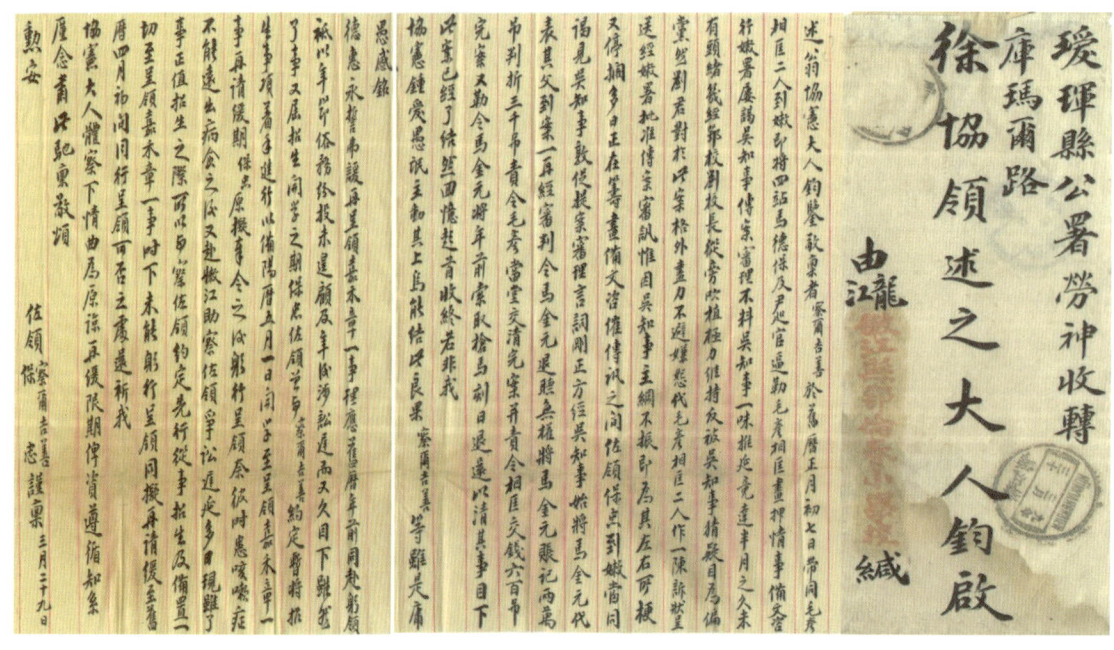

229. 库玛尔路协领公署为笔帖式关桂恩因病出缺事的咨文

1920年5月23日

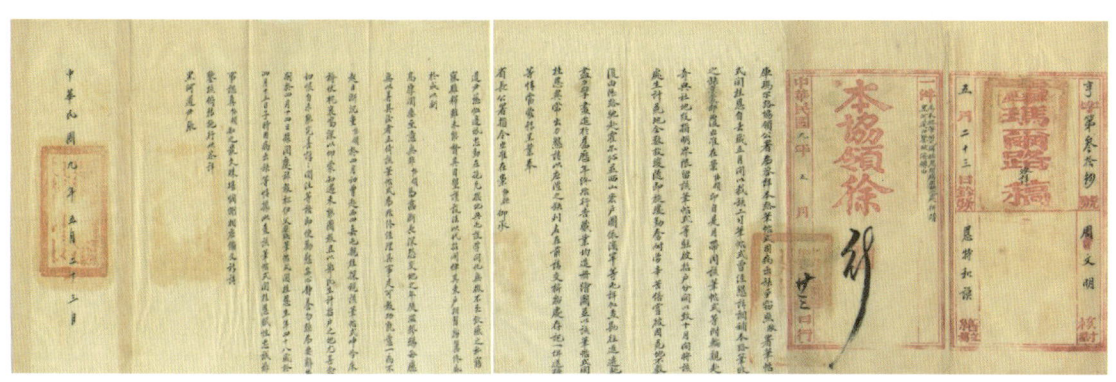

230. 库玛尔路正蓝旗二佐领催委官依吉格为报在富哲建房开荒事的呈文（满文）

1920年8月3日

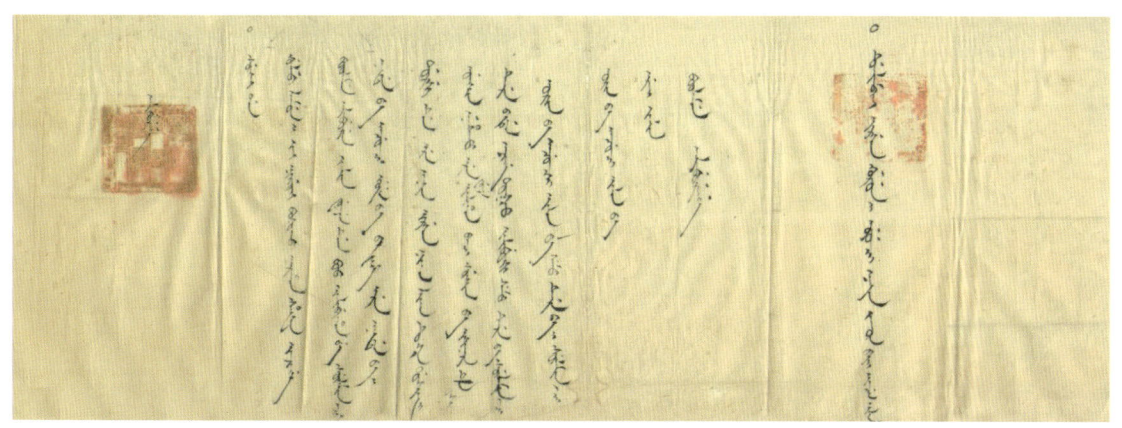

呈 文

呈与协领，正蓝旗二佐领催委官依吉格为建房开荒事呈。在富哲地方可建长七里、（宽）二里的住房，在七里内移入（ ）鄂伦春族民众（ ），开垦荒地。在富哲地方可垦土地达三十里，此地设有小屯，开垦荒地长二十里、（宽）三里。

为此呈报。

民国九年八月三日

231. 库玛尔路协领公署造报的霍尔沁前后两屯居户所种熟地垧数及各户姓名清单

1920 年 8 月 13 日

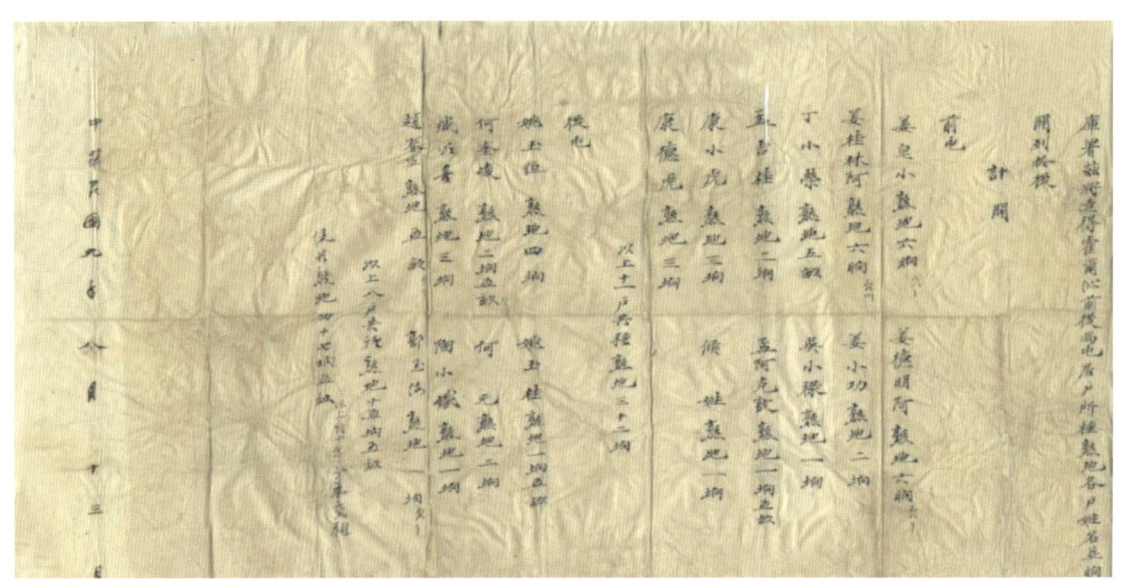

232. 黑河中国银行为领取库玛尔路协领公署经费事的函

1920 年 9 月 2 日

233. 镶红旗协领公署为西丹韩富刚补遗出甲缺事的指令

1920年12月26日

234. 黑河道尹所属黑龙江城八旗民国九年全年支出计算书

1920年

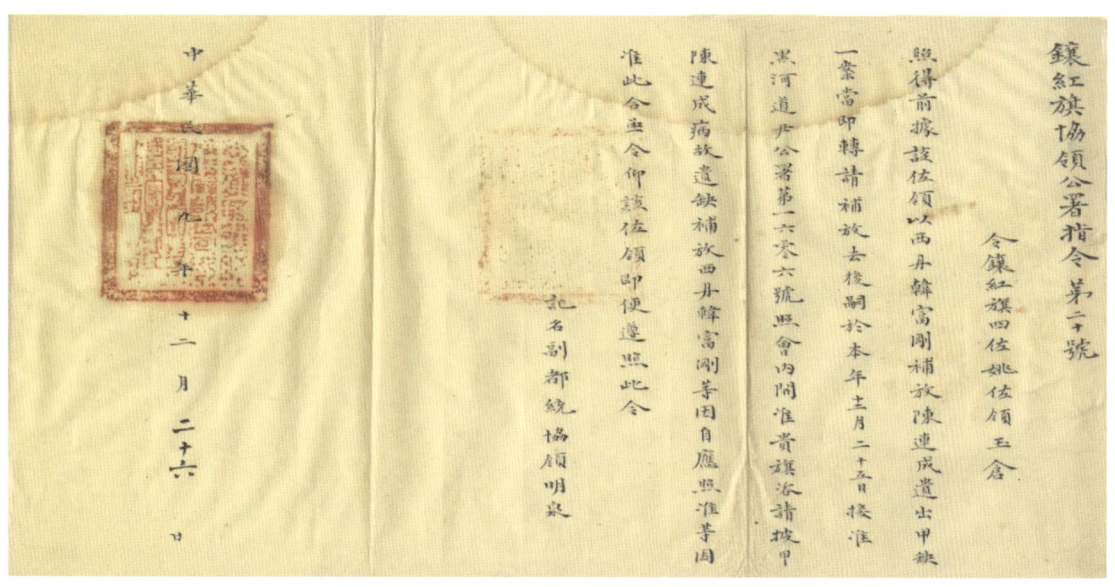

235. 黑龙江省民国九年收支预算书表式例言
1920年

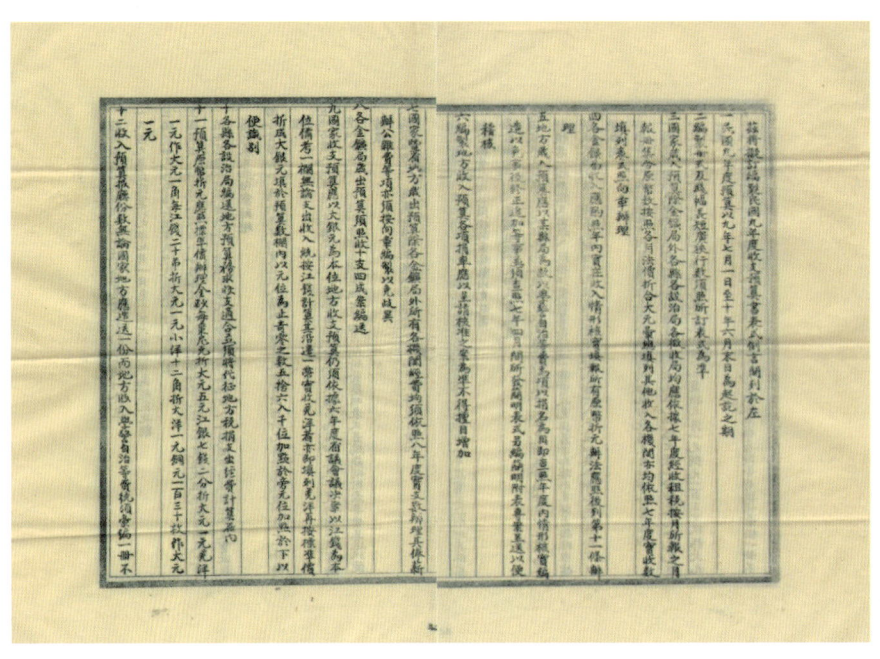

236. 库玛尔路协领公署领款总收据、存根
1920年

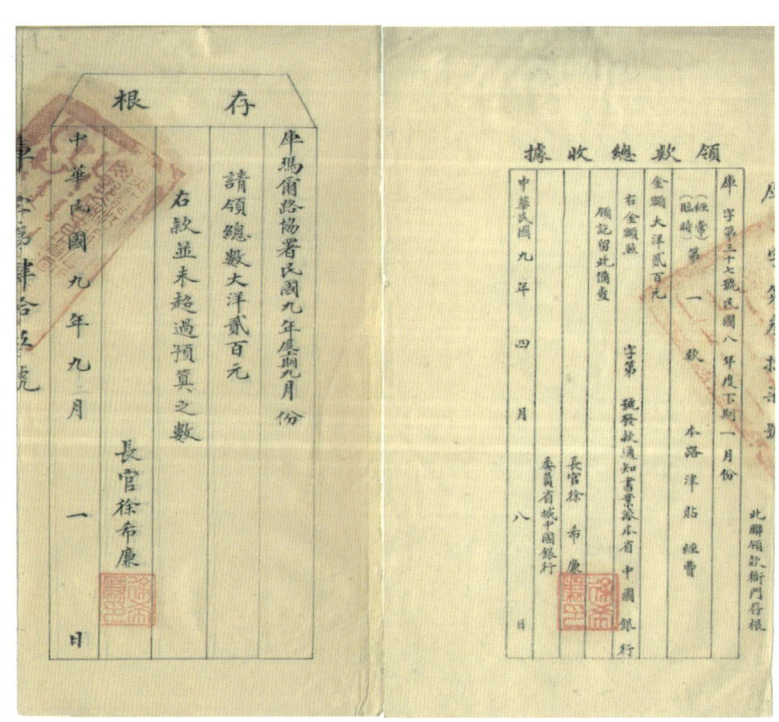

237. 镶红旗协领公署为西丹姚富和顶补披甲缺事的指令

1921 年 4 月 24 日

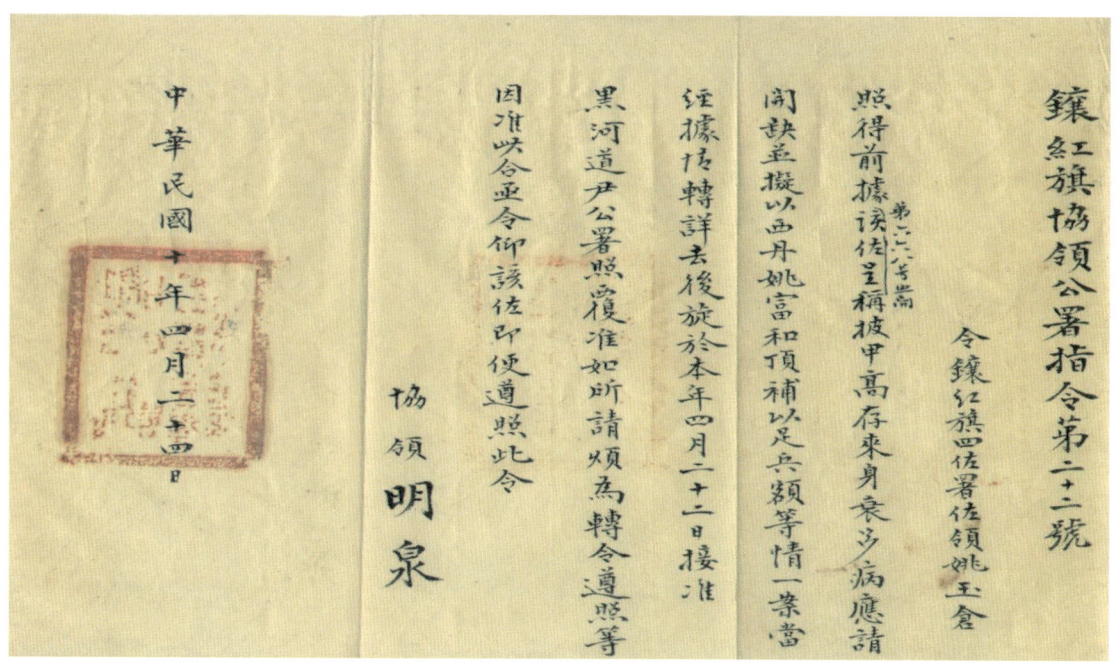

238. 黑河道尹公署委任于多三为本署旗务员的委任令

1921 年 7 月 25 日

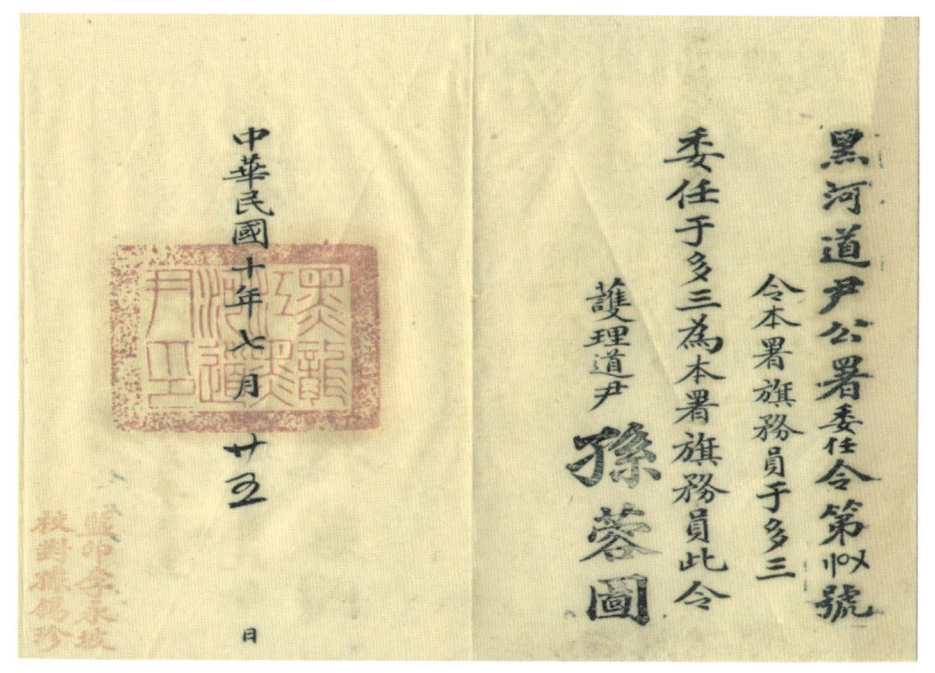

239. 黑河道尹公署委任于多三为本署旗务员的委任令

1921年12月4日

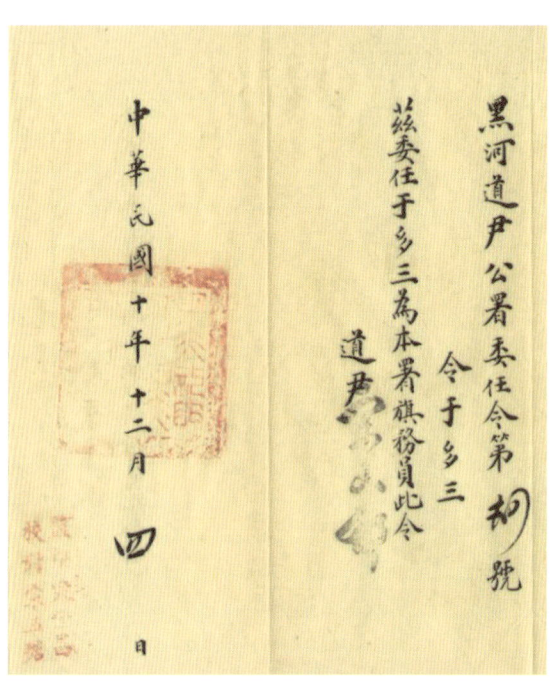

240. 黑河道尹所属黑龙江城八旗民国十年全年支出计算书

1921年

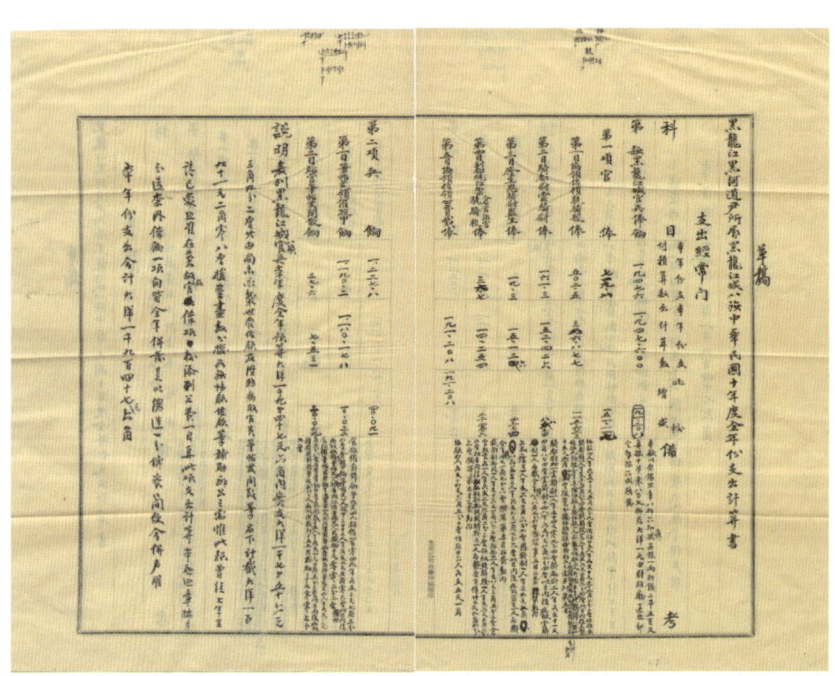

241. 库玛尔路协领公署请款凭单、存根及领款总收据

1921年

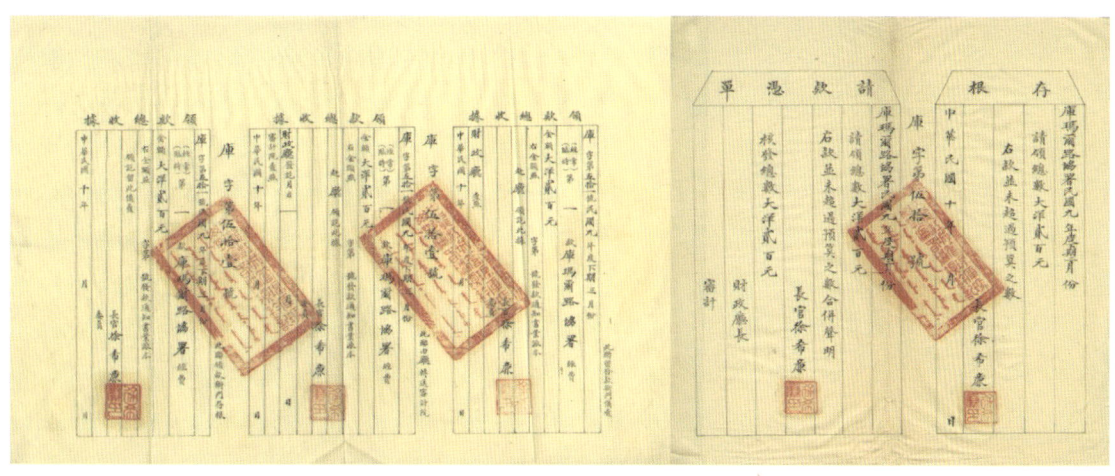

242. 正蓝旗二佐署佐领关德兴出具的领取民国十六年全年官兵俸饷的印领

1921年

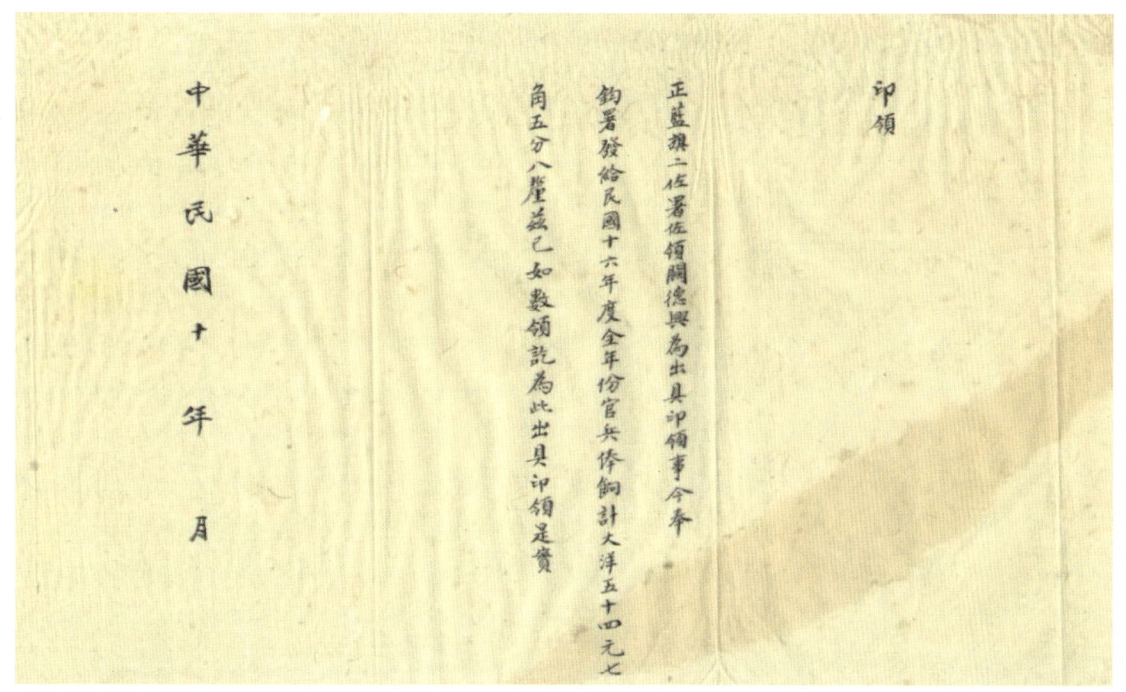

243. 正蓝旗头佐佐领刚通为补官缺事的呈文（满文）

1922年2月8日

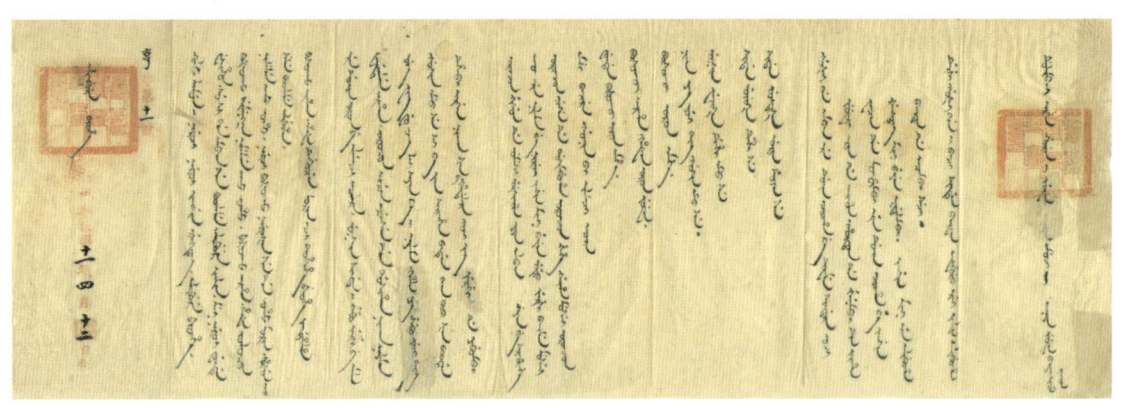

呈 文

正蓝旗佐领刚通呈文，呈与协领公署，本部正蓝旗头佐为补官缺事呈。本部骁骑校迪莫纳善去世，委官卓伦春亦去世，领催尼禄善年事已高，已不能骑马射箭，处理公务也力不从心。

本部现有四个官缺，连同本部披甲、西丹名册一并上报。鄂伦春族（官兵）新名册中有一位来自瑷珲县城的汉族人，名叫杨玉亭，本年三十一岁。此人通晓鄂伦春语和满文，本佐领亲自考察认为可以推荐补缺，此人能够胜任遗缺职务。今将鄂伦春族（官兵）单册、女人数目单册一同呈报。

骁骑校缺一个；

委官缺两个；

领催缺一个；

汉族人一名——杨玉亭，三十一岁；

披甲费吉善，四十一岁；

西丹吴朱善，四十岁；

西丹卓提善，二十五岁。

以上四个官缺补放经校对无误，定于本年立夏时节连同新年单册一并报送瑷珲城。这四个人由本佐领亲自挑选。

正蓝旗头佐佐领刚通为此事呈。

民国十一年二月初八日

244. 库玛尔路协领公署为催促领取俸禄事的咨文（满文）

1922年3月9日

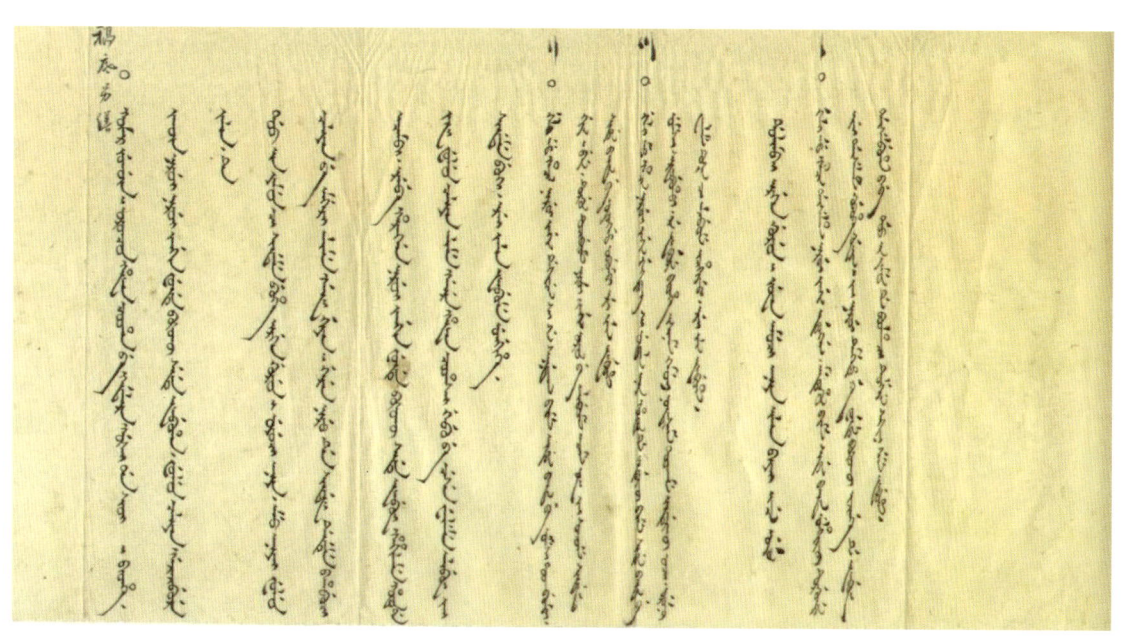

咨　文

　　管理库玛尔路官兵协领徐给八佐佐领、骁骑校等的文书，为催促领取俸禄事。道尹公署发给民国九年一年俸禄，（协领公署）已收取，理应分发给各佐。将此交付所属佐领、骁骑校等人，速速来城领取俸禄，将官员兵丁名字缮写成册并上报，再行发放。为此交付咨行。

　　还有一项，佐领德奇琛等年事已高，且办理事务屡屡迟误，理应陈述自身健康情形，以便空出佐领职位，再挑选补放能胜任此公务的人员。为此咨行。

　　还有一项，佐领格克通等这些年从未来城，确实延误公务，交付文书送达后，不能按时来衙署办理公务。如若这样，一定要予以参弹。为此交付。

　　还有一项，署理佐领阿栋阿愚钝且不明政事。为此，将其署理镶黄旗二佐官印交付骁骑校伊精额署理。除上报道尹公署外，为此咨行知照。

民国十一年三月初九日

245. 黑河道尹公署为明泉接办旗务事的指令

1922 年 3 月 27 日

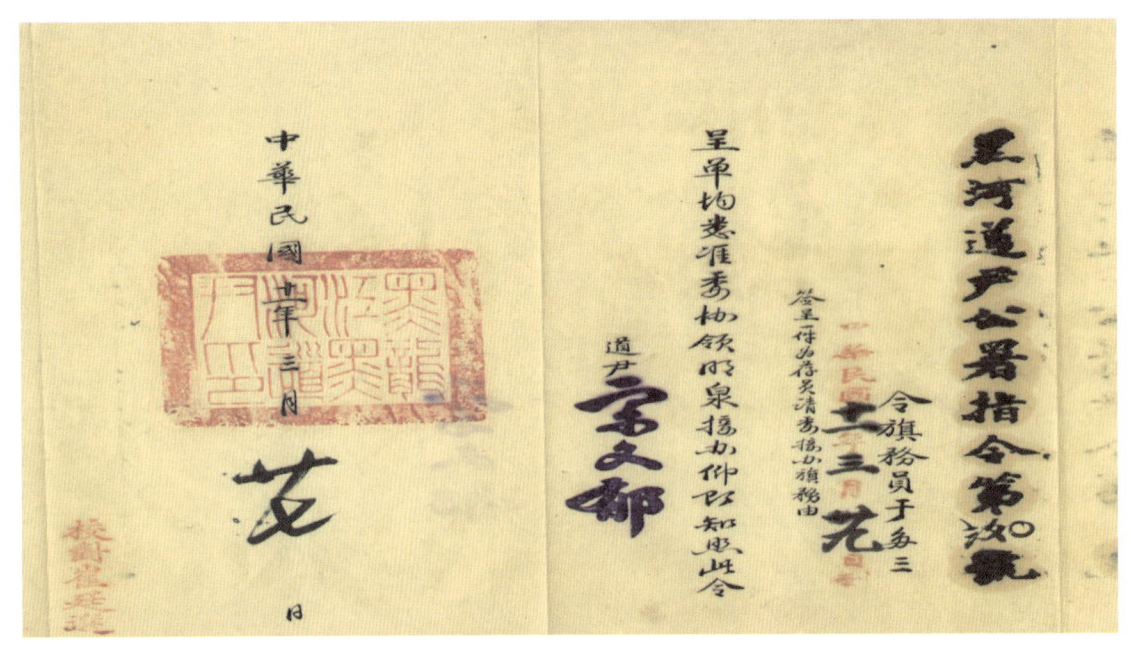

246. 镶红旗协领公署为关世禄补放领催及徐昶秀补放披甲事的训令

1922 年 3 月 30 日

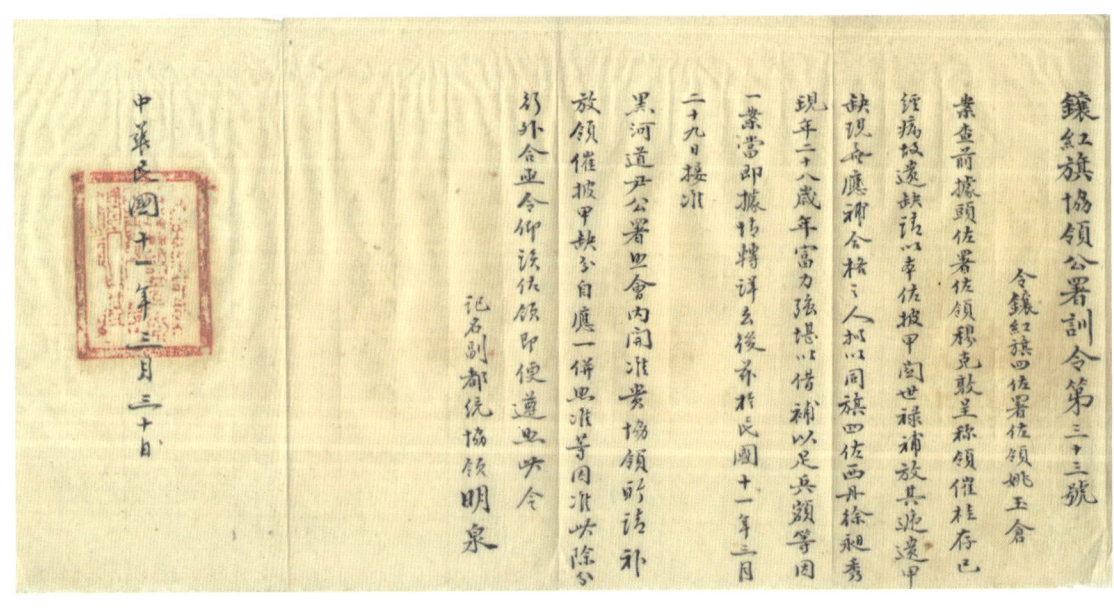

247. 库玛尔路协领公署为移送钤记①文卷事的移文

1922年4月1日

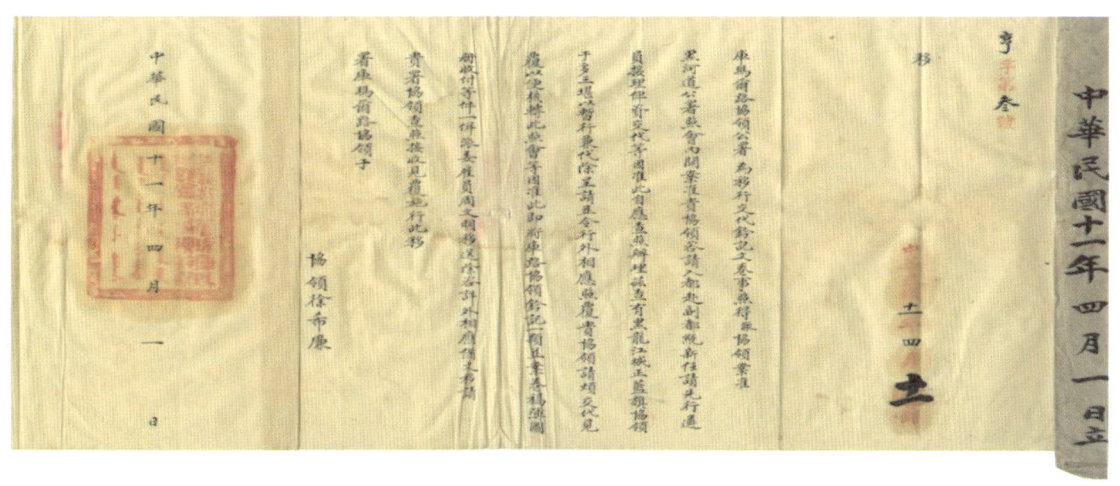

248. 署理镶黄旗二佐骁骑校伊精额为领取设置台站凭证事的呈文（满文）

1922年4月4日

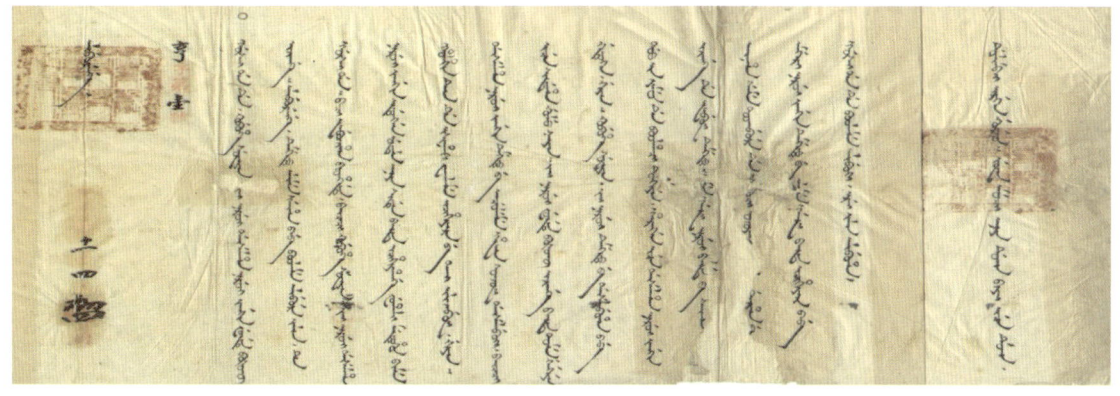

呈　文

　　署理镶黄旗二佐骁骑校伊精额呈，为领取凭据事，呈与协领公署。镶黄旗二佐佐领多年来办事当差十分愚笨，因设置台站事多次被协领衙门斥责，理应将台站设置事宜及拟稿事务交与新任正白旗二佐骁骑校音吉善办理。音吉善为设置台站事四处奔走，十分辛苦。理应责令镶黄旗二佐将设置台站凭证交付上报黑河道尹公署，再拨调一标兵马交与新任佐领伊精额以前去补充台站兵丁（ ）。佐领依次办理（ ），为领取凭证事呈协领公署。

镶黄旗二佐骁骑校伊精额
民国十一年四月四日

---

① 钤（qián）记：中国古代官印的一种，清朝时使用制作，一般由委任者镌发。

249. 黑河道尹公署为于多三兼代库玛尔路协领事的训令

1922年4月7日

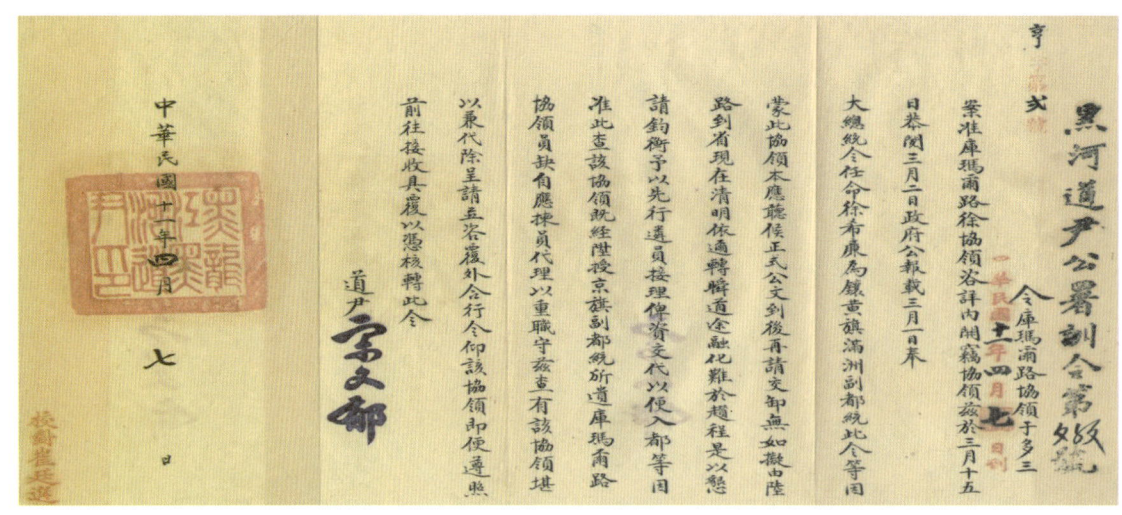

250. 库玛尔路协领公署为霍尔沁移交事的咨文

1922年4月11日

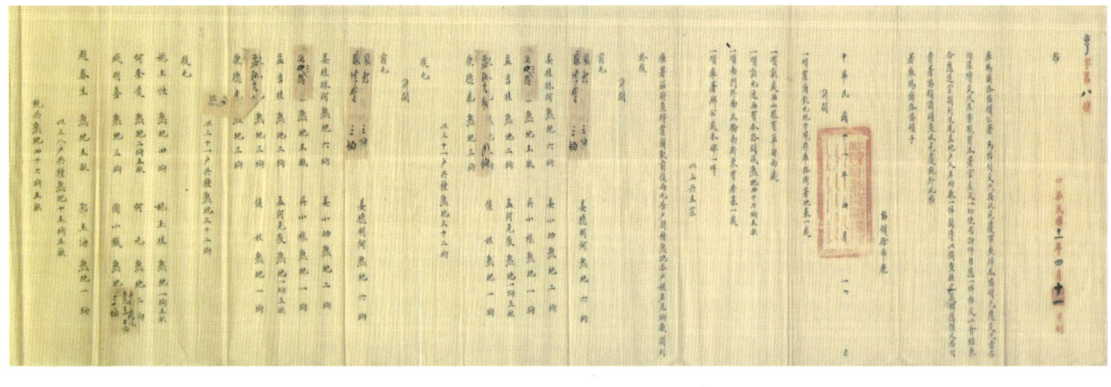

251. 黑河道尹公署为组建军队编练鄂伦春族兵丁事的照会

1922年4月21日

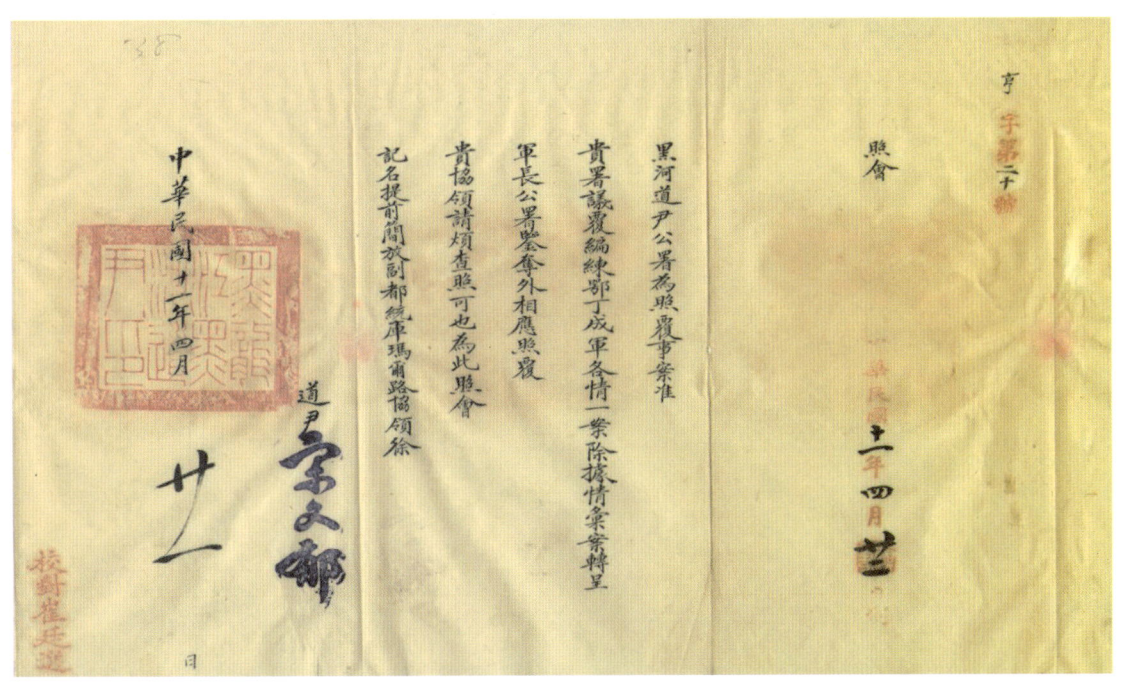

252. 黑龙江财政厅为按规定价目订购计算预决算各种书表单据事的咨文

1922年6月3日

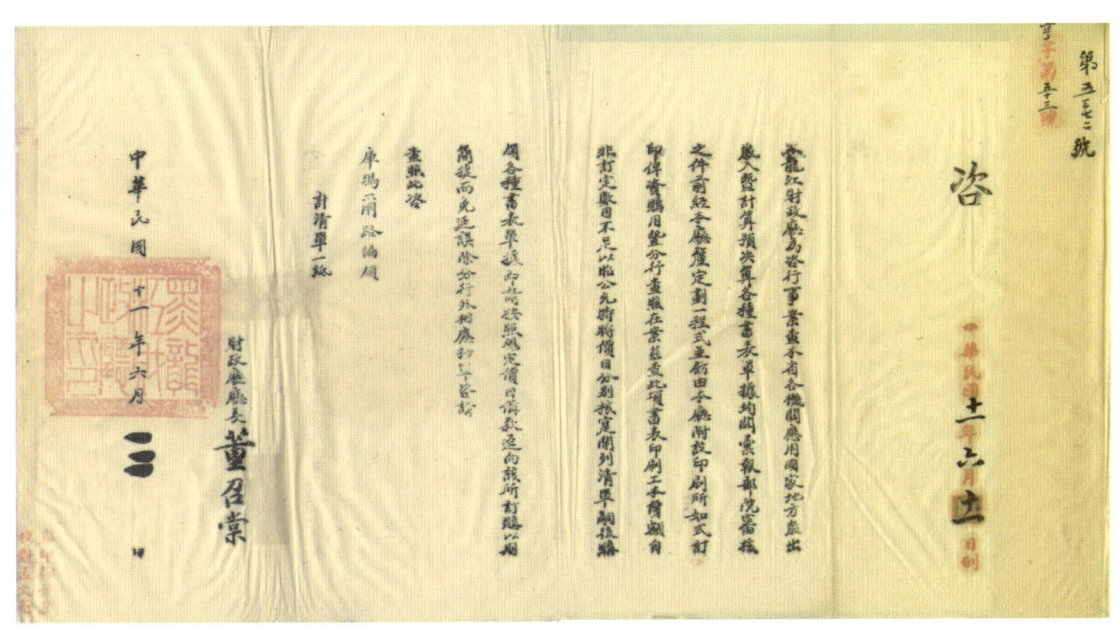

253. 黑河道尹公署为派员承领库玛尔路民国十一年一月至三月津贴经费事的训令

1922 年 6 月 5 日

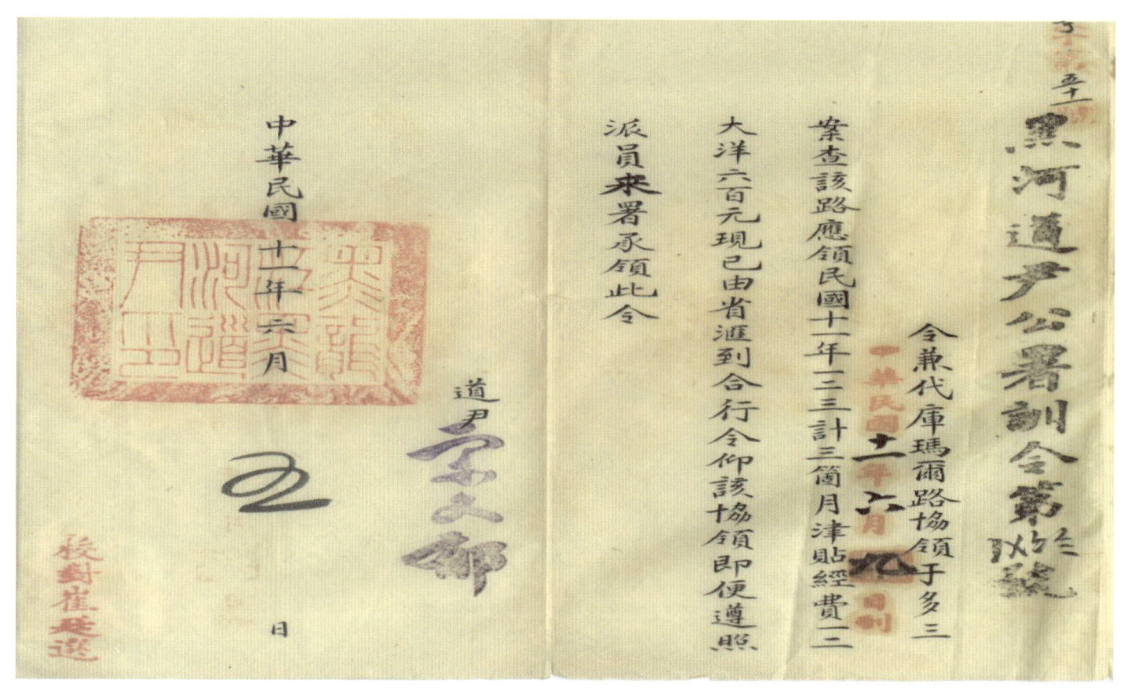

254. 库玛尔路协领公署为派员承领民国十一年一月至三月津贴经费事的呈文

1922 年 6 月 10 日

255. 库玛尔路协领公署购买办公用品的票据

1922 年 7 月 15 日

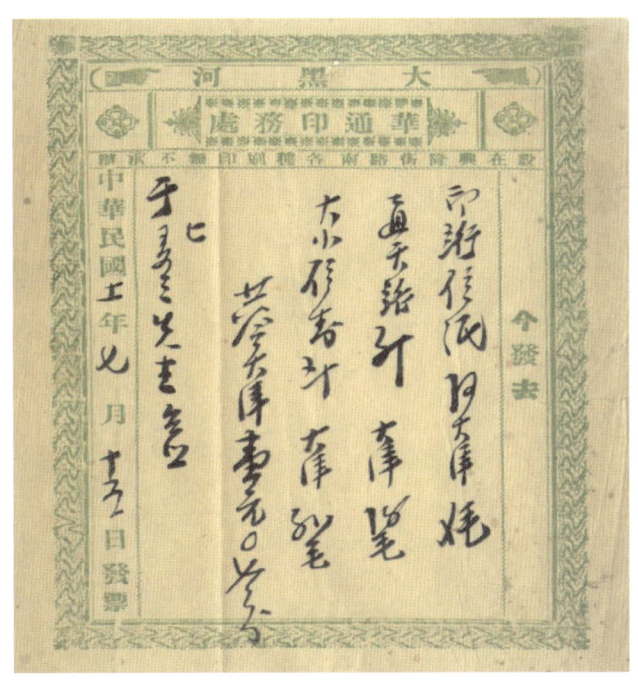

256. 署理镶黄旗头佐事务佐领来忠为本佐骁骑校与正蓝旗头佐骁骑校调任事的呈文（满文）

1922 年 9 月 4 日

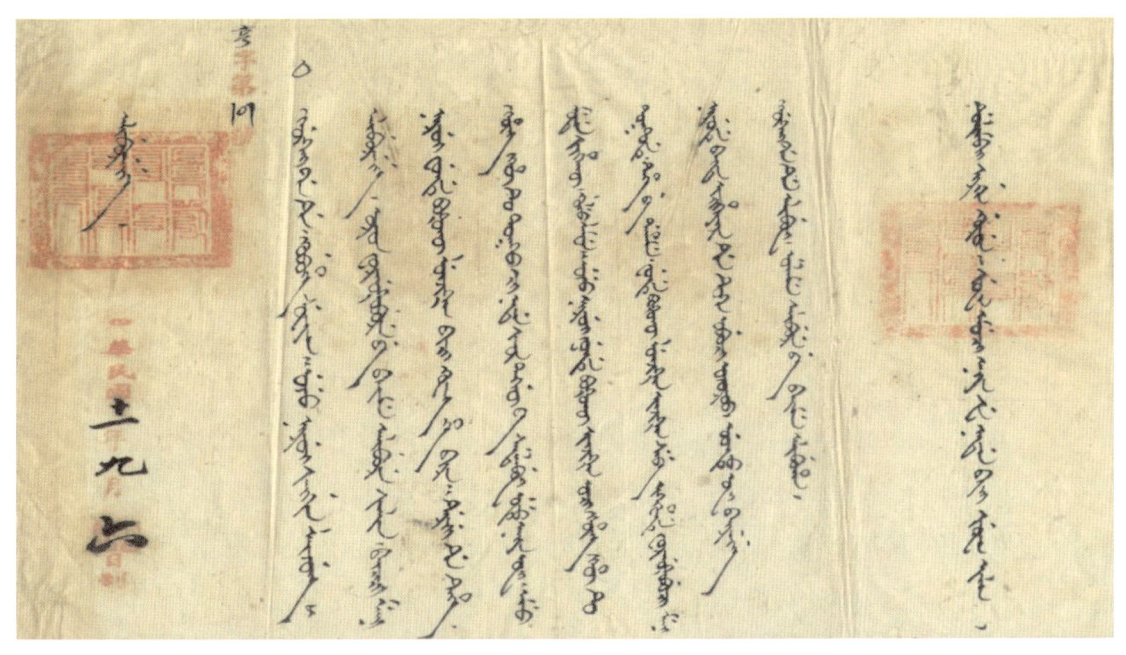

呈 文

　　署理镶黄旗头佐事务佐领来忠呈，为本佐骁骑校与正蓝旗头佐骁骑校调任事。本佐骁骑校伦吉善管理关河东面的宏户图屯七百里处已有数年，正蓝旗头佐骁骑校音吉善居住于宏户图屯，因此请求调任。将有关事宜呈报协领公署。

　　镶黄旗头佐佐领来忠为此呈。

民国十一年（农历）七月十三日

257. 正蓝旗头佐佐领刚通为补充新兵丁事的呈文（满文）

1922 年 9 月 7 日

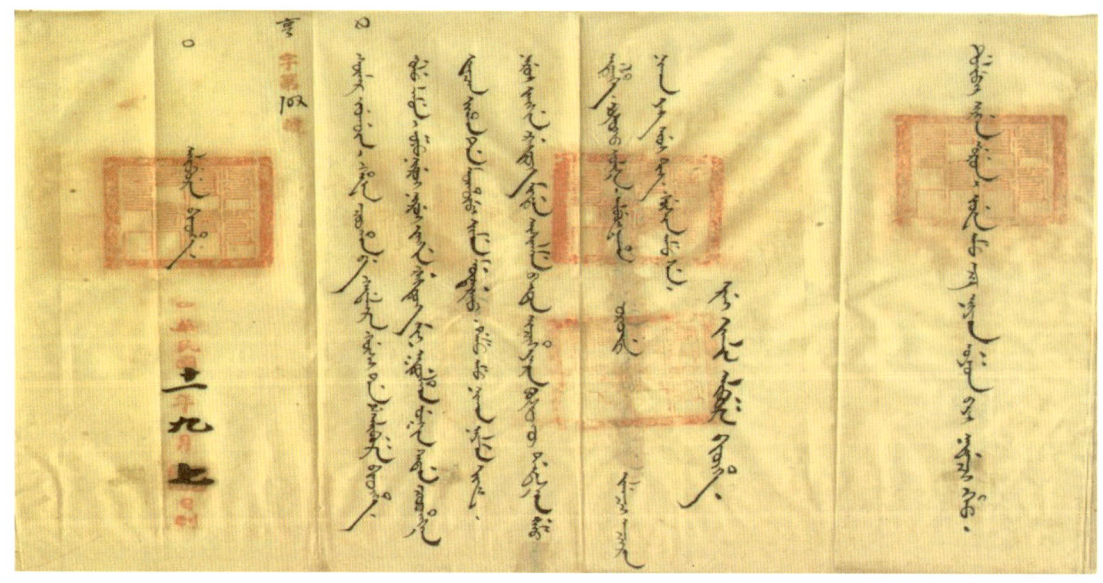

呈 文

　　正蓝旗头佐佐领刚通呈与协领。本佐现有披甲、西丹等兵丁数量过少，人员严重不足。新补充的兵丁中仅有一名汉族人报到。本佐领和本部领催达塔善盼望协领公署早日解决此事。

　　新补充汉族人一名——杨玉亭，三十一岁。

　　正蓝旗头佐佐领刚通为此事呈。

民国十一年九月七日

258. 黑河道尹公署为造送奖励补缺官员履历事的指令

1922年12月15日

259. 黑河道尹所属黑龙江城八旗民国十一年全年支出计算书

1922年

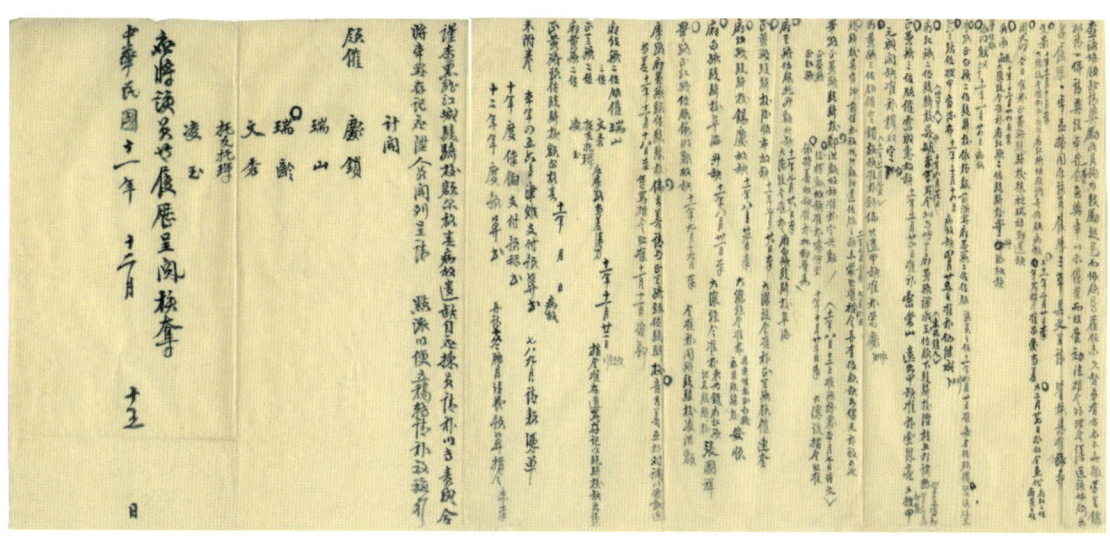

260. 正蓝旗头佐兵丁名录册(满文)

1923年1月27日

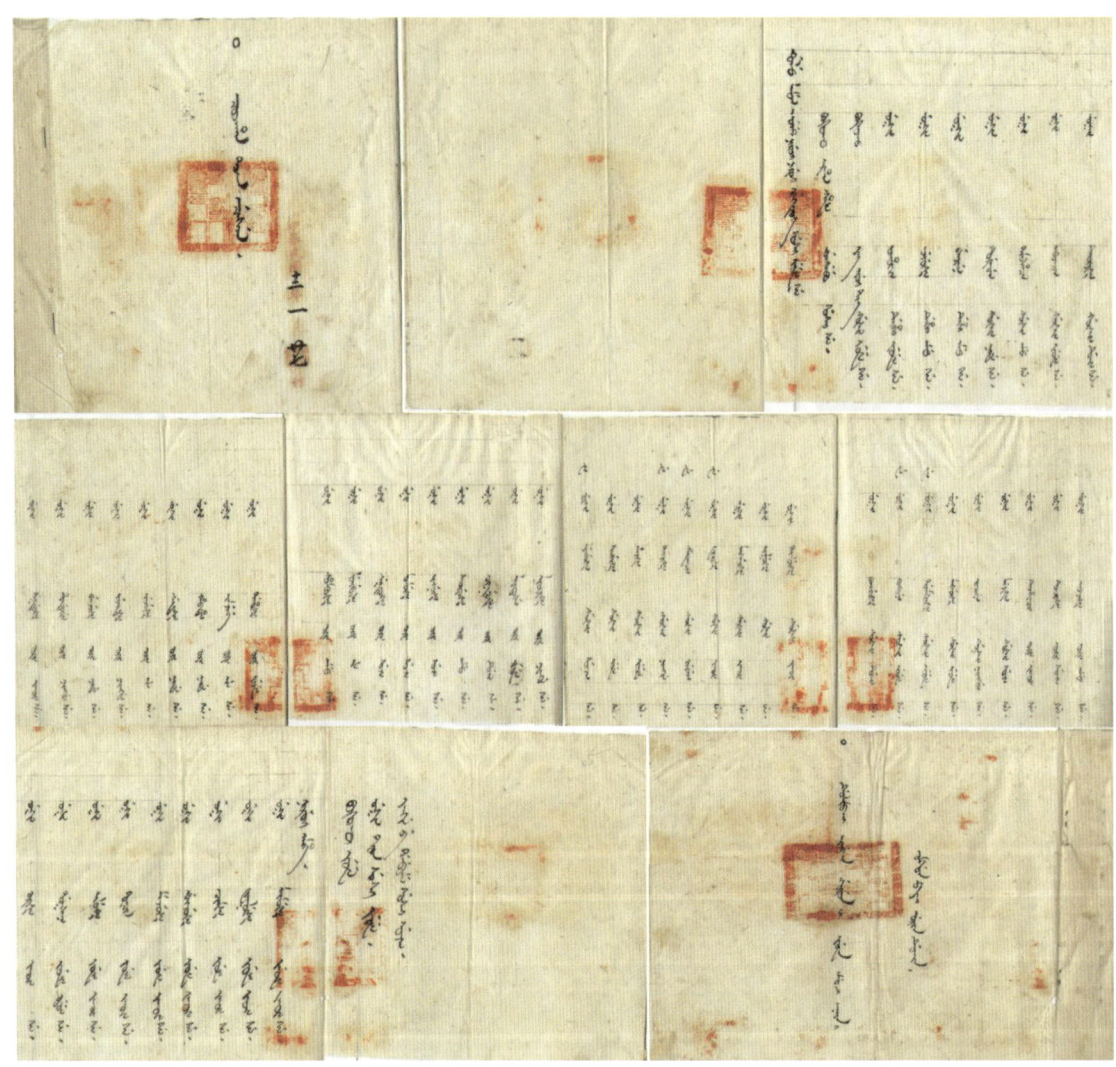

呈 文

正蓝旗头佐佐领刚通,五十二岁。

领催贵格布,五十岁。

领催杨玉亭,三十二岁。

披甲傲乎善,四十二岁。

披甲吴朱善,四十一岁。

披甲博吉善,四十一岁。

披甲图尔诺参,三十七岁。

披甲塔木巴哈察,三十一岁。

披甲阿布扎察,三十二岁。

披甲特库尔善，四十四岁。
以往披甲尹古善，三十五岁。
披甲西吉善，三十二岁。
披甲林吉善，三十二岁。
以往披甲台吉善，三十六岁。
以往披甲哈瓦察，三十九岁。
以往披甲费里善，三十八岁。
披甲麦苏善，三十八岁。
披甲悌禄善，三十八岁。
披甲伊克禄善，三十岁。
披甲宝伊朱善，三十四岁。
以往披甲库库讷，三十二岁。
以往披甲多木布善，三十二岁。
披甲麦苏善，三十二岁。
披甲金吉讷，三十六岁。
披甲梅吉善，三十五岁。
披甲图西春，二十八岁。
披甲图里善，二十五岁。
披甲阿布吉善，二十一岁。
披甲达克都善，二十八岁。
披甲乎都策，二十六岁。
披甲博朱善，二十七岁。
披甲朱吉善，二十六岁。
披甲朱米善，二十三岁。
披甲噶悌善，二十七岁。
披甲哈布达哈，二十七岁。
披甲扎木曾阿，二十三岁。
披甲德乎善，二十二岁。
披甲乎木布善，二十一岁。
披甲伦古善，二十三岁。
披甲卡克图善，二十五岁。
披甲毛木善，二十五岁。
披甲伊奴善，二十五岁。
披甲索鲁善，二十一岁。
披甲齐克都善，二十四岁。
披甲拉雅拖善，二十二岁。

披甲罗吉善，二十六岁。

披甲库里善，二十八岁。

披甲多克善，十九岁。

披甲伊禄善，十八岁。

披甲拖瓦金，十八岁。

披甲梅朱善，十八岁。

披甲贵朱善，十八岁。

披甲齐米善，十八岁。

披甲费克禄善，十八岁。

披甲麦木善，十八岁。

以上计佐领一员、领催两员、披甲五十二名。全部遵照核算造册。

民国十二年一月二十七日

261. 黑河道尹公署为转发于多三等三人奖章执照事的训令

1923年2月8日

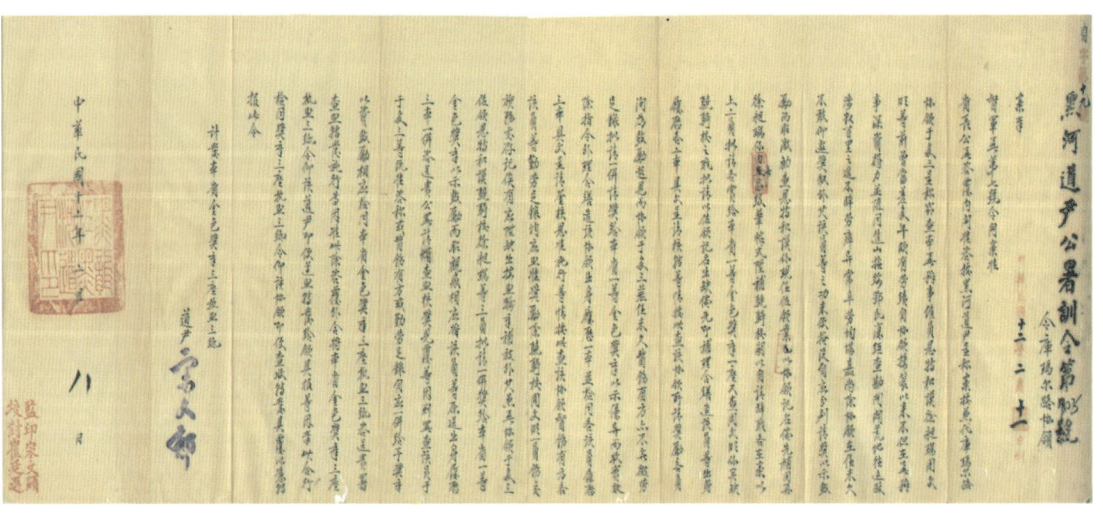

262. 库玛尔路协领公署为转发奖章执照并令得奖各员领讫事的呈文

1923年2月13日

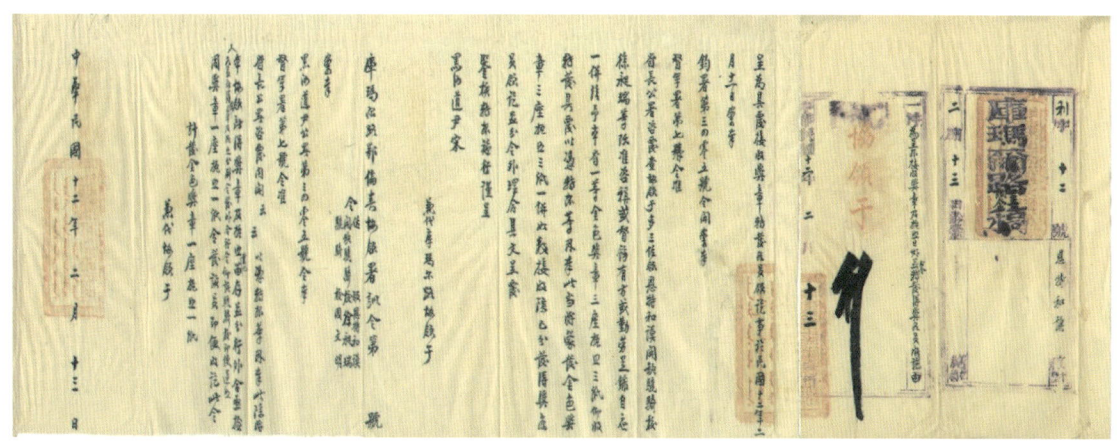

263. 黑河道尹公署为转送库玛尔路协领公署民国十二年前三个月津贴经费支付预算书事的指令

1923年3月10日

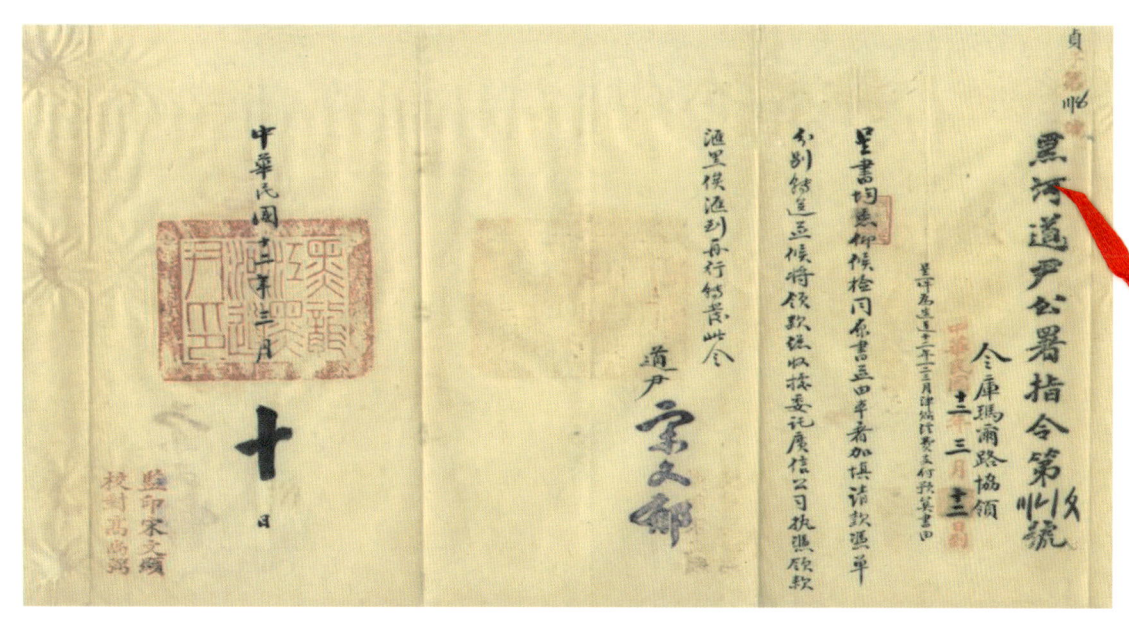

264. 库玛尔路协领公署为请开去旗务员兼职另拣员接充事的呈文

1923 年 4 月 1 日

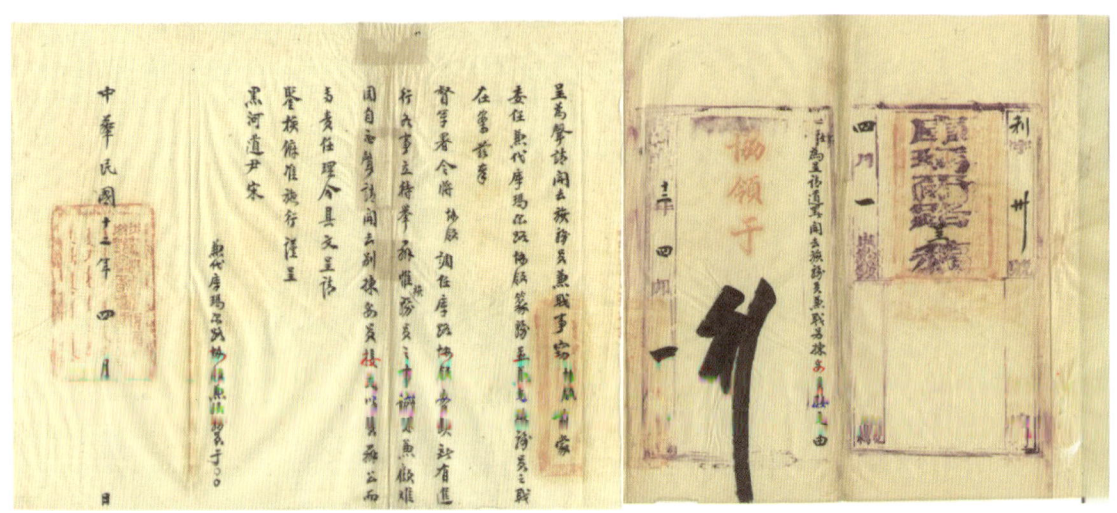

265. 库玛尔路协领公署为如数接收本路民国十一年七月至十二月办公津贴经费事的呈文

1923 年 4 月 4 日

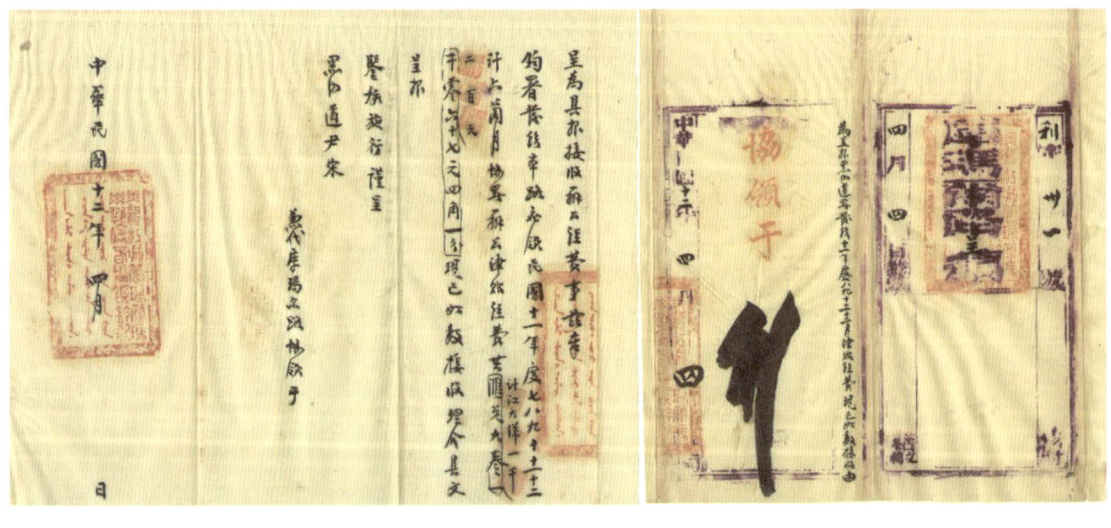

266. 镶黄旗头佐佐领来忠
为请在空闲时间养病事的呈文（满文）

1923年4月12日

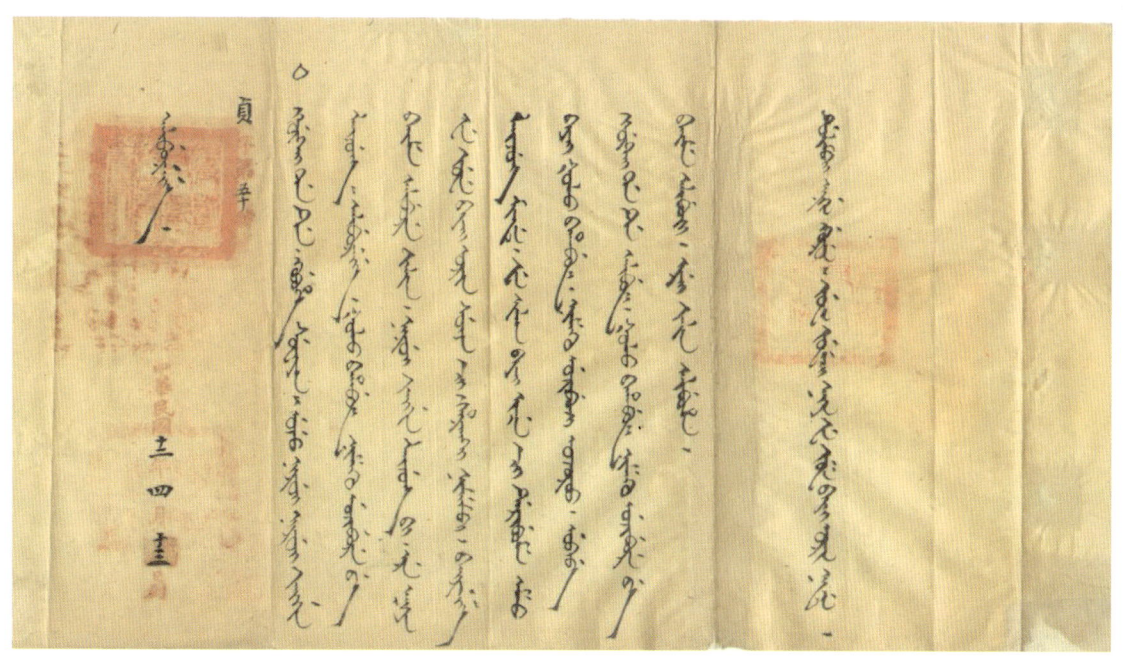

呈 文

　　镶黄旗头佐佐领来忠呈给协领，为请在空闲时间养病事呈。本佐领在本年旧历二月二十五日因病发烧。查得，我本人旧历三月初起有一个月空闲时间，可在此空闲时间养病。将此呈给协领，呈请在空闲时间养病。

　　为此呈。

民国十二年旧历二月二十七日

267. 库玛尔路协领公署
为催促来本署商议事的公文（满文）

1923 年 4 月 20 日

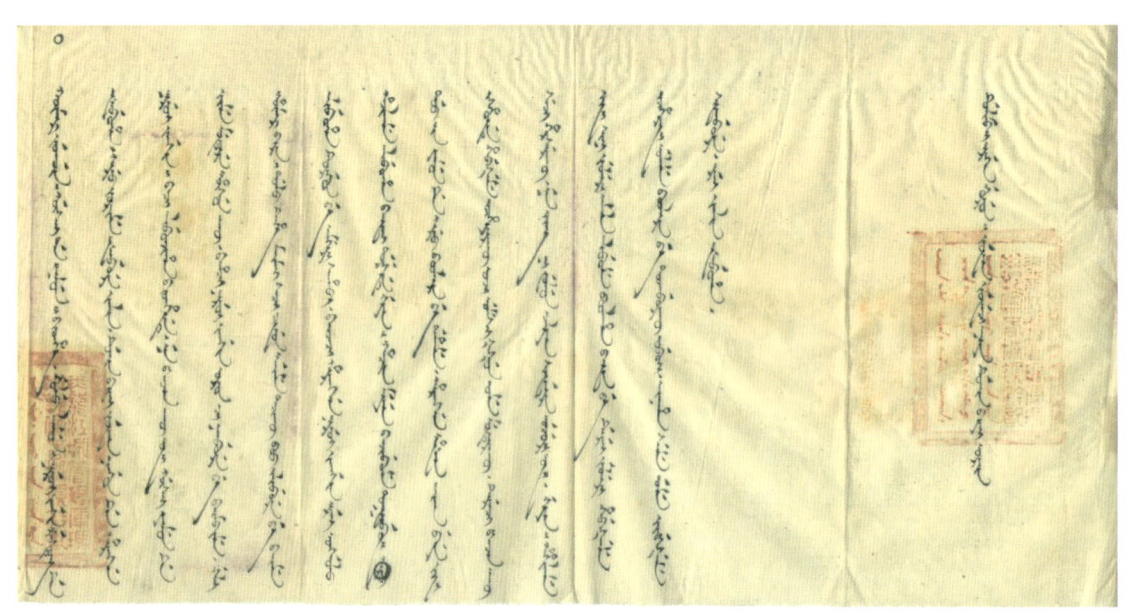

公 文

　　库玛尔路协领公署公文，转交正蓝旗佐领刚通，为按转交指示办理事。本年四月十六日，所辖佐领处来文内开：（我）现因没有路费，不能到衙署办理旗务，请求从佐领职位革退。又请呈将呼玛尔河设卡收取的税费用于建造校舍的缘故一并上报告知。查得，所辖佐领此前亲自呈送事务，理应将此类事项编定，报送道尹衙门。所辖官员若不能亲自前来商议办理，则会导致所理事务混乱。为此，不要理会其没有路费之事，当下正是发放俸禄之时，理应快速前来，将前后报呈之事当面商议办理。请勿延误传报。

　　为此转交。

民国十二年四月二十日

268. 库玛尔路协领公署为催促将所领荒地开垦事的布告

1923年4月20日

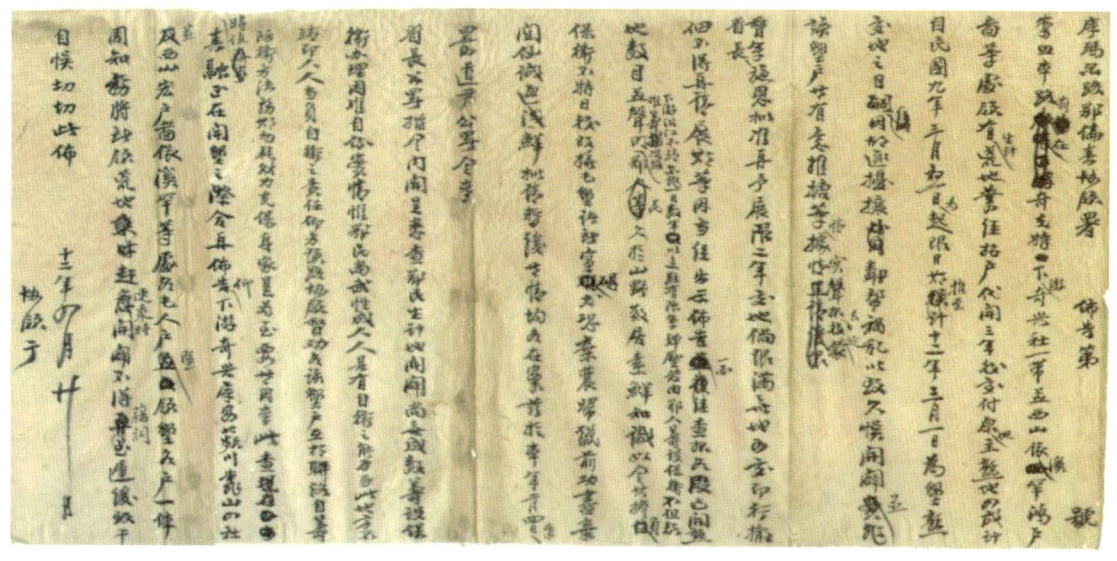

269. 库玛尔路协领于多三为具报正式就职任事日期事的呈、咨、训令

1923年4月

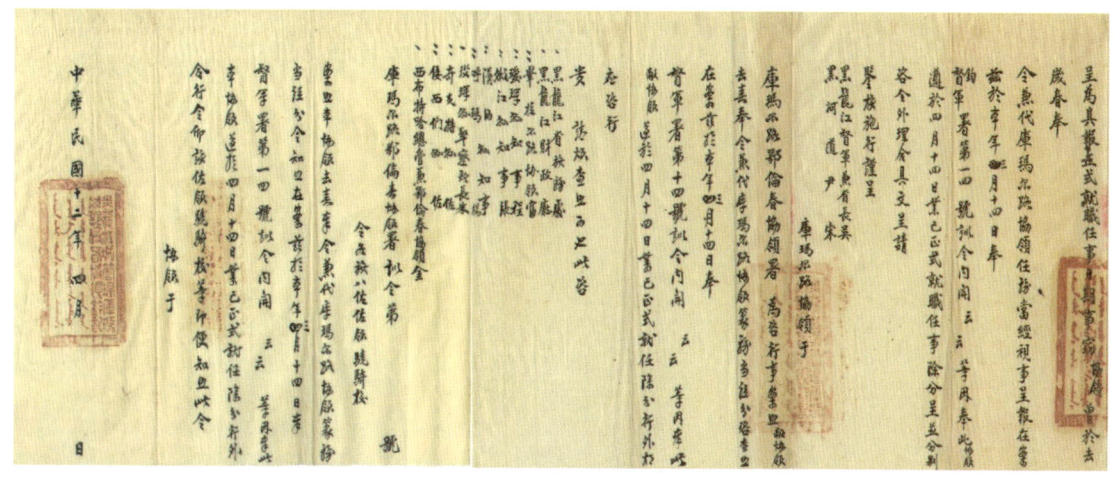

270. 黑河道尹公署为更换库玛尔路协领公署民国十年津贴粘存簿内各月邮费正式单据事的训令

1923年5月3日

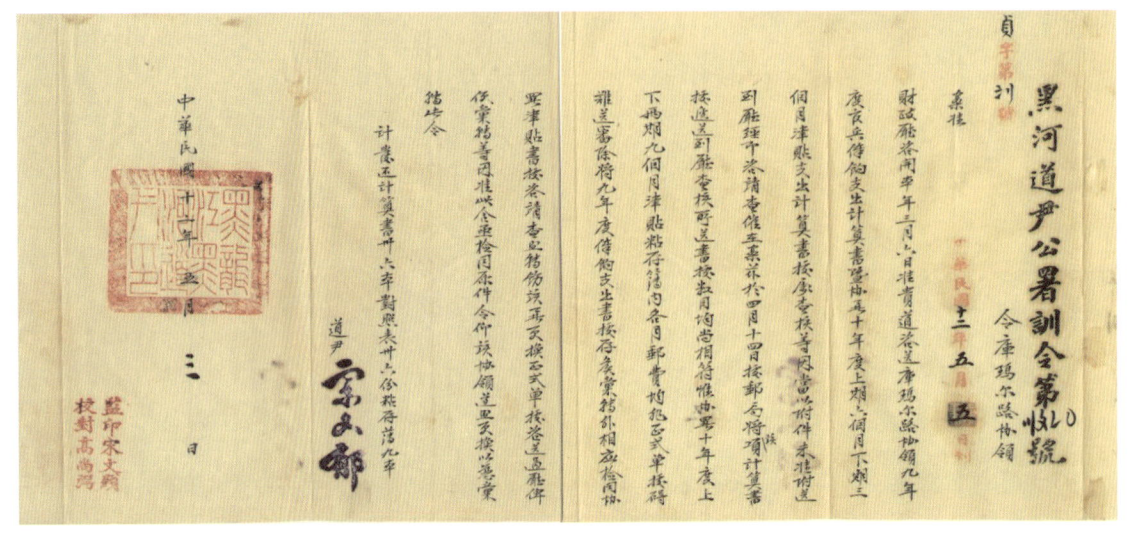

271. 瑷珲县农会为报启用公章日期事的公函

1923年5月11日

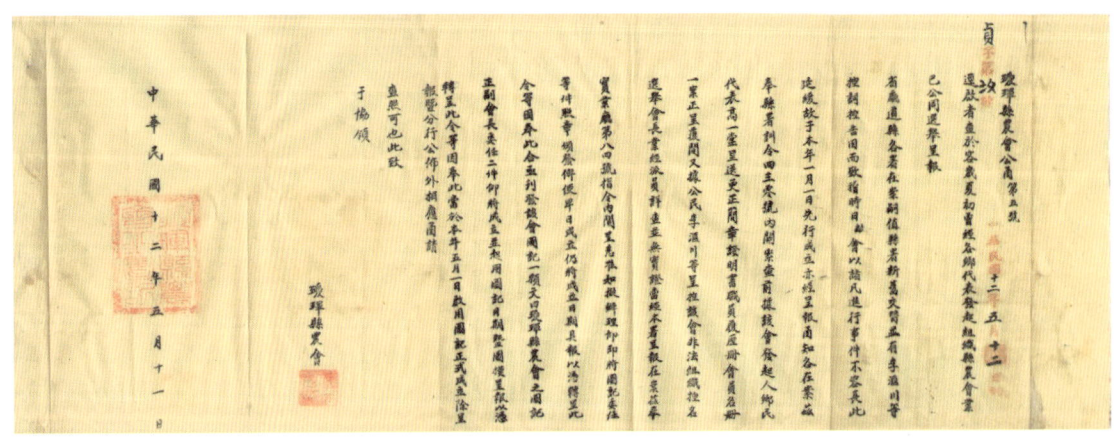

272. 镶黄旗头佐佐领来忠为请革职事的呈文（满文）

1923 年 5 月 28 日

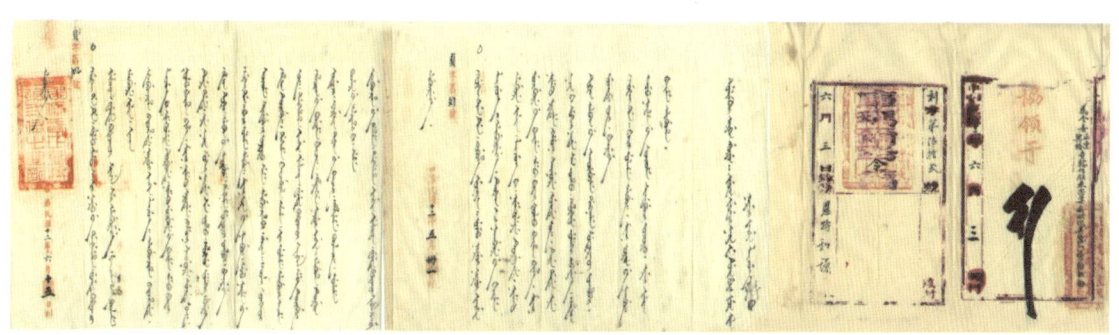

呈　文

  镶黄旗头佐佐领来忠呈与协领，为请革职事呈。来忠我因病请求养病，曾请得一个月的病假。我的病至今尚未（痊愈）。今年初我年满五十七岁，已力不从心，难以尽心尽力办理公务。故此，恳请协领处传呈，将我革退，可另拣选他人补放。

  为此请呈。

佐领来忠
民国十二年旧历四月十三日

273. 黑龙江省旗务处为知照启用绥兰镇守使印信日期事的咨文

1923 年 5 月 31 日

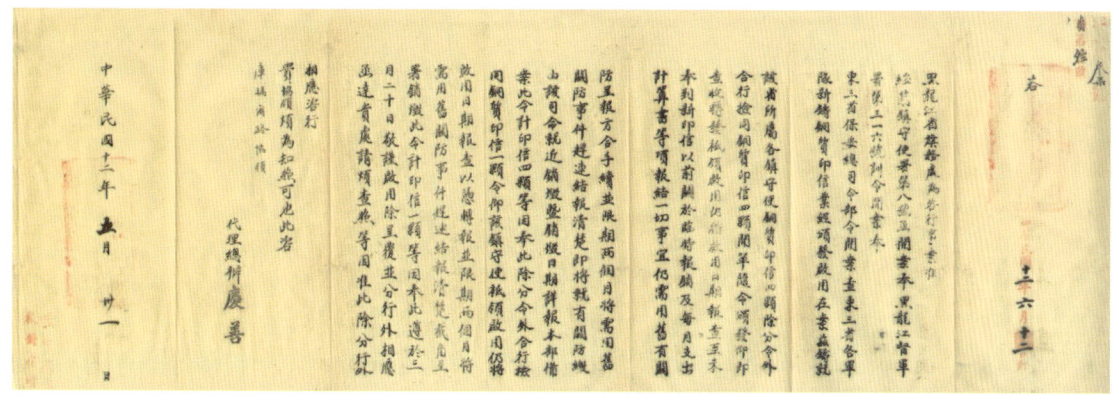

274. 黑龙江省旗务处为步兵第二旅重炮营印信被盗作废另领新印事的咨文

1923 年 5 月 31 日

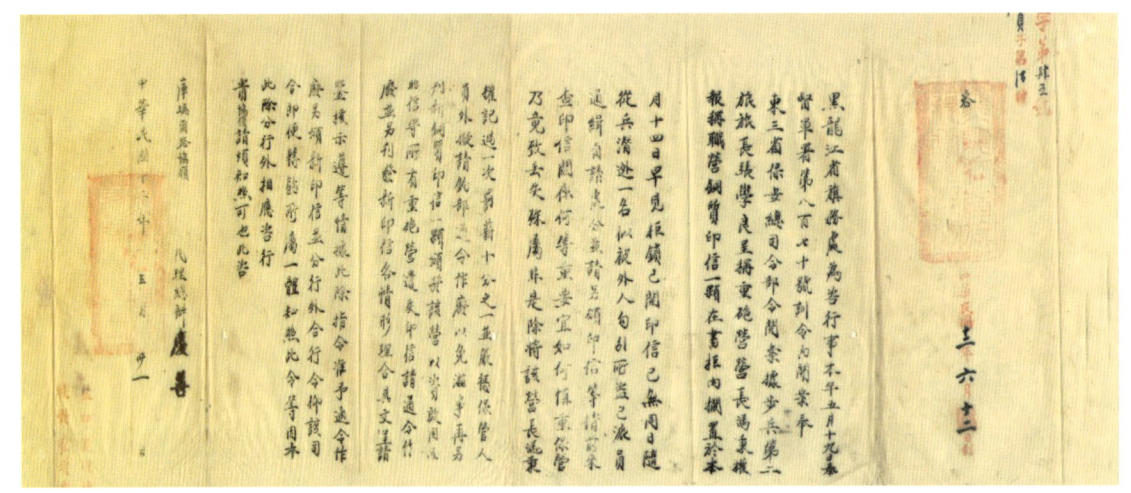

275. 协理正蓝旗二佐骁骑校正连、骁骑校兴根等为请求查证补放官缺虚实事的呈文（满文）

1923 年 6 月 15 日

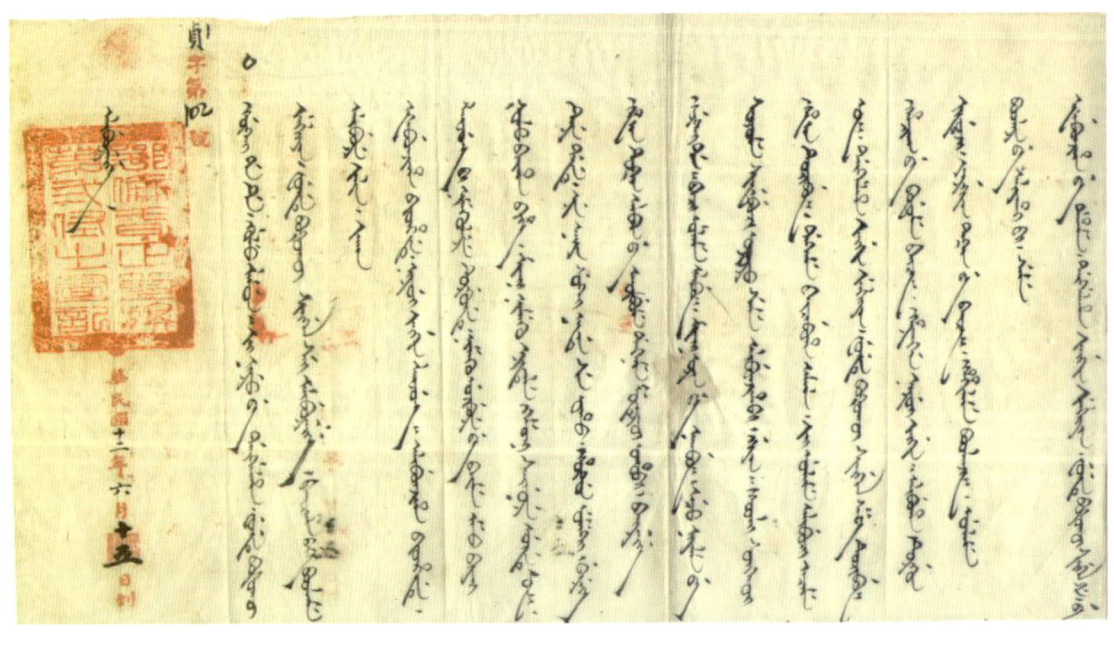

呈 文

　　协理正蓝旗二佐骁骑校正连、骁骑校兴根等呈与协领,为请求查证补放官缺虚实事。近日来文内开,佐领来忠呈文称:来忠我因病请求养病,曾请得一个月的病假。我的病至今尚未(痊愈)。今年初我年满五十七岁,已力不从心,难以尽心尽力办理公务。故此,恳请协领处传呈,将我革退,可另拣选他人补放。

　　依例拣选官员,理应传呈,协理骁骑校正连、骁骑校兴根等补放官缺。就近考察评定,(对)署理协领所呈缘由究竟,请查证虚实。一直静候佳音传报。

　　为此呈报。

协理骁骑校正连　骁骑校兴根

276. 黑龙江督军署为铁山包协领公署迁移绥化县西永安镇驻防事的训令

1923年6月15日

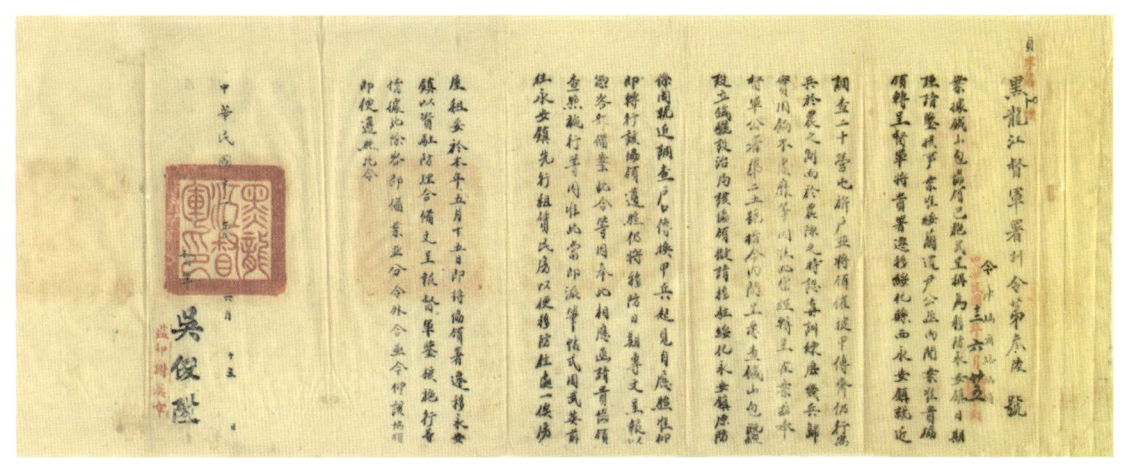

277. 黑河道尹公署关于为美国总统逝世致哀的快邮代电

1923 年 8 月 9 日

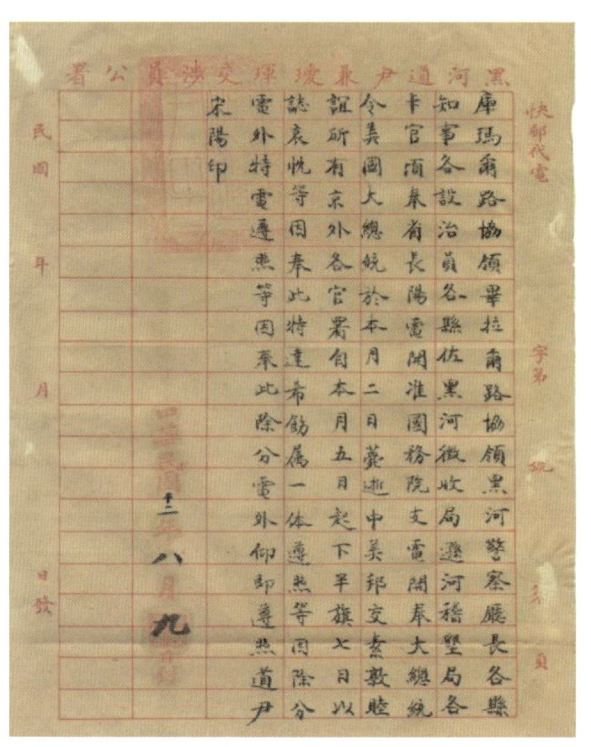

278. 黑龙江财政厅为催促编制报送民国十一年岁出入决算表式例言事的咨文

1923 年 8 月 14 日

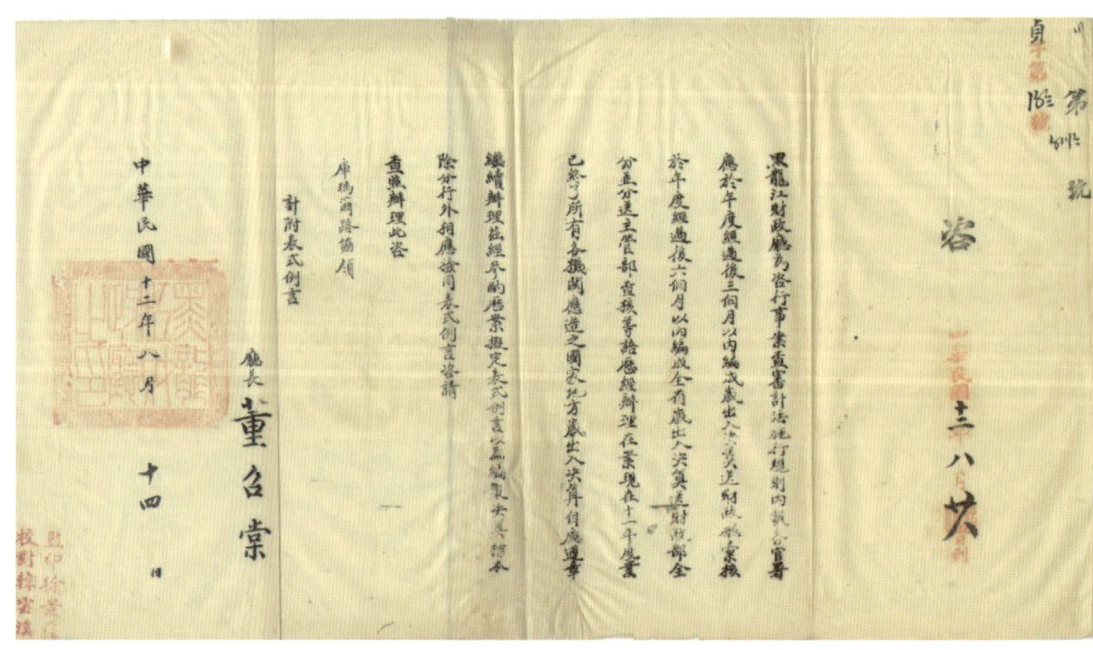

279. 黑河道尹公署为严行清剿叛匪事的训令

1923 年 9 月 26 日

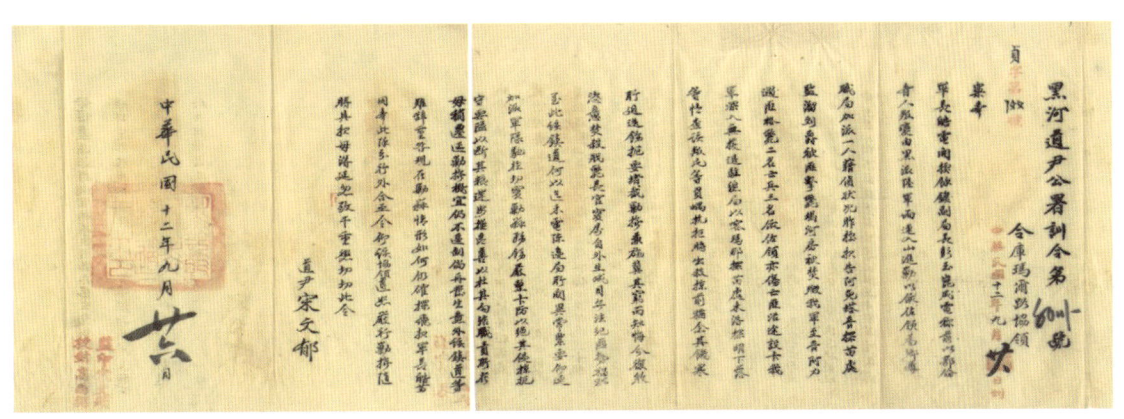

280. 库玛尔路署理镶白旗佐领保忠
为本佐骁骑校哲米善引退事的呈文（满文）

1923 年 12 月 6 日

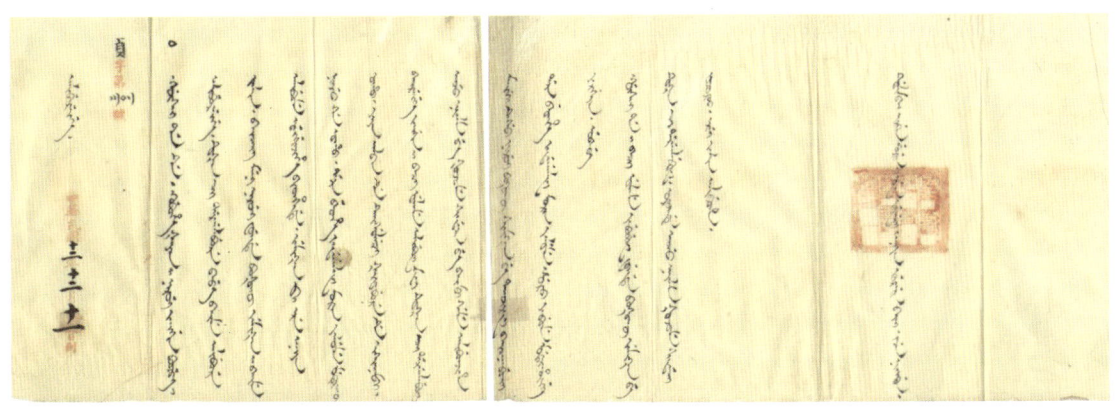

呈　文

　　呈与协领公署，本路署理镶白旗佐领保忠呈，为本部骁骑校哲米善引退事转呈，代本部骁骑校哲米善转呈职务引退公文。本部骁骑校哲米善今已年满六十岁，年事已高，不堪公务，亦不能骑马，处理公务不及从前。为此请下官转呈，欲卸去一切职务，请另行安排他人补缺。下官为此派领催西米善调查，经查，（本部骁骑校哲米善）确实年老，已不能胜任公务，更不能骑马远走当差。为此，向署理旗务衙门转呈本部骁骑校哲米善引退另寻他人补缺公文。

　　佐领保忠为此呈。

民国十二年十二月六日

281. 黑河道尹所属黑龙江城八旗民国十二年全年支出计算书

1923 年

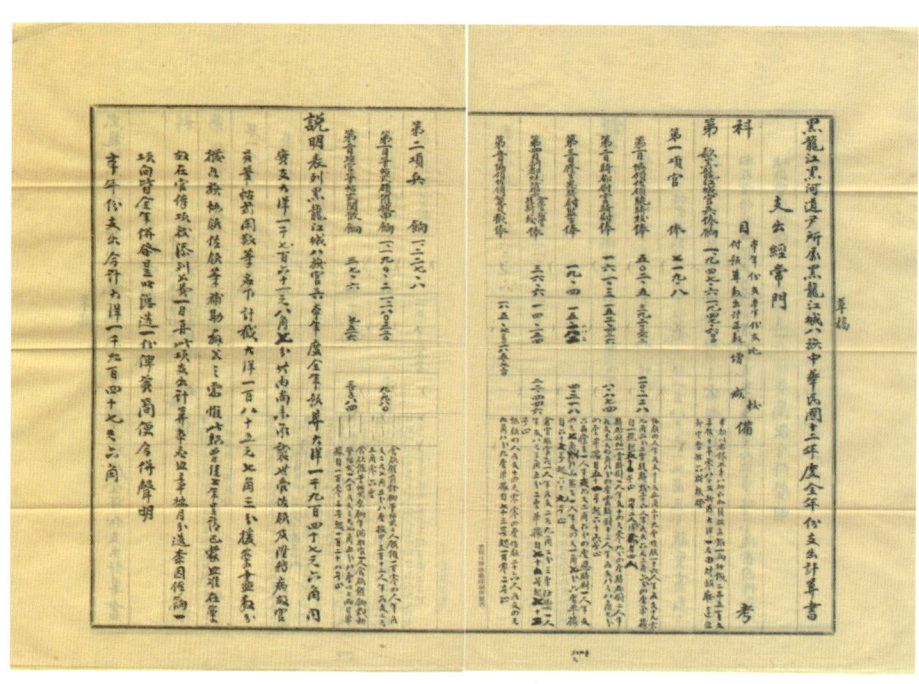

282. 沿江邮站车票

1923 年

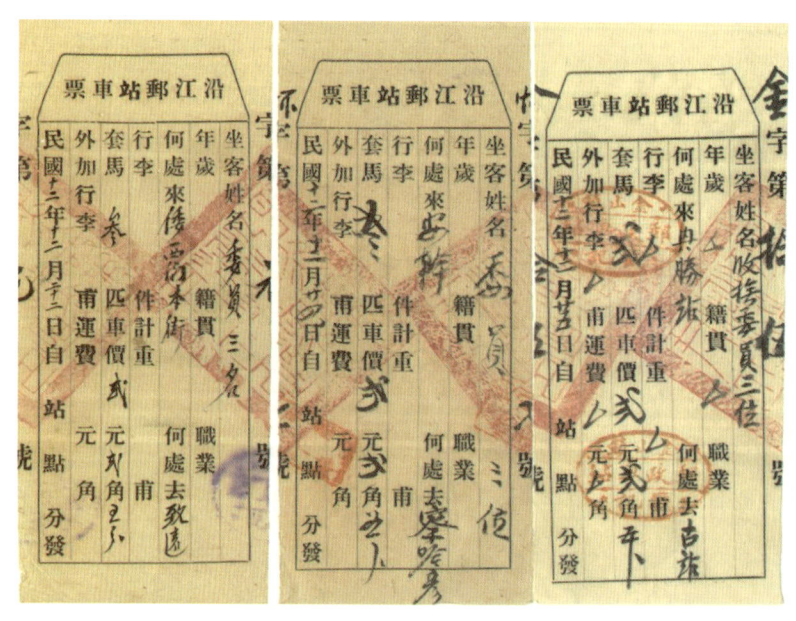

283. 库玛尔路协领公署往来函件的信封（满汉文）

1924 年 1 月 20 日

呈　文

信封正面：中华民国十三年正月二十日。

三类事宜。

284. 库玛尔路协领公署为托克托珲补厢（镶）黄旗骁骑校遗缺事的呈文

1924 年 1 月 22 日

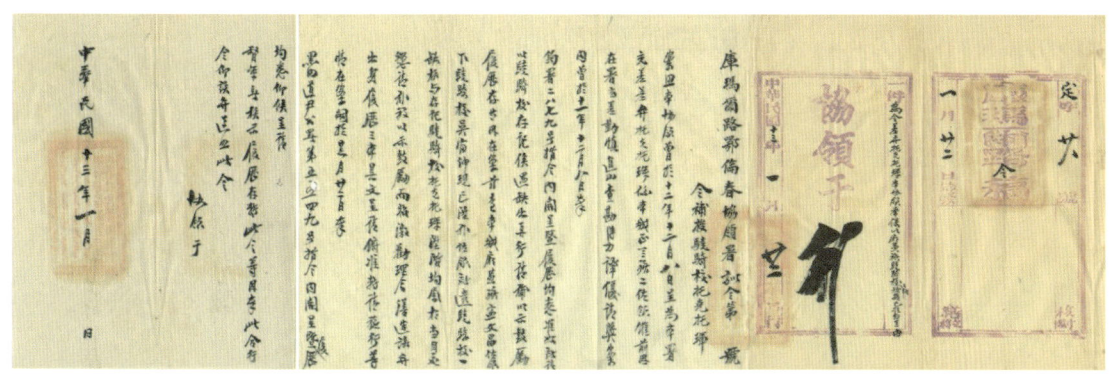

285. 黑龙江省旗务处为颁发奖章收费办法事的咨文

1924 年 1 月 23 日

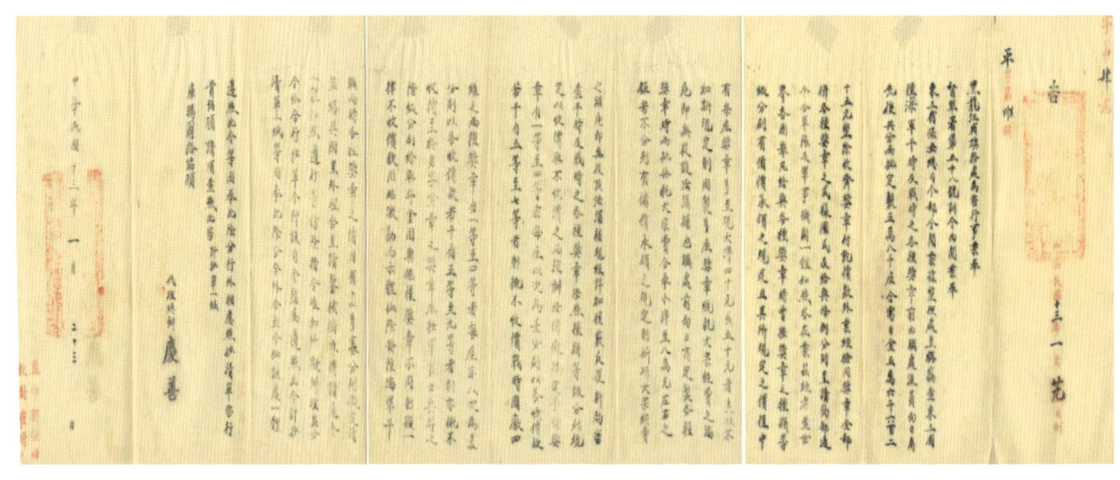

286. 齐黑邮站、沿江邮站车票

1924 年 1 月

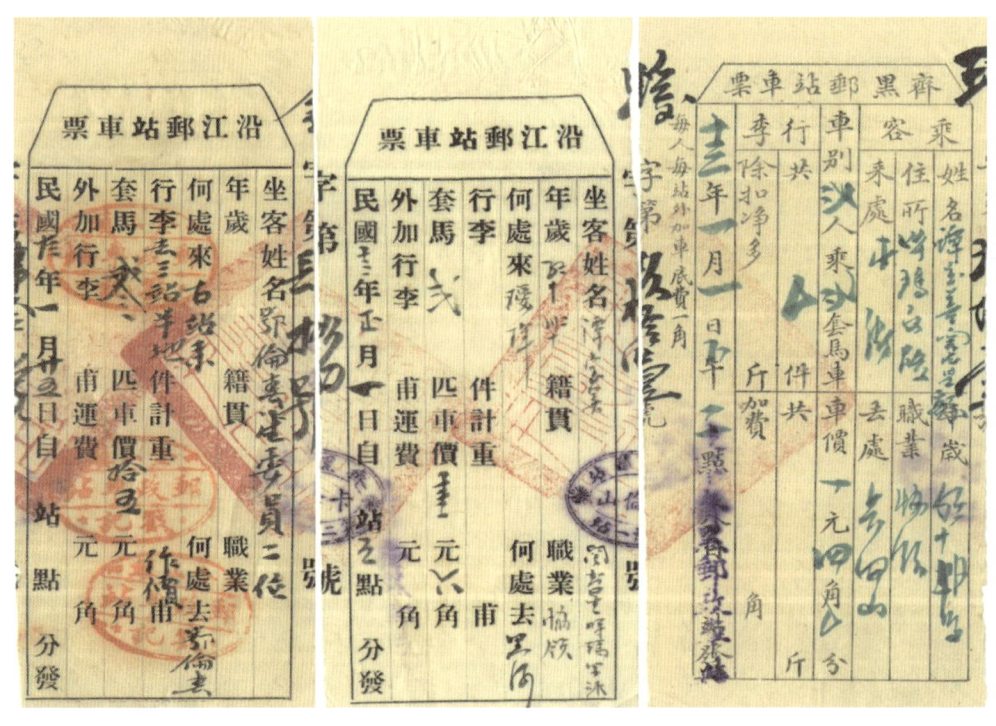

287. 库玛尔路协领公署出具的领取民国十二年七月至十一月津贴经费的印领

1924 年 2 月 22 日

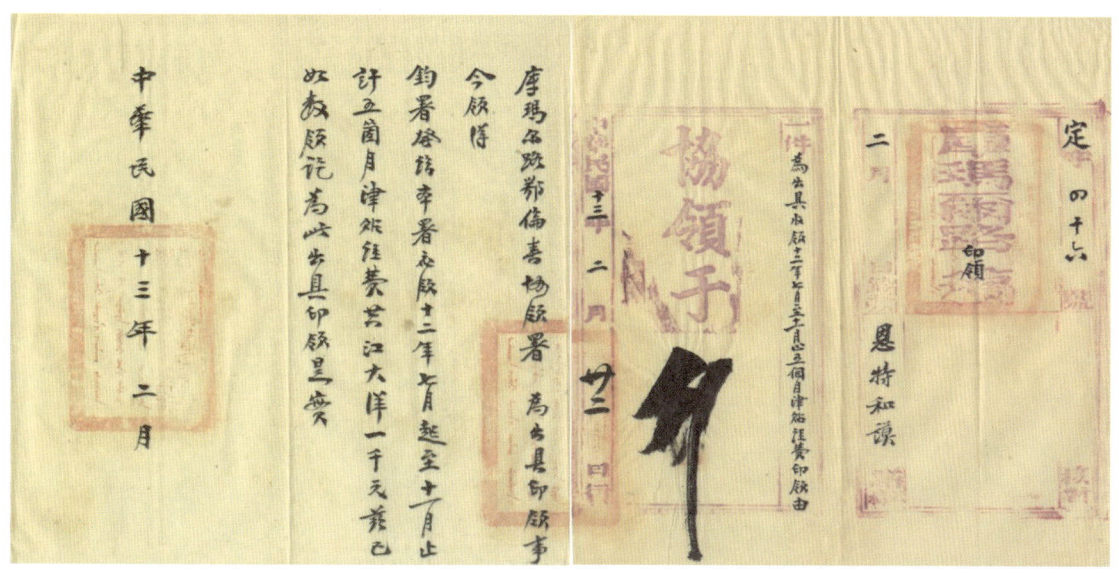

288. 镶红旗协领公署为姚万钟拣放镶红旗佐领并将接收日期呈文备案事的训令

1924 年 2 月 29 日

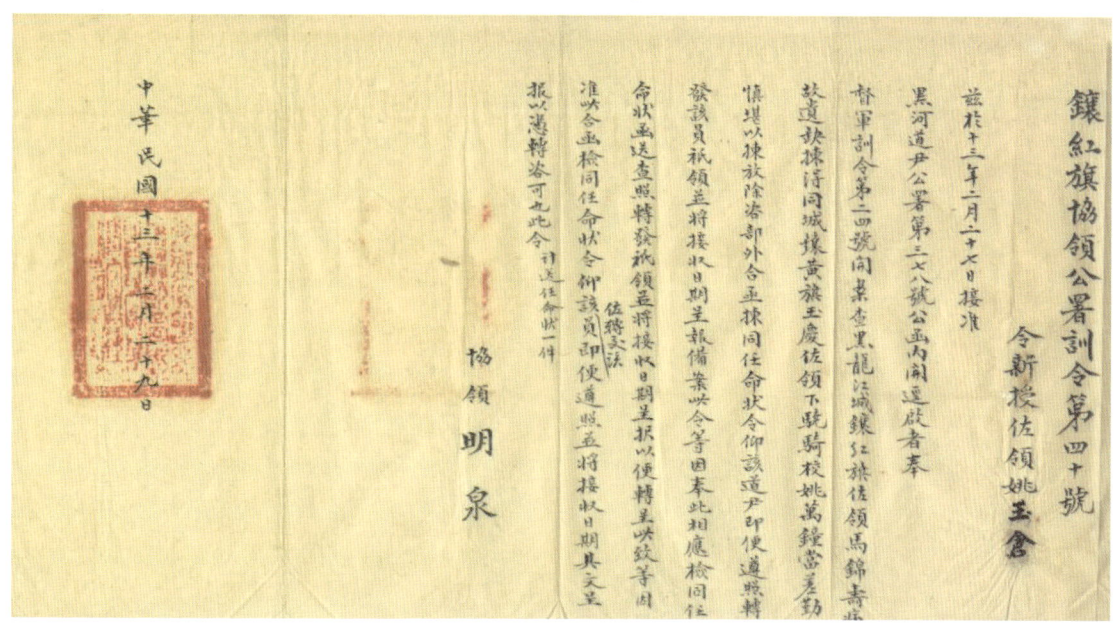

289. 库玛尔路协领公署为更正复送民国十年下期三个月、民国十一年上期六个月津贴经费计算书表簿事的呈文

1924年3月7日

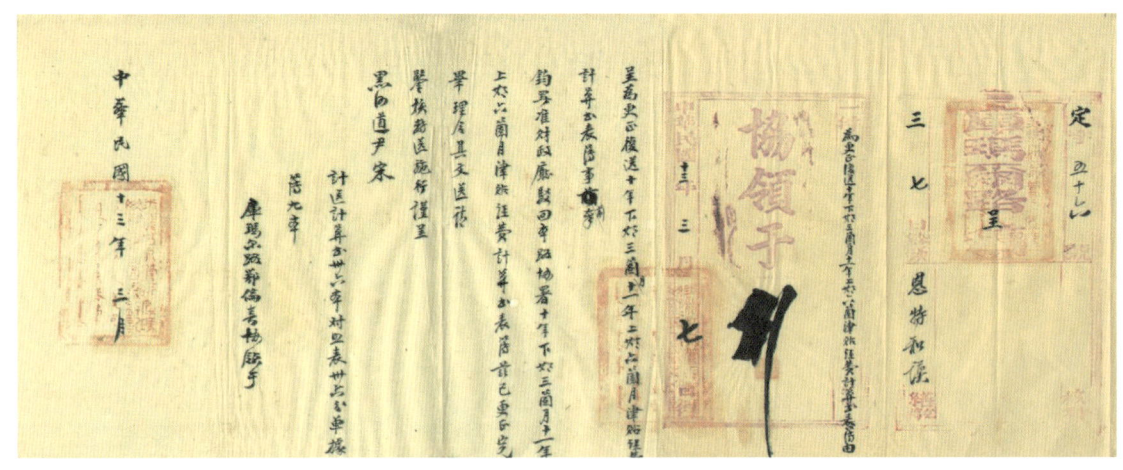

290. 库玛尔路协领为领取饷银事的咨文（满文）

1924年3月16日

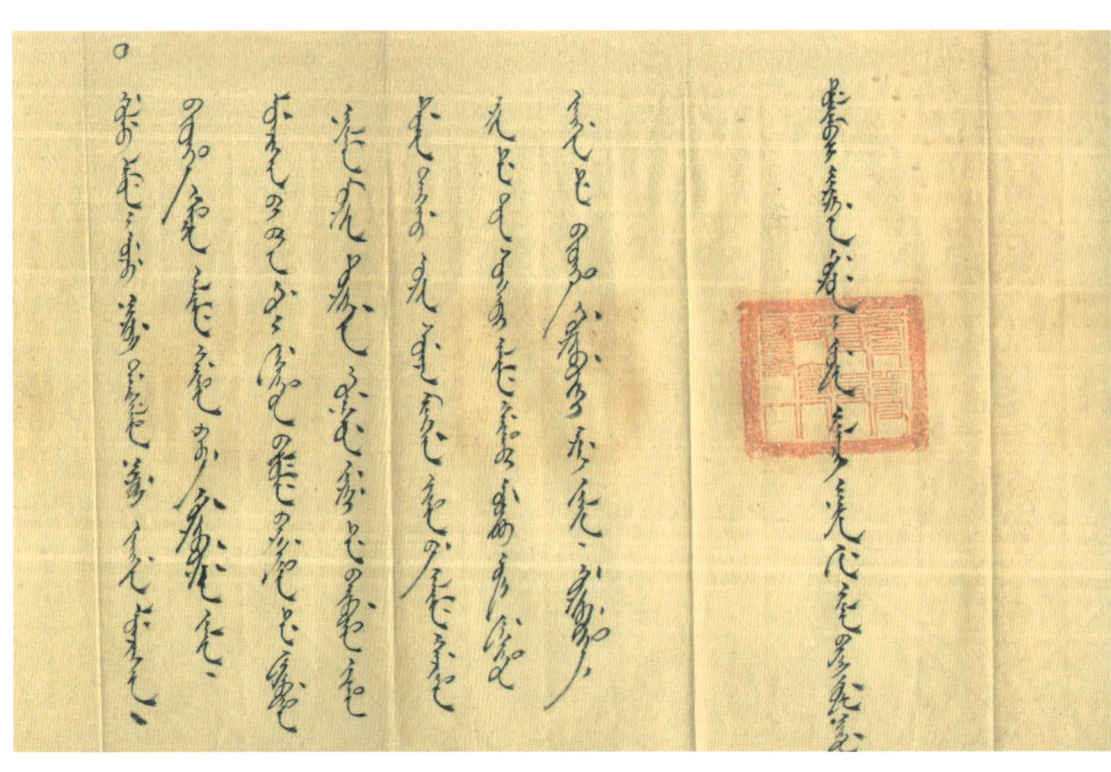

咨　文

　　事咨本路正蓝旗办理事务佐领伦吉善，库玛尔路协领咨文，为佐领伦吉善领取饷银事。现令镶黄旗头佐佐领伦吉善前来领取所属二十户饷银及该佐下辖二十户日常所需费用，共计四十二万五千。特指令佐领伦吉善前来领取，各人按实领取画押，不得有误。

　　库玛尔路协领为此咨。

民国十三年三月十六日

291. 署理正蓝旗头佐骁骑校伦吉善为收抚众官员事的移文（满文）

1924 年 3 月 26 日

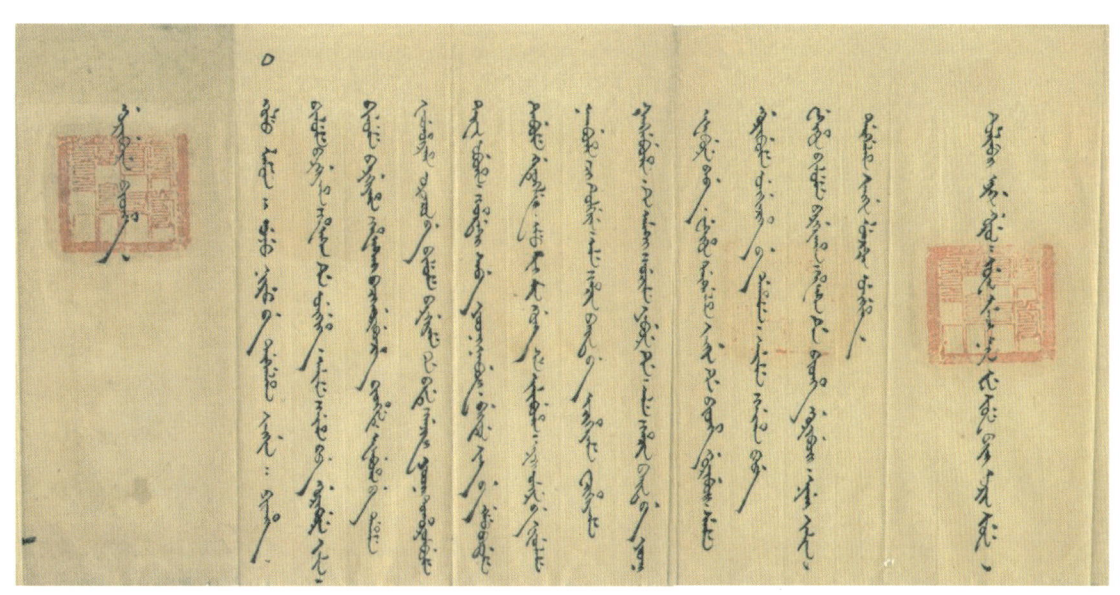

移　文

　　署理正蓝旗头佐骁骑校移送收抚众官员文书，为接受移交事。收抚众官员处移文内开：已将叛乱的鄂伦春人清缴收抚，现都已太平安宁，不法商人全部被禁止经商，所欠债务全都核查清楚，济民公司除了严格执行禁令外，所有事务办理完毕，应给予奖励。今后办理各类公务时，将所有事均移文交付署理佐领办理，移文贵署收抚众官员。为此移文。

　　署理骁骑校伦吉善移交。

民国十三年农历二月二十二日

292. 托拉哈为禀请缓报户口册并禀报领催吉木德抗令不传且不听规劝事的信函

1924年4月4日

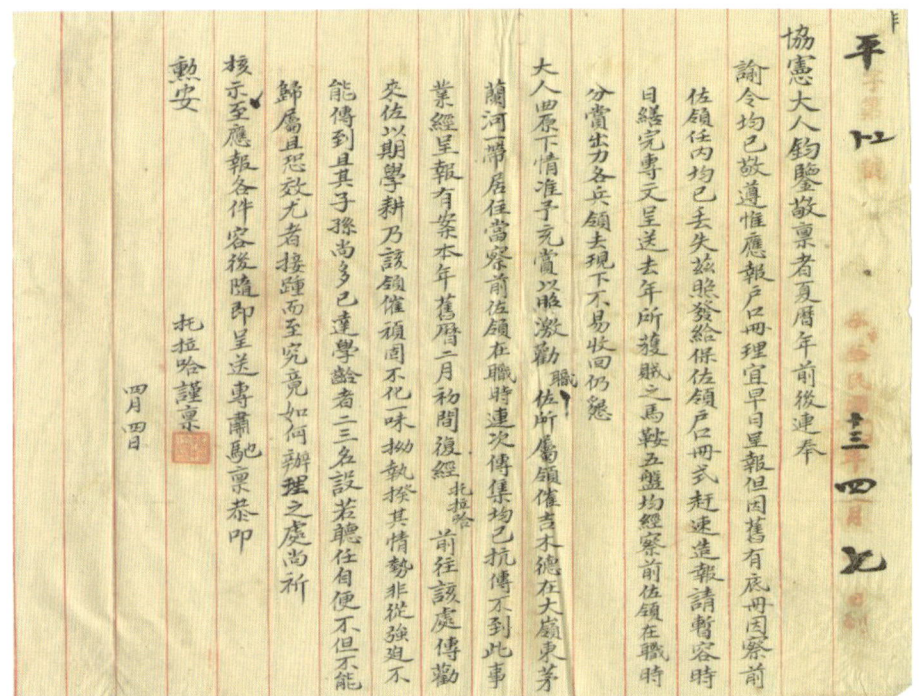

293. 署理佐领伦吉善为接受移交事的咨文（满文）

1924年4月19日

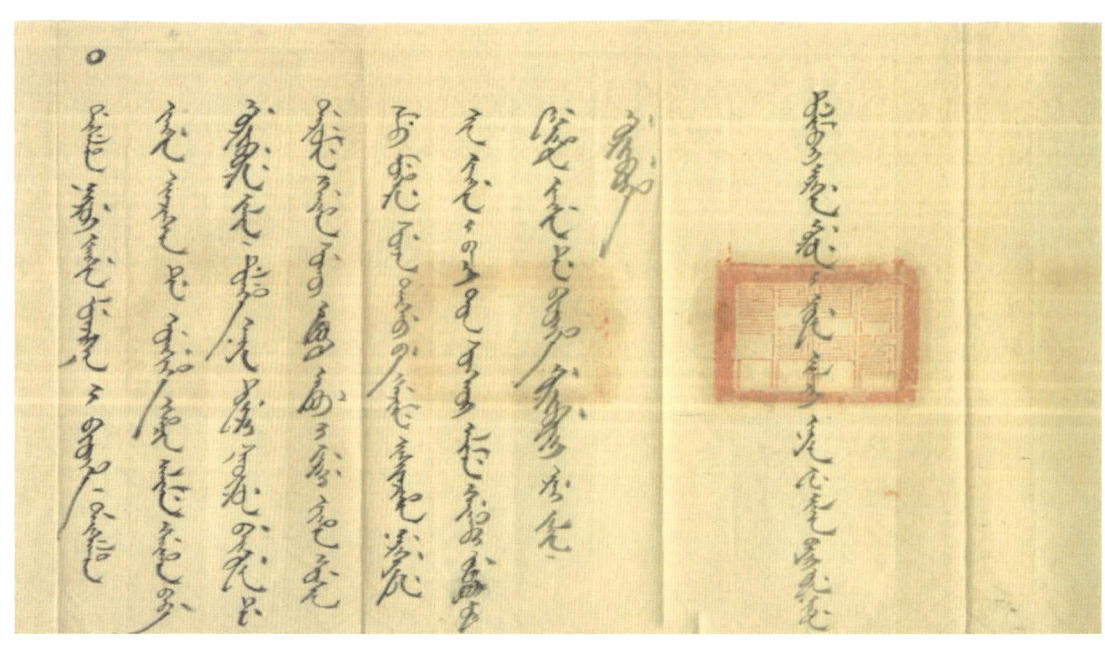

咨 文

署理佐领伦吉善事咨署理骁骑校音吉善文书，为接受移交事。去年冬天天气异常寒冷，（我）赊欠皮衣等钱三十一万五百。钱物运达后，自佐领处按数领取，为此向佐领移交文书。为此移付。

民国十三年农历三月十六日

294. 黑河道尹公署为谭宝善拟具安抚栖林①善后办法事的训令

1924年5月17日

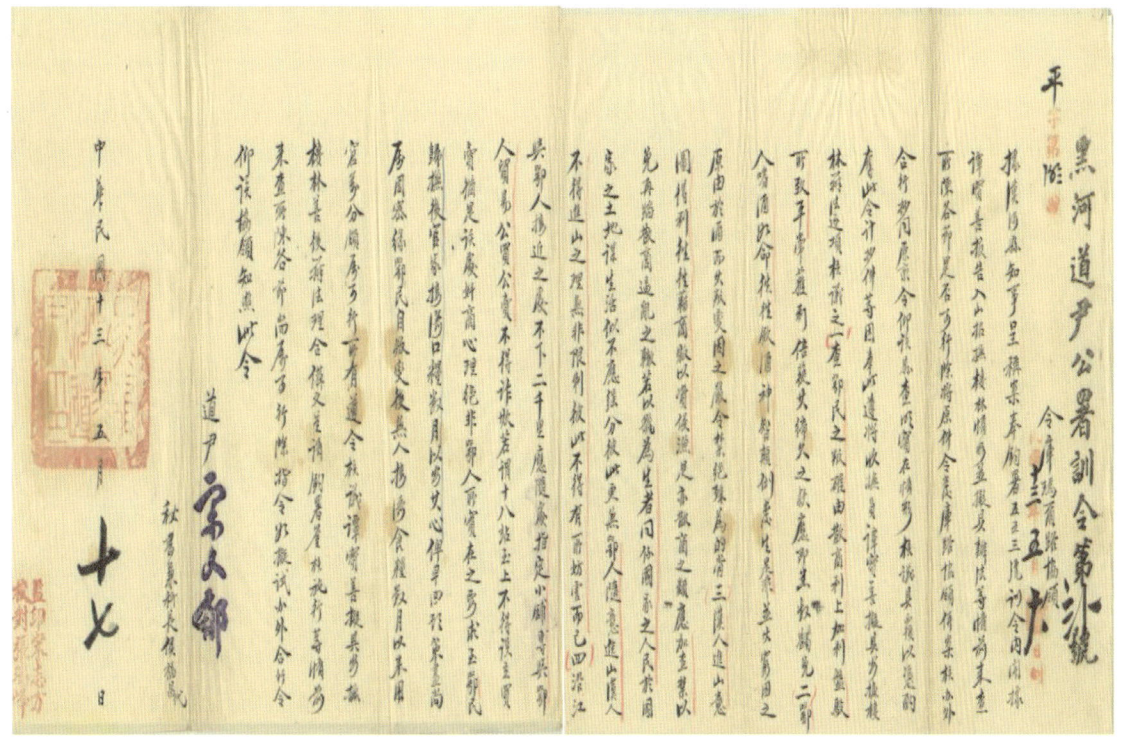

① 栖林：旧时鄂伦春族的他称。

295. 库玛尔路协领公署为购置计算预算用纸事的信函

1924年5月

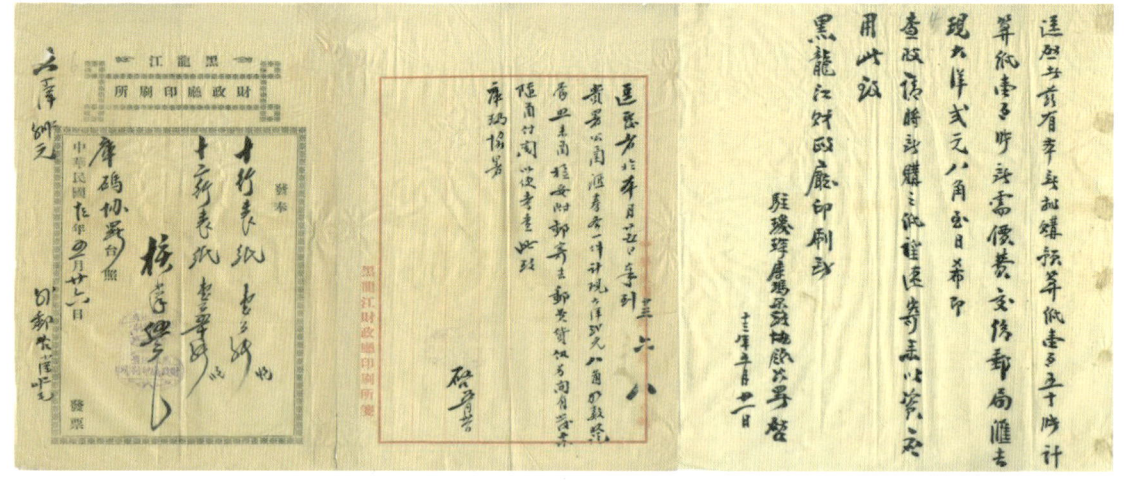

296. 厢（镶）黄旗头佐佐领音吉善为造送本旗户口清册事的呈文

1924年6月2日

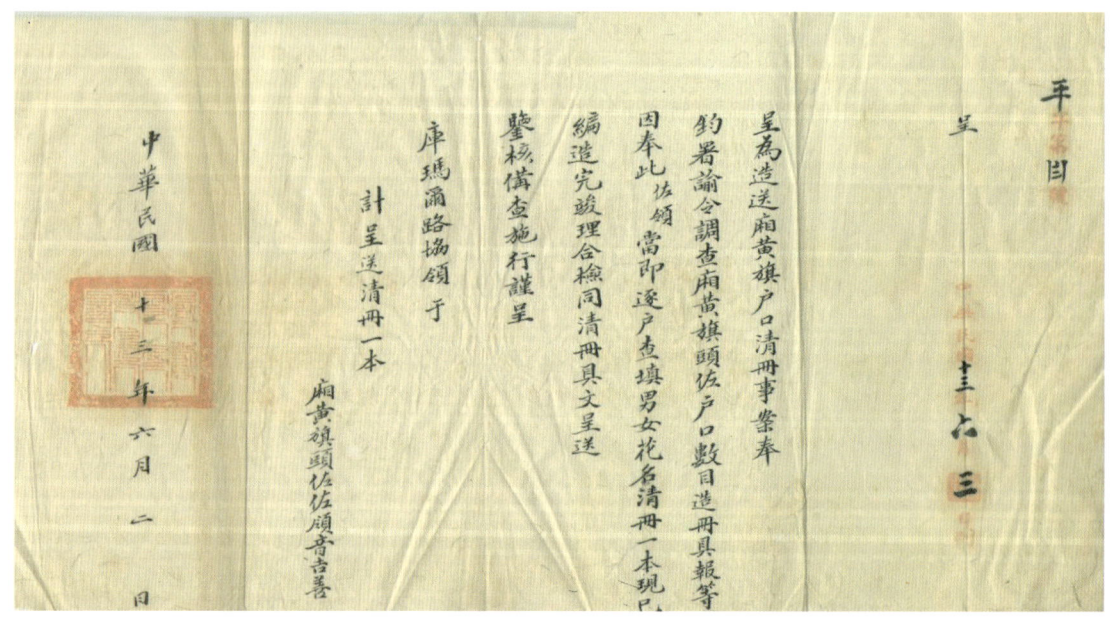

297. 库玛尔路协领公署购置办公用品票据

1924年

298. 黑河道尹所属黑龙江城八旗民国十三年全年支出计算书

1924年

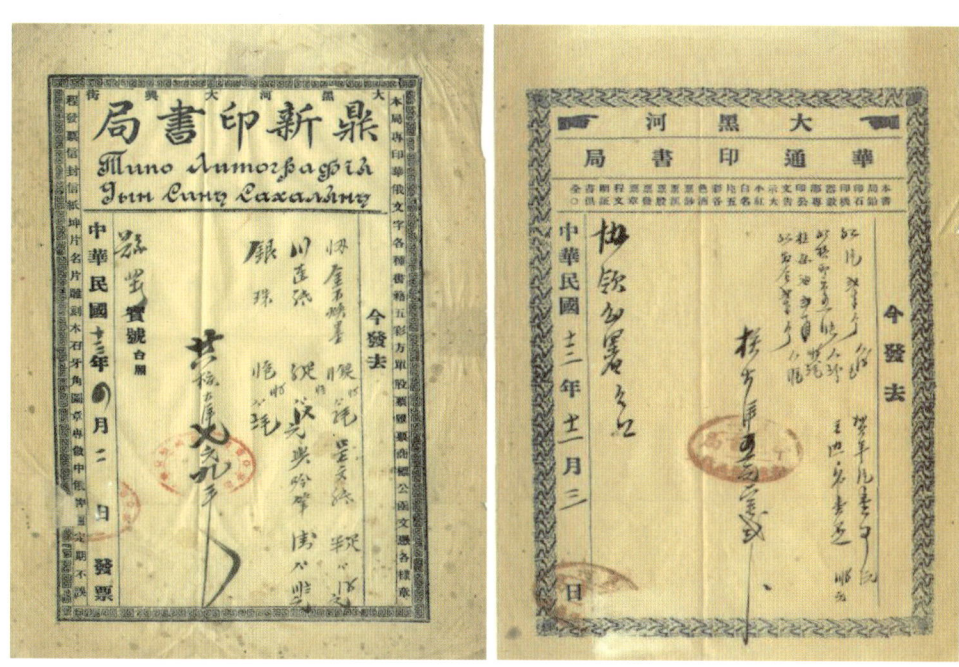

299. 库玛尔路协领公署挂号邮件收据

1924 年

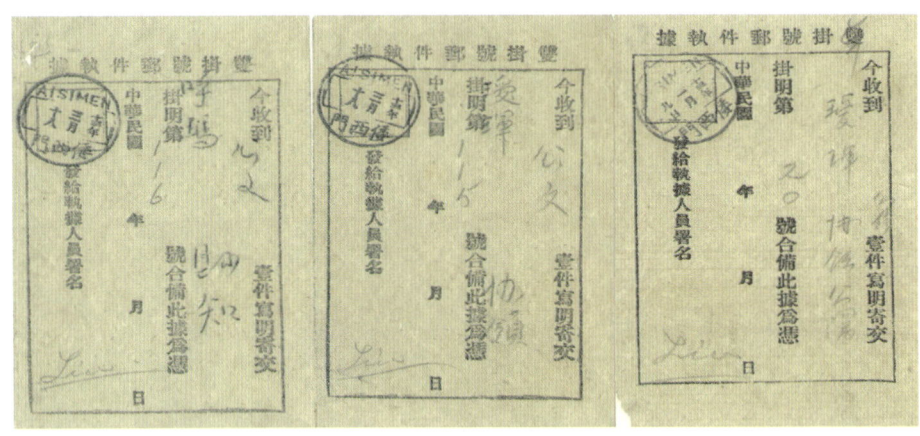

300. 正蓝旗头佐佐领伦吉善、二佐佐领关德兴、本部骁骑校吴永忠为请示官服样式事的呈文（满文）

1925 年 3 月 6 日

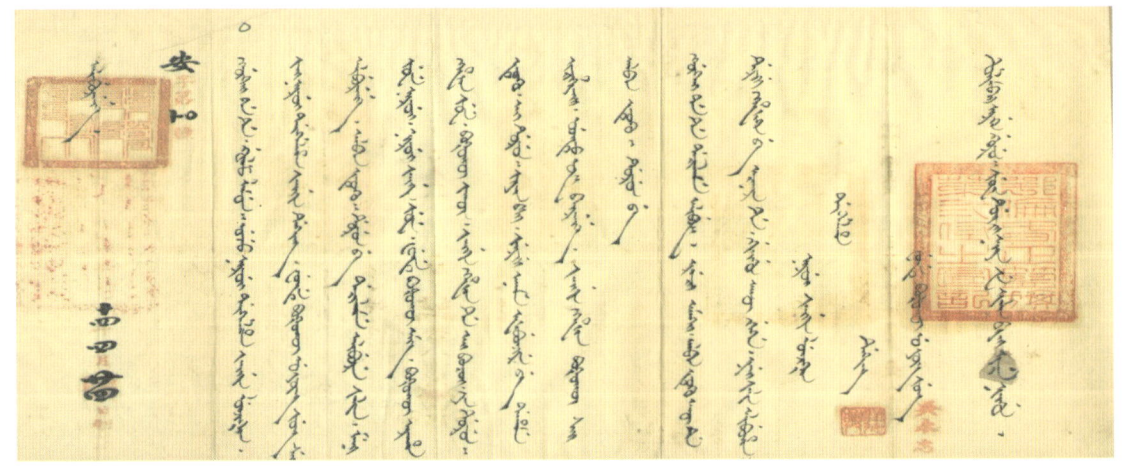

呈 文

呈与库玛尔路鄂伦春协领，本路正蓝旗头佐佐领伦吉善、二佐佐领关德兴、本部骁骑校吴永忠呈，为请示官服样式事。本路镶蓝旗共有两佐，有佐领两员、骁骑校两员、委官两员、领催八员。现向协领请示今后官服样式，为何款式、颜色？为何品级图案？今后是否取消官服？是否取消可否当面陈明？佐领伦吉善、关德兴，骁骑校吴永忠为此呈。

办理事务画押：佐领伦吉善、关德兴，骁骑校吴永忠。

民国十四年三月初六日

301. 正蓝旗头佐佐领伦吉善为本佐补缺名额事的呈文（满文）

1925年3月22日

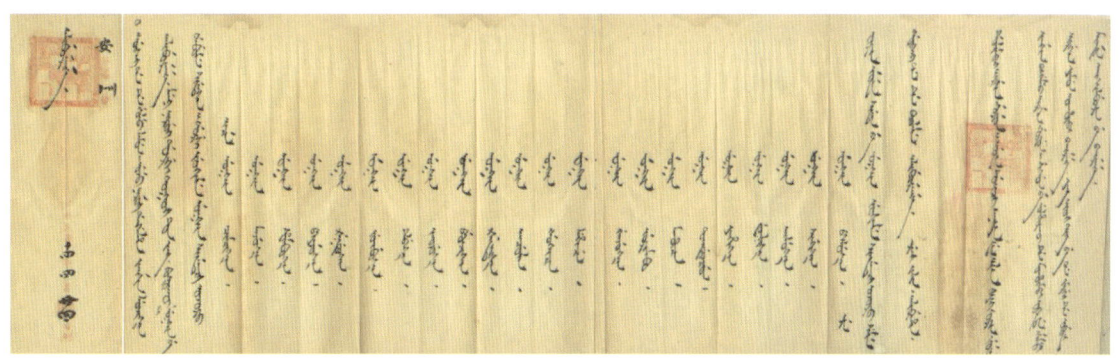

呈 文

呈与本路协领，本路正蓝旗头佐佐领伦吉善呈报，为本部补缺名额事呈。我等将本部领催、骁骑校、披甲、西丹名额核实补放。

粘单：

新任披甲齐木布善、披甲玛朱善、披甲郝宝善、披甲啪雅朱善、披甲葛克都善、披甲雅布善、披甲特尔博善、披甲扎昆朱善、披甲普吉善、披甲葛泰善、披甲安楚兰、披甲高吉察、披甲勒西彻、披甲根柱善、披甲朱里布、披甲玛乎察、披甲陶都善、披甲雅吉善、披甲福克里善、披甲艾禄善、披甲新吉善、披甲帕禄善。

核定二十二名西丹、披甲补放名额。

民国十四年三月二十二日

302. 黑河道尹公署为增加鄂伦春游击队官兵俸饷事的训令

1925年3月25日

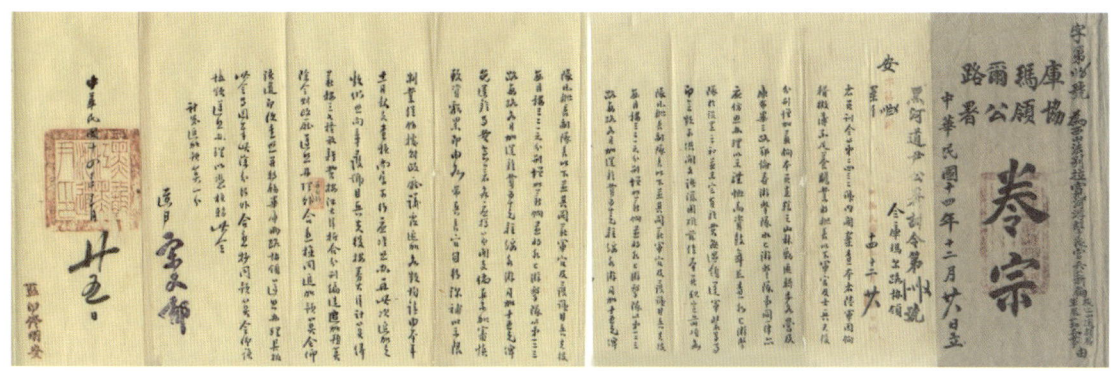

303. 正蓝旗头佐佐领伦吉善为委任杨玉亭为本佐骁骑校事的呈文（满文）

1925 年 3 月 29 日

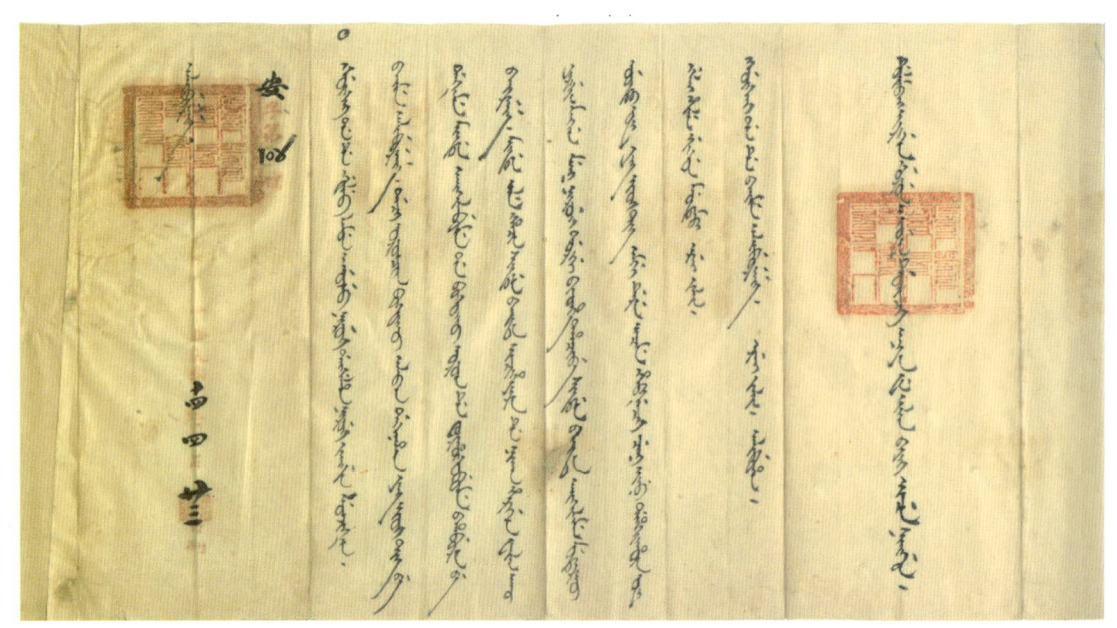

呈 文

呈与本路协领，正蓝旗头佐佐领伦吉善呈，为委任原任鄂伦春骁骑校的杨玉亭为该佐骁骑校事。下官伦吉善署理本佐各类事务，不通汉文，实属艰难。本佐属民虽然依照指令办理，但办理公务确实困难。为此，下官我与杨玉亭商议（封其为骁骑校），其人性情温顺，又谙熟汉文。

为此呈报协领大人。

民国十四年农历三月初六日

304. 正蓝旗头佐佐领伦吉善为报送领取奖章者及本佐人丁数量事的呈文（满文）

1925 年 3 月 29 日

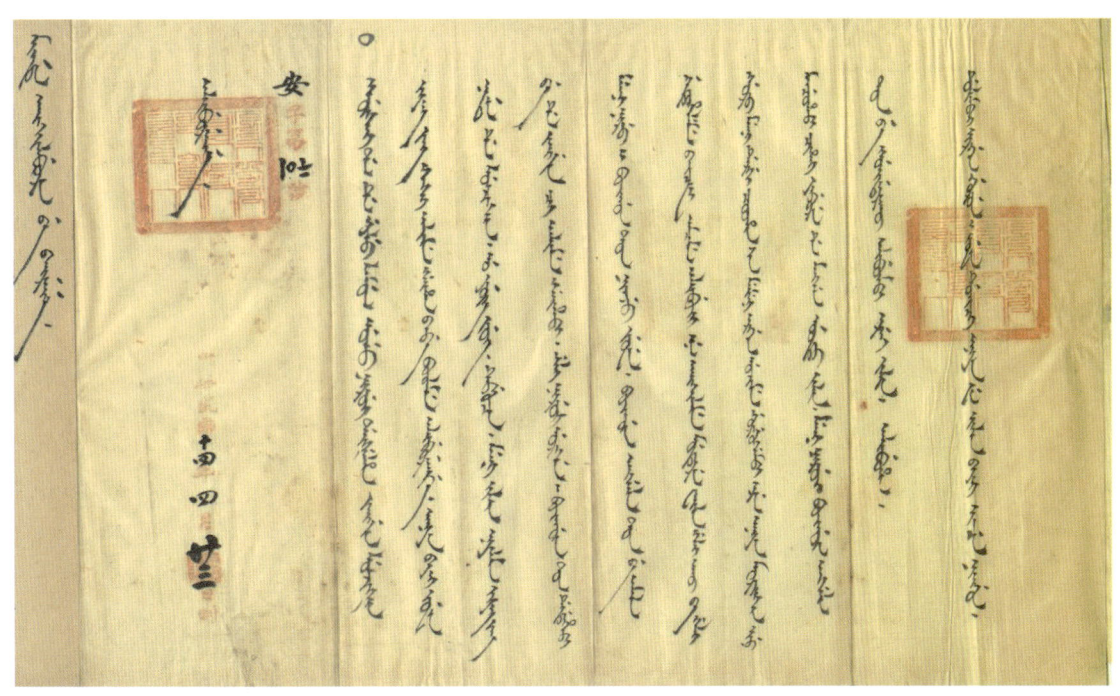

呈　文

　　呈与本路协领大人，正蓝旗头佐佐领伦吉善呈报，为领取奖章事。本年正月十七日，（我）从头佐佐领伦吉善、吴永忠、特布参三人中选出一名领取奖章者。另外，查明本佐有六十二户屯民，人丁数量事后查清上报。现本佐人丁多居于偏远的东部，并各自谋生。今年因马瘦体弱，（我）近期难以远行，待能前往时，即将本佐鄂伦春族人丁数量查清后呈送。

　　为此呈报。

民国十四年农历三月初六日

305. 正蓝旗二佐佐领关德兴为吴永忠补放骁骑校事的呈文（满文）

1925 年 3 月 29 日

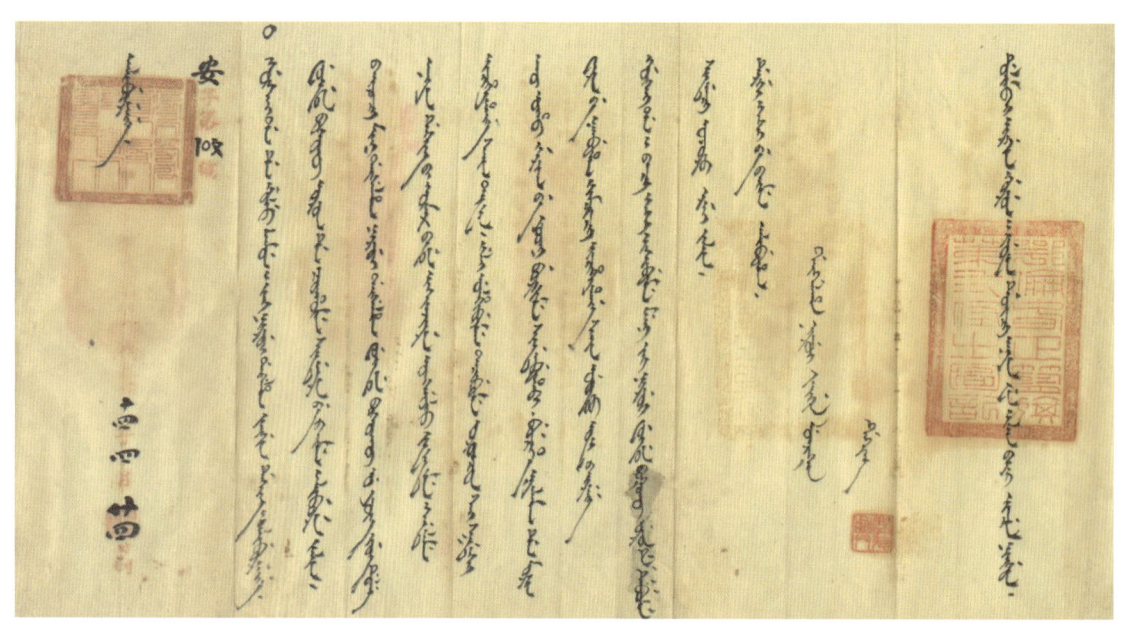

呈　文

　　呈与本路协领大人，正蓝旗二佐佐领关德兴呈，为补放骁骑校事。去年德兴我去库玛尔地方之前，查得本佐骁骑校吴永忠办事精明。另外，其人善于劝说，已劝停鄂伦春族杀马祭祀亡者的旧俗。因他办事得力，请求协领大人施恩，令其补放骁骑校。

　　为此呈文。

正蓝旗二佐佐领伦吉善、关德兴
民国十四年农历三月初六日

306. 库玛尔路协领公署为署理骁骑校吴永忠补放骁骑校事的指令（满文）

1925年4月

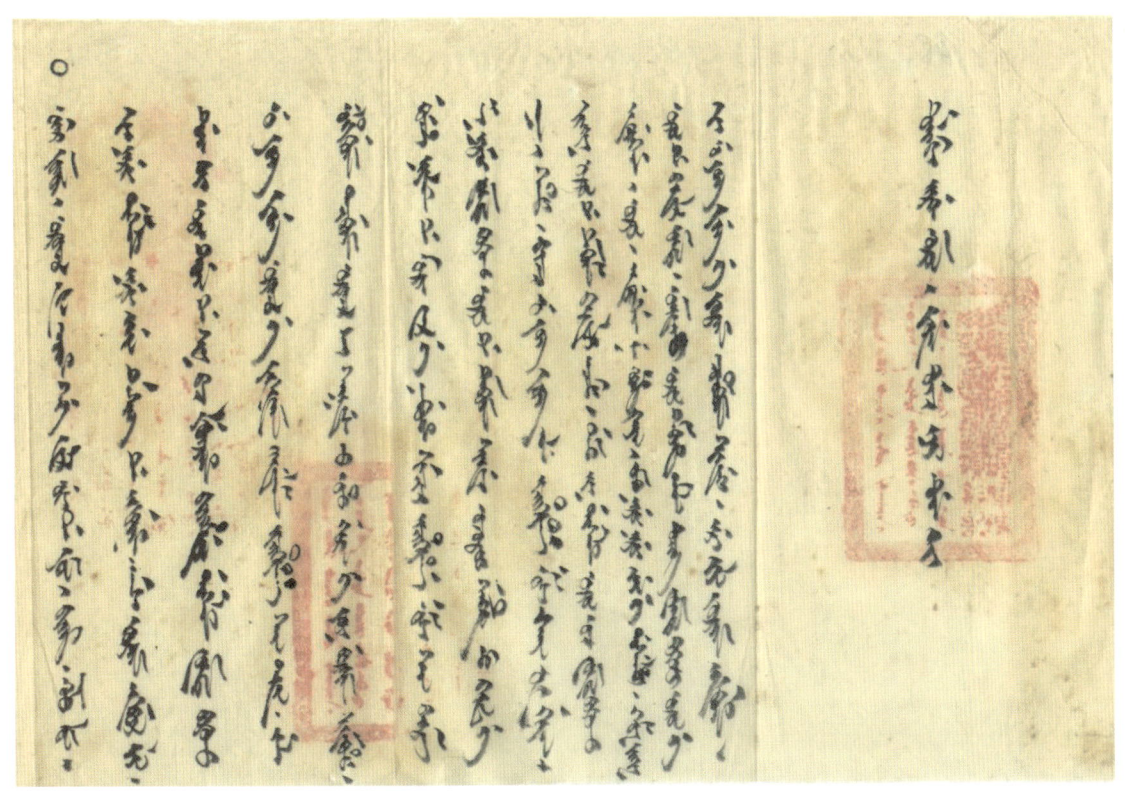

指　令

　　管理库玛尔路鄂伦春官兵协领公署给正蓝旗二佐署理佐领德兴的指令，为交付指示事。本年四月二十四日贵处来文内称，署理骁骑校吴永忠管理鄂伦春族事务有方，勤恳办理公务，又善于劝导鄂伦春族老人去世后全部将尸体下葬，禁止用马匹陪葬。我等心存感激，建议其补放该佐骁骑校。查得，吴永忠办差有力，理应补放录用，目前只有他为署理空缺。骁骑校阿栋阿已任职镶白旗头佐佐领，其空缺尚未补放，理应拣选他人填补空缺，将阿栋阿骁骑校一职空缺后，再令吴永忠补放。

　　为此咨行指示。

民国十四年四月

307. 黑河道尹公署为更正黑龙江城八旗民国十二年官兵俸饷支出计算书表簿咨送核办事的指令

1925年6月23日

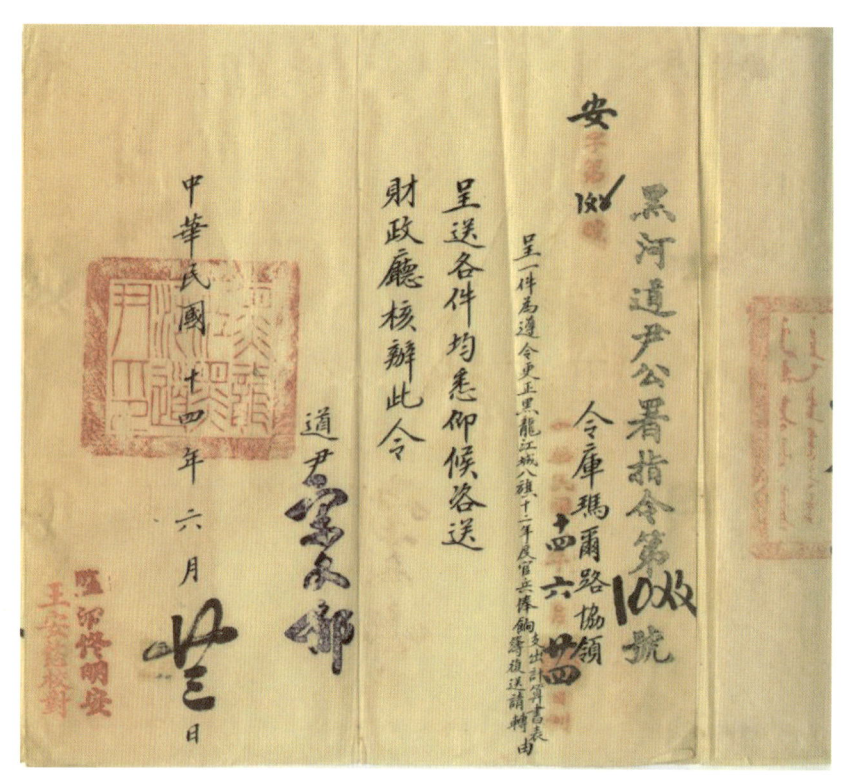

308. 镶白旗头佐佐领阿栋阿为上报本部领催、骁骑校、披甲名册事的呈文（满文）

1925年7月26日

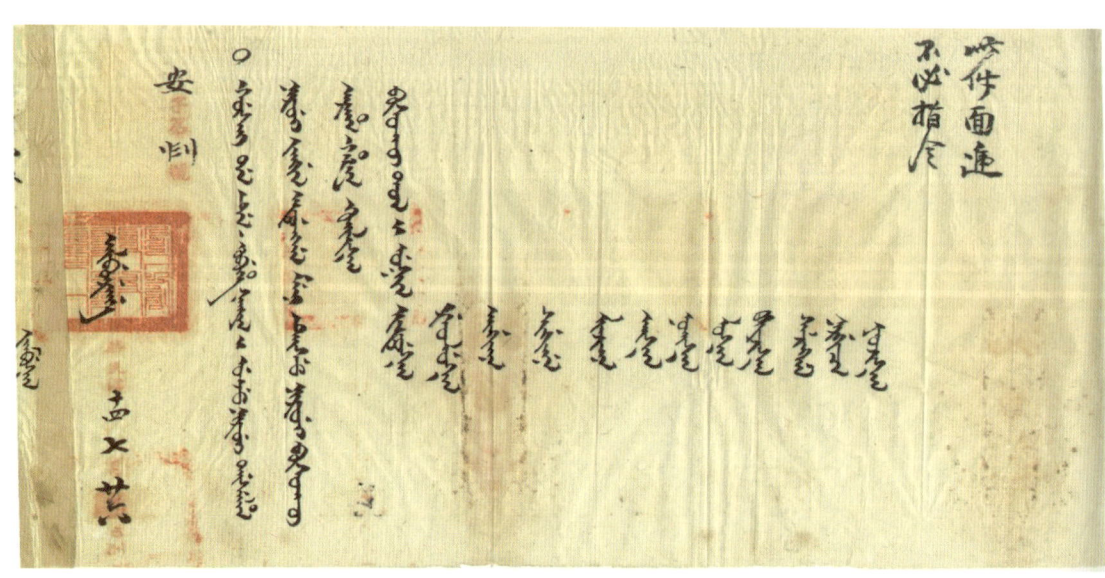

呈 文

呈与本路协领，镶白旗头佐佐领阿栋阿呈，为上报本部领催、骁骑校、披甲名册事呈。

本部领催、骁骑校、披甲名单如下：

披甲伊都善、披甲郭禄善、披甲艾京善、披甲西京善、披甲林吉善、披甲艾萨善、披甲诺伊善、披甲罗善、披甲皮雅吉善、披甲西尔吉善、披甲纳尔吉善、披甲雅傲吉善。

民国十四年七月二十六日

309. 黑河道尹公署为领取民国十三年八旗官兵俸饷事的训令

1925 年 8 月 25 日

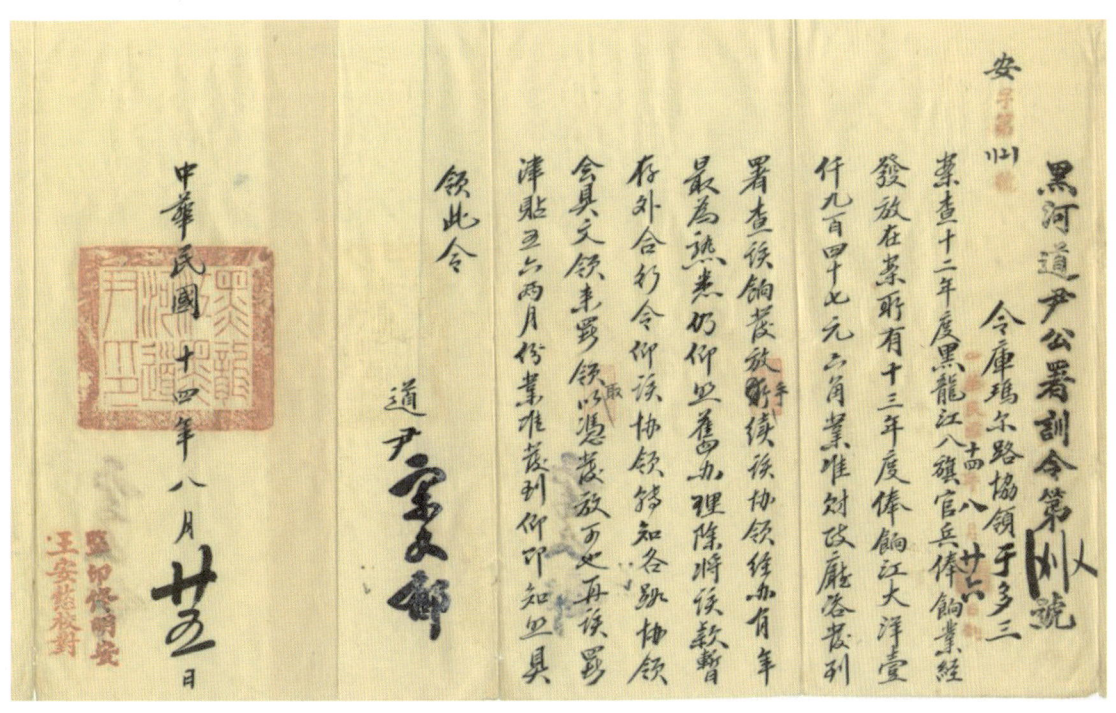

310. 库玛尔路协领公署出具的领取八旗官兵民国十三年俸饷的印领

1925 年 8 月 28 日

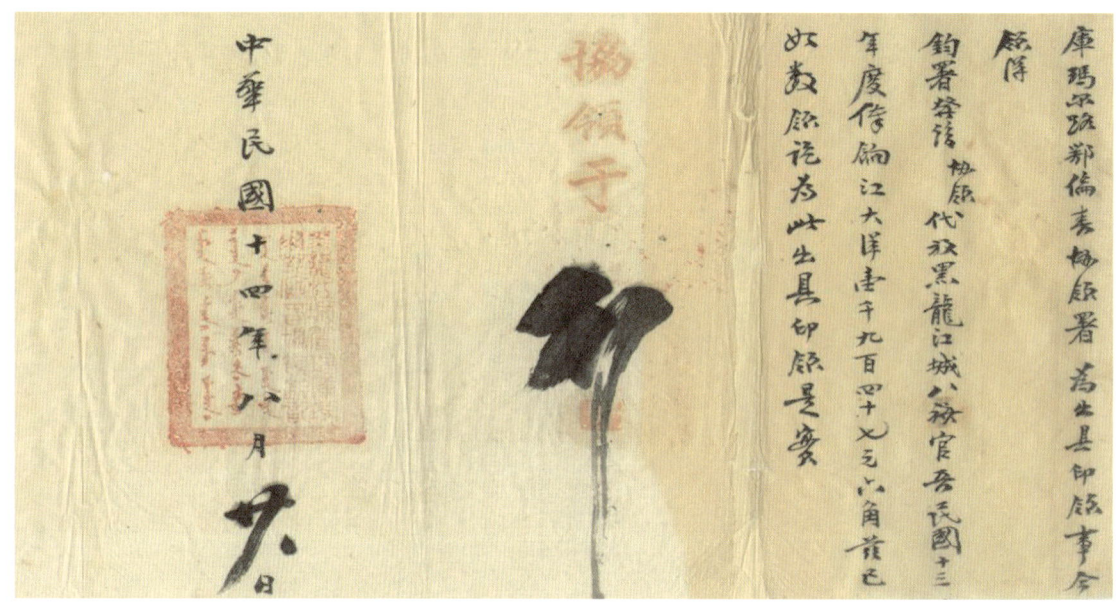

311. 黑龙江城正红镶蓝旗协领署为因协领顺保请假两个月本署拟派署佐领士连代拆代行日行文件事的呈文

1925 年 9 月 27 日

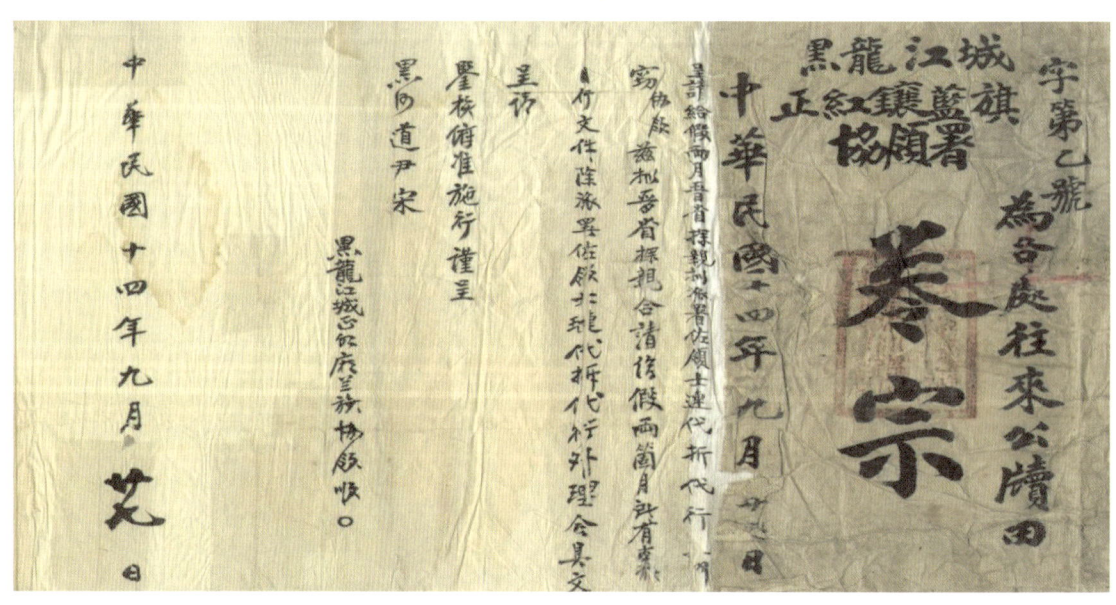

312. 黑河道尹公署为照准因正红厢（镶）蓝旗协领顺保请假该旗日行文件由佐领士连代行事的指令

1925年10月6日

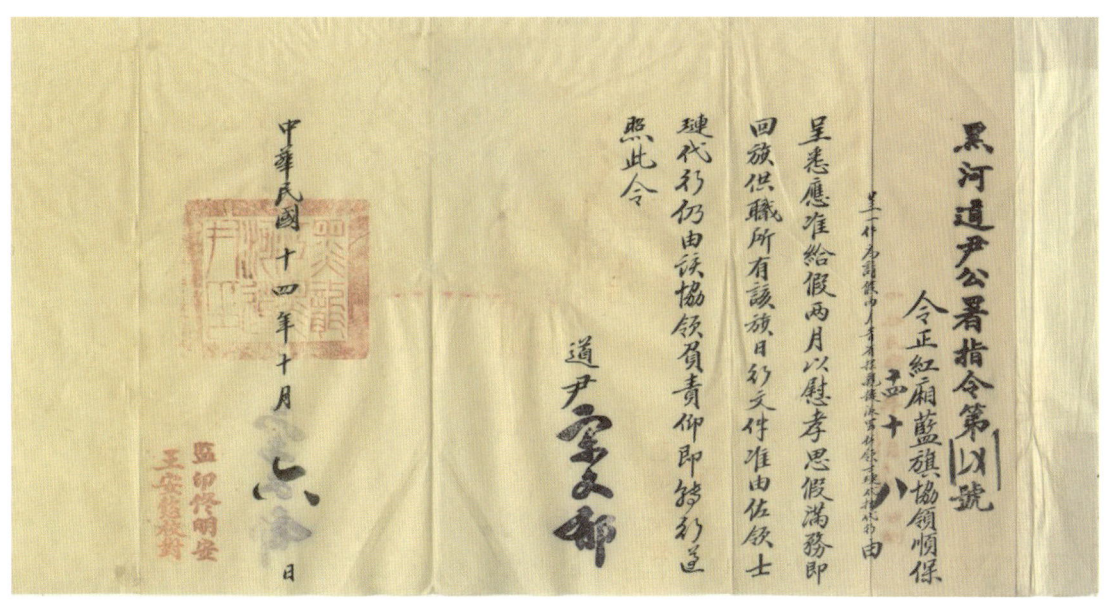

313. 黑河道尹公署为具领转发因剿匪阵亡受伤人员经费事的训令

1925年11月7日

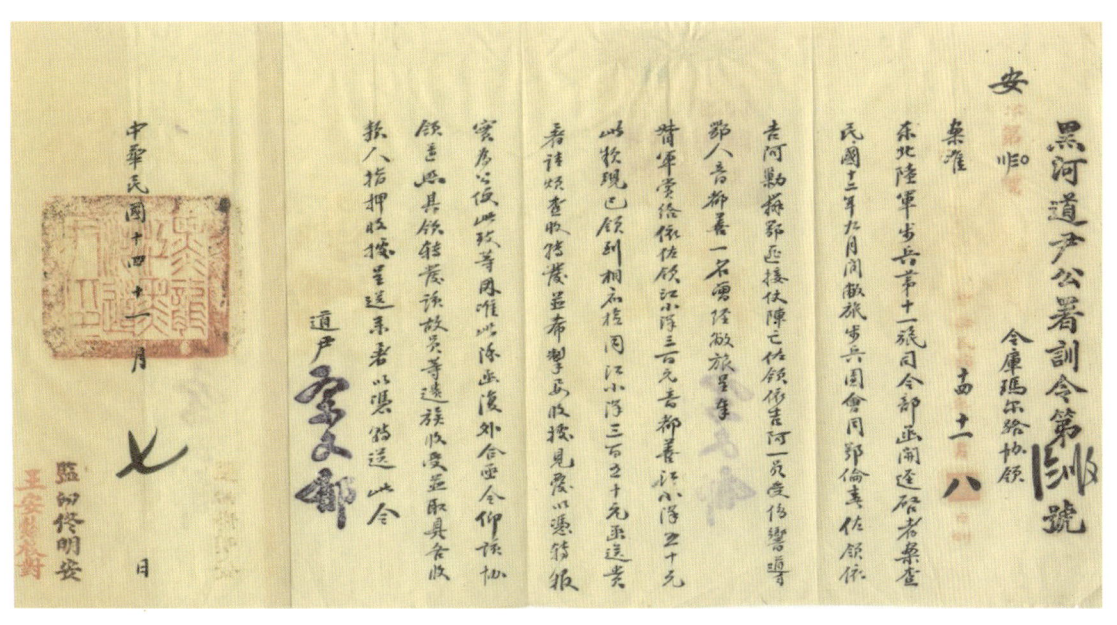

314. 关河副督尉超齐琛为搜查山地贼讯事的呈文（满文）

1925 年 11 月 25 日

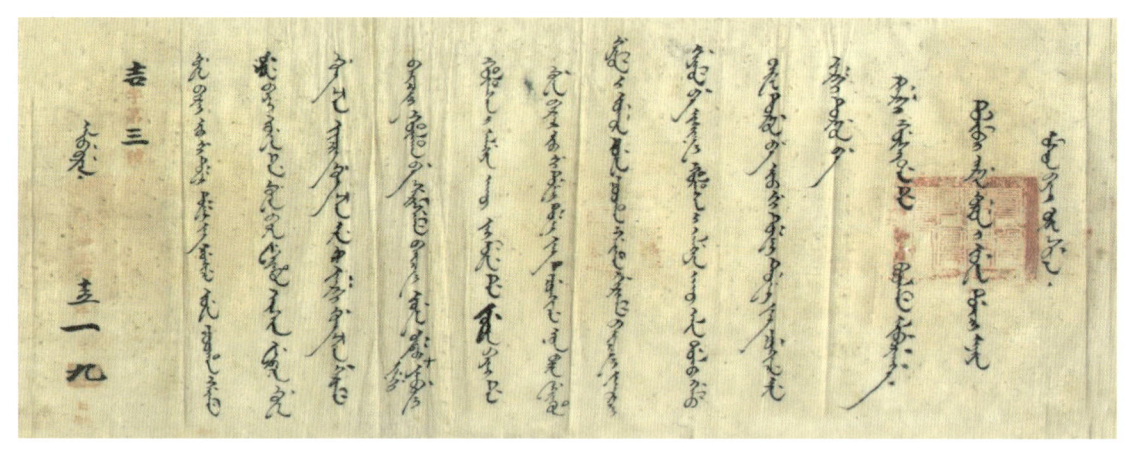

呈　文

　　关河副督尉超齐琛带领兵丁十人于九月十日在关河上游巡查淘金之关公司、吉庆公司。数日搜查，均没有得到贼讯。第二次于十月，关河副督尉超齐琛带领兵丁十人在嫩江上游卡伦哨站巡查，至法库里驿站仍未查到贼讯。搜查山地情况由关河副督尉超齐琛呈报本路协领大人。

　　为此呈报。

民国十四年十一月二十五日

315. 关河副督尉超齐琛为交还以开关隧之北淘金厂的枪弹事的呈文（满文）

1925 年 11 月 27 日

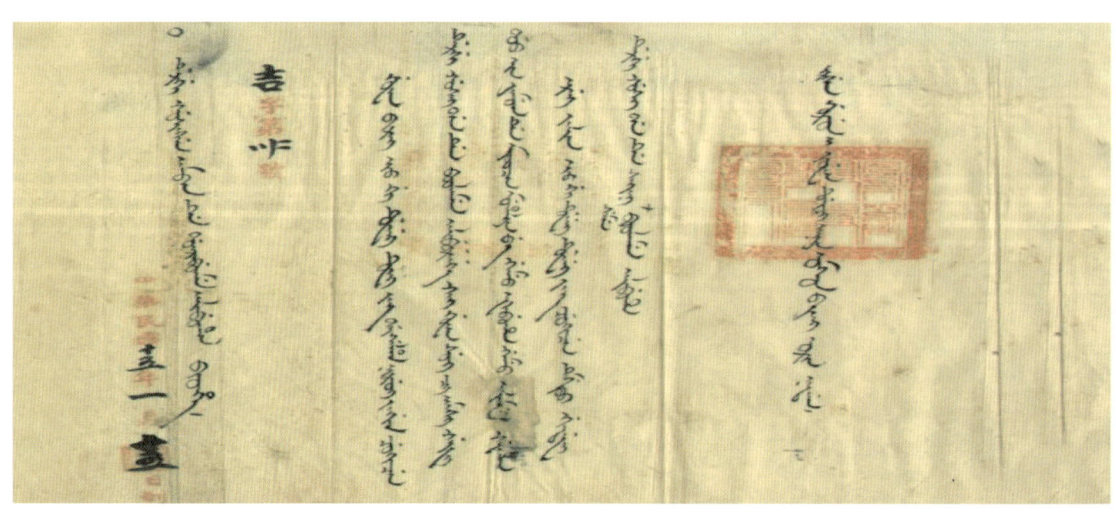

呈 文

关河副督尉超齐琛为接收本路协领公署指令事的呈文，呈与本路协领大人。

于开关遂领取枪支弹药后，全部交与协领公署。

为此关河副督尉超齐琛在此画押，呈报本路协领大人。

民国十四年十一月二十七日

316. 署理正蓝旗二佐佐领关德兴为恳请批准养病并拟交领催暂作代理事的呈文

1925 年 12 月 29 日

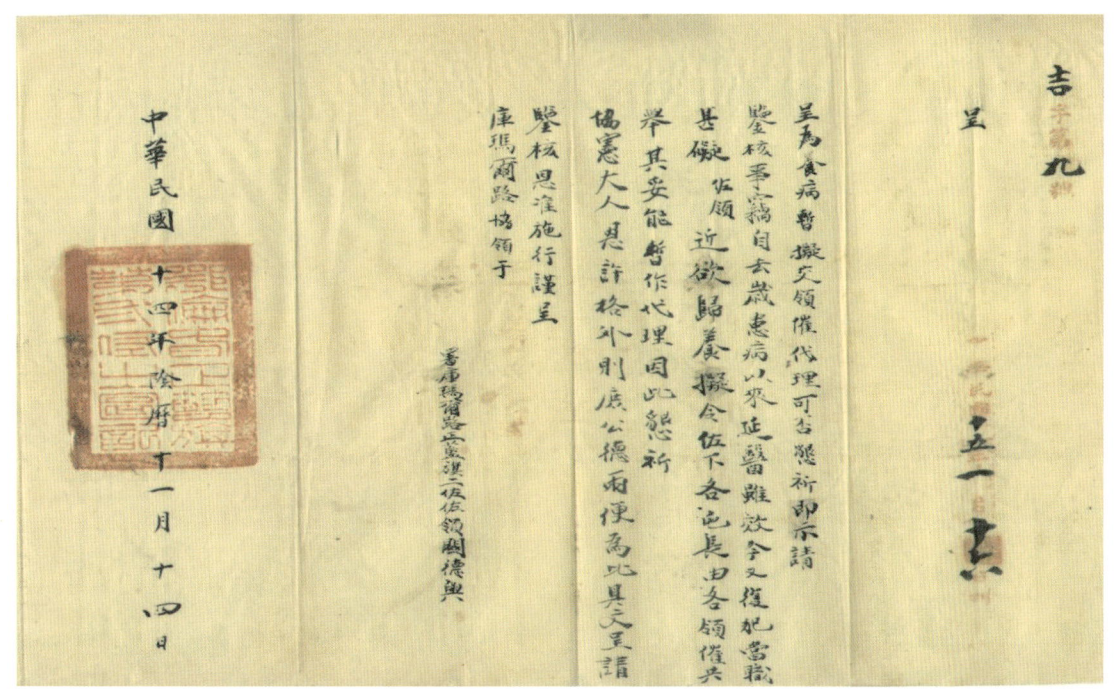

317. 黑龙江省长公署政务厅为各机关填报目录和表式事的公函

1925 年 12 月 30 日

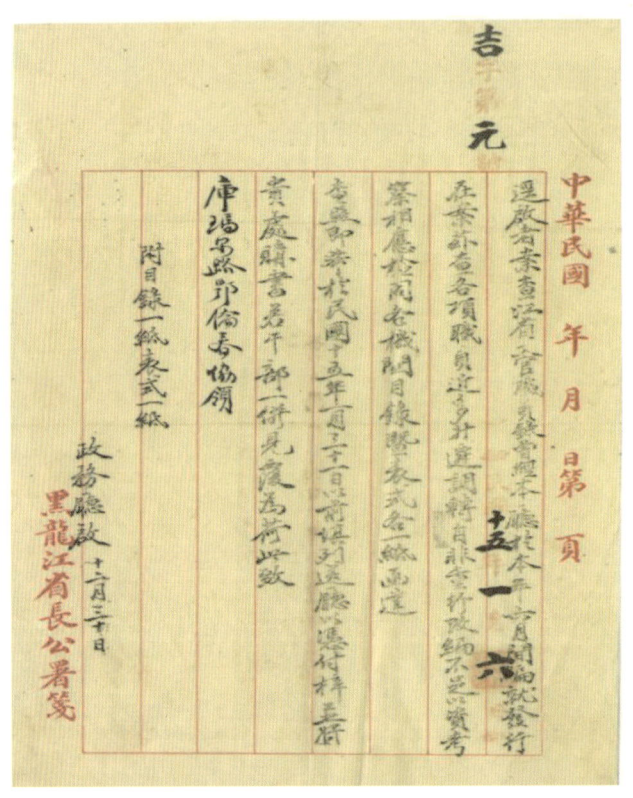

318. 黑河道尹所属黑龙江城八旗民国十四年全年支出计算书

1925 年

319. 库玛尔路鄂伦春游击队民国十四年下期一月至六月经费支付预算书

1925年

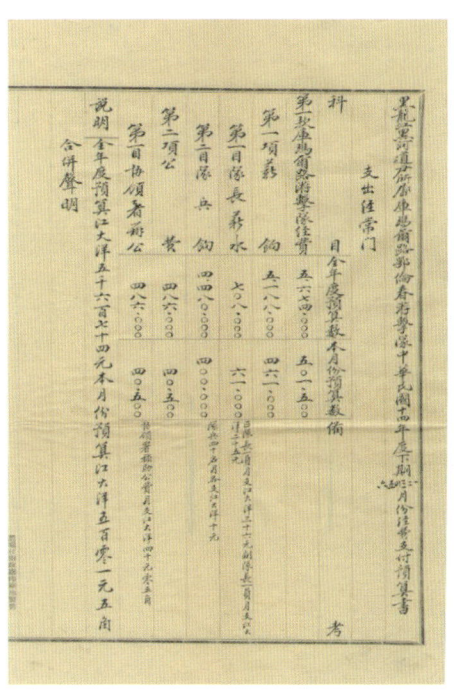

320. 库玛尔路鄂伦春游击队官兵民国十四年三月十五日起薪饷粘存簿

1925年

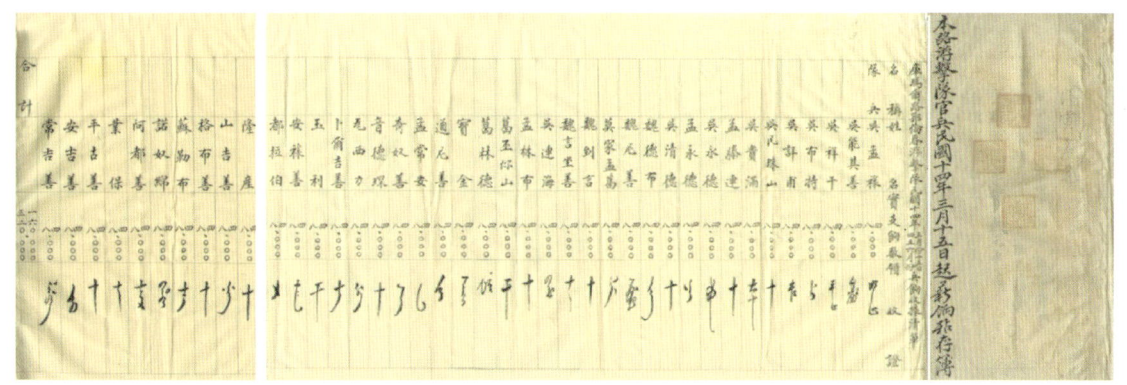

321. 库玛尔路协领公署购货票据

1925年

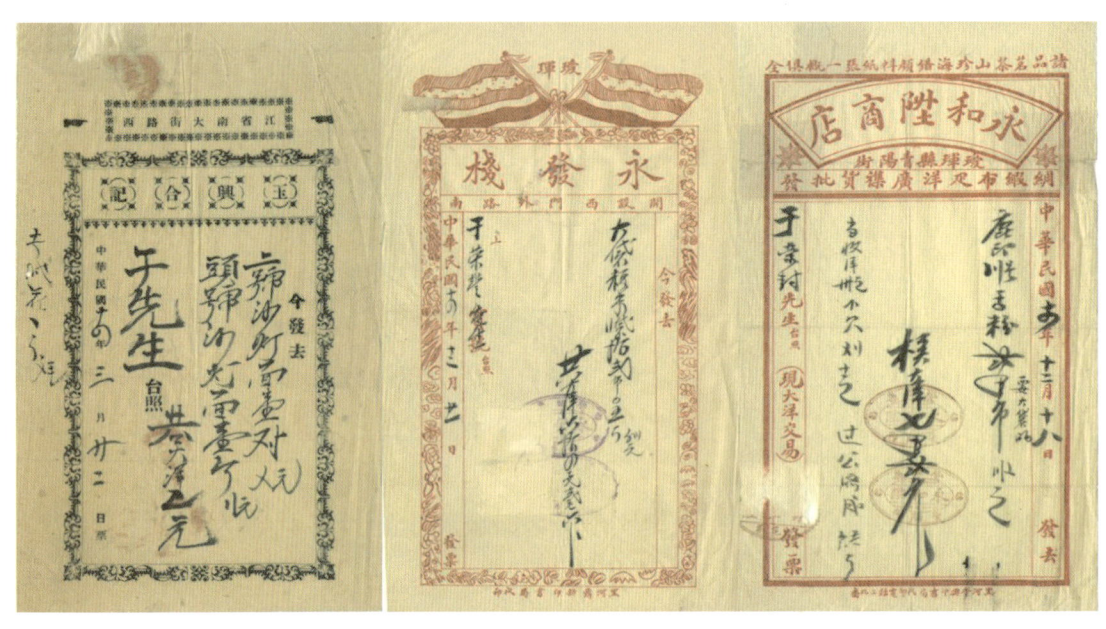

322. 黑河道尹公署为更正黑龙江城八旗官兵民国十三年俸饷支出计算书单据事的训令

1926年1月4日

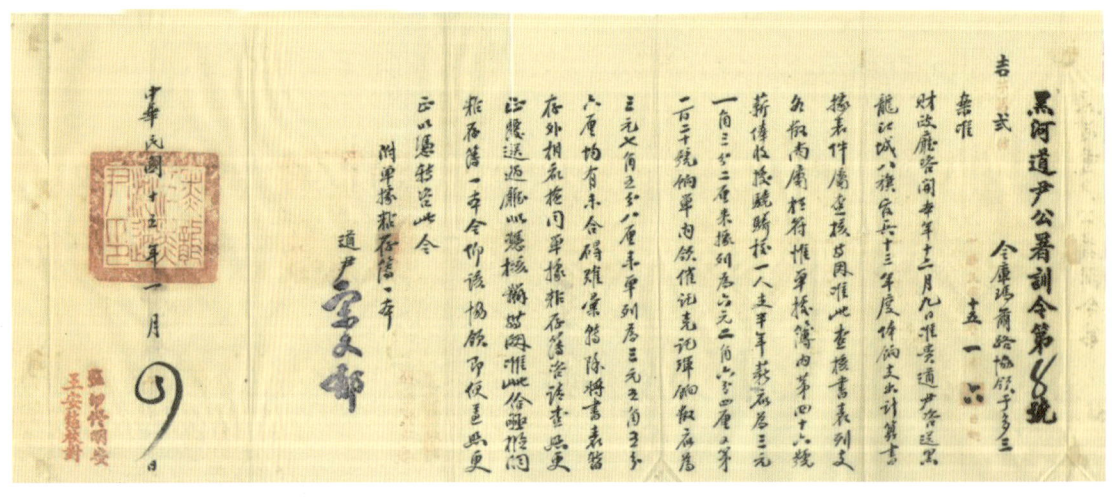

323. 库玛尔路鄂伦春族民众使用鸟枪铅弹数目及剩余铅弹数目清册（满文）

1926 年 1 月 6 日

清　册

现将库玛尔路鄂伦春族民众捕猎时使用鸟枪铅弹数目及剩余铅弹数目登记呈报。

民国十五年一月六日

齐诺善捕猎用铅弹三十一发，剩余十九发。
诺米傲捕猎用铅弹三十三发，剩余十七发。
皮杨古善捕猎用铅弹二十八发，剩余二十二发。
雅宝捕猎用铅弹三十四发，剩余十六发。
亚奥里捕猎用铅弹二十九发，剩余二十一发。
格布善捕猎用铅弹三十二发，剩余十八发。
山吉善捕猎用铅弹二十七发，剩余二十三发。
瓦西里捕猎用铅弹三十三发，剩余十七发。
包尔吉善捕猎用铅弹三十发，剩余二十发。
卡尔玛捕猎用铅弹三十一发，剩余十九发。
杜伟江捕猎用铅弹二十五发，剩余二十五发。
包苏库捕猎用铅弹二十九发，剩余二十一发。
包拉捕猎用铅弹二十七发，剩余二十三发。
梅彻善捕猎用铅弹三十二发，剩余十八发。
伦春瓦捕猎用铅弹二十六发，剩余二十四发。
尹特善捕猎用铅弹二十七发，剩余二十三发。
参尔善捕猎用铅弹三十发，剩余二十发。

阿禄善捕猎用铅弹三十二发，剩余十八发。

向管理库玛尔路鄂伦春兵马协领公署呈报，我部鄂伦春族民众捕猎所用铅弹数目及剩余（铅弹）数目全部登记上报。

324. 镶黄旗二佐署理佐领超齐琛为鄂伦春游击队鸟枪被收回事的呈文（满文）

1926年1月6日

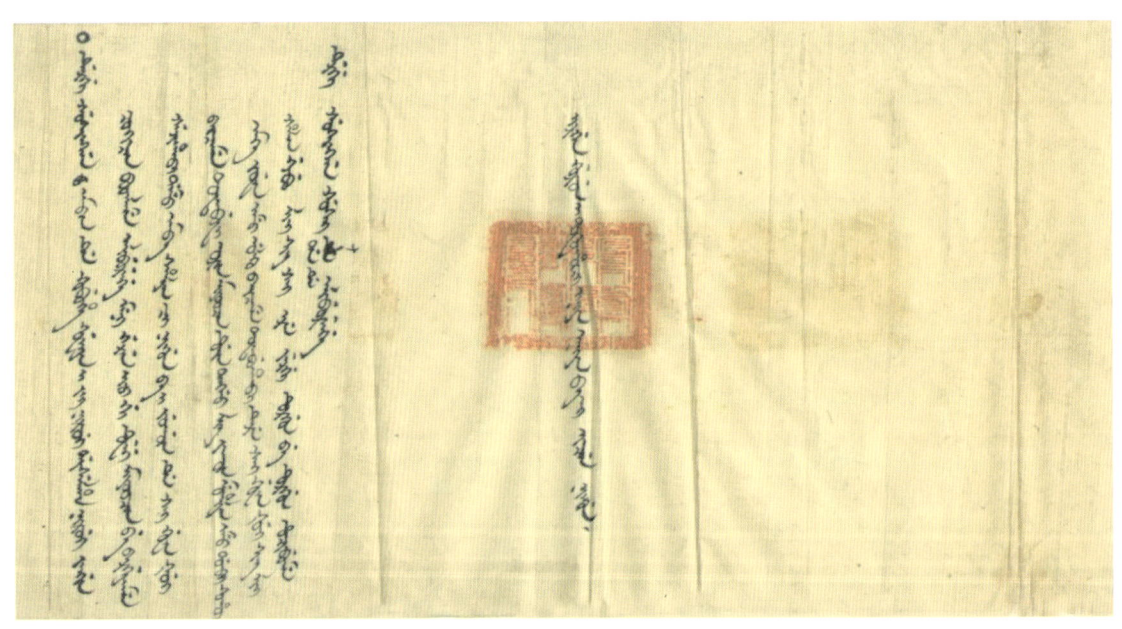

呈　文

上天仁慈，镶黄旗二佐署理佐领超齐琛奏呈。我等众多游击队鸟枪被收回，在大黑河六里处开关遂查得二十支鸟枪、四百零八粒子弹、一张狐皮、十一张灰鼠皮。将此查清呈报。上天仁慈，呈报协领。

民国十五年正月初六日

325. 鄂伦春宽河游击队出具的领取军衣的收据

1926 年 1 月 9 日

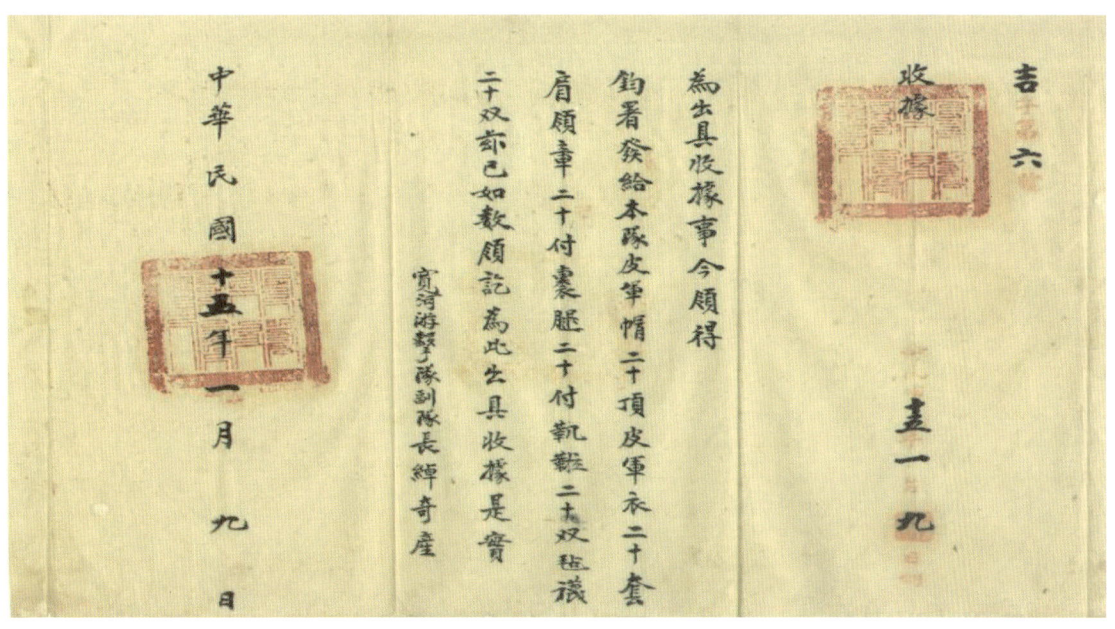

326. 鄂伦春游击队队长正连为具报领发军衣日期事的呈文

1926 年 1 月 13 日

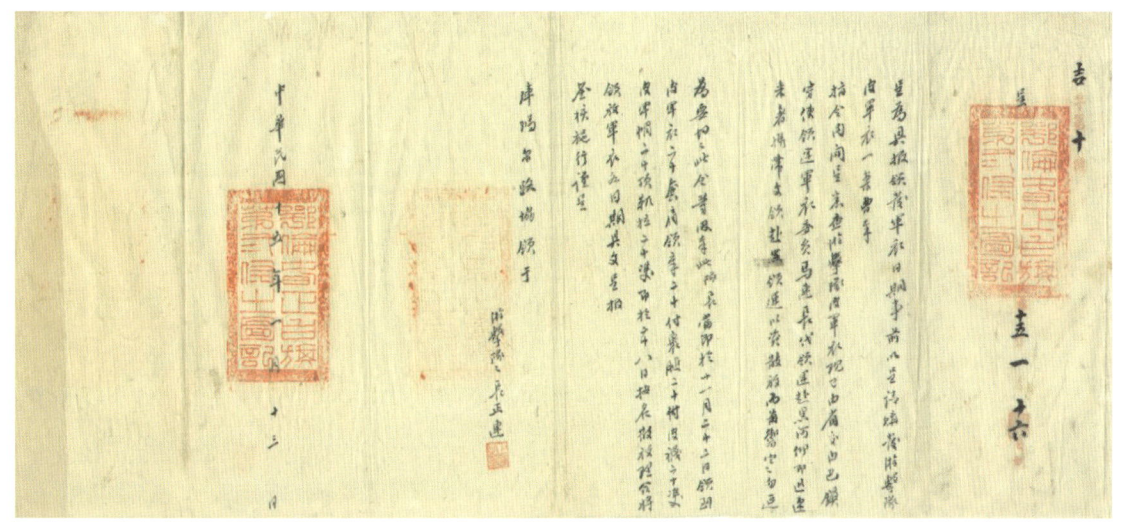

327. 库玛尔路协领公署为填送本路职员表事的复函

1926年1月17日

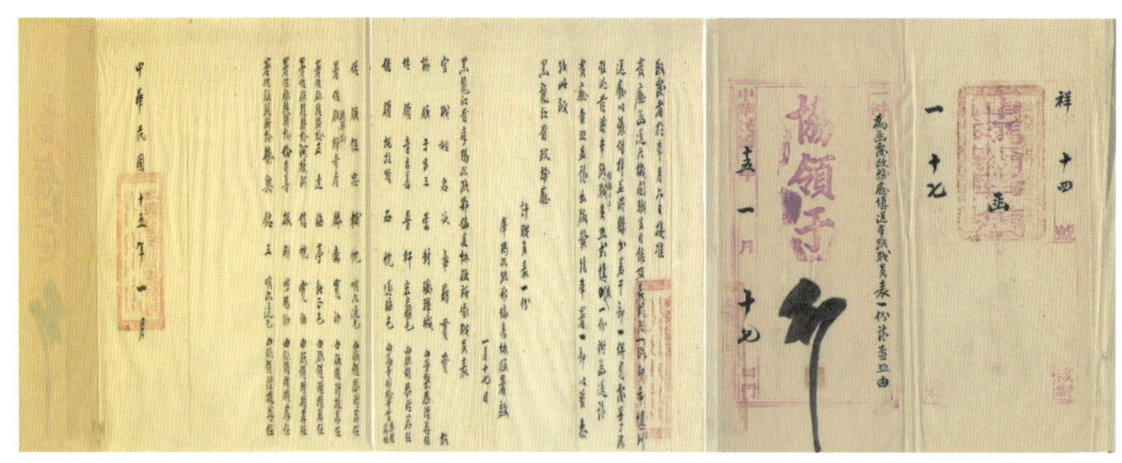

328. 黑龙江省长公署为报送山林剿匪兵队驻地兵力等事的训令

1926年1月19日

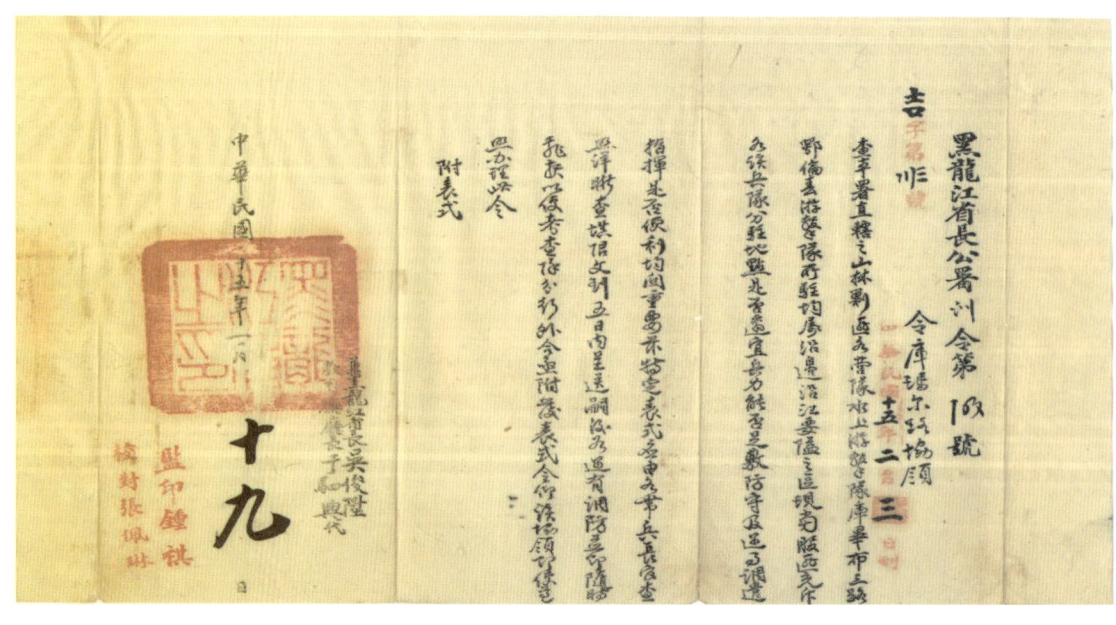

329. 黑河道尹公署为道尹因公务到省本署公务委托秘书兼第一科科长王述文代行办理事的训令

1926年1月30日

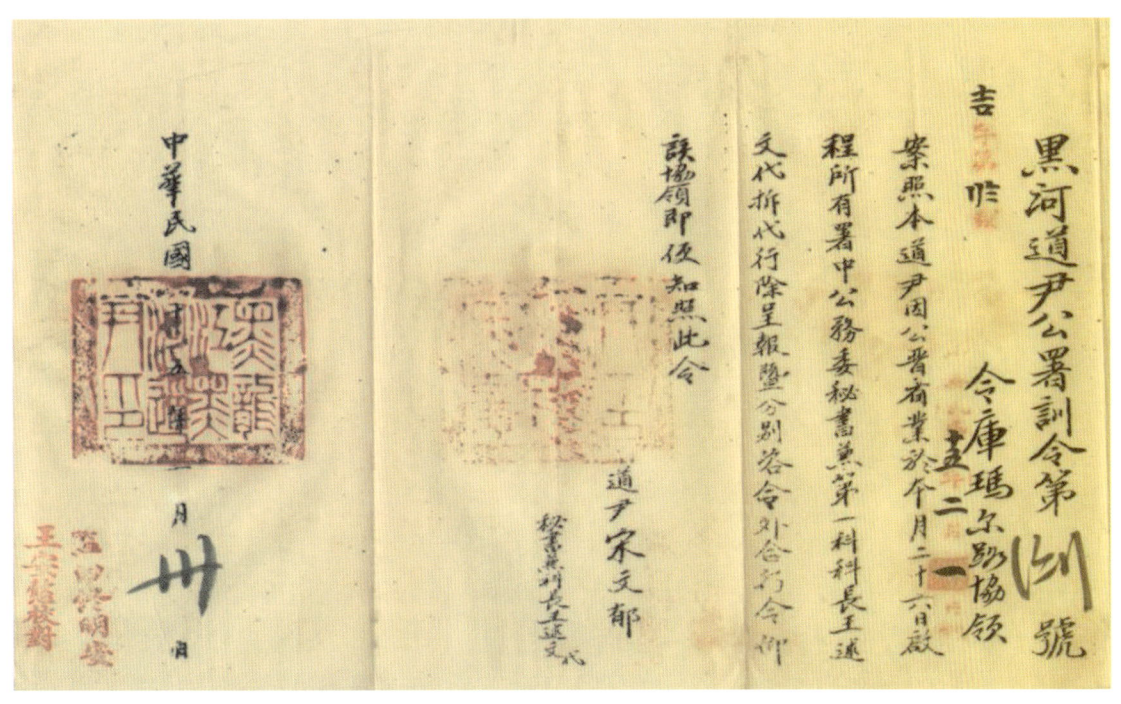

330. 库玛尔路协领公署发给宽河游击队副队长超齐琛解缴枪支子弹的护照

1926年1月

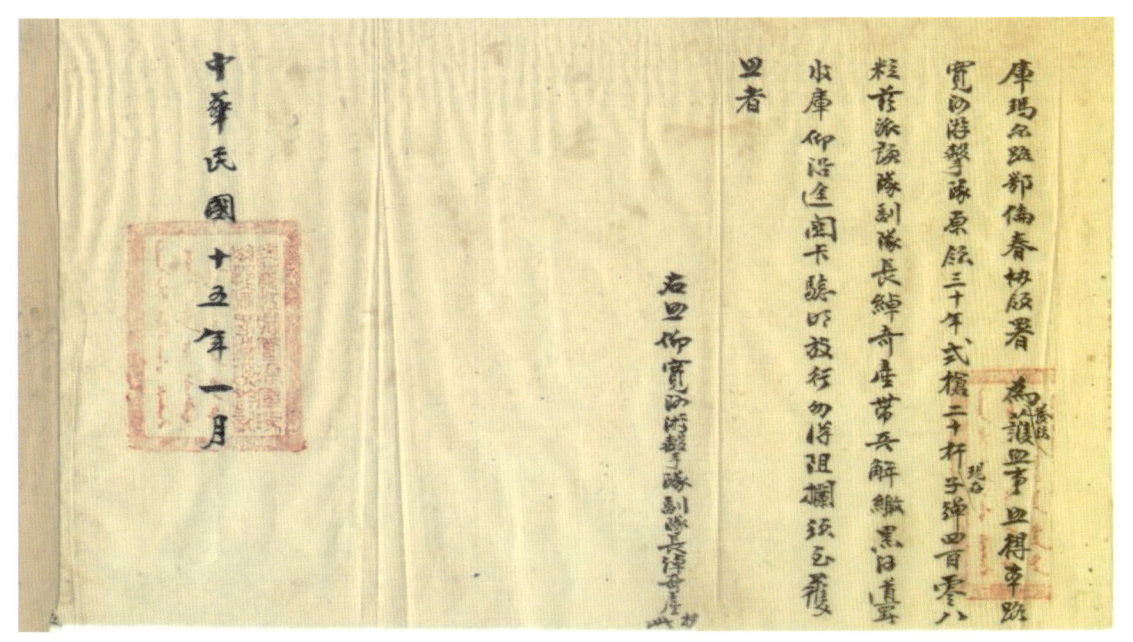

331. 库玛尔路协领公署为超齐琛解缴枪弹因缺零件驳回协署暂存听候指示再行送交事的指令（满文）

1926 年 2 月 2 日

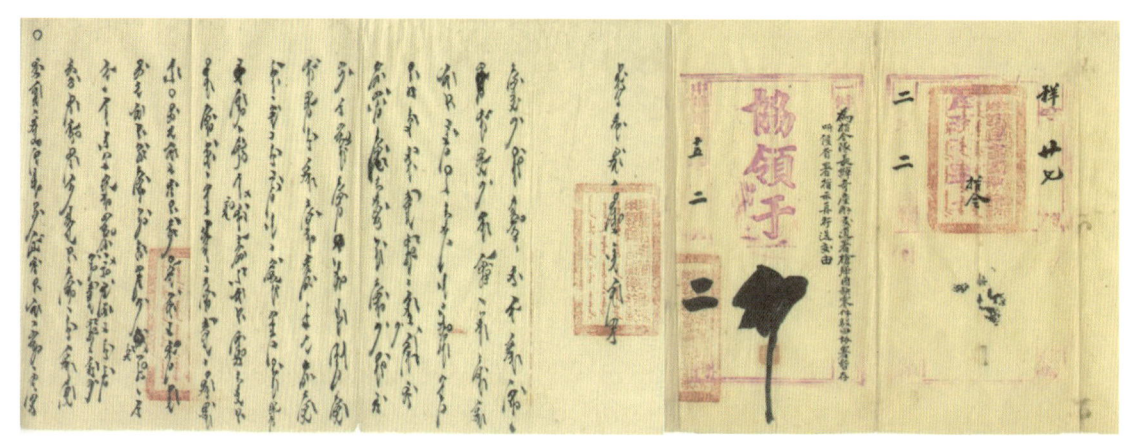

呈　文

　　管理库玛尔路鄂伦春官兵协领公署指令，为指令关河副督尉超齐琛事。呈文称，将枪支弹药与海关税一并交付道尹衙门。因此事重要，道尹衙门再次给我发电，电报令我：查得，关河副督尉超齐琛交付鸟枪过程中，有小部分枪支受损物件较多，且道尹衙门人员难以维修。为此组织所有人员力量，彻底清查，重新呈报，再按指令交付呈文，记载本佐（情况）存档成册，送至我处保管备案。

　　为此指令咨文。

民国十五年二月

332. 库玛尔路协领公署为填送
鄂伦春游击队驻防地点表事的呈文

1926 年 2 月 5 日

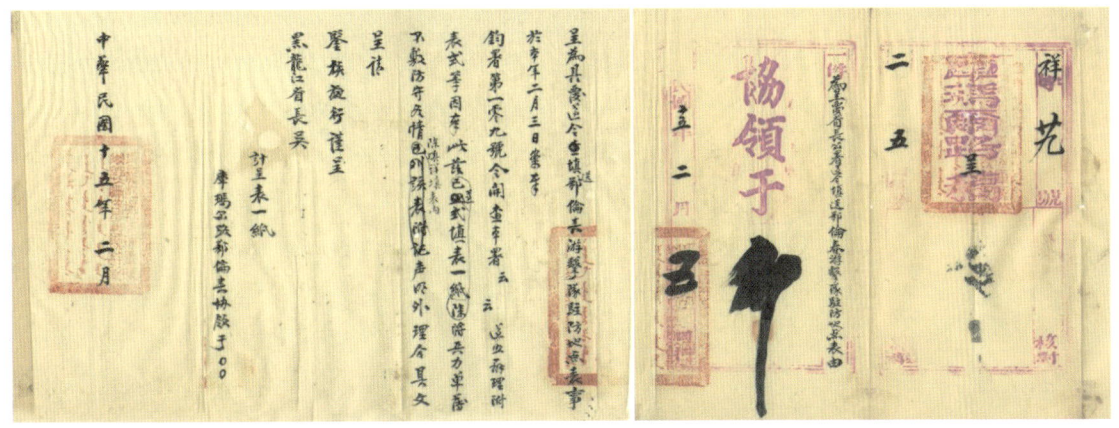

333. 黑龙江省长公署为填送
鄂伦春游击队驻防地点表事的指令

1926 年 3 月 1 日

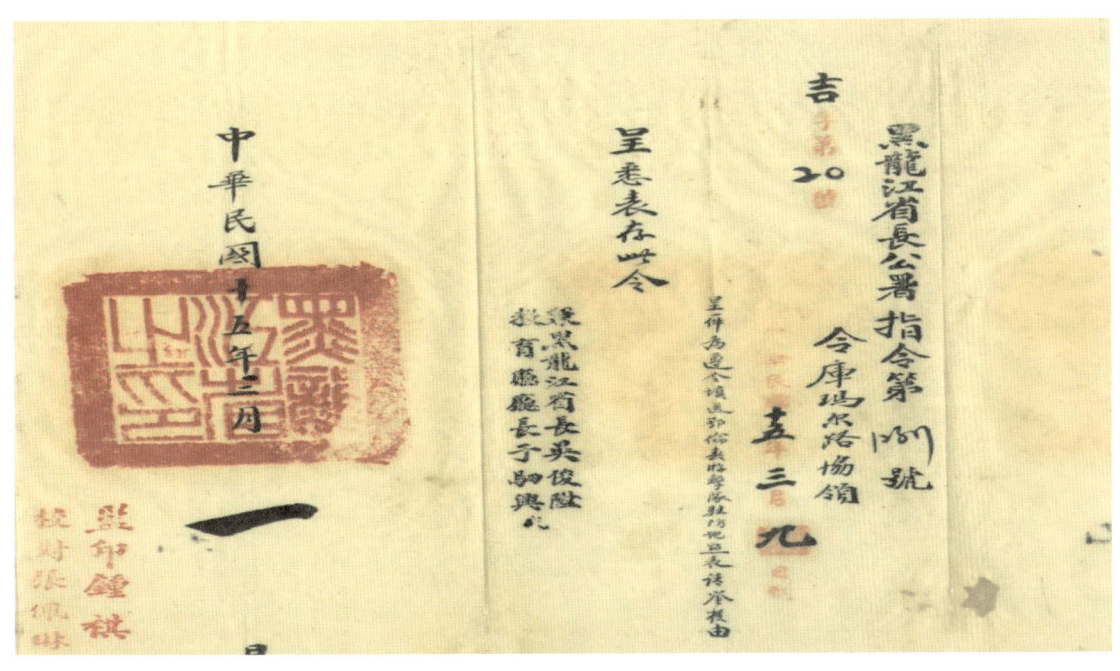

334. 库玛尔路协领公署为报送本路调查表事的咨文

1926 年 3 月

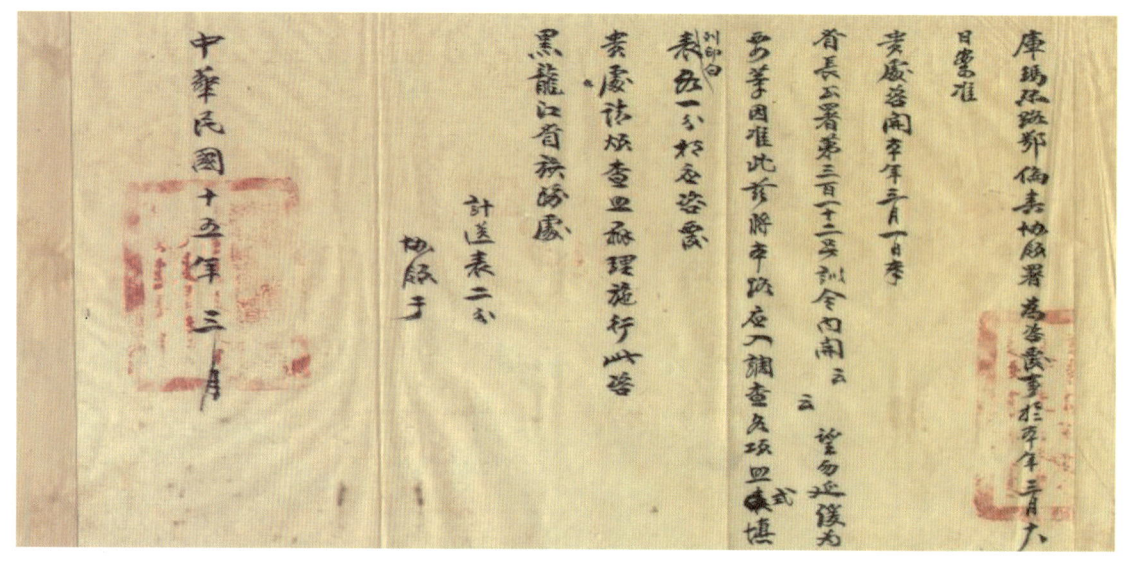

335. 黑龙江全省旗务处为中央政变咨部文件暂存缓发事的公函

1926 年 5 月 14 日

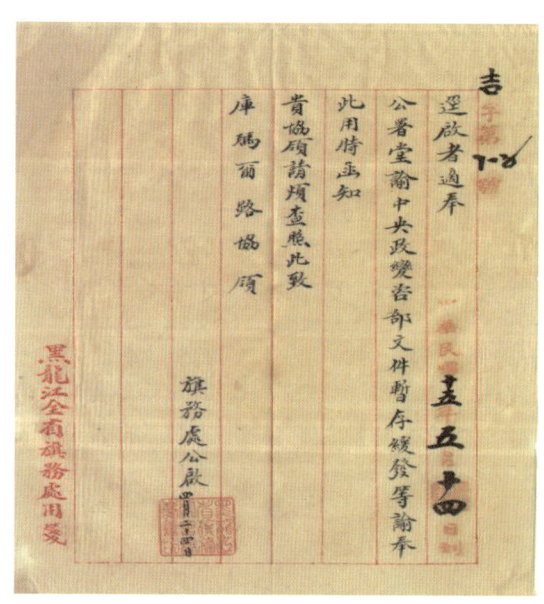

336. 黑河道尹公署为各机关所发官电停止记账改收现费事的训令

1926年6月15日

337. 黑河道尹公署为山林水上游击队饷捐改征现大洋事的训令

1926年7月8日

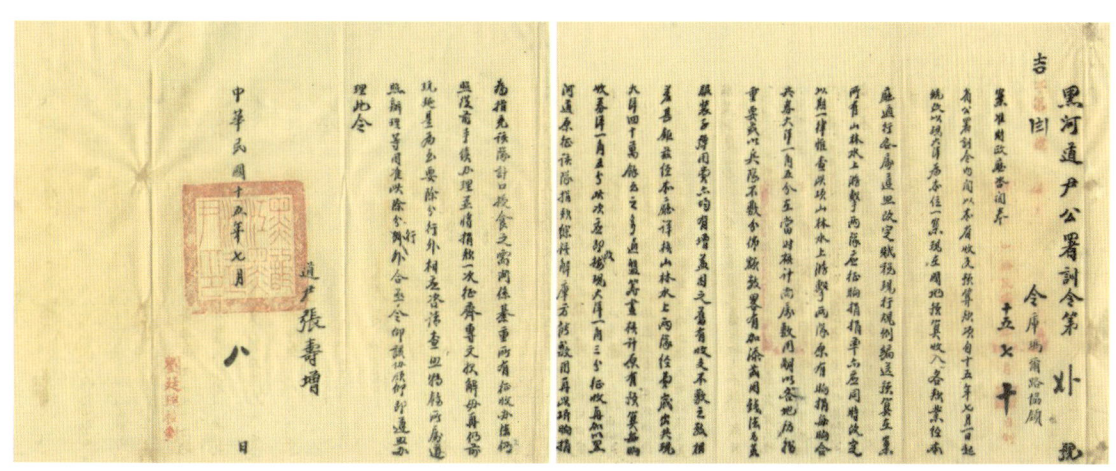

338. 关河游击队副都尉超齐琛为领取饷银事来揭（满文）

1926 年 8 月 20 日

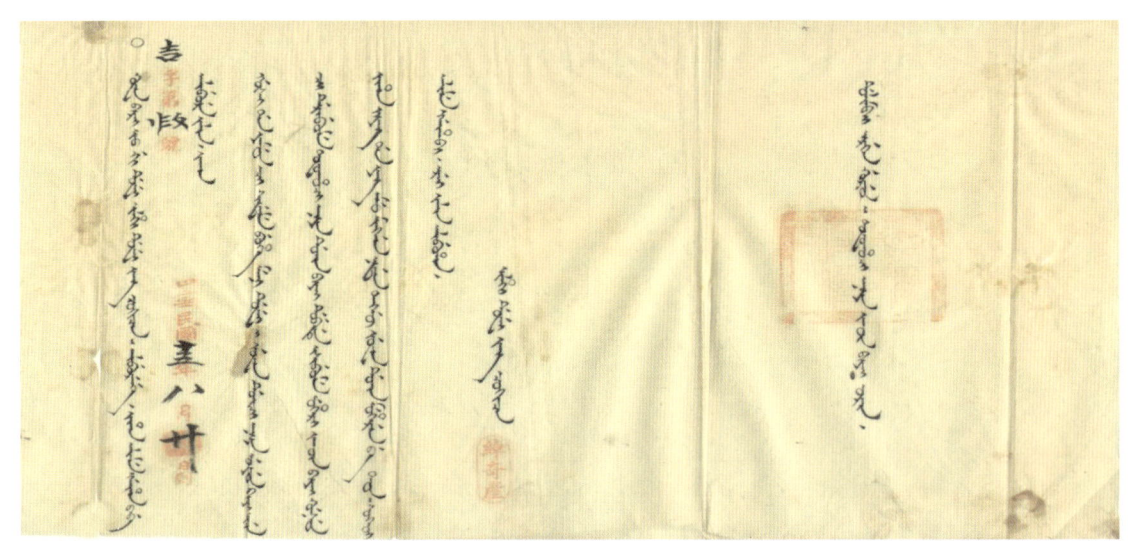

揭　文

　　关河游击队副都尉超齐琛来揭，为领取饷银事。今从协领衙门处领取民国十四年九月初至民国十五年四月末八个月的饷银，共计洋钱一千七百一十四。悉数领取，并遵照接收画押。

副都尉超齐琛
民国十五年八月二十日

339. 黑河道尹公署为将前代及民国以来所存废印呈送本署事的训令

1926 年 9 月 28 日

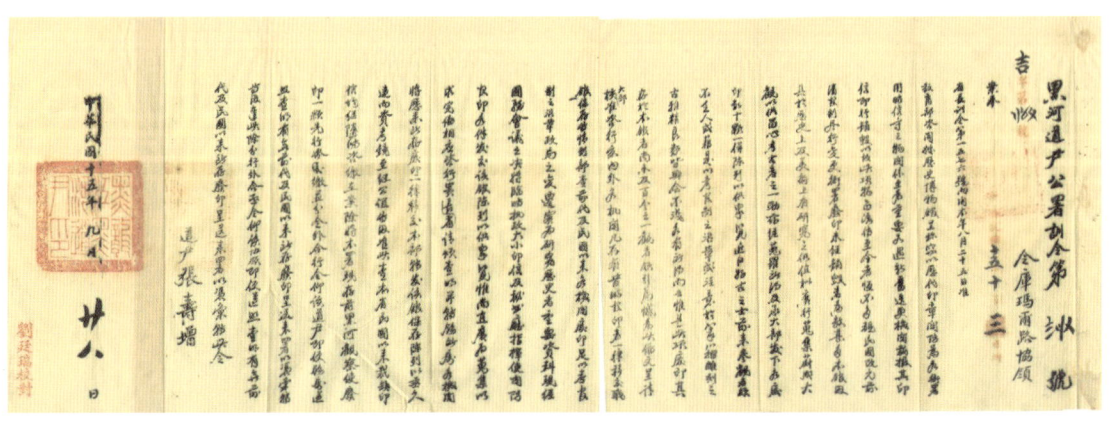

340. 黑河道尹公署为填报瑷（珲）城四协领、二十六佐领、骁骑校历任衔名查照表事的训令

1926年10月25日

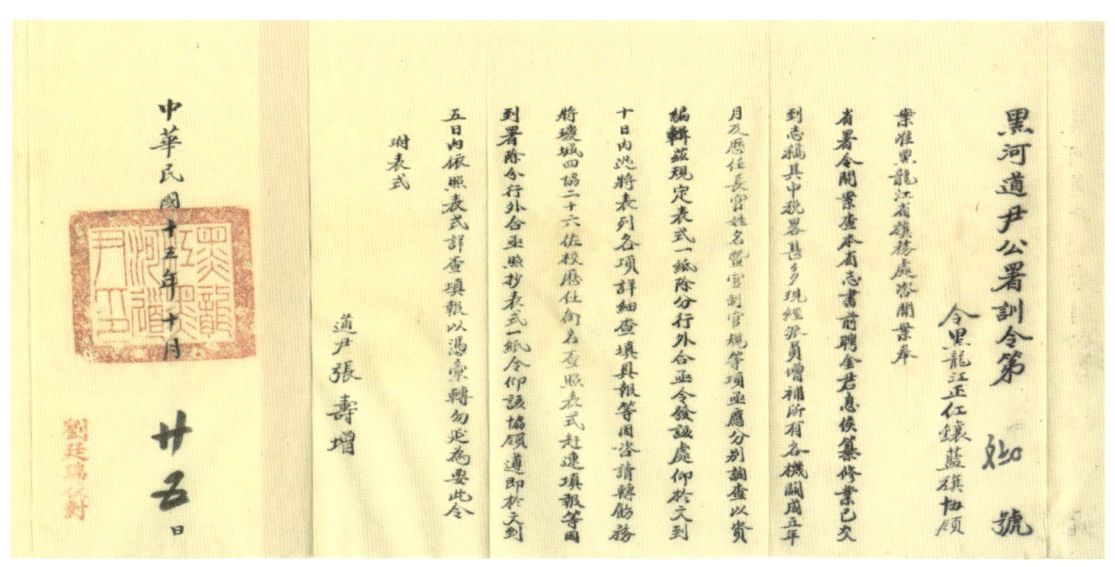

341. 库玛尔路游击队民国十五年、民国十六年计算经费单据粘存簿

1926年10月30日

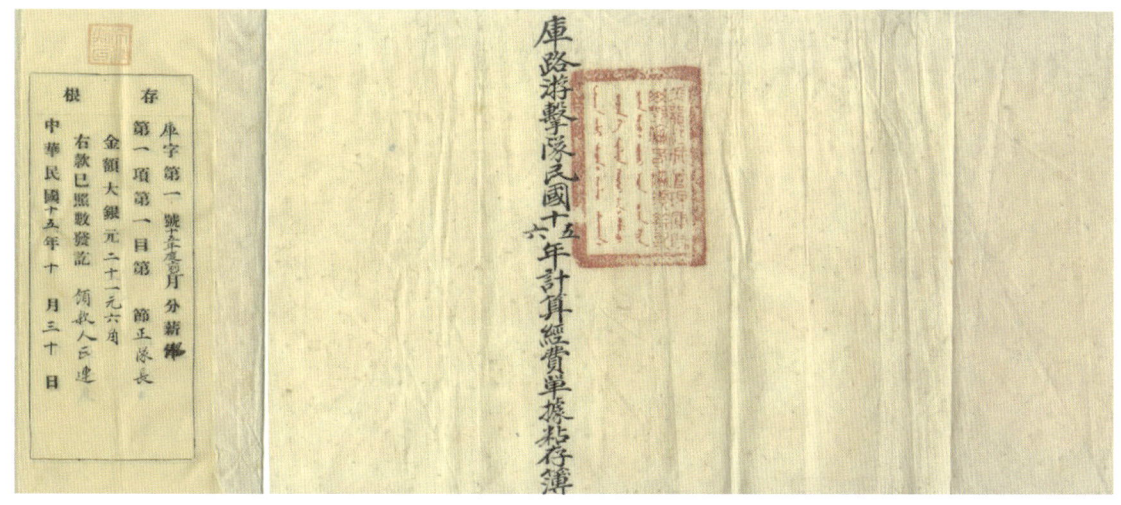

342. 库玛尔路协领公署为本署现无前代及民国以来所存废印事的呈文

1926年10月

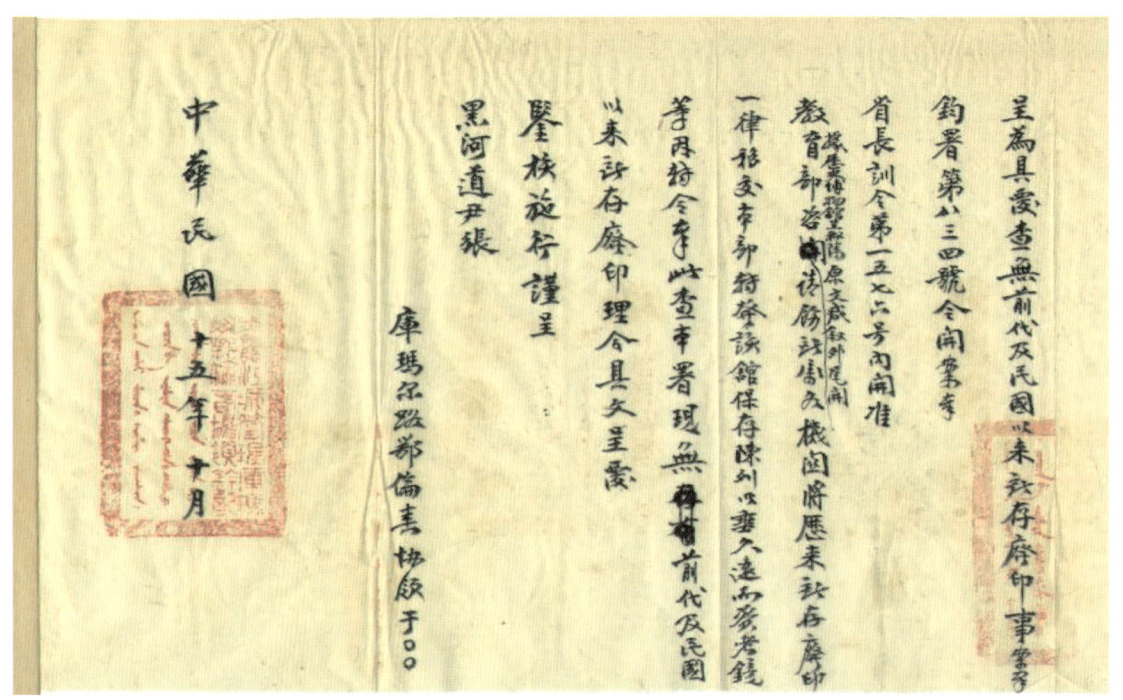

343. 署理库玛尔路正蓝旗二佐佐领关德兴为报颁发布告事的呈文

1926年11月6日

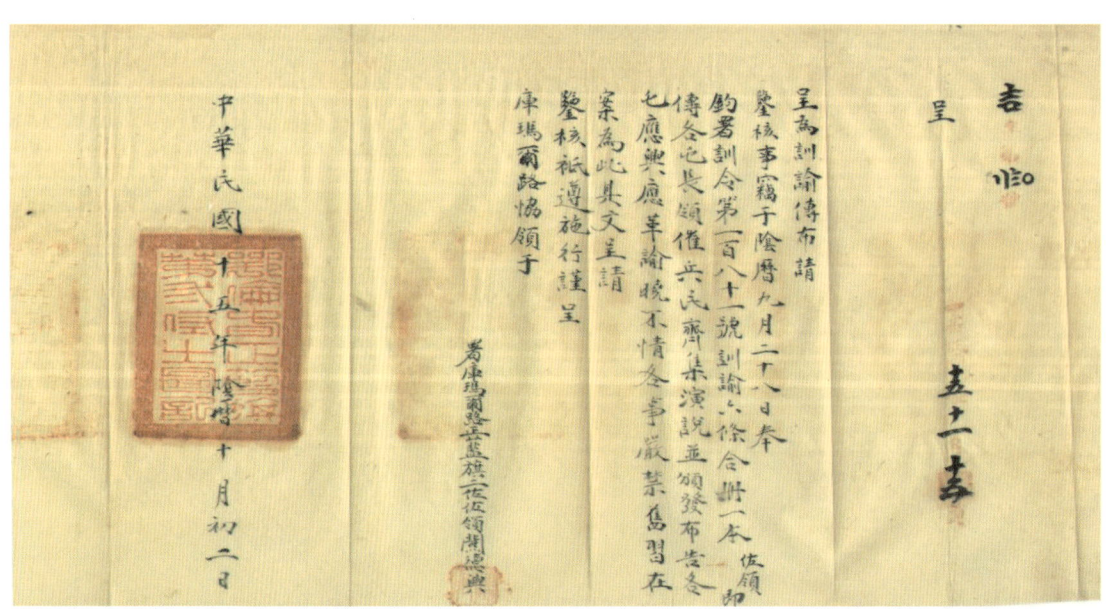

344. 黑龙江城正红镶蓝两旗协领为填报两旗调查表覆（复）请核转事的呈文

1926年11月8日

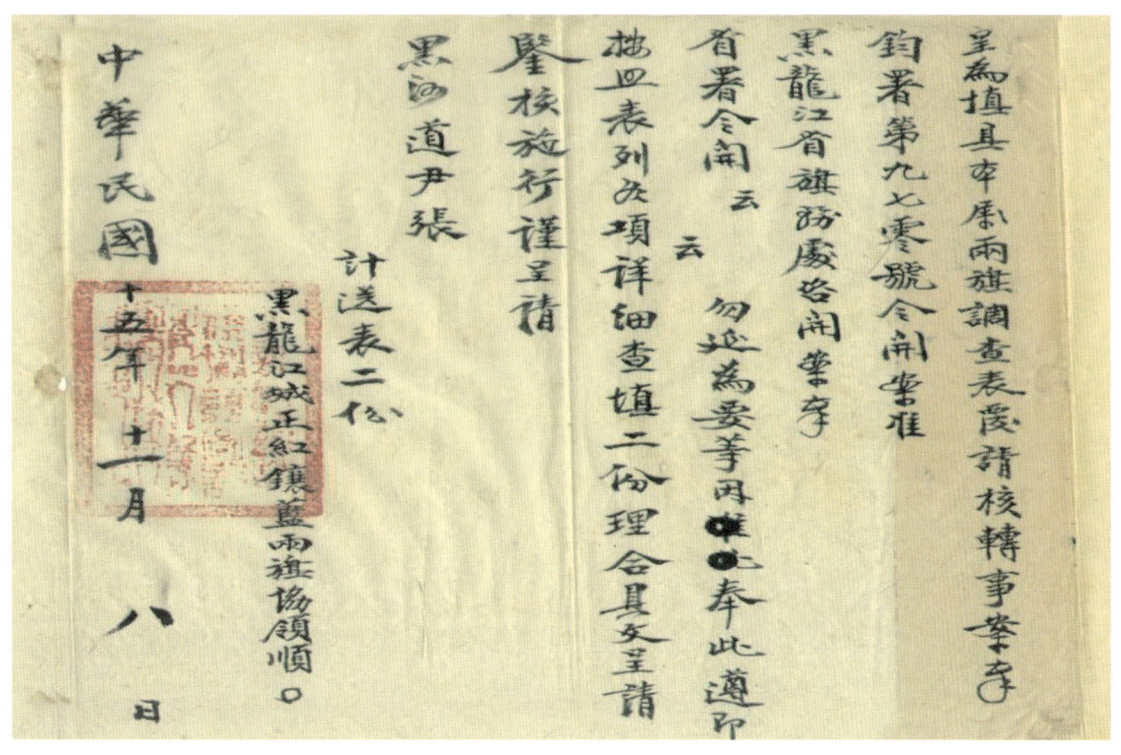

345. 库玛尔路协领公署购物票据

1926年

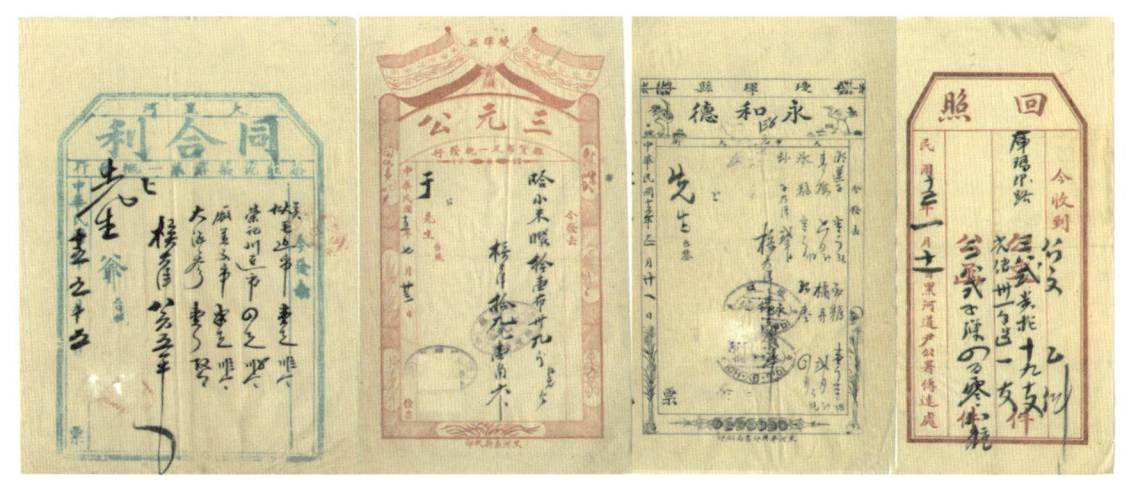

346. 黑河道尹所属黑龙江城八旗民国十五年全年支出计算书

1926年

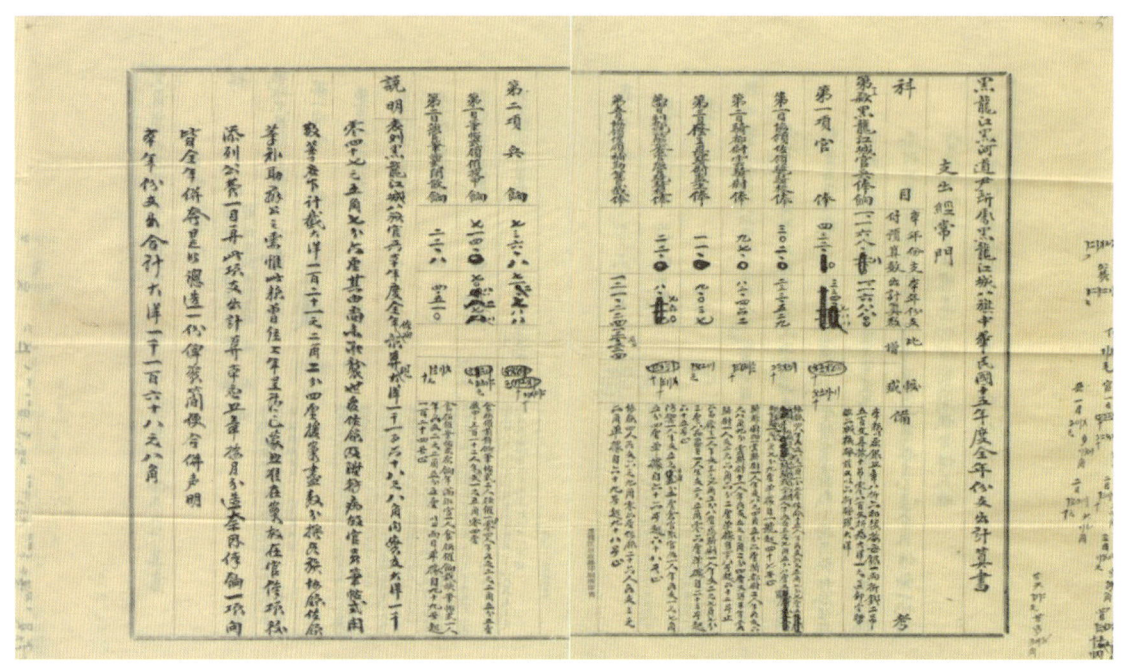

347. 库玛尔路协领公署领款存根及购物票据

1926年

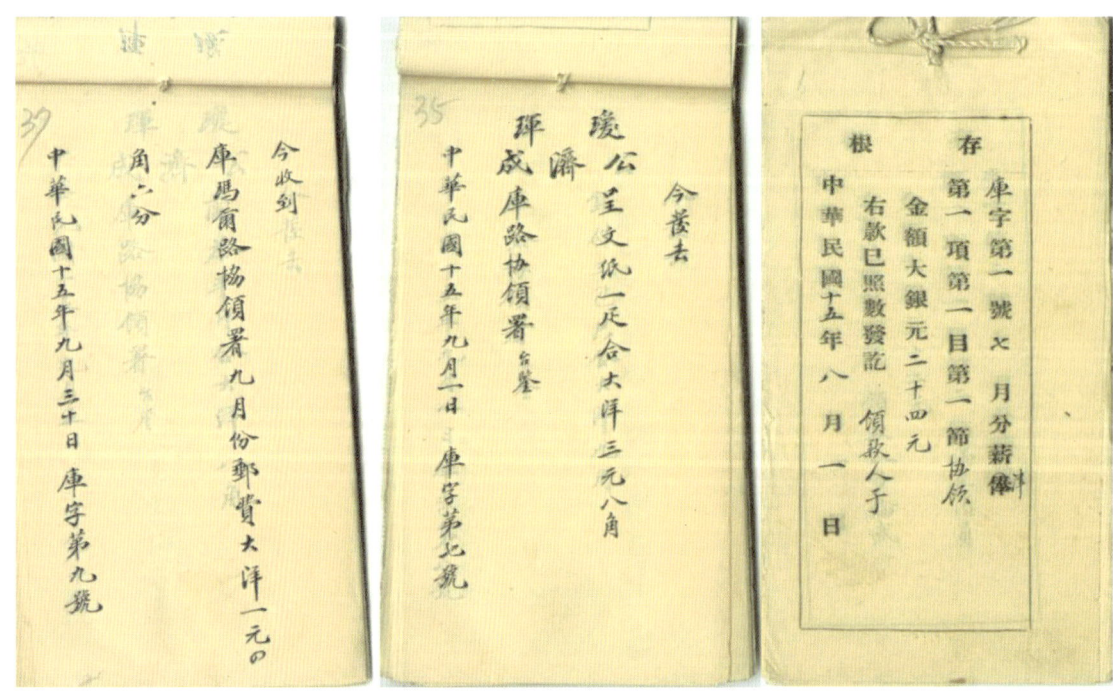

348. 黑河道尹公署为收悉鄂伦春游击队补送十月至十二月支付预算书事的训令

1927 年 1 月 10 日

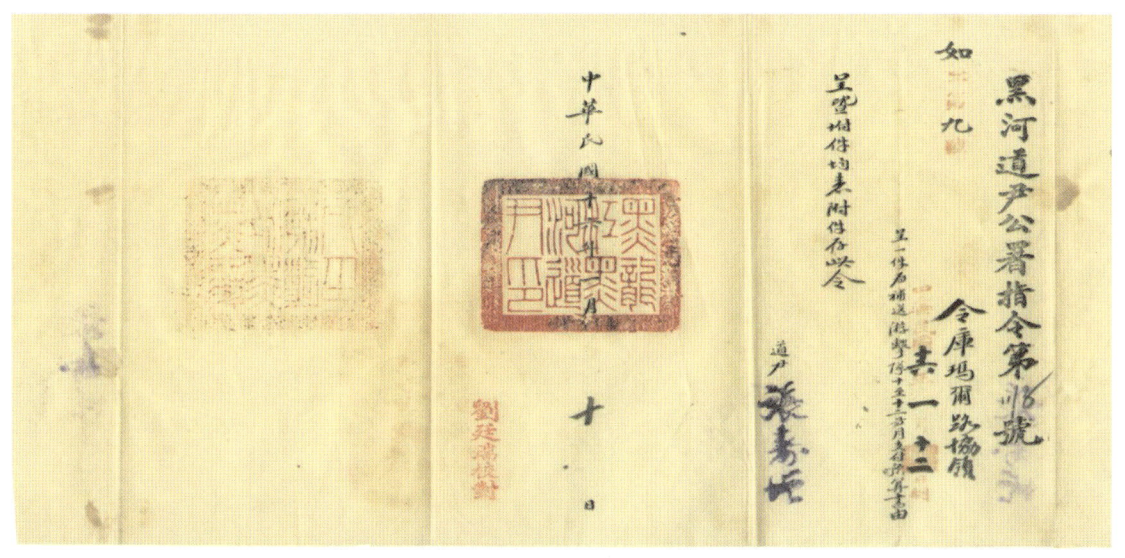

349. 库玛尔路协领公署为各金矿公司设法接济鄂伦春游击队事给各金矿公司的公函

1927 年 1 月

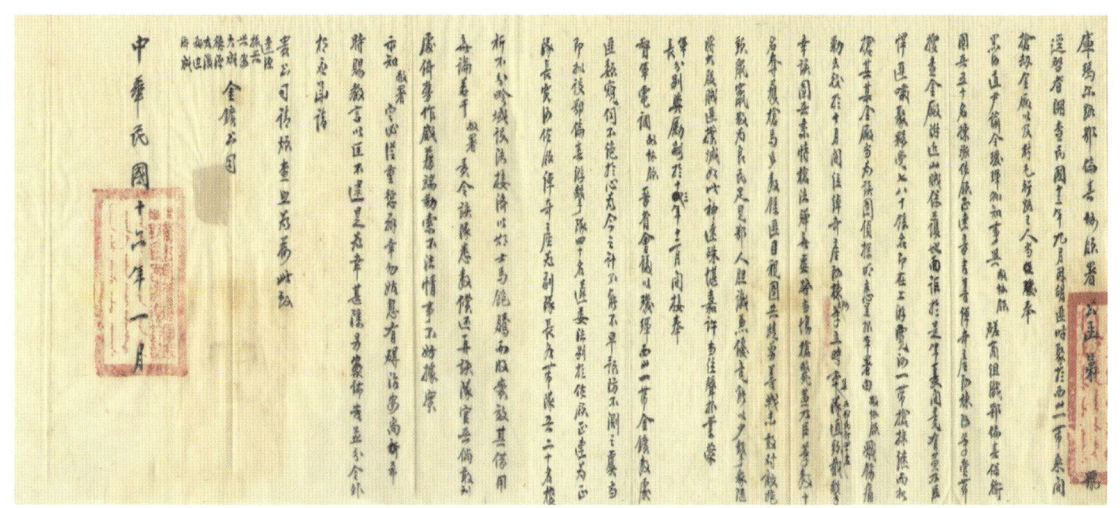

350. 库玛尔路协领公署为派兵巡查缉匪、严禁山民携带枪械、官兵不准扰害良善事的布告（满汉文）

1927年1月

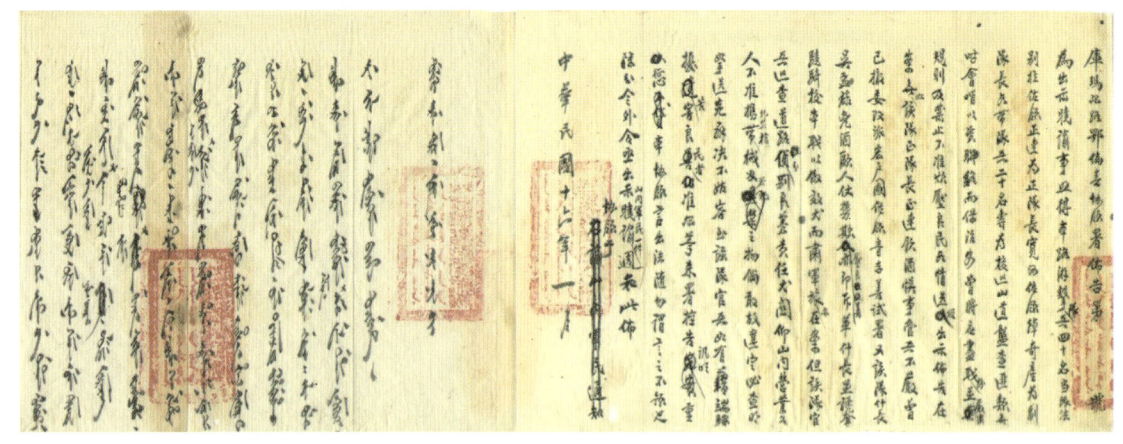

351. 东北陆军骑兵第三十八团补充营一连为请吴寿纲来连队处理亡兵关振海遗物事的公函

1927年3月13日

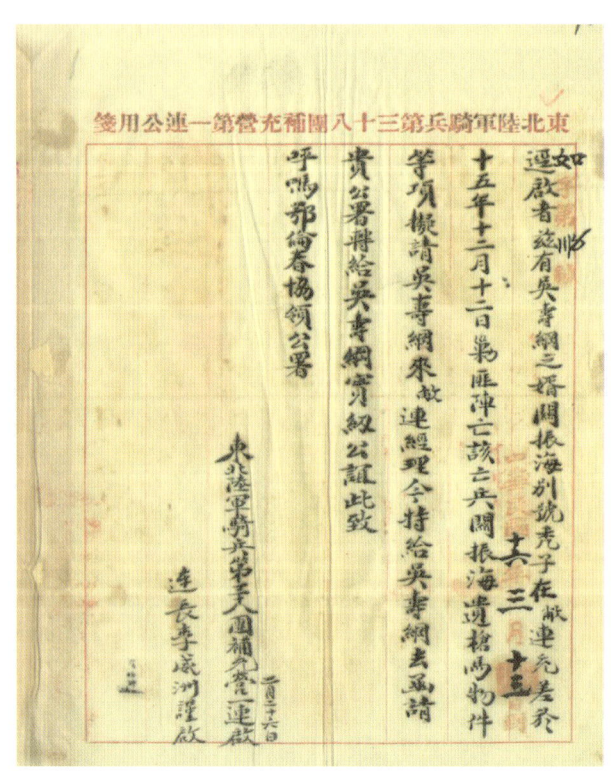

352. 库玛尔路协领公署为回复一连将关振海遗物变价汇交本署以转交吴寿纲[①]事的公函

1927年5月

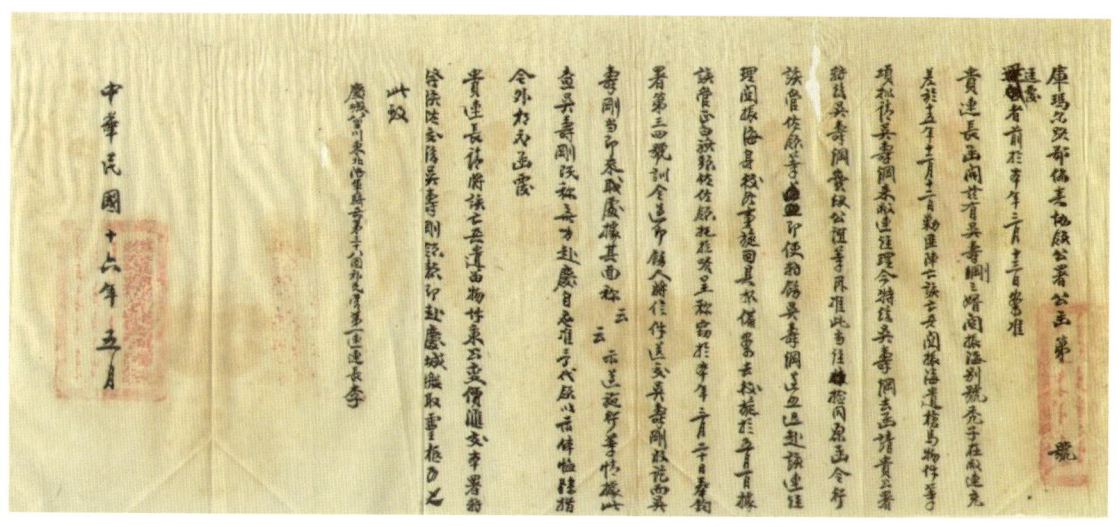

353. 库玛尔路协领公署为镶白旗头佐骁骑校正连因案被押开释无期拟请剥夺职务另行拣员补放事的呈文

1927年6月23日

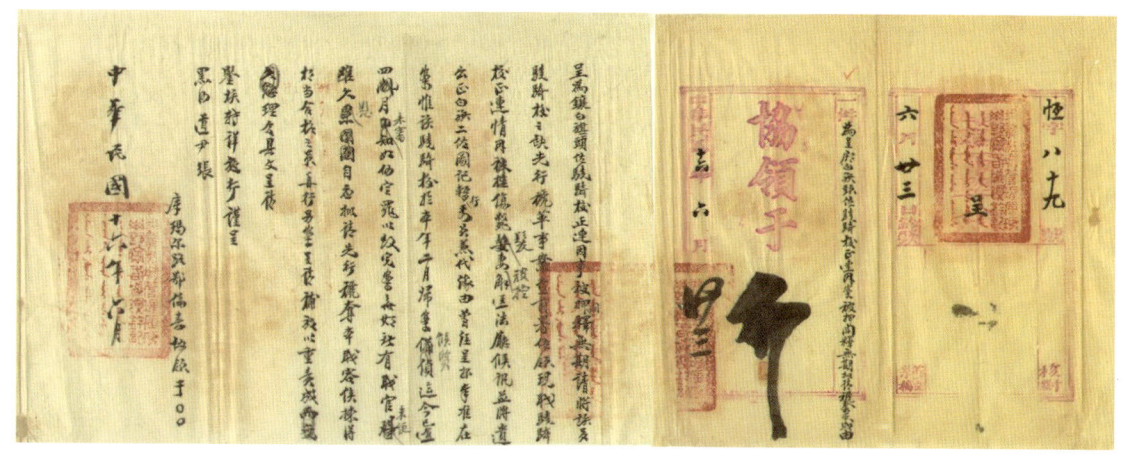

---

① 原文中"吴寿纲"与"吴寿刚"为同一人。——编者注

354. 署理正蓝旗头佐佐领达克西为报本佐骁骑校吴福克拟任职办理事务日期事的呈文（满文）

1927 年 7 月 20 日

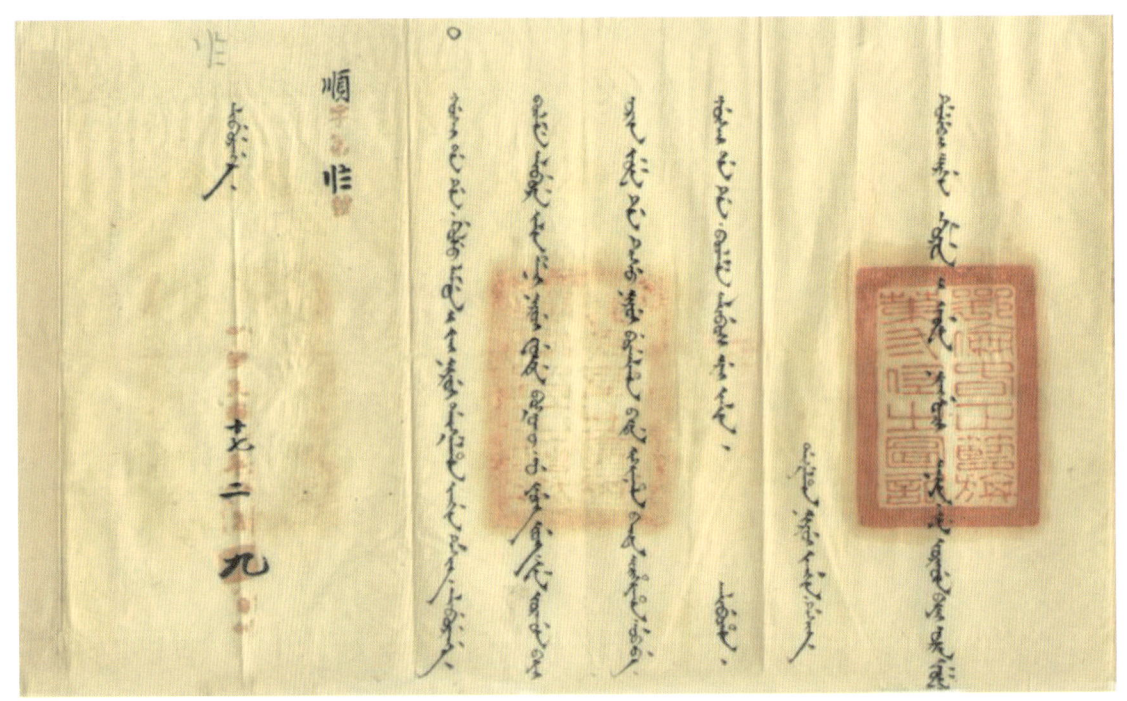

呈　文

　　署理正蓝旗头佐佐领达克西呈，为本部二佐事。本部骁骑校吴福克拟于九月二十二日到任办理该佐事务，为此谨呈。

　　署理正蓝旗头佐佐领达克西为此呈报。

民国十六年七月二十日

355. 黑河道尹公署为于多三等五人因六年俸满以副都统记名候批事的训令

1927年8月24日

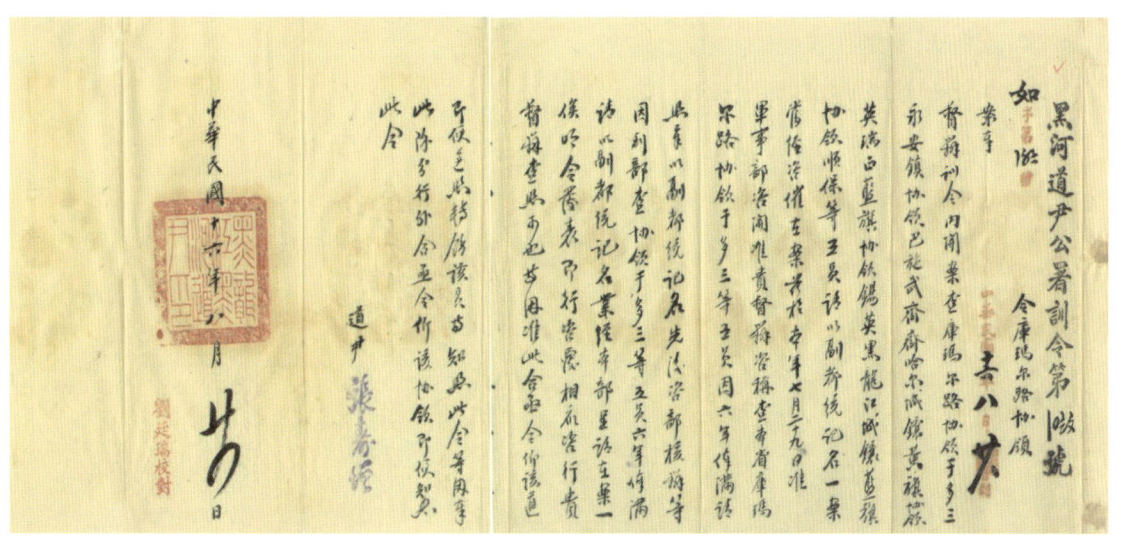

356. 库玛尔路协领公署为申请发给新编本省文官职员录事的公函

1927年8月26日

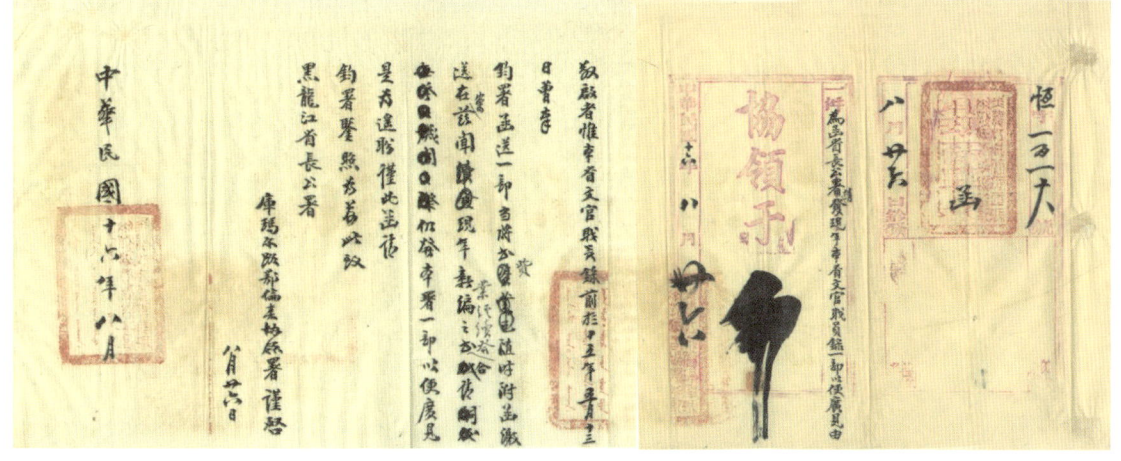

357. 署理库玛尔路正蓝旗头佐佐领为接收佐领钤记事的咨文（满文）

1927 年 10 月 16 日

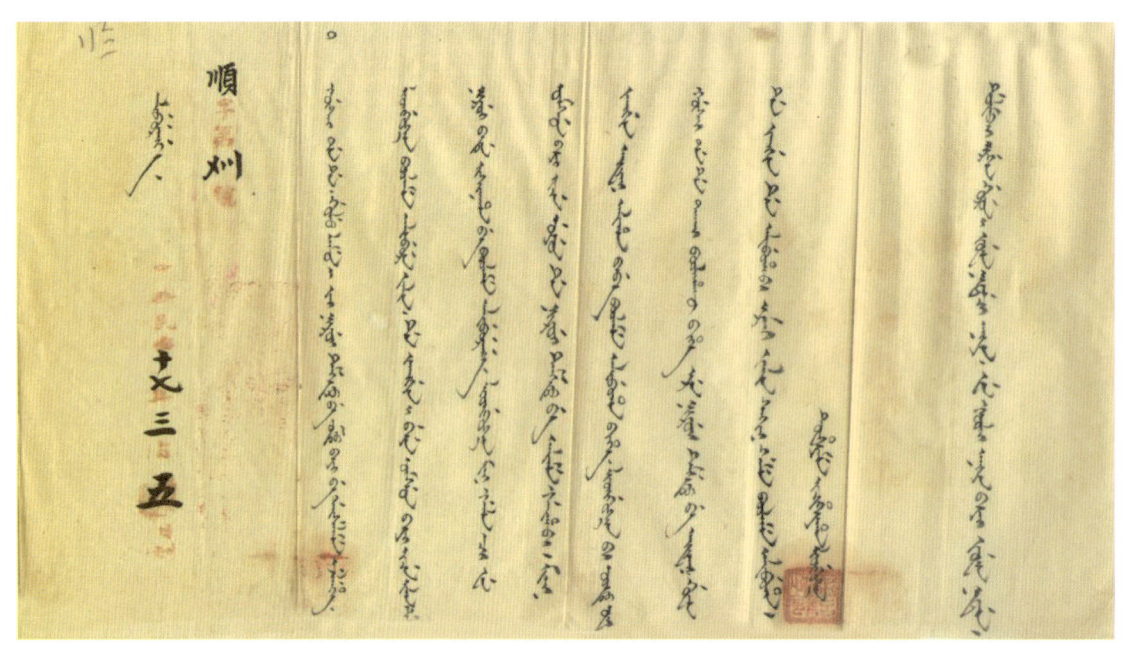

咨　文

　　署理库玛尔路正蓝旗头佐佐领咨，为合管二佐佐领钤记何时到达事咨。本年十一月初三日各旗佐分寄呈递的公文已到，十一月初九日各旗佐钤记由各佐佐领接收。本路署理佐领暂且将本佐已送达的钤记妥善保管，待本佐佐领到任后接收。
　　为此呈报。

民国十六年十月十六日

358. 正蓝旗二佐佐领关德兴为报到达任职地事的呈文（满文）

1927年12月3日

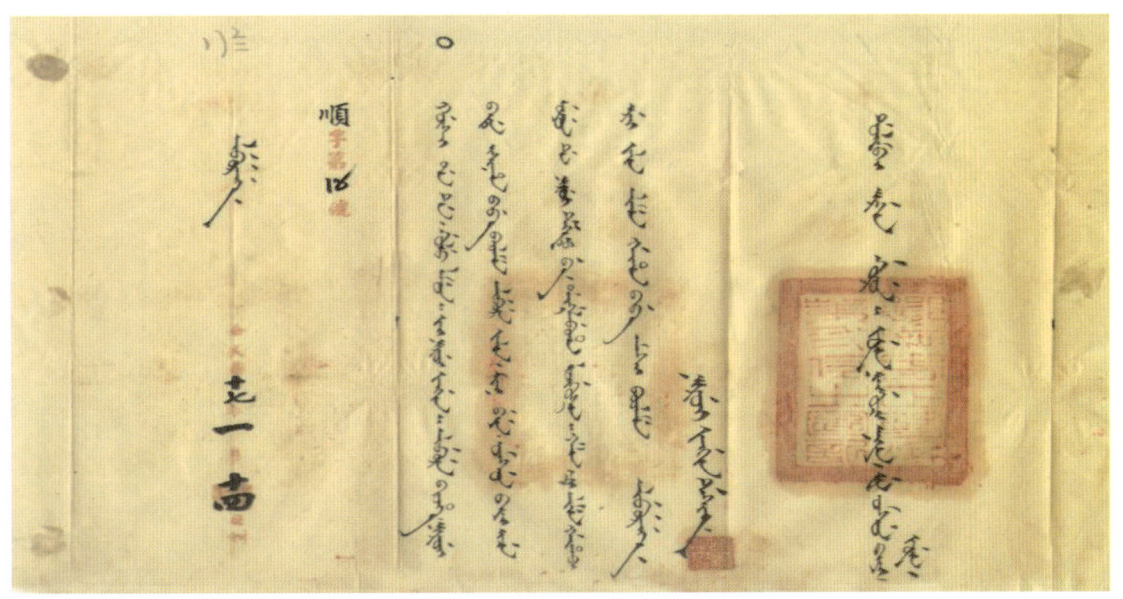

呈　文

　　呈与库玛尔路协领公署衙门，正蓝旗二佐佐领关德兴呈文，为呈报到达任职地事。本佐领于十一月初九日领取佐领图记。

　　为此呈报。

佐领关德兴
民国十六年农历十一月十日

359. 正蓝旗二佐佐领关德兴为委派他人接替吴永忠办理事务事的呈文（满文）

1927 年 12 月 3 日

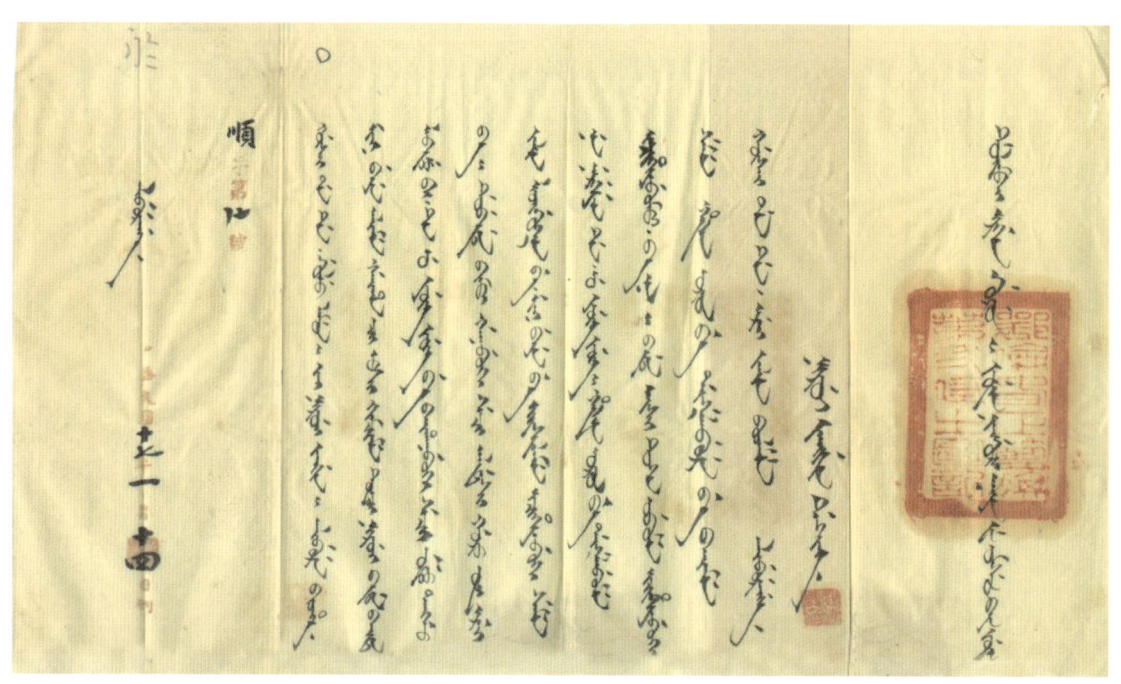

呈　文

　　呈与库玛尔路协领公署衙门。正蓝旗二佐佐领呈文。经本人调查，本部事务繁多。现本人亲自去寻找吴永忠，因路途遥远，委派刘古善协理。请另委派他人补吴永忠职务之缺，以接替其办理事务。望尽快办理，为此事呈。

佐领关德兴
民国十六年农历十一月十日

360. 库玛尔路协领公署为委任功额布为该佐骁骑校以补遗缺事的令（满文）

1927 年 12 月 27 日

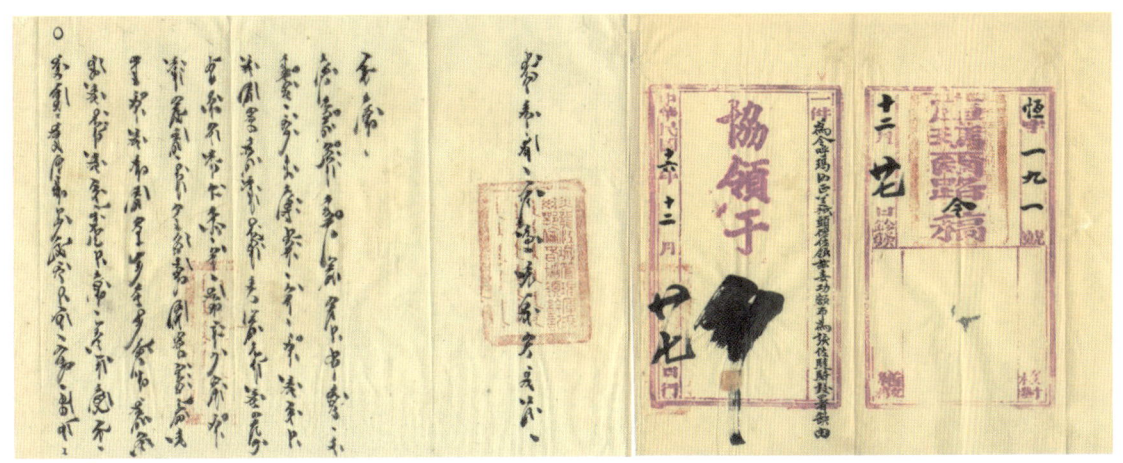

令

给库玛尔路正蓝旗头佐佐领伦吉善的令，为委任功额布为本佐骁骑校以补遗缺事。正蓝旗头佐佐领伦吉善办理库玛尔地方百名人员补兵缺事，按补缺人员名单接收入编，为此佐领伦吉善委任功额布为本佐骁骑校，以补遗缺。

为此呈报。

民国十六年十二月二十七日

361. 库玛尔路鄂伦春游击队民国十五年兵饷收据清单

1927 年

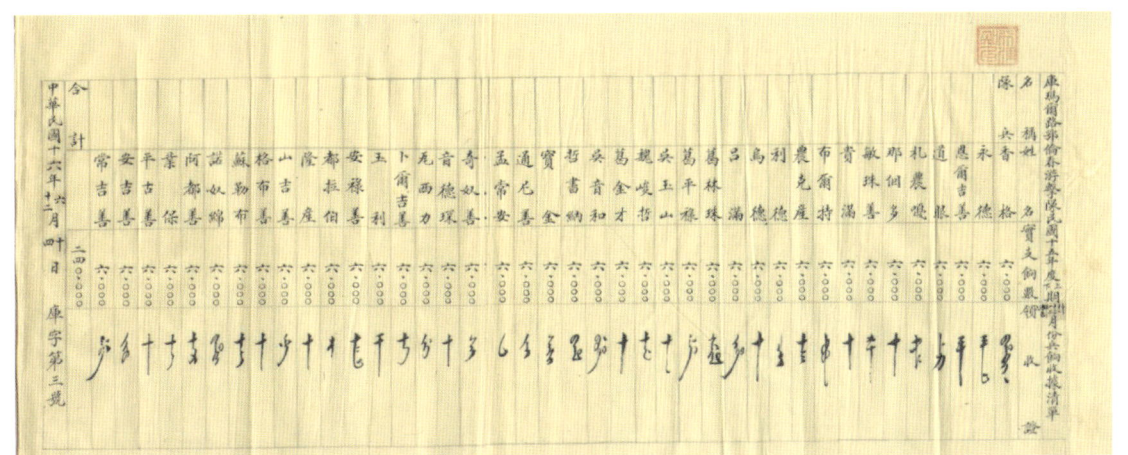

362. 署理正蓝旗头佐佐领玉古善为转交前任佐领图记①事的呈文（满文）

1928 年 3 月 7 日

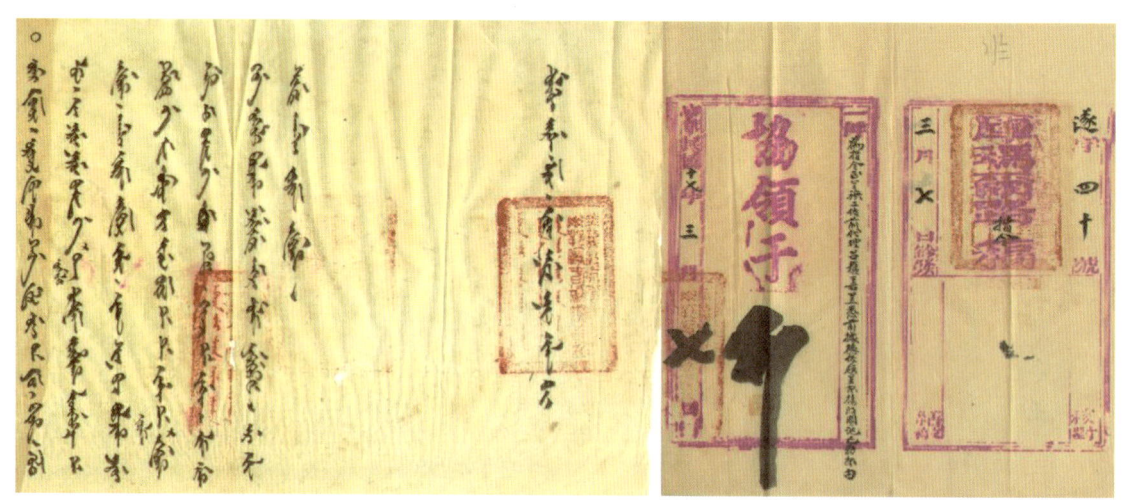

> **呈　文**
>
> 　　署理正蓝旗头佐佐领为转前任佐领图记事呈。指令正蓝旗头佐代理（佐领）玉古善呈送的前任佐领图记已转交。
> 　　为此呈报。
>
> 　　　　　　　　　　　　　　　　　　　　　民国十六年三月

---

① 图记：古代印章的一种。

363. 库玛尔路协领公署为山林游击队队长音吉善带兵进省承领子弹事发给的护照

1928 年 3 月 20 日

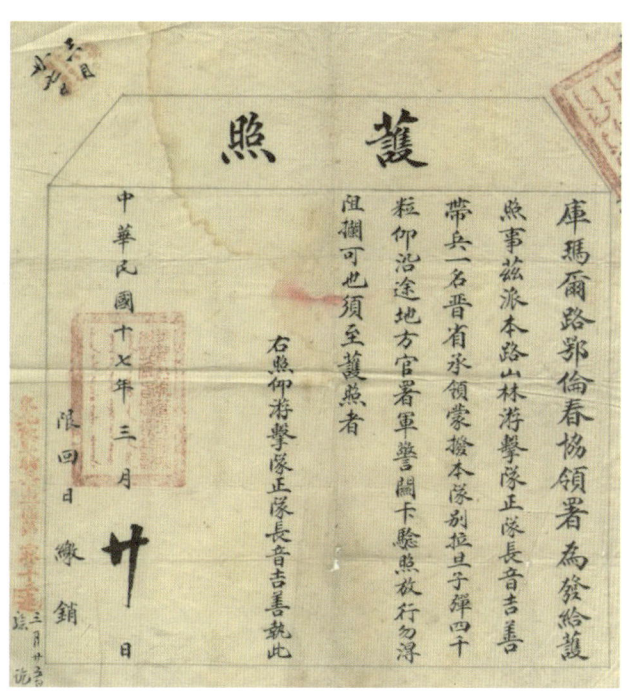

364. 库玛尔路协领公署为佐领保忠病故报请优恤并查明骁骑校吴存才履历事的呈文、令

1928 年 4 月

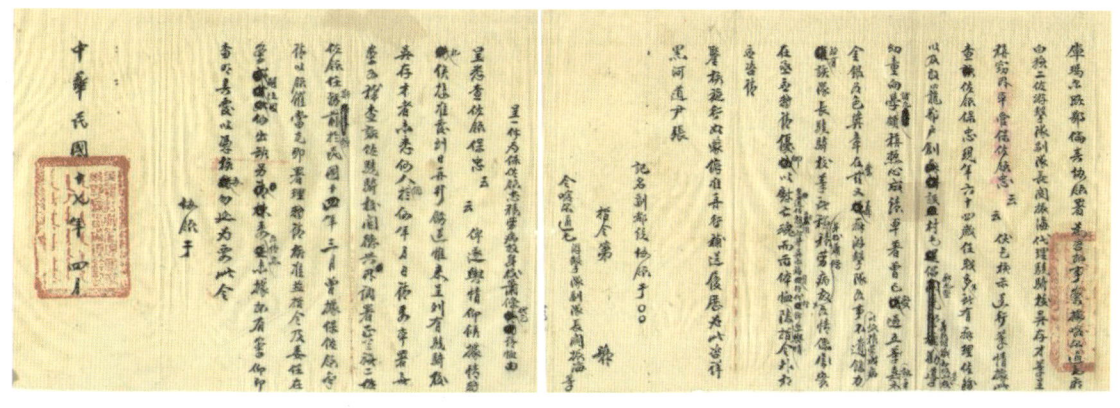

365. 库玛尔路协领公署为催拨民国十七年一月至六月薪津经费事的咨文

1928 年 4 月

366. 黑河道尹所属黑龙江城八旗民国十七年全年支出计算书

1928 年 4 月

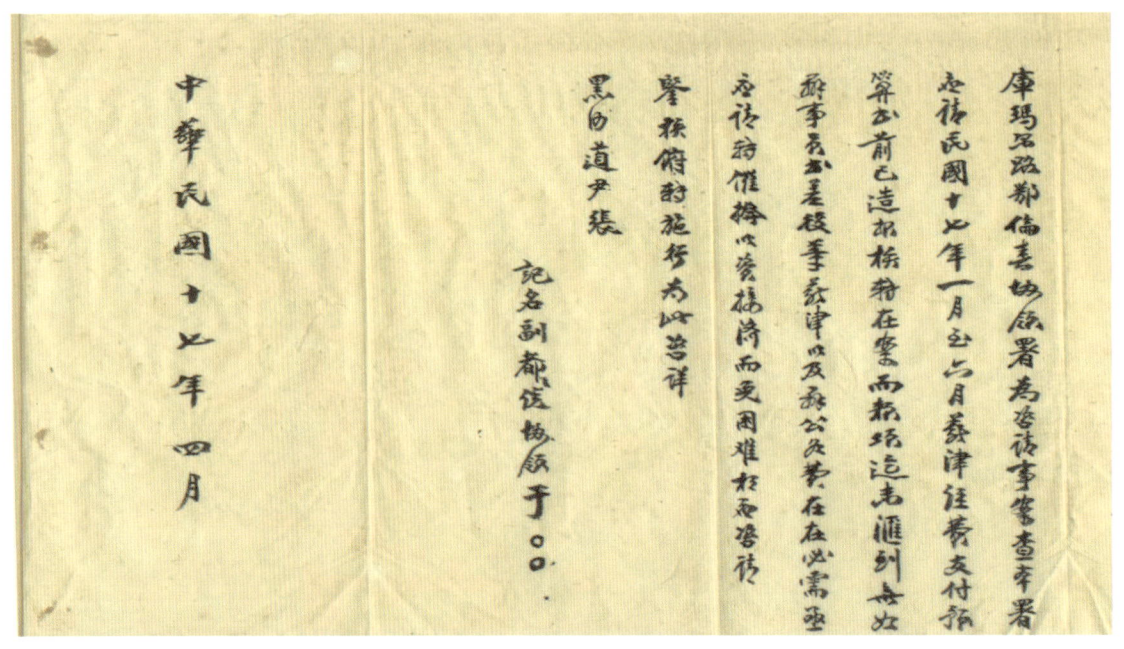

367. 厢（镶）黄旗头佐佐领音吉善为因本佐骁骑校兴格病故恳请开缺拣员补任事的呈文

1928 年 5 月 18 日

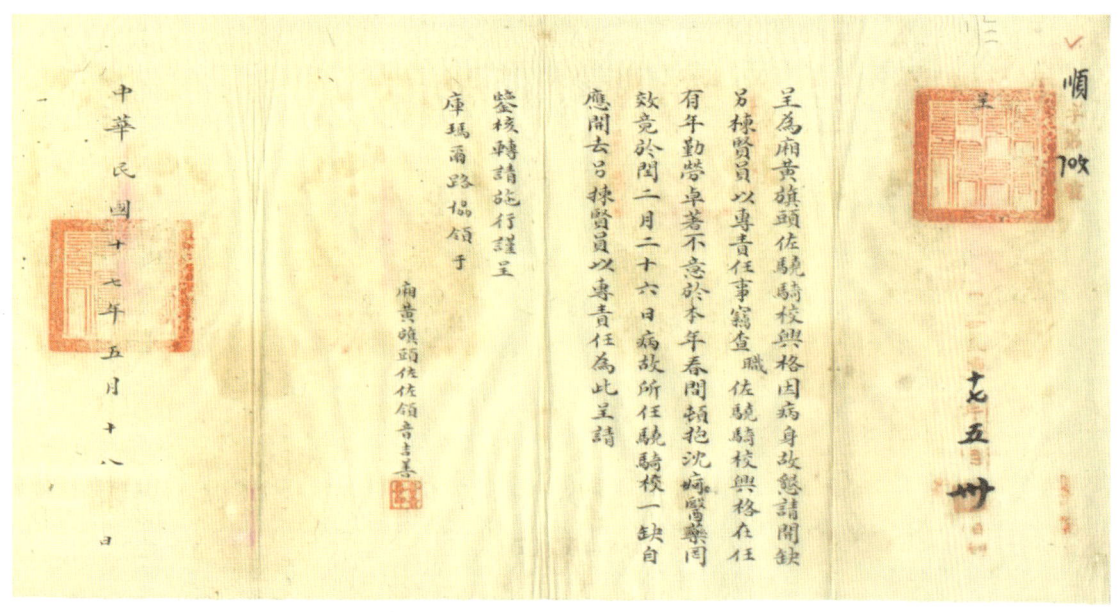

368. 黑河道尹公署为黑龙江军务督办吴泰来调离由万福麟代理事的训令

1928 年 7 月 24 日

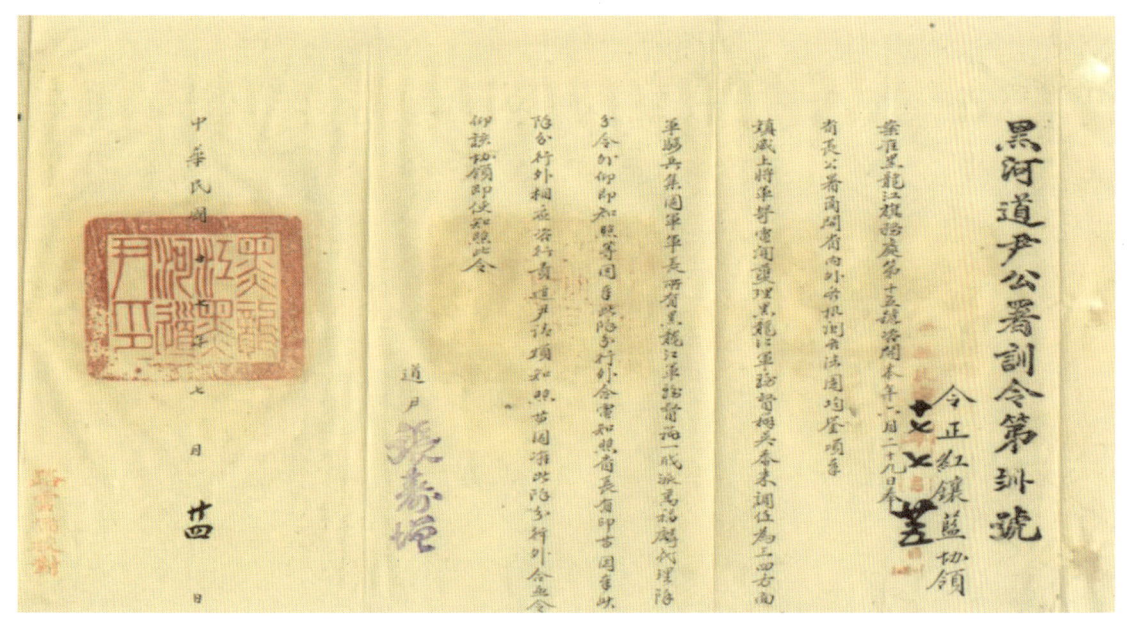

369. 黑河道尹公署为张学良代理督办奉天军务事的训令

1928年7月24日

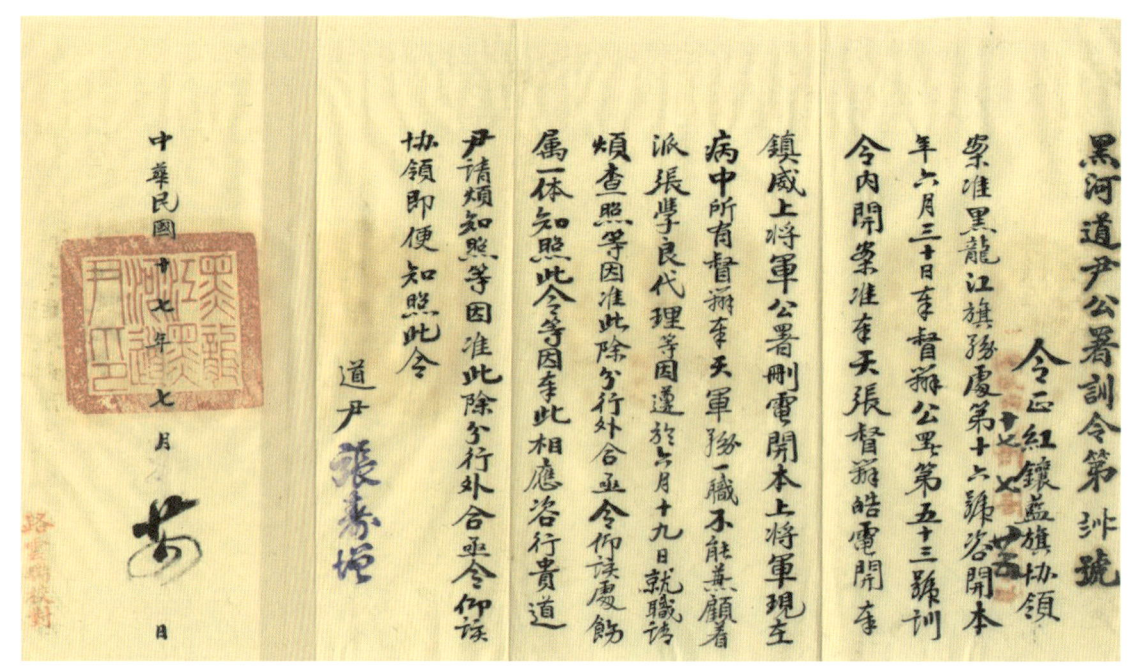

370. 署理正蓝旗头佐佐领伦吉善
为本佐兵丁补缺事的呈文（满文）

1928年8月

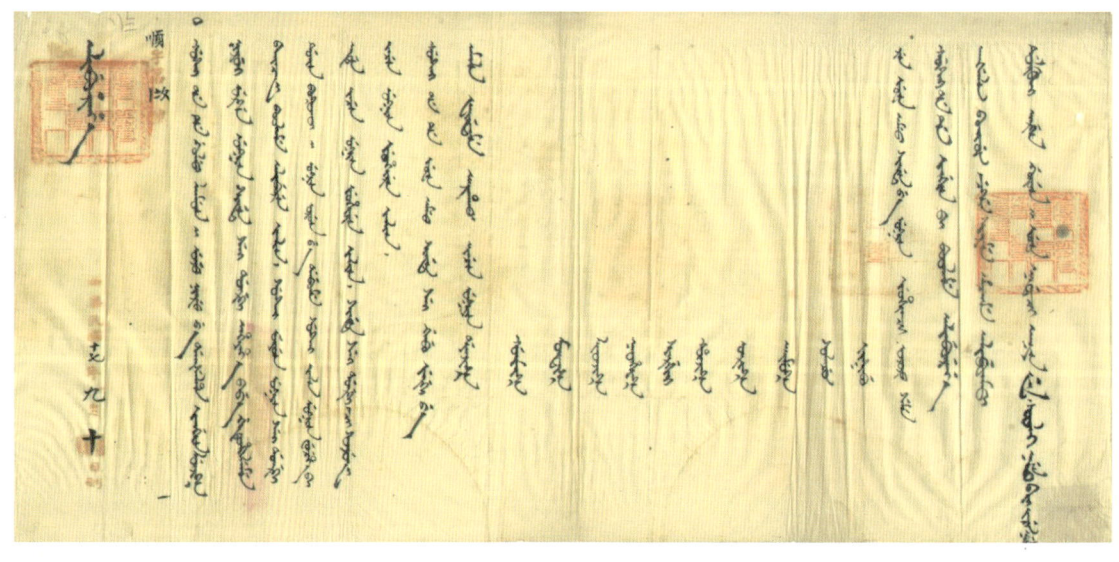

呈 文

　　署理正蓝旗头佐佐领伦吉善呈，为本佐兵丁补缺事。本佐有九名披甲、四名领催，其中有三名披甲职缺。（本佐）补授七名新任披甲，又按等级次序补授委任十一名新披甲。

　　佐领伦吉善呈，为补放十一名披甲兵缺事。

　　纳特　和善　喜勒格　和吉善　额里善　艾门善　舒拉春　吉克喜布　代吉善　高密善　奥泰善

民国十七年八月

371. 署理正蓝旗头佐骁骑校功额布为补放任职事的指令、呈文（满文）

1928 年 9 月 5 日

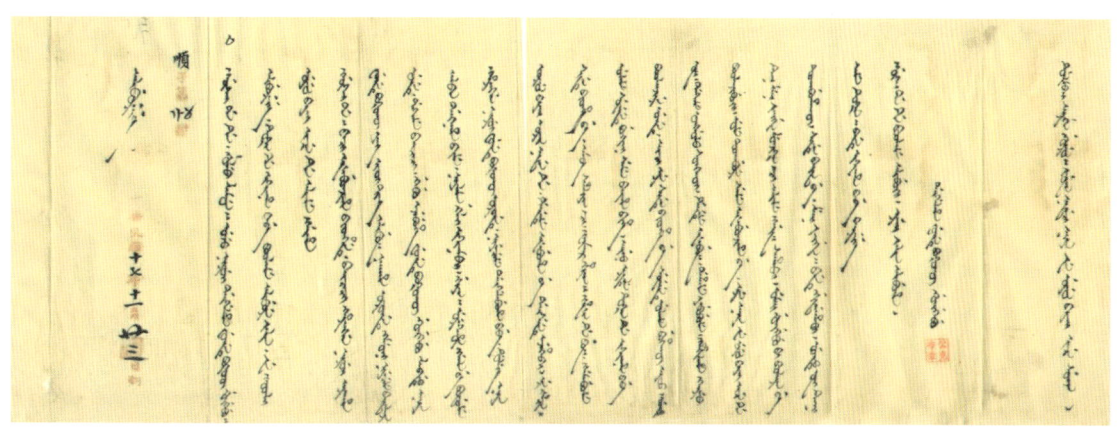

指 令

　　本年九月二十七日，署理库玛尔路鄂伦春协领为请交付敕书事（呈）。本月初，本佐人员需将文书按期送达，遵照惯例准行交付，本佐佐领伦吉善已接收，并按照要求补放任职，协领大人为此指令。

署理骁骑校功额布
民国十七年九月五日

呈 文

　　署理正蓝旗头佐骁骑校功额布呈，为到任接职事。按例于本年九月初三日接收。协领大人委派人员送达文书，本佐佐领杨玉亭代为呈文，修定补缺人员姓名，令功额布牢记公务职责，补缺署理骁骑校一职。

372. 黑河道尹公署为各机关填报目录和表式事的公函

1928年11月3日

373. 黑河市政筹备处为黑龙江城八旗官兵领取民国十七年全年俸饷事的公函

1928年

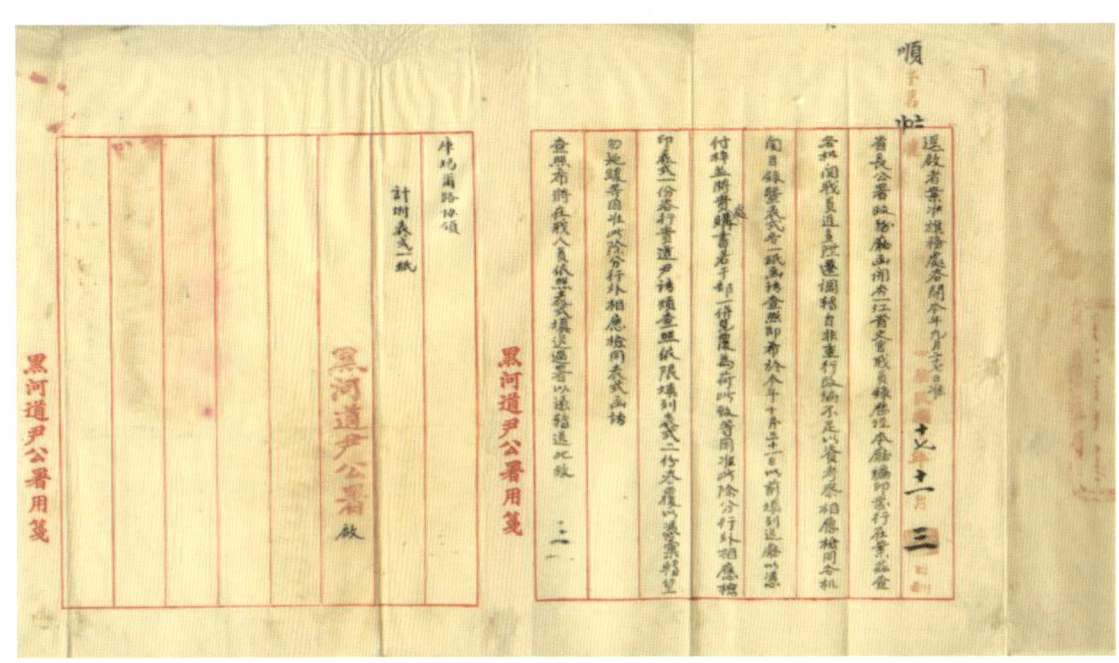

374. 库玛尔路协领公署购物票据

1928年

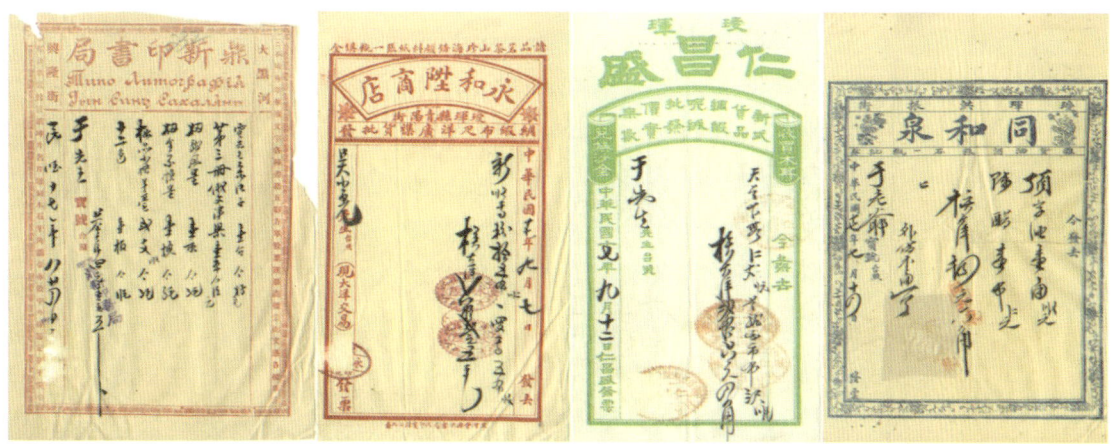

375. 库玛尔路协领公署为送达音吉善婚姻案开庭传票事的公函

1928年

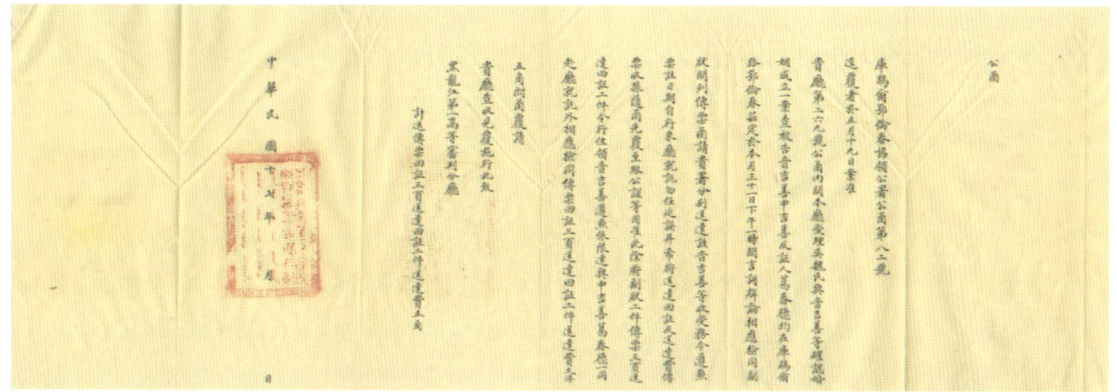

376. 正蓝旗头佐署佐领伦吉善出具的领取民国十五年全年官兵俸饷的印领

1928年

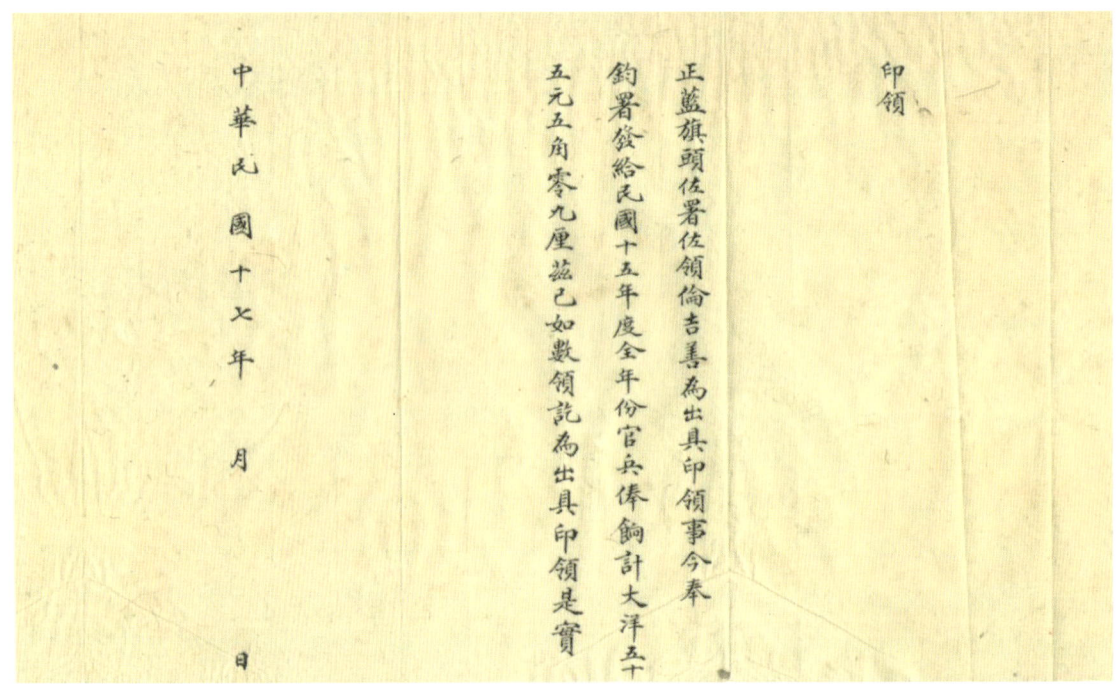

377. 厢（镶）白旗二佐代理佐领吴永福为报前任佐领病故事的呈文

1929年1月5日

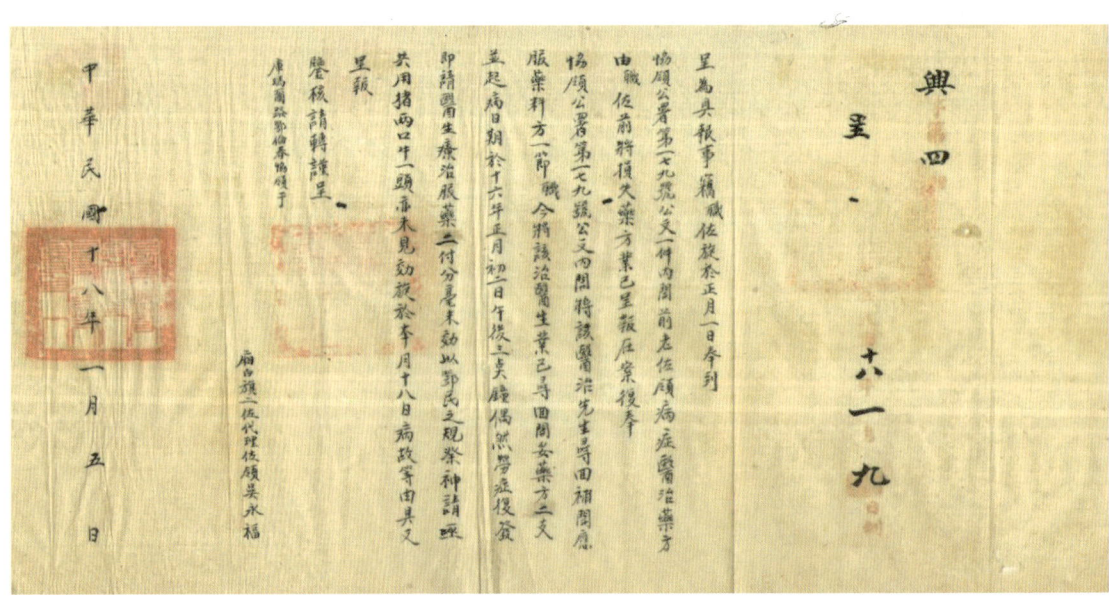

378. 黑河道尹公署为报送病故佐领保忠履历转请抚恤事的公函

1929年1月21日

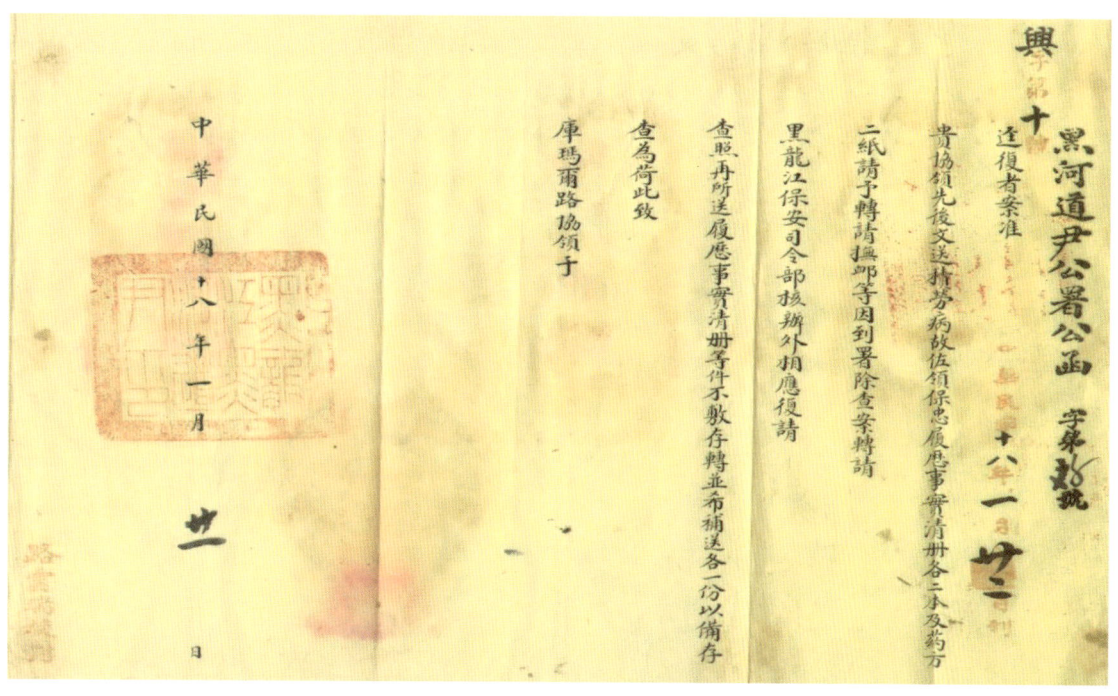

379. 库玛尔路协领公署为催报接收佐领图记视事日期事的训令

1929年1月30日

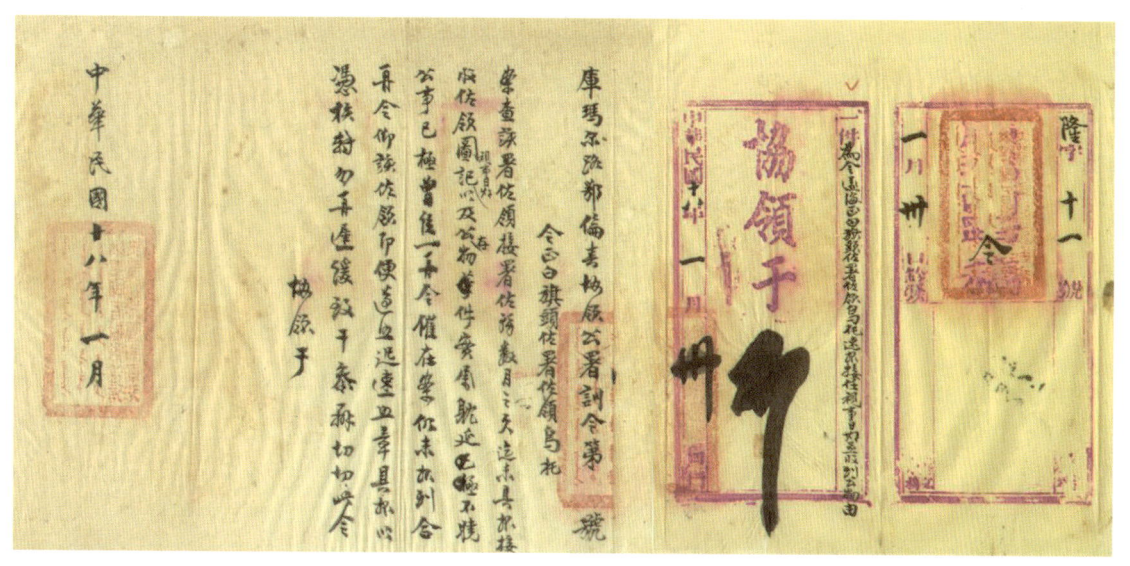

380. 黑龙江省政府为督饬各属注意查阅新编省政府公报事的训令

1929年3月6日

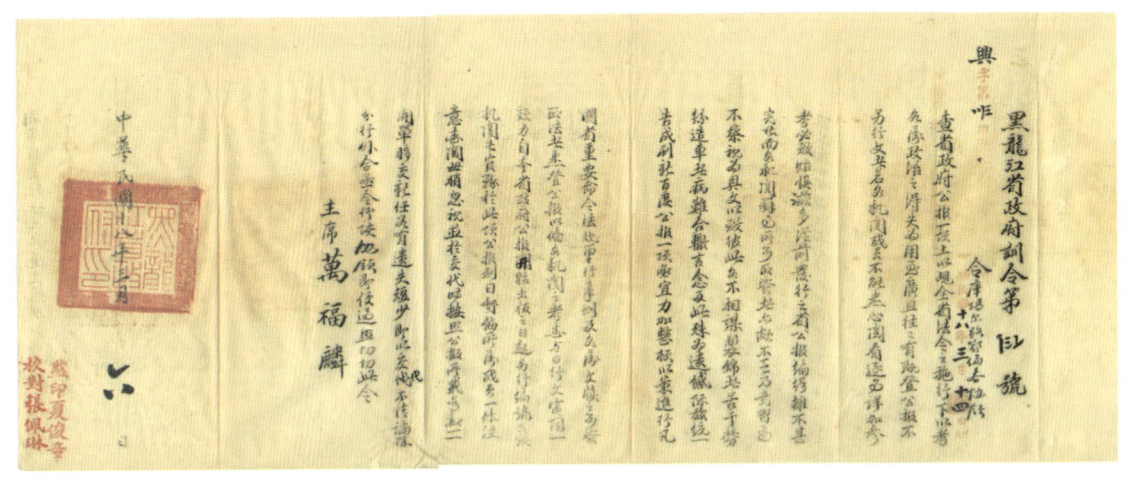

381. 黑龙江省政府为派定省政府公报订阅份数并制定缴费办法事的训令

1929年3月16日

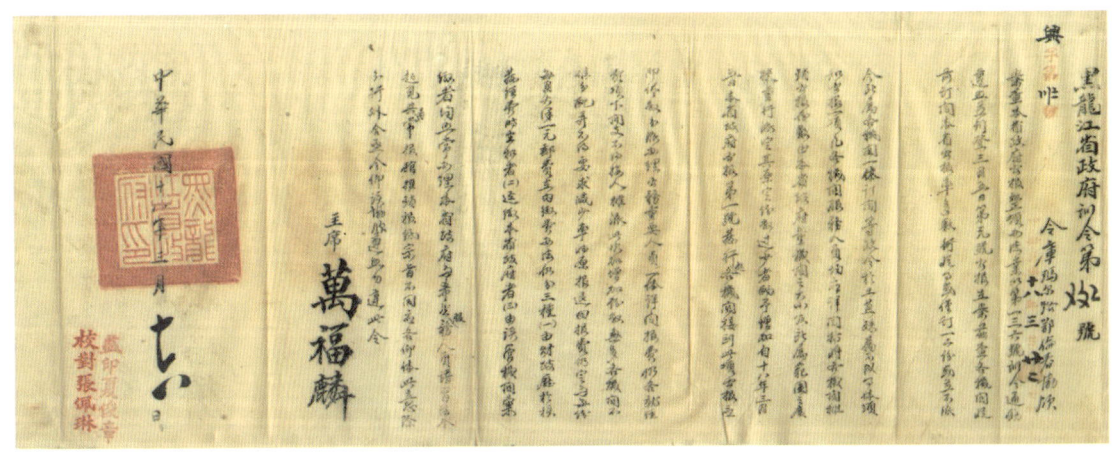

382. 黑龙江驻省事务所为本年军衣不能发放由协领公署自行制作事的公函

1929年3月21日

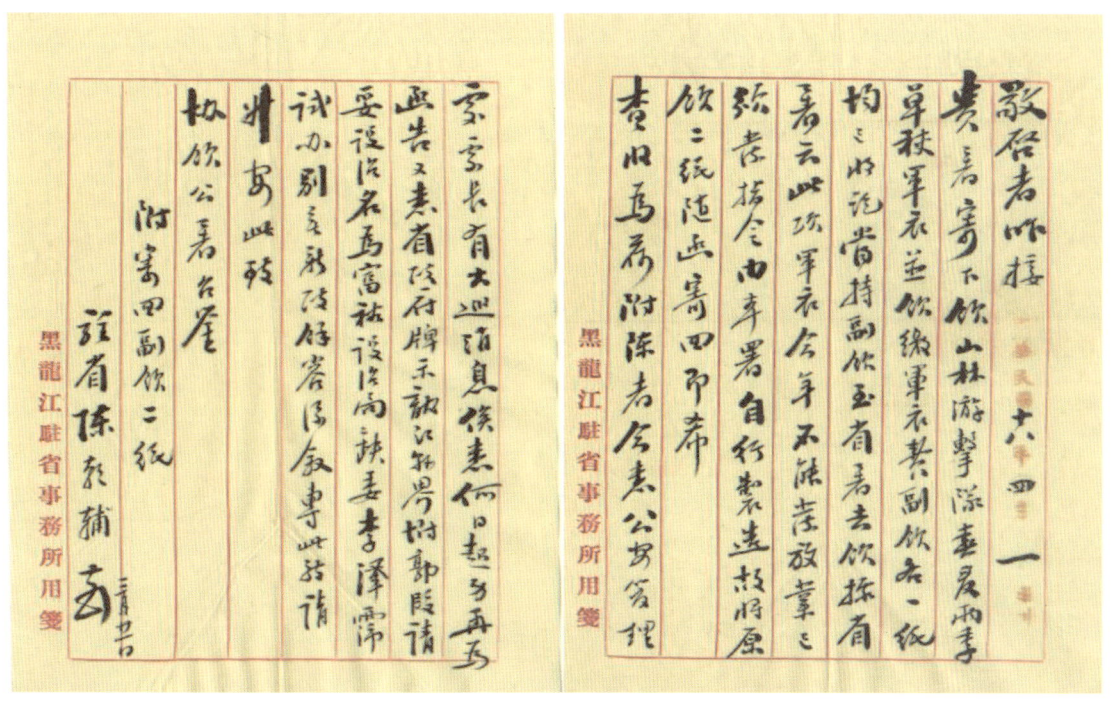

383. 黑河市政筹备处为委托库玛尔路协领公署代为发放黑龙江城八旗官兵民国十六年俸饷事的公函

1929年3月30日

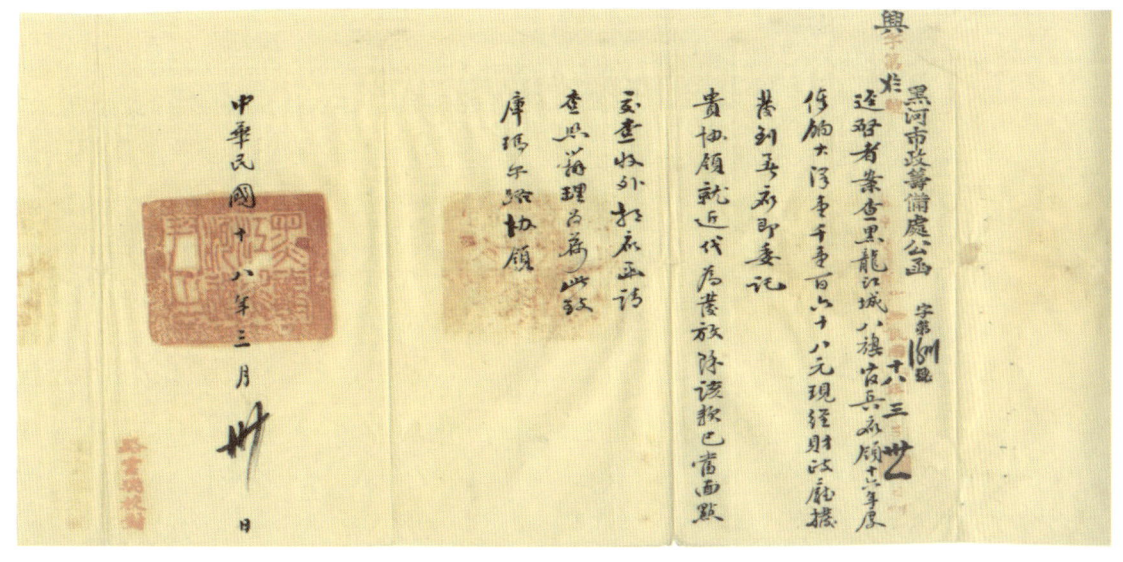

384. 库玛尔路正黄旗三佐领催、披甲花名册

1929年4月10日

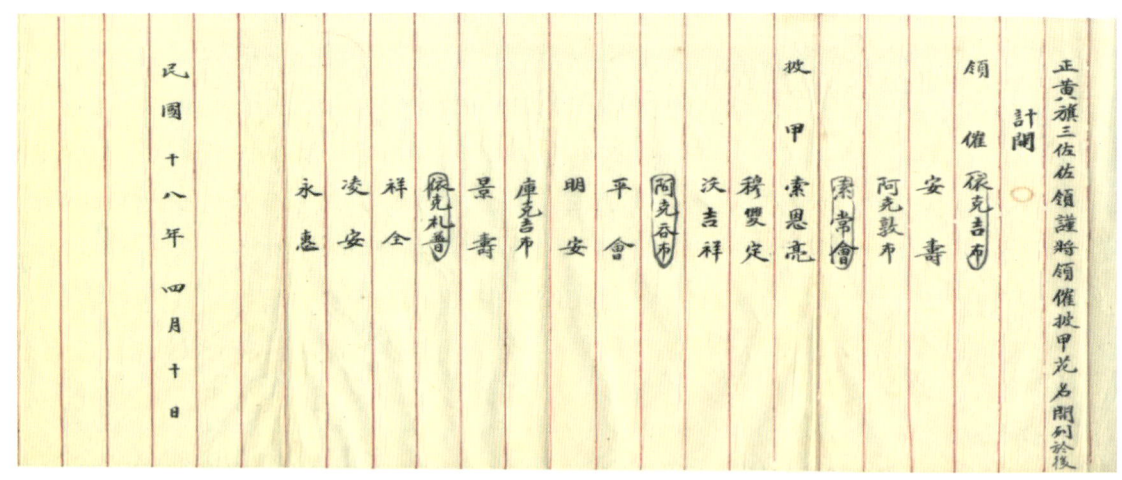

385. 黑龙江省政府为查明在省设立鄂伦春办公处一事的训令

1929年4月11日

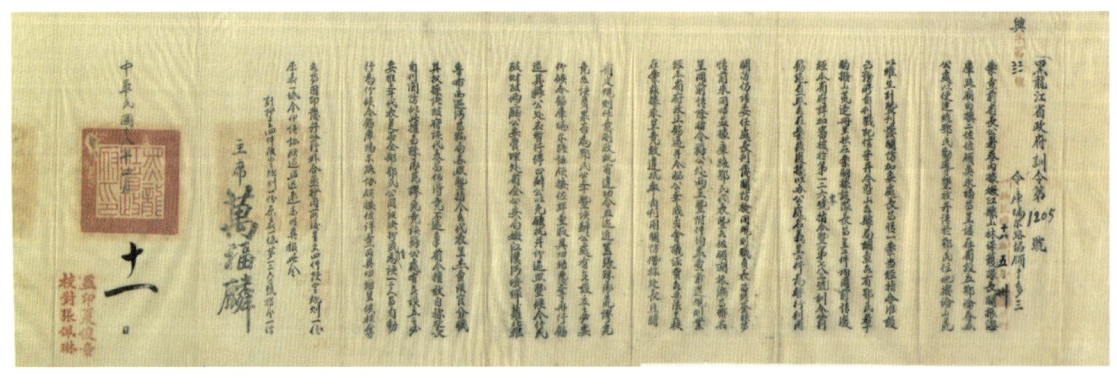

386. 库玛尔路协领公署文件封皮

1929年4月21日

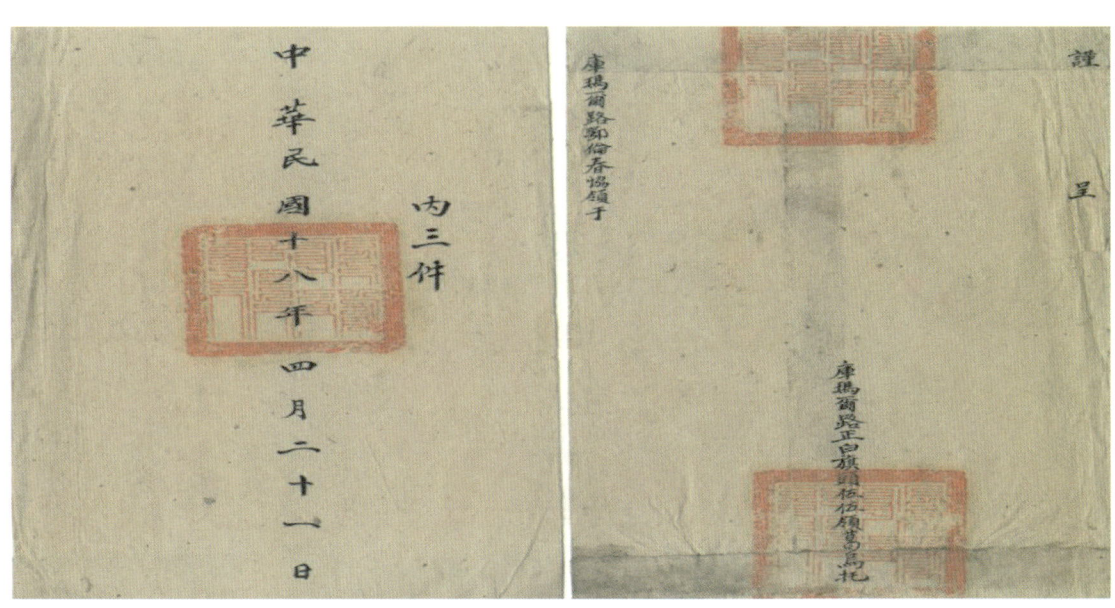

387. 黑龙江省政府为抄发服制条例事的训令

1929年4月27日

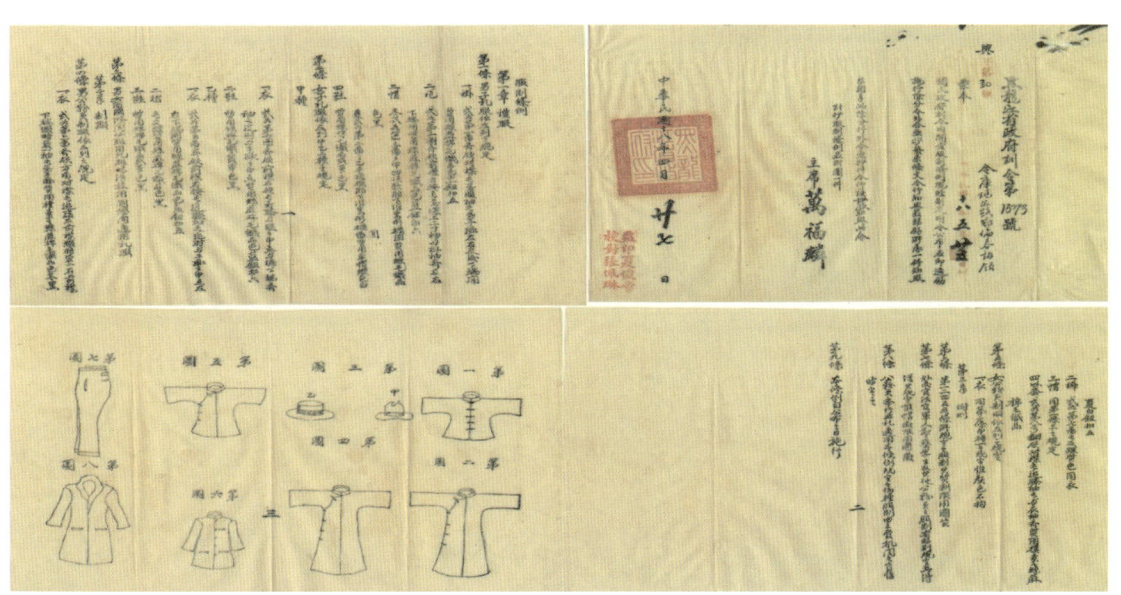

388. 黑龙江省政府为催报机关职员履历事的训令

1929 年 5 月 1 日

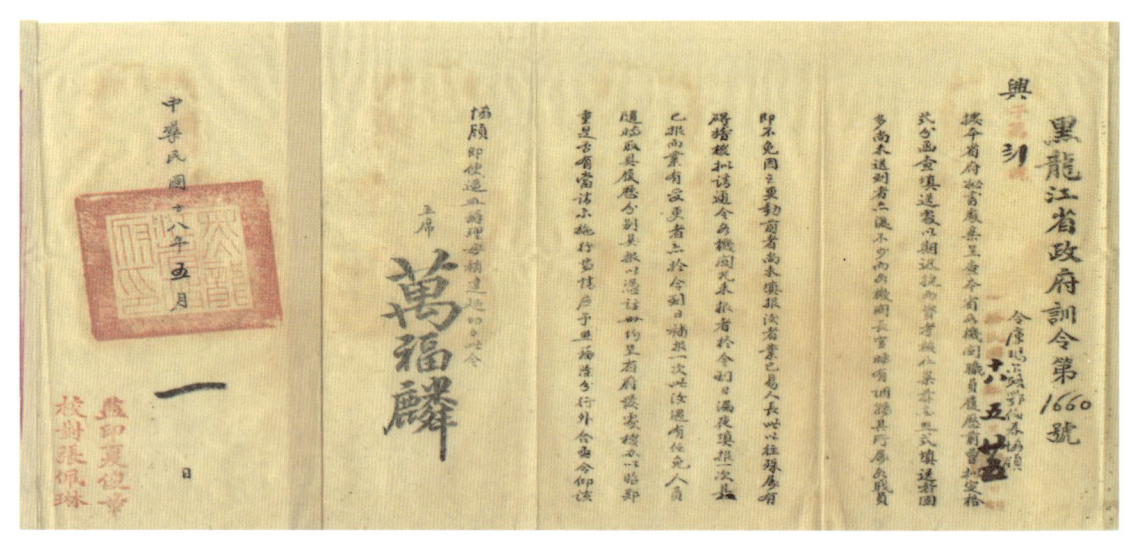

389. 黑河市政筹备处长兼交涉员关于为总理奉安志哀的公函

1929 年 5 月 23 日

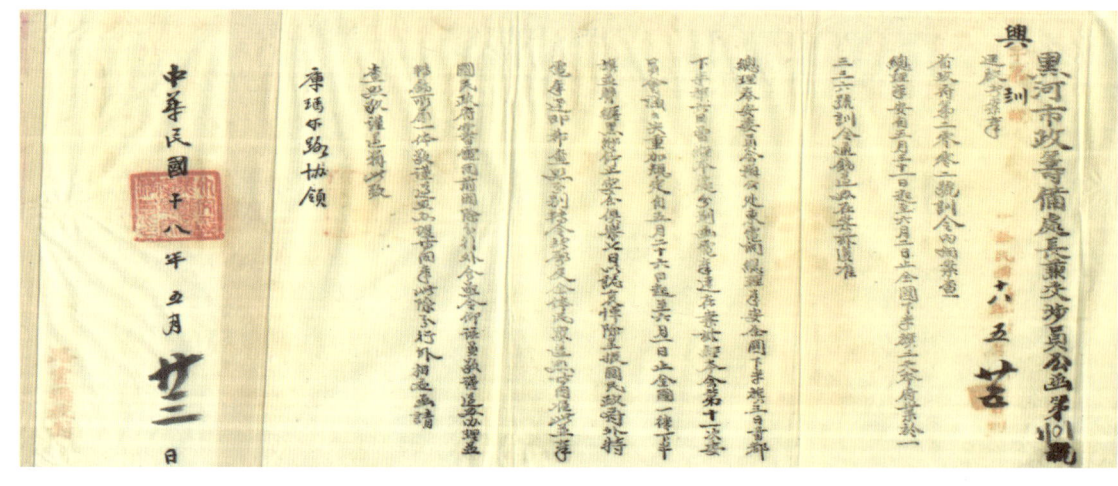

390. 署理镶黄旗佐领措齐参为请求本佐领催图吉善协助办理公务事的呈文（满文）

1929 年 5 月 25 日

呈　文

　　署理镶黄旗佐领措齐参呈与协领公署。下官措齐参我才识短浅，应由本佐领催图吉善协助办理公务，一起效力于协领大人。为此，下官将此事呈与协领大人，万叩首。

　　佐领措齐参我现无领催协助处理事务，将此情况呈报协领大人，由协领大人定夺。为此，将本佐现无领催一事呈报。

民国十八年五月二十五日

391. 库玛尔路协领公署关于通告为总理奉安下半旗缠纱止宴乐七日的训令

1929年5月28日

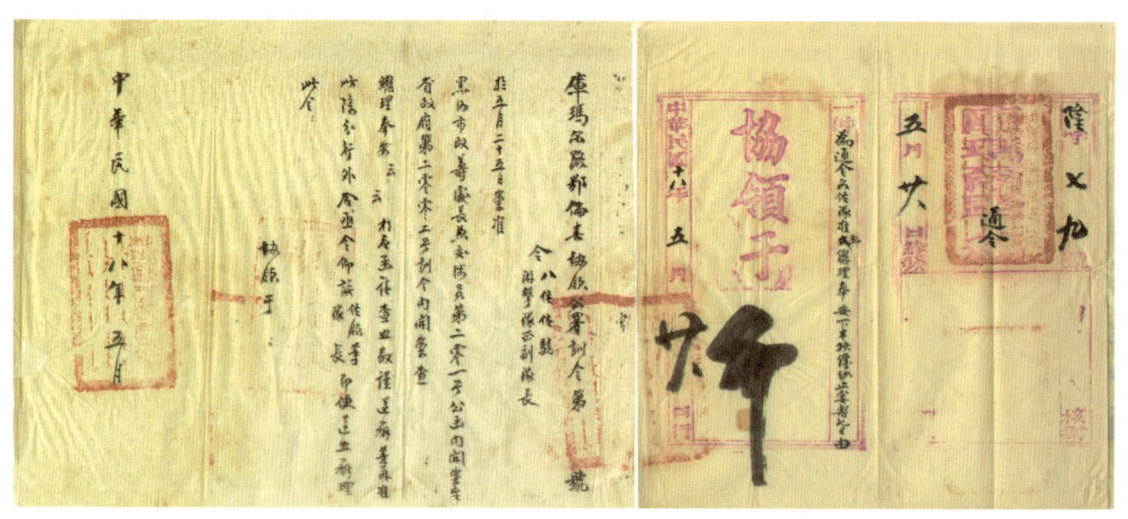

392. 黑龙江省旗务处为通告党国旗悬挂位置事的咨文

1929年6月14日

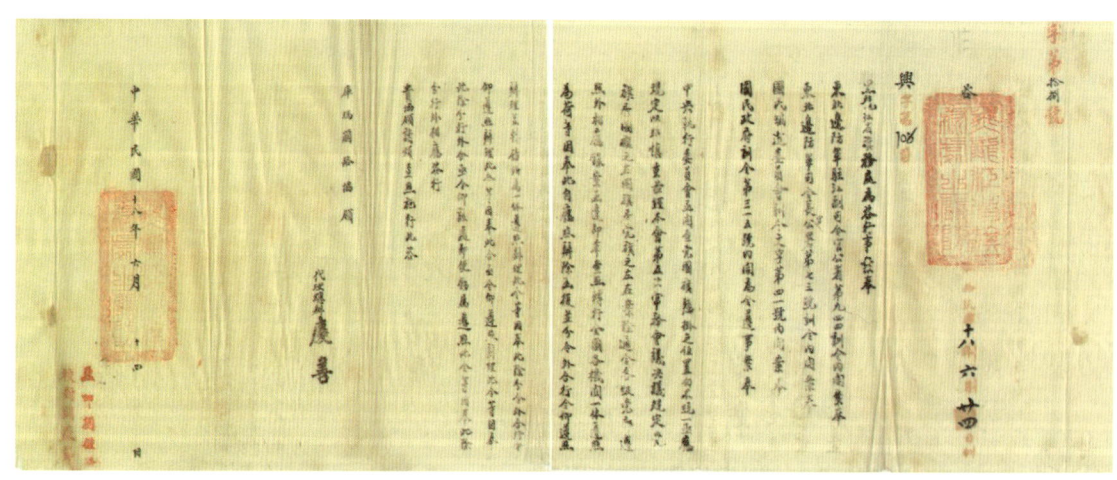

393. 厢（镶）黄旗二佐佐领措齐参为本佐披甲音德善、察依吉善补放领催事的呈文（满文）

1929 年 7 月 20 日

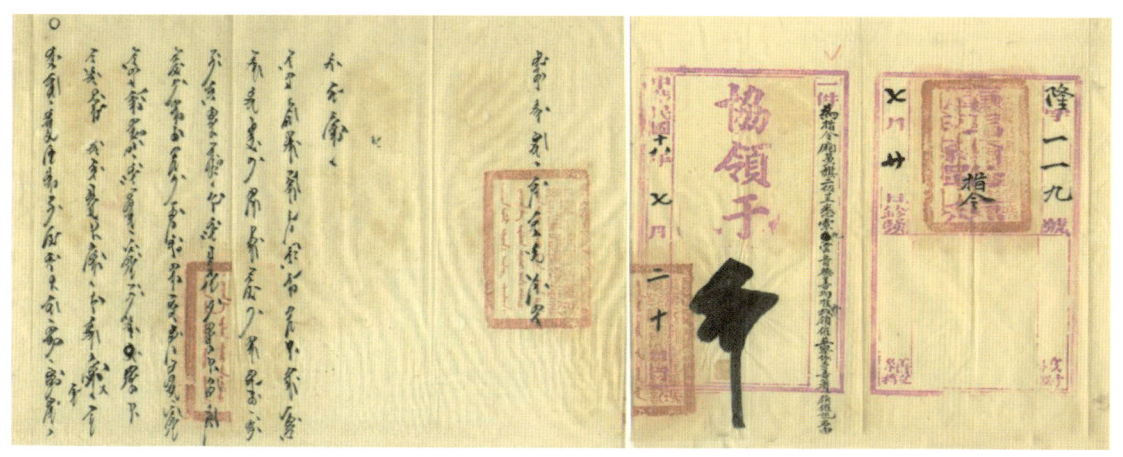

呈　文

　　呈与管理库玛尔路鄂伦春兵马协领公署衙门，镶黄旗二佐佐领措齐参呈，为本佐披甲音德善、察依吉善补放领催事。本佐镶黄旗二佐现无领催处理事务，本佐领催空缺两名，拟由披甲音德善、察依吉善补放领催。为此，将补放领催事呈与协领公署。

民国十八年七月（　）

394. 镶黄旗佐领伦吉善为报十八站鄂伦春族民众情况事的呈文（满文）

1929 年 7 月 21 日

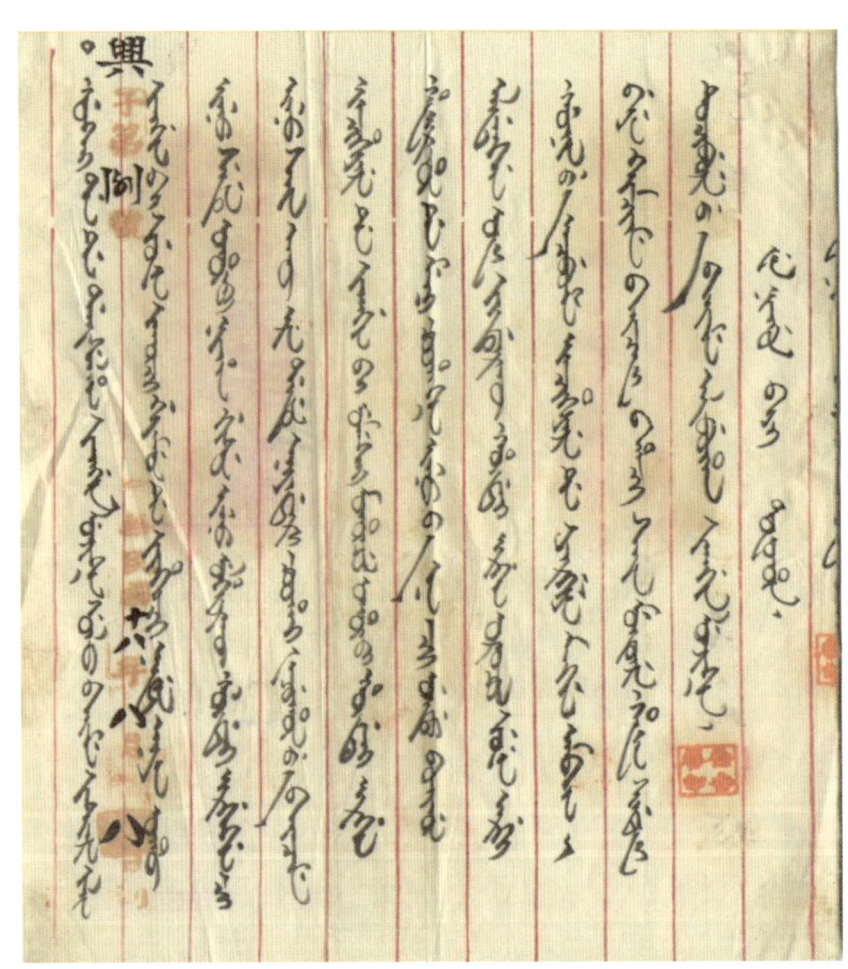

呈 文

　　佐领伦吉善呈与协领大人。库玛尔路十八站设立七年来，十八站附近的鄂伦春族民众一直不懂汉语、不习汉文。此外，十八站附近地方每年都有兵马匪患，佐领我本人十分关心十八站附近的鄂伦春族民众。一直以来，教习汉语、平定匪患是本族十八站民众的两大心愿，鄂伦春族民众的这些心愿至今未能实现，我十分惭愧。为此，将十八站地方情况上报协领大人。

　　伦吉善为此事呈。

民国十八年农历六月十五日

395. 关河镶黄旗二佐骁骑校孟通善为保管佐领之印事的呈文（满文）

1929年7月27日

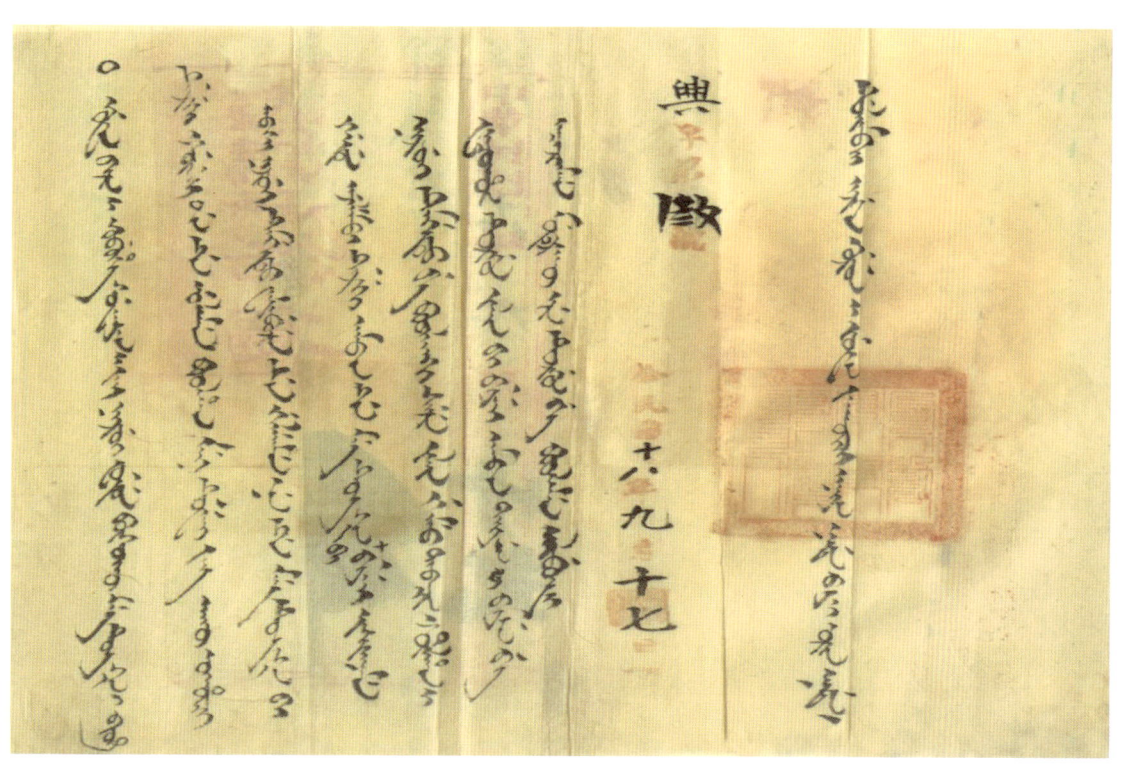

呈 文

　　关河镶黄旗二佐骁骑校孟通善呈文，上报协领大人。我佐现无佐领，因怕佐领之印丢失，今由我本人代为保管。我应亲自到协领处报告保管佐领之印事，因遭遇盗贼，未能与协领大人会面。

　　将此缘由呈报。

民国十八年七月二十七日

396. 黑河市政筹备处借用连珠枪号码清单

1929 年 8 月 24 日

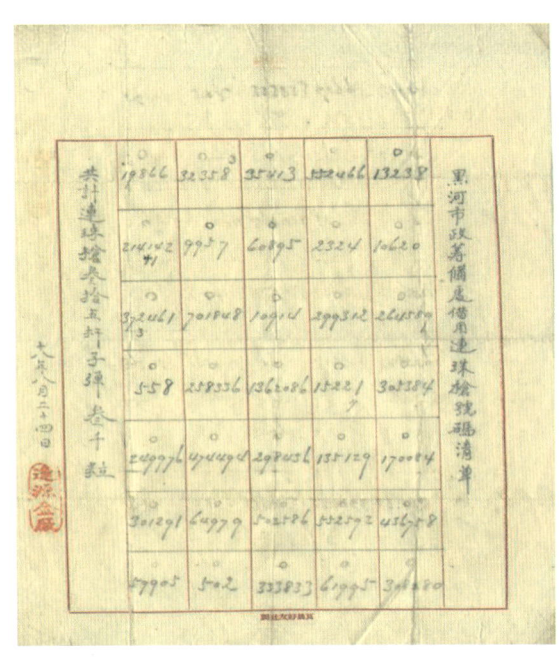

397. 黑河道尹所属黑龙江城八旗民国十八年全年支出计算书

1929 年 8 月

398. 黑河市政筹备处为知照省政府节约支出办法事的训令

1929年9月4日

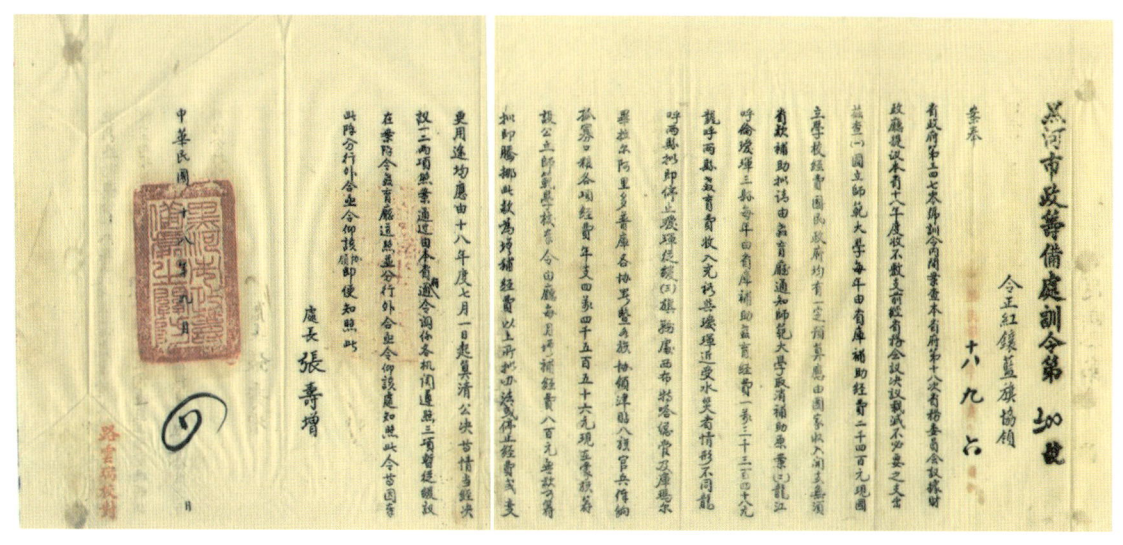

399. 关河副督尉孟通善为接收并掌管佐领印信事的呈文（满文）

1929年9月29日

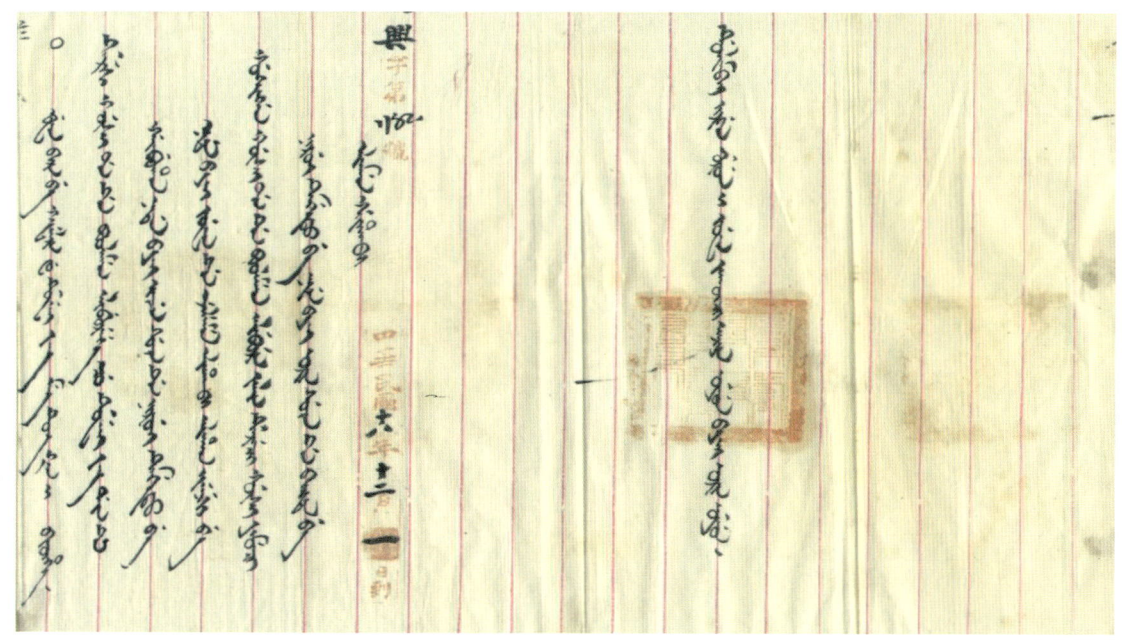

呈　文

关河副督尉孟通善呈与协领大人，为接收并掌管佐领印信事呈。协领公署于本年七月五日将本佐印信派人送来，七月十日起我开始掌管本佐印信。现将此事呈报协领大人。关河副督尉孟通善于本年七月五日收到佐领印信。

在此画押。

民国十八年九月二十九日

400. 黑龙江省政府秘书处为查收本省文官职员录事的公函

1929年10月18日

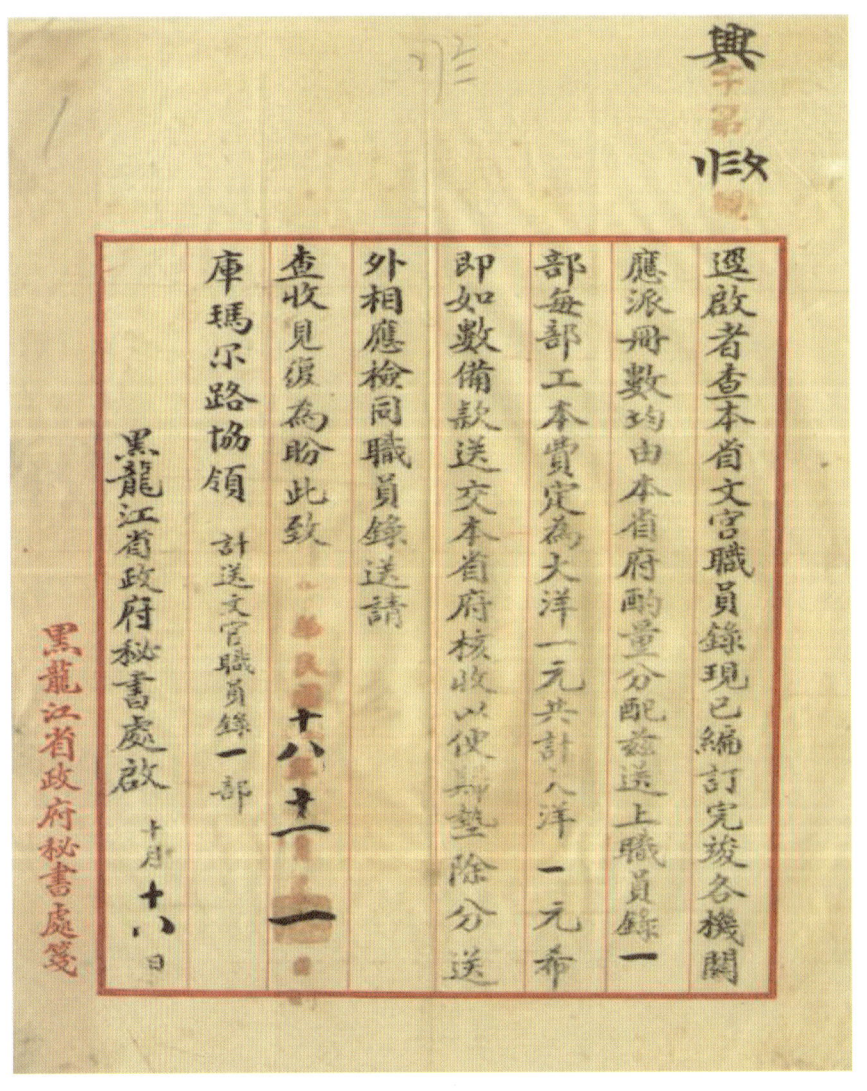

401. 关河副督尉佐领孟通善为报领催关庆祥办理汉文公文事务等事的呈文（满文）

1929 年 11 月 5 日

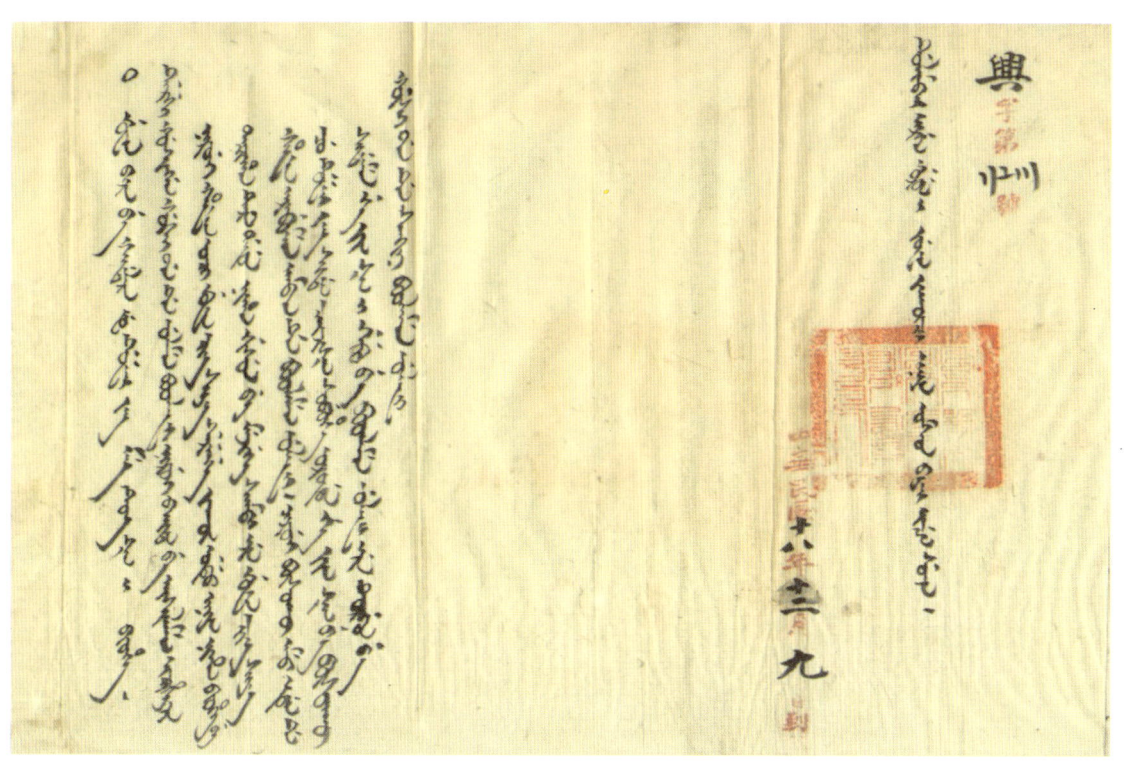

呈　文

　　关河副督尉佐领孟通善呈，将此呈文交由领催关庆祥转呈协领大人。本佐关庆祥近八年来一直报送呈文，均用汉文书写，下官将这些公文事务交由领催关庆祥办理。另外，副督尉柴吉善代替葛吉善为领催处理事务。呈文内附葛吉善名字画押。将此呈报协领大人。

民国十八年十一月初五日

402. 正蓝旗三佐佐领高德参为所属九户鄂伦春族民众迁移事的呈文（满文）

1929年12月2日

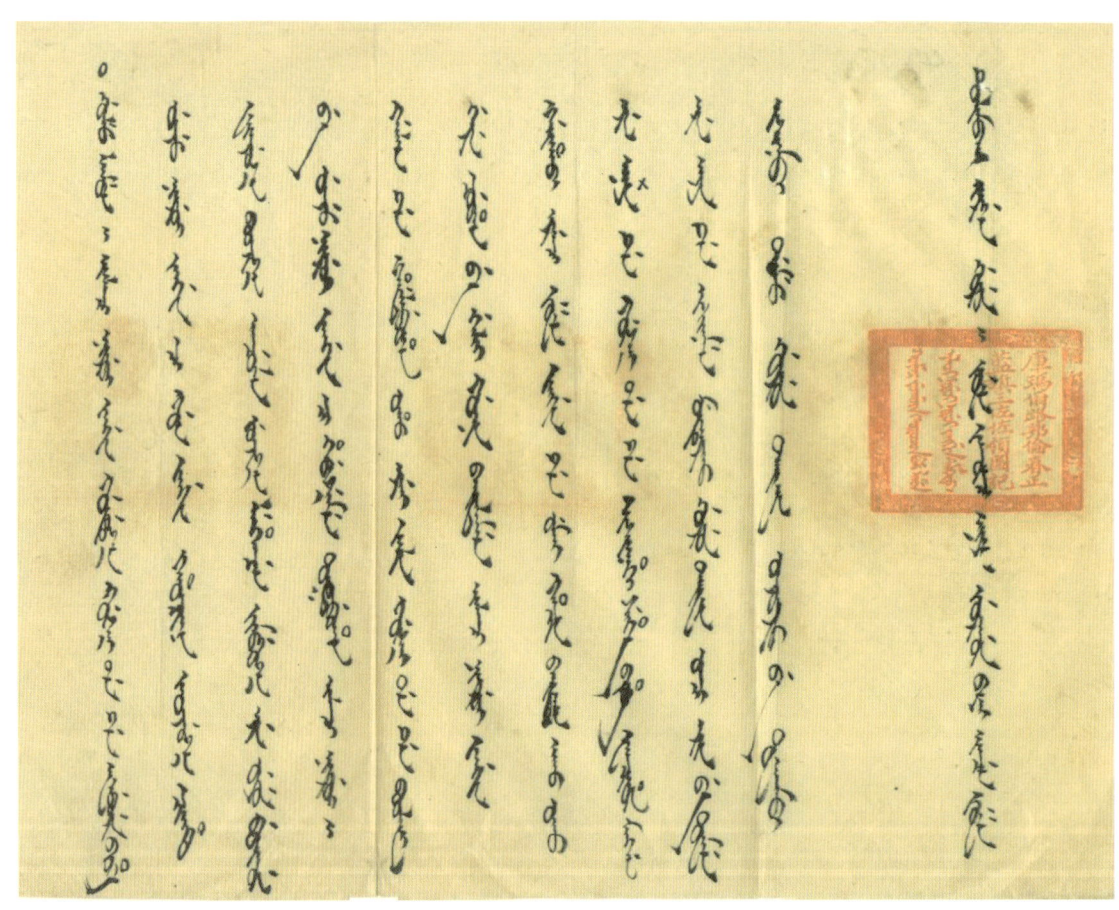

呈 文

正蓝旗三佐佐领高德参呈与协领大人。头佐佐领（高）所管九户鄂伦春族民众（包括）：郝吉纳、赵主善、庆虎、法依朱善、宝吉善、安楚兰、朱吉善、勒和琛、吉穆布善。经与头佐佐领商定，（九户鄂伦春族民众）由三佐嘎兰处管理。为此上报协领，将鄂伦春族兵丁一并录用，由三佐佐领接收。自此，二处佐领均无其他事务办理，本年迁至协领处。

民国十八年十二月初二日

403. 黑龙江省政府秘书处为收到职员录工本费事的公函

1929年12月5日

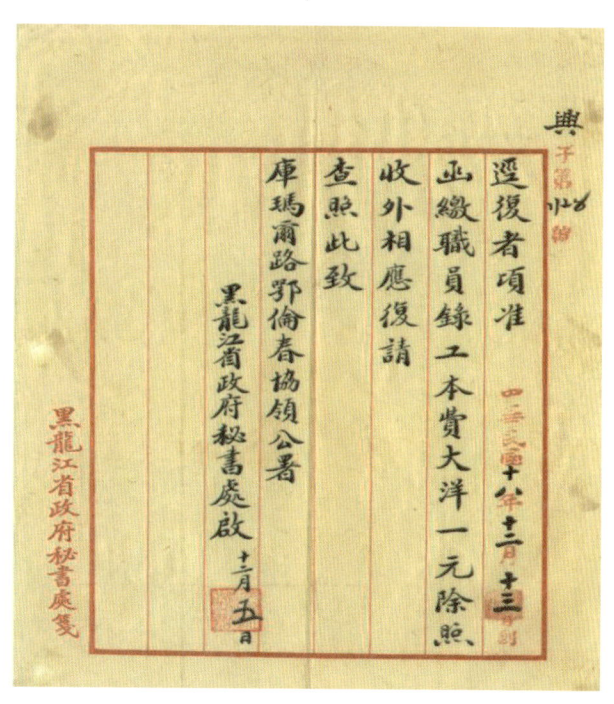

404. 瑷珲县政府传达处、收发处文件回收单

1929年

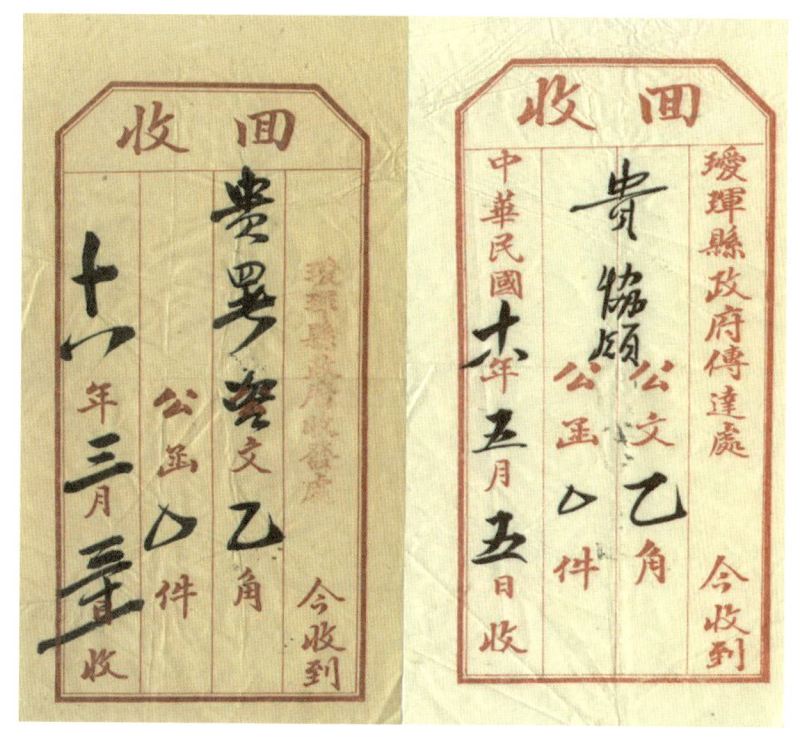

405. 关河副督尉孟通善为报寻得丢失马匹事的呈文（满文）

1930 年 1 月 7 日

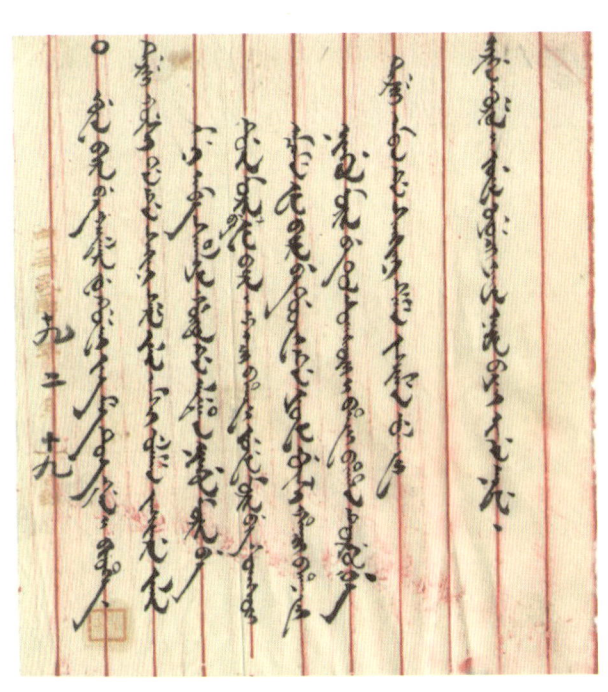

呈　文

　　呈与协领大人，管理关河副督尉孟通善呈，为报寻得所丢失马匹事。下官我在黑龙江城丢失了六匹马，随后，其中的四匹马于皖河附近被寻得，另外两匹马渡过皖河，于元古资附近被寻得。丢失的六匹马按数被寻回。

　　为此回信，知照协领大人。下官孟通善呈送。

民国十九年正月初七日

406. 瑷珲县公安局为编订全国行政区划表并调查特殊行政组织事的公函

1930 年 3 月 11 日

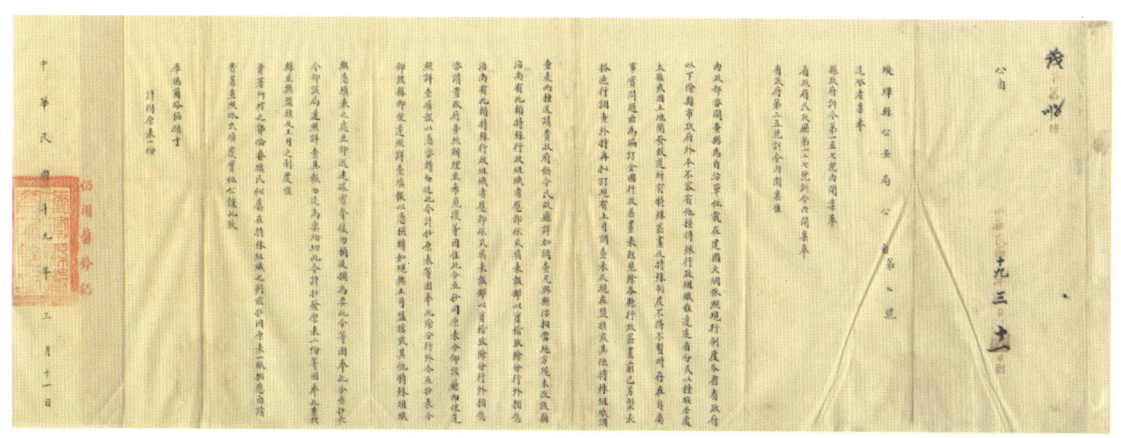

407. 黑龙江城八旗协领署为催拨民国十七年官兵俸饷事的咨文

1930 年 3 月 22 日

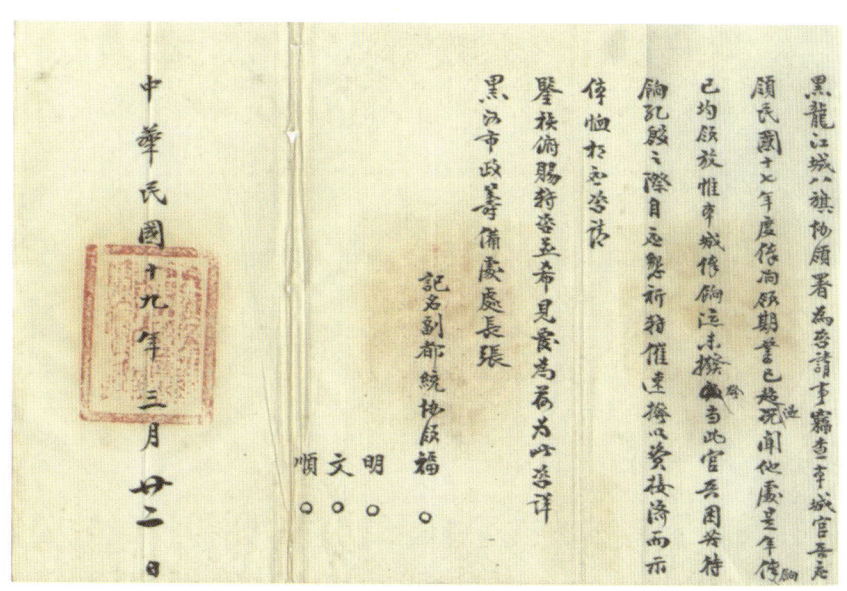

408. 黑河市政筹备处为咨请财政厅核发民国十七年官兵俸饷事的公函

1930 年 3 月 27 日

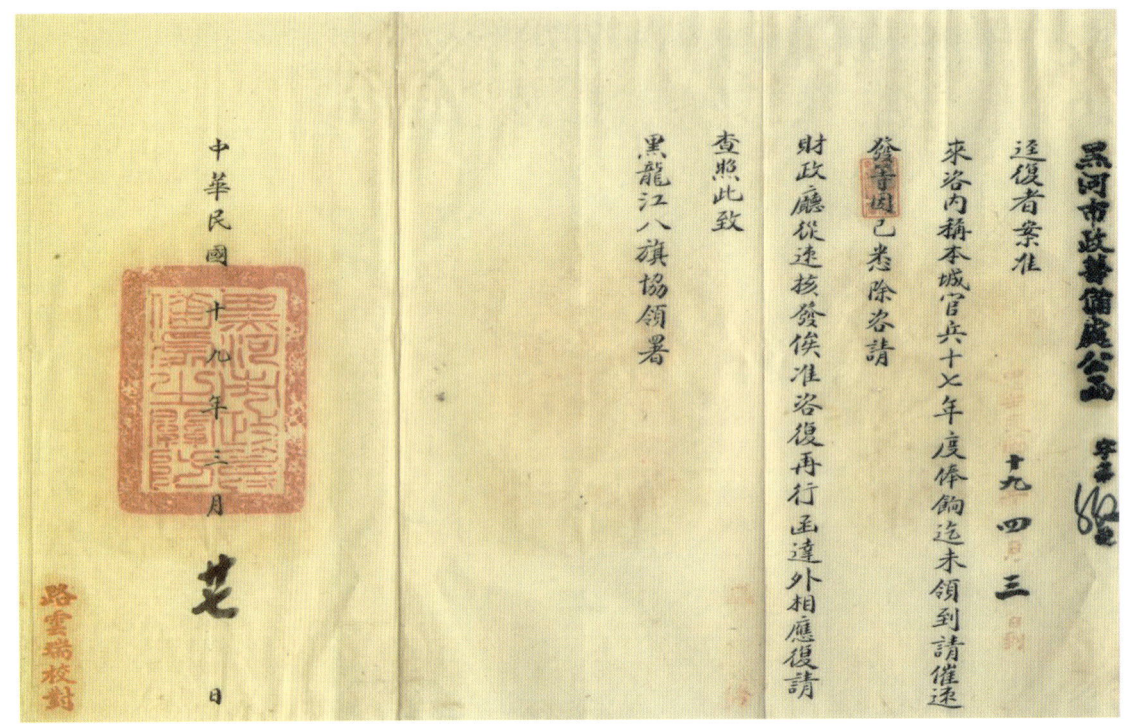

409. 黑河市政筹备处为九户鄂伦春族民众愿归佐领滚都山管辖事的公函

1930 年 5 月 23 日

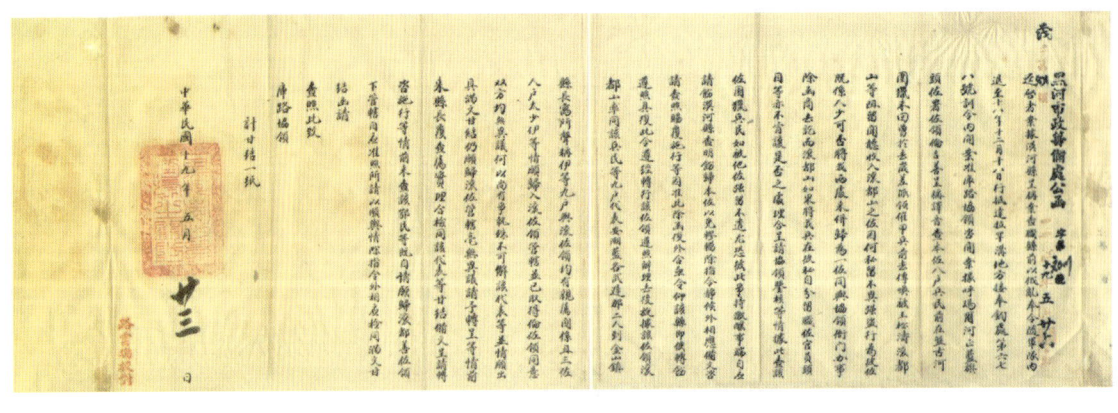

410. 署理正蓝旗头佐佐领伦吉善呈文封皮（满汉文）

1930年9月2日

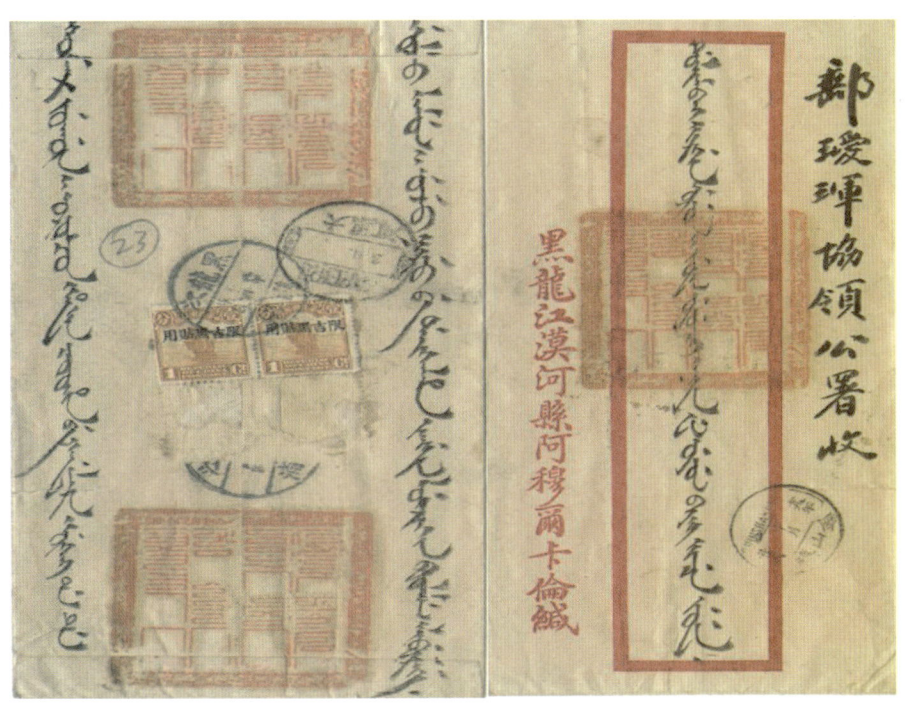

呈　文

中华民国十九年九月初二日

管理库玛尔路鄂伦春兵马协领公署

署理正蓝旗头佐佐领伦吉善呈文

411. 黑龙江城正红旗协领署为将委任骁骑校吴双洞署理本旗三佐佐领备案事的咨文

1930 年 10 月 15 日

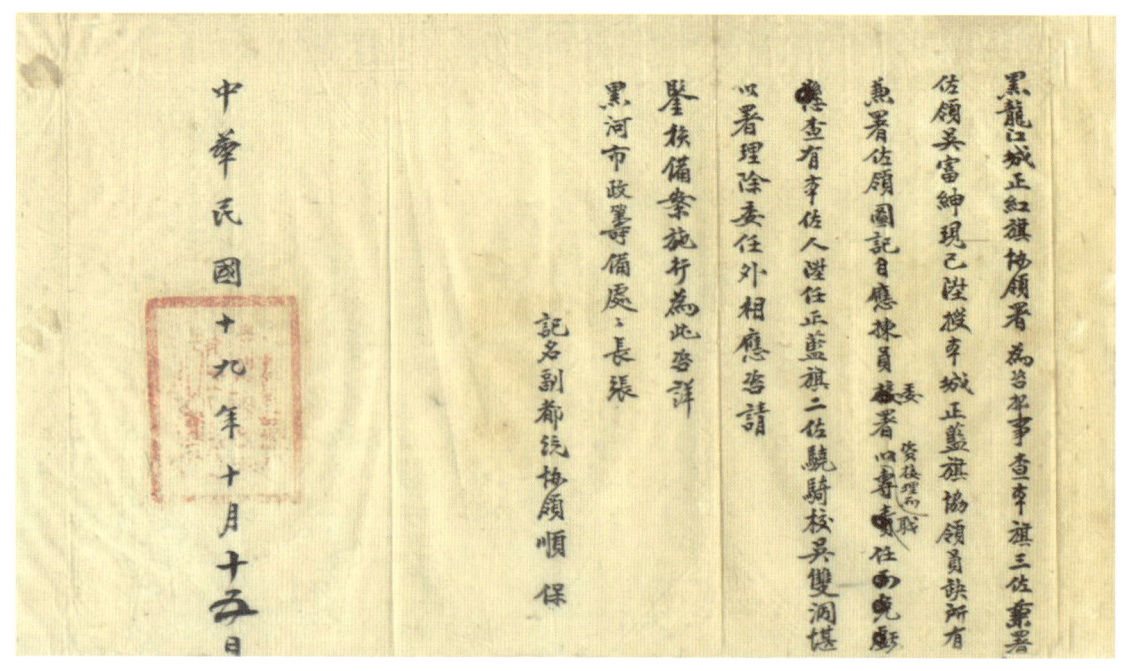

412. 黑河市政筹备处为函复骁骑校吴双洞署理佐领备案事的公函

1930 年 10 月 25 日

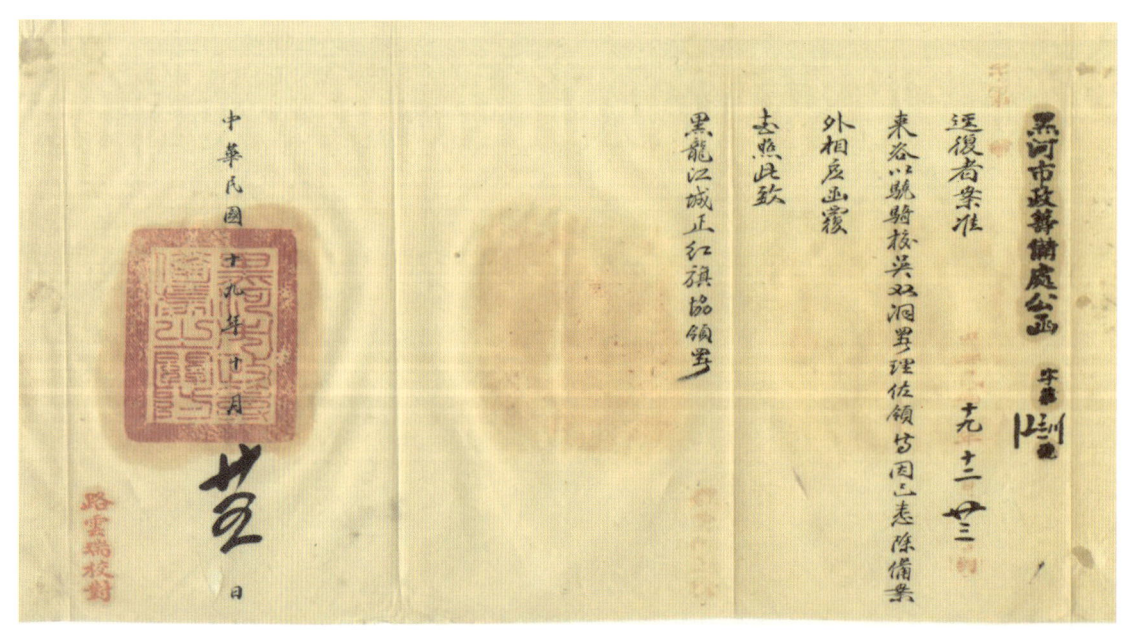

413. 库玛尔路协领公署出入公款簿

1930年12月8日

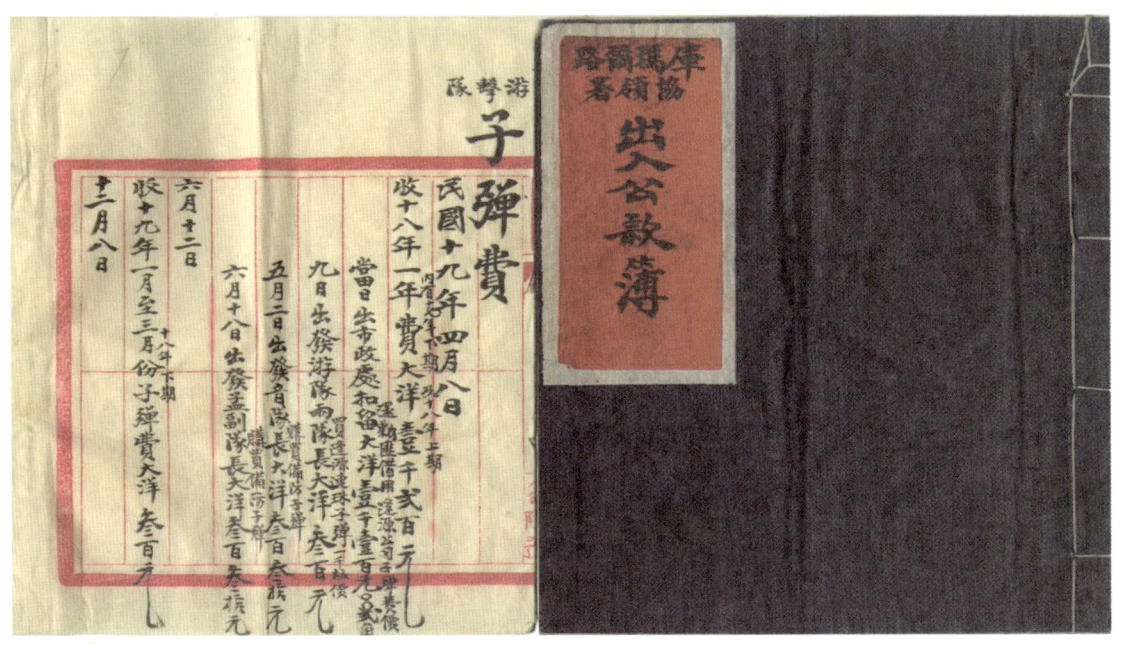

414. 黑龙江城正红旗三佐佐领吴双洞出具的领取民国十七年官兵俸饷的图领

1930年12月10日

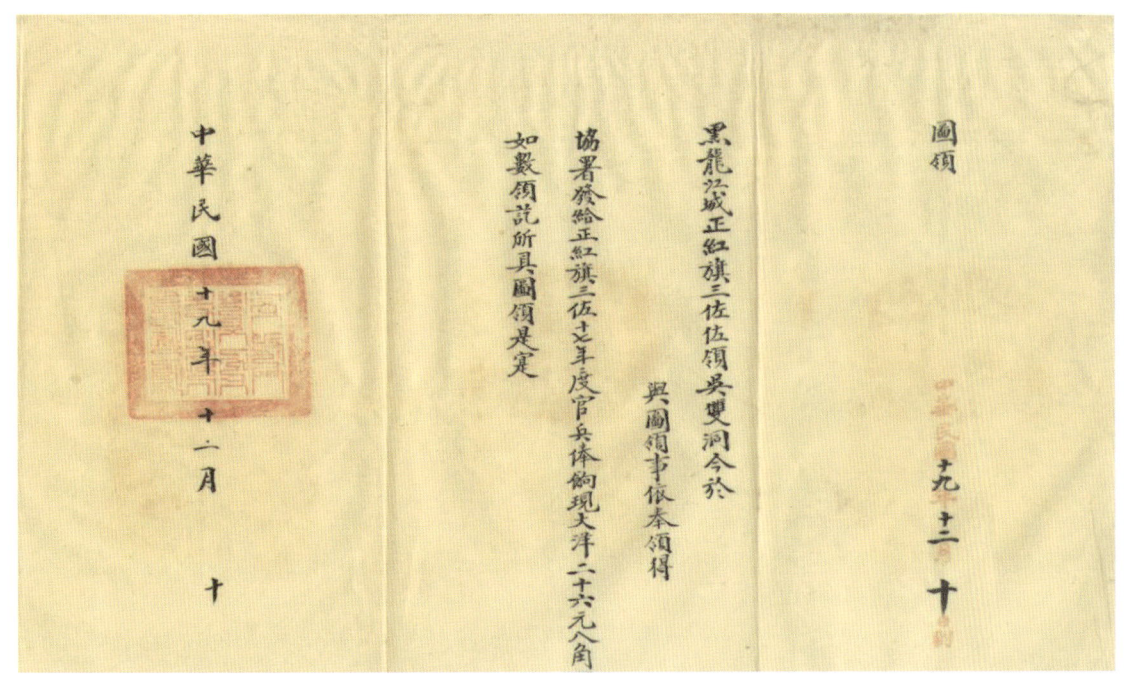

415. 厢（镶）白旗二佐佐领吴永福等为将省立第三鄂伦春学校迁移备案事的呈文

1930年12月14日

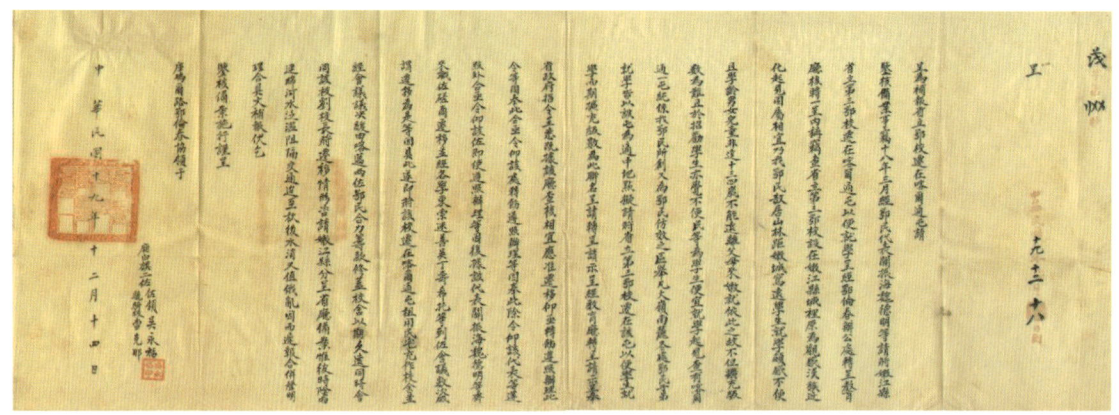

416. 库玛尔路协领公署为拟定转送公文办法并遵照办理事的训令

1930年

417. 黑河市政筹备处为知照代理处长齐肇豫接任视事日期事的训令

1931年1月9日

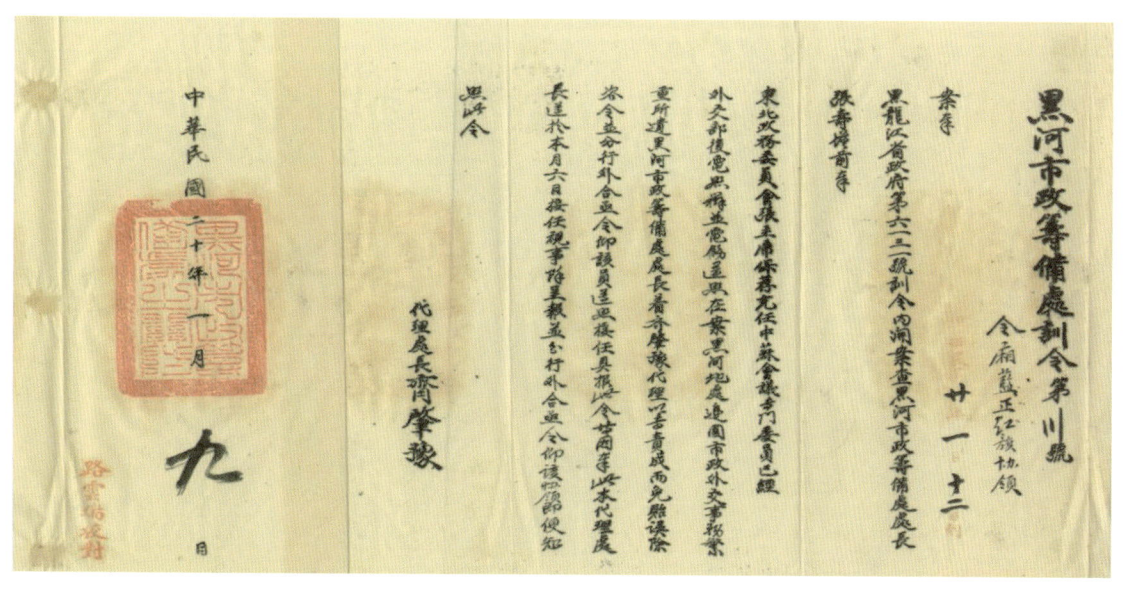

418. 吴盛斋为送回地亩撤典文稿事给于多三的信函

1931年1月20日

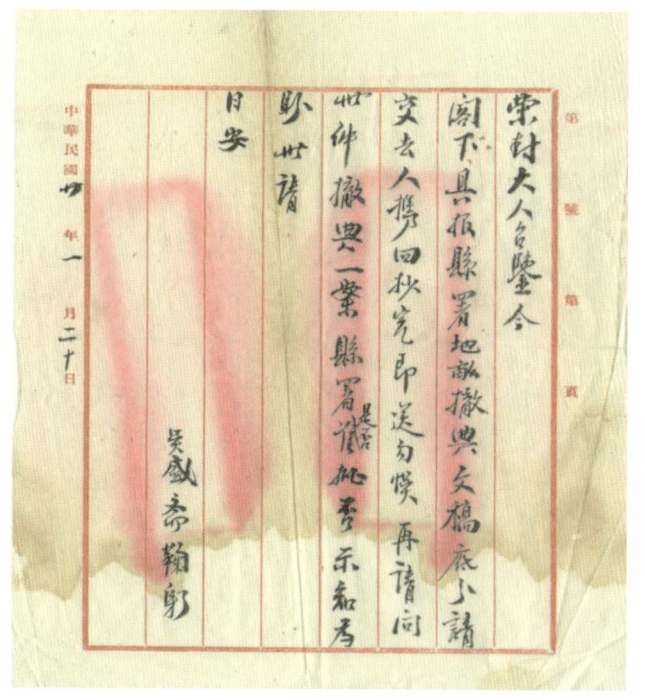

419. 王静修等为沿边各县实施免税等措施事给于多三的信函

1931年1月27日

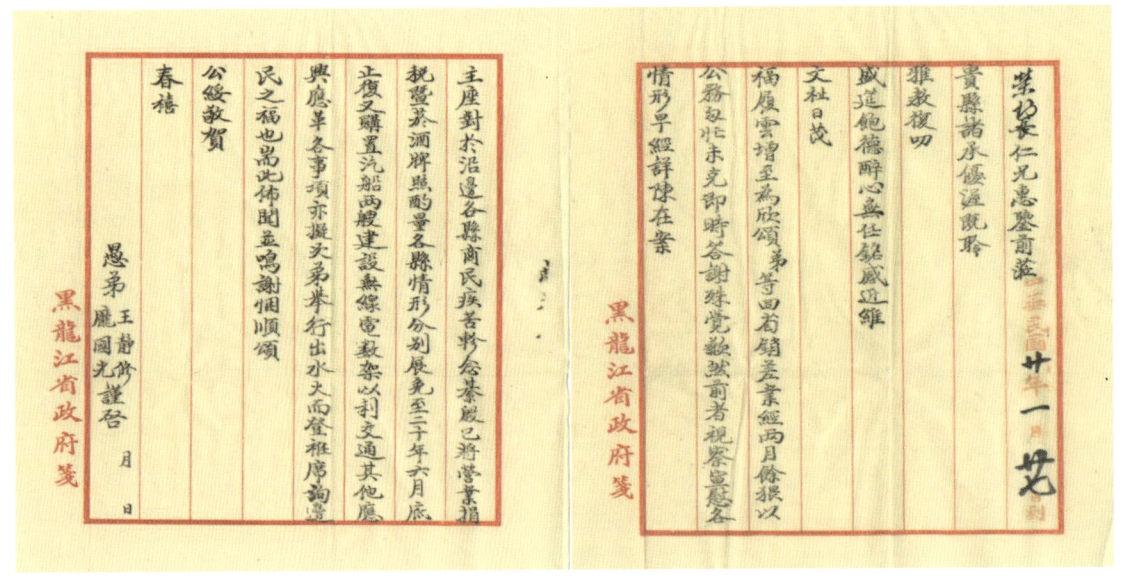

420. 库玛尔路协领公署为函复挑鄂伦春族兵巡山堵击胡匪事的公函

1931年3月15日

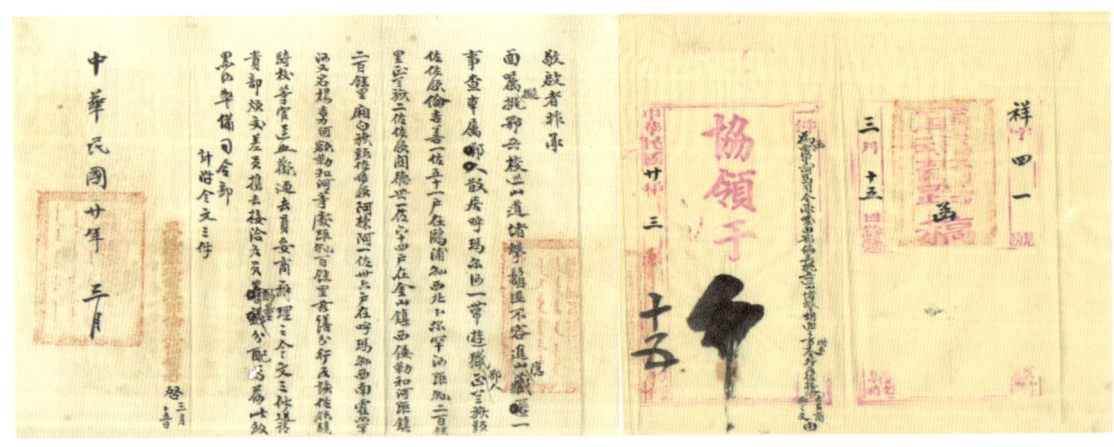

421. 黑龙江城镶黄正白旗协领公署为镶黄旗二佐、正白旗头佐图记交由各署任官员收领事的咨文

1931年3月

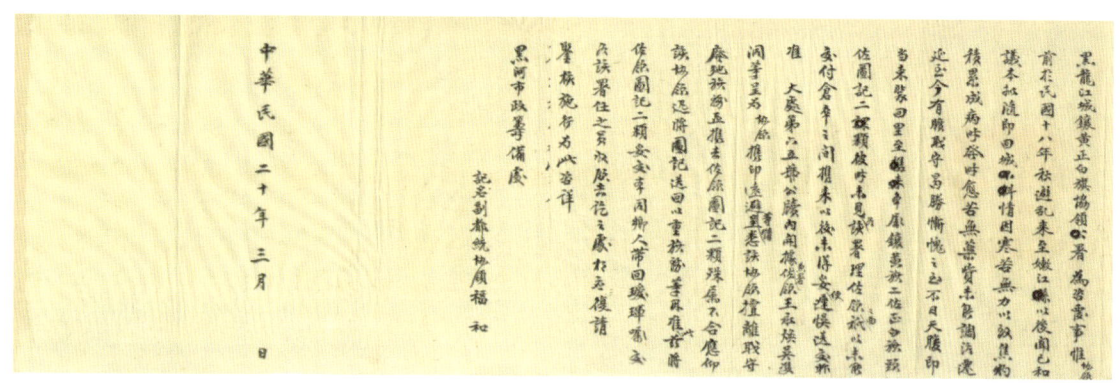

422. 镶蓝旗三佐所有官员接收俸饷画押凭据（满文）

1931年4月6日

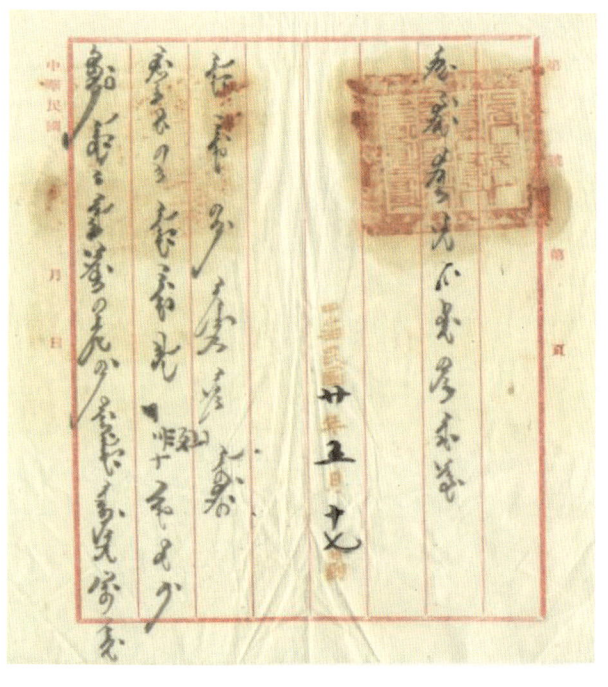

凭　据

镶蓝旗三佐所有官员接收俸饷画押，共计接收洋钱三万三千九百六十一。
照例画押凭据。

民国二十年四月六日

423. 黑河市政筹备处为催促填报旗属户口事的训令

1931年4月21日

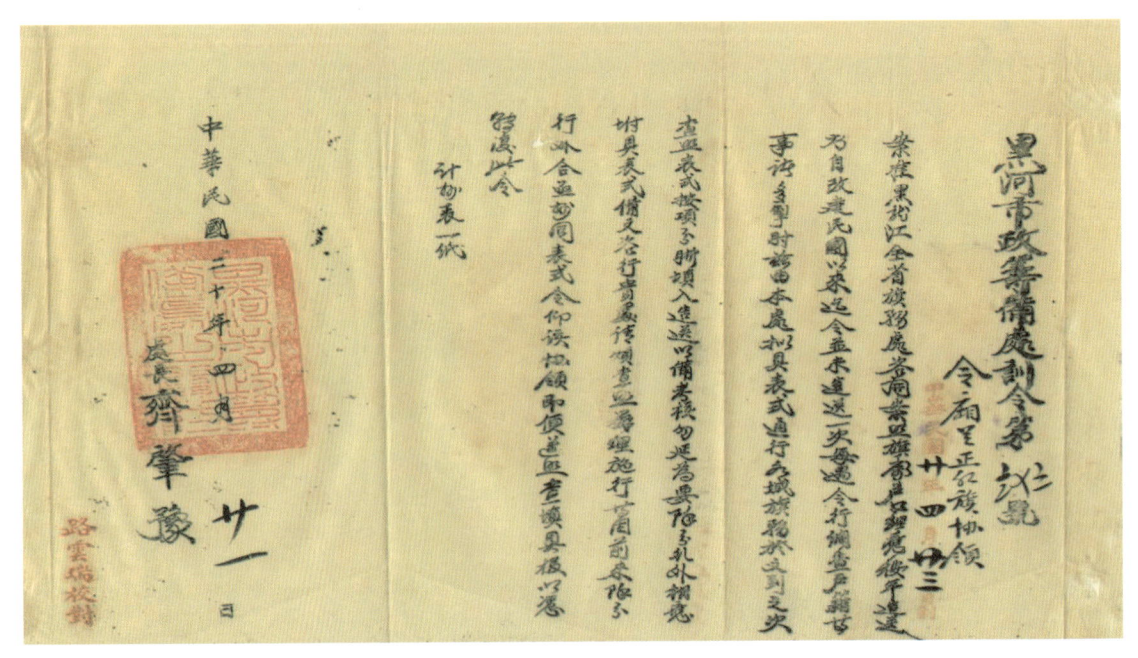

424. 库玛尔路协领公署为正蓝旗三佐佐领滚都山强留不予遣返鄂伦春族户事的咨文

1931年4月

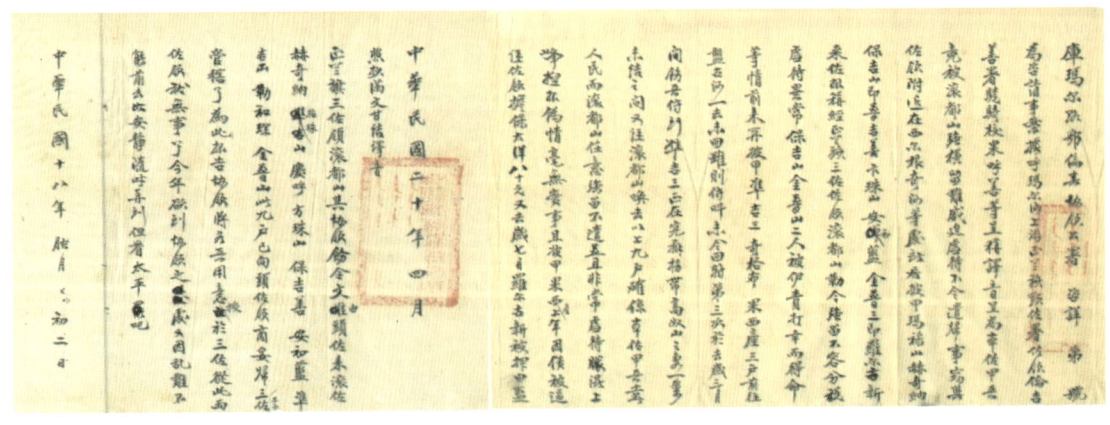

425. 镶蓝旗二佐佐领周文明为查报本佐户口清单事的呈文

1931 年 5 月 16 日

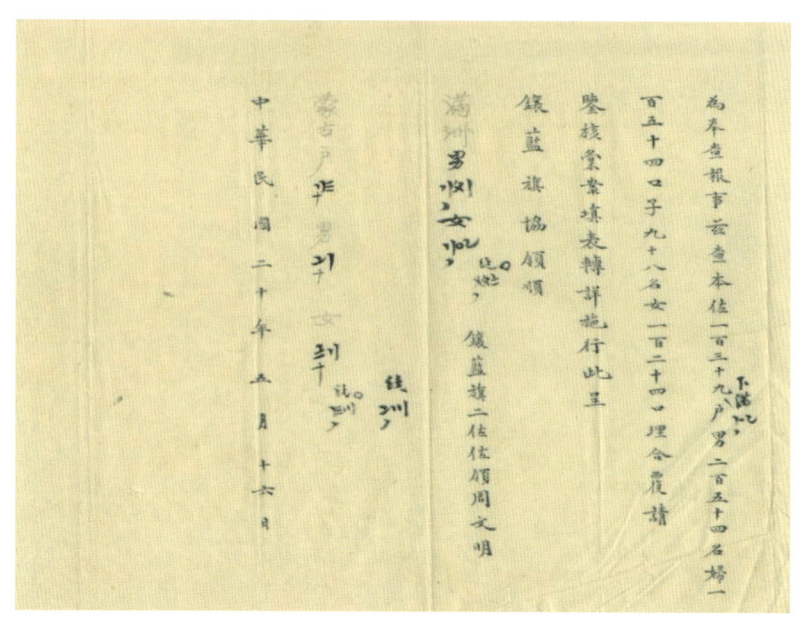

426. 库玛尔路协领公署为分拨黑龙江城八旗官兵民国十八年俸饷并令各旗领取事的咨文

1931 年 5 月 28 日

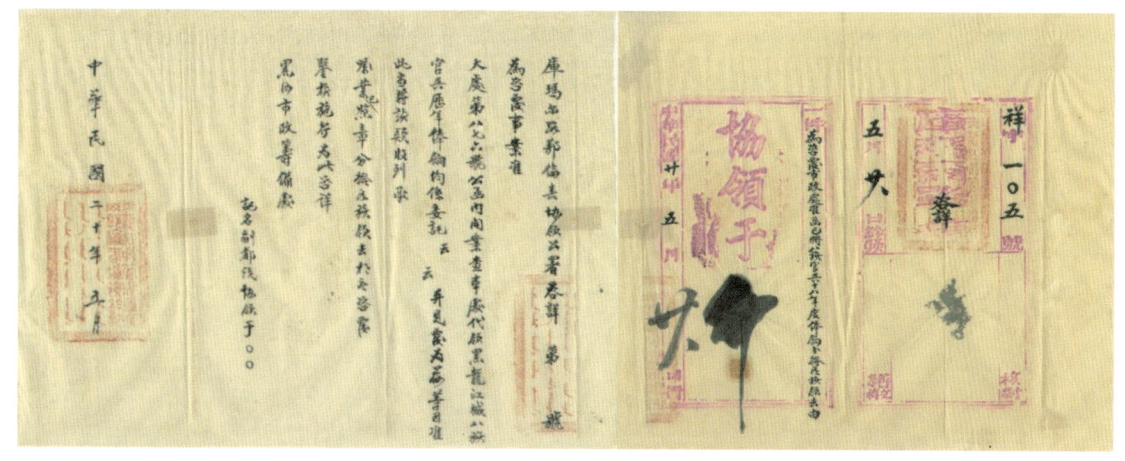

427. 库玛尔路协领公署往来公文封皮

1931 年 5 月 28 日

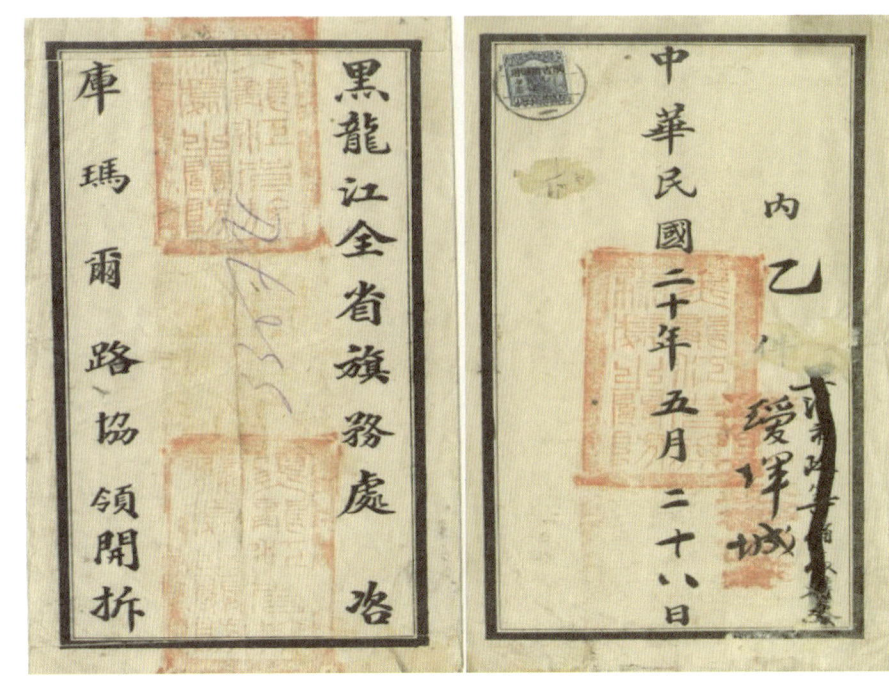

428. 瑷珲县财政局出具的库玛尔路协领公署代付杂捐票费的收据

1931 年 6 月 30 日

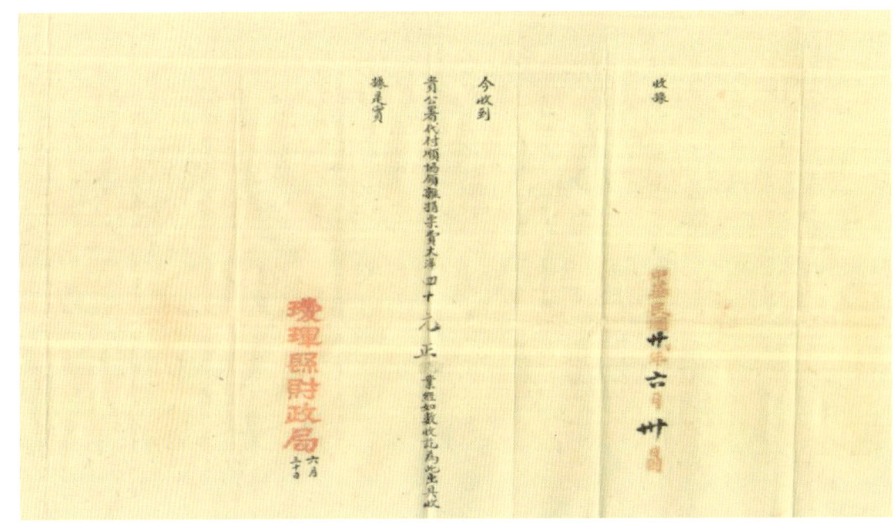

429. 正蓝旗二佐署理佐领关德兴为详查本佐鄂伦春族人丁马匹数目事的呈文（满文）

1931年7月22日

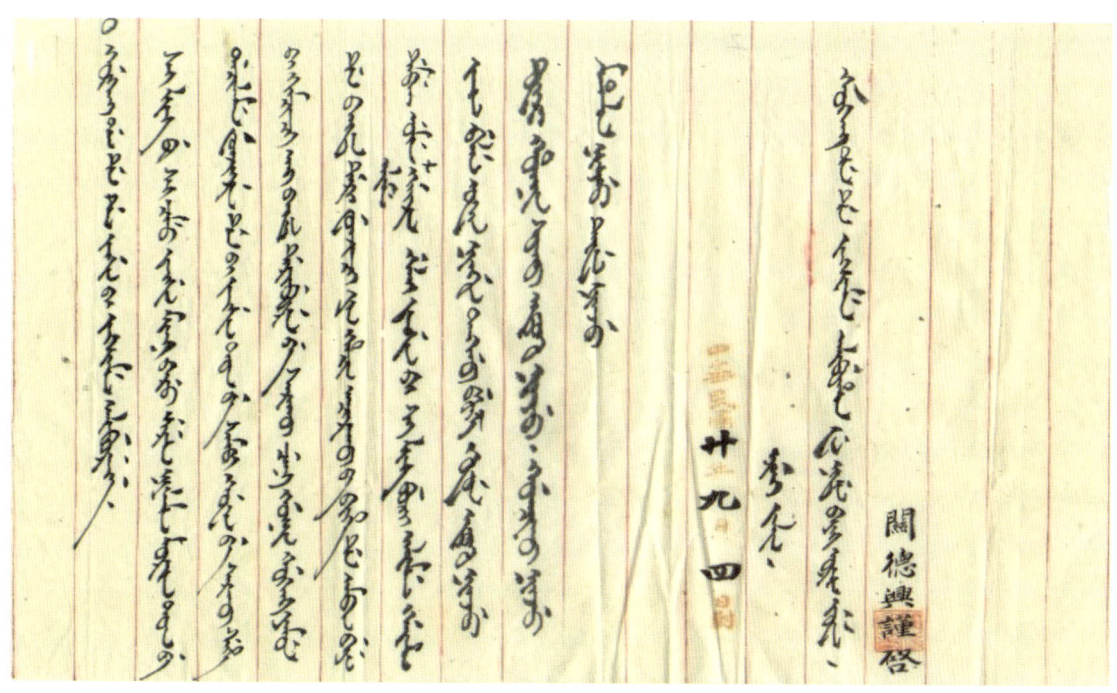

呈　文

　　呈与库玛尔路协领。（署理）佐领呈文。西凌布、西楚穆佐领请示后详查本部人丁马匹数目，（因）我部官职数目不清，人丁数目不知从何处着手清查，并询问协领公署事物有何处不符。经本佐领西凌布初步查明，（本佐）现有熟皮六百张、马鹿六十匹、护膝六十副、帽子六十顶、拐杖六十个。

佐领关德兴

民国二十年七月二十二日

430. 佐领伦吉善、关德兴为登棱福前来归化事的呈文（满文）

1931 年 7 月 22 日

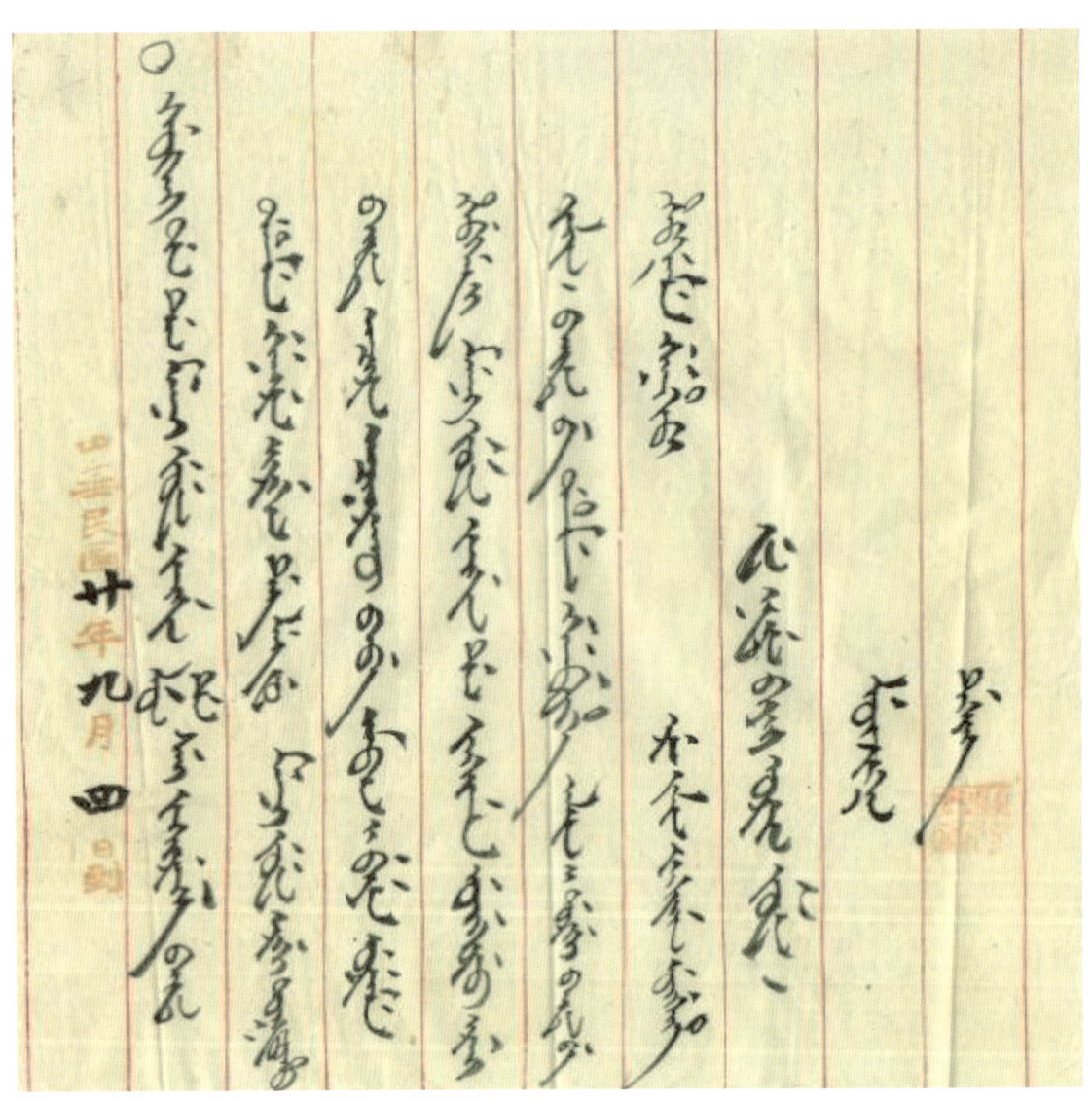

呈　文

本部佐领伦吉善会同佐领关德兴呈与协领大人，（询问）前来归化之民登棱福归化之事是否相符。商议后请回信给两位佐领。因此事呈报。

伦吉善　关德兴
民国二十年七月二十二日

431. 库玛尔路协领公署购买邮票凭单

1931 年 7 月 31 日

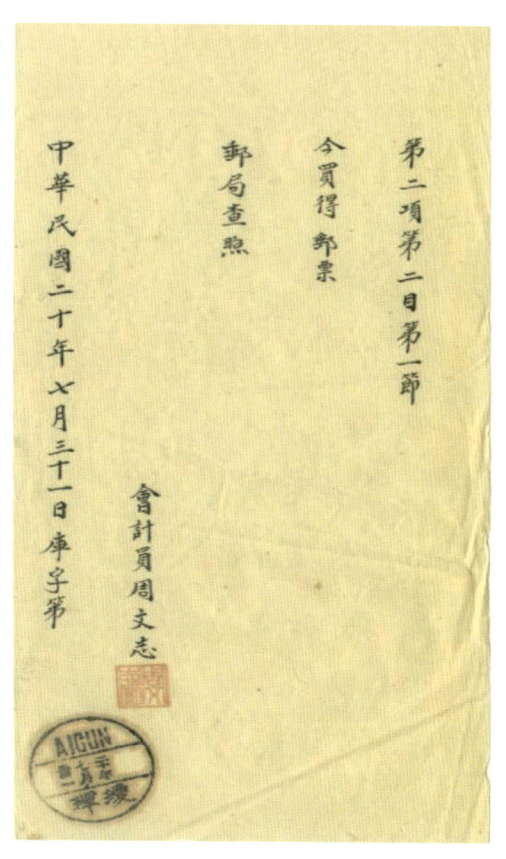

432. 黑龙江省政府教育厅为佐领吴永福、乌托等呈请省立第三鄂伦春学校在喀尔通屯修盖校舍以便就学事的咨文

1931 年 8 月 15 日

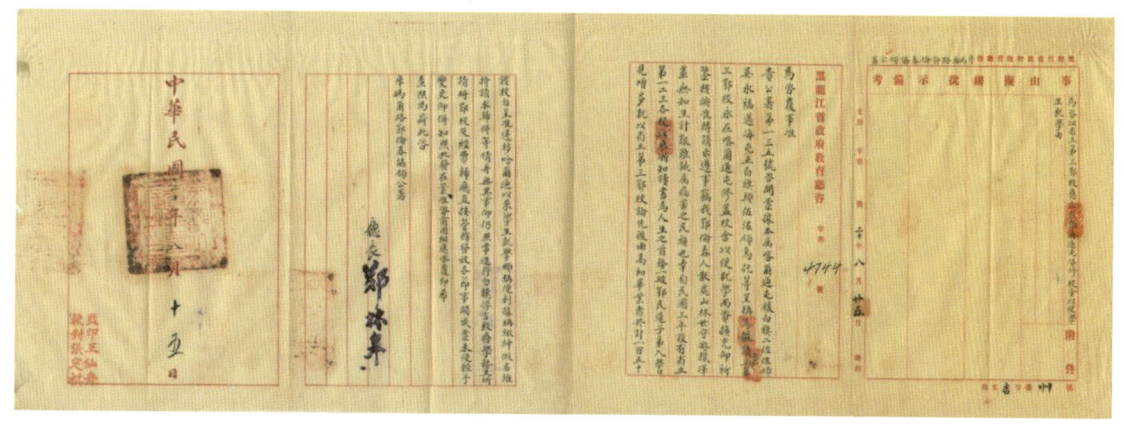

433. 山林游击队正队长音吉善为具报侦查胡匪情形事的呈文

1931年8月19日

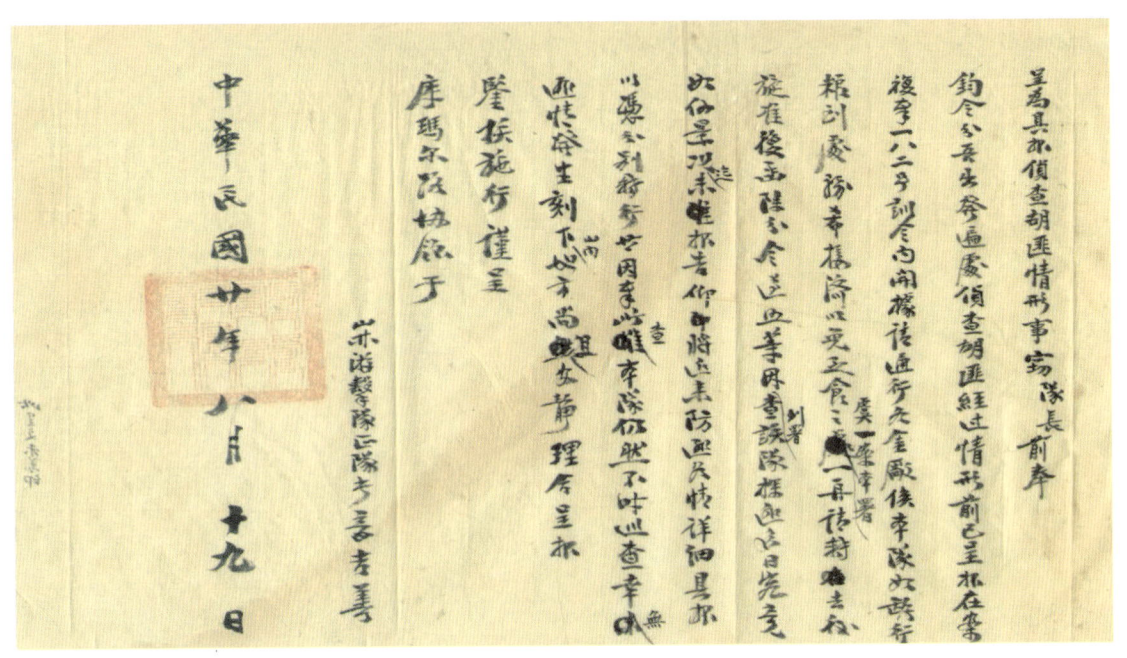

434. 黑河警备司令部参谋处为调查鄂伦春族人口数目、住所、兵力等事的公函

1931年9月11日

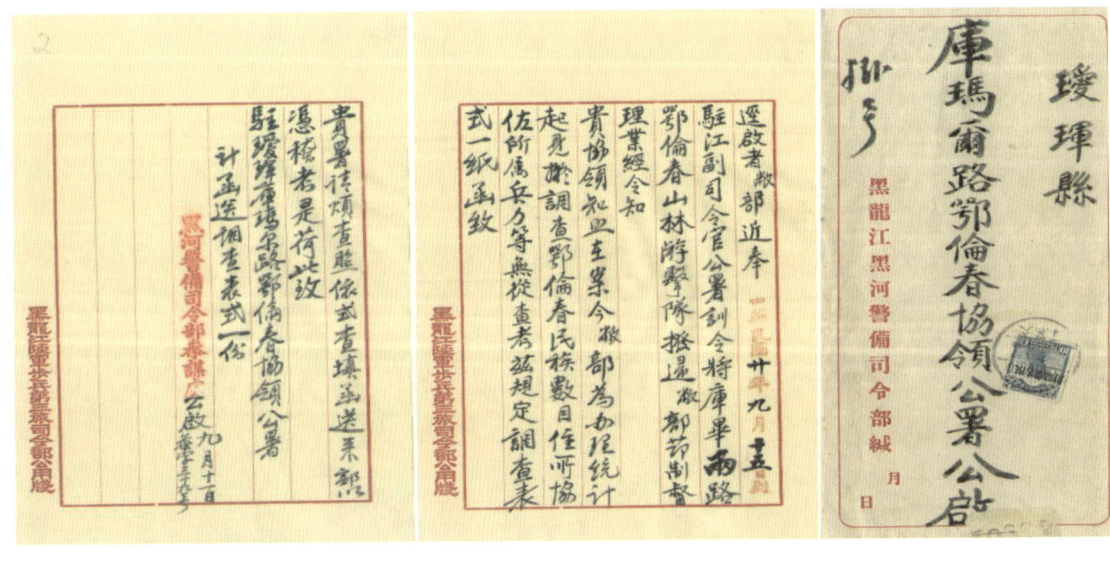

435. 宏户图屯库玛尔路鄂伦春游击队为本队应用书记暨递送公文差役办法事的呈文

1931 年 9 月 21 日

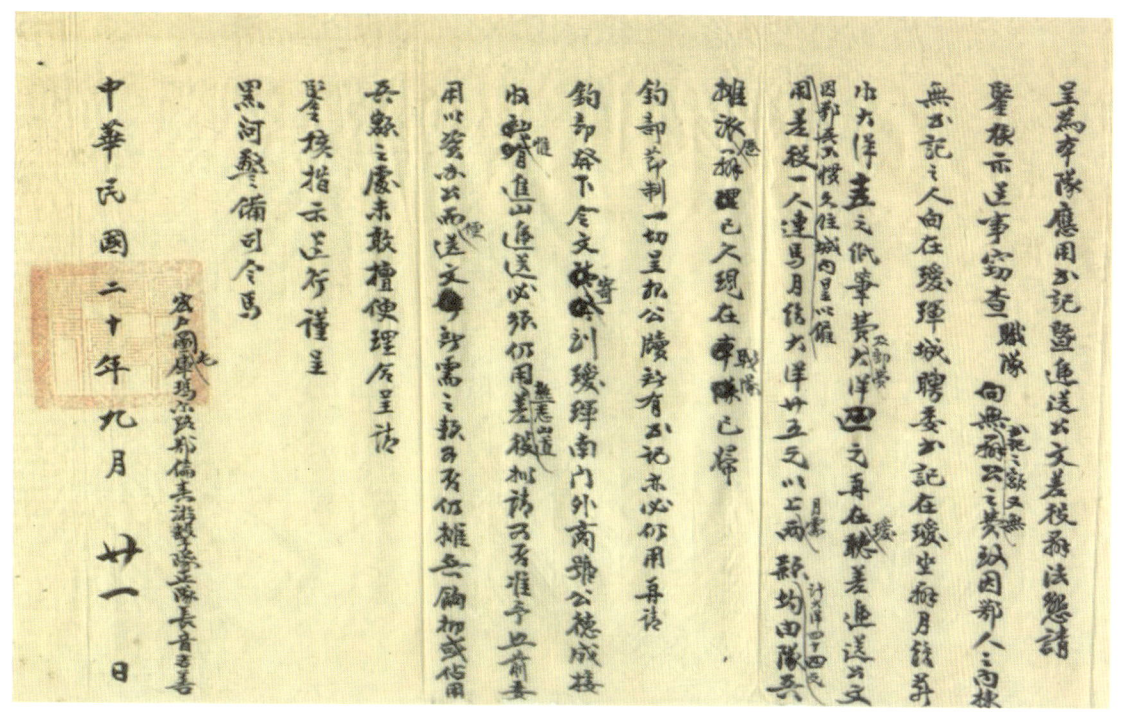

436. 黑河警备司令部为报收悉应用书记暨递送公文差役办法并仍按以前办法施行事的指令

1931 年 9 月 29 日

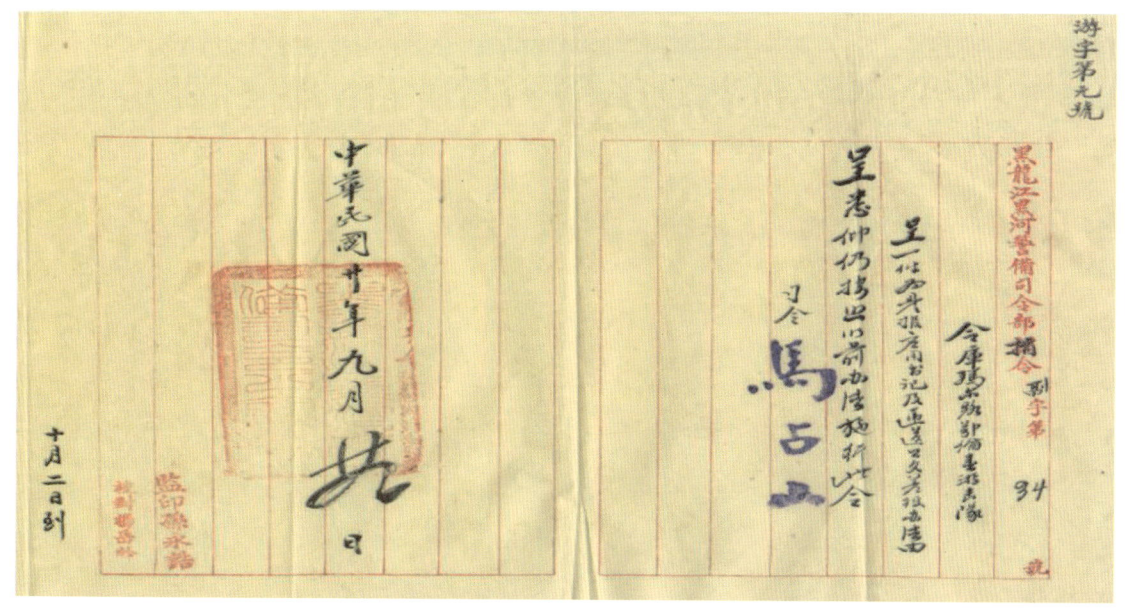

437. 正蓝旗二佐署理佐领关德兴为领取官兵俸禄并报送本佐所属西郝穆屯户籍、人口、兵丁、官缺数量统计清册事的呈文（满文）

1931年9月

呈　文

　　正蓝旗二佐署理佐领关德兴谨呈本路协领大人。

　　下官跪拜，呈报。大人近来一切都好吧？贵府家人都好吧？本路正蓝旗二佐署理佐领关德兴我从所属众官兵中挑选出披甲马喜连亲自护送（清册），下官蒙协领大人厚爱，（协领大人）委任下官补缺任职二佐佐领。自任署理佐领以来，（下官）从本佐所属兵丁中挑选两人于本年秋前去瑷珲城库玛尔路协领公署衙门办理公务，领取本佐官兵俸禄，全部照例按等级画押，本佐所属西郝穆屯共有三百一十户，共领取俸禄俄罗斯钱两千零九十。下官德兴自本年春天收到协领大人指令后，不敢怠慢，即刻会同本佐领催、骁骑校对本佐所属西郝穆屯户籍、人口、兵丁、官缺数量进行统计，悉数照例造册。此次本佐披甲马喜连等进城领取俸禄，马喜连等二人携带本佐户籍、兵丁清册前往，依照清册数目领取，不敢稍有遗漏。下官佐领关德兴我亲自前往西郝穆屯，将户籍、人口、兵丁数量等一一查明，如数登记造册，不敢怠慢，绝无遗漏之弊端。清册用满文书写，照例造册后呈报本路协领大人。署理正蓝旗二佐佐领关德兴我亲自在呈文下画押，将呈文与名册粘单一并呈报。

署理佐领关德兴

民国二十年农历八月初

438. 佐领关德兴为报查明经营买卖商铺事的呈文（满文）

1931年10月6日

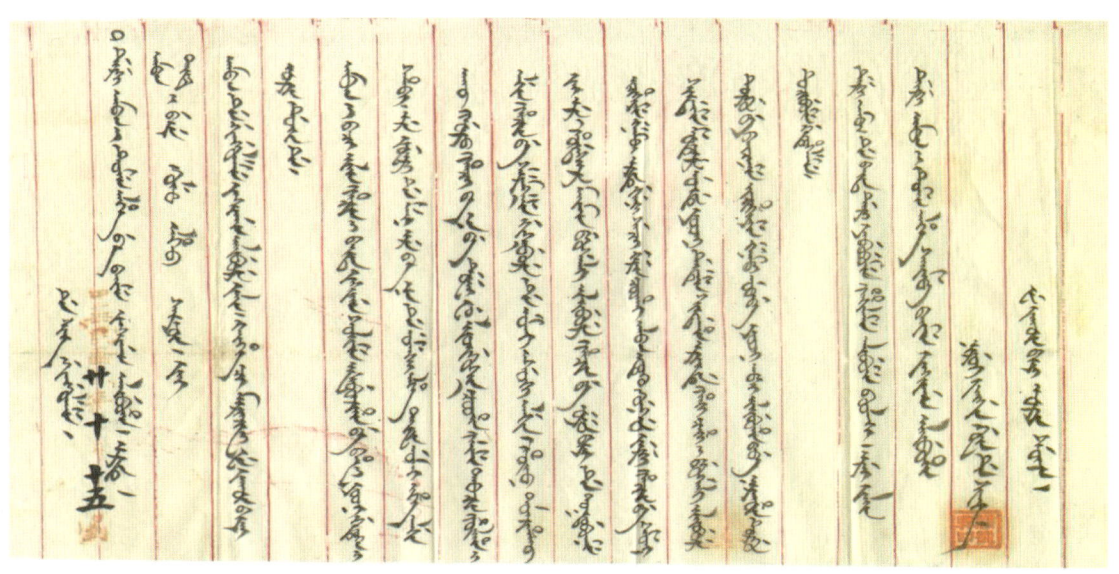

呈 文

德兴敬上。

谨呈大人，万安。呈与本路协领公署衙门，因呈报事敬上。于本年农历八月二十四日返回。

内里三类公文事宜，将此全部移交办理后呈报，均已知晓。本年夏天我身体已恢复，依然十分健康，没有大碍。现在将（ ）交给本部兵丁刘古善办理。另外，经营买卖商铺人报告称，本年七月时本佐已派人前来按规定办理登记，带领本部兵丁将经营买卖商铺事一一查明，全部登记造册，并说明缘由呈报本路协领衙门。

为此呈报。

恭祝大人万安，身体康健。

佐领关德兴

民国二十年农历八月二十五日

439. 正蓝旗头佐佐领伦吉善、二佐佐领关德兴为设立鄂伦春自治村屯垦兴学事的呈文

1931 年 10 月 27 日

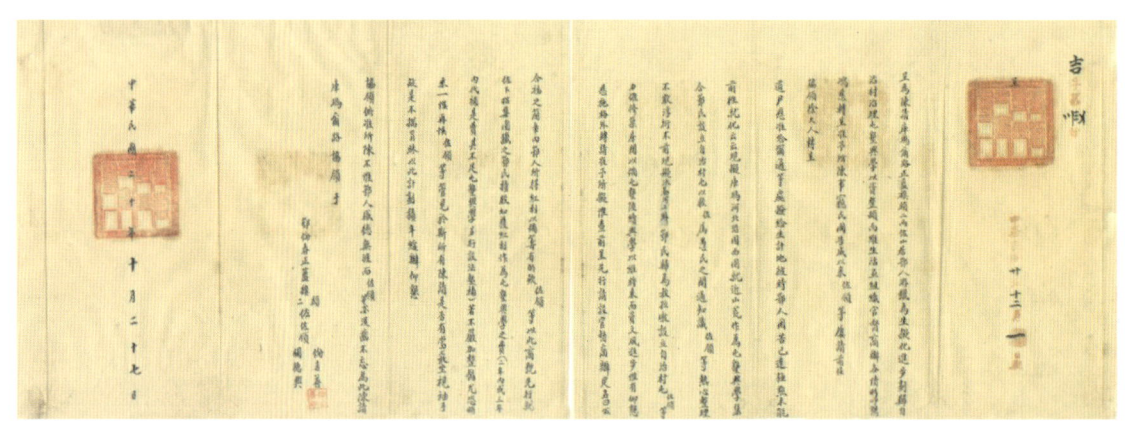

440. 库玛尔路山林游击队为请发皮制军衣帽等物事的呈文

1931 年 11 月 10 日

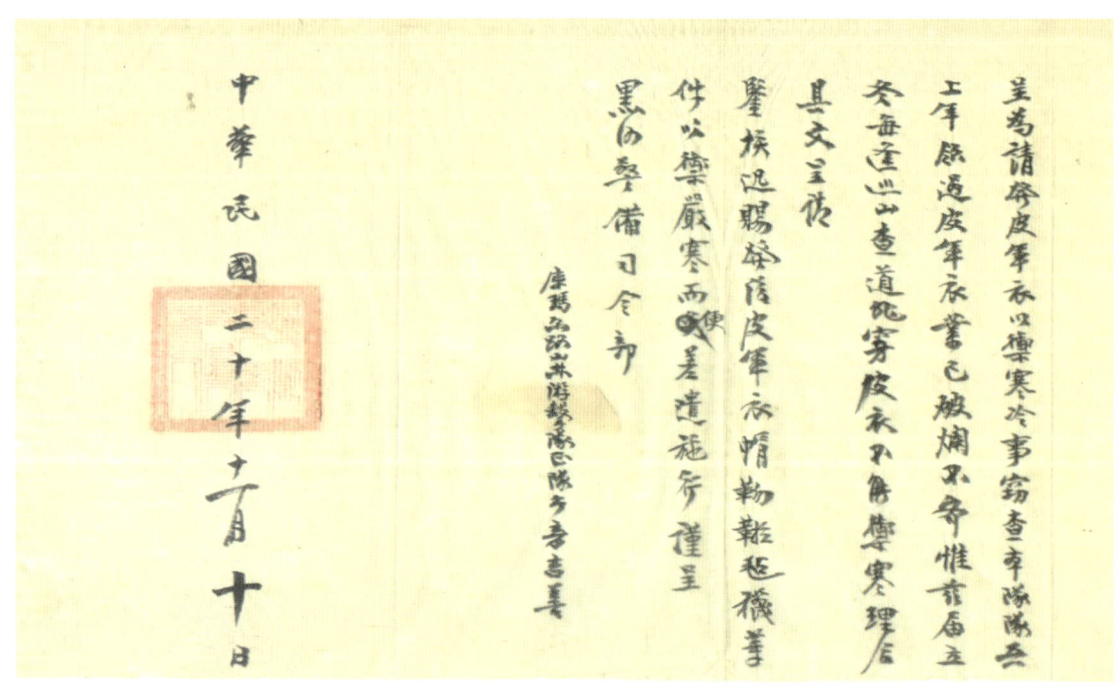

441. 黑河警备司令部为应准照发皮制军衣帽等并库玛尔路游击队赴呼玛第七中队承领事的训令

1931年11月18日

442. 库玛尔路协领公署为造送民国二十一年十月至十二月薪津经费支出预算书暨请款凭单事的呈文

1932年1月11日

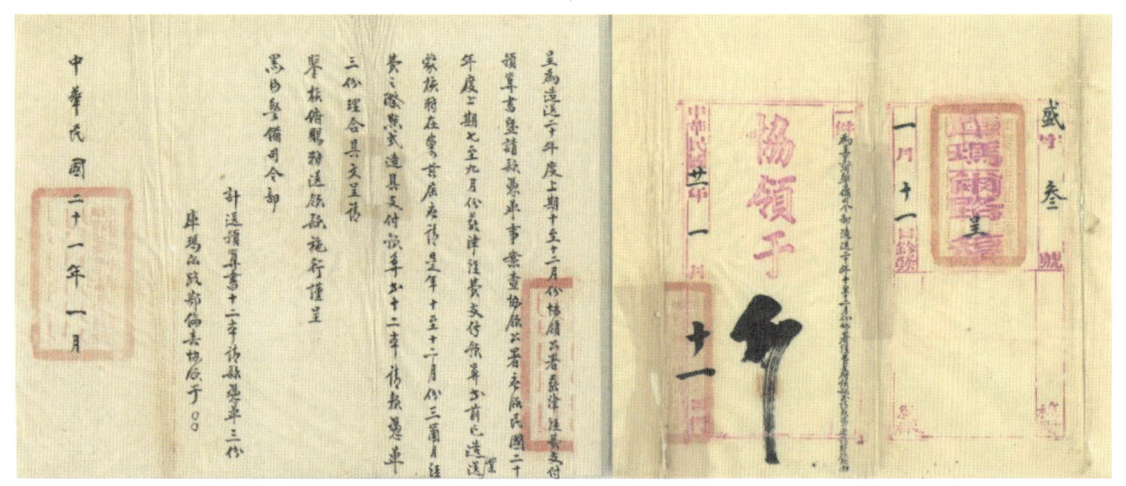

443. 库玛尔路山林游击队队长音吉善为具报出发剿匪日期事的呈文

1932 年 2 月 27 日

444. 古德善为请教用人等事的呈文（满文）

1932 年 3 月 22 日

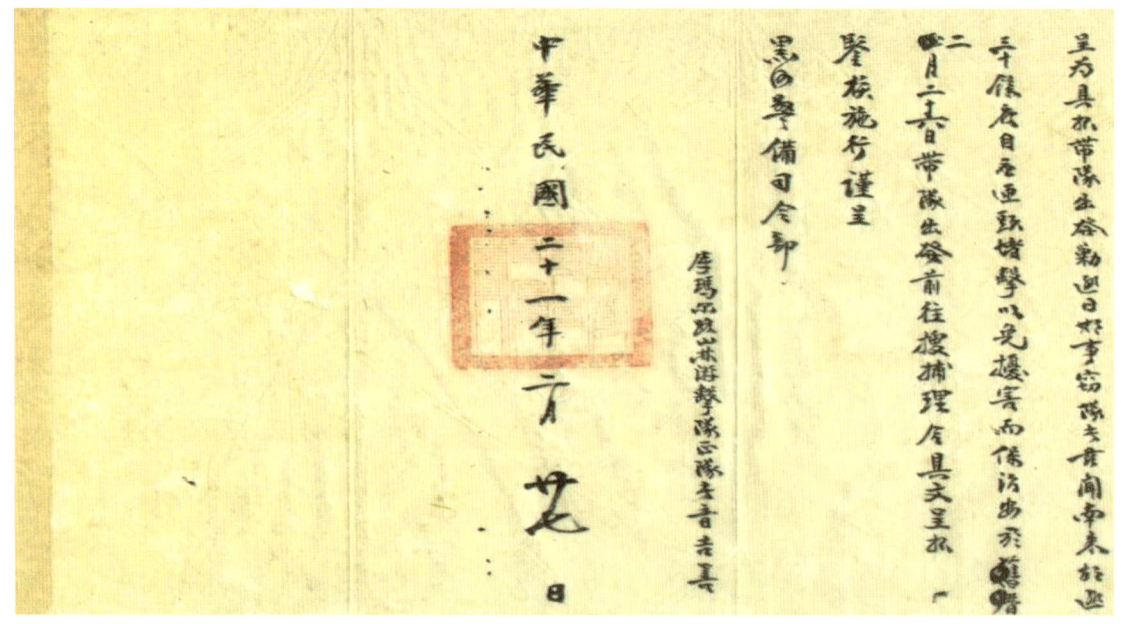

呈 文

　　下官我恭谨于呈信，下官古德善恭请万安。臣有三类事诚心请报：其一，（如何）留住有才之人并在需要之时加以任用；其二，您本身十分宽容并重视各类事务办理，有时会增加处理的层级，如此一来不作为且倚仗旧管辖权的人便会说假话，造成一定的危害，下官呈文再为此事请求；其三，下官已接到全部五件需传达办理的公文，此类事由所管领催于本年三月十五日如数办理。

民国二十一年三月二十二日

445. 黑龙江黑河警备司令部为催报军事用款事的快邮代电

1932年3月23日

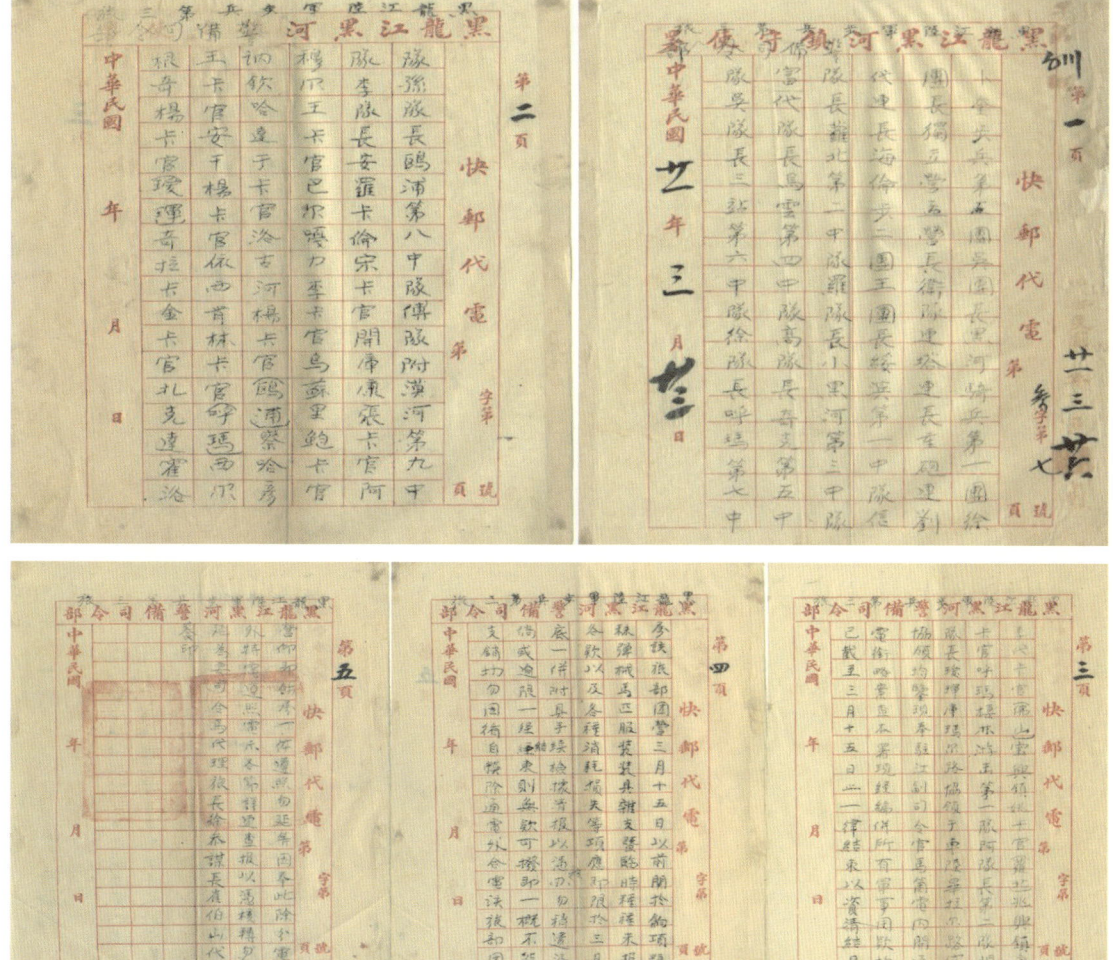

446. 库玛尔路鄂伦春协领公署民国二十一年三月经费清册

1932年3月

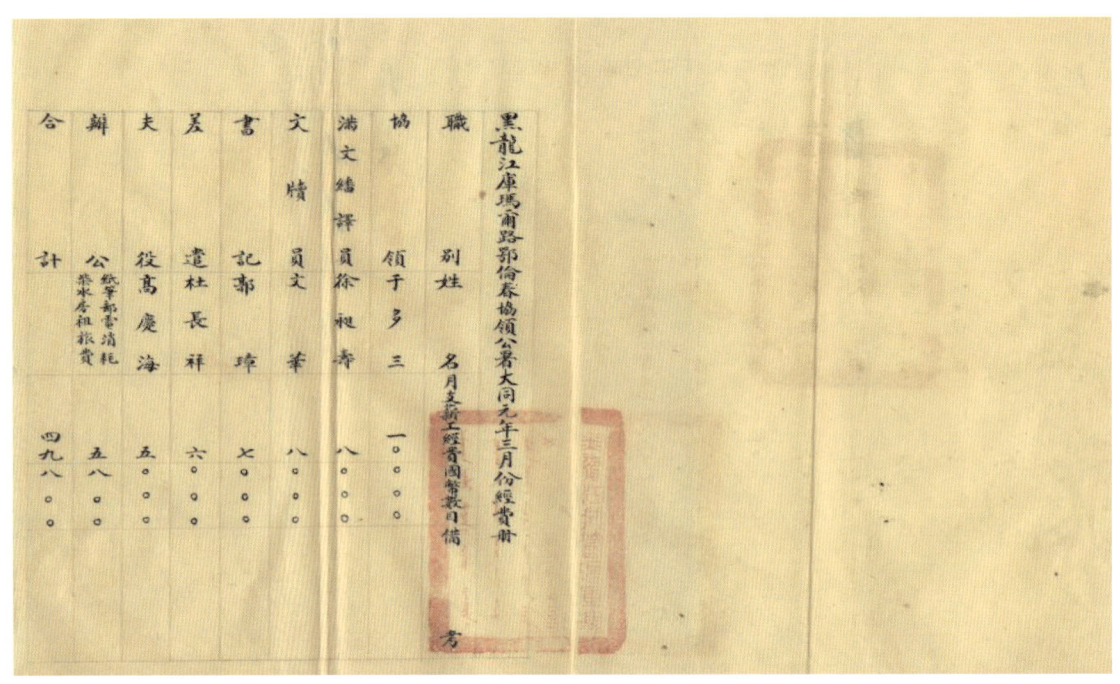

447. 黑河市政筹备处为骁骑校吴祯祥补放佐领事的公函

1932年4月19日

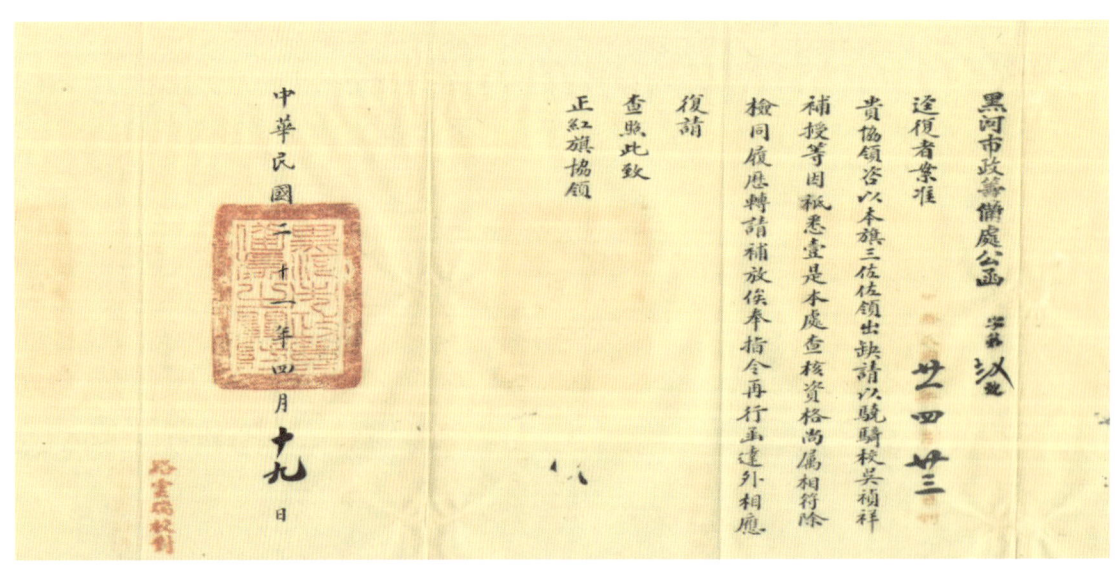

448. 黑河市政筹备处为转发吴祯祥补放佐领委任状事的训令

1932 年 4 月 29 日

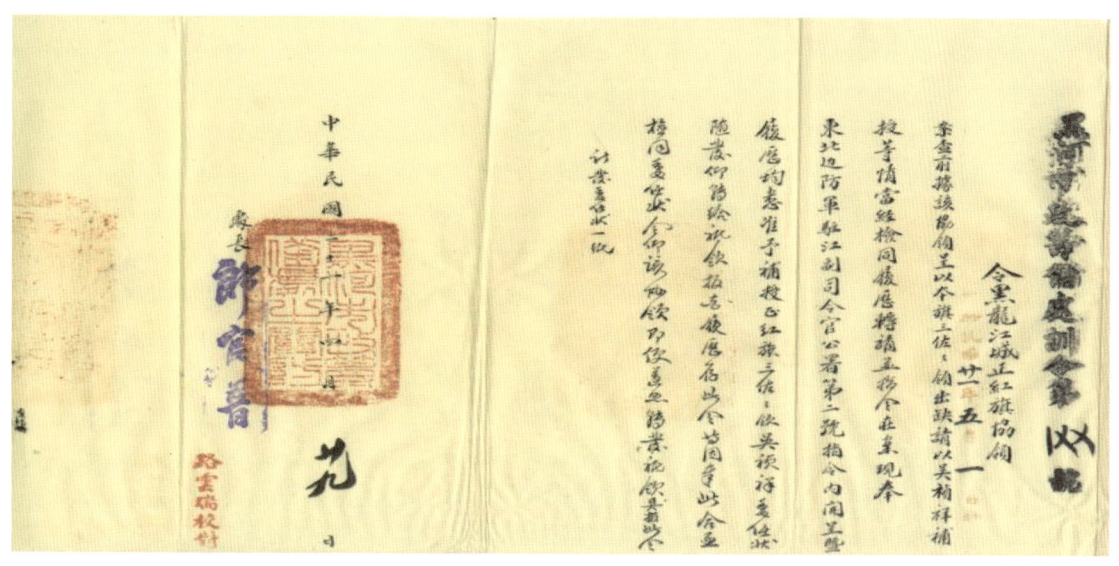

449. 黑龙江省政府财政厅为在黑河组织成立关防并启用临时印信事的公函

1932 年 4 月 30 日

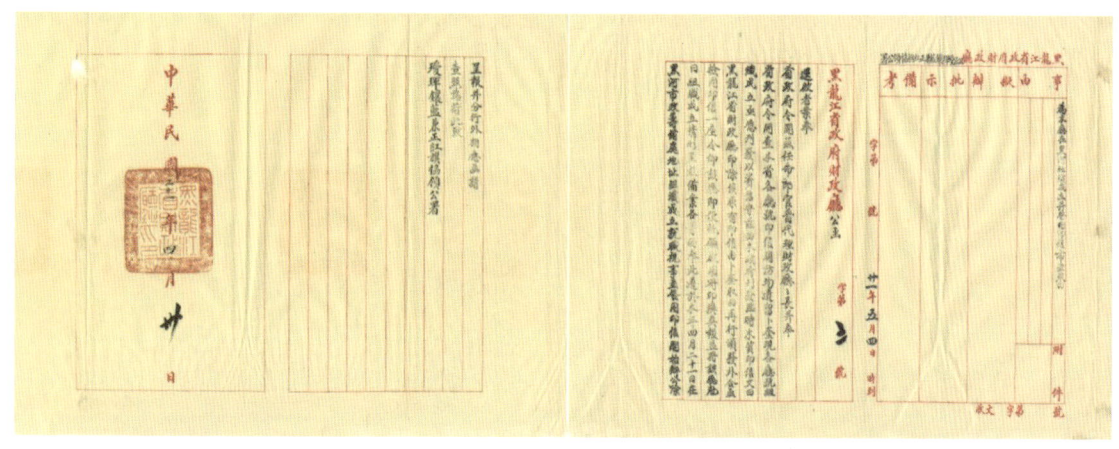

450. 厢（镶）黄旗头佐佐领音吉善等为声报雨水成灾农田被淹情形事的呈文

1932年6月27日

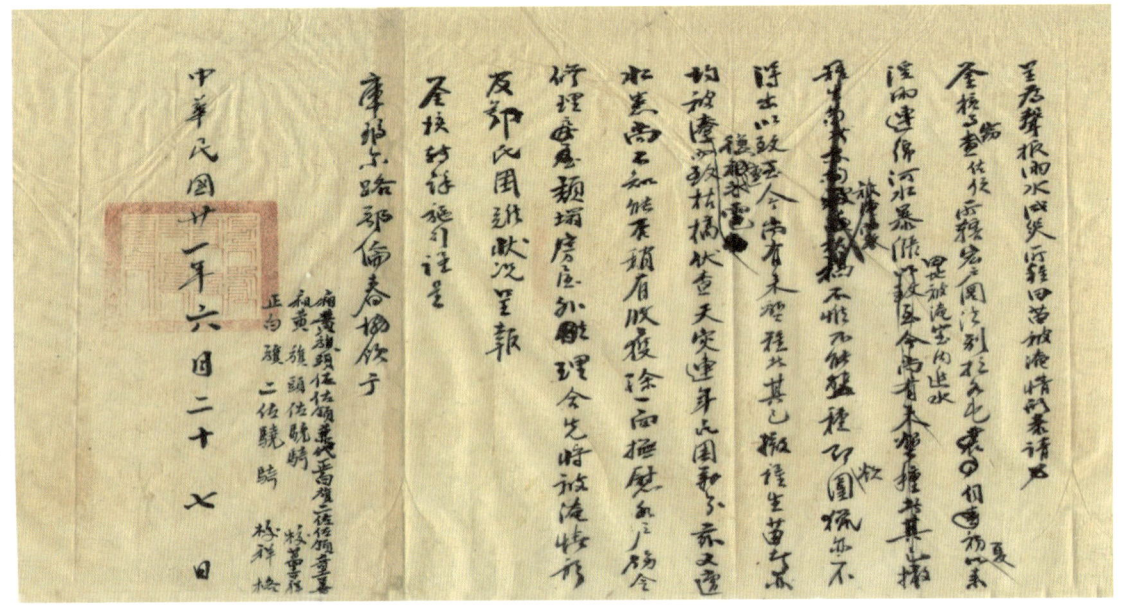

451. 黑龙江城正蓝旗协领公署为骁骑校吴双洞补放佐领等事的指令

1932年9月1日

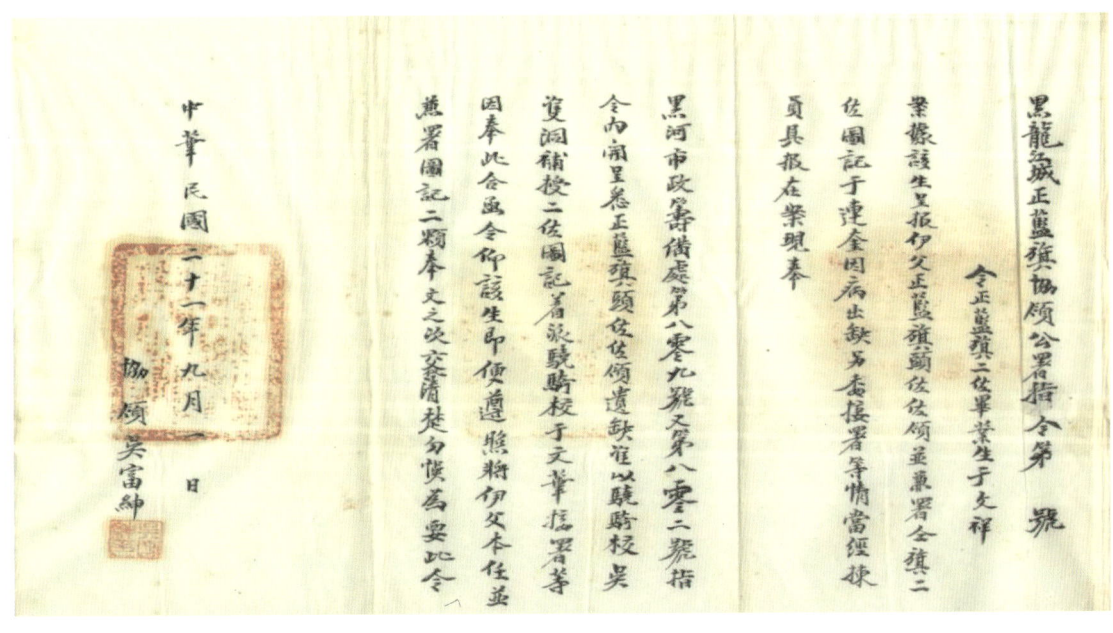

452. 署理正蓝旗二佐佐领于文华为具报接收署理佐领图记及任事日期事的呈文

1932 年 9 月 6 日

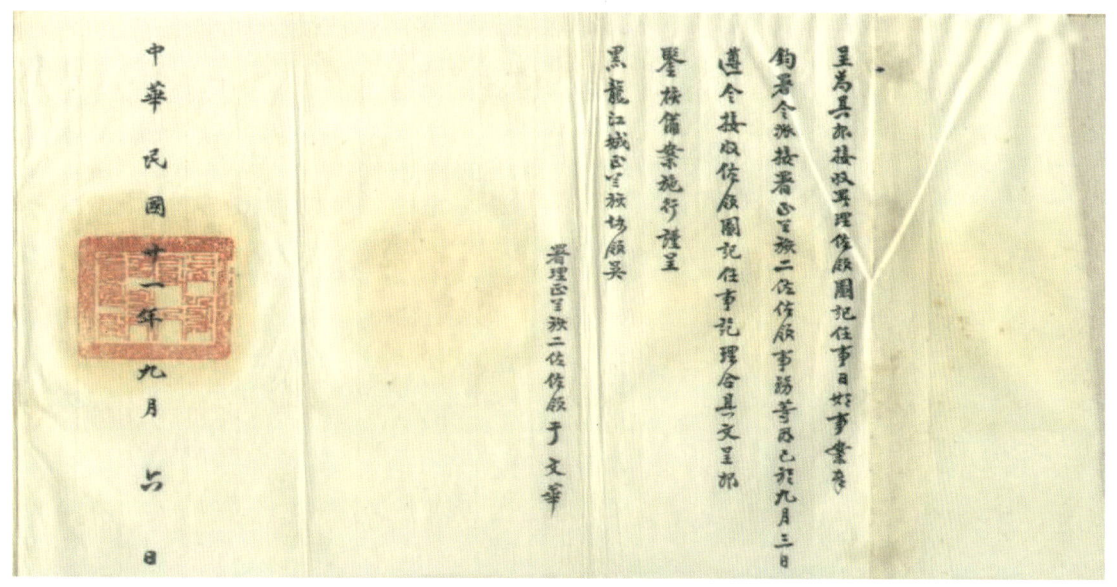

453. 黑龙江全省旗务处为抄发各机关应行移交事项会议记录事的咨文

1932 年 9 月 9 日

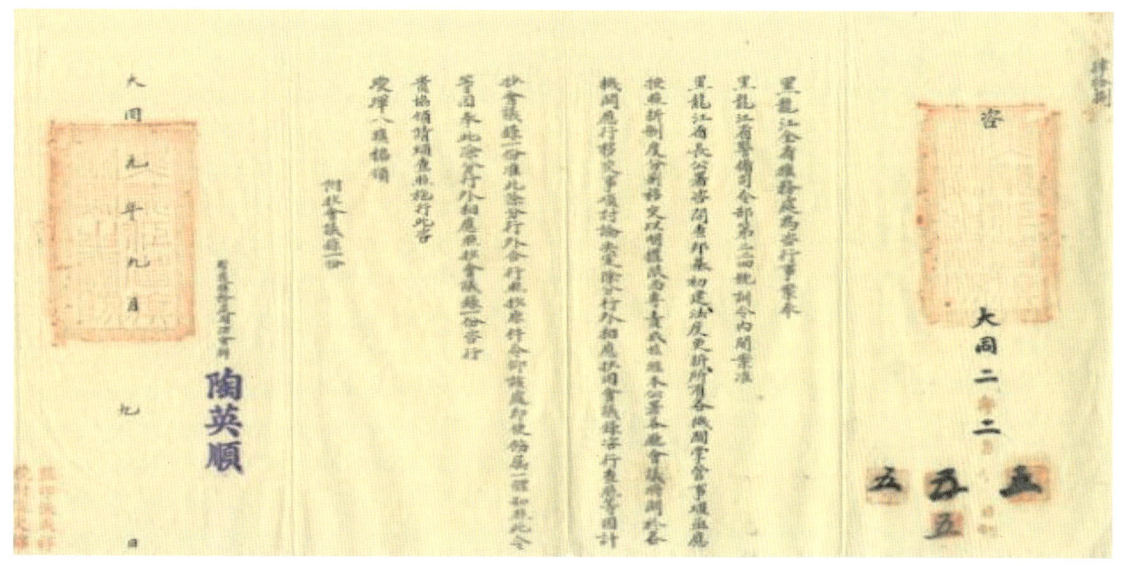

454. 库玛尔路协领公署公文封皮（满汉文）

1932 年 11 月 11 日

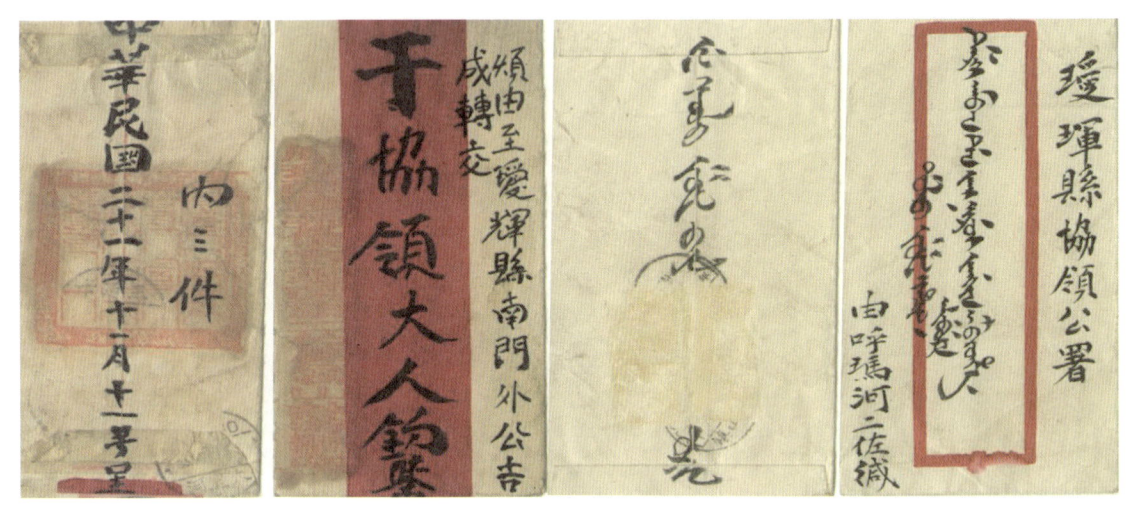

455. 黑龙江全省旗务处为详造裁缺休致职官姓名及孤寡人数清册事的咨文、批签

1932 年 11 月 30 日

456. 库玛尔路游击队官兵枪支统计表

1932 年

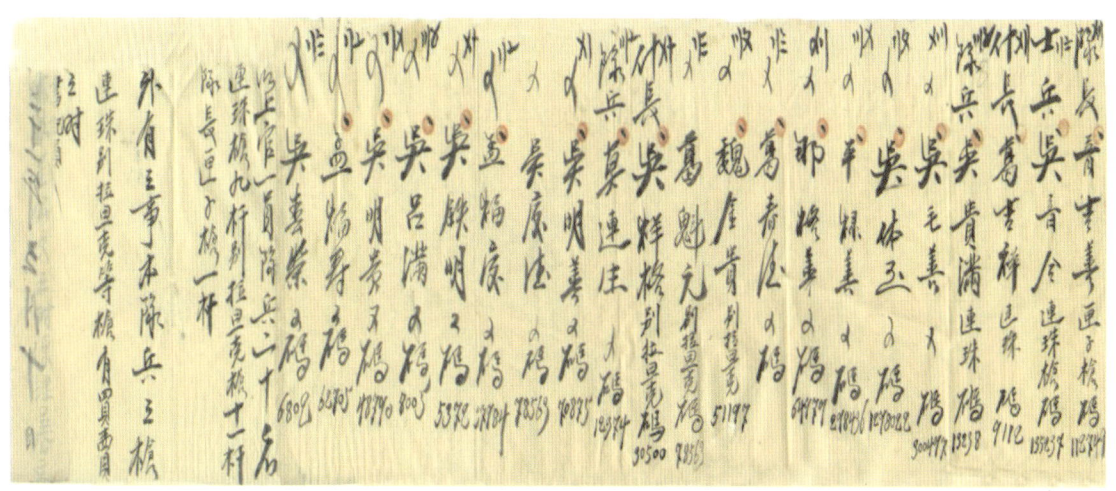

457. 库玛尔路协领公署为兴农练兵救济鄂伦春族民众事的呈文

1932 年

458. 库玛尔路协领公署支款凭单

1932年

459. 库玛尔路协领公署民国二十年、民国二十一年支付预算书

1932年

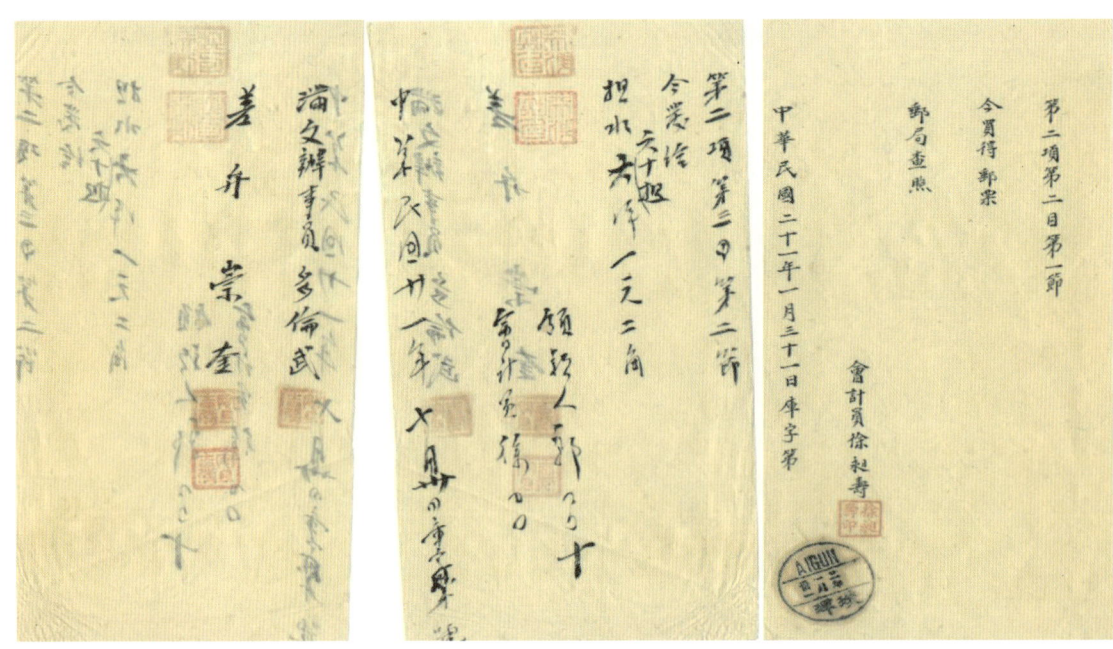

460. 黑河市政筹备处为收抚鄂伦春族民众并赈济粮食事的公函

1933年1月10日

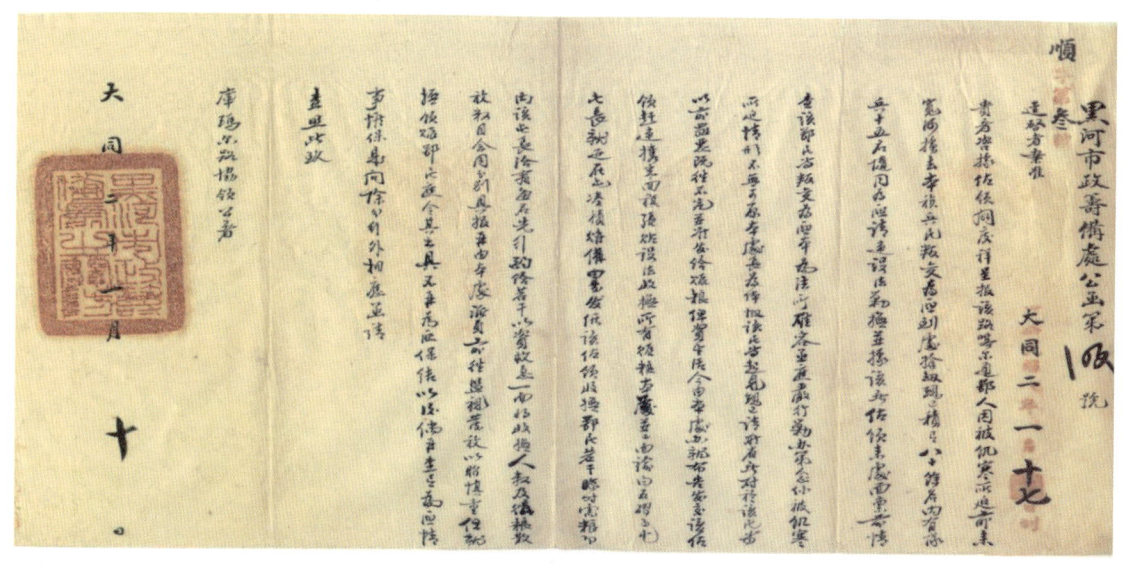

461. 东省特别区区立工业第一职业学校开学通知书

1933年2月1日

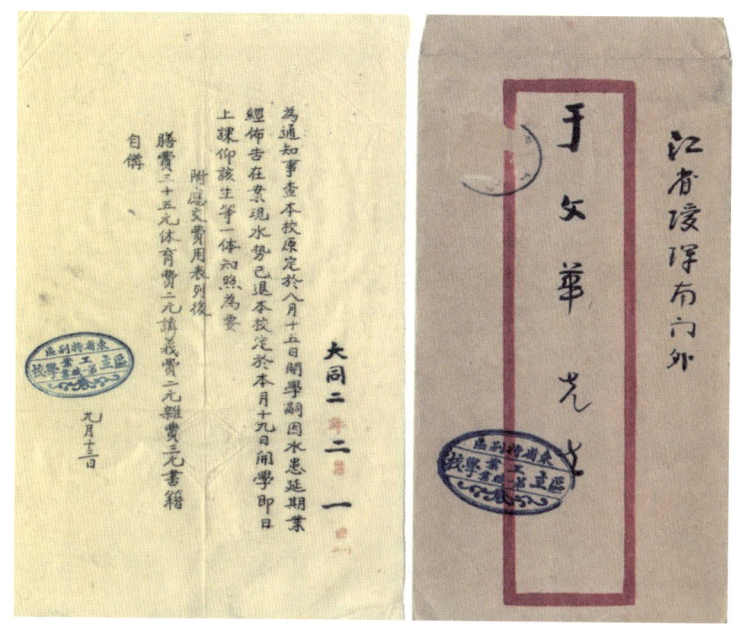

462. 厢（镶）白旗二佐为报请成立鄂伦春自卫游击队事的呈文

1933年2月1日

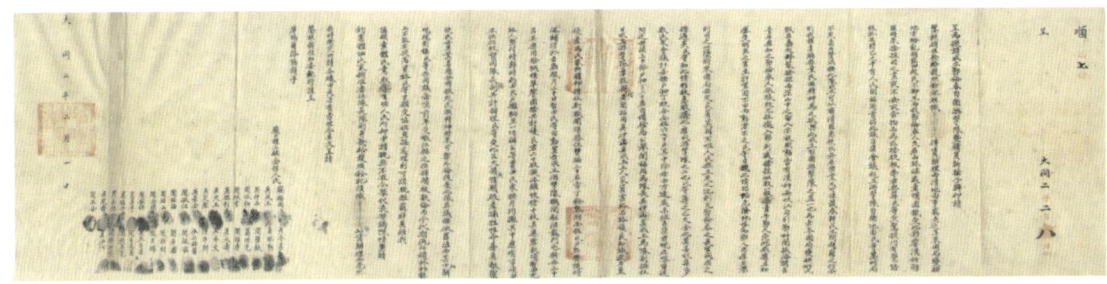

463. 黑龙江全省旗务处为知照民国十九年、民国二十年俸饷归财政厅清理处办理并令于民国二十一年七月以后办理应领俸饷手续的机关派员来处办理事的咨文

1933年3月16日

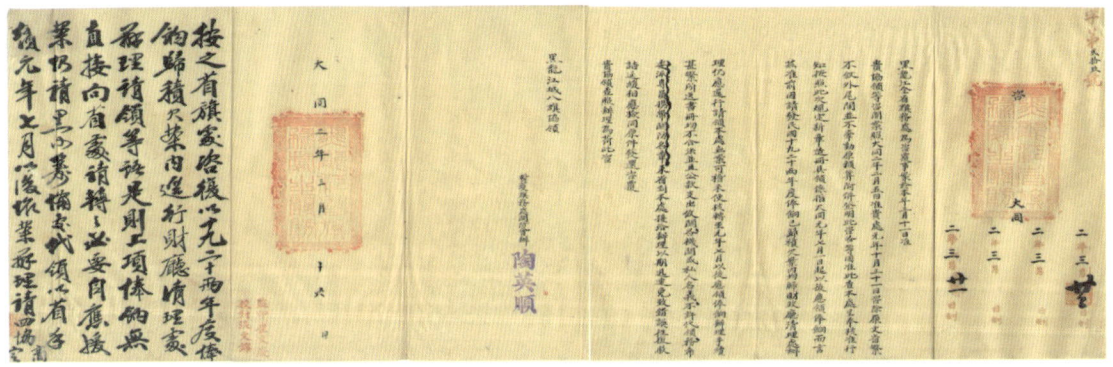

464. 库玛尔路厢（镶）白旗二佐户口清册

1933年3月26日

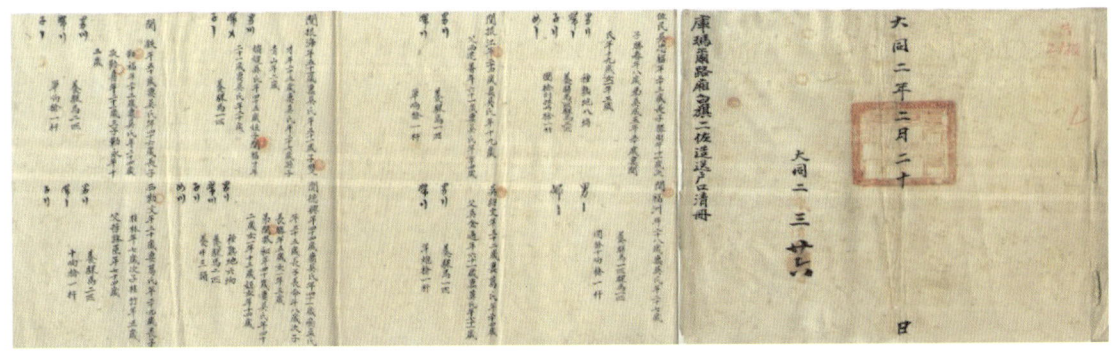

465. 正蓝旗二佐佐领关德兴为制作匾联事给库玛尔路协领公署周文治的信函

1933年4月1日

466. 黑河市政筹备处为因积欠八旗官兵自民国十九年起至民国二十年止两年俸饷呈请省署优先拨发事的公函

1933年4月3日

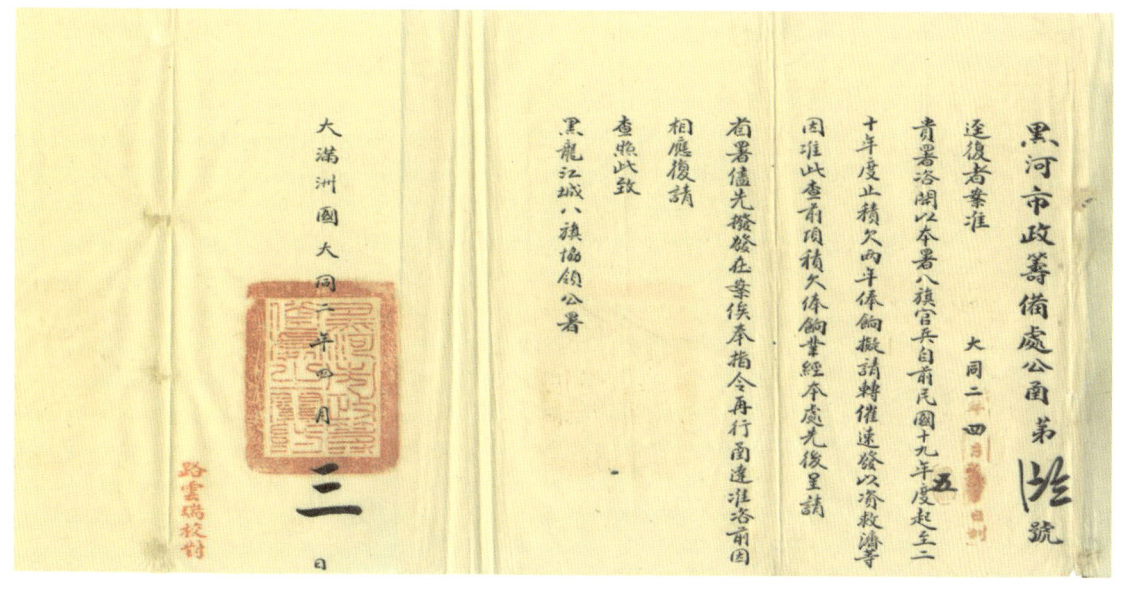

467. 瑷珲县公署为请库玛尔路协领公署转递公文事的公函

1933 年 4 月 19 日

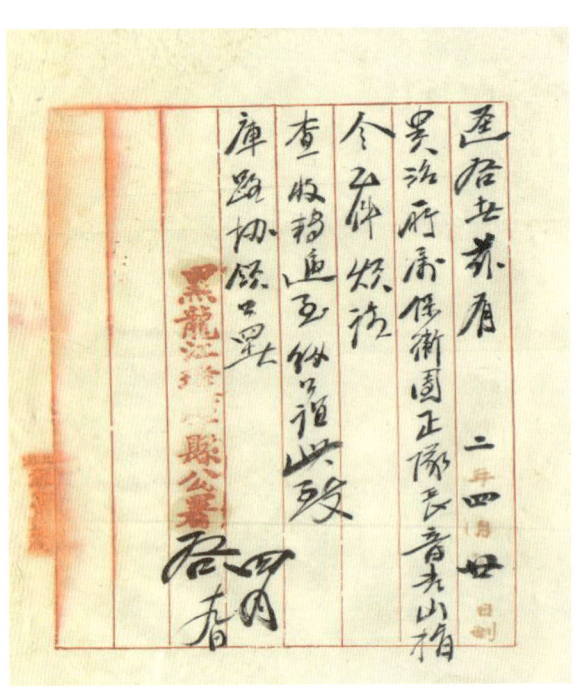

468. 黑龙江陆军骑兵第三旅司令部
为佐领乌托投诚事的公函

1933 年 5 月 18 日

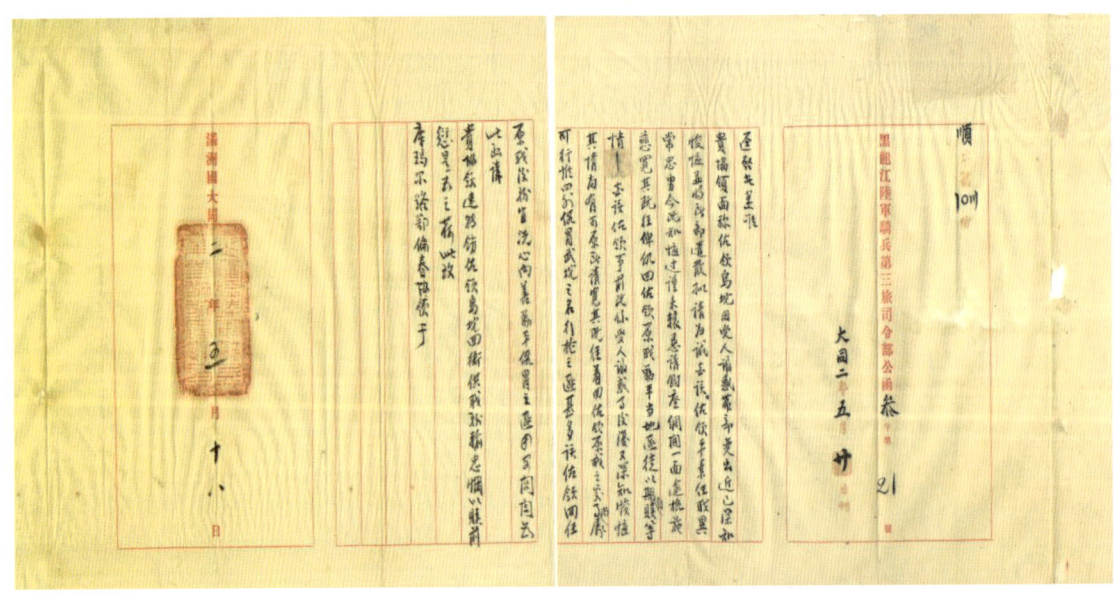

469. 黑龙江城镶蓝旗协领公署为骁骑校索文聚任署理佐领事的指令

1933 年 5 月 22 日

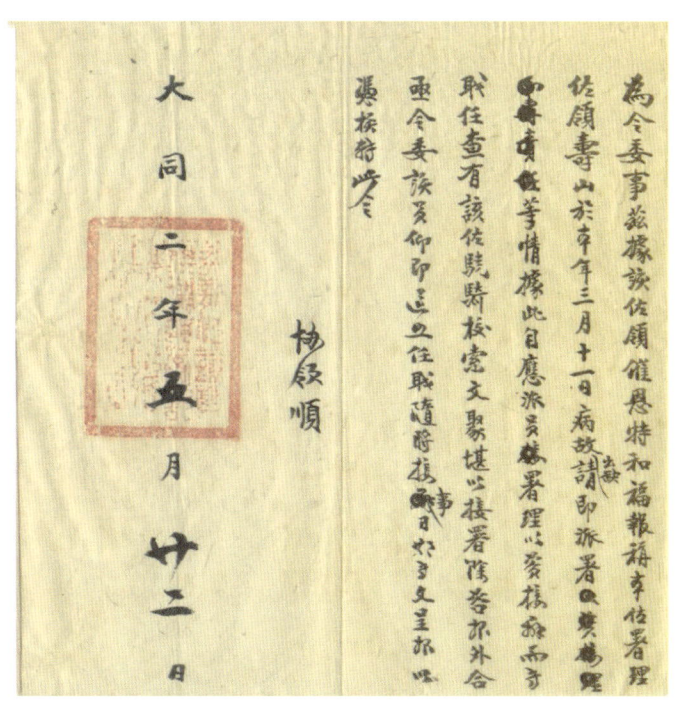

470. 黑龙江城镶蓝旗协领公署为催送佐领图记案卷事的训令

1933 年 5 月 24 日

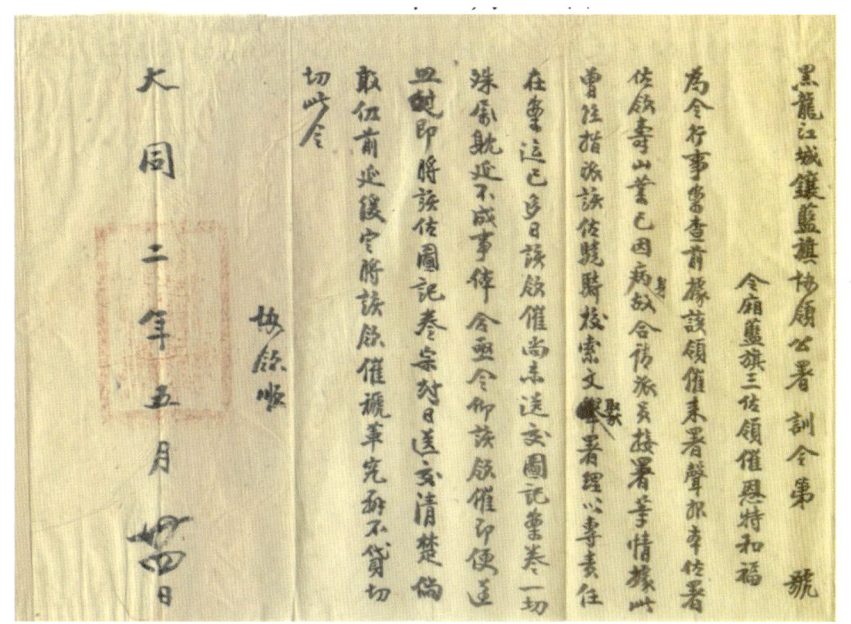

471. 署理厢（镶）蓝旗佐领索文聚为具报接印视事日期事的呈文

1933 年 6 月 5 日

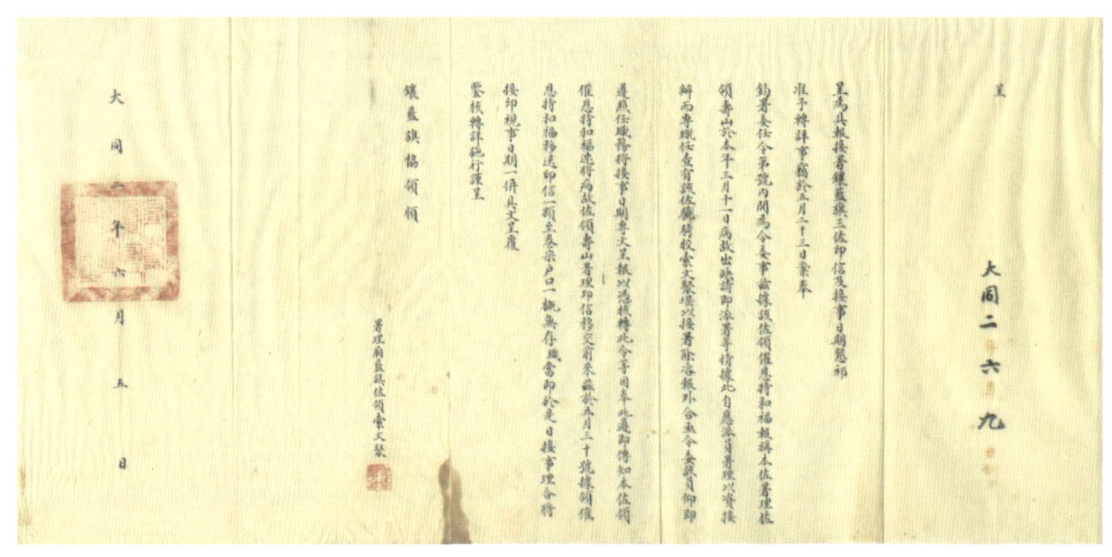

472. 黑龙江城镶蓝旗协领公署为骁骑校索文聚任署理佐领事的咨文

1933 年 6 月 10 日

473. 黑龙江省公署驻黑办事处为喀尔通地方行政司法等事项仍归嫩江县第四区管辖事的公函

1933年8月10日

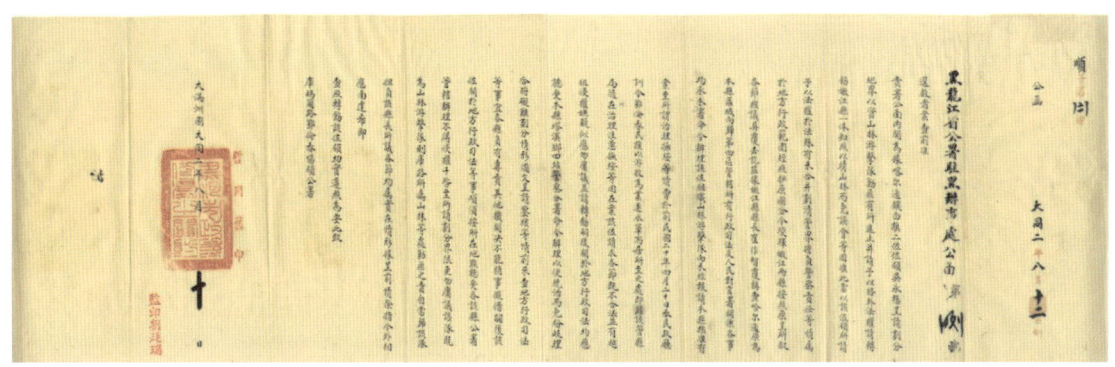

474. 漠河县政府兼管鄂伦春事务为调查正蓝旗三佐佐领滚都山劫留鄂伦春族民众事的公函

1933年9月20日

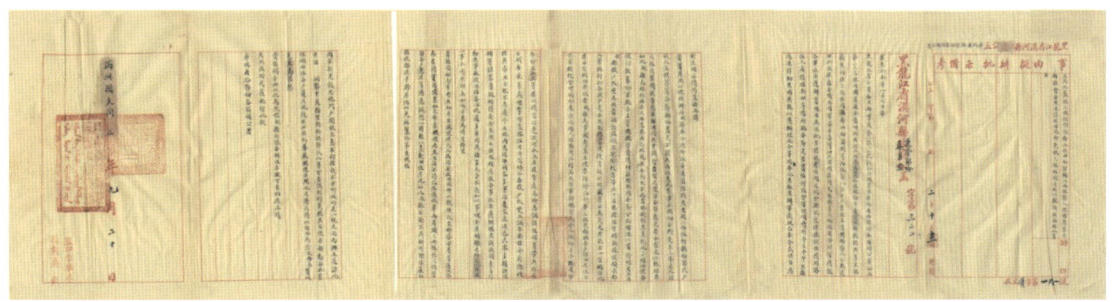

475. 库玛尔路协领公署为请所编保甲自卫团暂缓办理事的呈文

1933年12月

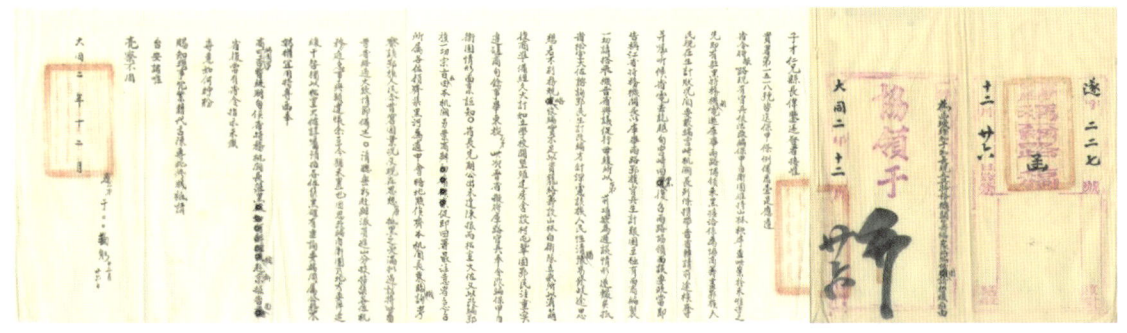

476. 库玛尔路民国二十二年官兵暨经费补助支配表

1933年

477. 黑龙江城八旗官兵领取民国二十二年补助费花名册

1933年

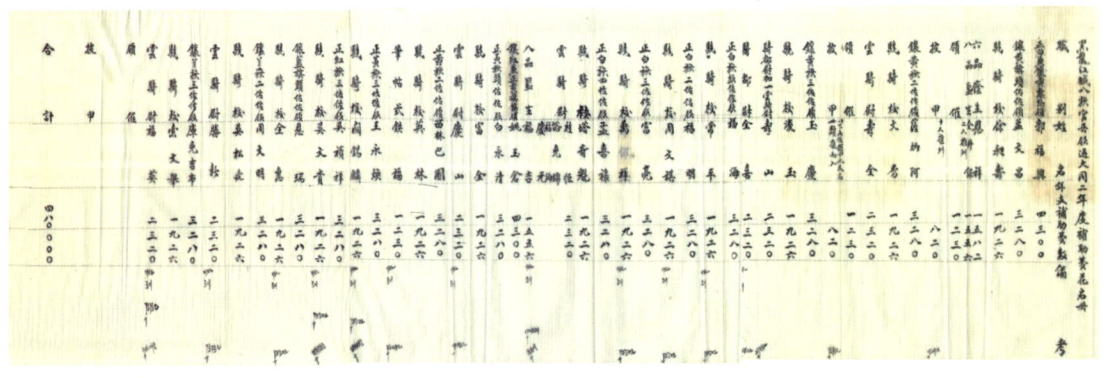

478. 旗务处及各城旗协领民国二十二年经费补助表

1933年

479. 黑龙江陆军骑兵第三旅司令部文件回收单

1934年1月28日

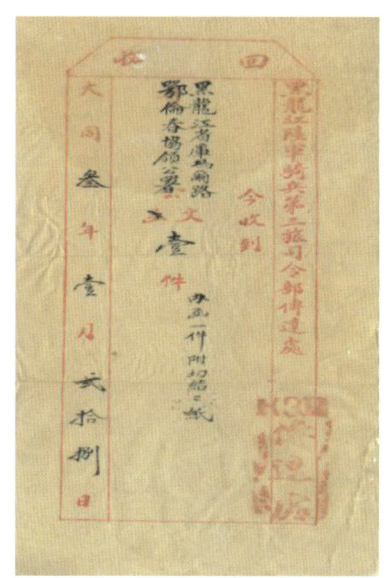

480. 陈连悦为筹办枭粮救济拟送纪念物品事的信函

1934年2月6日

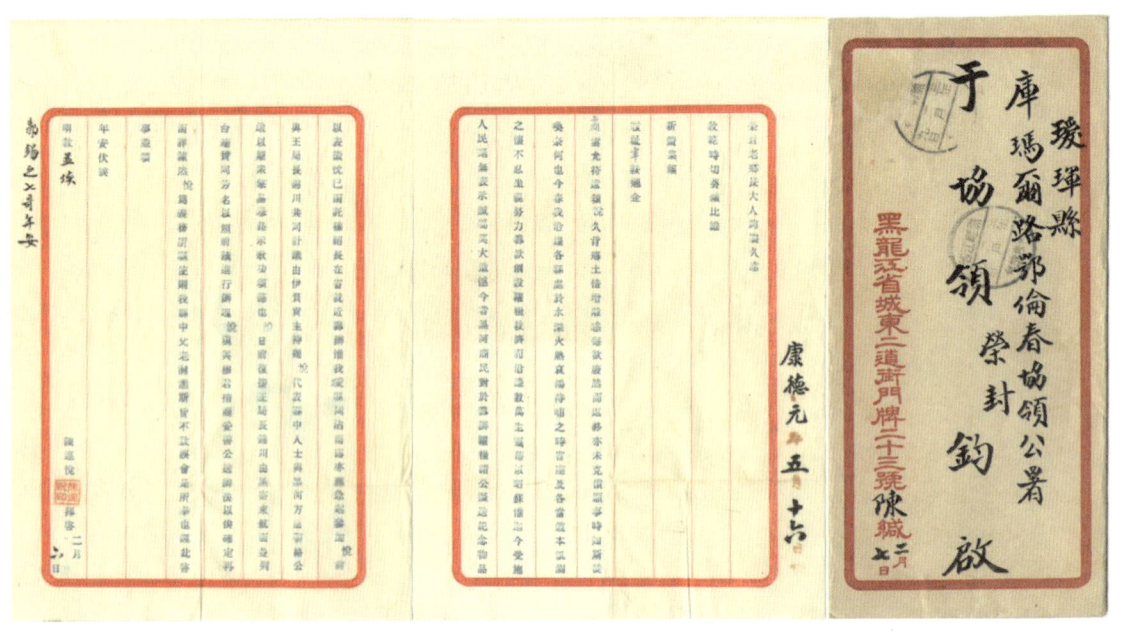

481. 黑龙江全省旗务处为调查各城旗署户口等事的咨文

1934年2月9日

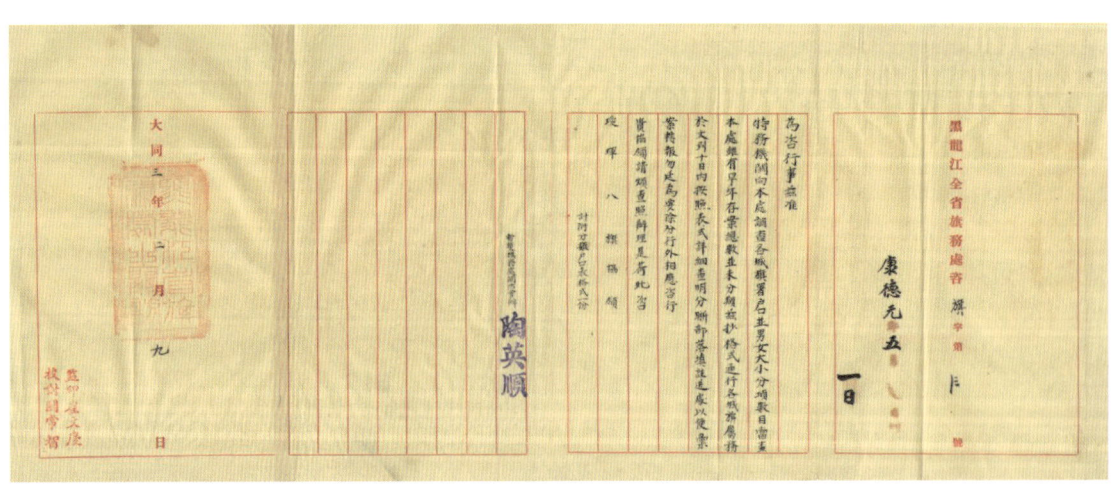

482. 库玛尔路协领公署为分派兵丁并编为铁道援护马队事的训令

1934年2月26日

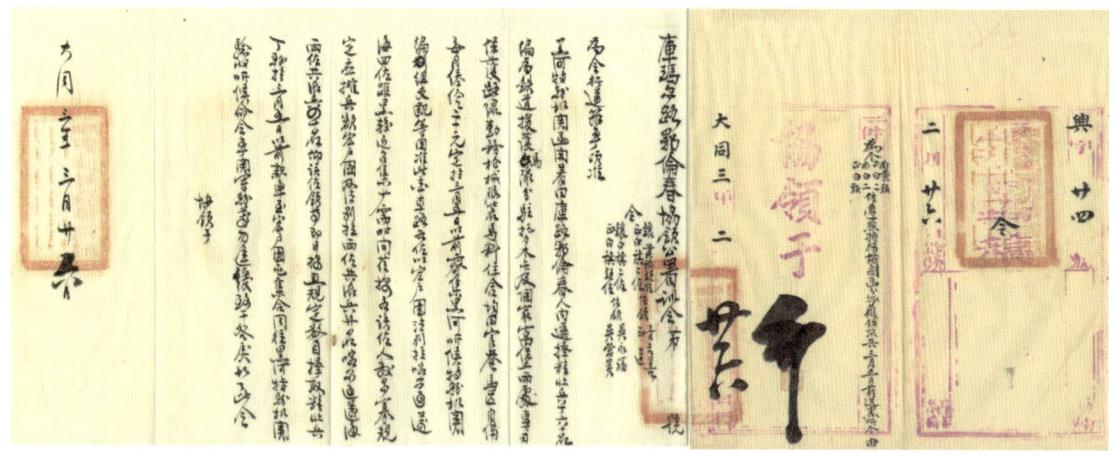

483. 正黄旗头佐佐领伦吉善为领发饷钱事的揭文（满文）

1934年2月

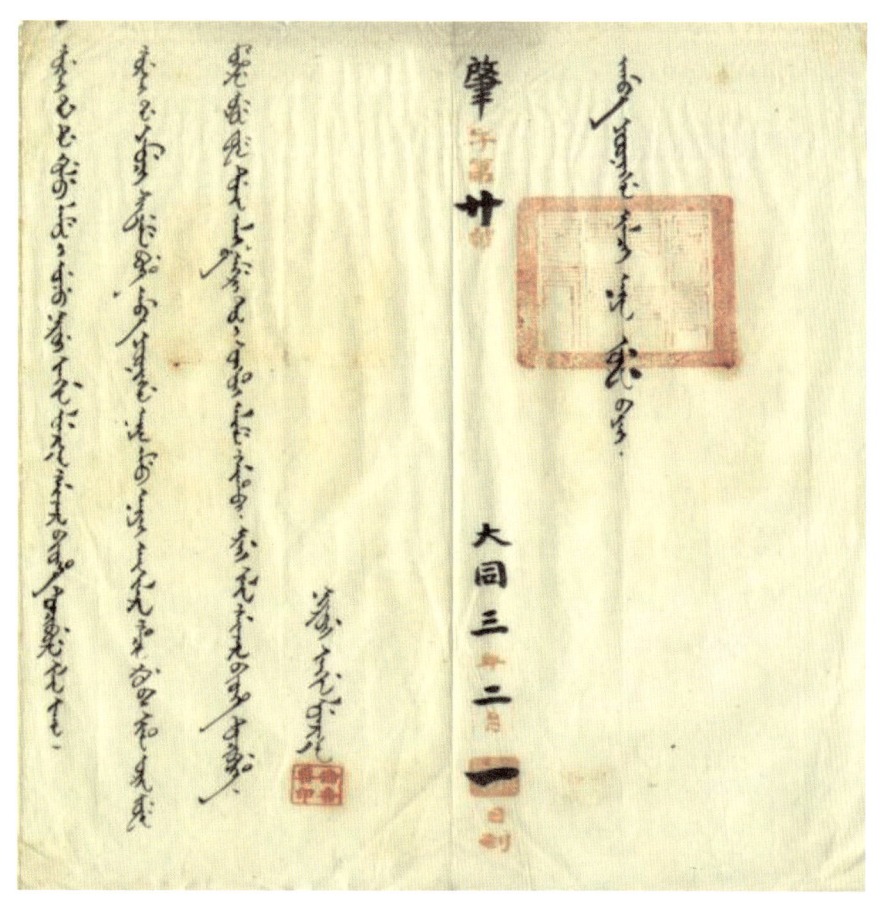

揭 文

正黄旗头佐佐领伦吉善为领发饷钱事揭文。今从协领公署处领取每年例行钱款，本年发放参议样式国币二十二元九角二十四厘。数目清楚，一次接收，绝无缺少的弊端。

佐领伦吉善

（民国二十三年）二月

484. 鸥浦县公署为关德兴、伦吉善两位佐领声援剿匪有功嘉叙事的公函

1934年3月22日

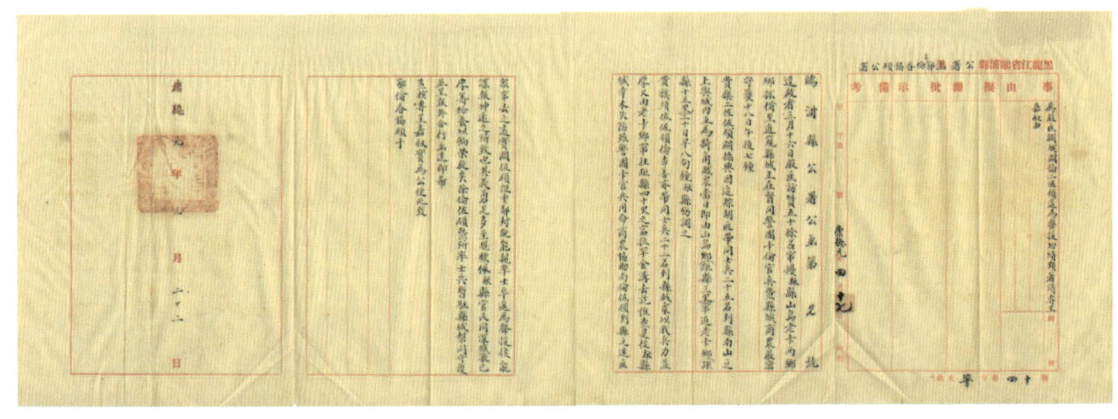

485. 库玛尔路厢（镶）白旗二佐佐领吴永福为请暂缓验枪发照事的呈文

1934年4月3日

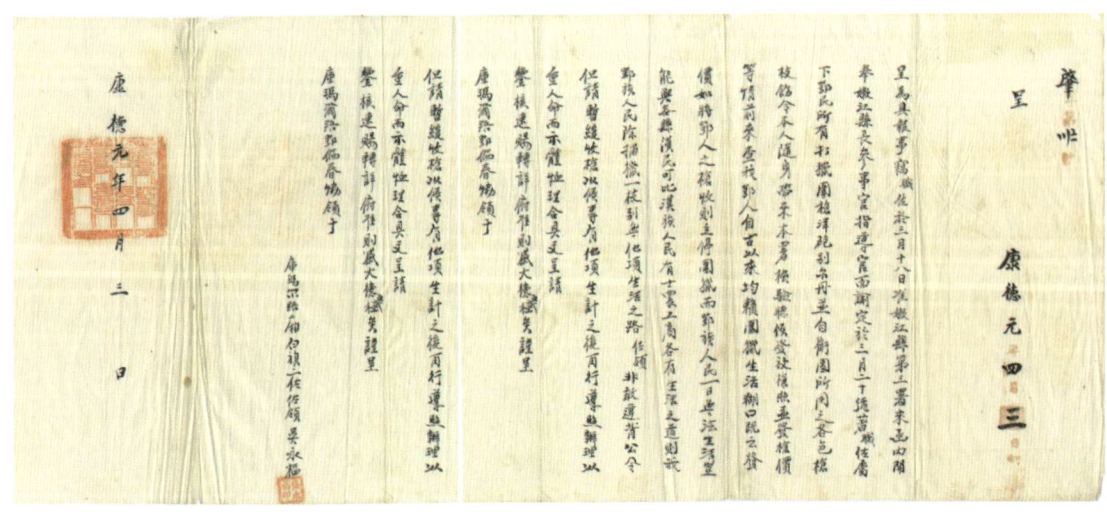

486. 镶白旗二佐佐领吴永福、正白旗头佐佐领吴常贵等为恳请恢复省立第三鄂伦春学校并发给经费事的呈文

1934 年 4 月

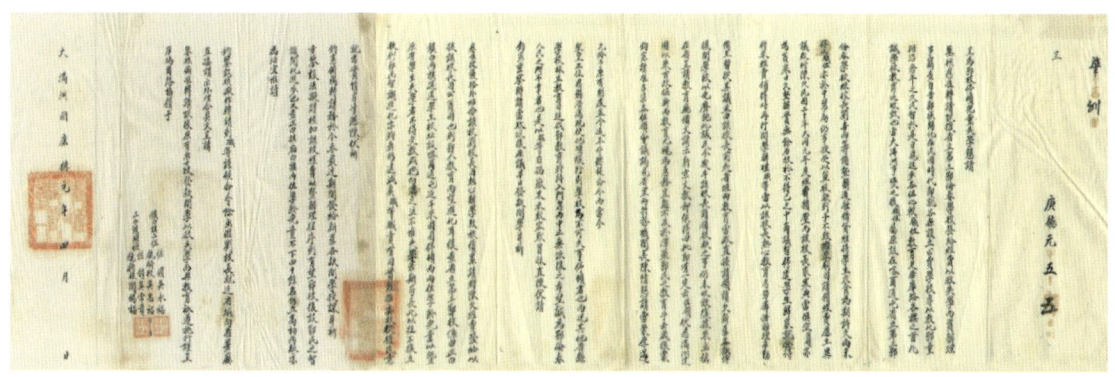

487. 库玛尔路协领公署为正蓝旗二佐骁骑校孟吕抧请孝假一年由委官领催阿巴章阿代理事的呈文

1934 年 5 月 10 日

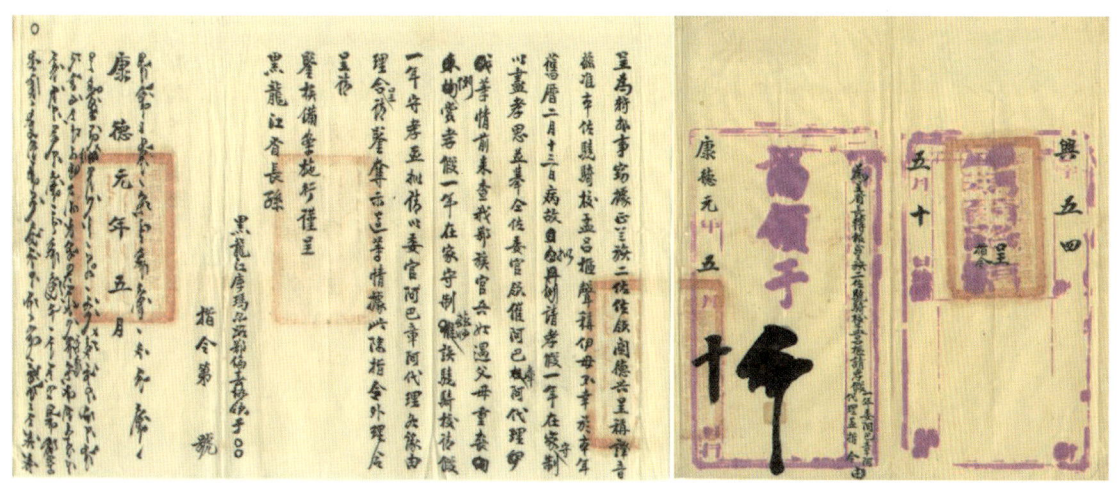

488. 正红旗三佐佐领吴祯祥为报领催李常猷病故拟由披甲吴文生补放事的呈文

1934 年 5 月 20 日

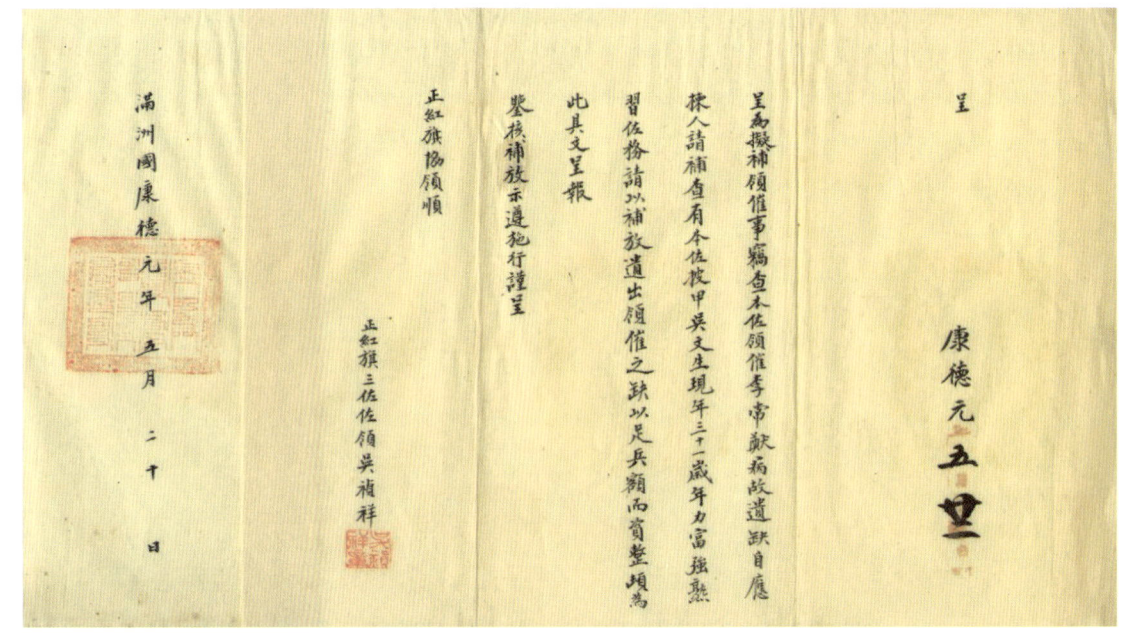

489. 库玛尔路协领公署为喀尔通屯佐领吴永福、迈海屯佐领吴常贵赴黑河来署面商讨伐胡匪事宜事的训令

1934 年 5 月 21 日

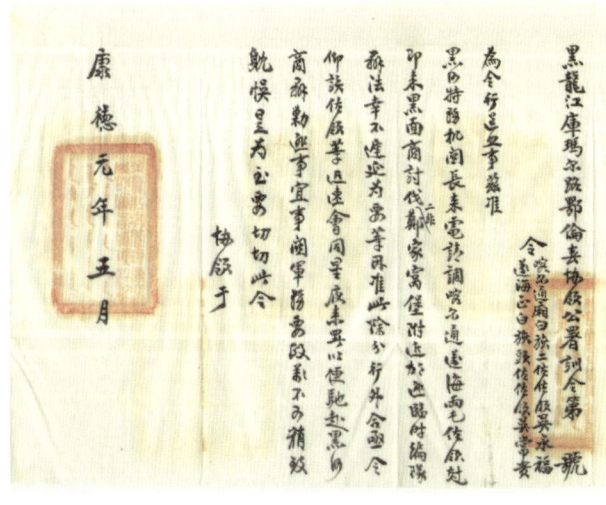
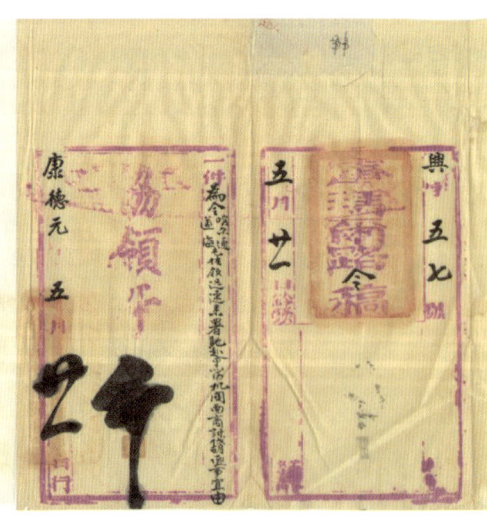

490. 黑龙江城镶蓝兼正红旗协领公署为照准吴文生补放领催事的指令

1934年5月23日

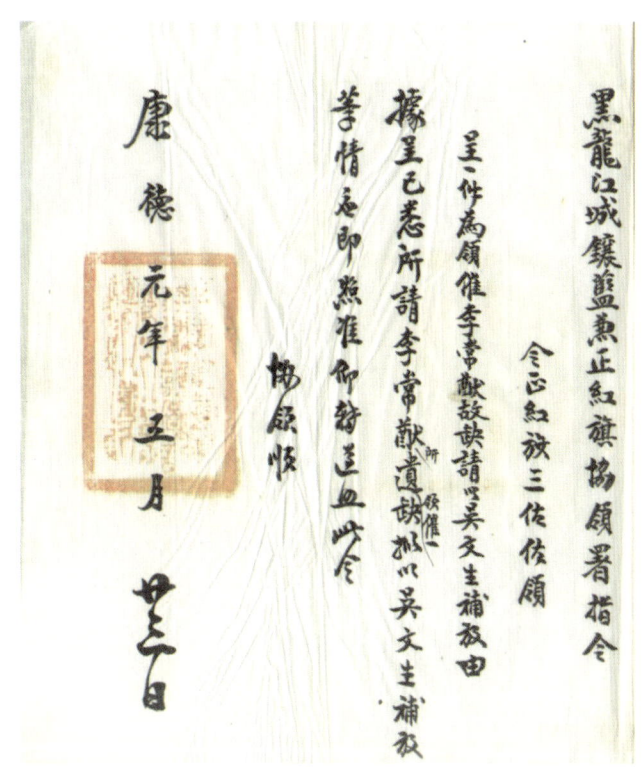

491. 黑龙江省公署为查复未收缴鄂伦春族民众枪械并听凭自由打猎等情的训令

1934年7月18日

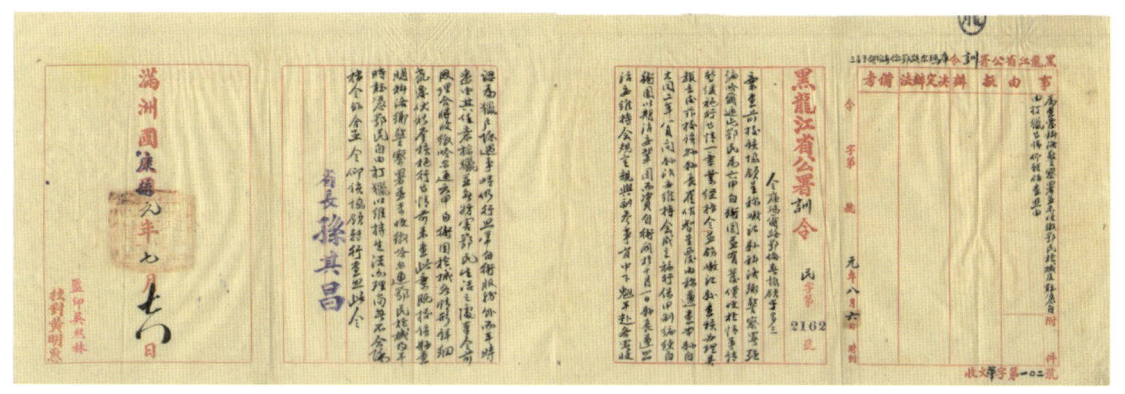

492. 黑龙江全省旗务处为造送民国二十二年岁出决算书及职员官兵孤寡姓名与年领款数清册事的咨文

1934 年 8 月 28 日

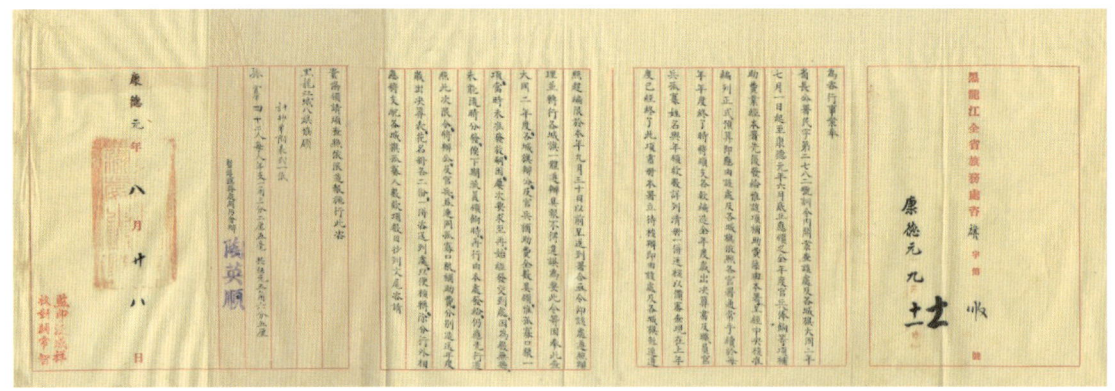

493. 佐领明善为使用"康德"年号事的呈文（满文）

1934 年 8 月

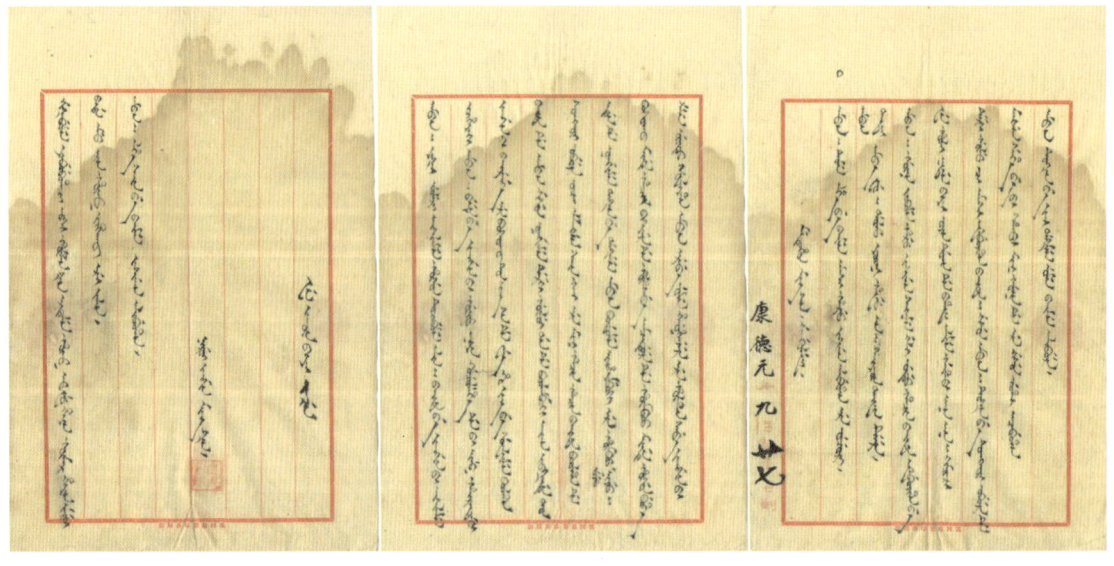

呈　文

佐领明善谨呈。

　　将本路所属各佐地方情况呈报协领大人。本路所属地方一向太平，各处地方承蒙大人担忧，所属各旗佐事一切顺利，皆四方太平。另外，其他事宜正加紧办理。本年七月二十四日得到协领大人指令后，（下官）不敢稍有怠慢，随即办理。下官佐领明善将此事查明后，呈文一本，上报协领公署。

此外，是否今后不再使用"大同"年号？佐领我收到协领大人咨文，指令各旗佐今后使用"康德"年号，今年三月一日始为"康德"元年。各旗佐官员、披甲、苏拉、西丹等皆遵照旧历，履行职责，一切照旧。佐领我将此呈报库玛尔路协领于多三大人。

佐领明善为此呈。

民国二十三年八月

494. 库玛尔路协领公署为报送民国二十二年官兵员役领过补助费决算表册事的咨文

1934年9月26日

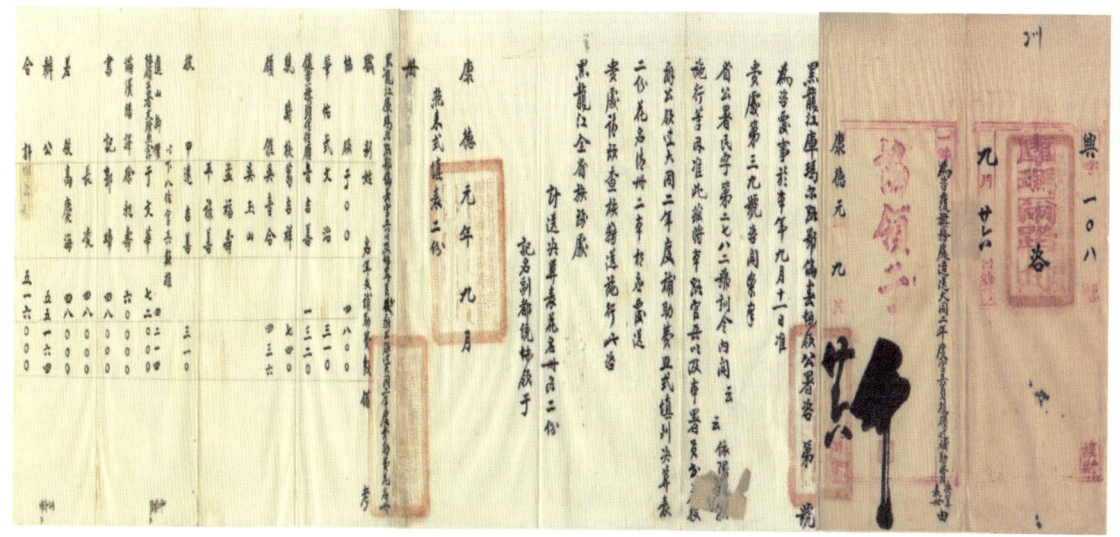

495. 库玛尔路协领公署为上报有关鄂伦春族人丁、鸟枪、骒马、田垧、房屋等事的指令（满文）

1934 年 10 月 2 日

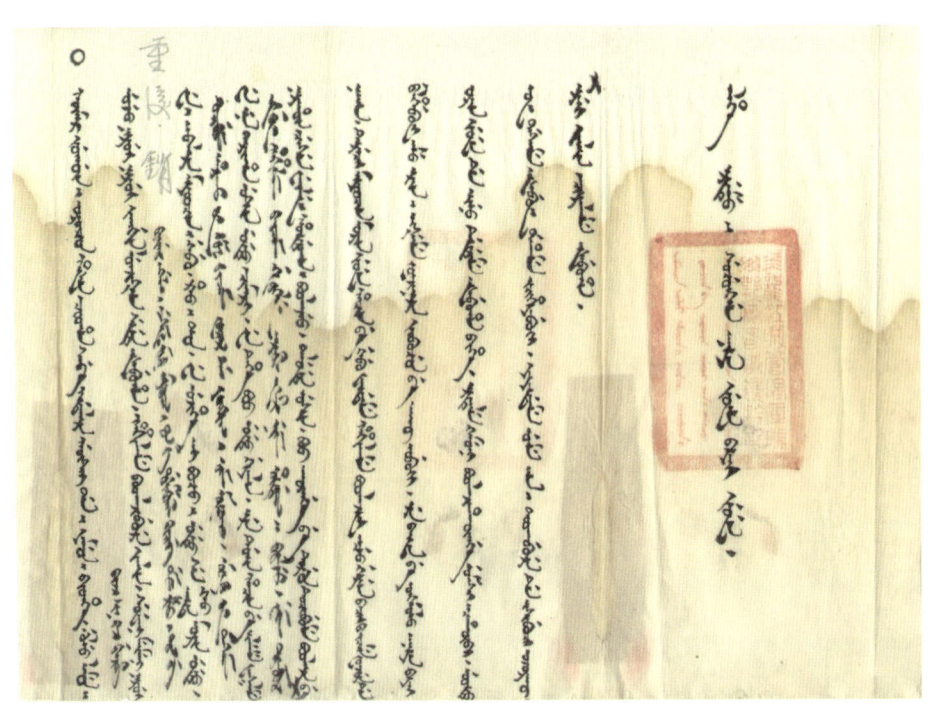

指 令

　　管理库玛尔路鄂伦春官兵协领公署公文，为令正蓝旗头佐佐领伦吉善等速速上报事。将你处民众使用的鸟枪数目呈报，谁用鸟枪打猎、鸟枪编号，谁养了什么颜色、多少岁的骒马，全都报上来，一一登记。查明，谁种田多少垧、居住房屋多少间，将这四类事项上报，速速查明，仔细核查送至城内。缮写明细清册呈报送来。如无田地、房屋的，将没有的原因陈明。鸟枪、马匹两类，按照姓名罗列，速速上报，再询问其他地方。在此之前，正月二十二日（我）也曾分派过此事，但（你）至今尚未报来，甚是不可。因此，要求办理的公务，勿费口舌，不可有所延误。

　　为此严厉告知。

"康德"元年十月二日

496. 库玛尔路协领公署为开会面议维持鄂伦春族民众生计办法事的训令

1934 年 10 月 22 日

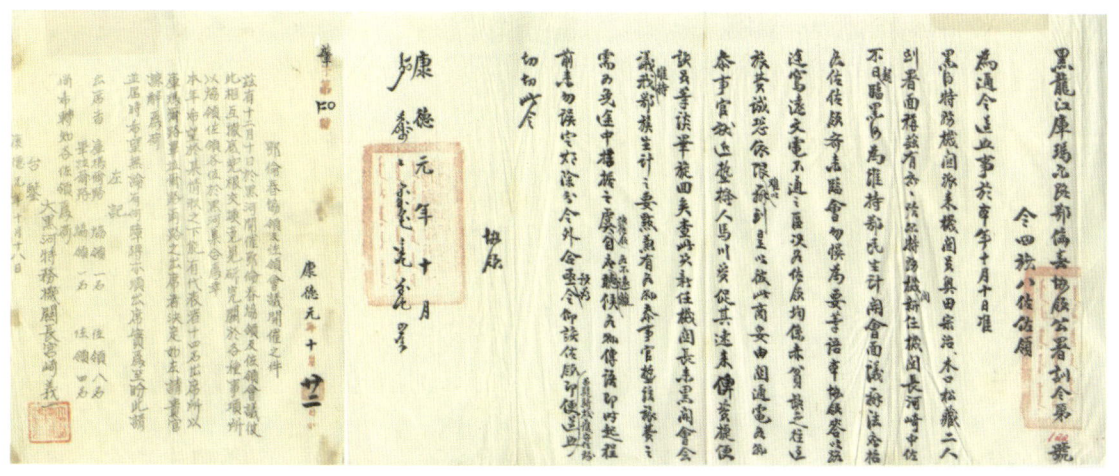

497. 库玛尔路协领公署为佐领音吉善因公赴黑河守备队发给的护照

1934 年 11 月 8 日

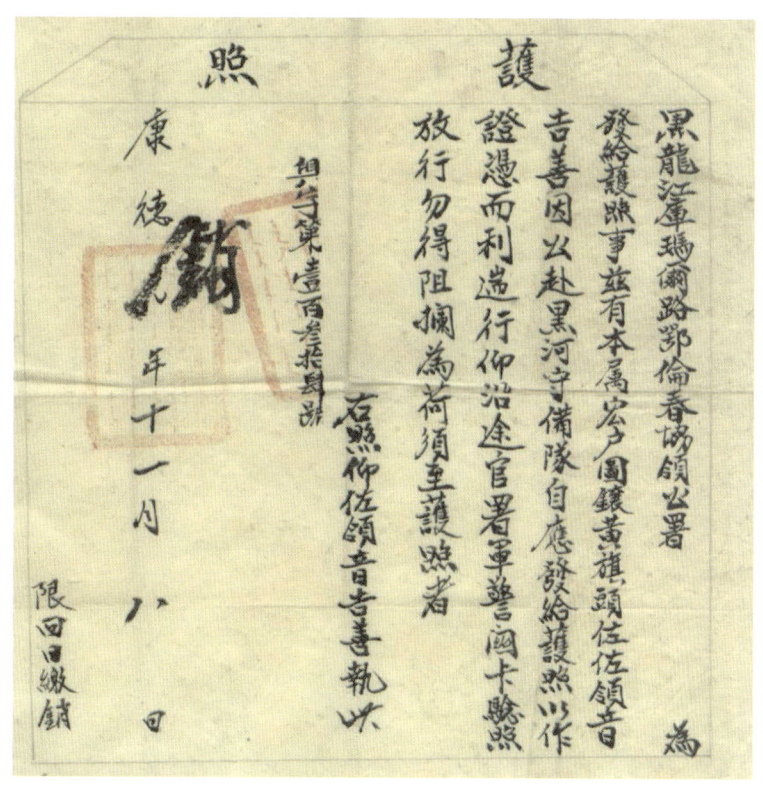

498. 镶蓝旗头佐佐领伦吉善为接收发放民国二十三年饷银事的揭文（满文）

1934 年 12 月

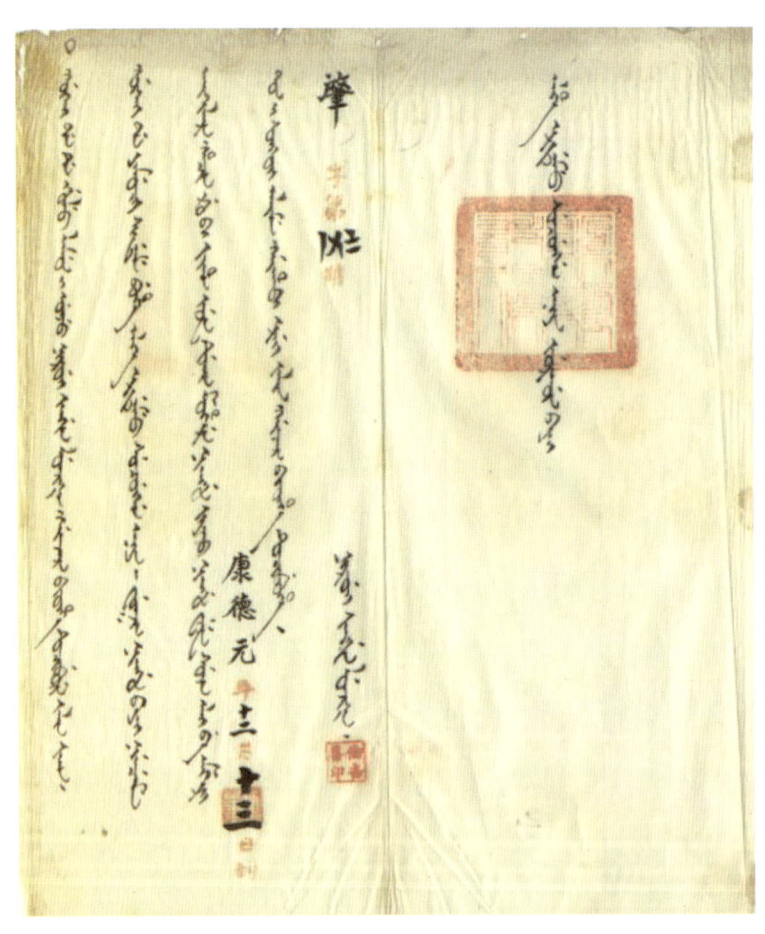

揭 文

镶蓝旗头佐佐领伦吉善为接收发放"康德"元年饷银事揭文。今于协领公署处领取"康德"元年六月饷银，共计参议样国币十四元六角六分五厘。数目清楚，一次接收，绝无缺少的弊端。

佐领伦吉善
"康德"元年十二月

499. 库玛尔路正蓝旗二佐佐领关德兴出具的领取民国二十三年上期半年官兵补助费的印领

1934年12月

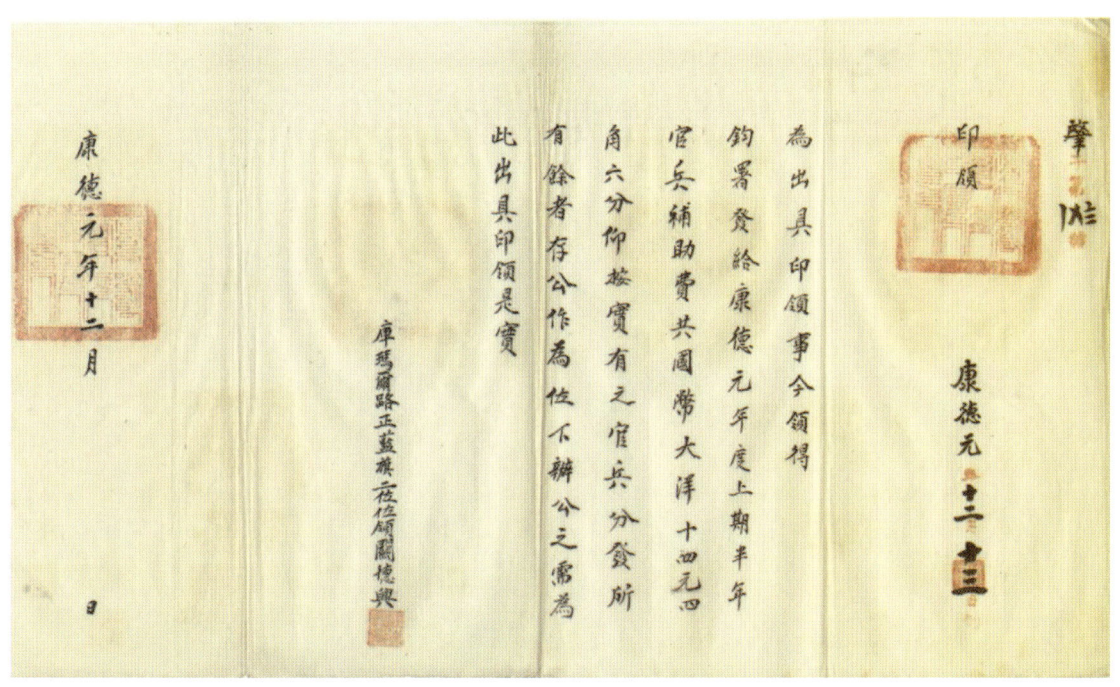

500. （伪）国务院、日本关东军司令部等申请设立（伪）满洲兴东省份草稿

1934年

501. 库玛尔路民国二十三年上期官兵暨协领公署办公补助费支配表

1934年

502. 库玛尔路协领公署往来挂号邮件凭单

1934年

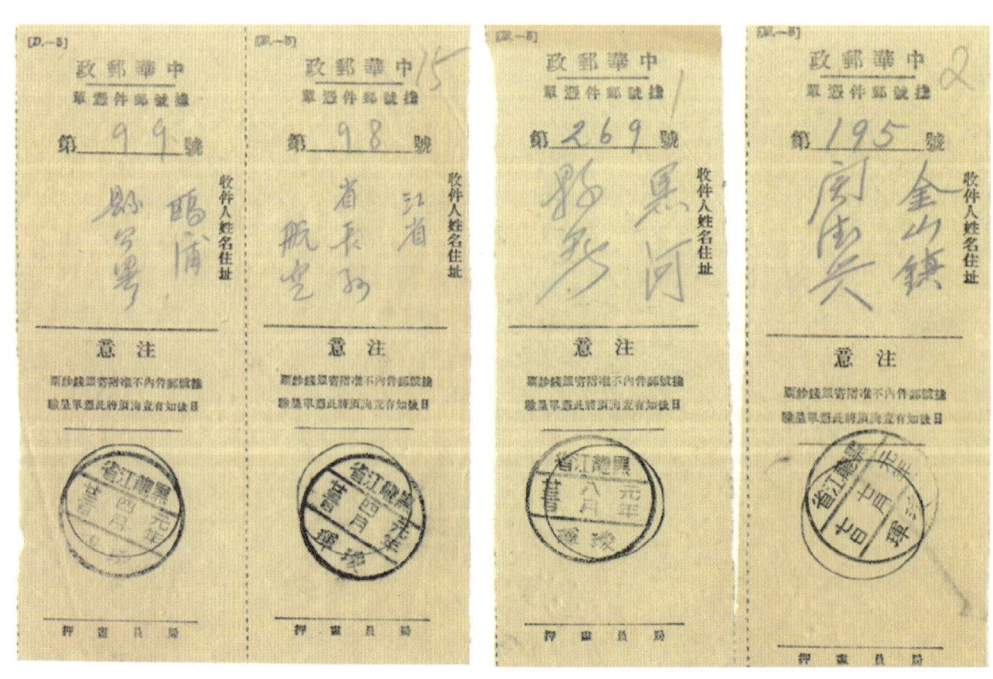

503. （伪）黑河省公署为添设旗务处或旗务科暂从缓议事的指令

1935年1月4日

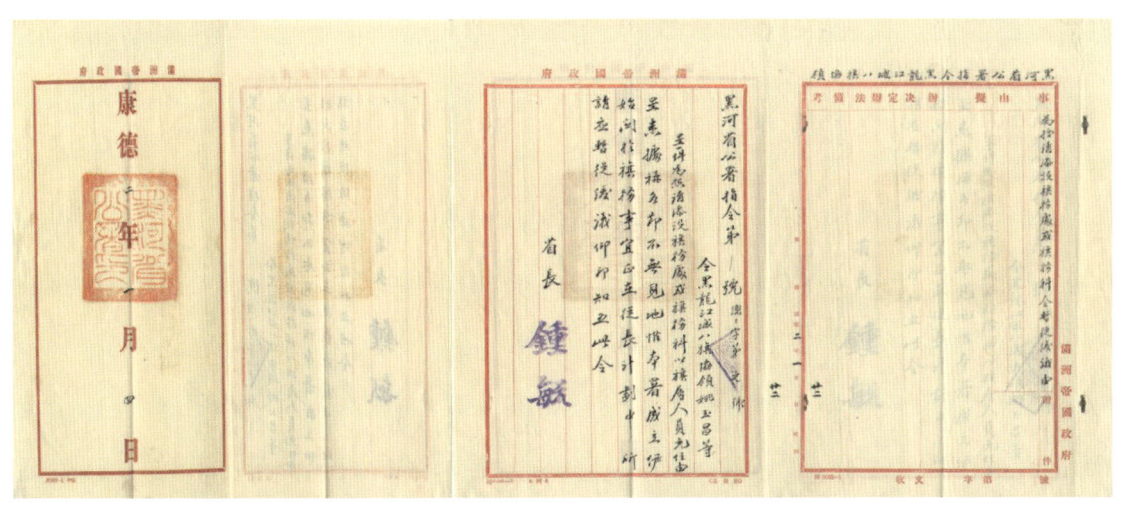

504. 毕拉尔路协领公署为报送各佐领骁骑校花名册及各佐户数清单以凭汇转事的信函

1935年1月6日

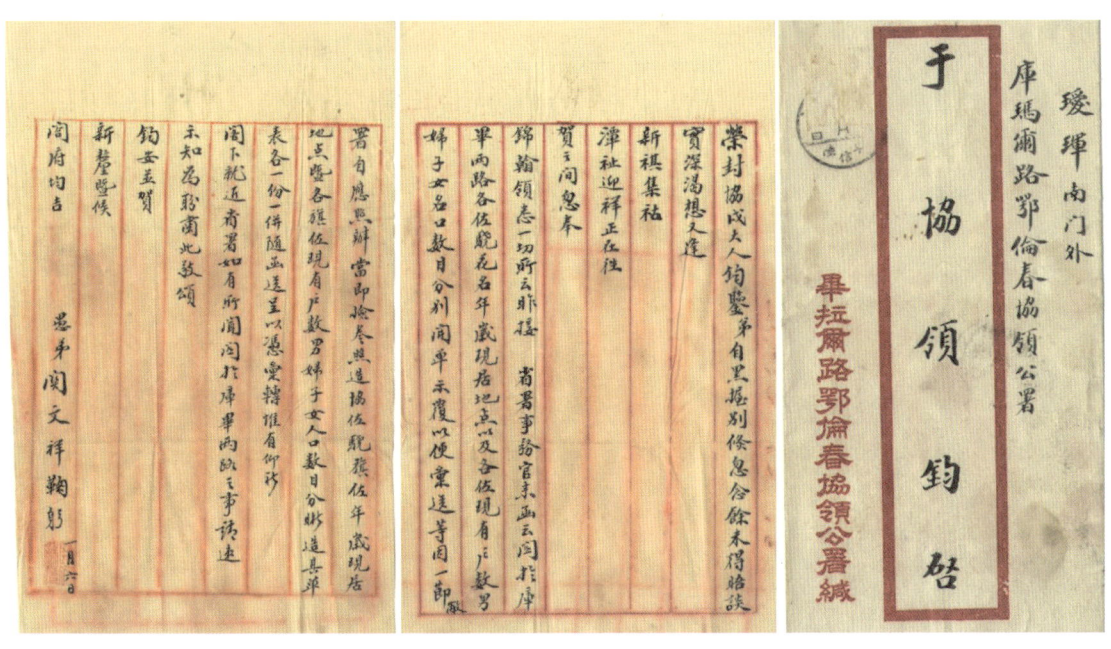

505. 库玛尔路协领公署为选送五名鄂伦春族儿童学习日文事的信函

1935 年 1 月 21 日

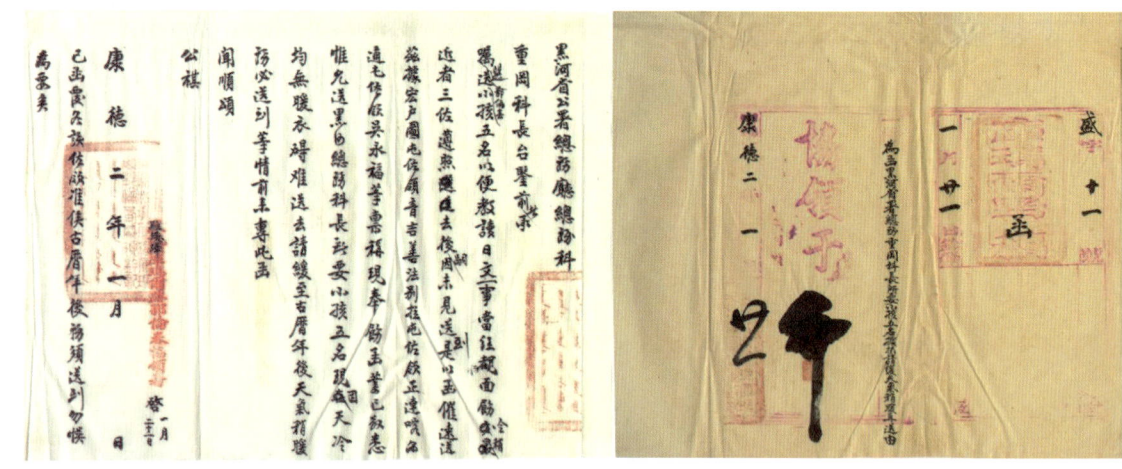

506. 库玛尔路迈海正白旗头佐马匹数目清册

1935 年 2 月 8 日

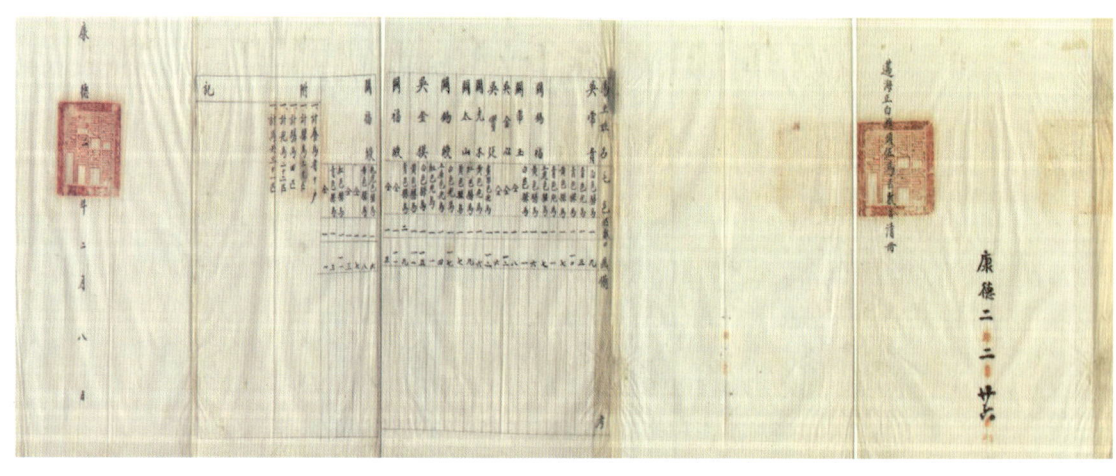

507. 库玛尔路协领公署为规定协署暨官兵应领民国二十三年下期六个月补助费发给期限事的呈文

1935年3月3日

508. 库玛尔路镶黄旗头佐户口清册

1935年3月8日

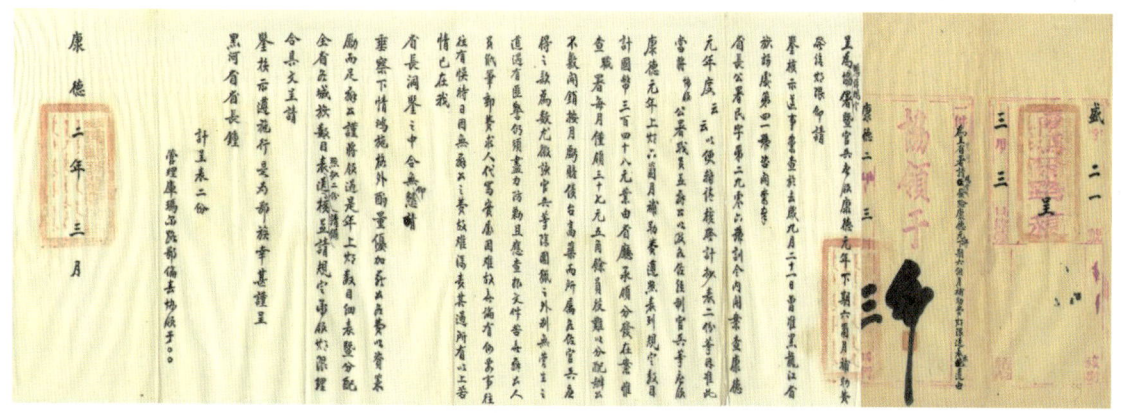

509. 库玛尔路迈海正白旗头佐土地被毁及撂荒户主花名清册

1935 年 3 月 14 日

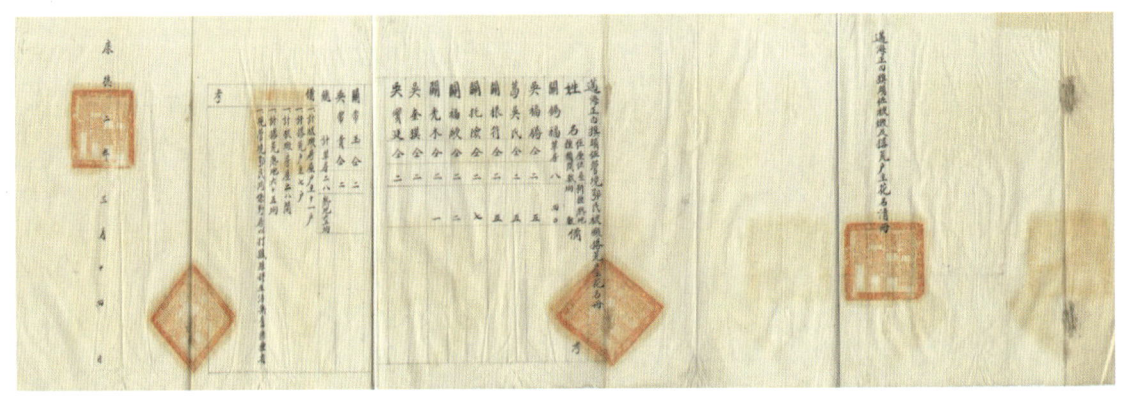

510. 库玛尔路协领公署为催促西山佐领正连、音吉善领取火药事的训令

1935 年 3 月 14 日

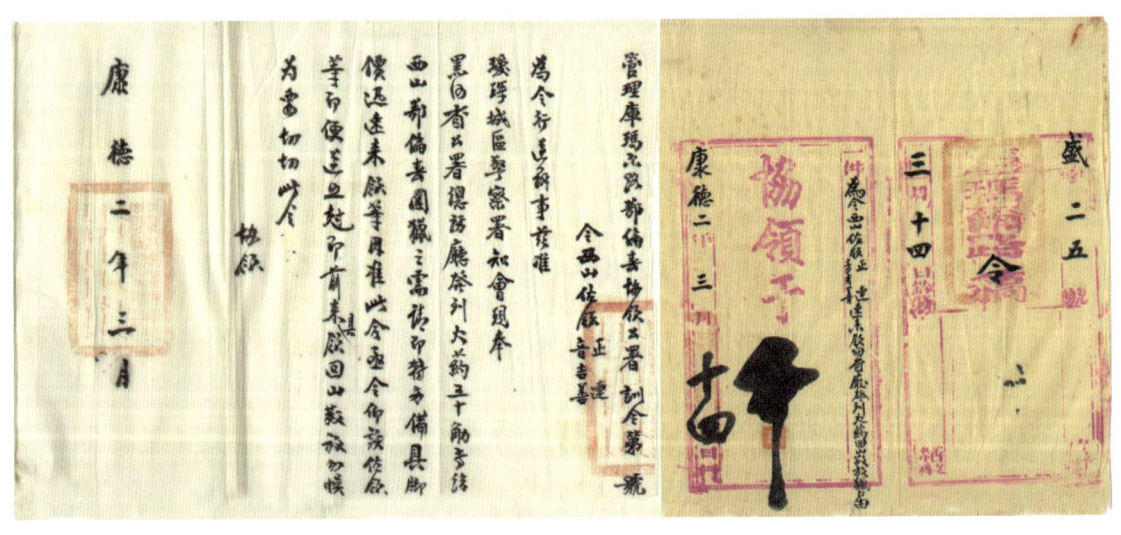

511. 库玛尔路协领公署为转报正蓝旗二佐佐领领取呼玛县署转发火药及鄂伦春族兵丁引道缉拿胡匪情形事的呈文

1935 年 3 月 28 日

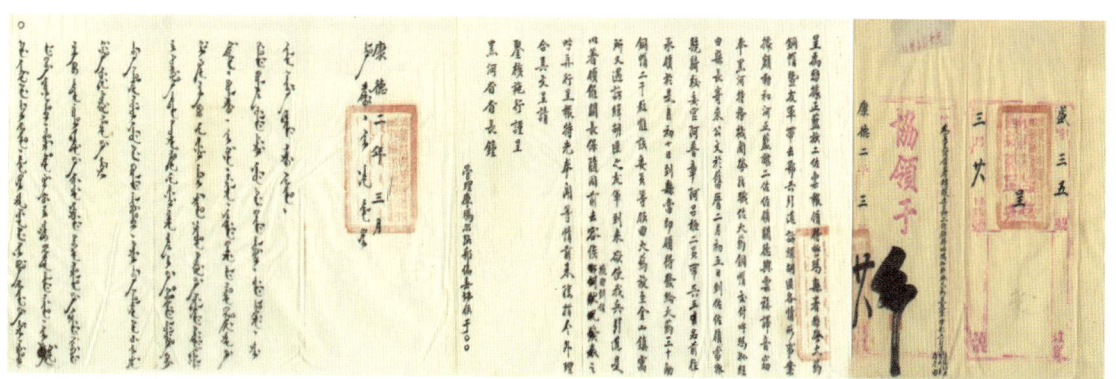

512. 库玛尔路协领公署为委托索世绵代领民国二十三年下期六个月补助费事的呈文

1935 年 5 月 6 日

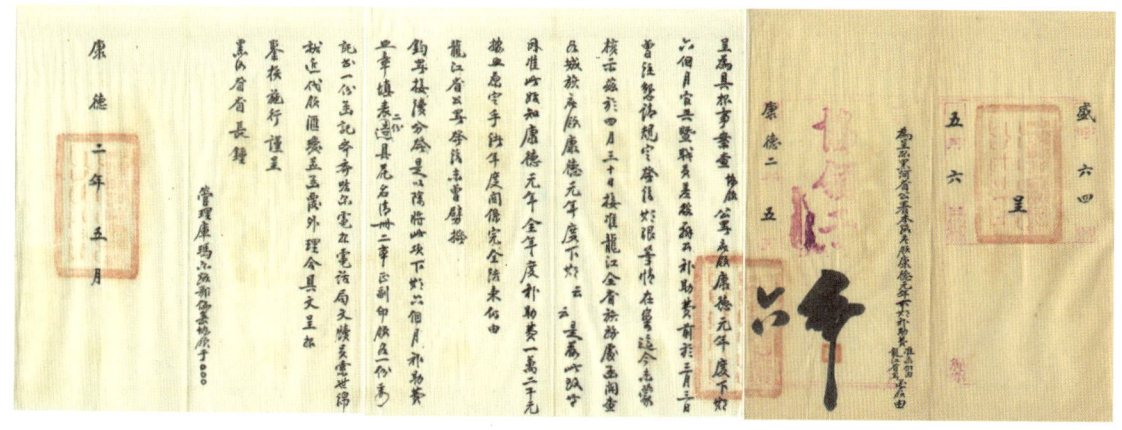

513. 黑龙江城八旗协领为民国二十三年下期六个月补助费委托索世绵代领汇瑷事的呈文

1935 年 5 月 7 日

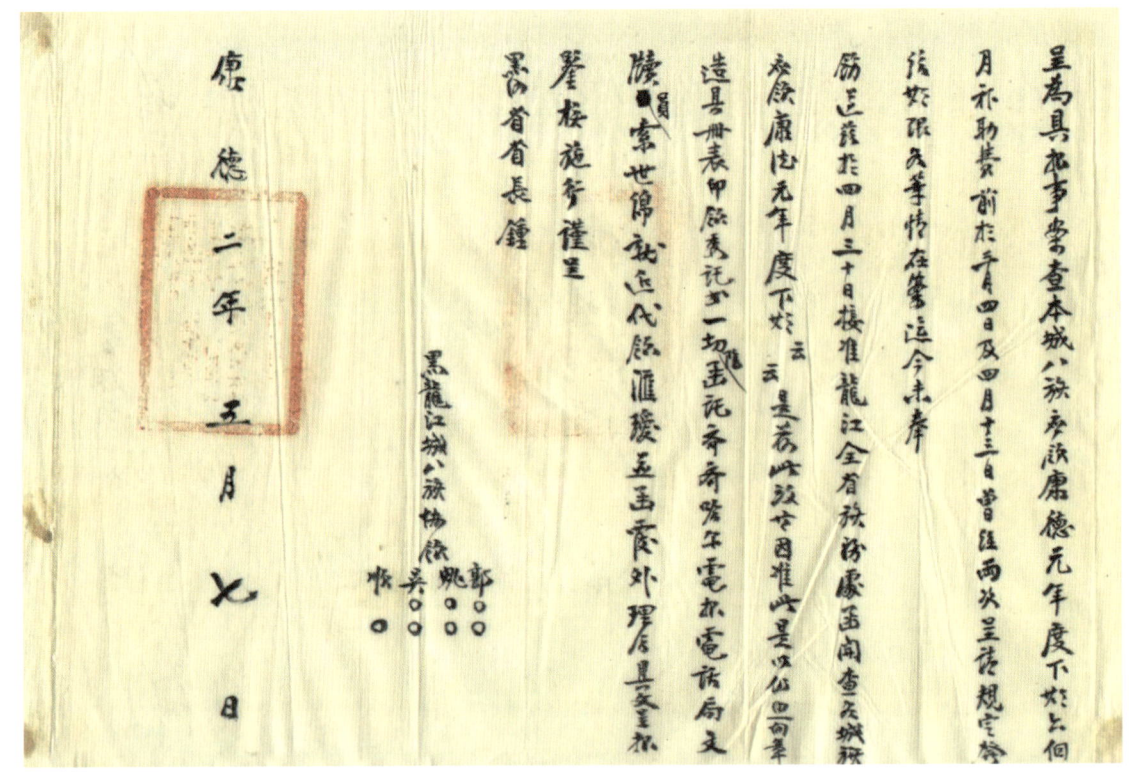

514. 库玛尔路镶白旗二佐佐领民众所住房屋表

1935 年 5 月 10 日

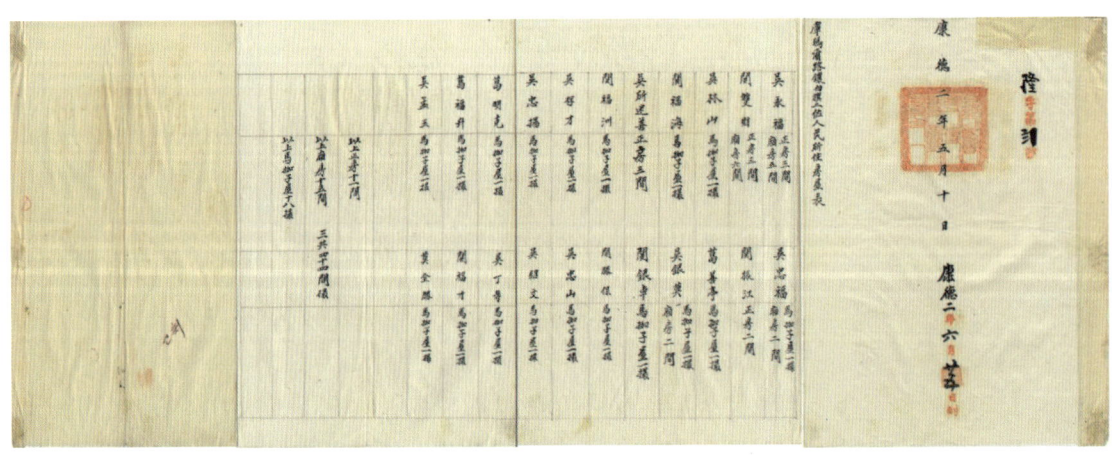

515. 库玛尔路协领公署挂号邮件凭单、收件回执

1935 年 5 月 12 日

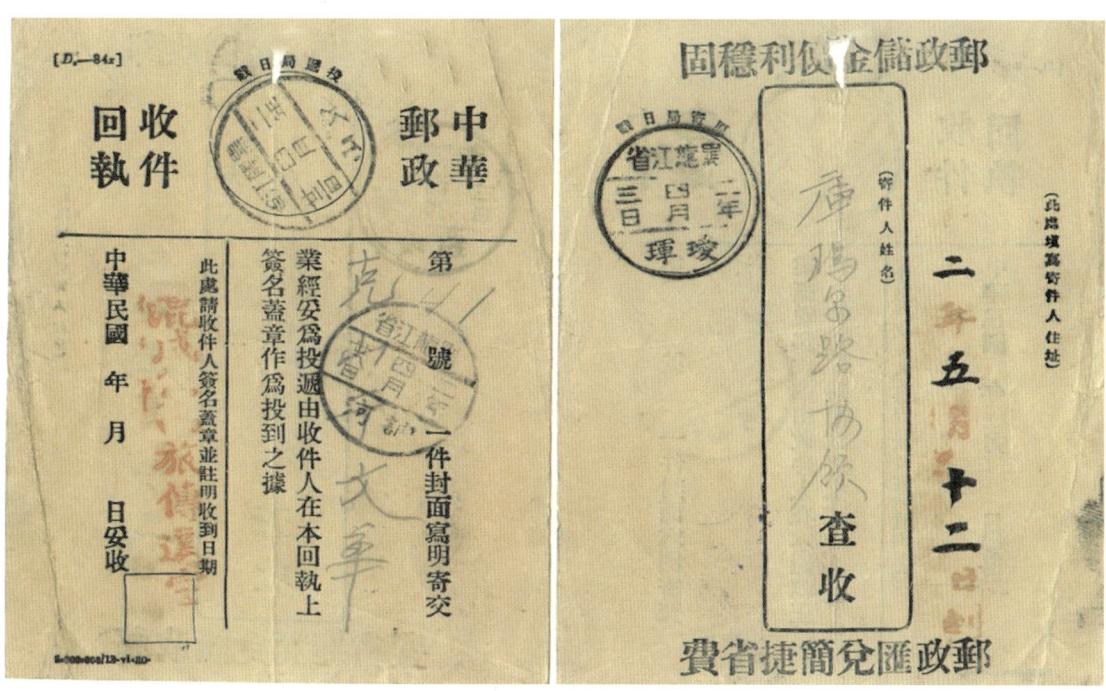

516. 库玛尔路协领公署为转报正蓝旗二佐声请围猎困难恳请补助开垦费以弃猎习农事的呈文

1935 年 5 月 23 日

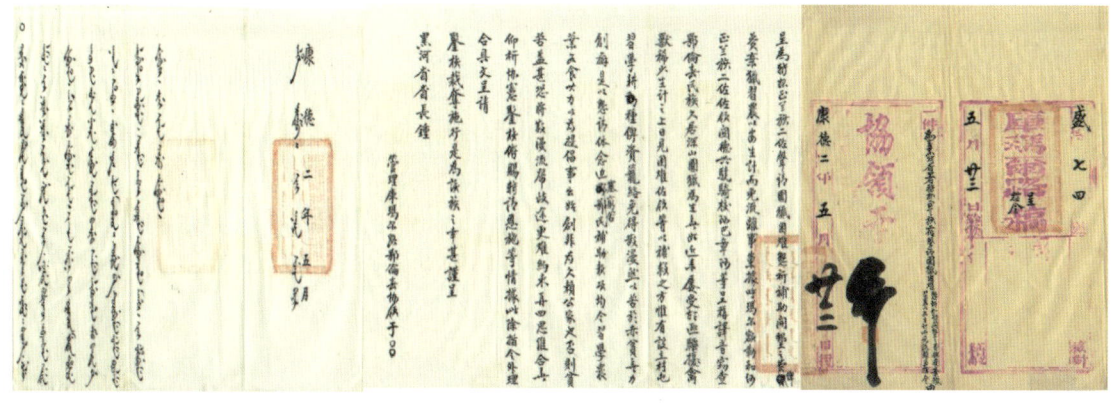

517. 鄂伦春镶白旗二佐佐领吴永福等为鄂伦春族民众迁移事的呈文

1935年9月1日

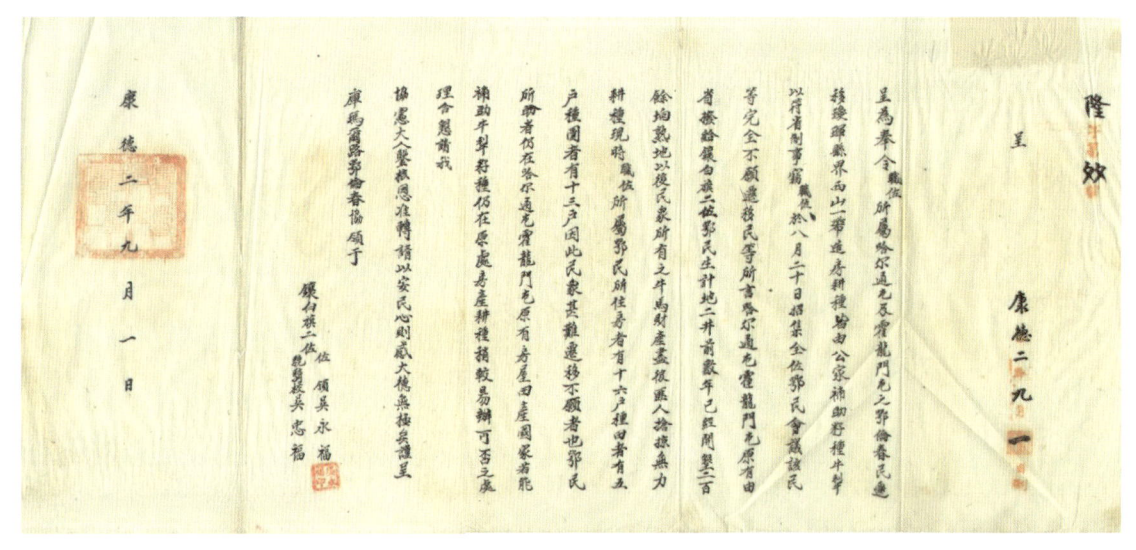

518. （伪）黑河省省长为因协领姚玉仓病故出缺由镶白旗二佐佐领张召春护理事的指令

1935年10月23日

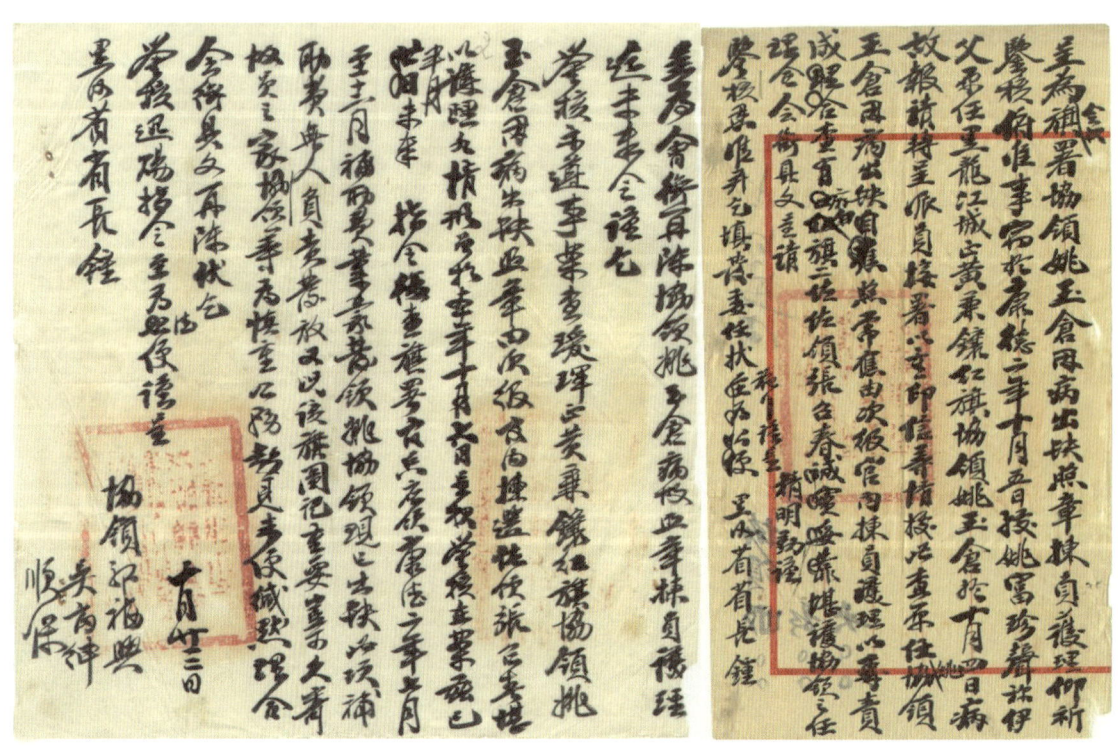

519. 库玛尔路协领公署为转报正白旗、厢（镶）黄旗请拨赈济以救民命事的呈文

1935 年 10 月 25 日

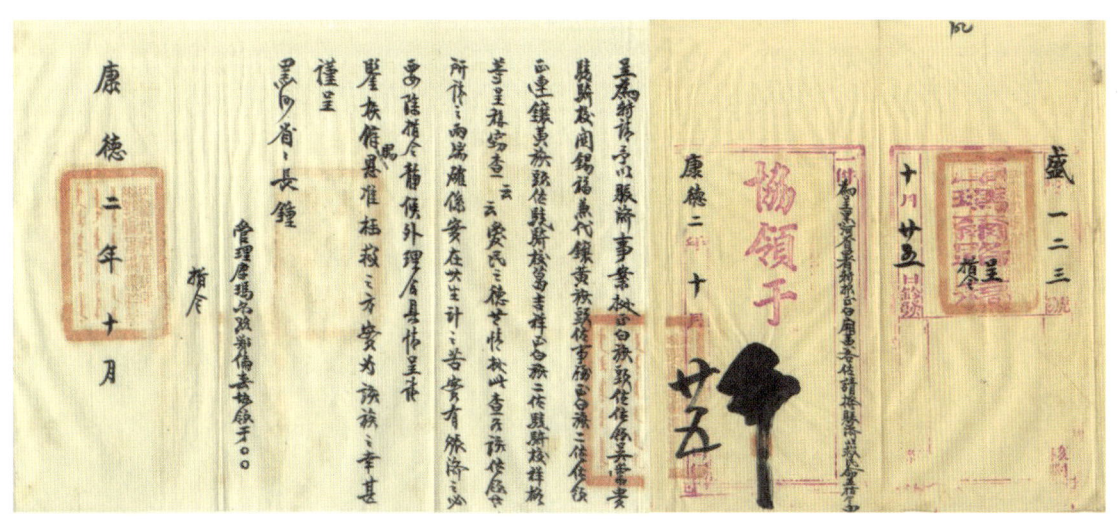

520. （伪）黑河省公署为因鄂伦春族民众生计困苦申请赈济事的指令

1935 年 11 月 4 日

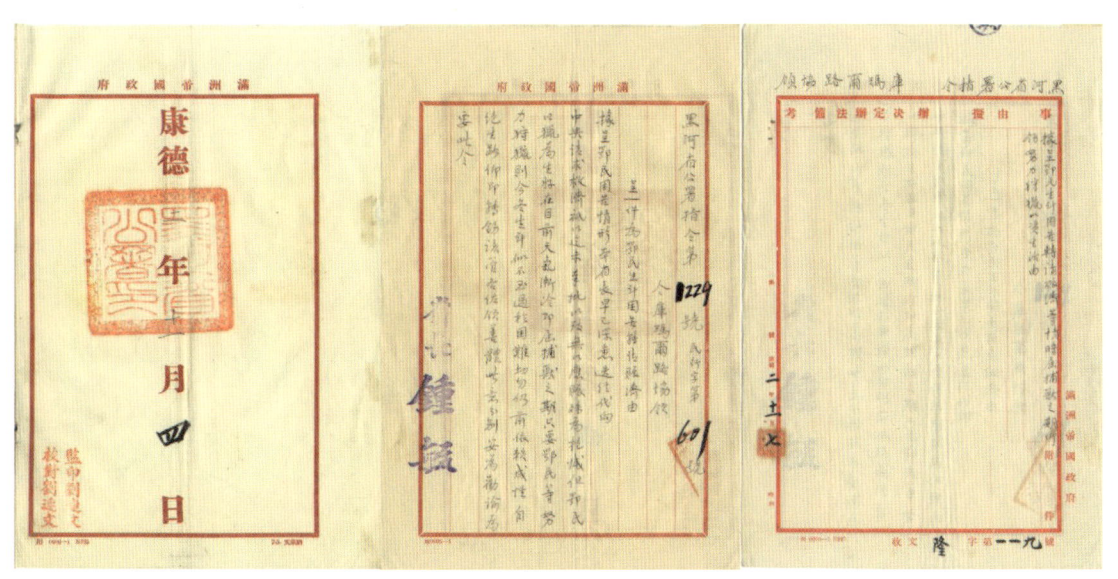

521. 正蓝旗二佐佐领关德兴为领取民国二十四年补助事的呈文（满文）

1935 年 11 月 27 日

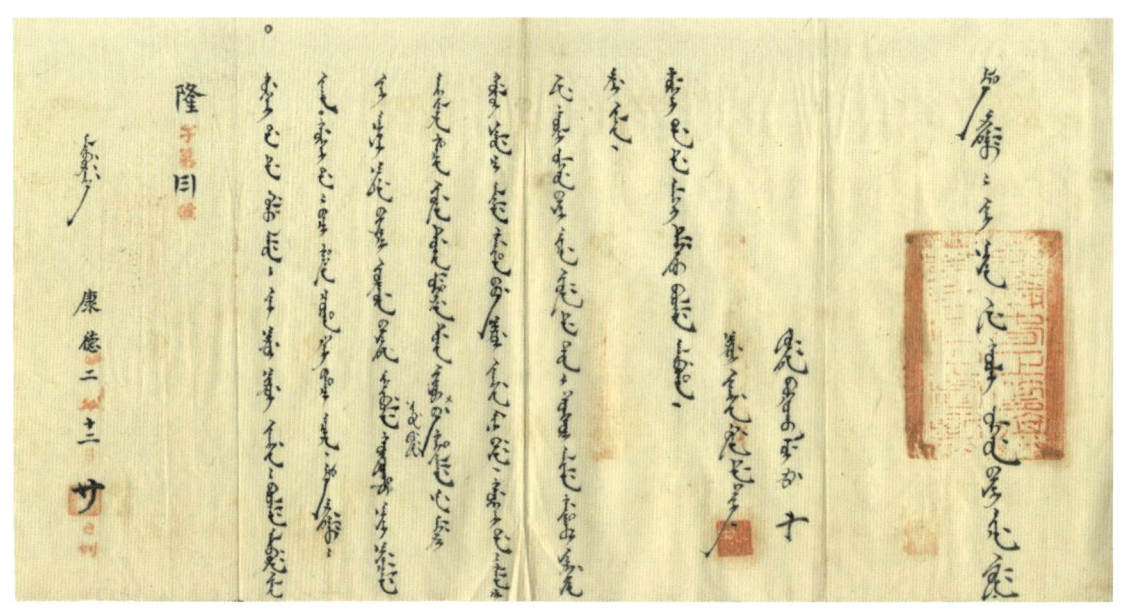

呈　文

　　正蓝旗二佐佐领为领取补助费事呈协领。协领地方官兵应得"康德"二年七月至十二月年补助类项，（我）紧急将协领年补助类项十四车、四轿一次性从协领衙门处领取，佐领我亲自从协领衙门处于旧历十一月初二日如数接收。为此，呈报协领。

佐领关德兴　骁骑校瑞高
"康德"二年旧历十一月初二日

522. 正巡官音吉善为禀告库玛尔路宏户图地方改编为警察分驻所并委发巡官月薪事的信函

1935年12月3日

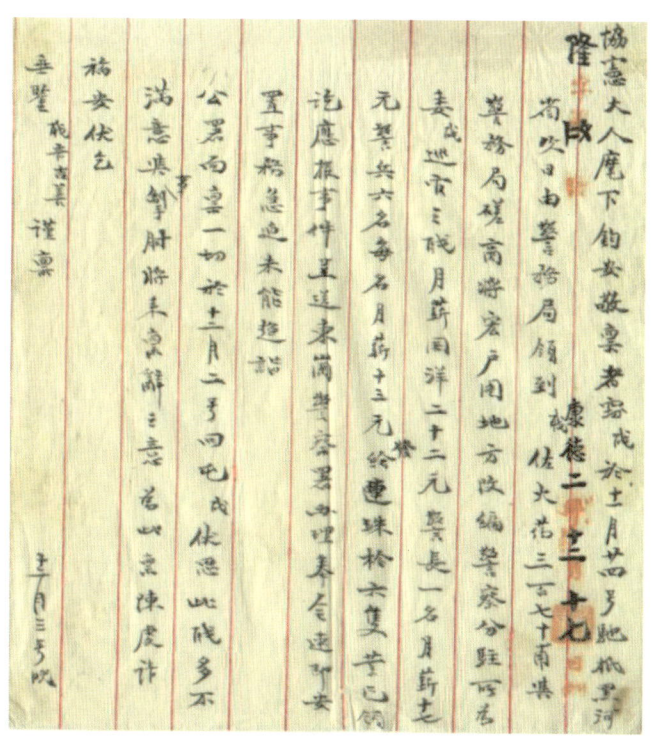

523. 库玛尔路协领公署往来公文信函封皮

1935年

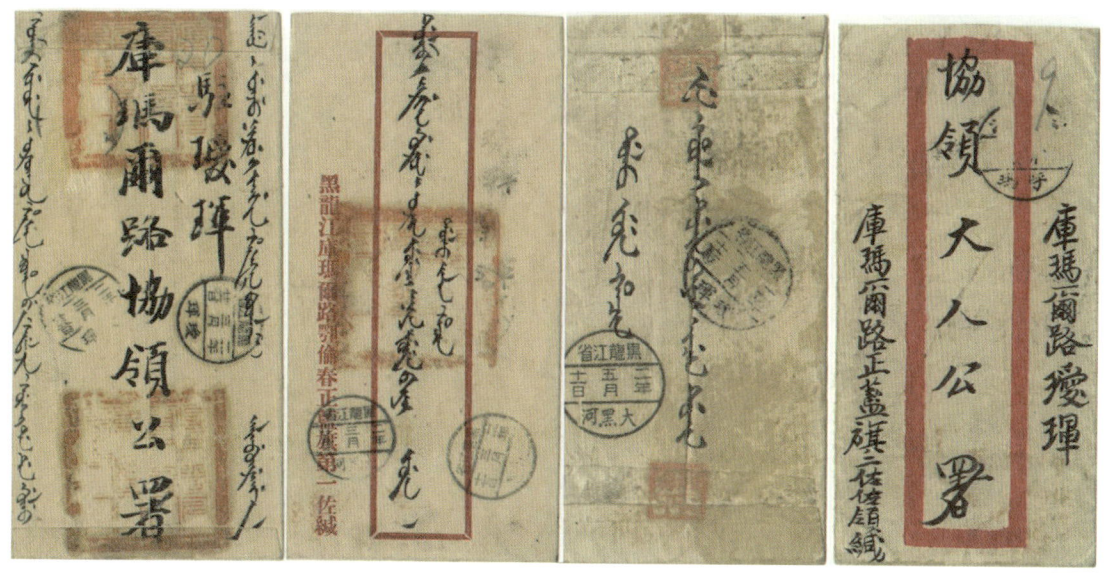

524. 嫩江县迈海屯正白旗头佐佐领吴常贵呈报的枪号码册表

1935 年

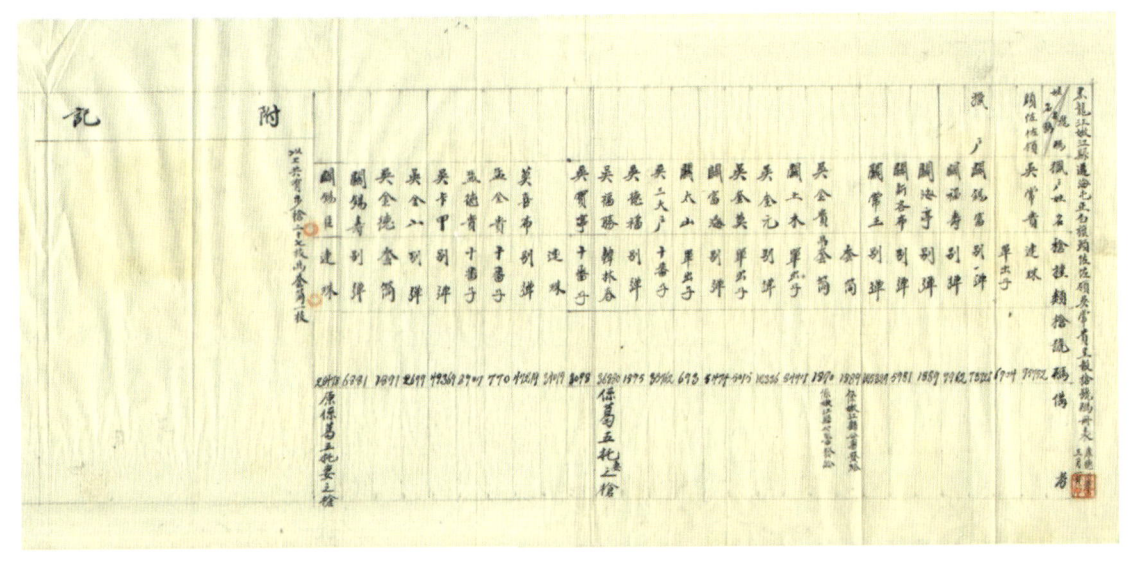

525. 复新写真馆郭铭久为照像（相）事给鄂伦春协领公署徐常寿的信函

1935 年

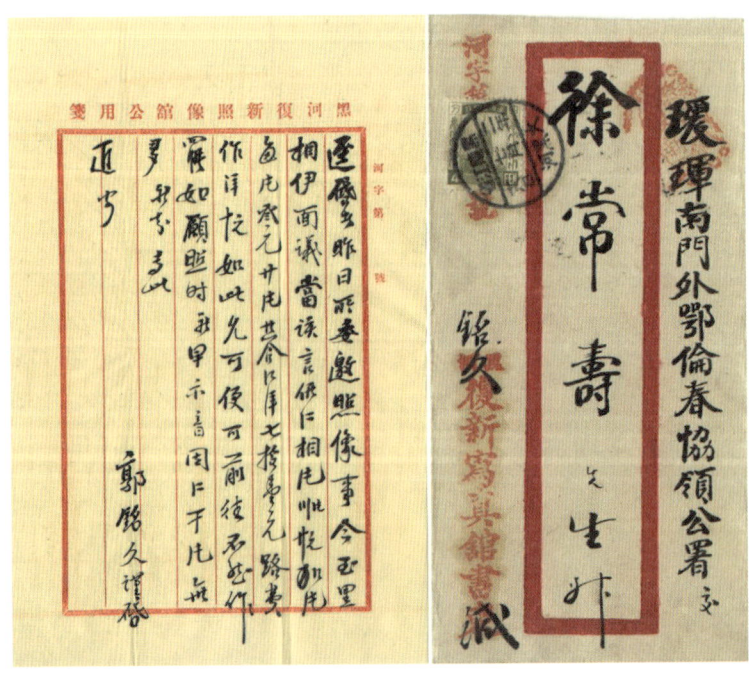

526. 镶白旗二佐佐领张召春为具报接收正黄旗、镶红旗协领图记、卷宗簿册日期及缮具履历事的呈文

1936 年 2 月 2 日

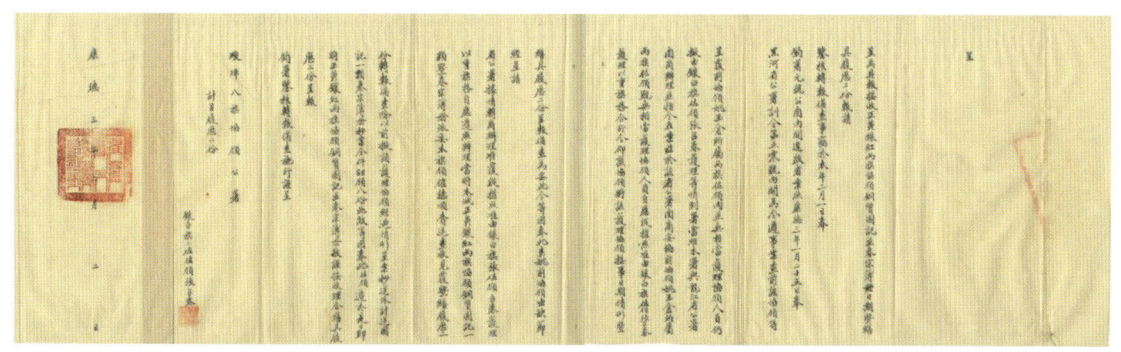

527. 佐领伦吉善为领取民国二十五年六月旗务处补发俸钱事的咨文（满文）

1936 年 2 月 10 日

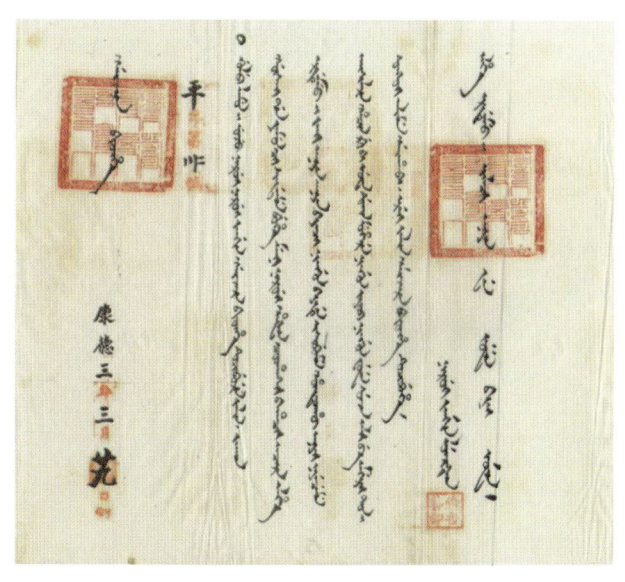

咨　文

　　旗务处与本路正蓝旗头佐佐领咨文。旗务处发放给本部的兵马饷银，（我）一次性领取"康德"二年六月补发俸钱参议样国币十四元六角六分五厘。本部佐领伦吉善领资。

"康德"三年二月十日

528. 库玛尔路协领公署正蓝旗头佐佐领伦吉善领资的信封（满文）

1936年2月

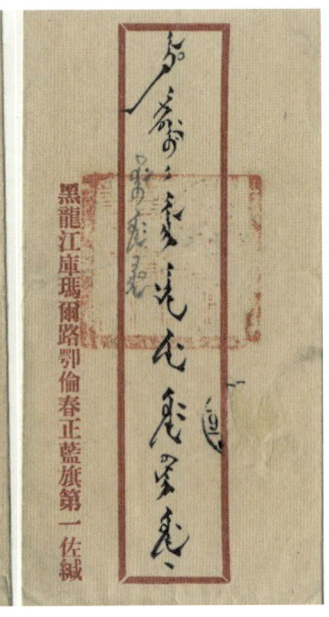

呈　文

（正面）：	（背面）：
"康德"三年二月十日	管理库玛尔路鄂伦春协领公署 正蓝旗头佐佐领伦吉善领资

529. 库玛尔路镶白旗二佐户口姓名年岁清册

1936年3月10日

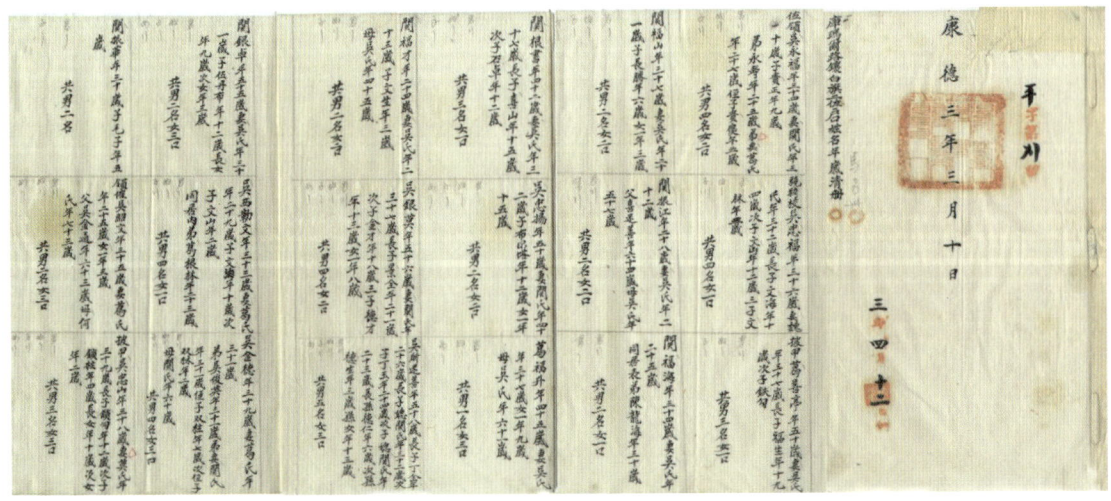

530. 正白旗头佐等花名枪支号码数目清册

1936年3月15日

531. 库玛尔路镶黄旗头佐佐领吴音吉善呈报的鄂伦春族民户马匹、地亩、房间、围基清册

1936年3月23日

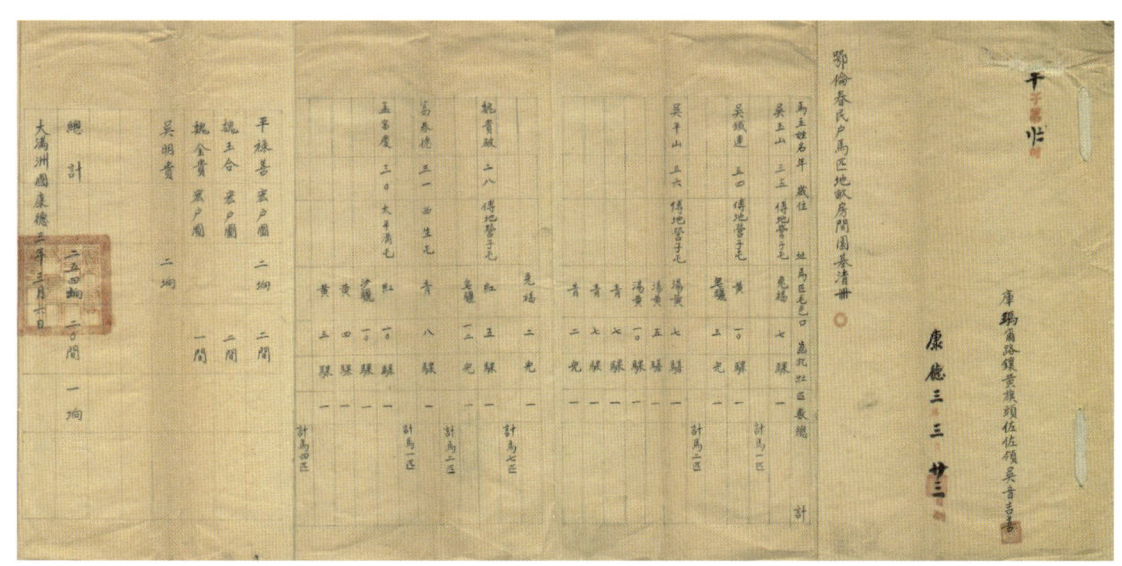

532. 正蓝旗头佐佐领伦吉善等为送交文书事的呈文（满文）

1936 年 3 月 30 日

呈 文

　　呈与管理库玛尔路鄂伦春官兵协领公署，正蓝旗头佐佐领伦吉善等呈送，为回文呈报差送物项事。你处送来的"康德"二年补领接济物项文书两份全已审查，所属物项共计国币二十九轮①三角三分，已于鸥浦县皖瓦和商铺查实差送。送达之后，你处从所属商铺取走所有文书，如数领取，并分发给各官兵。

　　为此回文呈报。

"康德"三年三月三十日

---

① 轮：计量单位。

533. 库玛尔路协领公署关于恢复为原省立鄂伦春初高小学校拨款的呈文

1936 年 4 月 5 日

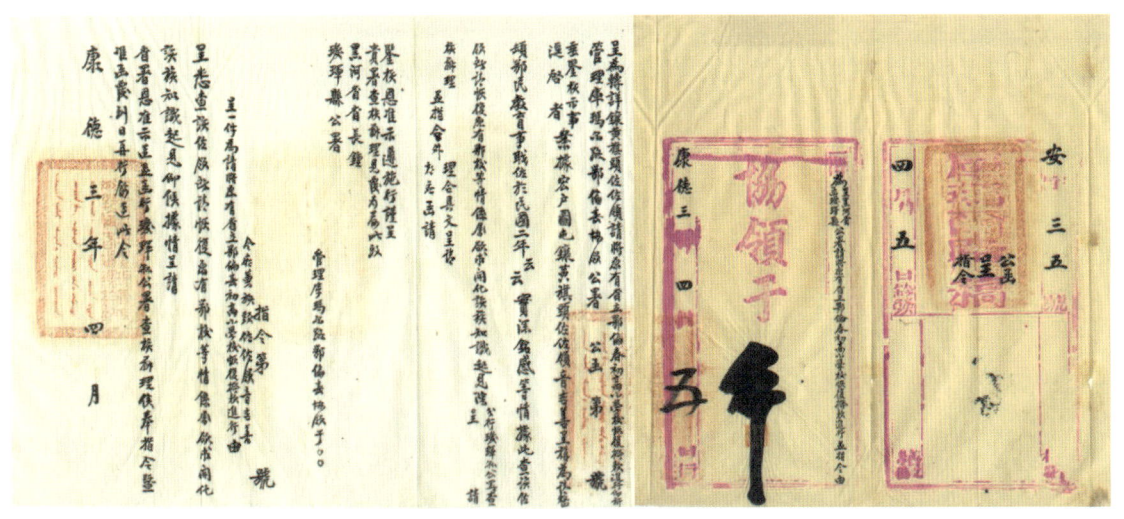

534. 黑龙江旗务处文件回收单

1936 年 4 月 30 日

535. 佐领伦吉善、骁骑校苏禄善为查明援助种马事的呈文（满文）

1936 年 5 月 13 日

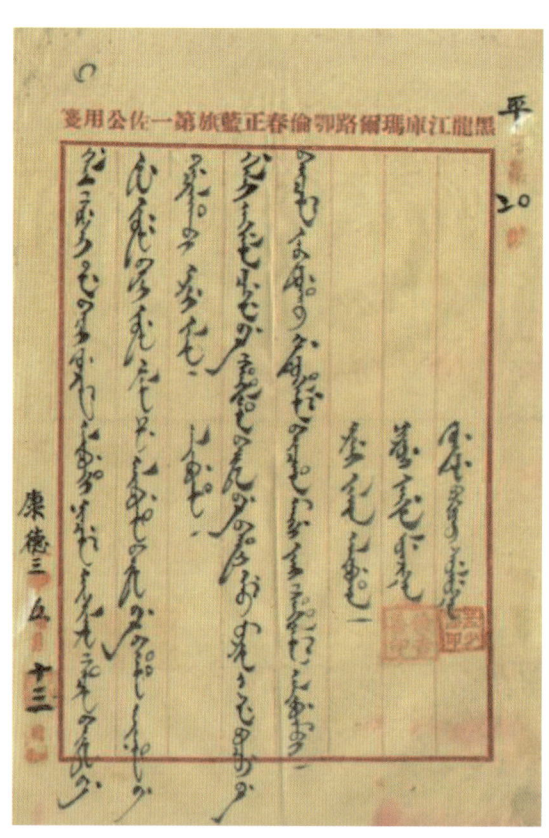

呈 文

"康德"三年五月十三日接到。

各佐领查呈，为援助种马事。二月十三日公文呈所需种马之事，但缺少好的种马，望给予指示。为此呈报。人口册事加紧完成，查得每户都有马匹，之后再查明马的颜色、岁数并具奏。

为此呈送。

佐领伦吉善　骁骑校苏禄善

536. 库玛尔路协领公署为通告四旗八佐领取民国二十五年上半年官兵补助费事的训令

1936年5月23日

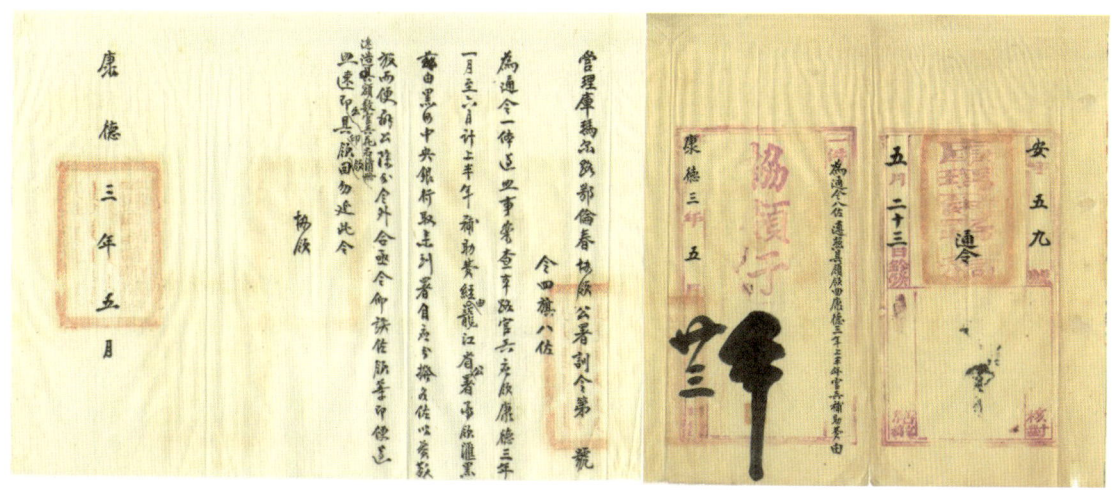

537. 正蓝旗头佐佐领伦吉善等为交付事的呈文（满文）

1936年5月

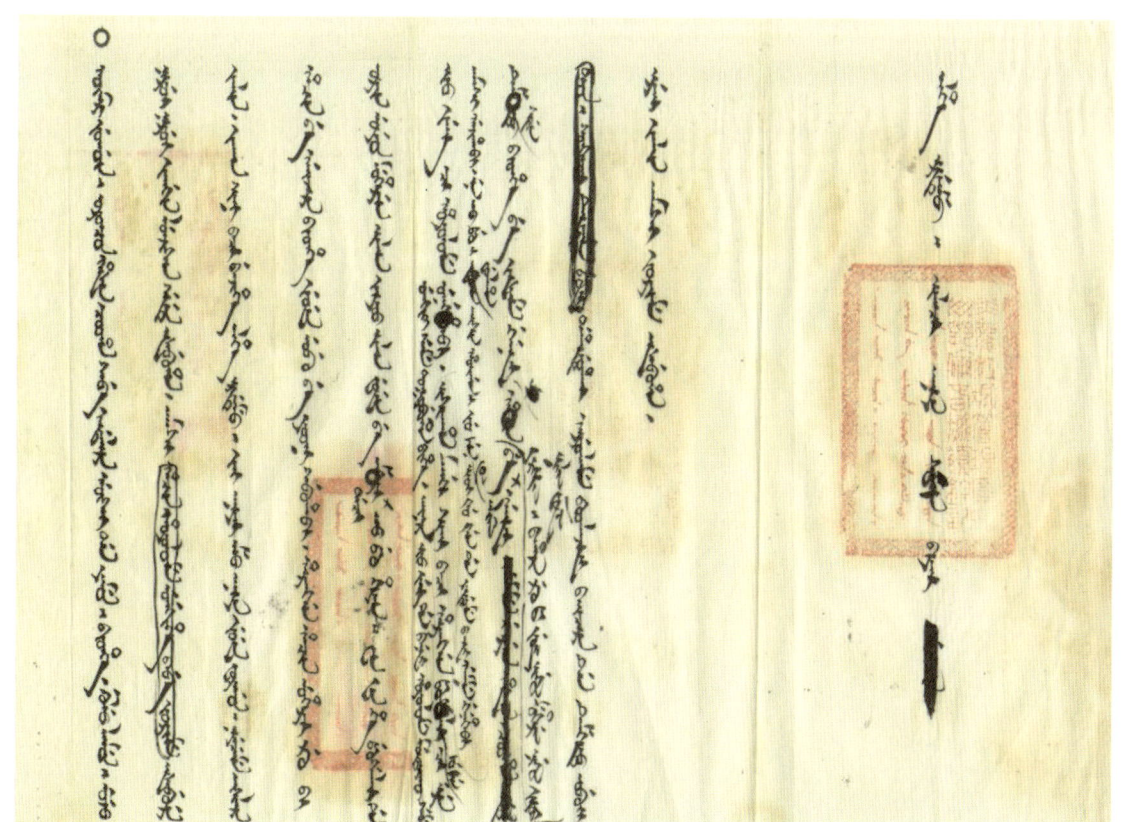

呈 文

　　呈与管理库玛尔路鄂伦春官兵协领公署，正蓝旗头佐佐领伦吉善等呈送，为交付事。你处送来"康德"二年两季补领物项文书两份，（我）都知晓了。共有二十九轮三角三分，于皖瓦和商铺查实差送，送到之后，从你处所属商铺领取文书，有玉石三份、六车六担。

　　为报查，交付钤记。

　　为此后交付。

"康德"三年五月

538. 库玛尔路协领公署为请领民国二十五年补助费派员领讫查照事的咨文

1936年6月3日

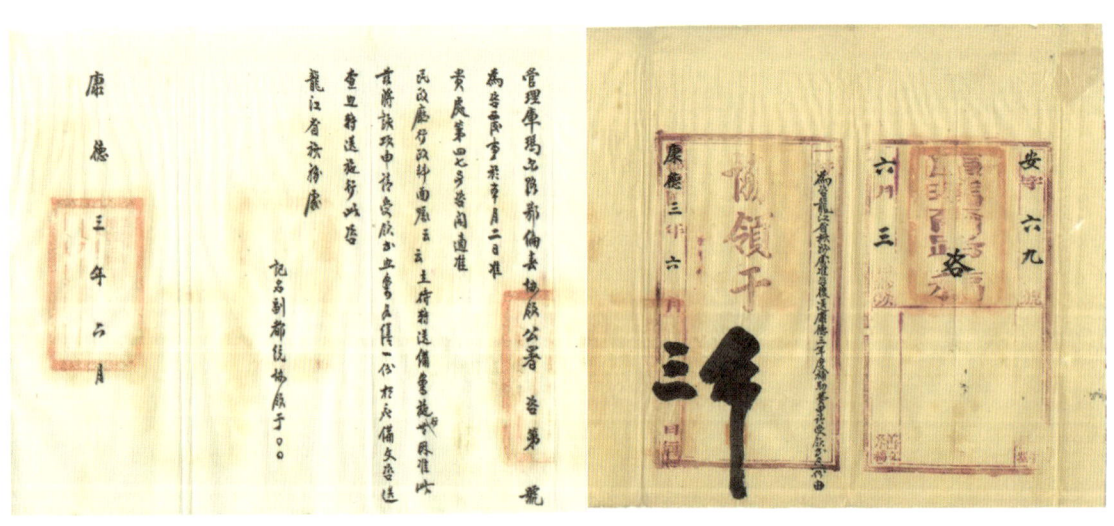

539. 库玛尔路正白旗二佐佐领正连出具的领取民国二十四年下期六个月补助费的印领

1936年6月12日

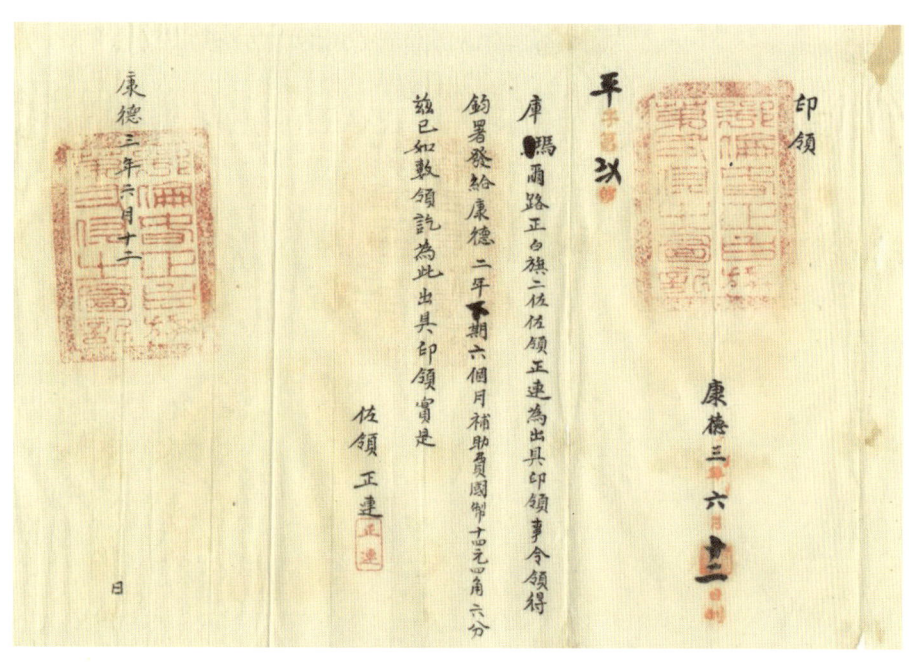

540. 库玛尔路协领公署为催正白旗头佐佐领等将西山暂居各户迁移至三站南河地方居住事的训令

1936年7月9日

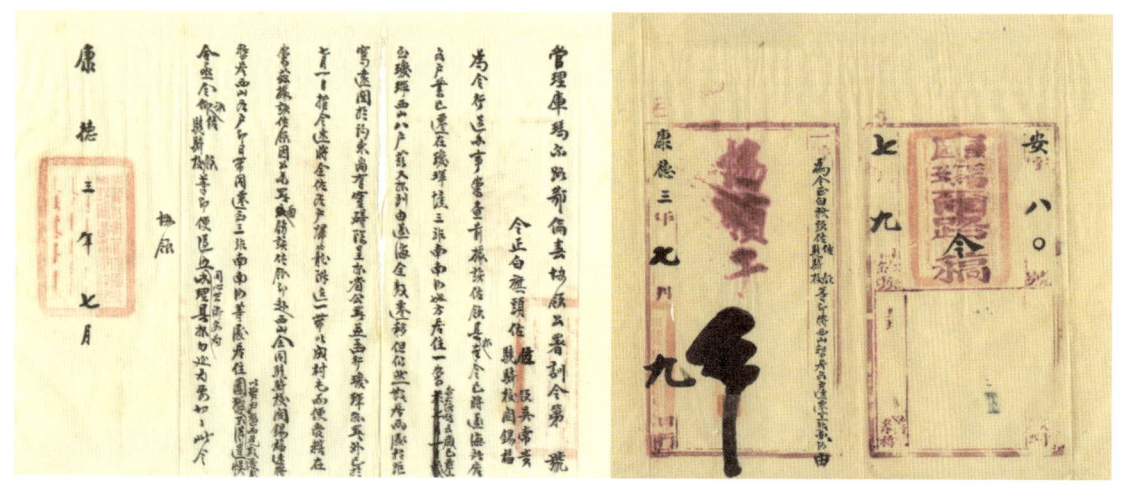

541. 库玛尔路协领公署为霍尔沁屯民户收租事的咨文

1936 年 7 月 29 日

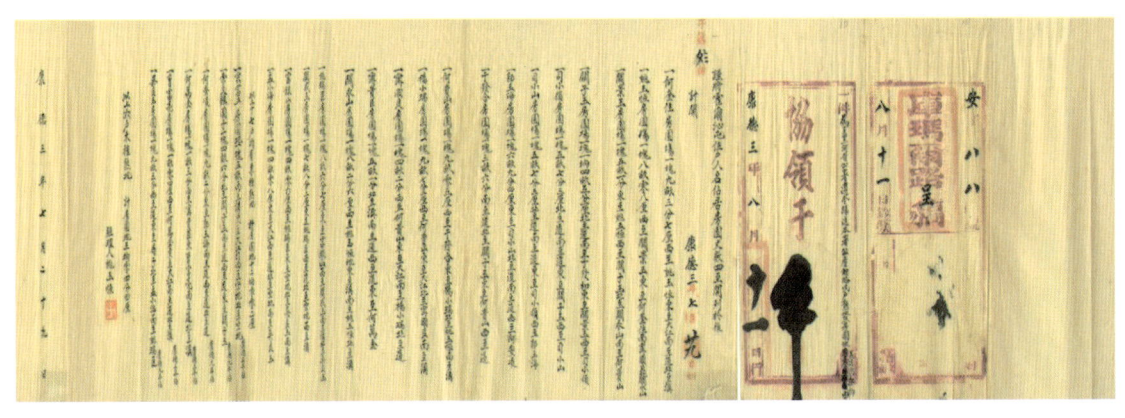

542. 库玛尔路协领公署为正白旗头佐居住迈海屯各户全部迁移至三站南河地方居住事的呈文

1936 年 7 月

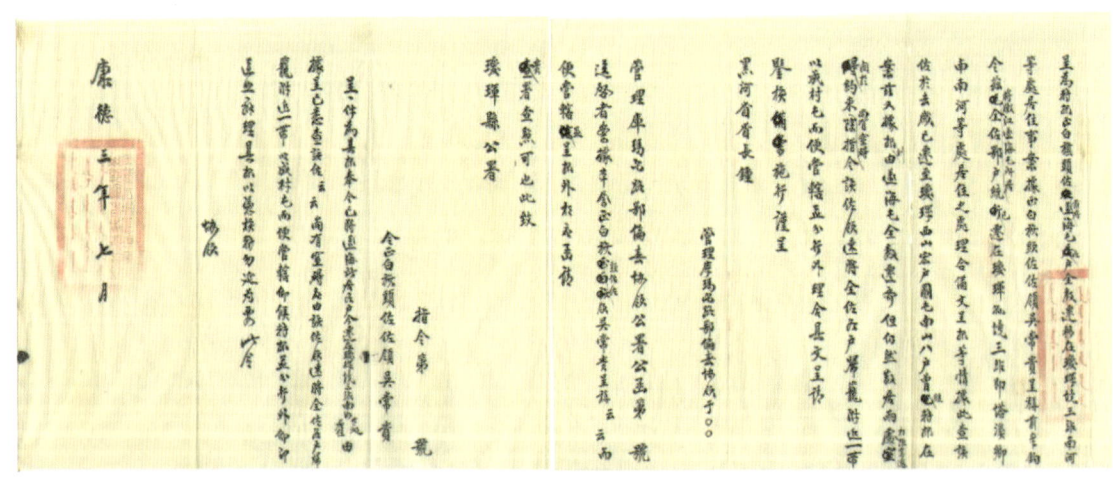

543. 法别拉正白旗二佐官兵花名清册

1936 年 10 月 24 日

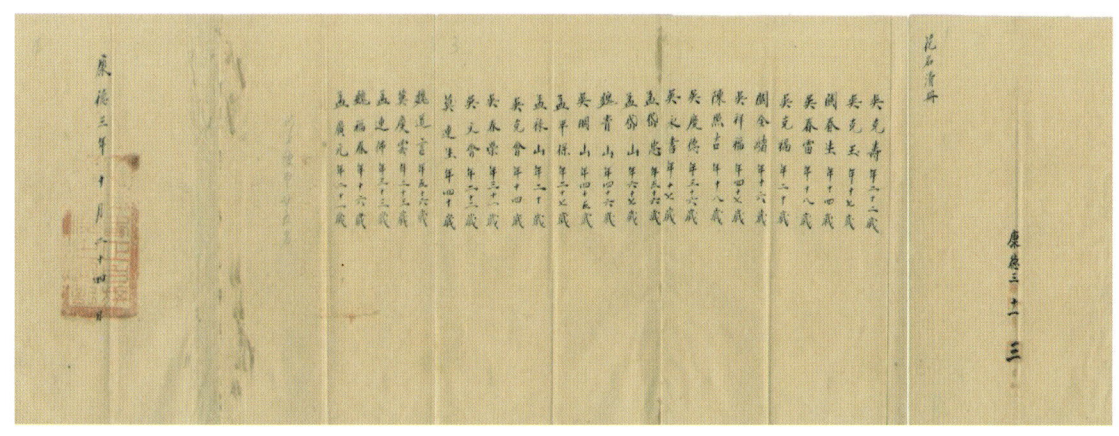

544. 库玛尔路协领公署为催促各佐领取民国二十五年下期补助费事的训令

1937 年 1 月 12 日

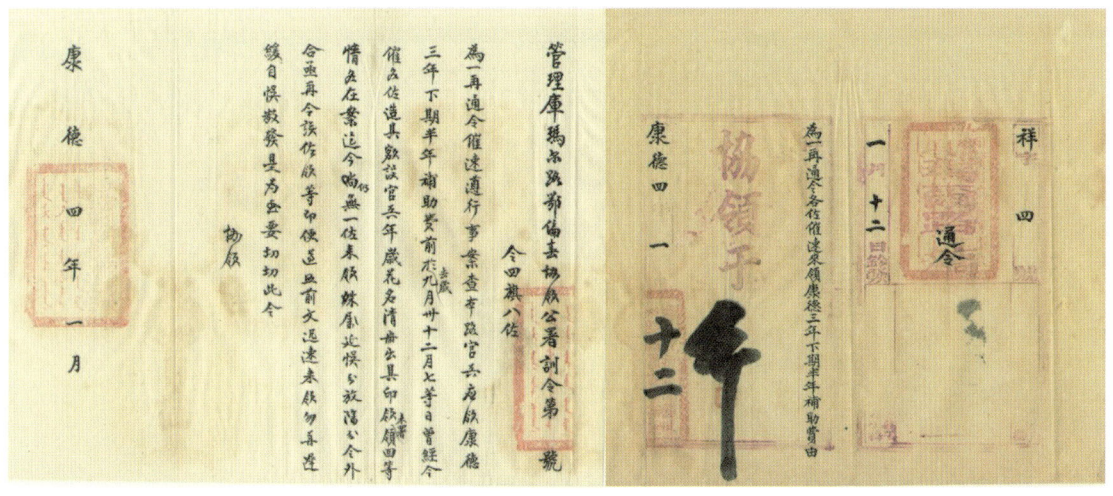

545. 库玛尔路协领公署发给的收租执据存根

1937年1月29日

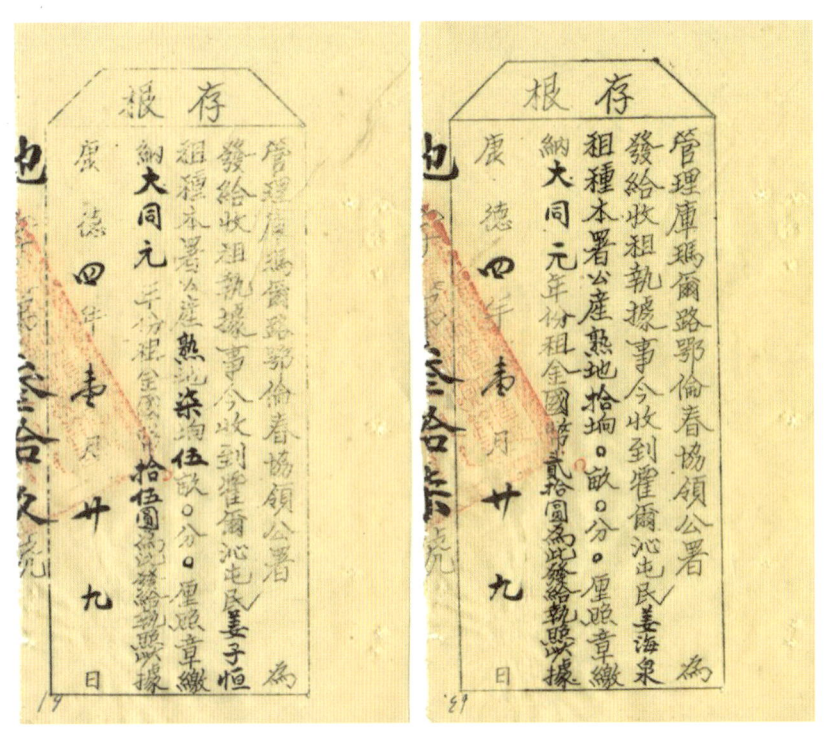

546. 厢（镶）白旗二佐佐领吴永福出具的领取补助费的印领

1937年2月2日

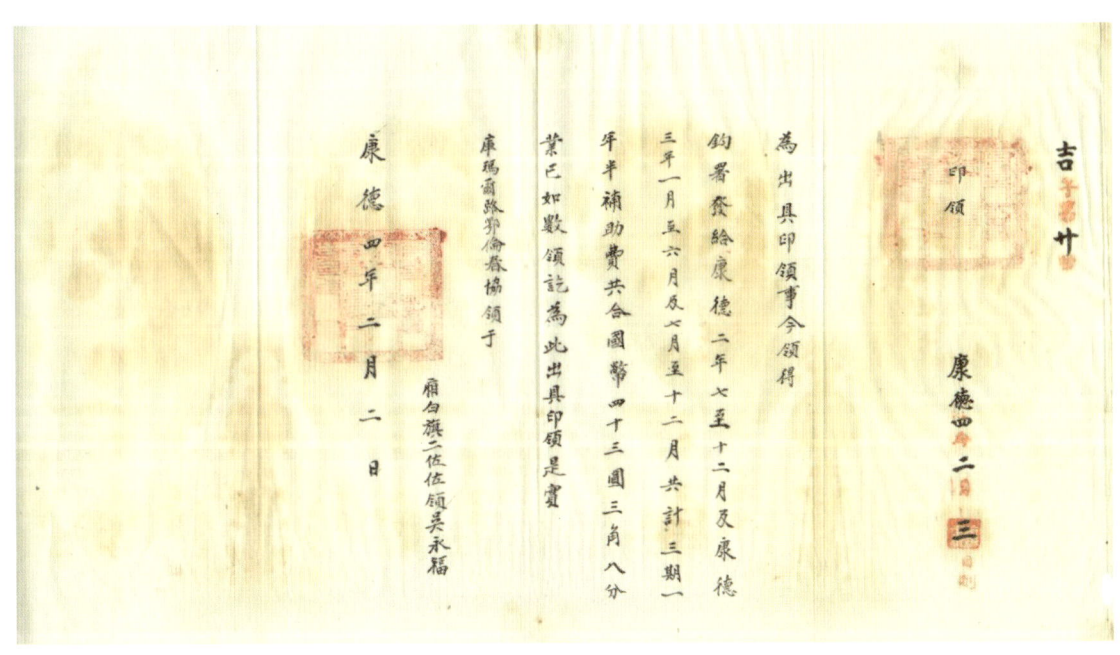

547. 正蓝旗二佐佐领关德兴为携各佐官员前往协领公署收获皮子领取补助费事的呈文（满文）

1937年3月24日

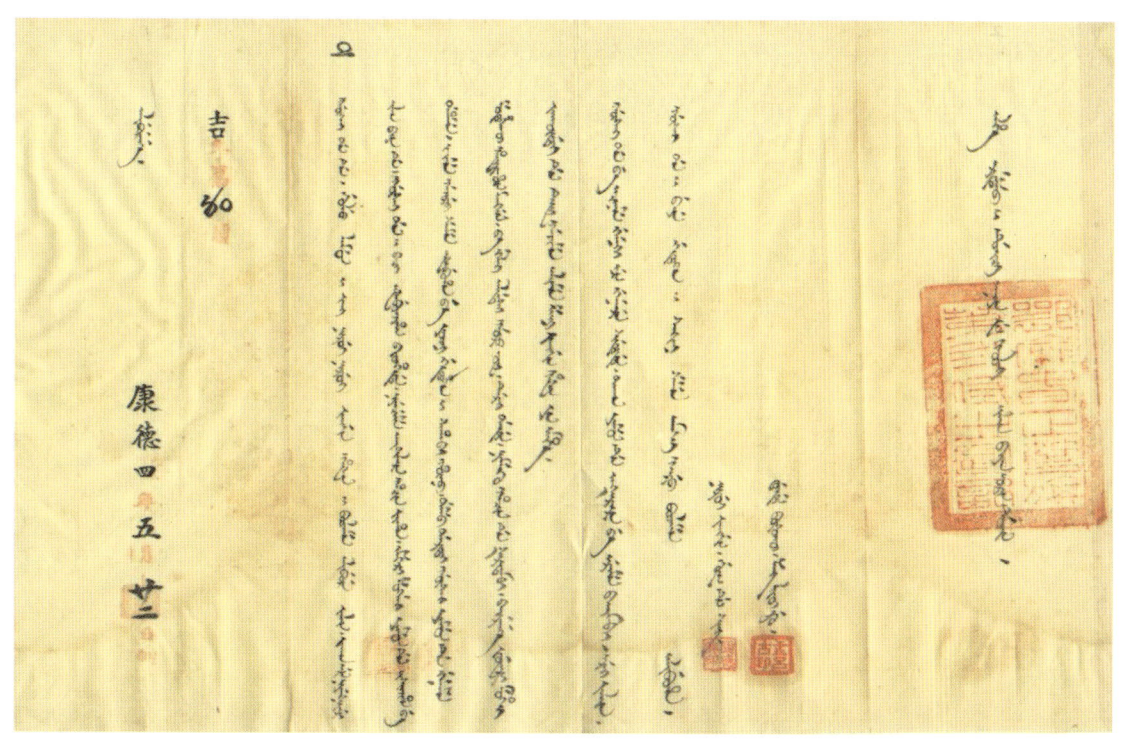

呈　文

　　呈与本路协领大人，正蓝旗二佐佐领关德兴携各官员呈报。今春三月时，协领大人交付咨文，一次补发救助银两，令来协领公署领取。因有的地方路途遥远，补助银两尚未发放送到。另外，本年夏天收获皮子八十张，佐领关德兴携各官员前往协领公署。将此事呈报协领大人，请协领大人亲自批示。至此，万福跪安。

　　为此呈报。

佐领关德兴　骁骑校孟妙古
"康德"四年三月二十四日

548. 库玛尔路鄂伦春正白旗头佐猎枪号码清册

1937 年 5 月 5 日

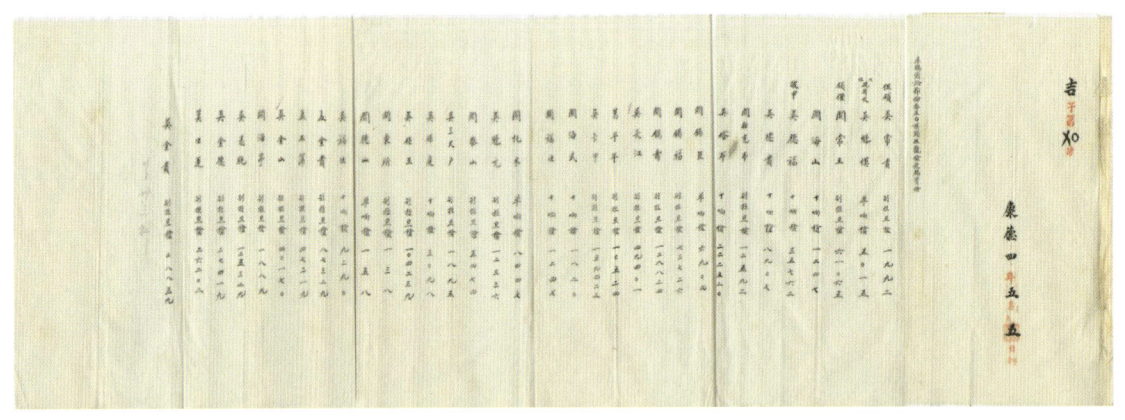

549. 库玛尔路鄂伦春正白旗头佐官兵花名册

1937 年 5 月 17 日

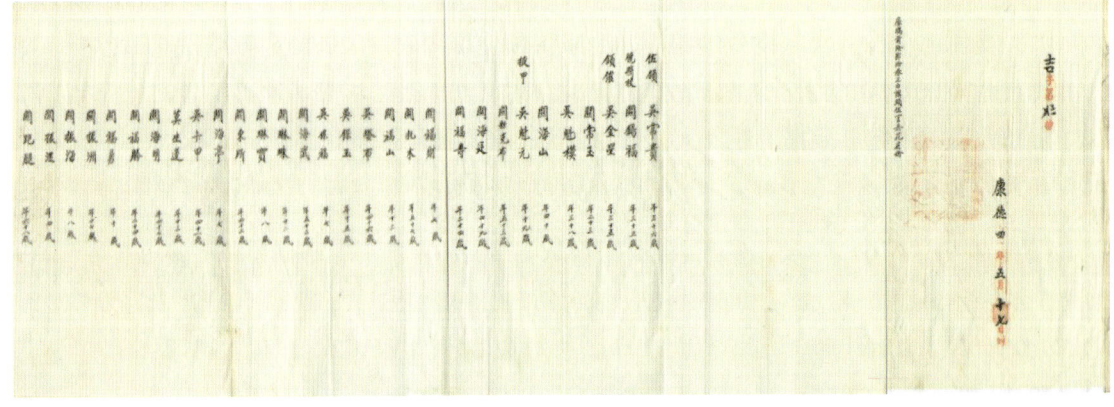

550. 正白旗头佐佐领吴常贵为迁移落户事的呈文

1937 年 5 月 20 日

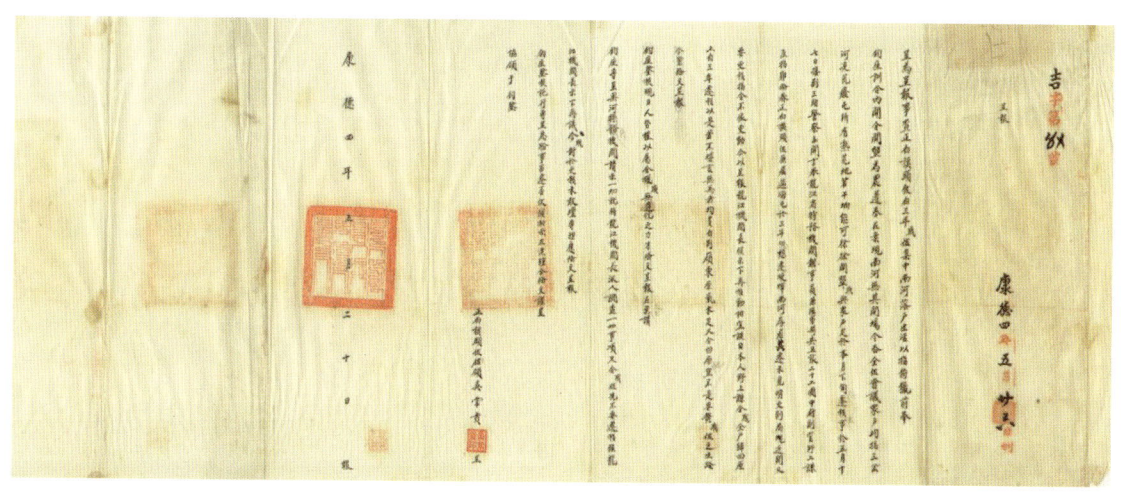

551. 龙江全省旗务处为黑龙江城各旗骁骑校中有安顺等四人病故出缺并旗佐衔名分别抄送粘文事的咨文

1937 年 6 月 3 日

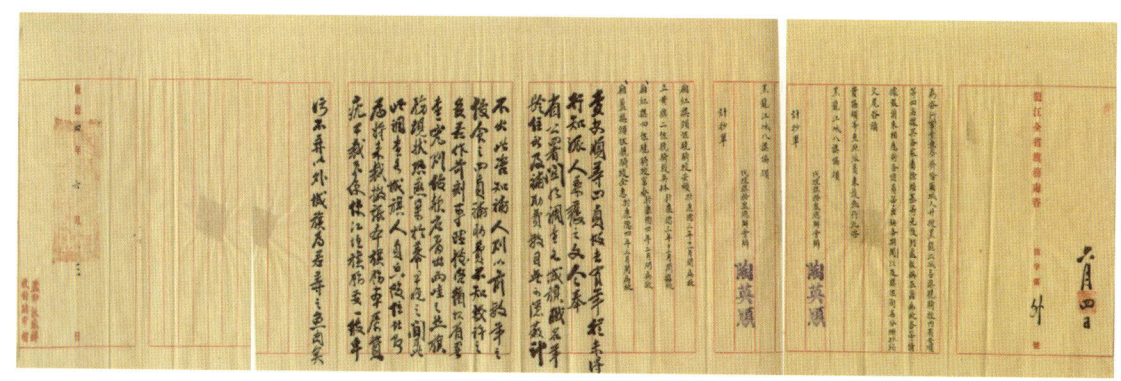

552. 正蓝旗头佐佐领孟伦吉善为将本佐佐领、兵丁姓名登记造册事的呈文（满文）

1937年6月15日

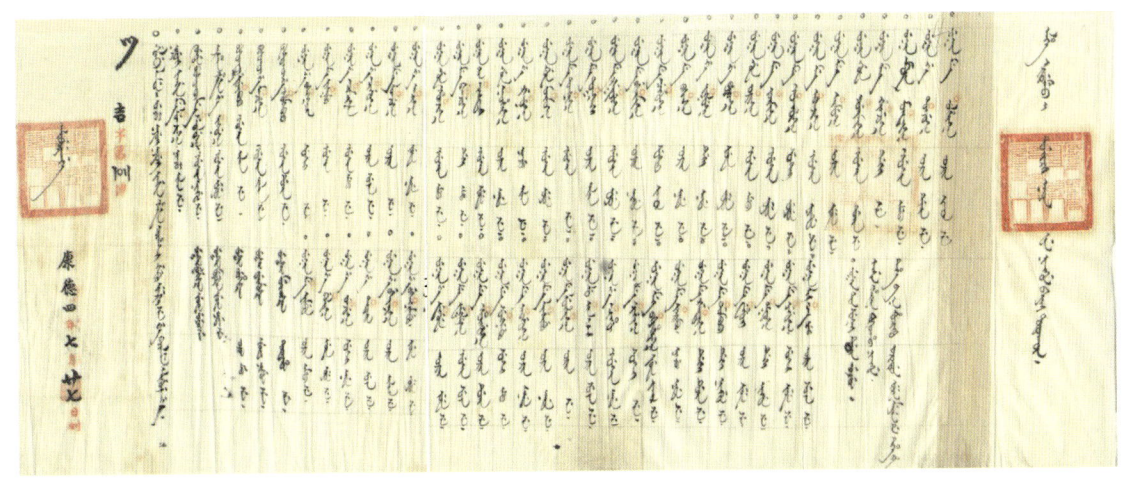

呈 文

为登记造册事。

佐领孟伦吉善，六十三岁。

骁骑校孟苏禄善，五十六岁。

领催葛伊古善，五十九岁。

领催追宝，三十三岁。

领催葛玛朱善，三十三岁。

领催乎玛宝，三十一岁。

披甲葛帕沙齐，五十岁。

披甲孟吉克西布，三十岁。

披甲葛齐木齐善，三十一岁。

披甲葛齐古善，二十五岁。

披甲孟伦朱善，二十岁。

披甲葛齐善，十七岁。

披甲关郝齐善，三十一岁。

披甲孟博朱善，四十一岁。

披甲达齐悌，三十二岁。

披甲关钮吉善，二十七岁。

披甲葛高善，六十一岁。

披甲关毛伊毛善，三十九岁。

披甲福尔吉善，十九岁。

披甲木禄善，十七岁。

披甲楚郝西善，二十一岁。

披甲福伊古善，二十六岁。

披甲孟吉布，二十一岁。

披甲葛布尔特善，十九岁。

披甲葛乌朱善，五十七岁。

披甲塔塔林，二十五岁。

披甲葛裴尼善，三十三岁。

披甲葛裴尼木布，十九岁。

披甲葛费古委，二十二岁。

披甲孟委勒克勒善，三十五岁。

披甲孟乎古善，二十四岁。

披甲孟苏塞布，五十一岁。

披甲孟阿布古善，二十七岁。

披甲孟林西布，二十七岁。

披甲孟陶尼善，三十岁。

披甲孟陶克塞，二十三岁。

披甲孟葛克都善，三十九岁。

披甲孟裴米善，二十六岁。

披甲孟车古善，五十八岁。

披甲孟皮善，二十七岁。

披甲葛伊克禄善，四十七岁。

披甲皮雅卓善，十九岁。

披甲关傲里善，三十一岁。

披甲孟卓米善，三十九岁。

披甲孟果乎善，五十九岁。

披甲阿巴吉善，三十六岁。

披甲孟伊木善，二十二岁。

披甲关果米善，三十四岁。

披甲盖朱善，四十岁。

披甲关木悌善，三十一岁。

披甲葛佟朱善，二十四岁。

披甲孟乌尔西善，二十八岁。

披甲孟禄西善，二十岁。

披甲卢金善，二十五岁。

披甲葛齐虎，三十七岁。

披甲孟葛吉善，五十岁。

披甲孟皮雅和雅善，十八岁。

披甲孟卓里木宝，六十七岁。

披甲孟葛泰善，四十四岁。

披甲孟多木宝，四十六岁。

披甲孟韦会，二十二岁。

披甲孟塔克陶善，四十六岁。

披甲孟叶古善，五十二岁。

披甲李长友，二十五岁。

以上合计披甲五十八名，佐领、骁骑校、领催六名，将以上名单登记造册。

佐领孟伦吉善呈。

"康德"四年六月十五日

553. 黑龙江城正红镶蓝两旗协领公署为催促遵办事的训令

1937年6月25日

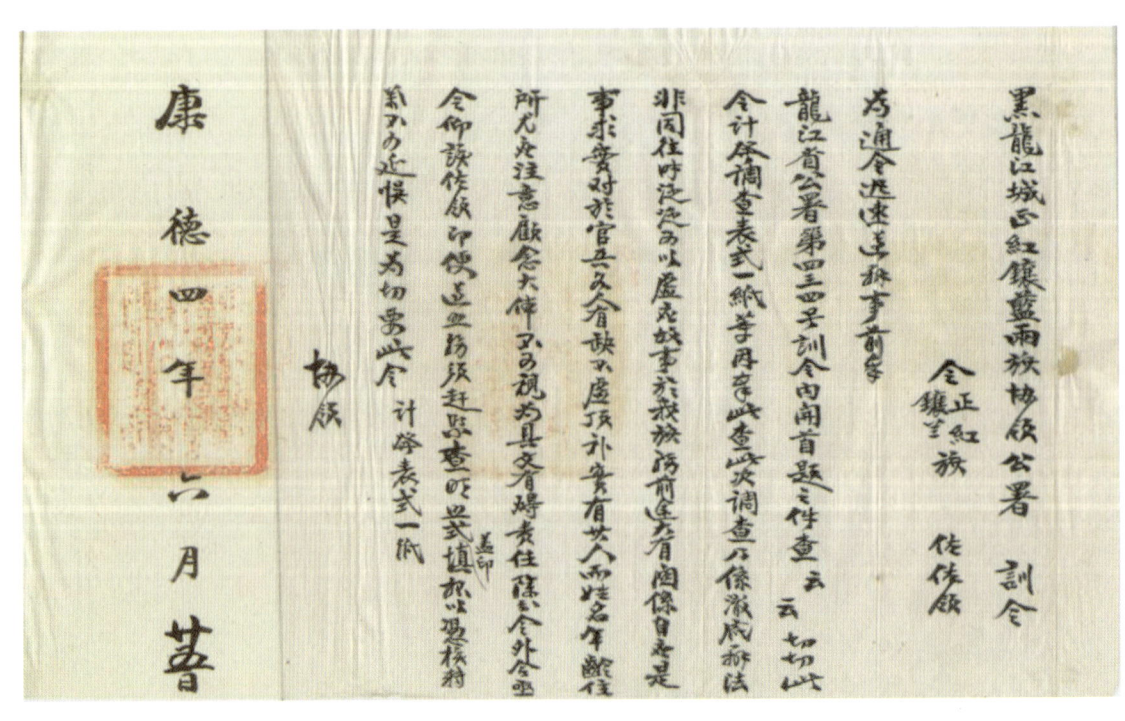

554. 三道卡邮政代办所为邮件积压事给瑷珲邮局局长的公函

1937年6月25日

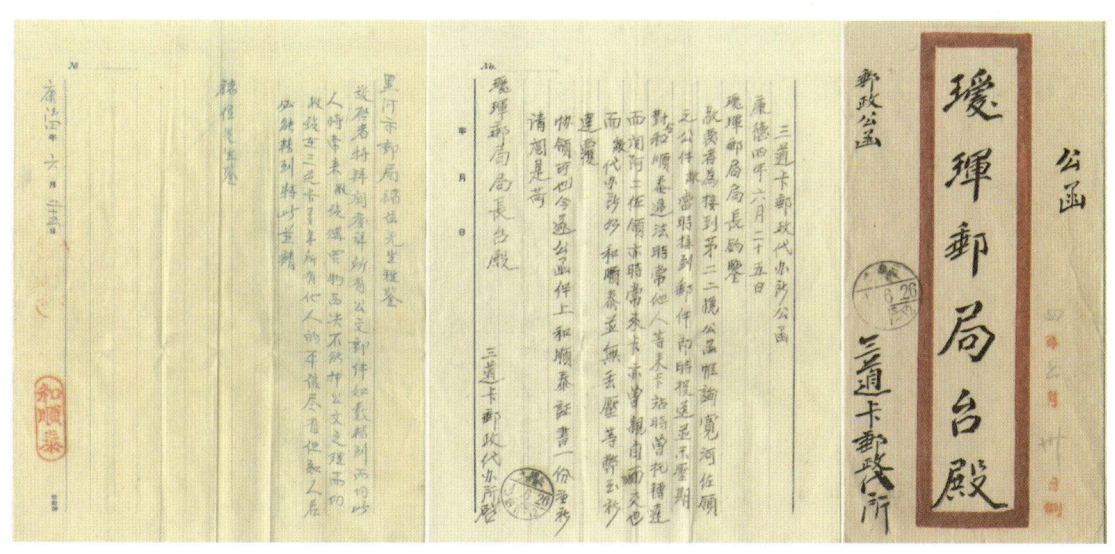

555. 黑龙江城正蓝旗二佐官兵职别姓名住所调查表

1937年7月1日

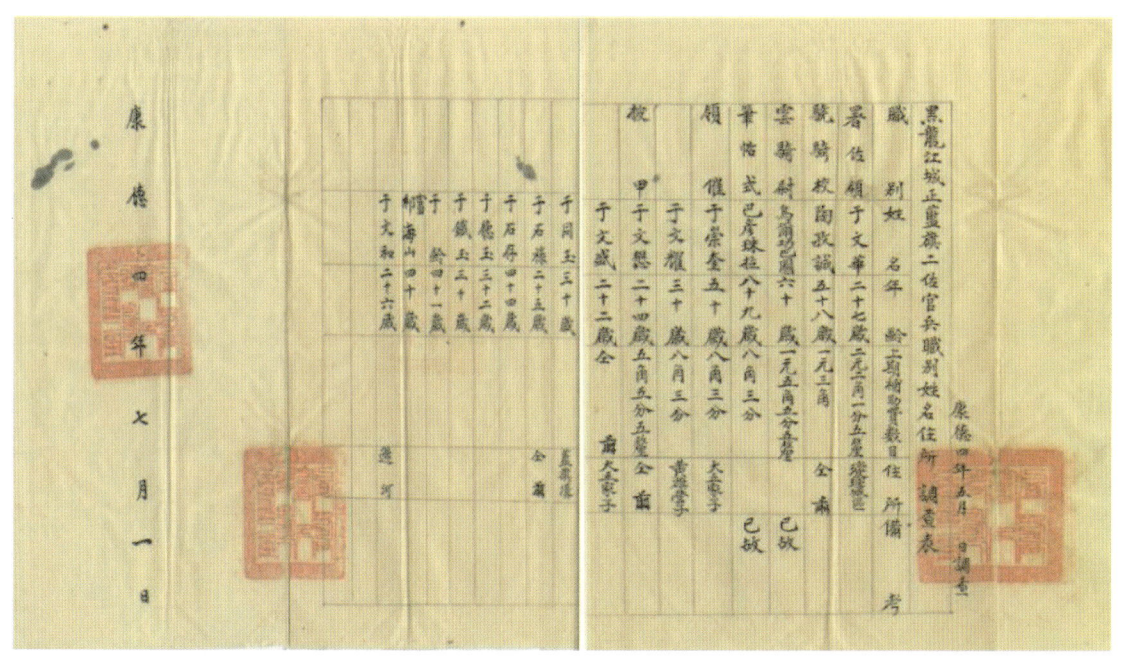

556. 黑龙江城正红镶蓝两旗协领公署为调查各城八旗官兵职别姓名年龄住所事的令

1937年7月

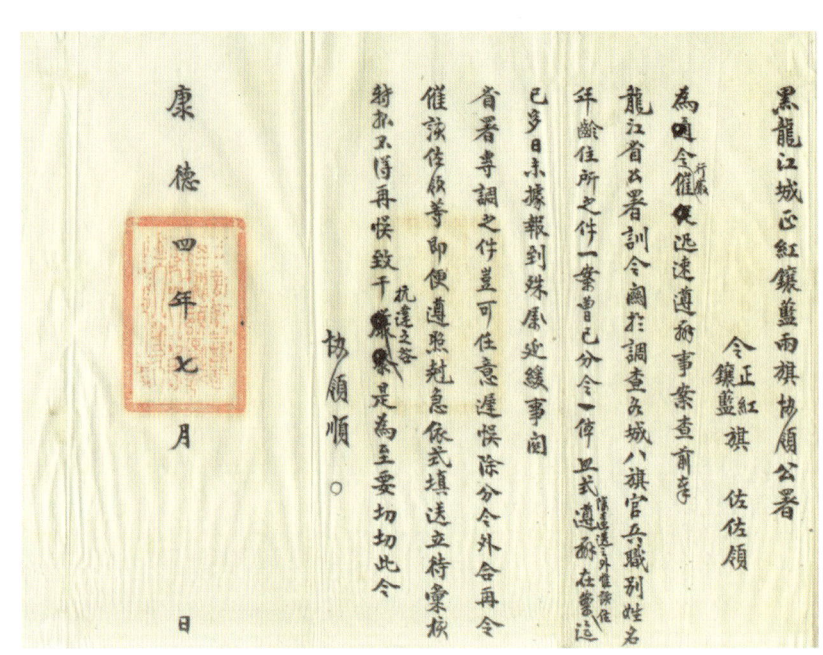

557. （伪）龙江省司令部为调查各城满洲八旗公有一切财产事的令

1937年10月7日

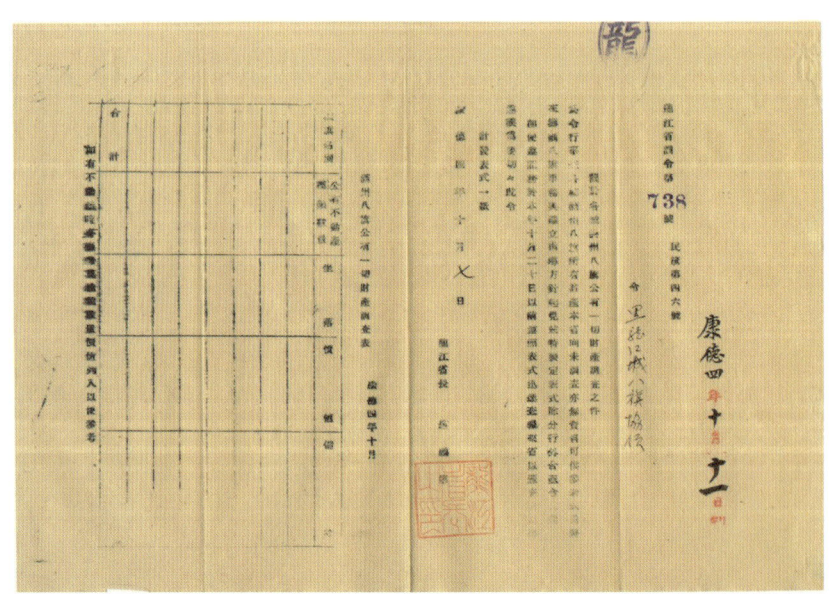

558. 黑龙江城八旗补助费交付申请书

1937年11月

559. 库玛尔路鄂伦春各佐民国二十六年户口细数一览表

1937年

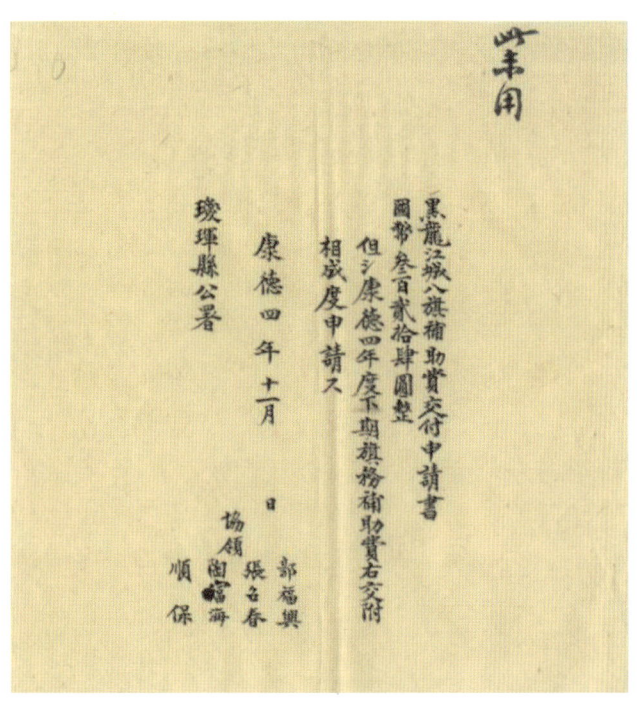

560. 库玛尔路鄂伦春正白旗头佐猎枪数目号码清册

1938 年 2 月 21 日

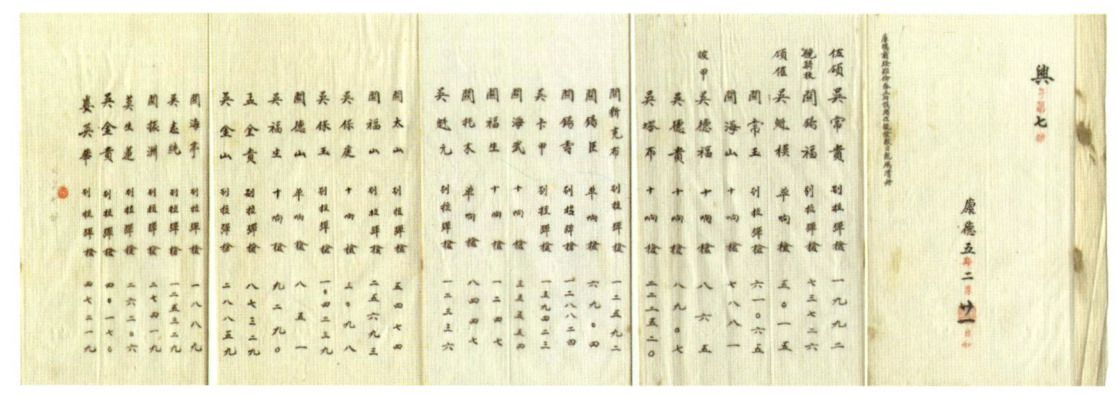

561. 库玛尔路鄂伦春正白旗头佐户口清册

1938 年 2 月 21 日

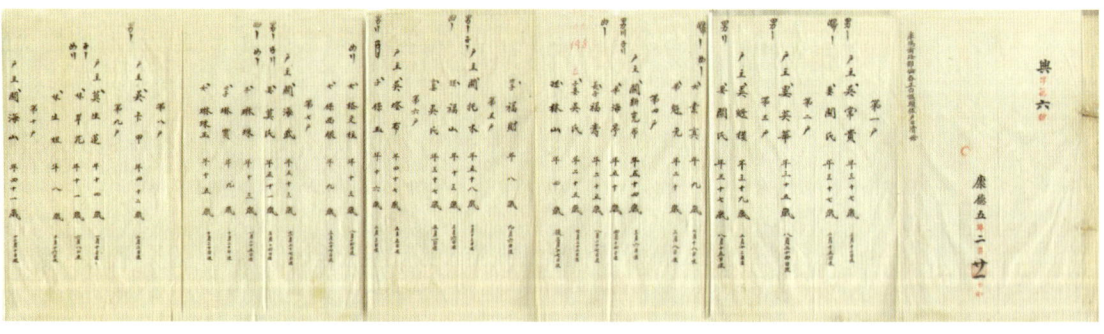

562. 库玛尔路鄂伦春正白旗头佐马匹清册

1938 年 2 月 21 日

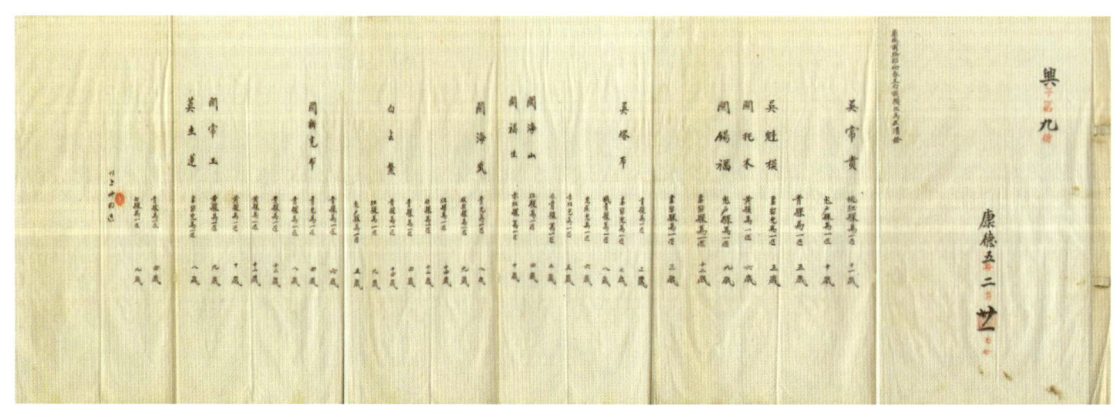

563. 库玛尔路正蓝旗二佐佐领关德兴为禀告本佐初等小学校情况事的公函

1938 年 3 月 24 日

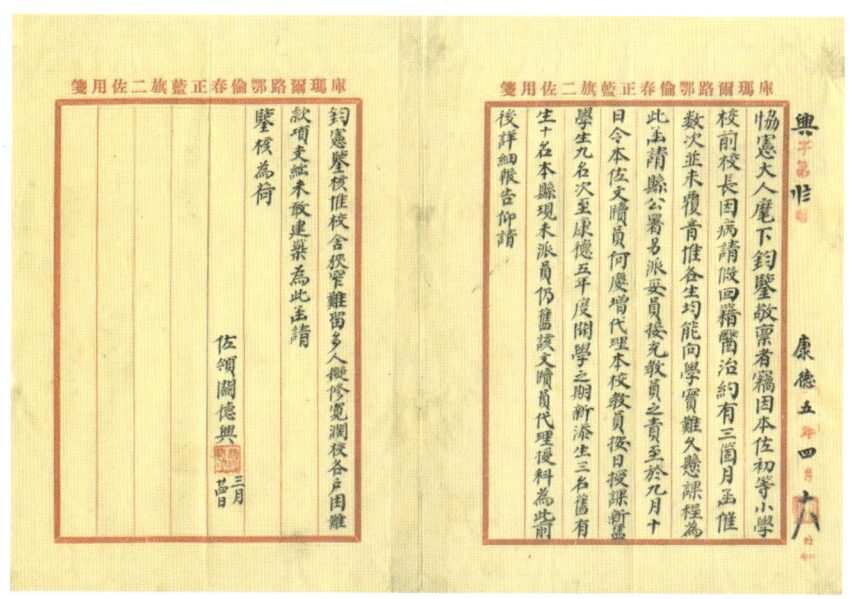

564. 厢（镶）黄旗头佐披甲表

1938 年 3 月 29 日

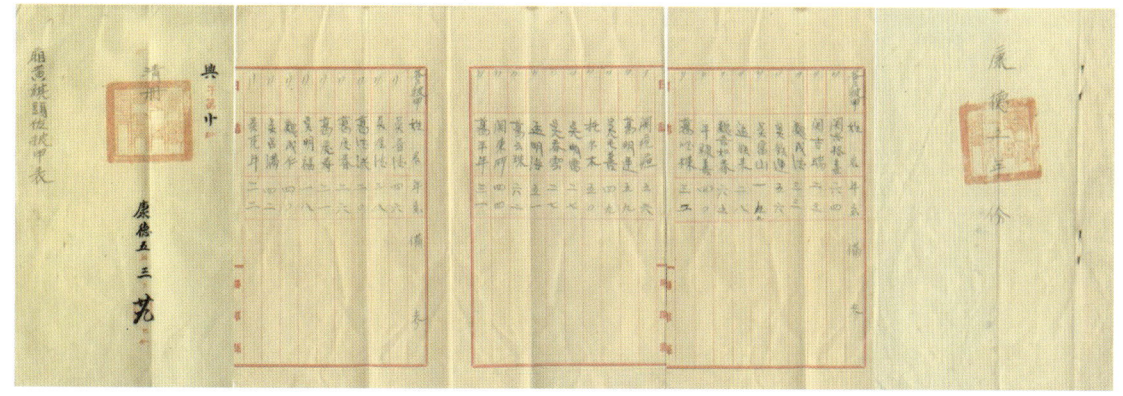

565. 库玛尔路协领公署为调查初级小学是否存在并催促回复事的训令

1938 年 3 月

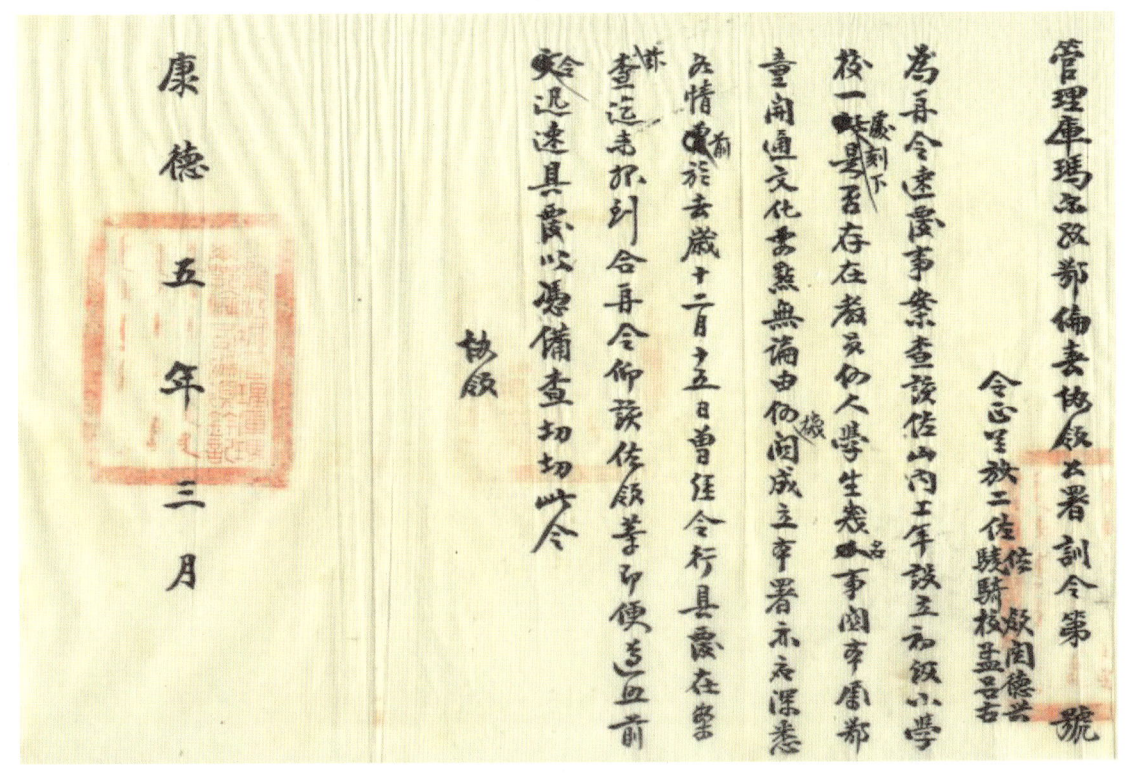

566. 黑龙江城八旗协领公署为领取官兵俸饷补助费事的呈文、委托书

1938 年 5 月 15 日

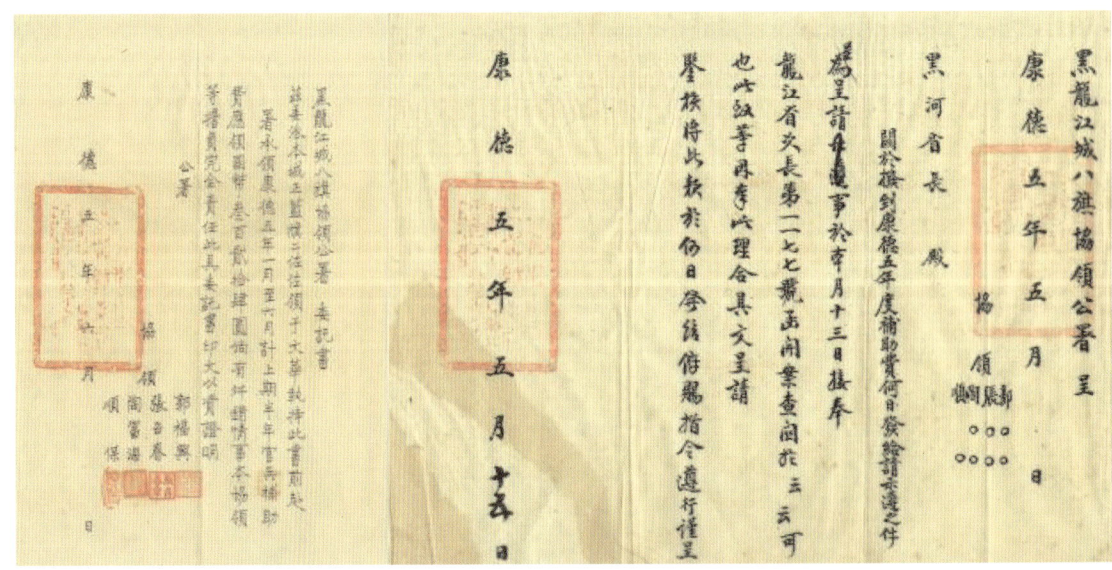

567. 库玛尔路协领公署为霍尔沁民众租公地纳租事的公函

1938年7月18日

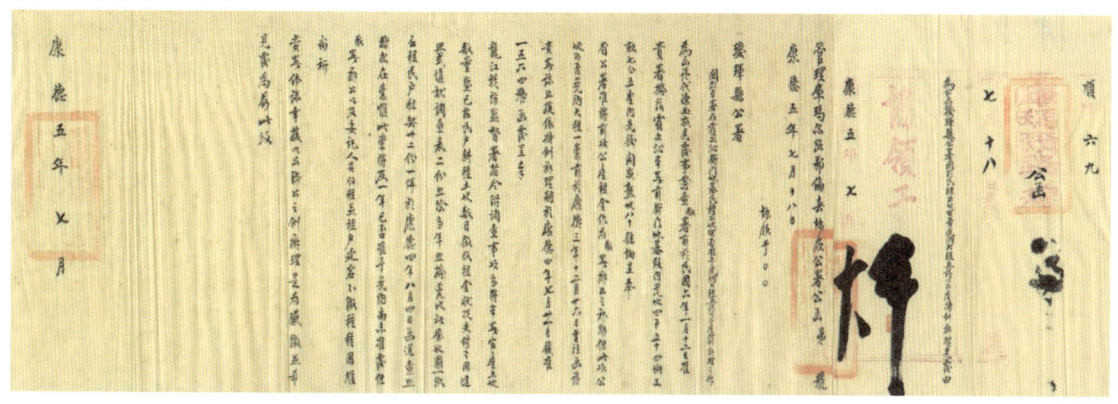

568. 沈廷荣给库玛尔路协领于多三的信

1938年9月30日

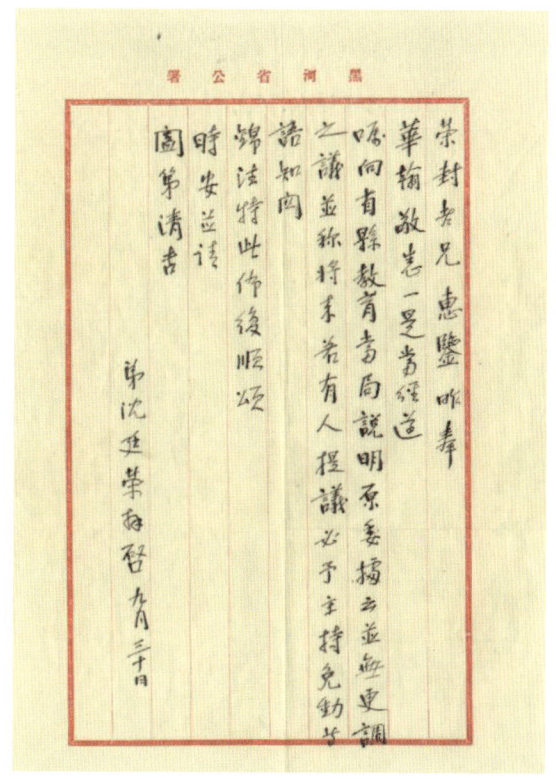

569. 库玛尔路协领公署为寻获在逃警兵并知照送交问罪办法事的训令

1938 年 10 月 4 日

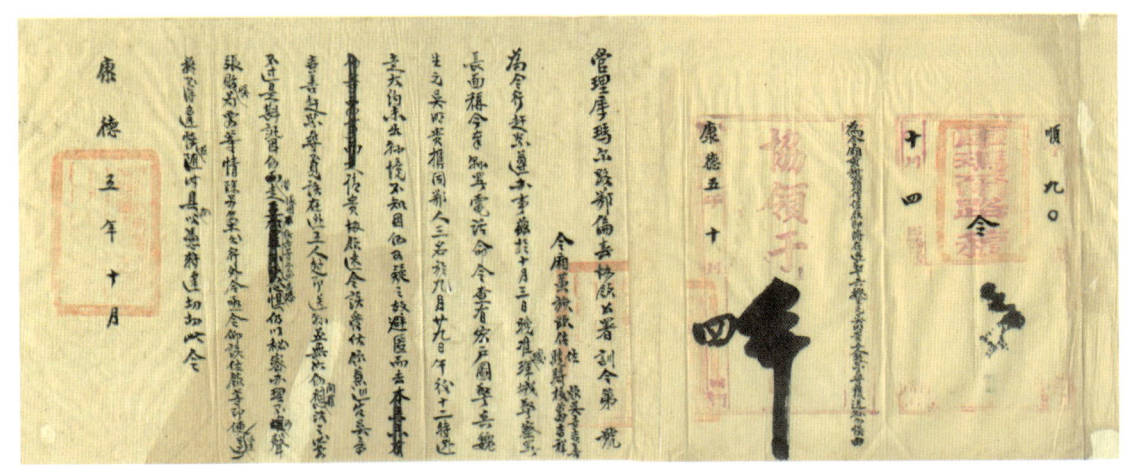

570. 库玛尔路协领公署委托关德兴调查阿栋阿因故出缺并拣员接办事的训令

1938 年 12 月

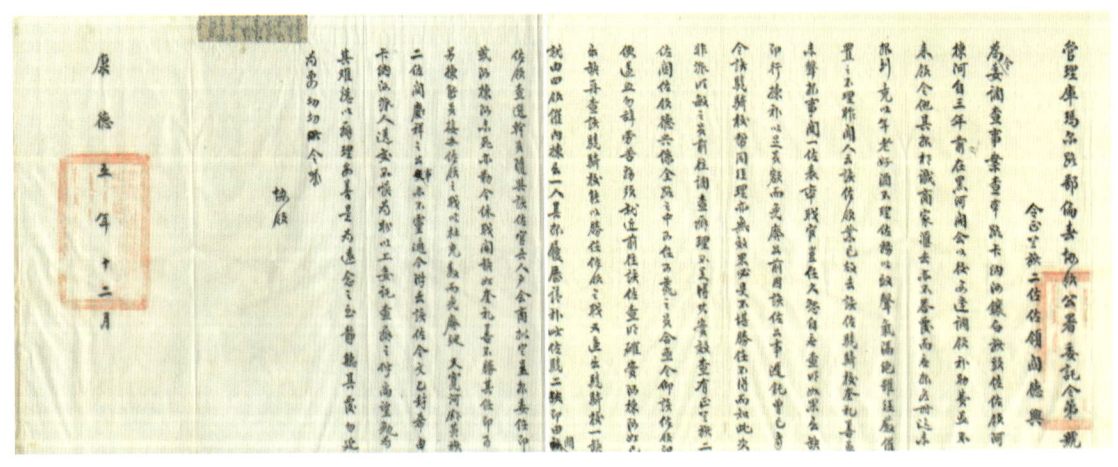

571. 民国二十七年鄂伦春族民众出国境表

1939 年 3 月 21 日

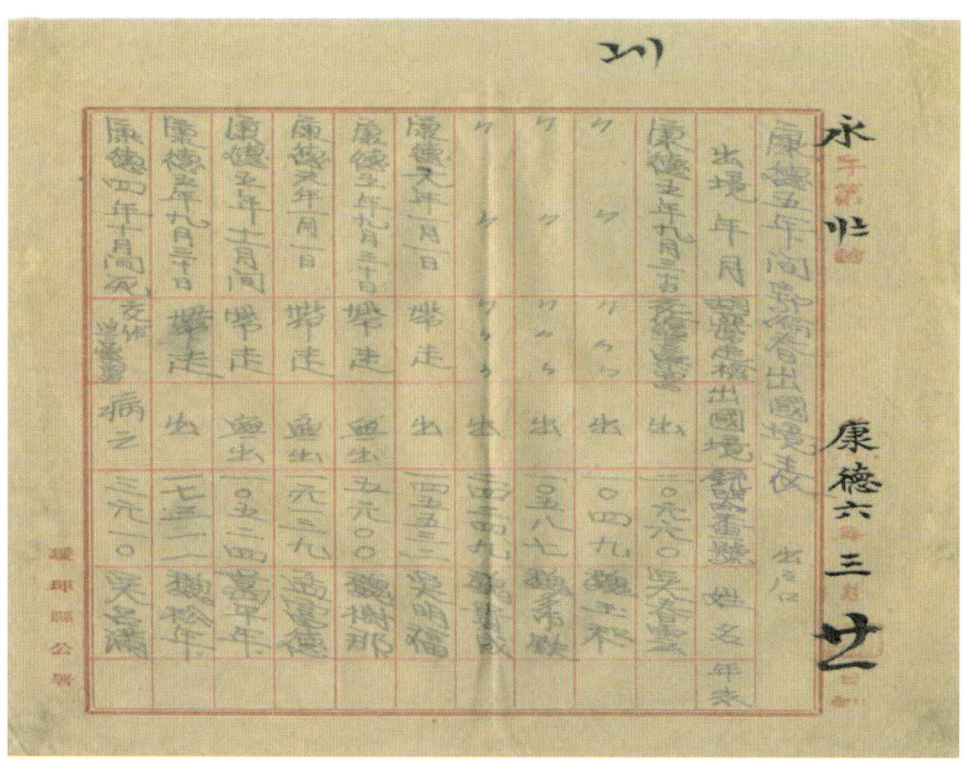

572. （伪）龙江省公署关于八旗办公官房势将坍塌拟请拆卖变价等情的指令

1939 年 8 月 5 日

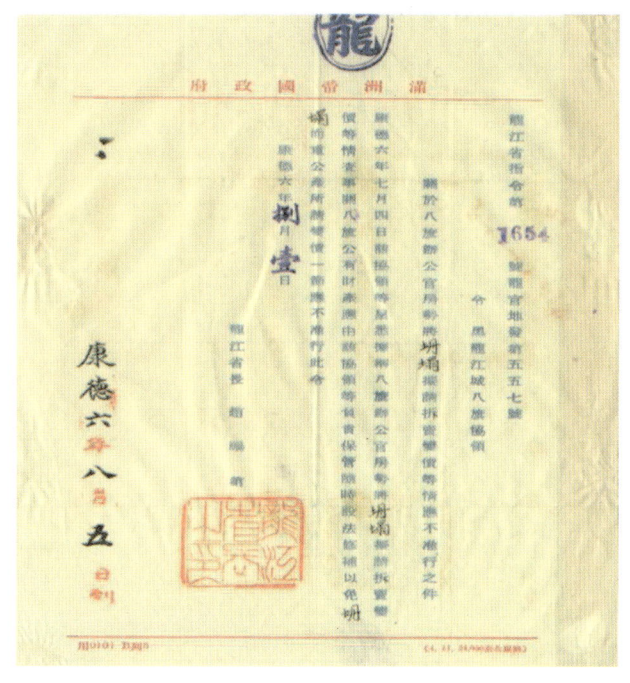

573. （伪）瑷珲公立国民优级学校、国民学校为举行毕业典礼邀请参加指导事的公函

1939 年 12 月 18 日

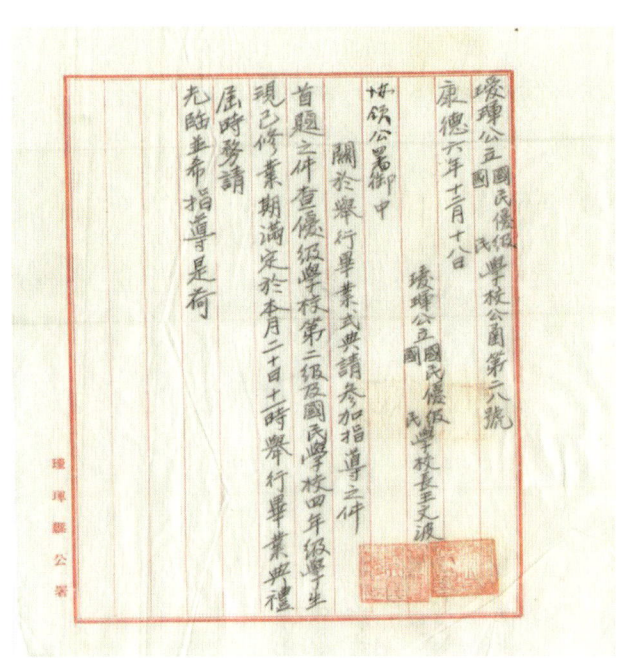

574. 黑龙江城正蓝旗二佐分放官兵民国二十八年上、下期一年补助费清册

1939 年

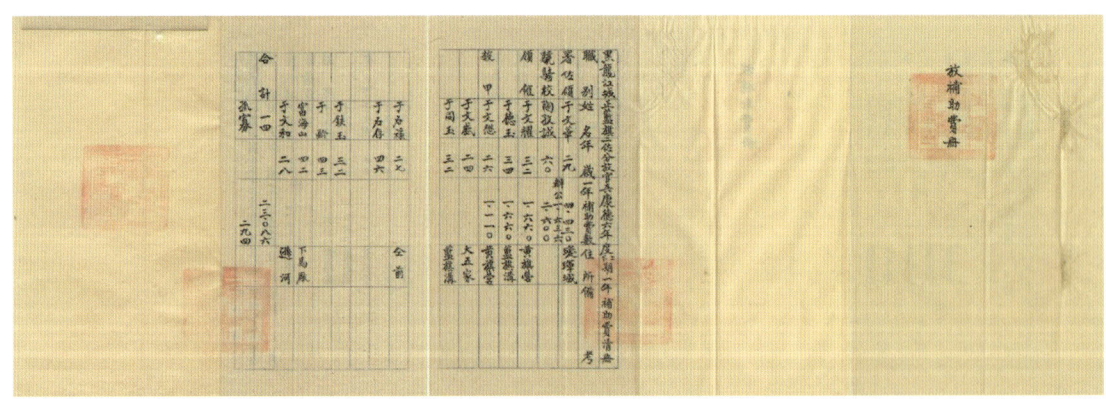

575. 正蓝旗头佐佐领孟寿禄善、骁骑校谭常泰呈报库玛尔路协领公署的枪械号码调查表

1940年1月28日

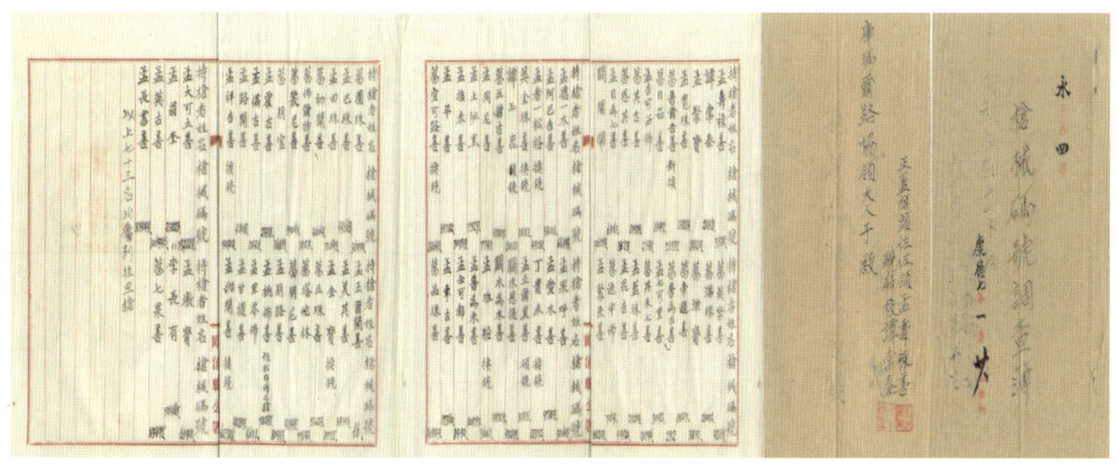

576. 正蓝旗头佐佐领孟寿禄善、骁骑校谭常泰呈报库玛尔路协领公署的户口调查簿

1940年1月28日

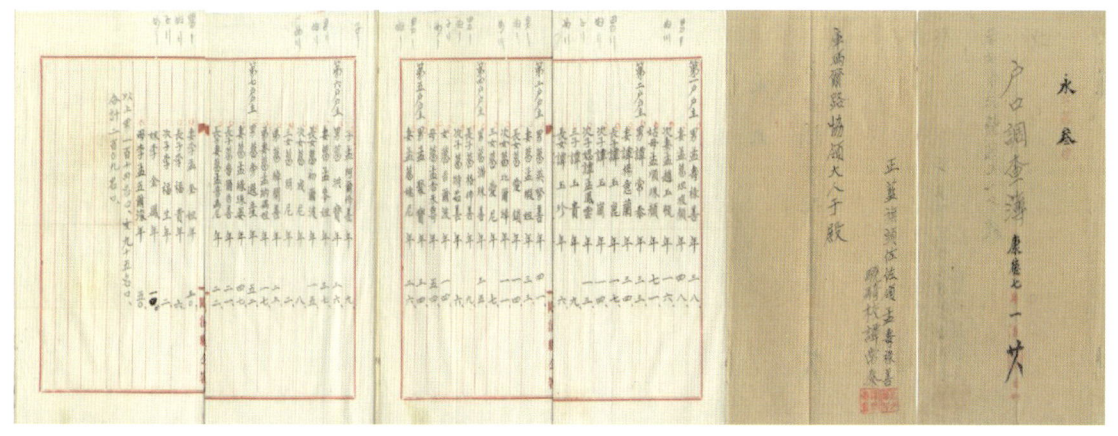

577. 厢（镶）白旗二佐猎枪数目号码清册

1940 年 4 月 1 日

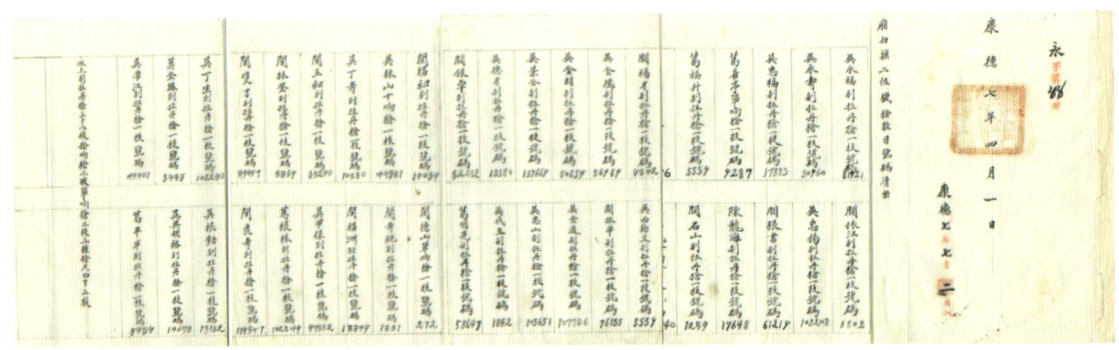

578. 正蓝旗二佐佐领包尔莫
为封存办理事务记录册事的咨文（满文）

1940 年 4 月 4 日

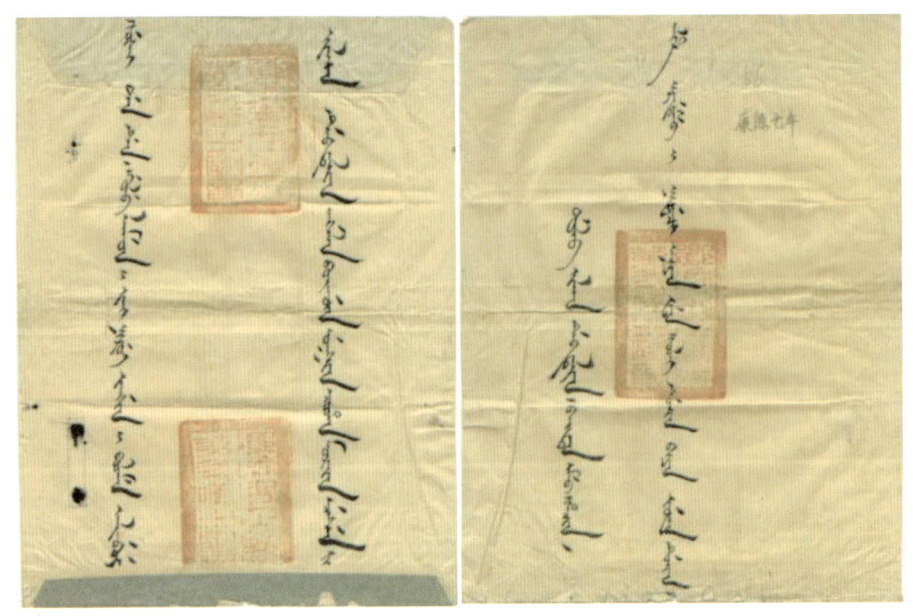

咨　文

封存记录一类事宜册子三本。

"康德"七年四月四日。呈与协领。库玛尔路正蓝旗二佐佐领呈送三本户口、披甲、兵马册。

579. 黑龙江城八旗协领公署为恳请拨发民国二十九年补助费事的呈文

1940年4月20日

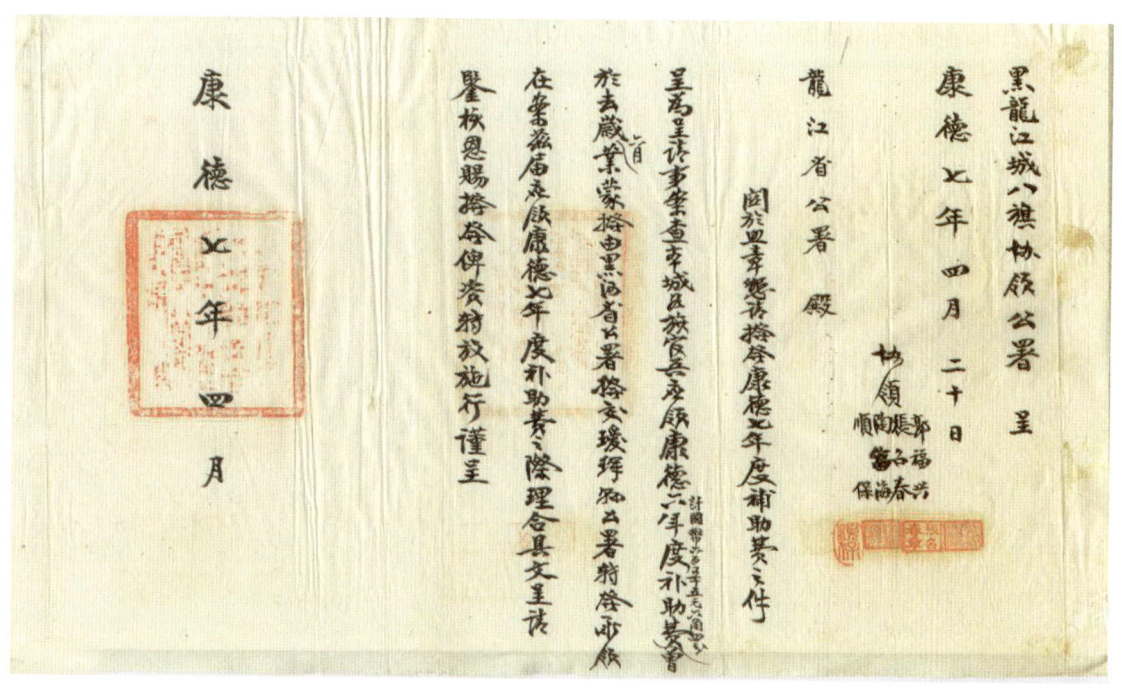

580.（伪）瑷珲国境警察队为任命栖林族佐领事的公文

1940年5月6日

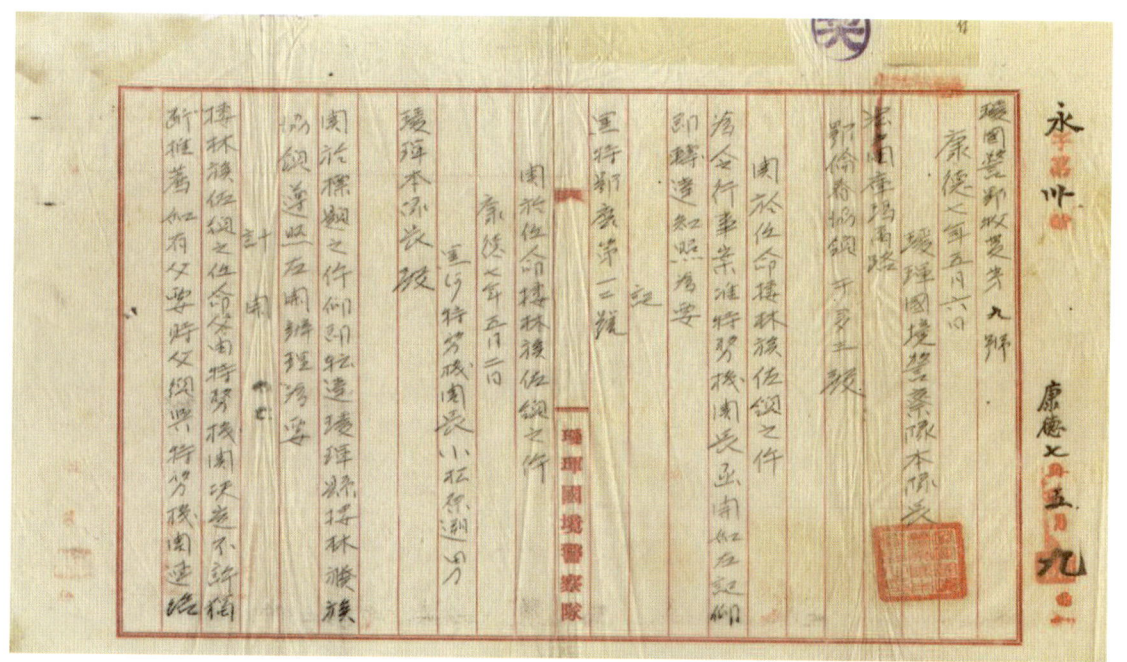

581. 霍尔沁屯官地经理姚玉恒出具的领取收租辛（薪）金的收领

1940 年 5 月 26 日

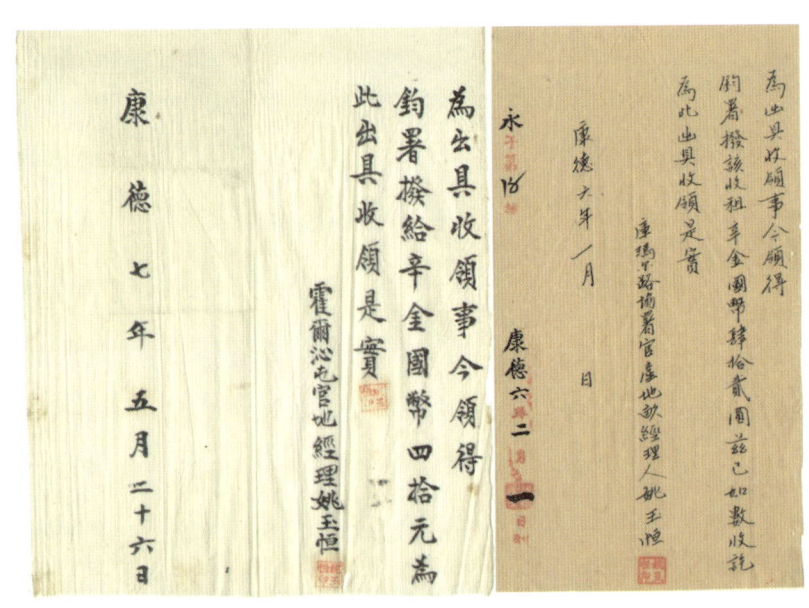

582. 库玛尔路协领公署为本署霍尔沁屯官地收租加增数目事的公函

1940 年 6 月 15 日

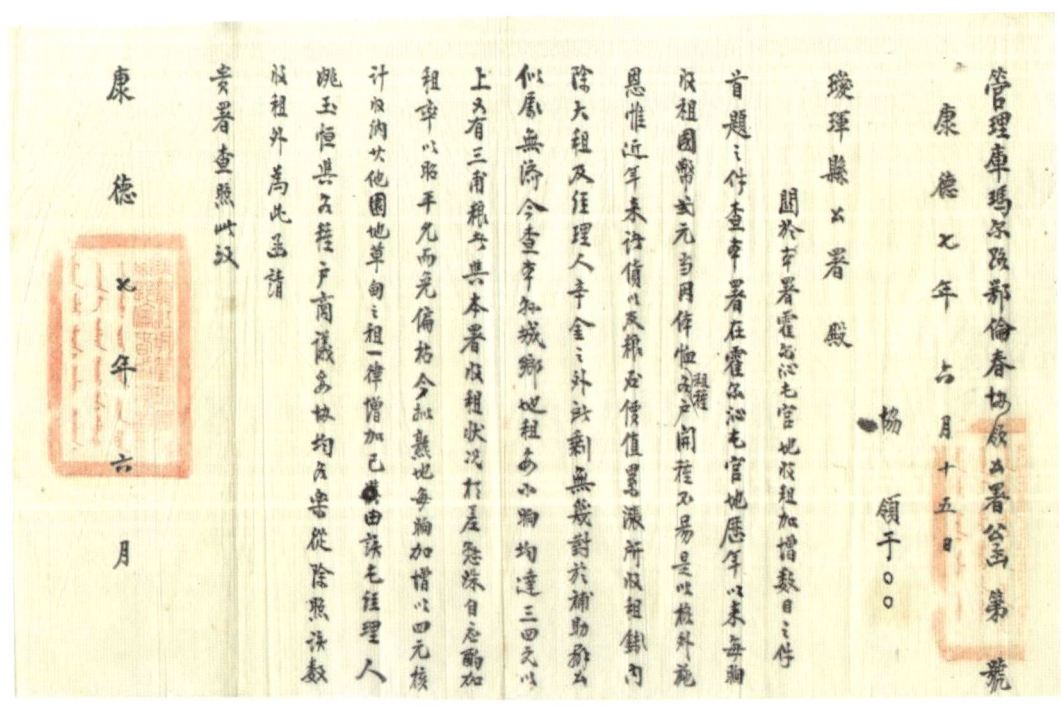

583. 吴锦秀为土地买卖事给库玛尔路协领于多三的函

1940 年 6 月 26 日

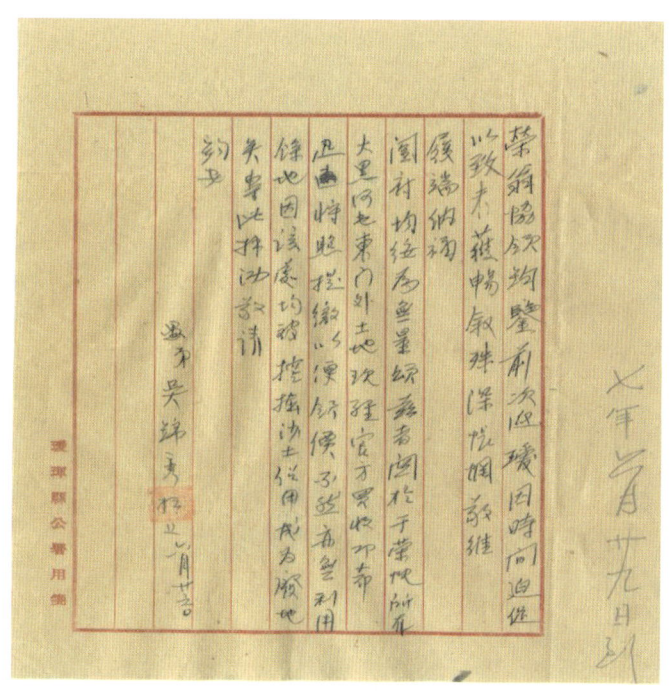

584. 黑龙江城八旗协领公署、（伪）黑河省公署为照章领取民国二十九年补助费事的呈文、公函

1940 年 7 月 15 日

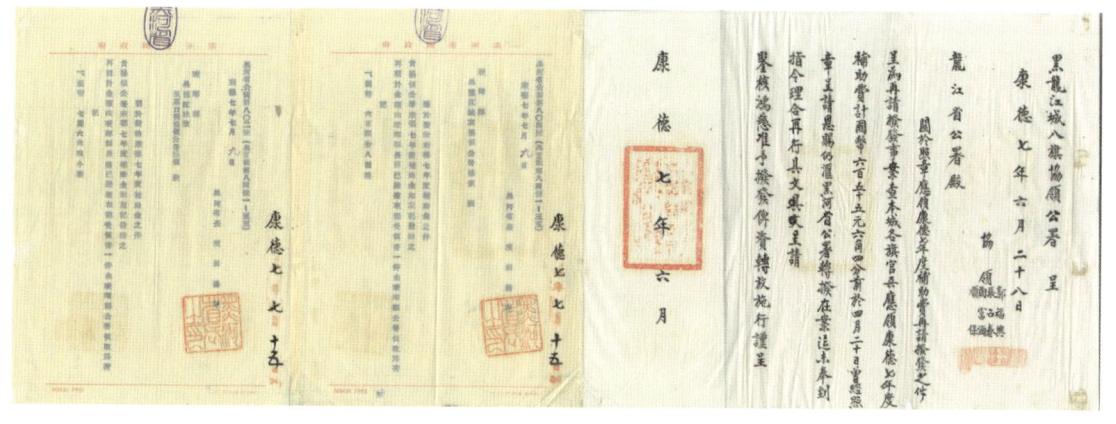

585. 镶黄旗二佐鄂伦春民族户口簿

1940 年 10 月 5 日

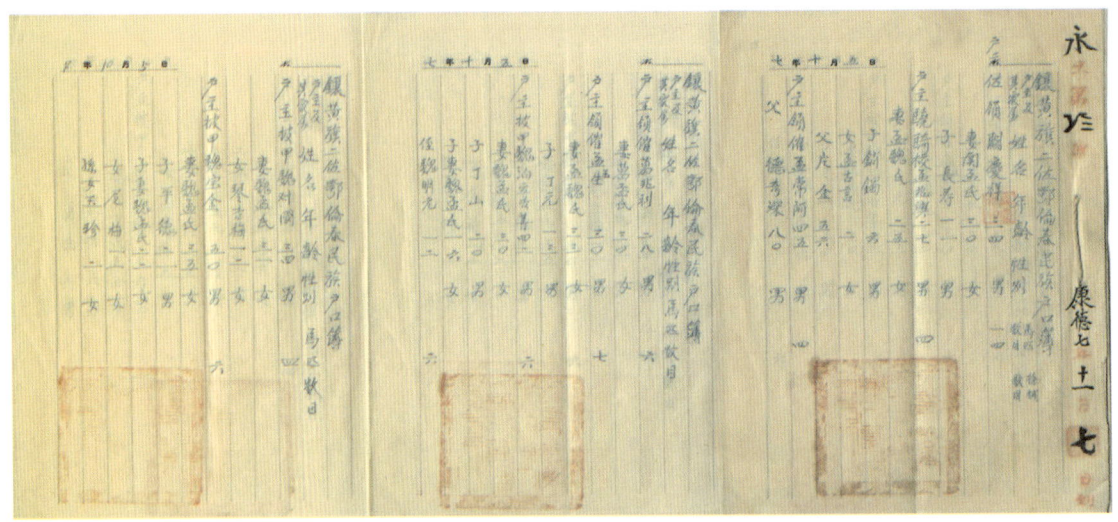

586. 黑龙江城正蓝旗二佐分放官兵民国二十九年上、下期一年补助费册

1940 年

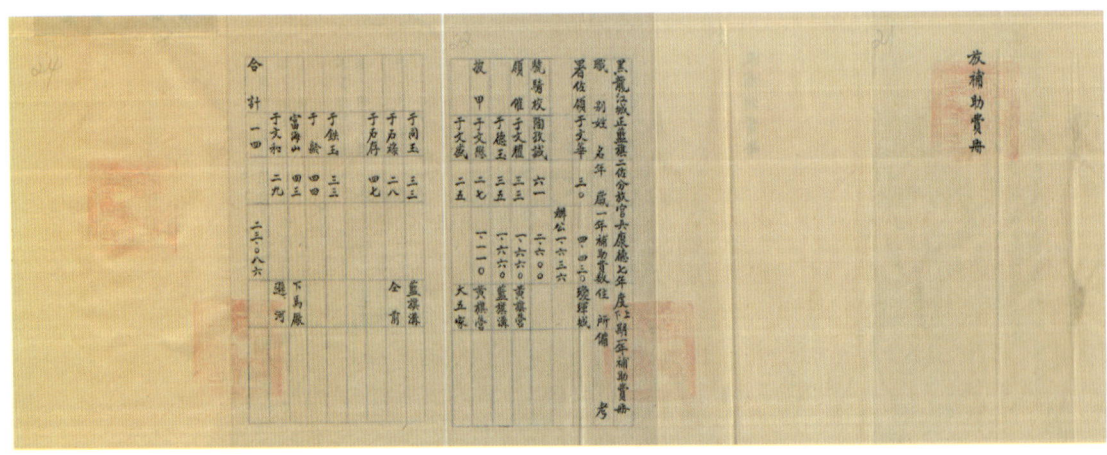

587. 黑龙江城八旗协领公署为恳请拨发民国三十年补助费事的呈文

1941年3月6日

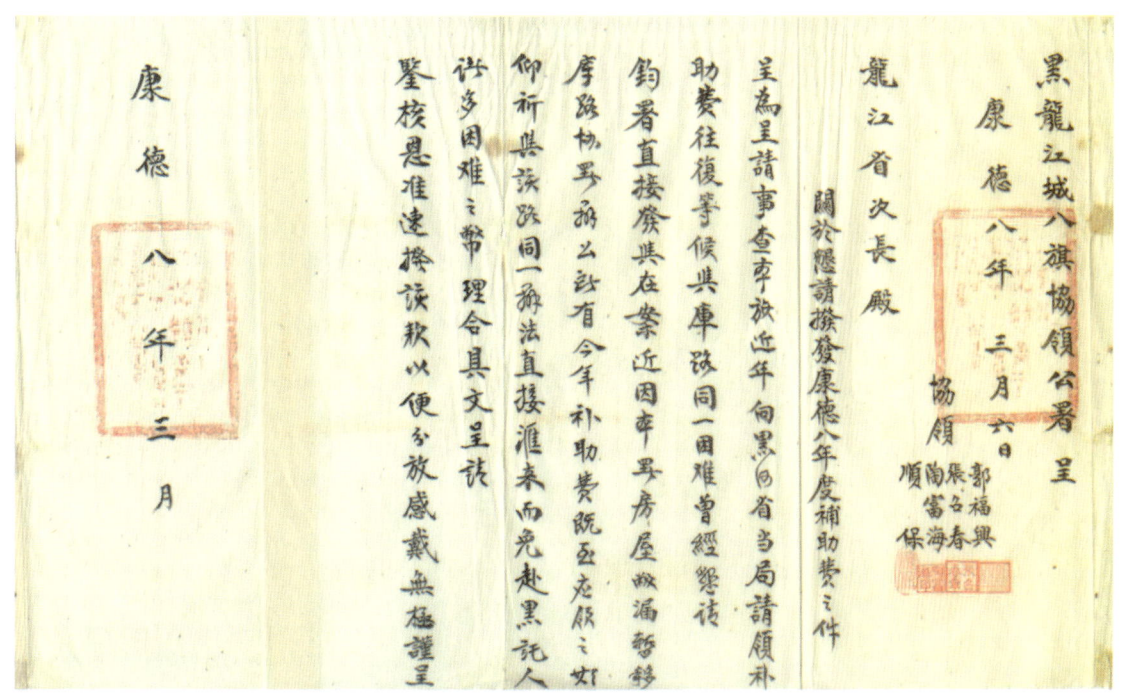

588. 库玛尔路协领公署发给的收租执据存根

1941年3月11日

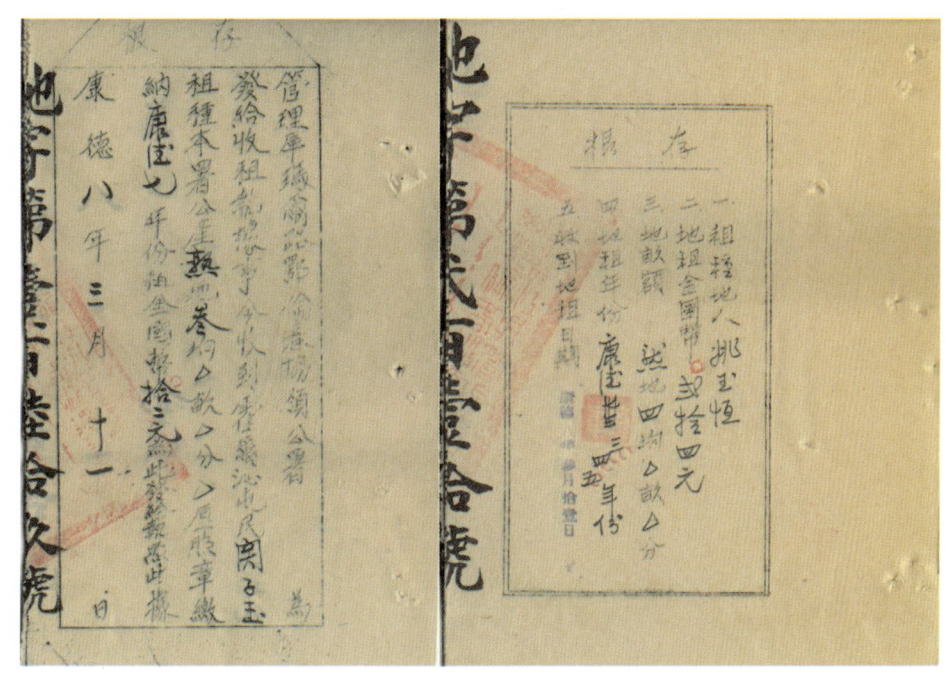

589. 正蓝旗头佐佐领孟寿禄善呈与库玛尔路协领公署的户口名簿

1941 年 3 月 30 日

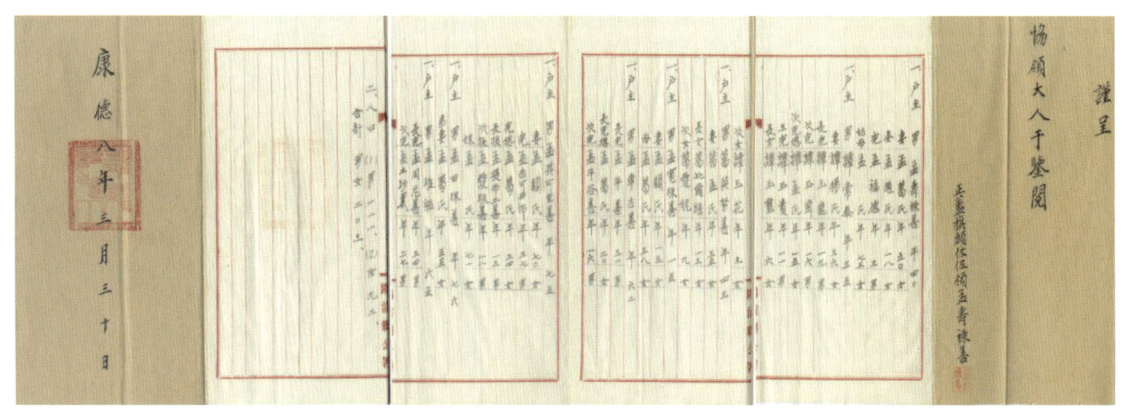

590. 正蓝旗头佐佐领孟寿禄善呈与库玛尔路协领公署的枪械号码簿

1941 年 3 月 30 日

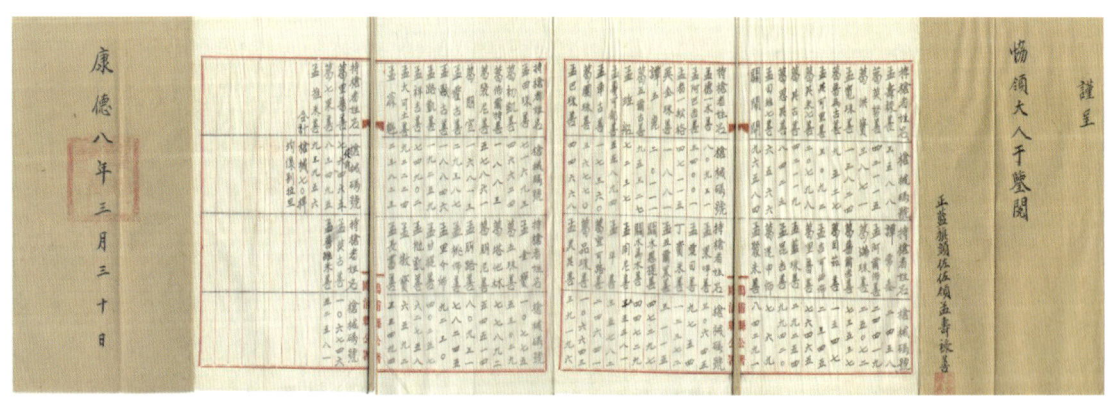

591. 正红旗头佐佐领福明出具的领取民国二十九年补助费的印领

1941年6月11日

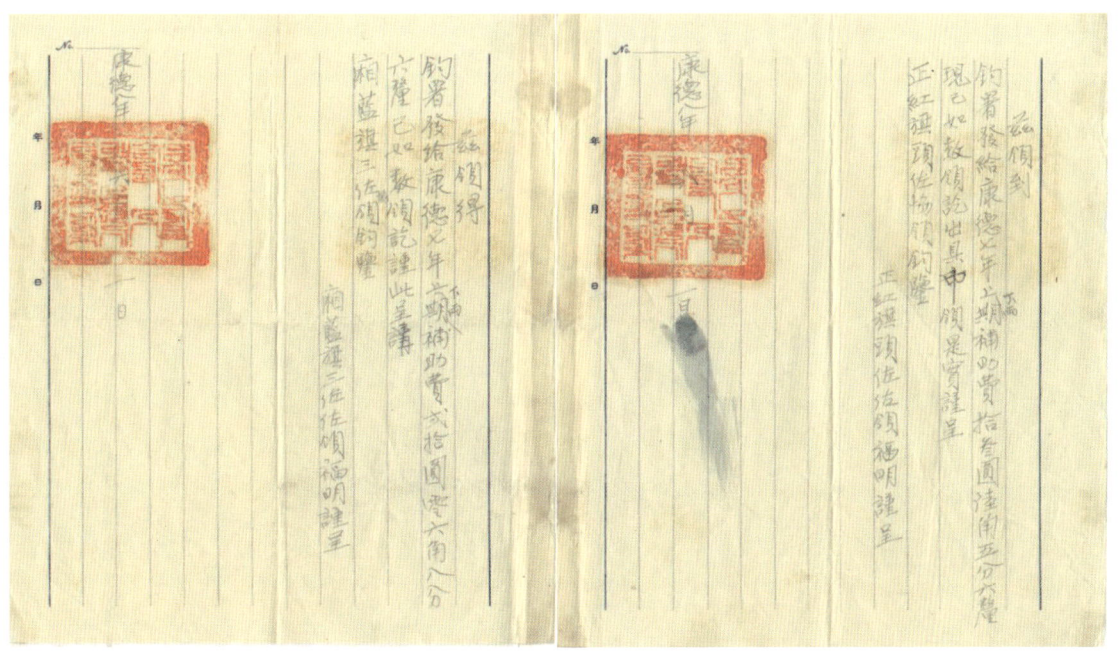

592. （伪）瑷珲县瑷珲公立国民优级学校为推荐父兄会役员及特别会员事的公函

1941年9月9日

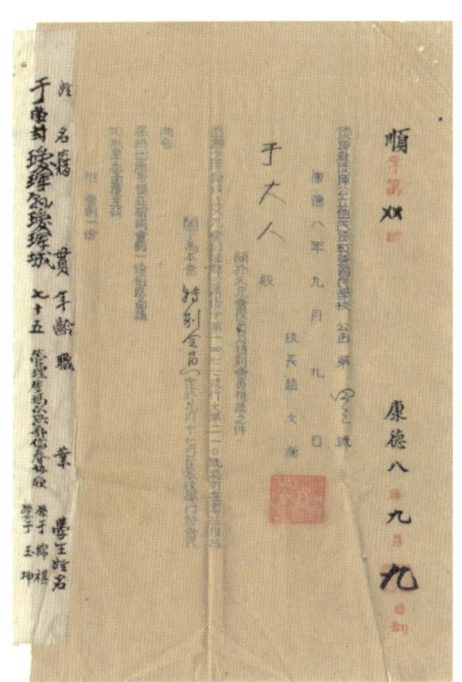

593. （伪）瑷珲县瑷珲公立国民优级暨国民学校为体育周期运动大会延期事的公函

1941 年 9 月 16 日

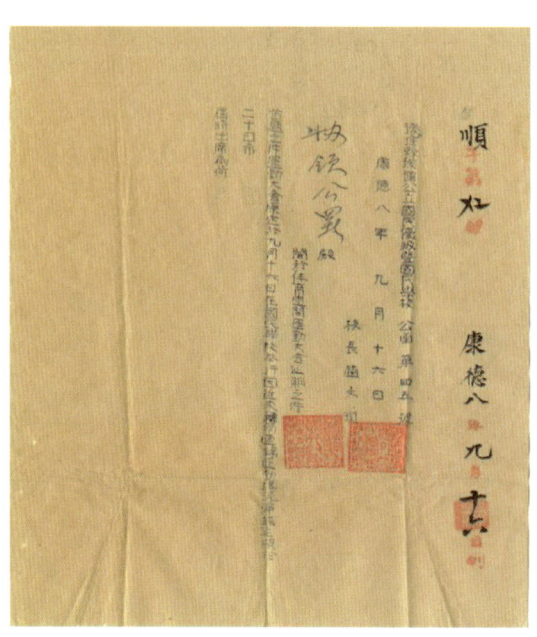

594. （伪）瑷珲城佛教会支部筹备处为邀请库玛尔路协领于多三参加支部成立式典事的函

1941 年 9 月 21 日

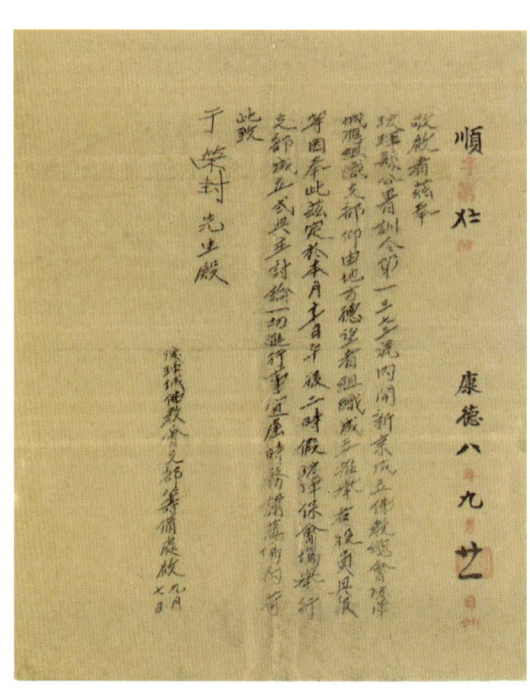

595. 黑龙江城八旗协领公署为职员任免事的呈文

1941年12月4日

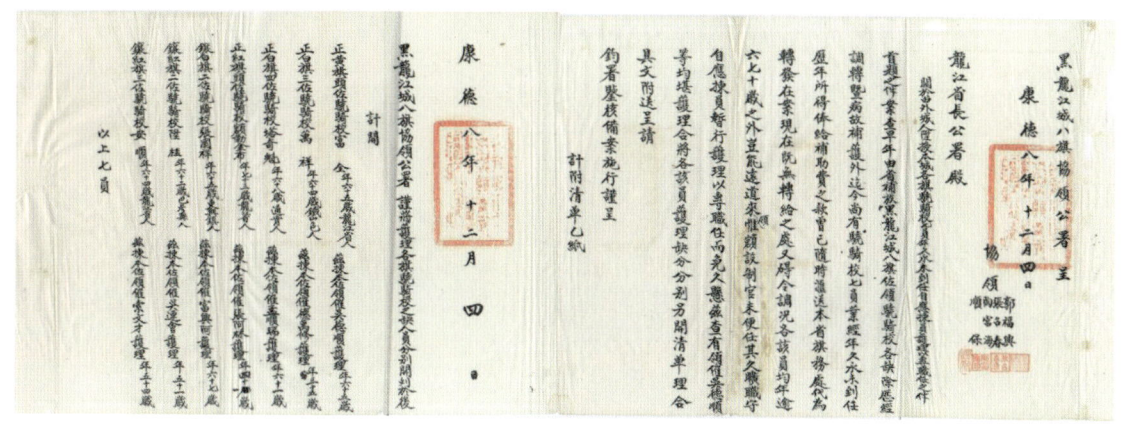

596. 谭常泰为请求赐给满汉话本以便施教事给协领大人的信函

1942年1月20日

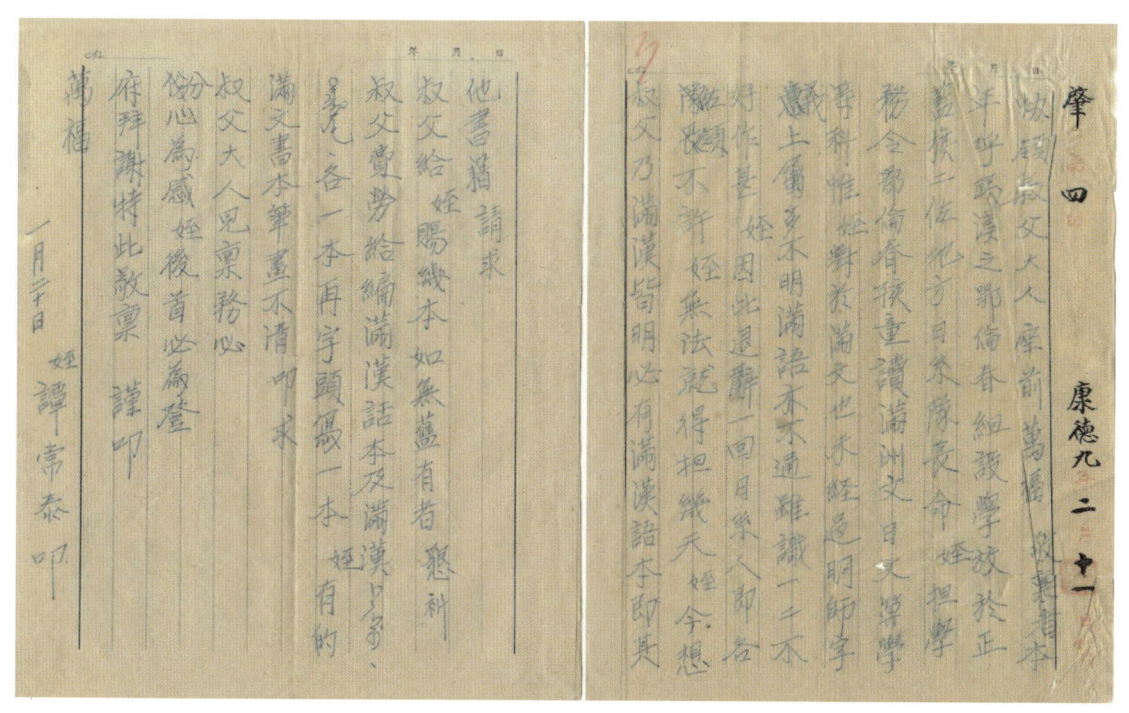

597. 库玛尔路正蓝旗头佐佐领孟寿禄善呈与协领公署的户口簿

1942 年 3 月 17 日

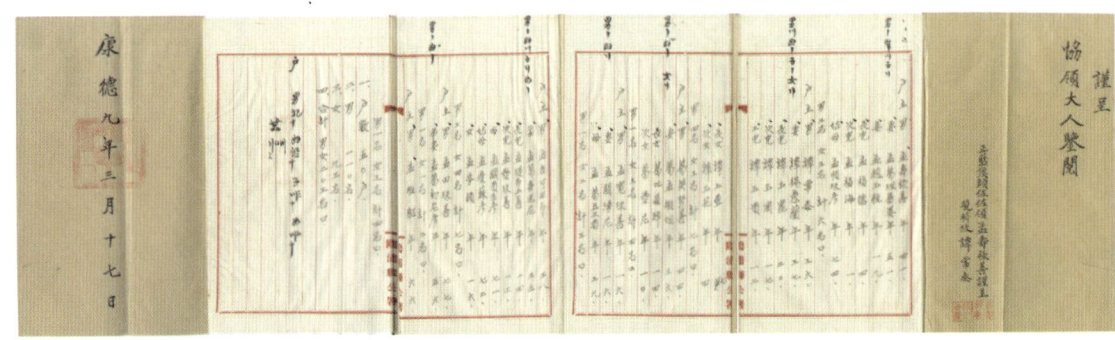

598. 黑龙江城八旗协领公署为恳请发给本城各旗应领民国三十一年补助费支票事的呈文

1942 年 3 月 20 日

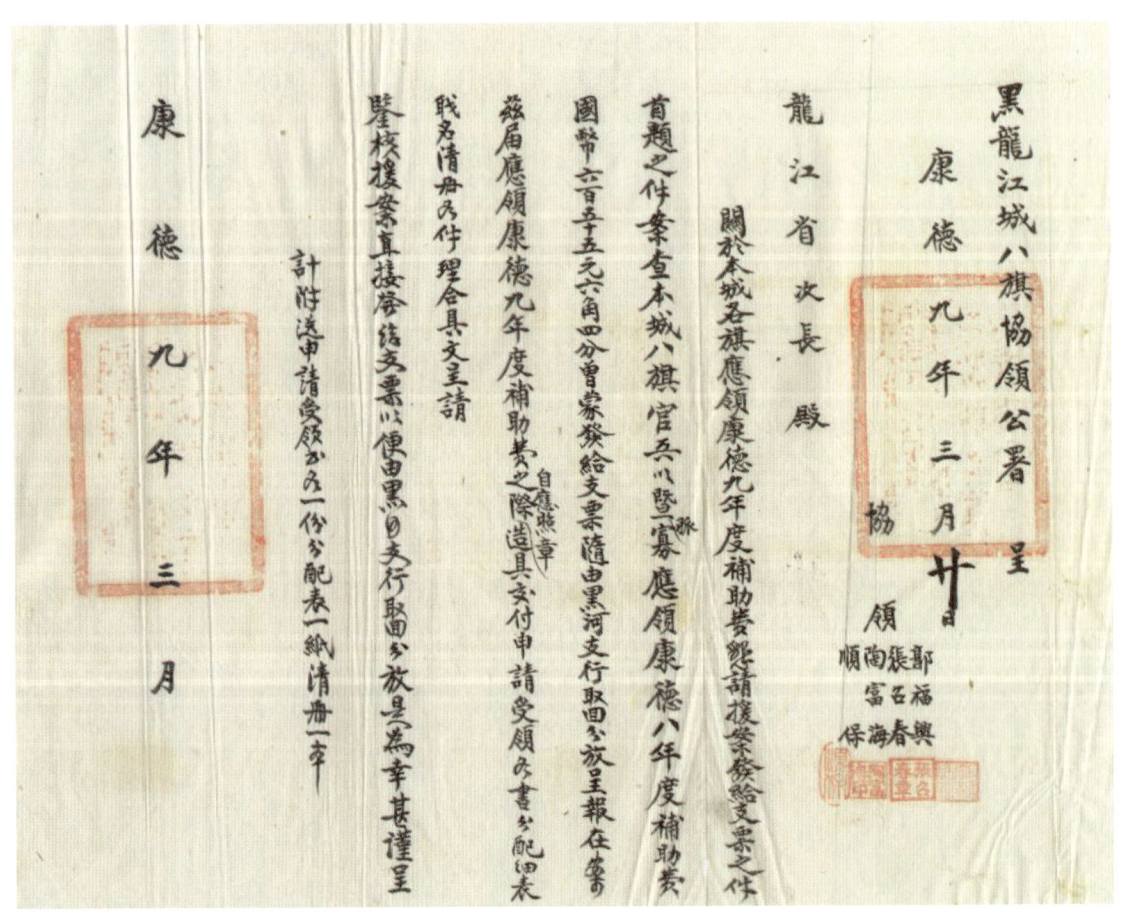

599. 黑龙江城八旗补助费交付申请书、受领书

1942 年 3 月

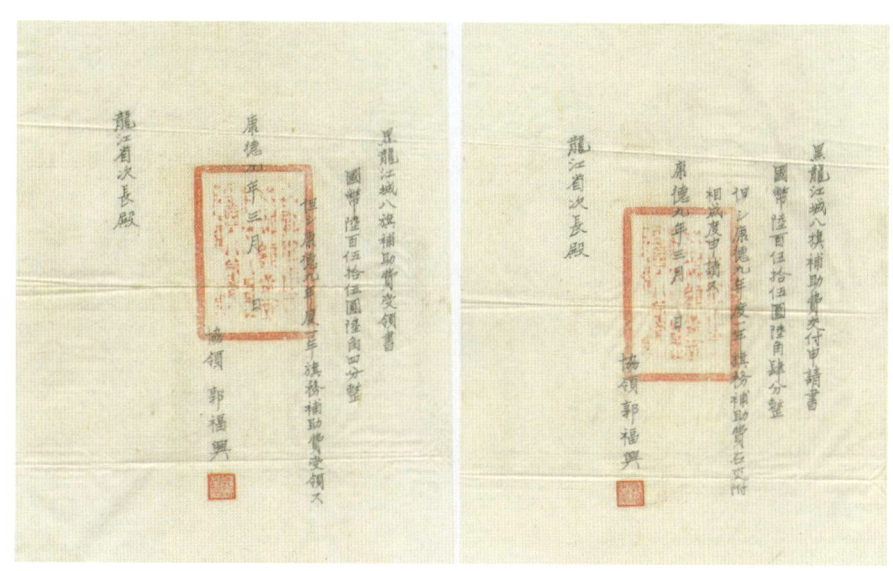

600. 镶黄旗二佐围枪数目号码表

1942 年 5 月 18 日

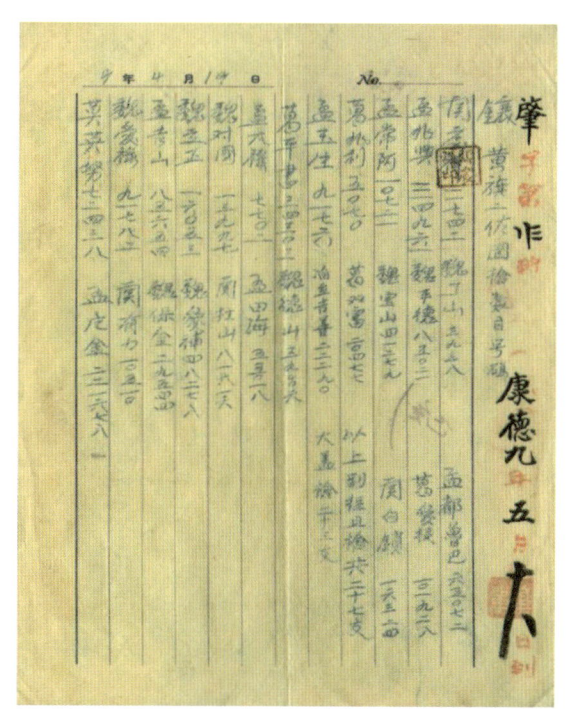

601. 库玛尔路协领公署发给的收租存根

1942 年 5 月

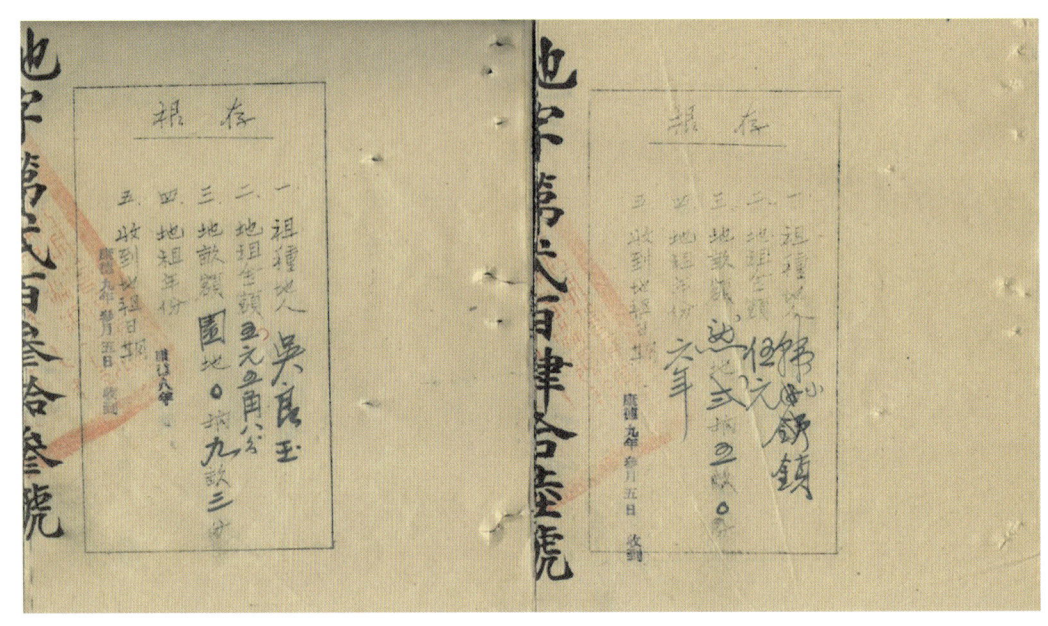

602. 黑龙江城正红镶蓝旗协领公署为镶蓝旗三佐署佐领索文聚病故遗缺委派正红旗二佐骁骑校孟安升护理事的呈文

1942 年 8 月 16 日

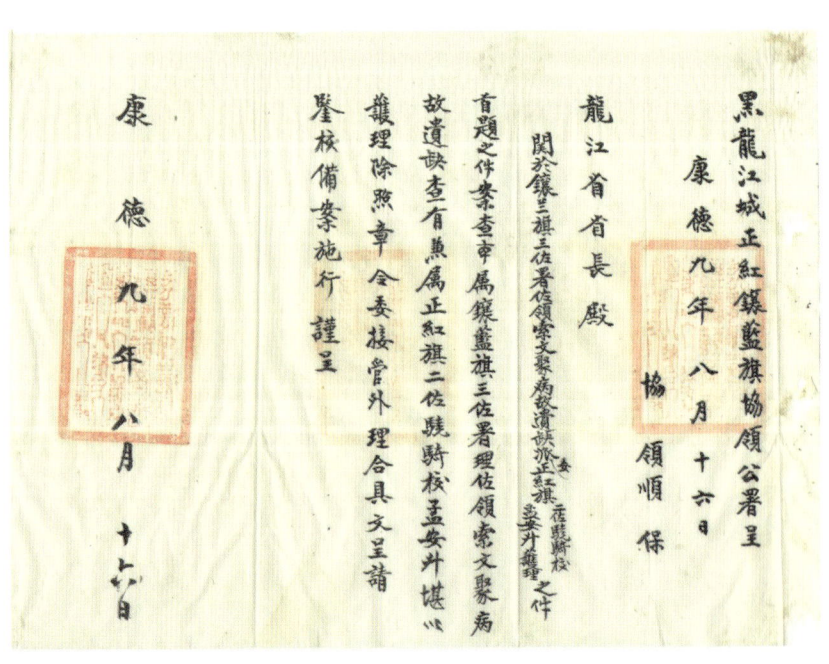

603. 黑龙江城正红镶蓝旗协领公署为委任孟安升为镶蓝旗三佐佐领并接收佐领图记事的令

1942 年 8 月 16 日

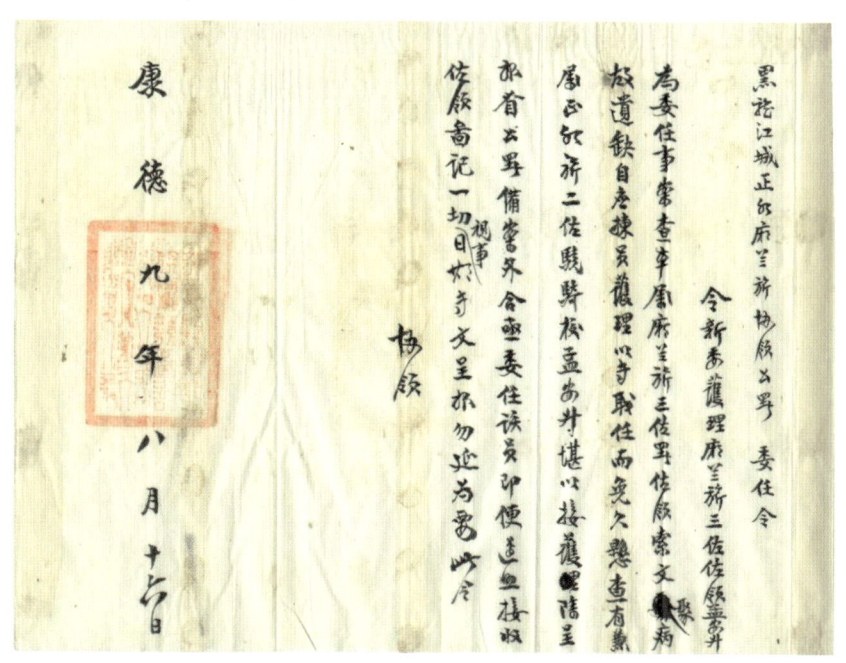

604. （伪）瑷珲城保长为举行敬老会事的召请状

1942 年 11 月 6 日

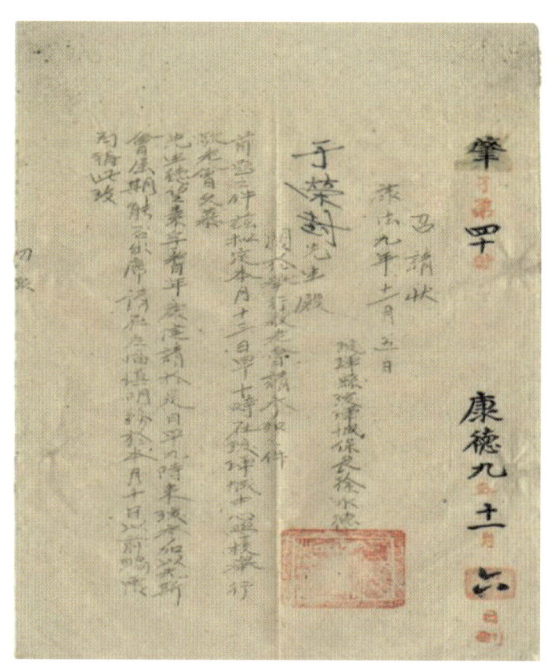

605. （伪）协和会瑷珲城联合分会为开催协议会事的通知

1942年11月18日

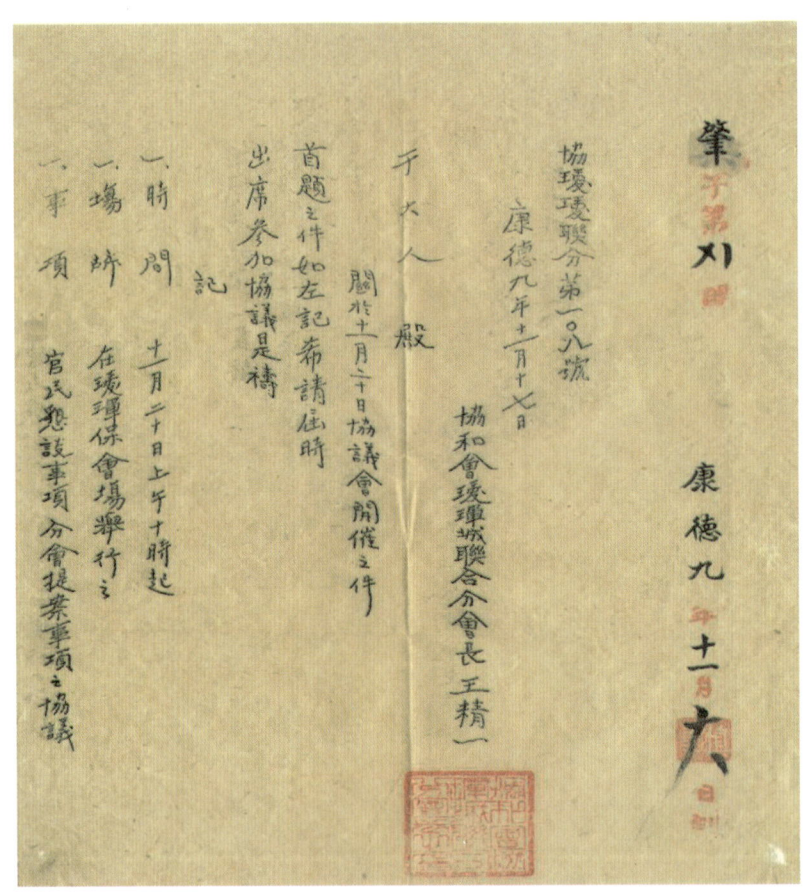

606. 正蓝旗头佐佐领孟寿禄善等呈与协领公署的户口马匹围枪清册

1942年

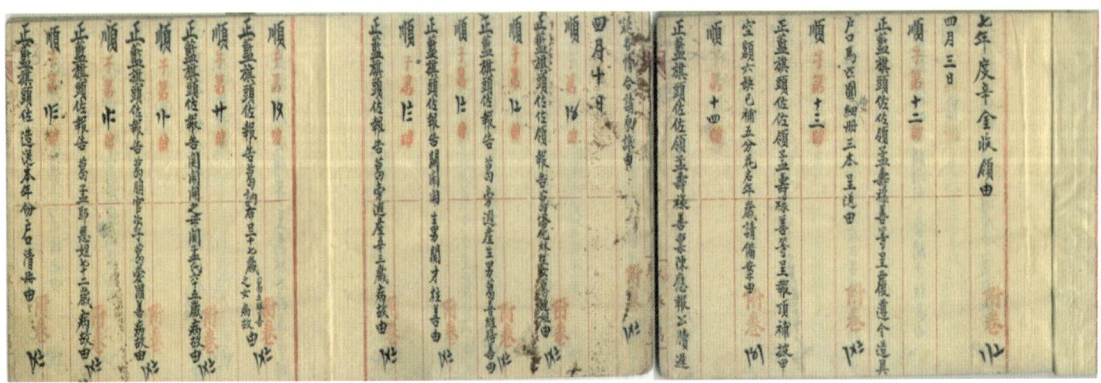

607. 护理正红旗二佐佐领孟安升出具的领取民国三十一年补助费的印领

1943年1月

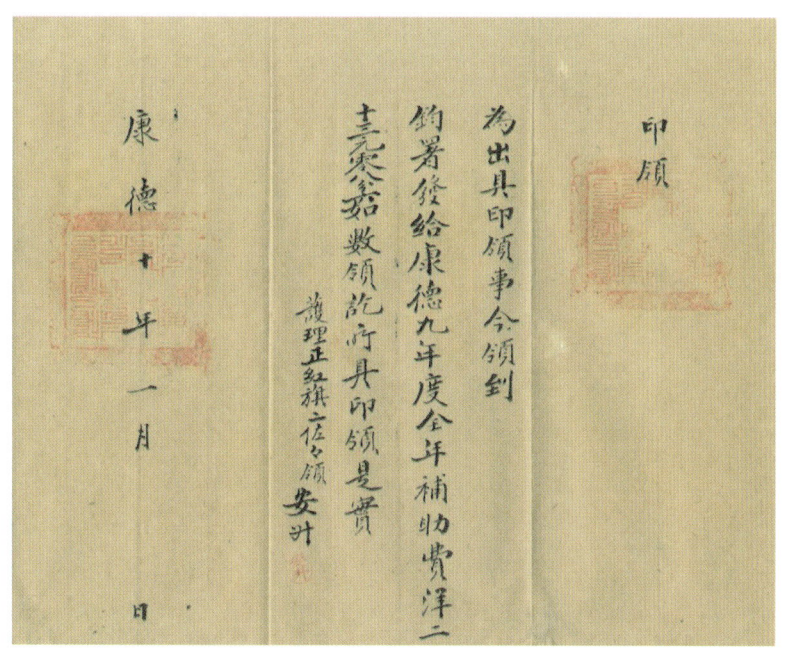

608. 库玛尔路协领公署发给的收租存根

1943年3月19日

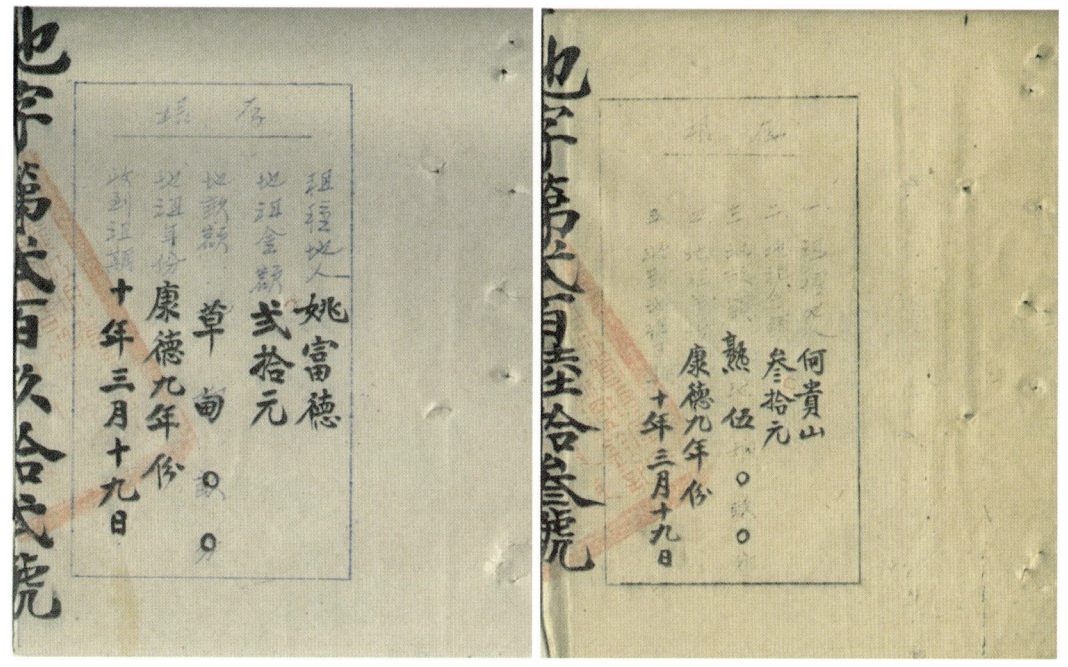

609. 黑龙江城八旗协领公署为本城正白旗协领郭福兴病故遗缺由佐领吴祯祥接护事的呈文

1943年4月19日

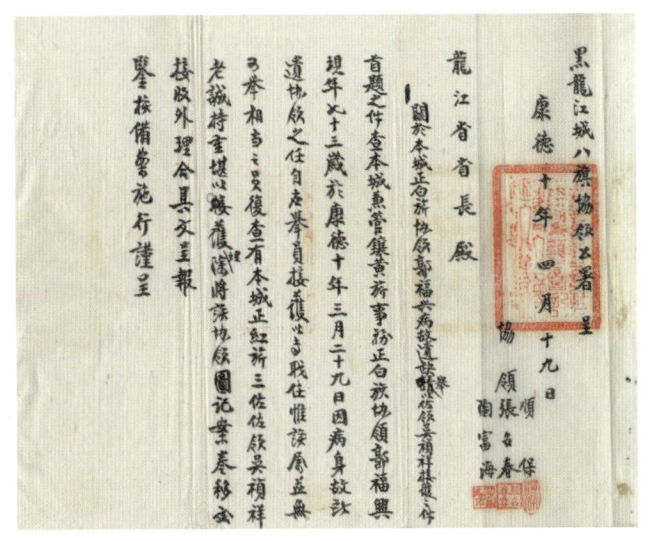

610. 黑龙江城正白旗协领公署关于接收协领图记护理任事的公函

1943年4月22日

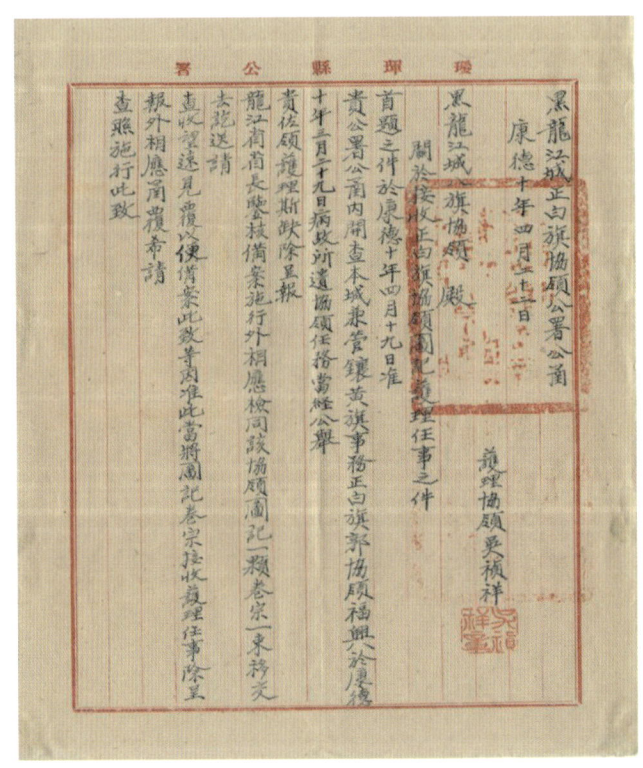

611. 库玛尔路正蓝旗头佐户口名簿

1943 年 5 月 21 日

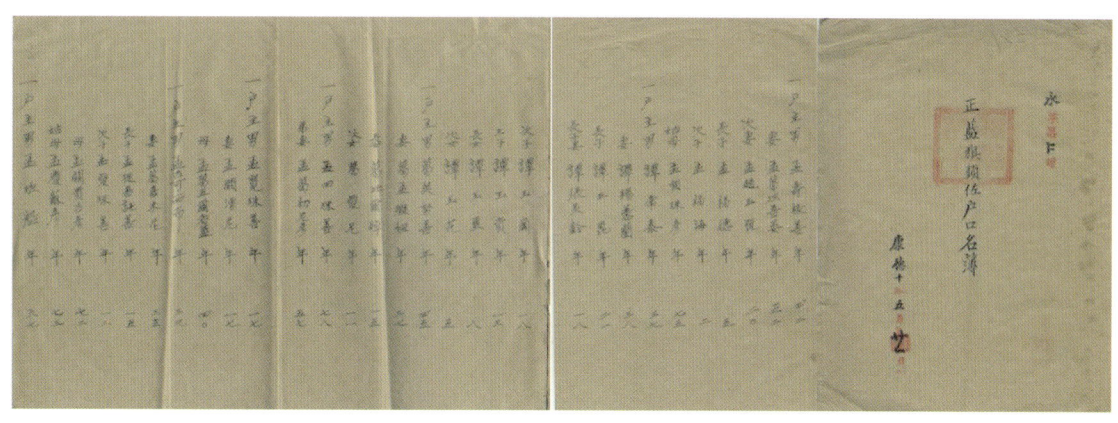

612. （伪）龙江省八旗旗务处为召开各旗协领会议事的公函

1943 年 6 月 12 日

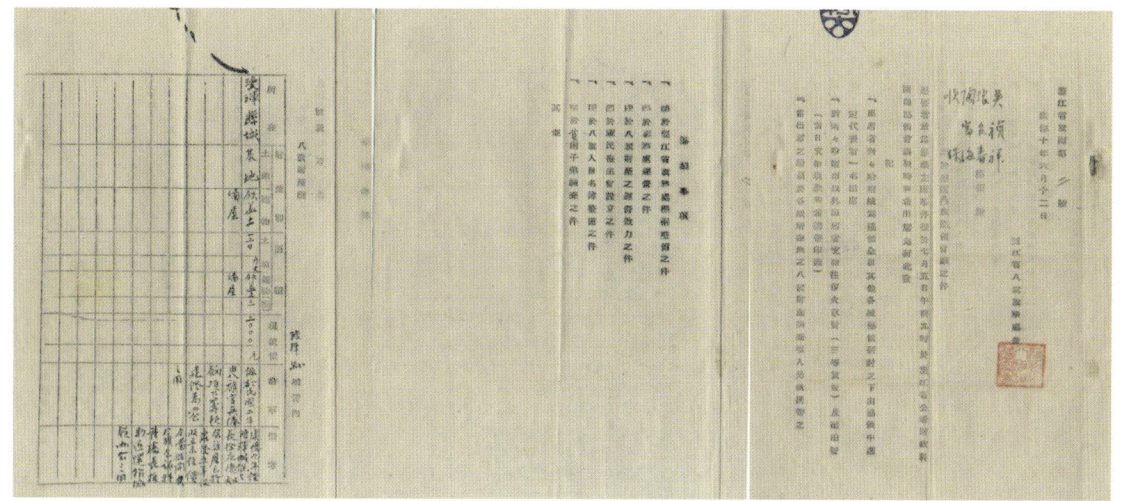

613. 黑龙江城八旗协领公署为恳请拨发本城各旗应领民国三十二年补助费并交协领顺保承领事的呈文

1943 年 6 月 23 日

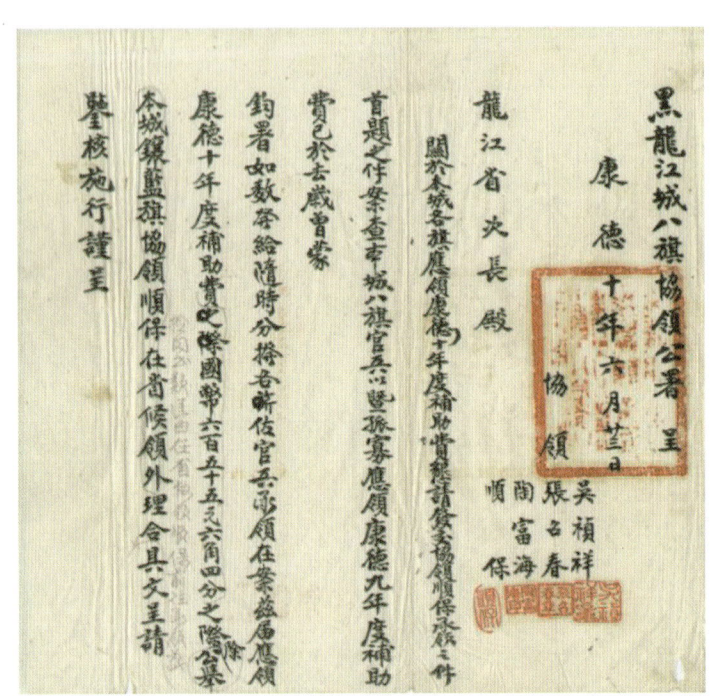

614. 库玛尔路厢（镶）红旗四佐官兵名表

1943 年 8 月 22 日

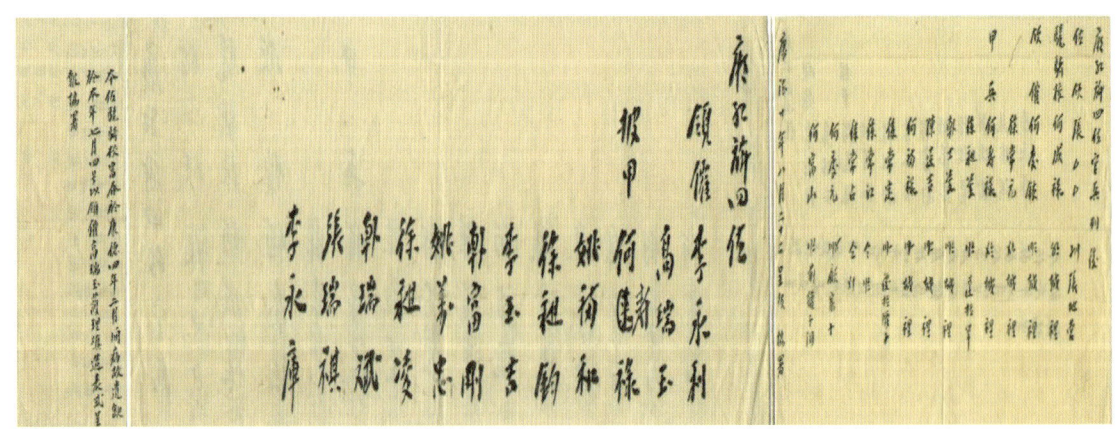

615. 黑龙江城镶蓝旗协领衙门札镶蓝旗三佐领催额特和福为催送事的指令（满文）

1943年8月22日

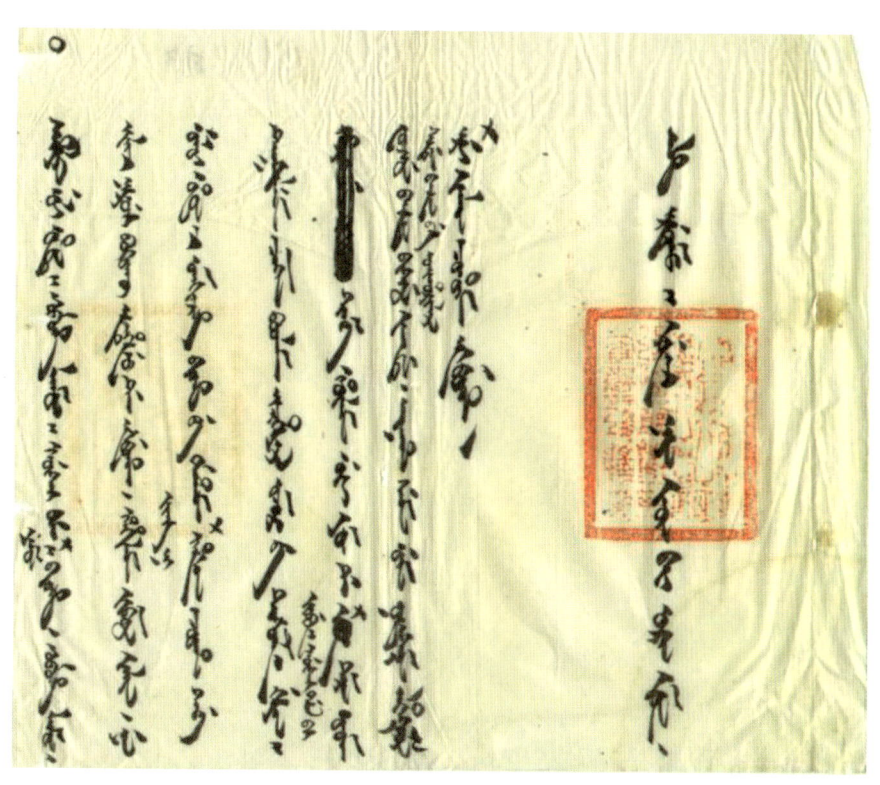

指　令

　　黑龙江城镶蓝旗协领公署札镶蓝旗三佐领催额特和福的指令，为催送之事。据乌拉城咨送的文书，整顿官员兵丁居住之处，缮册上报。办理之事理应由你等宣报，送交至协领衙门。协领我亲自询问此事，切勿迟延公务。为此交付拟正。

　　　　　　　　　　　　　　　　　　　　"康德"十年八月二十二日

616. 黑龙江城正红旗兼镶蓝旗协领公署札镶蓝旗二佐署理佐领葛全连为回复催促治理事的指令（满文）

1943年8月

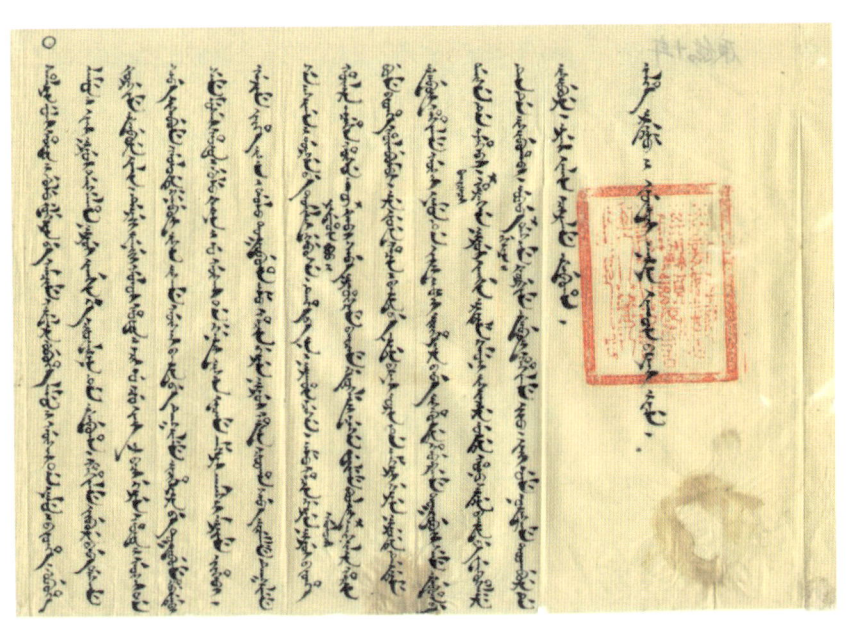

指　令

　　黑龙江城正红旗镶蓝旗协领公署札镶蓝旗二佐署理佐领葛全连的指令，为令速速回复催促治理事。前日，各处协领集结于省城召开会议，商定整顿处理旗内事务（办法），我佐正白旗佐领去后气愤而归。会议议定一项为各佐官兵进行改革整顿，需分派年轻力壮者，将姓名、居住地详细报册。一项为各佐缮写成册，将孱弱、贫穷之弟仔细核查，详细造册缮写上报。宣报自省发布的各类文书。将此两项条款事于七月二十日分别交付各佐，速速送来衙门办理，互相商议定夺，缮写档子。查得，所属佐领（　）到此尚未处置公事，理应在此速速催促管理。再，切勿拖沓延误呈送，为此严示。

"康德"十年八月初

617. 库玛尔路镶黄旗三佐佐领杨凌玉呈报的领催名册

1943年10月3日

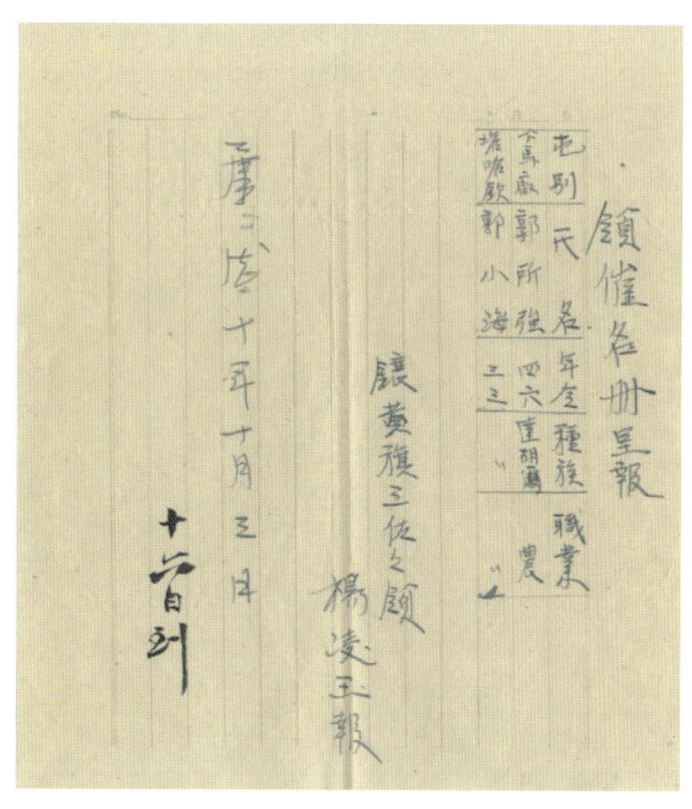

618. 库玛尔路协领公署往来公文封皮

1943年

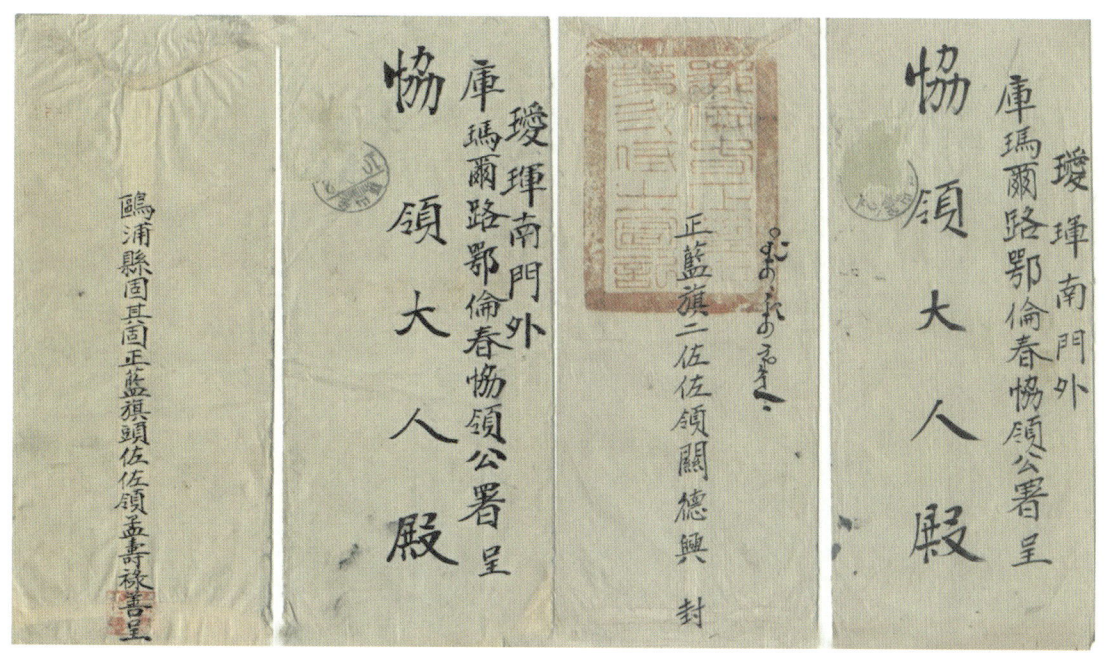

619. 库玛尔路协领公署为因鄂伦春国民学校缺少满汉合璧书籍请将存书内准予捡出借用事的公函

1944年1月3日

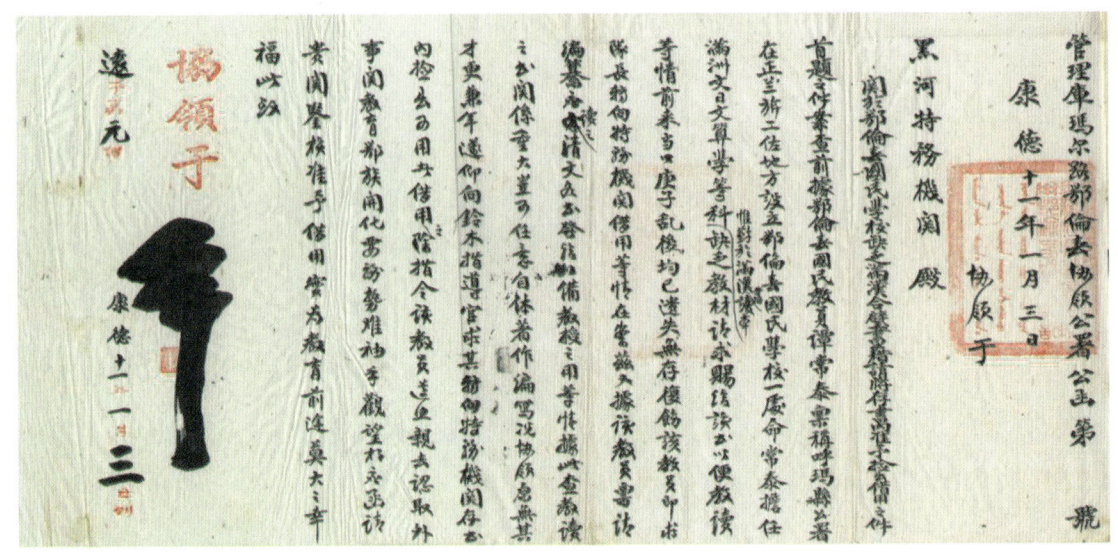

620. 黑龙江城镶蓝旗协领公署札镶蓝旗二佐佐领葛全连为加紧发放银两事的指令（满文）

1944年3月1日

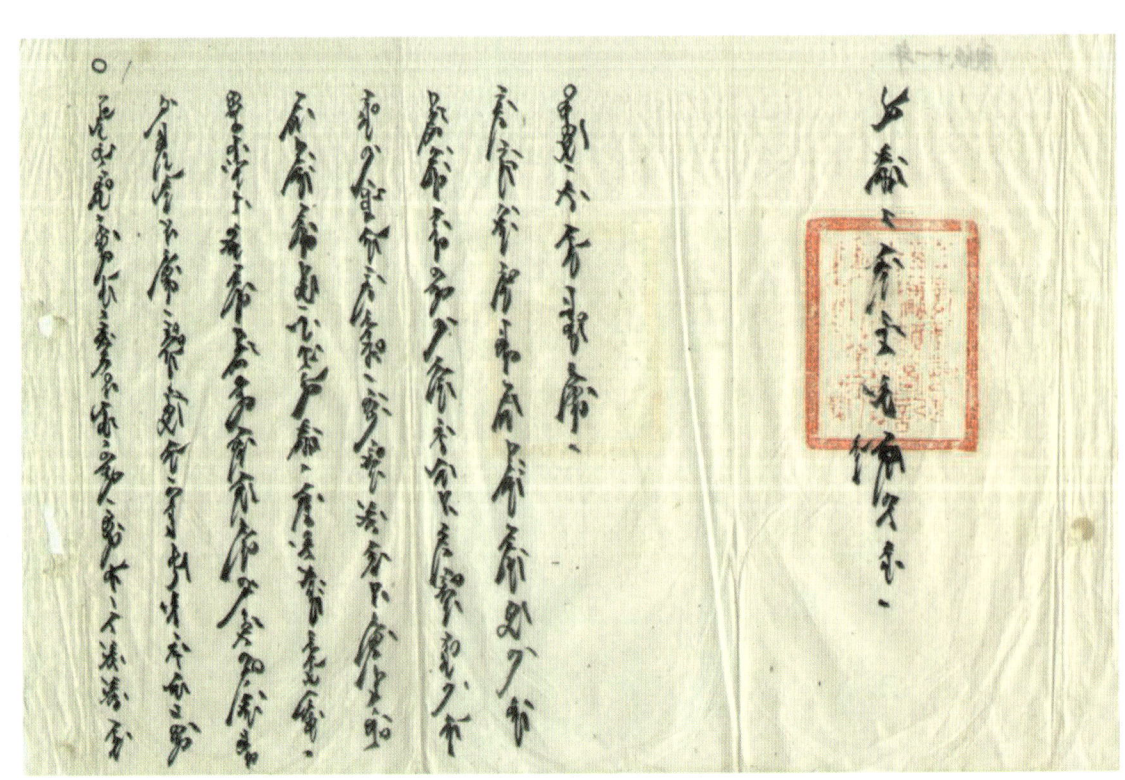

指 令

　　黑龙江城镶蓝旗协领公署札镶蓝旗二佐佐领葛全连的指令，为加紧发放银两事。查得，去年已发给补放领催兵丁等官缺的钤记文书十二份。两年的补助费按例送来，将此交付佐领，即刻将钤记文书速速送到固山衙门，命其承办所属事务，将补助费分发给各官员兵丁，切勿粗言以对，为此咨行。

"康德"十一年三月初一日

621.（伪）瑷珲县瑷珲村为召开村预算编成打合会事的公函

1944年5月2日

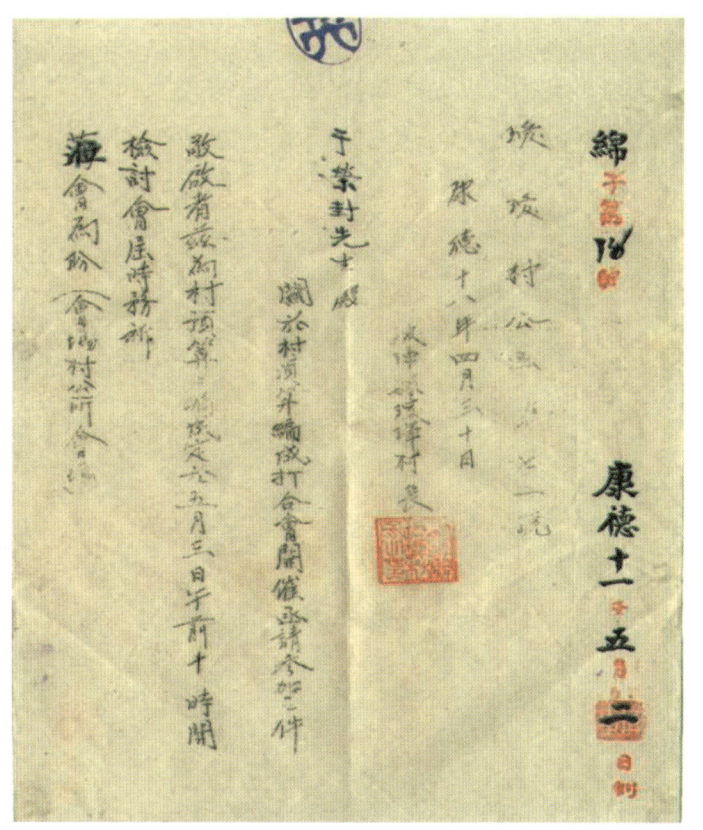

622. （伪）瑷珲县瑷珲村为实施防空训练事的公函

1944 年 8 月 7 日

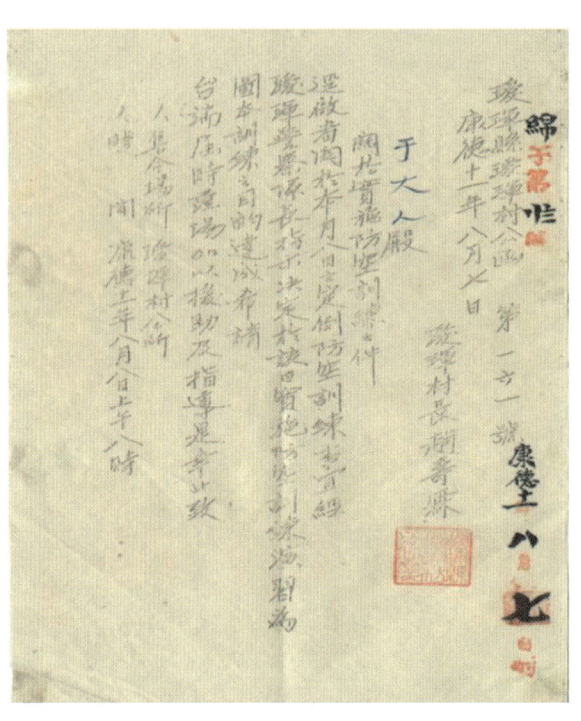

623. 黑龙江城八旗协领公署为恳请拨发各旗应领民国三十三年补助费并交协领顺保承领事的呈文

1944 年 8 月 20 日

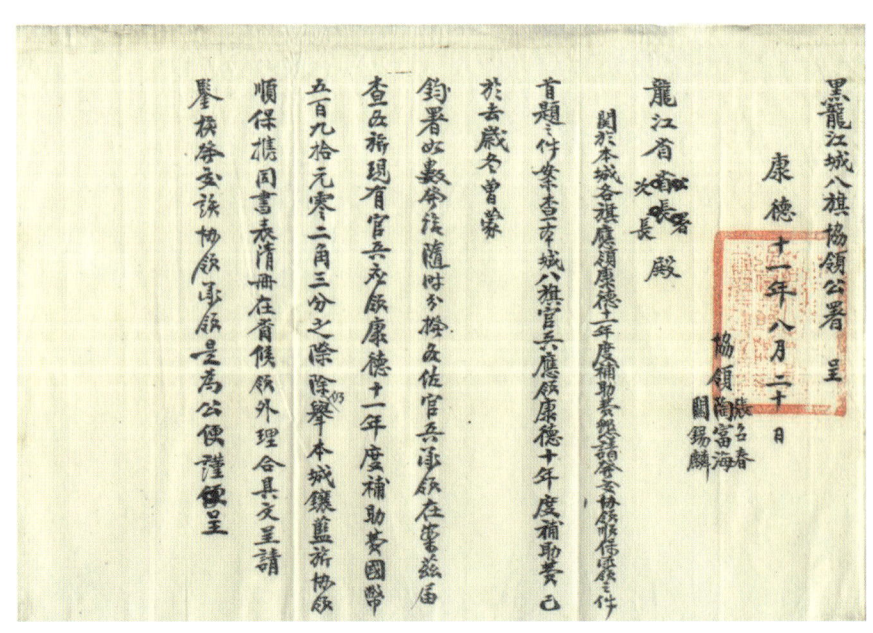

624. 黑龙江城八旗协领公署为仍请就近代为承领本城应领民国三十三年补助费事的公函

1944年8月20日

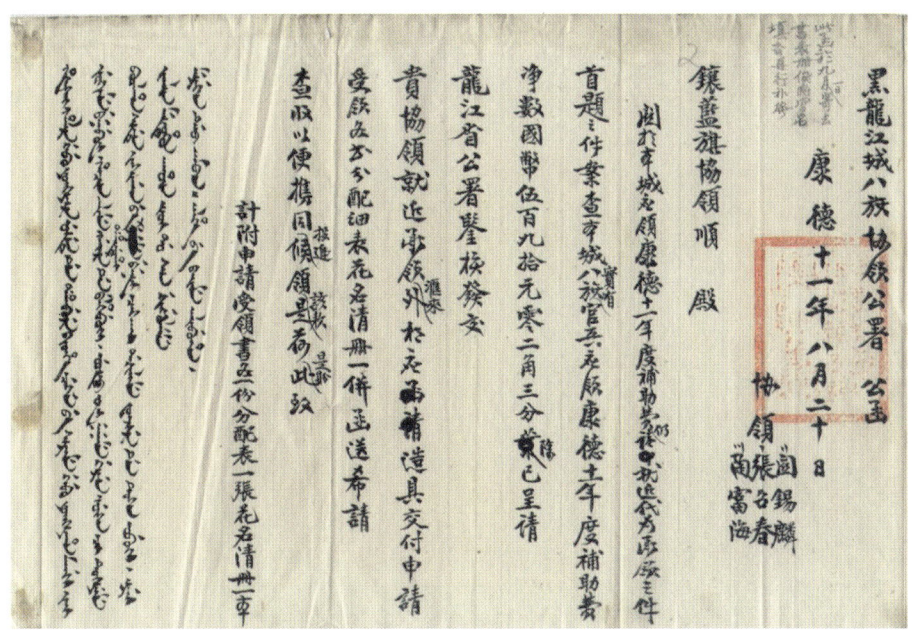

625. 黑龙江城八旗协领公署为本城正白旗协领吴祯祥病故遗缺举以佐领关锡麟接护事的呈文

1944年8月20日

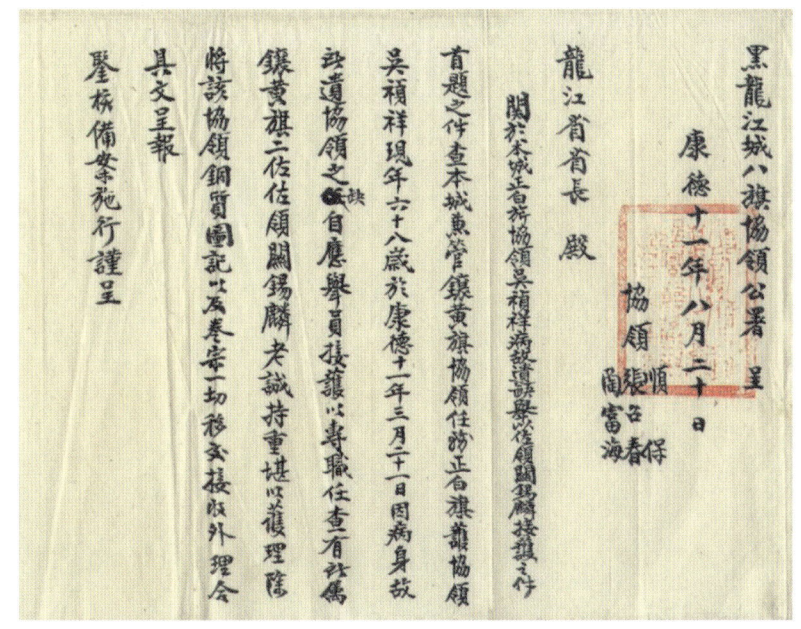

626. 黑龙江城正白旗兼镶黄旗协领公署为接收图记卷宗事的公函

1944 年 8 月 24 日

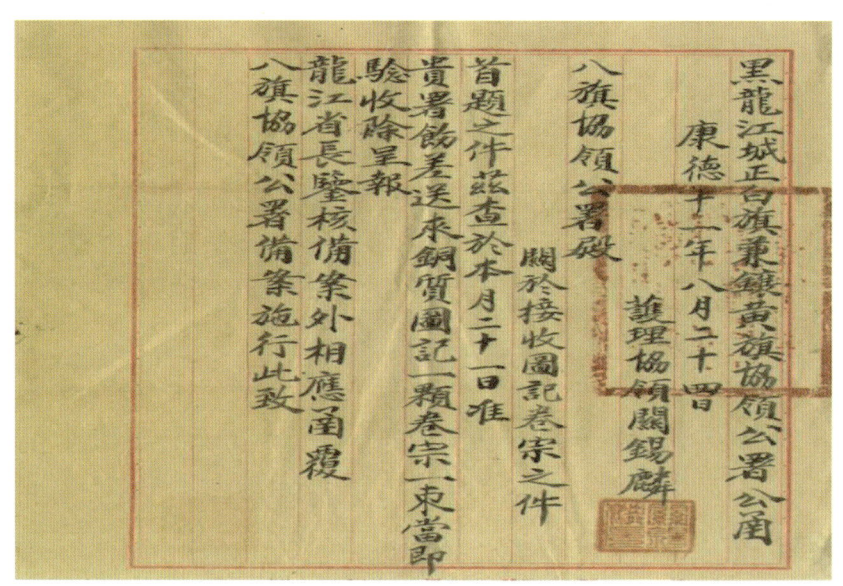

627. 黑龙江城八旗补助费受领书、支付申请书

1944 年

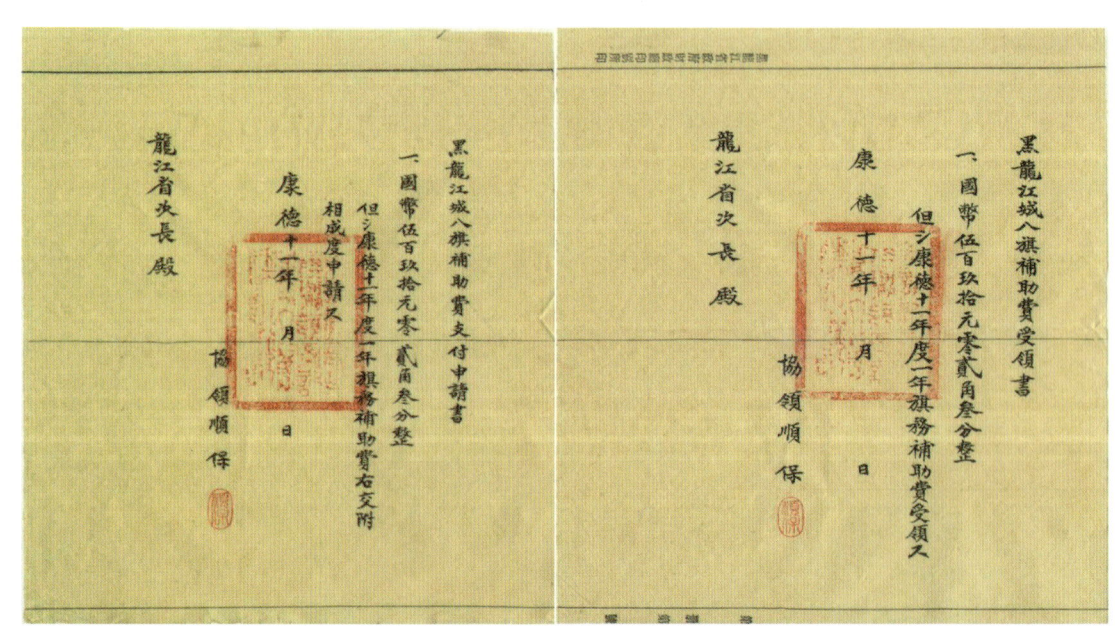

628. 黑龙江城八旗官兵应领民国三十三年一年补助费分配细表

1944 年

職別	員數	每一年支數	一年共支數	備考
協領	4	5800	23200	四人每人一年各支五元八角計共支二十三元二角
佐領	26	4430	115180	二十六人每人一年各支四元四角三分計共支一百一十五元一角八分
驍騎校	26	2600	67600	二十六人每人一年各支二元六角計共支六十七元六角
雲騎尉	3	3110	9330	三人每人一年各支三元一角一分計共支九元三角三分
領催	52	1660	86320	五十二人每人一年各支一元六角六分計共支八十六元三角二分
披甲	260	1110	288600	二百六十人每人一年各支一元一角一分計共支二百八十八元六角
合計			560830	

629. 库玛尔路正蓝旗二佐户口名簿

1944 年

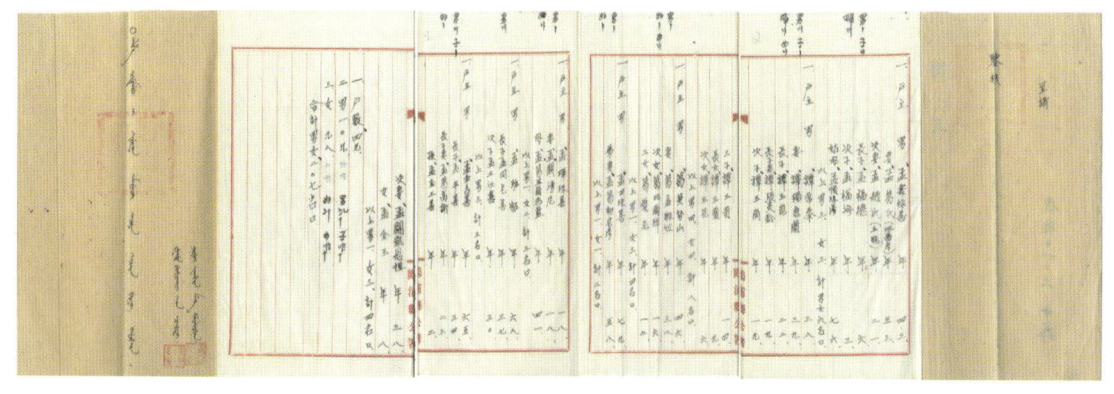

630. 正蓝旗头佐佐领孟寿禄善、骁骑校谭常泰呈与库玛尔路管理鄂伦春兵马协领公署的户籍册（满文）

1945 年 3 月 15 日

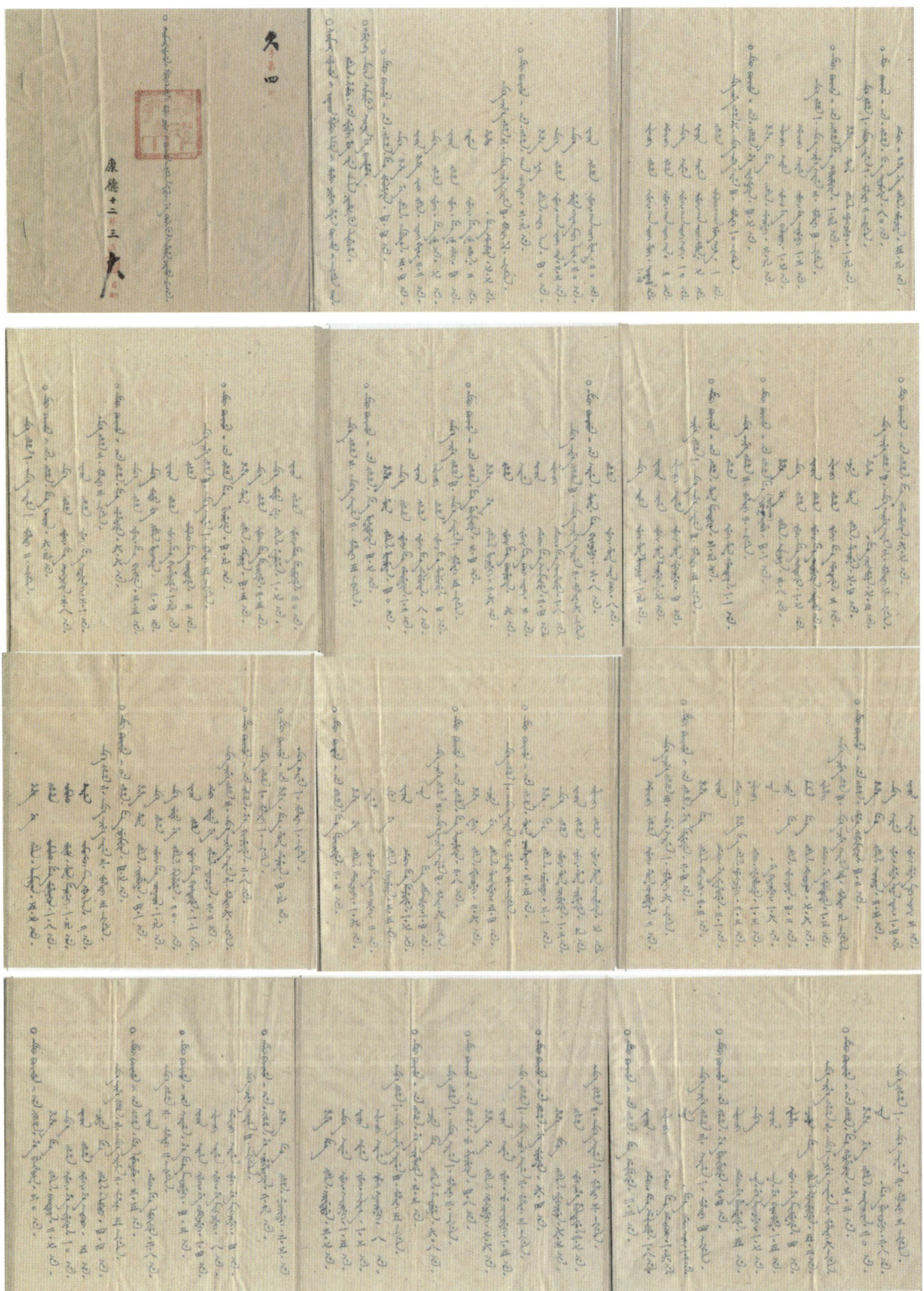

户籍册

库玛尔路鄂伦春正蓝旗头佐户籍册。

呈与库玛尔路管理鄂伦春兵马协领公署，正蓝旗头佐佐领孟寿禄善、骁骑校谭常泰呈，为将本部户籍册呈报事。正蓝旗头佐将所属各户人口数目、姓氏、年龄悉数遵照核算登记造册，绝无缺少遗漏的弊端。

寿禄善一户，孟姓。寿禄善四十四岁，妻子塔木普雅，葛姓，五十四岁，妾赵玉萍二十二岁，长子孟福德七岁，次子孟福海四岁，女儿孟福瓦两岁，姑姑孟孙朱彦七十七岁。三男四女，共计七口。

谭常泰一户，谭姓。谭常泰三十九岁，妻子杨玉兰四十岁，长子谭朱昆二十三岁，谭朱昆妻子杨敏玲二十岁。谭常泰次子谭朱更二十岁，三子谭朱贵十五岁，四子谭玉新两岁，大女儿谭玉喜十岁，二女儿谭玉环七岁，孙子谭永让一岁。六男四女，共计十口。

依苏善一户，葛姓。依苏善四十七岁，妻子多吉雅，孟姓，三十九岁，三女儿葛毕尔春十七岁，四女儿葛艾尼雅十三岁。一男三女，共计四口。

乎朱善一户，孟姓。乎朱善十九岁，妻子云尼雅，关姓，十九岁。一男一女，共计两口。

塔雅朱善一户，孟姓。塔雅朱善八十岁，弟媳楚尼雅，葛姓，五十九岁。一男一女，共计两口。

班春一户，孟姓。班春六十九岁，长子孟屯尼善三十八岁，次子孟托克萨西三十一岁。三男，共计三口。

车古善一户，孟姓。车古善六十六岁，长子孟平善三十五岁，平善妻子古尼雅，葛姓，二十四岁。车古善次子孟品古善十九岁，孙子孟金图善三岁。四男一女，共计五口。

博朱善一户，孟姓。博朱善四十九岁，妻子达木吉雅，关姓，四十五岁，长子孟梅齐善二十五岁，孟梅齐善妻子韦朱雅，韦姓，十七岁。博朱善次子孟梅朱善二十岁。三男两女，共计五口。

葛克都善一户，孟姓。葛克都善四十七岁，妻子葛朱雅，关姓，四十岁，长子孟岱福善十三岁，次子孟岱禄善八岁，三子孟古禄善四岁。四男一女，共计五口。

裴米善一户，孟姓。裴米善三十四岁，妻子葛吉雅，葛姓，二十六岁，儿子孟宝朱善六岁，女儿孟宝玉三岁，裴米善弟弟孟托米善二十四岁，三弟孟托古善十八岁。四男两女，共计六口。

妇女品尼雅一户，关孟氏。品尼雅三十八岁，儿子关铁宝八岁，长女关古尼雅十九岁，二女关哈吉雅十七岁，三女关哲克吉雅四岁。一男四女，共计五口。

木悌善一户，关姓。木悌善三十九岁，儿子关古图善十一岁。两男，共计两口。

吉克西布一户，孟姓。吉克西布四十一岁，妻子西木尼雅，葛姓，三十八岁，长子孟台布图善十七岁，次子孟台朱善十五岁，三子孟苏图善三岁。吉克西布母亲古尼雅，关姓，七十四岁，姑姑琴古雅，孟姓，七十四岁。四男三女，共计七口。

苏乎善一户，孟姓。苏乎善六十七岁，妻子林米雅，葛姓，五十七岁，孙子孟乌尔和雅善十八岁，孟乌尔和雅善妻子梅吉雅，关姓，十九岁。苏乎善孙女孟西和兰两岁。两男三女，共计五口。

朱米善一户，孟姓。朱米善四十七岁，妻子金布雅，关姓，四十一岁，长子孟朝诺元十九岁。孟朝诺元妻子吉尔布雅，葛姓，二十岁。朱米善次子孟品图善十一岁，弟媳元尼雅，葛姓，三十二岁。三男三女，共计六口。

皮克朱善一户，葛姓。皮克朱善二十八岁。一男，计一口。

妇女达朱雅一户，孟姓。达朱雅四十九岁，一女，计一口。

乌依齐善一户，孟姓。乌依齐善二十三岁，妻子多塔雅，葛姓，十六岁，女儿孟玉洁两岁，母亲毕雅朱雅，葛姓，三十五岁，二弟孟莫朱善十七岁，妹妹孟哈木齐雅十四岁。两男四女，共计六口。

伦朱善一户，孟姓。伦朱善二十八岁，妻子朱齐雅，韦姓，二十六岁，母亲贵克雅，葛姓，五十四岁。一男两女，共计三口。

诺和雅一户，关姓。诺和雅三十五岁，妻子春尼玉，孟姓，三十一岁，长子关齐朱善十三岁，次子关齐福善十三岁，三子关才朱善七岁，四子关才福善两岁。五男一女，共计六口。

木禄善一户，葛姓。木禄善二十四岁，妻子岱苏，孟姓，二十二岁，弟弟葛费古善二十一岁，葛费古善妻子云尼雅，孟姓，二十三岁。木禄善三弟峰布善十三岁，妹妹葛皮雅尼雅十六岁，母亲追尼雅，孟姓，四十二岁，奶奶岱尼云，孟姓，七十六岁，堂弟葛乌尔图善十三岁。四男五女，共计九口。

登贵米善，登姓。登贵米善四十二岁，妻子托吉雅，孟姓，二十三岁，大女儿登拉雅十四岁，二女儿登米玉三岁，母亲普尔托春，七十一岁，外甥铁伟斌十五岁。两男四女，共计六口。

金宝一户，孟姓。金宝二十九岁，妻子西巴乎雅，登姓，四十六岁，女儿孟诺尼雅二十六岁，长孙孟林普善八岁，二孙孟阿尔塔宝五岁。三男两女，共计五口。

乌尔吉善一户，孟姓。乌尔吉善三十六岁，一男，计一口。

满朱善一户，葛姓。满朱善四十一岁，妻子诺雅，吴姓，二十四岁，次子葛特禄善十二岁。两男一女，共计三口。

齐木齐善一户，葛姓。齐木齐善三十九岁，妻子琴岱雅，孟姓，三十七岁，长女赛吉雅十五岁，二女爱玲十三岁，三女云吉雅八岁。一男四女，共计五口。

齐古善一户，葛姓。齐古善三十三岁，母亲给朱雅，孟姓，六十八岁。一男一女，共计两口。

金朱善一户，吴姓。金朱善四十八岁，妻子松尼雅，葛姓，三十六岁，二女吴才吉雅十五岁。一男两女，共计三口。

乌朱善一户，葛姓。乌朱善六十四岁，妻子叶博吉雅，孟姓，六十三岁，儿子葛布尔特善二十七岁。两男一女，共计三口。

德木善一户，孟姓。德木善二十二岁，二弟孟德里善十八岁，三弟孟德宝十六岁，妹妹孟多云十三岁。三男一女，共计四口。

裴古善一户，葛姓。裴古善二十四岁，三弟裴德善五岁，二妹葛罗尼雅十七岁，三妹葛品苏雅十五岁，侄子葛敏福善四岁，母亲罗尼朱善，孟姓，五十二岁。三男三女，共计六口。

乎古善一户，孟姓。乎古善三十二岁，妻子艾索参，葛姓，二十岁，妹妹孟裴尼雅二十八岁。一男两女，共计三口。

鹏古善一户，葛姓。鹏古善三十岁，妻子宝泰雅，孟姓，二十七岁，长子葛赛努善十岁，次子葛赛宝五岁，母亲额尔珀，孟姓，四十四岁。三男两女，共计五口。

里格雅布一户，葛姓。里格雅布三十五岁，二弟孟禄吉善二十八岁。两男，共计两口。

寡妇孟米吉雅一户，葛姓。孟米吉雅三十五岁，二女儿葛成尼雅十四岁，三女儿葛明尼雅八岁，四女儿葛明吉雅四岁。四女，共计四口。

楚西雅善一户，葛姓。楚西雅善二十九岁，妻子诺吉雅，孟姓，二十三岁，儿子葛曾米善七岁，女儿葛才好完四岁。两男两女，共计四口。

彭尼善一户，葛姓。彭尼善二十七岁，妻子塔哈雅，孟姓，二十七岁，母亲齐木瓦雅，孟姓，六十二岁。一男两女，共计三口。

裴尼善一户，葛姓。裴尼善三十一岁，妻子彩伦，孟姓，二十九岁。一男一女，共计两口。

塔塔林一户，葛姓。塔塔林三十三岁，妻子韦吉雅，孟姓，三十一岁，长女昂尼雅十一岁，二女阿尼雅九岁，三女拉雅吉雅七岁，四女拉雅三岁。一男五女，共计六口。

根台善一户，孟姓。根台善五十二岁，妻子韦吉雅，葛姓，四十七岁，儿子孟长古善二十一岁，长古妻子安吉雅，孟姓，十四岁。根台善大女儿孟玉洁十三岁，二女儿孟玉萍七岁，三女儿孟梅吉雅三岁。两男五女，共计七口。

妇女关艾皮雅一户，孟姓。关艾皮雅三十六岁，女儿孟法萨尼雅十三岁。两女，共计两口。

托都善一户，孟姓。托都善十二岁，妹妹孟梅萨雅八岁，母亲艾雅，关姓，三十九岁。一男两女，共计三口。

妇女葛韦吉雅一户，孟姓。葛韦吉雅五十四岁，一女，计一口。

都韦宝一户，孟姓。都韦宝五十四岁，儿媳元吉雅，韦姓，二十八岁，孙子孟玉福九岁。两男一女，共计三口。

达克托善一户，孟姓。达克托善五十四岁。一男，计一口。

齐乎善一户，葛姓。齐乎善四十五岁，长子葛朴林善十四岁，次子葛彪吉善十一岁。三男，共计三口。

萨扬吉善一户，孟姓。萨扬吉善五十八岁，儿子孟皮雅西善二十六岁。两男，共计两口。

叶古善一户，孟姓。叶古善六十岁，妻子和雅吉雅，关姓，三十九岁，女儿孟新玉九岁。一男两女，共计三口。

本户籍册记录四十四户，男子共计九十七名，女子共计九十五名，所属男女数目共计一百九十二名。

正蓝旗头佐佐领孟寿禄善、骁骑校谭常泰呈报。

"康德"十二年三月十五日

631. 库玛尔路正蓝旗头佐呈报的各户骡子、马驹、骟马数目单册（满文）

1945 年 3 月 15 日

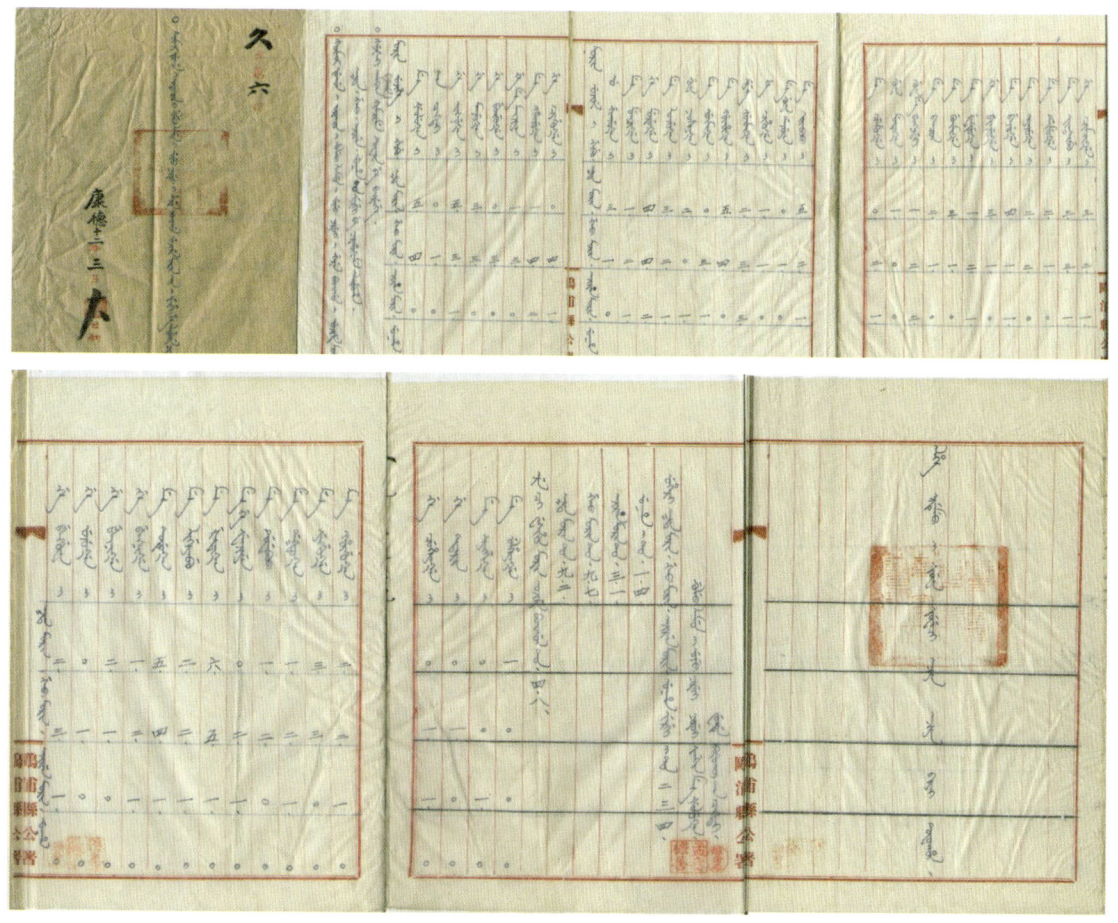

单 册

库玛尔路鄂伦春正蓝旗头佐各户骡子、马驹、骟马数目单册。

库玛尔路鄂伦春正蓝旗头佐所属各户骟马、骡子、马驹、未满一岁马驹（数目）悉数遵照登记造册呈报。

饲养人姓名	骟马数目	骡子数目	马驹数目	未满一岁马驹数目
寿禄善（孟姓）	五匹	四匹	无	两匹
常泰（谭姓）	无	一匹	无	两匹
依苏善（葛姓）	五匹	三匹	一匹	三匹
满朱善（葛姓）	三匹	三匹	无	一匹
裴古善（葛姓）	无	三匹	无	无
孟麦间（葛姓）	一匹	三匹	无	一匹
乎朱善（孟姓）	一匹	四匹	两匹	无
齐古善（葛姓）	无	四匹	一匹	无

饲养人姓名	骟马数目	骡子数目	马驹数目	未满一岁马驹数目
根朱善（吴姓）	三匹	一匹	无	无
木雅吉善（孟姓）	一匹	两匹	一匹	无
木禄善（葛姓）	四匹	四匹	两匹	一匹
伦朱善（孟姓）	三匹	两匹	一匹	无
诺西雅善（关姓）	两匹	无	一匹	无
追米善（孟姓）	无	三匹	一匹	无
贵乎善（孟姓）	五匹	四匹	无	一匹
贵米善（丁姓）	两匹	三匹	三匹	无
齐乎善（葛姓）	一匹	一匹	无	无
关达朱雅（孟姓）	无	一匹	无	无
金宝（孟姓）	五匹	两匹	一匹	无
车古善（孟姓）	无	两匹	一匹	一匹
木台善（关姓）	一匹	无	无	无
孟皮尼雅彦（关姓）	一匹	两匹	两匹	三匹
班春（孟姓）	两匹	一匹	无	无
裴米善（孟姓）	三匹	一匹	无	无
葛克都善（孟姓）	一匹	两匹	一匹	无
品朱善（葛姓）	三匹	一匹	无	无
博朱善（孟姓）	四匹	一匹	一匹	一匹
塔雅朱善（孟姓）	两匹	两匹	无	无
德木善（孟姓）	两匹	一匹	无	无
吉克西布（孟姓）	三匹	三匹	一匹	无
齐木齐善（葛姓）	三匹	两匹	一匹	无
裴古完（葛姓）	两匹	三匹	一匹	无
吴朱善（葛姓）	无	一匹	无	无
裴尼善（葛姓）	两匹	一匹	无	无
托都善（孟姓）	五匹	四匹	一匹	无
李格雅布（孟姓）	两匹	两匹	一匹	无
葛特善（孟姓	六匹	五匹	一匹	无
葛万吉彦（孟姓	无	两匹	一匹	无
杜文宝（孟姓）	一匹	两匹	无	无
达克托善（孟姓	一匹	两匹	一匹	无
叶古善（孟姓）	三匹	三匹	无	无
乎古善（孟姓）	两匹	两匹	一匹	无
楚和雅善（葛姓）	无	一匹	一匹	无
塔塔林（葛姓）	无	一匹	无	无
雅杨吉善（孟姓）	无	无	一匹	无
乌尔和雅善（孟姓）	一匹	无	无	无

以上饲养人四十五户，骟马九十二匹，骡子九十七匹，马驹三十一匹，未满一岁马驹十四匹，本单册登记骡子、骟马、马驹、未满一岁马驹共二百三十四匹。

正蓝旗头佐佐领苏禄善、骁骑校谭常泰呈报。

"康德"十二年三月十五日

632. 库玛尔路正蓝旗头佐官兵名册（满文）

1945年3月18日

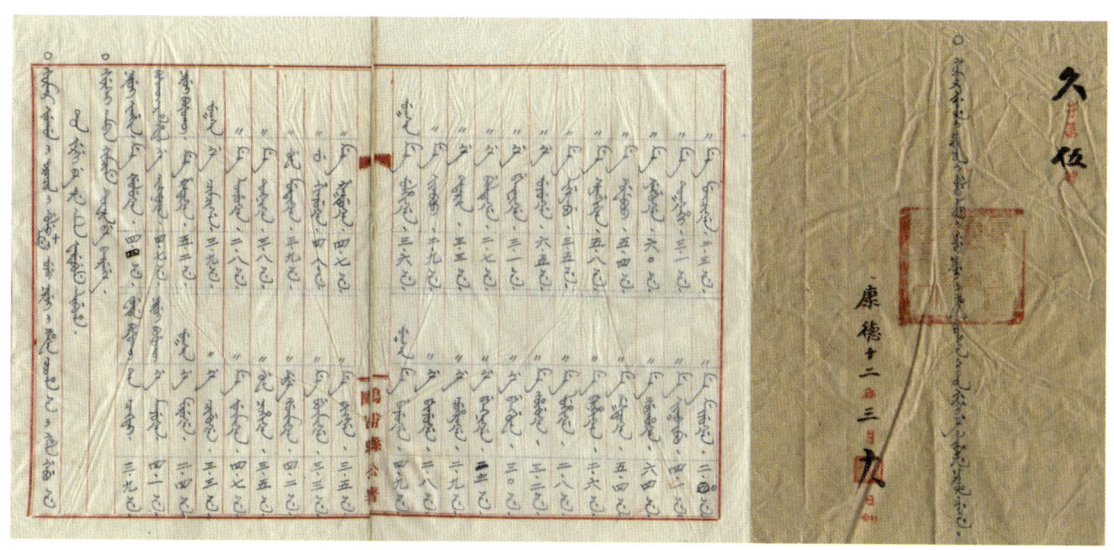

名 册

库玛尔路鄂伦春正蓝旗头佐官兵名册。

库玛尔路鄂伦春正蓝旗头佐将本佐所属官兵姓氏、名字、年龄、数目悉数遵照登记造册并呈上。

佐领苏禄善，孟姓，四十四岁。

骁骑校昌泰，谭姓，三十九岁。

委任领催依苏善，葛姓，四十七岁。

领催木禄善，葛姓，四十一岁。

披甲齐木齐册，葛姓，三十九岁。

披甲齐古善，葛姓，三十三岁。

披甲伦朱善，孟姓，二十八岁。

披甲朱依米善，孟姓，四十七岁。

披甲通尼善，孟姓，三十八岁。

披甲努西善，关姓，三十五岁。

披甲木台善，关姓，三十九岁。

披甲贵米善，佟姓，三十五岁。

披甲金朱善，吴姓，四十八岁。

披甲裴米善，孟姓，三十三岁。

披甲格克都善，孟姓，四十七岁。

披甲皮善，孟姓，三十五岁。

披甲吴尔西善，孟姓，三十六岁。
披甲吴朱善，孟姓，四十九岁。
披甲金宝，孟姓，二十七岁。
披甲皮朱善，葛姓，二十八岁。
披甲塔塔尔善，葛姓，三十三岁。
披甲楚和雅善，葛姓，二十九岁。
披甲布尔特善，葛姓，二十七岁。
披甲彭尼善，葛姓，二十三岁。
披甲裴尼善，葛姓，三十一岁。
披甲珀古完，葛姓，三十岁。
披甲吴朱善，葛姓，六十五岁。
披甲霍珀善，葛姓，三十三岁。
披甲李格雅布，孟姓，三十五岁。
披甲罗西善，孟姓，二十八岁。
披甲萨扬吉善，孟姓，五十八岁。
披甲皮雅西善，孟姓，二十六岁。
披甲杜窝宝，孟姓，五十四岁。
披甲达克托善，林姓，五十四岁。
披甲叶古善，孟姓，六十岁。
披甲（　），孟姓，六十四岁。
披甲托克萨西，孟姓，三十一岁。
披甲金克拜布，孟姓，（　）。
披甲木依吉善，孟姓，二十三岁。
披甲梅朱善，孟姓，二十岁。

633. 正蓝旗头佐佐领孟寿禄善、骁骑校谭常泰呈送的本部鄂伦春户籍部分名册（满文）

1945 年 7 月 15 日

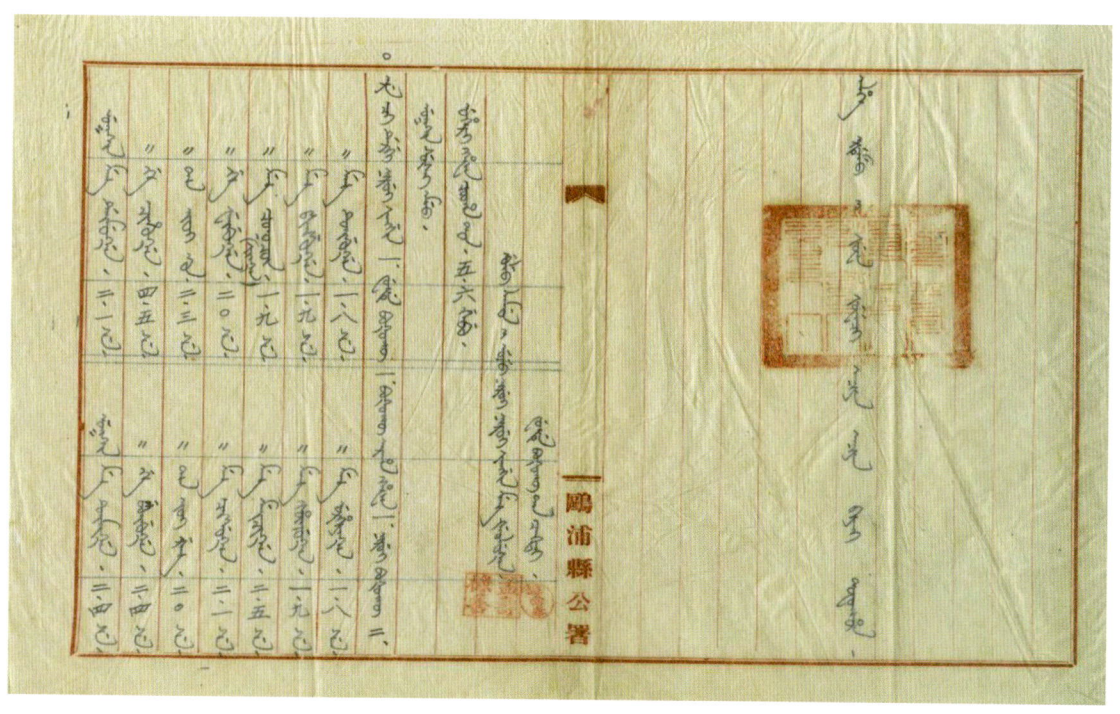

名　册

披甲孟德木善，二十一岁。

披甲葛齐乎善，四十五岁。

披甲谭永贵，二十三岁。

披甲葛费古善，二十岁。

披甲孟朝春，十九岁。

披甲孟皮普善，十九岁。

披甲孟退古善，十八岁。

披甲孟退米善，二十四岁。

披甲葛普古善，二十四岁。

披甲谭永根，二十岁。

披甲孟齐苏善，二十一岁。

披甲孟梅齐善，二十五岁。

披甲孟郝朱善，十九岁。

披甲孟乌尔和雅善，十八岁。

本户籍名册上共记录本部佐领一员、骁骑校一员、领催两员、披甲五十一名，以上共计五十六名。正蓝旗头佐佐领孟寿禄善、骁骑校谭常泰为此事呈。

"康德"十二年七月十五日

634. 黑龙江城八旗协领公署为恳请拨发本城八旗官兵应领民国三十四年补助费并交协领顺保承领事的呈文

1945 年 7 月 17 日

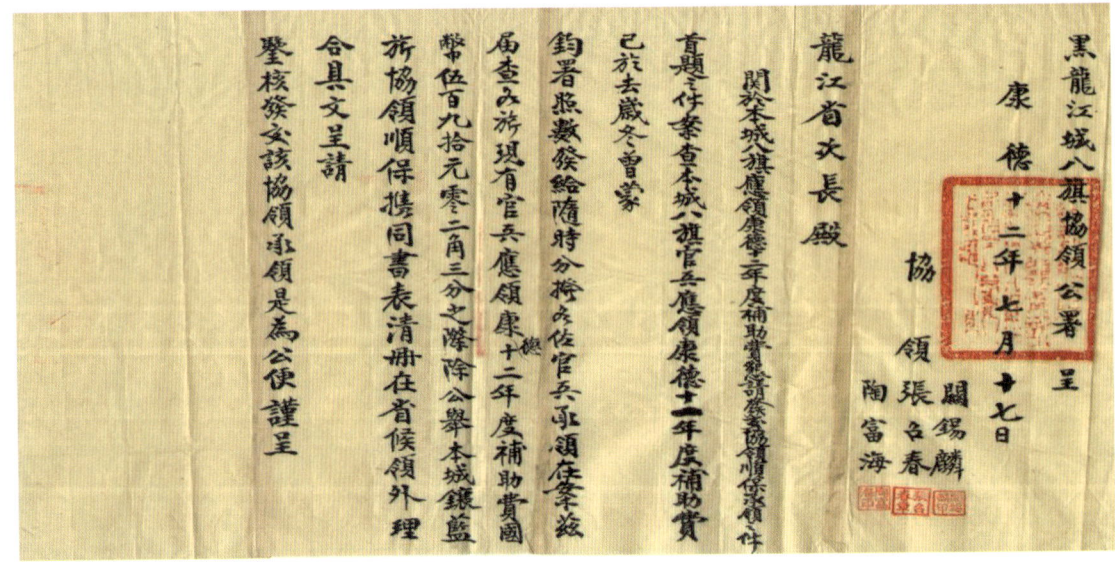

635. （伪）满洲国协和会瑷珲村分会为召开村常务会事的公函

1945年7月31日

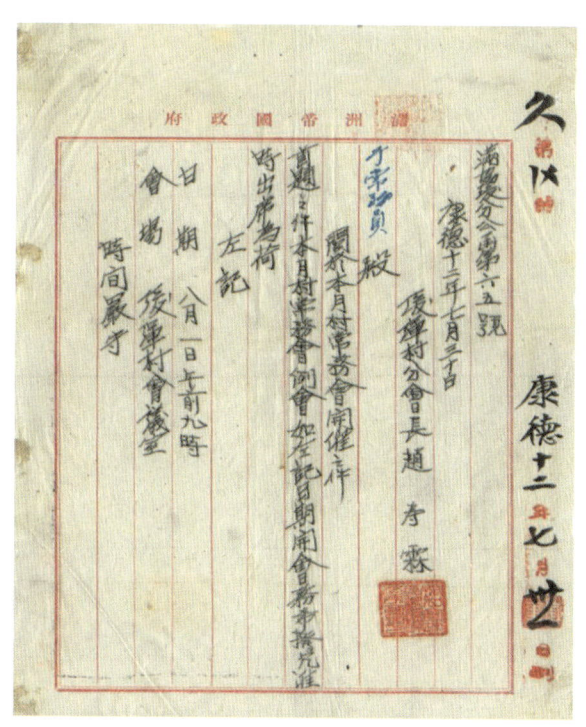

636. 黑龙江城八旗补助费支付申请书、受领书

1945年

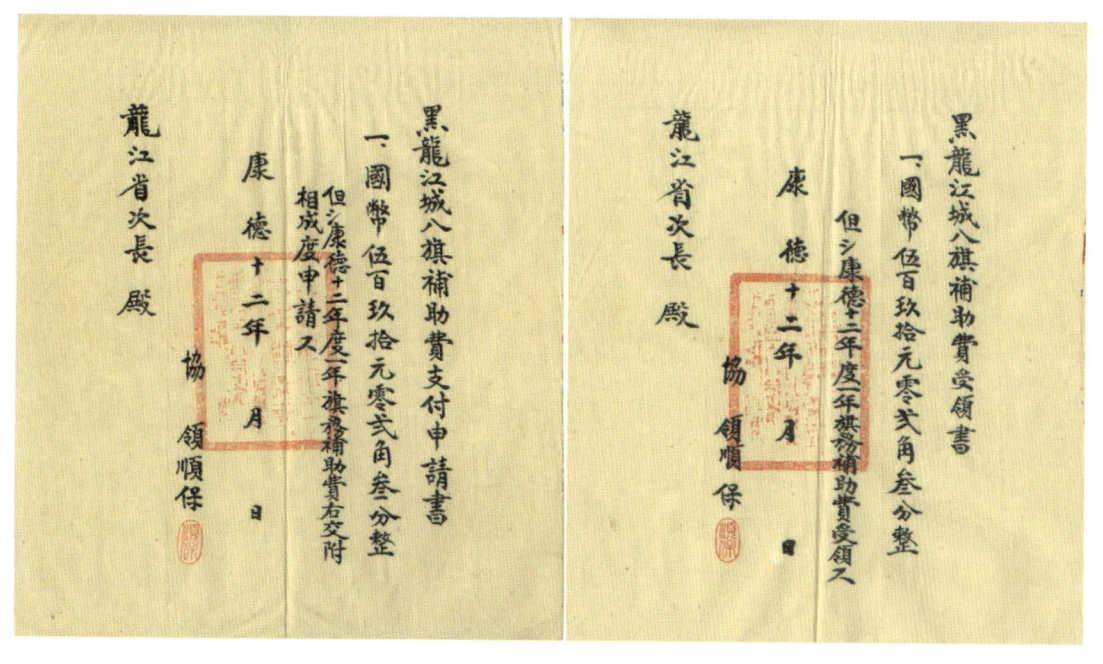

637. 黑龙江城八旗官兵应领民国三十四年补助费支出清册

1945 年

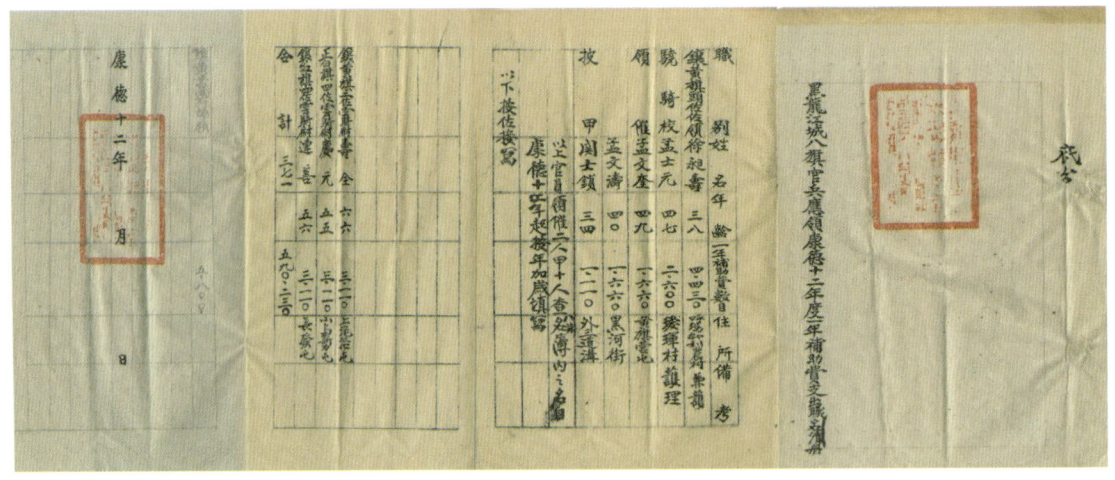

638. 库玛尔路协领公署发给的收租执据、存根

1945 年

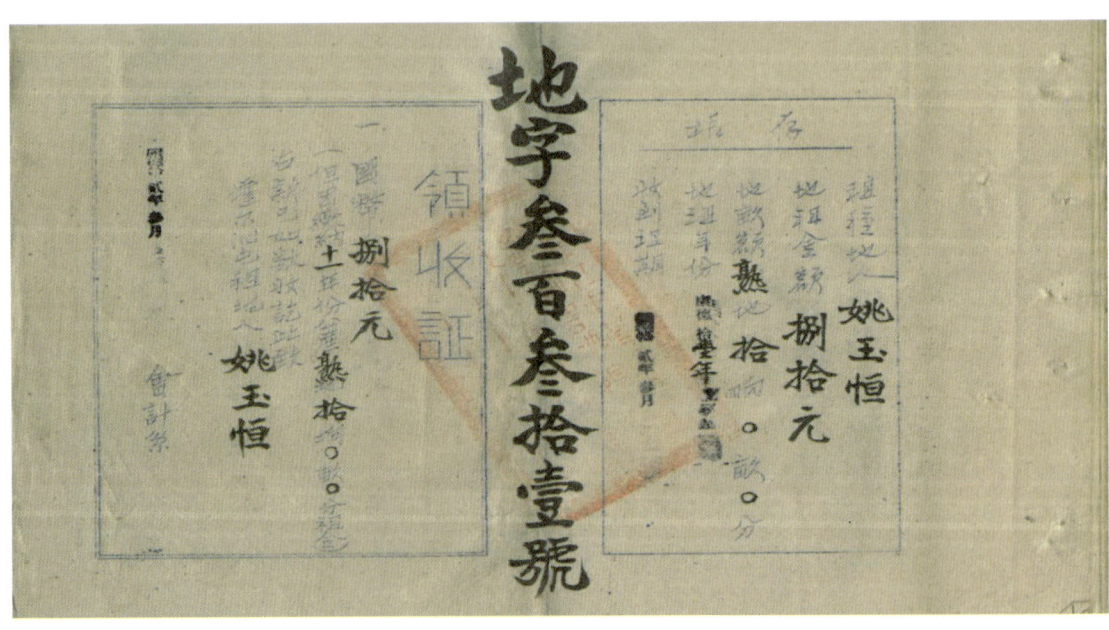

639. 黑龙江城正红旗协领公署为任免官员事的指令

1946年2月18日

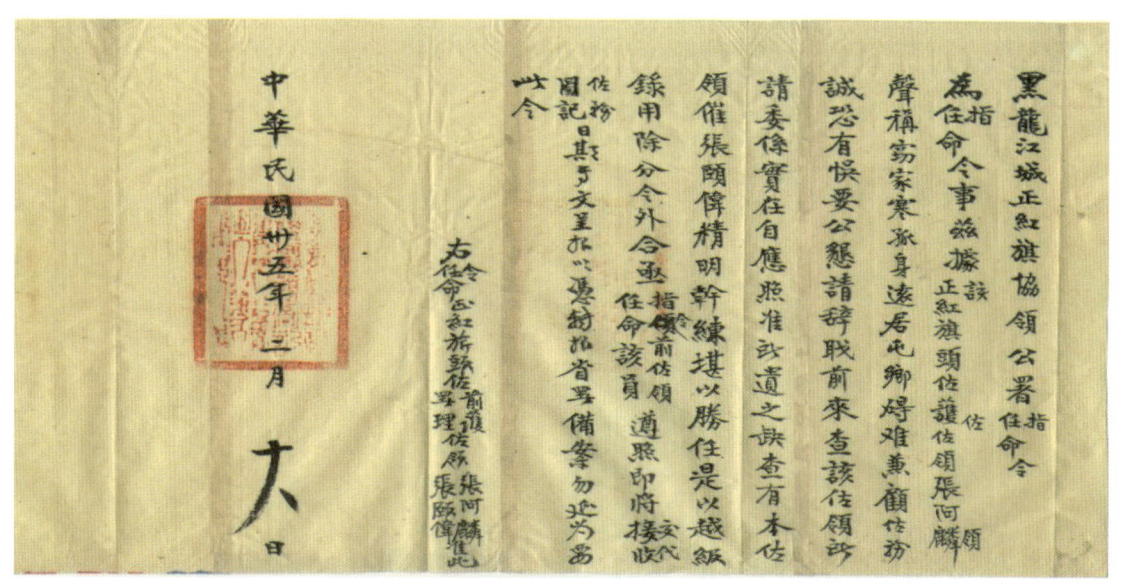

640. 瑷珲县县长贾封五为邀请于多三参加"八一五"光复纪念日大会事的函

1946年8月15日

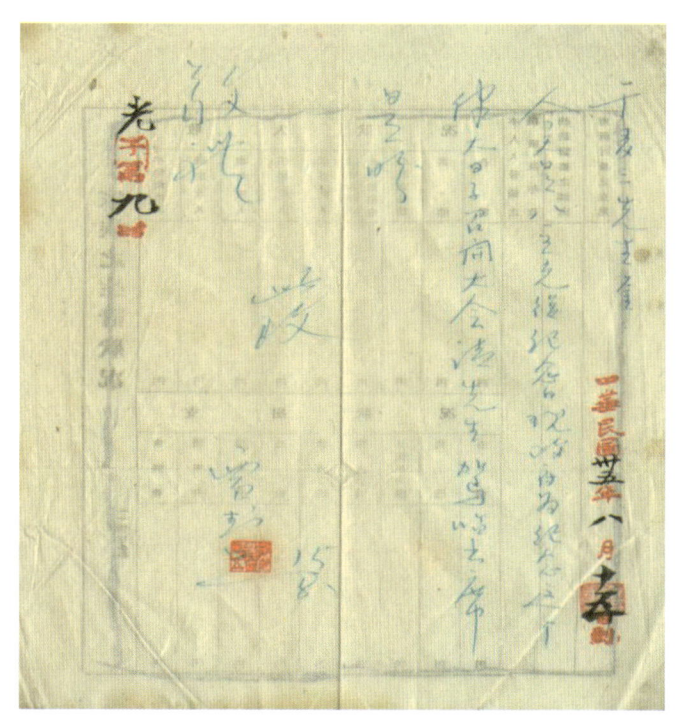

641. 正红旗镶蓝旗佐领孟安升出具的收讫将来结束费的钤领

1946年9月13日

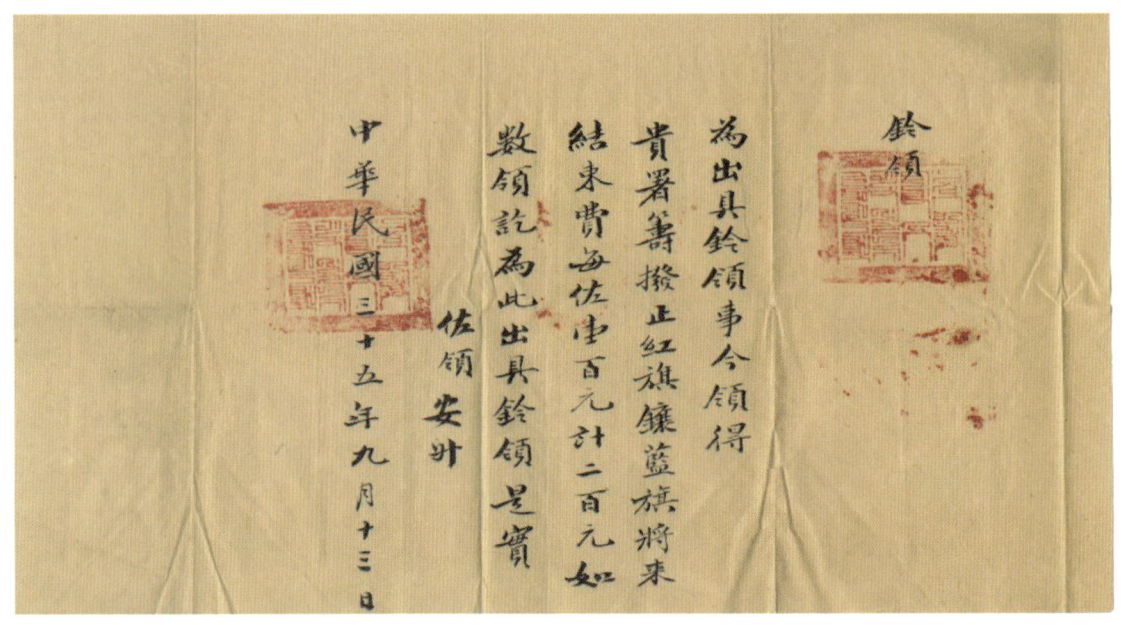

642. 库玛尔路协领公署为本署霍尔沁官地拟请退还归公处理事的公函

1947年3月8日

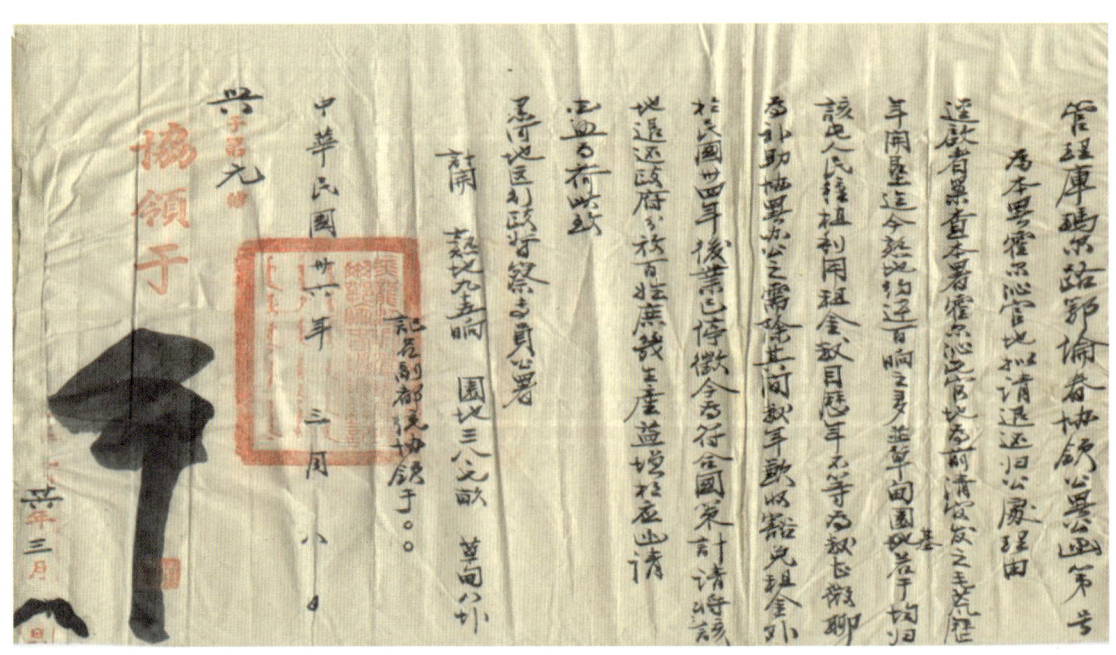

后　记

《库玛尔路协领公署档案汇编》在黑河市档案馆领导和同仁的共同努力下，历时两年终于付梓出版。

《库玛尔路协领公署档案汇编》是国家重点档案保护与开发项目——库玛尔路鄂伦春协领公署历史研究与开发项目的最终成果。本书是在对库玛尔路鄂伦春协领公署全宗476卷档案进行全面整理、数字化和满文翻译的基础上，精心挑选出档案扫描件642件（其中满文档案130件）汇编而成的，全书近66万字。在组织编写的过程中，编委会严格遵守档案安全保密原则，无论从题材上还是从内容上都进行了严格审查，确保安全利用档案。黑龙江省档案馆副馆长付杰对本书进行通篇审校并提出指导意见。黑龙江省档案馆编研处处长戴丽艳、接收征集处处长刘伟在本书编写过程中给予大力支持。黑龙江大学满族语言文化研究中心负责翻译满文档案，黑龙江省档案馆陈頔对本书满文翻译进行整理。徐学勤、肖艳卿负责对该全宗档案进行数字化加工扫描。在此，向为本书出版给予积极支持和帮助的有关部门领导和专家表示衷心感谢！

由于编者学识有限，加之有些档案形成时间久远，在编写考究中难免存在错误，敬请读者批评指正。

编　者

2020年11月